Politische Vierteljahresschrift   Sonderheft 26/1995

Deutsche Vereinigung für Politische Wissenschaft

Politische Theorien in der Ära der Transformation

Herausgegeben von
Klaus von Beyme und Claus Offe

Westdeutscher Verlag

Alle Rechte vorbehalten
© 1996 Westdeutscher Verlag GmbH, Opladen

Der Westdeutsche Verlag ist ein Unternehmen der Bertelsmann Fachinformation.

Das Werk einschließlich aller seiner Teile ist urheberrechtlich geschützt. Jede Verwertung außerhalb der engen Grenzen des Urheberrechtsgesetzes ist ohne Zustimmung des Verlags unzulässig und strafbar. Das gilt insbesondere für Vervielfältigungen, Übersetzungen, Mikroverfilmungen und die Einspeicherung und Verarbeitung in elektronischen Systemen.

Satz: ITS Text und Satz GmbH, Herford
Gedruckt auf säurefreiem Papier

ISBN-13: 978-3-531-12844-3   e-ISBN-13: 978-3-322-86620-2
DOI: 10.1007/978-3-322-86620-2

Inhaltsverzeichnis

I. Ansätze globaler Theoriebildung

Klaus von Beyme
Theorie der Politik im Zeitalter der Transformation 9

Wolfgang Merkel
Theorien der Transformation: Die demokratische Konsolidierung
postautoritärer Gesellschaften 30

Rainer Tetzlaff
Theorien der Entwicklung der Dritten Welt nach dem Ende der Zweiten
(sozialistischen) Welt 59

Michael Zürn
Konfliktlinien nach dem Ende des Ost-West-Gegensatzes –
global handeln, lokal kämpfen 94

II. Bereichstheorien der Politik

Helmut Willke
Theoretische Verhüllungen der Politik – der Beitrag der Systemtheorie 131

Renate Mayntz
Politische Steuerung: Aufstieg, Niedergang und Transformation einer Theorie 148

Wolfgang Zapf
Modernisierungstheorien in der Transformationsforschung 169

Manfred G. Schmidt
Der Januskopf der Transformationsperiode. Kontinuität und Wandel
der Demokratietheorien 182

Fritz W. Scharpf
Föderalismus und Demokratie in der transnationalen Ökonomie 211

Franz Urban Pappi
Zur Anwendung von Theorien rationalen Handelns in der Politikwissenschaft 236

Christine Landfried
Chaostheorie: Die neuen Sichtweisen von Kausalität, Komplexität und Stabilität   253

Beate Rössler
Feministische Theorien der Politik . . .·   267

III. Normative Theorien

Hubertus Buchstein
Die Zumutungen der Demokratie. Von der normativen Theorie des Bürgers
zur institutionell vermittelten Präferenzkompetenz   295

Rainer Bauböck
Nation, Migration und Staatsburgerschaft   325

Jurgen Gebhardt
Die Idee des Bürgers   349

Martin Frank
Multikulturalismus und Nationalismus. Neue Konfliktlinien
in der Liberalismus-Kommunitarismusdebatte   362

Verzeichnis der Autoren   389

I.

Ansätze globaler Theoriebildung

Theorie der Politik im Zeitalter der Transformation

Klaus von Beyme

1. Ereignis und Theorieentwicklung

Spätestens seit der französischen Revolution wurde offenbar, daß die Theorien der Politik sich nicht im luftleeren Raum einer normativ gedachten *„societas civilis"* entwickeln, sondern von großen Ereignissen präformiert werden. Die Suche nach dem Movens der Theoriegeschichte unterschied mehrere Ebenen der außertheoretischen Einwirkungen auf die Theorieentwicklung (v. Beyme 1988: 32):
- Die Wissenschaftstraditionen und Denkstile der Länder, ihrerseits von der Organisation des Wissenschaftssystems geformt, üben *langfristige* Wirkungen auch auf die Entwicklung der politischen Theorie aus.
- Die Konkurrenz zu anderen Fächern und die Abgrenzung eines relativ jungen Faches, wie der Politikwissenschaft, übt *mittelfristige* Wirkungen auf die Theorieproduktion aus.
- Bei den aktualitätsbezogenen Sozialwissenschaften kommt es immer wieder zu Tendenzwenden, politischen Einbrüchen und Mode-Anforderungen des politischen Systems und seiner Umwelt, die *kurzfristige* Wirkungen auf die Produktion politischer Theorien entfalten.

Der Einfluß der großen Transformation seit 1989 ist prima vista ein solch kurzfristiger Einfluß auf die Theorieproduktion. Neue soziale Lagen führen zu Theoriemoden, die, durch staatliche Förderung unterstützt, mittelfristige Wirkung auf die Theorieentwicklung entfalten. Es mehren sich jedoch die Stimmen, die eine Transformationswissenschaft für Unsinn halten, und die Besonderheiten des sozialen Wandels nach dem Zusammenbruch autoritärer Regime des Sozialismus unter den hergebrachten Oberbegriffen behandeln wollen. Insbesondere wird im Kampf um Förderungsmittel – wie einst bei der Friedensforschung – von den Traditionalisten Wert auf die Feststellung gelegt, daß keine Sonderfonds zu schaffen seien und die neuen Themen sich dem Normalverfahren der Förderungsevaluierung zu unterwerfen hätten.

Der Titel dieses Sammelbandes „Theorie der Politik im Zeitalter der Transformation" ist gleichwohl nicht bloß der Versuch, vage Zeitangaben wie „neunziger Jahre" zu umgehen. Der Fokus aller Beiträge ist darauf gerichtet, die Einflüsse des faktischen Geschehens in der Politik auf die Theorieentwicklung zu analysieren.

Nur von der Transformationstheorie selbst kann man erwarten, daß dieser Wandel einen ganzen Wissenszweig neu konstituiert (vgl. Merkel in diesem Band). In den meisten Bereichen ist dieser Einfluß eher indirekter Art. Je formaler ein Theorieansatz, um so gleichgültiger ist der Anwendungsbereich, wie beim Rational-choice-Ansatz. In einigen Bereichen ist die Theorieentwicklung eher von der langsamen Erosion des realen Sozialismus geformt worden als von einem konkreten Ereignis. Der Kollaps des sozialistischen Lagers ist für den Autopoietiker, der bei dem theoretischen „Flug über den Wolken" schon Anfang der 80er Jahre „die erloschenen Vulkane des Marxismus" sichtete, nicht verwunderlich (Luhmann 1984: 13). Es fehlte zunehmend an großen Alternativen zum Mainstream westlicher Theorien. Visionen „aktiver Gesellschaft" und handlungstheoretischer Steuerungstheorien hatten einen schweren Stand. Aber das Ereignis von 1989 hat die Theorieentwicklung allenfalls in ihrem Aha-Effekt bestärkt. Die Autopoietiker warnten uns davor, die wenigen Anhaltspunkte im Flug über die soziale Landschaft als Anhaltspunkte für die Steuerung der Theorieentwicklung zu nehmen. Die Suche nach Alternativen zu den szientistischen Ansätzen, früher in toto als „Positivismus" kritisiert, ein Verdikt, das den Marxismus-Leninismus in seiner vorherrschenden Form zunehmend einschloß, ist durch das Ereignis von 1989 befruchtet worden, etwa im Kommunitarismus. Die Suche nach einem neuen Verständnis von Bürgertugend (citizenship) und *civil society*, hatte längst vor 1989 begonnen. Aber die friedliche Kerzenrevolution und ihr schwacher Widerglanz im Westen bei der Bewältigung von Folgeproblemen der globalen Änderungen (z.B. Lichterketten gegen Ausländerfeindlichkeit) erhielten Auftrieb durch die Ereignisse.

Nicht alle Theorieelemente, welche auch von äußeren Ereignissen abhängen, sind von der Transformationsproblematik geformt worden. Die Kämpfe um eine nichtpaternalistische Abtreibungsregelung dürfte auf die Entwicklung der feministischen Theorie größeren Einfluß gehabt haben als der Kollaps des Sozialismus. Dennoch haben einige Theoretikerinnen, wie Nancy Fraser (1995), welche die feministische Theorie stärker mit den Ansprüchen anderer vernachlässigter Gruppen verknüpften, auf das Ende des Sozialismus schon im Titel angespielt. Der Sozialismus und sein Untergang spielt für das Argument kaum eine Rolle. Aber „der Kampf um Anerkennung" wird als *„postsozialistischer Konflikt"*, der viele Gruppen von der Nationalität bis zur Sexualität betrifft, durch den Niedergang des Kommunismus gefördert gesehen. Die Kulturblindheit des politökonomischen Paradigmas des Marxismus scheint damit obsolet zu sein. Aber die Mäßigung einer solchen Position zeigt sich darin, daß „kulturelle Anerkennung" und „soziale Redistribution" als Ansprüche nicht mehr als antagonistisch gesehen werden. Sexualitätsgruppen sind „kulturell", Klassen „ökonomisch" konstituiert. Aber es wird nicht verkannt, daß Rasse und Geschlecht immer beide Aspekte der Revindikation auf sich vereinigen: Anerkennung und Umverteilung. „Transformation" wird als Strategie noch vorgesehen. Auf der Ebene der Redistribution steht der Sozialismus noch als Modell neben dem liberalen Wohlfahrtsstaat. Auf der Ebene der „Anerkennung" hingegen bleibt „Transformation" gegenüber der „Affirmation" im Multikulturalismus noch ein Modell der „Dekonstruktion", bei der die Anerkennungsstrukturen umgewandelt werden und Gruppendifferenzierungen destabilisiert werden. Diese postsozialistische Strategie wird vorgezogen und scheint einem „postsozialistischen Sozialismus" angemessen. Jedenfalls wird am Anspruch auf radikale Umverteilung festgehalten. Diese kann sich – je nach Gruppe – redistributiv oder im Kampf um Anerkennung äußern. Radikale Transformationstheorien der benachteiligten Gruppen, die um Anerkennung ringen, haben schon früher Anleihen beim Marxismus und Absetzungsmanöver gegenüber sozialistischer Einseitigkeit gemacht. Der Einschnitt von 1989 hat diese Tendenz vielleicht verstärkt. Ausgelöst hat er sie nicht, denn viele Ansätze der politischen Theorie – in der um so mehr von der

„Wirklichkeit" geredet wird, je abgehobener sie sind – haben schon Anfang der 80er Jahre so argumentiert, als ob der Sozialismus als Idee schon untergegangen sei. Deduktive Theorie der Politik, die sich eines induktiven ad-hoc-Räsonnements enthält, kann sich im Prinzip nicht ändern, nur weil große Ereignisse den Gegenstand der theoretischen Bemühungen verändert haben. Im Bereich der Theorien geringer oder mittlerer Reichweite scheinen gewisse Ereignisse Theorien falsifiziert zu haben. Das wird nicht von allen Anhängern dieser Theorien so gesehen. Es gab Ideologien des realen Sozialismus, die den Zusammenbruch als Befreiung ihrer Theorie vom Rechtfertigungszwang für das sowjetische Modell ansahen und den Schlachtruf ausgaben: „da capo", und nun erst recht! (Kuczynski 1992). Die Mehrzahl der ehemaligen Marxisten aber ist bereit, das Scheitern des realen Sozialismus auch der Theorie anzulasten. Mancher frühere DDR-Sozialwissenschaftler mit theoretischem Gespür, der anfangs noch im PDS-Trotz zu verharren schien, hat sich relativ bruchlos einer Bielefelder Systemrhetorik verschrieben und gleich zwei Paradigmawechsel in einem Schritt vollzogen (vgl. Brie 1995).

Der starre Falsifikationismus der Popperschule ist schon von einigen Schülern aufgegeben worden. Nach Lakatos' Maßstäben könnten Theorien des realen Sozialismus nicht für falsifiziert, sondern nur für unanwendbar gehalten werden. Es muß also nach neuen Theorien gesucht werden, die sich besser bewähren. Dazu gehört in diesem konkreten Bereich der Transformationsproblematik, daß die einstigen Theorien, welche das vergangene Regime von außen her zu erklären versuchten (Totalitarismustheorie, Konvergenztheorien) überdacht werden. Dazu gehört andererseits die Arbeit an einer Theorie von Transformationsprozessen, welche die Erfahrungen früherer Demokratisierungswellen (1918ff., 1945ff., 1970er Jahre in Südamerika und in Südeuropa) kritisch überdenkt und für das Novum der postkommunistischen Systeme neu formuliert (vgl. Merkel und Schmidt in diesem Band).

Das Jahr 1989 war für viele Sozialwissenschaftler ein langer schwarzer Freitag, weil die Prognosefähigkeit der Sozialwissenschaft starken Zweifeln ausgesetzt wurde. Prognose konnte nicht heißen Prophezeiung des exakten Zusammenbruch-Termins. Aber es hieß doch mehr als nur von der „Krise des Sozialismus" reden, zumal Krisen, Widersprüche zwischen den Funktionssystemen, Verselbständigungsprozesse und Fortschrittsfallen in einer Mehrebenenanalyse auch für die demokratischen Systeme des Westens in aller Sozialwissenschaftler Munde waren. Die Sozialwissenschaftler wurden gewahr, daß sie keine der großen globalen Erschütterungen des Status quo antizipiert hatten, von der Studentenrebellion bis zum neuen Fundamentalismus und Nationalismus.

Nicht alle Theorieansätze waren von der Fehlprognose in gleicher Weise betroffen. Die analytische Konzeption der Theoriebildung hatte zwei Traditionen entwickelt: die Tradition Max Webers, die sich an der historisch-typologischen Rekonstruktion der sozialen Realität orientierte. Sie arbeitete mit ex post facto gewonnenen Idealtypen und hat nicht den Anspruch erhoben, künftige Entwicklungen zu prognostizieren. Die andere Tradition seit Durkheim war tief von der altpositivistischen Vorstellung der Comte-Schule eines *„savoir pour prévoir"* durchdrungen. Sie spezialisierte sich auf die Modellierung der Wirklichkeit und isolierte abhängige und unabhängige Variablen. Diese Tradition hat – wie bei Downs (1957: 21) – eine gute Prognose für wichtiger erklärt als die Wiedergabe der sozialen Realität. Ein solcher Anspruch wurde von den

Transformationsereignissen an der Wende zu den 90er Jahren stärker beeinträchtigt als der erste Zweig des Mainstreams. Je exakter ein Ansatz schien, von behavioralen Erklärungen des Verhaltens im Sozialismus bis hin zu den Weltmodellen, um so größer waren die Irrtümer. Und umgekehrt: je deskriptiver die Studien und je stärker sie historisch-narrativ blieben, um so mehr enthielten sie sich der Fehlprognosen und sind wenigstens in Teilen der Deskription lesenswert geblieben, wo manches Weltmodell nur noch als Kuriosität in die Schmunzelecke der Wissenschaftsgeschichte eingehen wird.

Ein methodisch wenig reflektierter Induktionismus überstand den schwarzen Freitag ohne wissenschaftliche Skrupel mit der Annahme, die vorherrschenden Thesen der Totalitarismustheorie hätten sich glänzend bewährt. Frühere antikommunistische Normativisten hatten Konjunktur und warfen den Positivisten vor, ihrer Haltung auch gegenüber unliebsamen Erscheinungen des realen Sozialismus bis zum Schluß treu geblieben zu sein. Die Betroffenen hatten dann nur die Wahl als naiv Irrende in bestem Glauben, oder als bewußt Irrende, um den realen Sozialismus schönzufärben, in die Wissenschaftsgeschichte einzugehen (Hacker 1992). Dabei wurde übersehen, daß die Totalitarismustheorie ihre Anhänger nur davor bewahrt hatte, irgendwelche positiven oder wenigstens akzeptablen Lösungen im Sozialismus gesehen zu haben. Den Zusammenbruch hat gerade die Totalitarismustheorie am wenigsten vorausgesehen. In der beglaubigtsten Version von Friedrich und Brzezinski (1965) lag der These die Annahme zugrunde, daß totalitäre Regime niemals von innen her aufgebrochen werden könnten. Die Konvergenztheorien hielten den Sozialismus für entwicklungsfähiger, aber sie überschätzten seine Lernfähigkeit und die Brauchbarkeit einiger Elemente für westlich-demokratische Gesellschaften. Es gab hellsichtige Teiltheorien. Sie kamen einer Zusammenbruchsthese nahe, aber gaben die falschen Ursachen für einen künftigen Kollaps an: den sowjetisch-chinesischen Konflikt (Amalrik) oder den ethnischen Konflikt (Carrère d'Encausse).

Die methodisch naive Suche nach der Theorie, die „es schon immer gewußt hat" blieb einem veralteten Wissenschaftsverständnis verhaftet. Singuläre Ereignisse können von den Sozialwissenschaften nicht vorausgesagt werden. Manchem Irrenden stand der Trost von Chaos- und Fluktuationstheoretikern zur Verfügung: bei nicht-linearen Prozessen sind die kausalistischen Annahmen der herkömmlichen Wissenschaftsprognose irreführend (siehe Landfried in diesem Band). Aber auch unter kausal-linearen Annahmen war schwer vorauszusehen, daß der reale Sozialismus ohne einen einzigen Schuß abzugeben, von der Bühne der Weltgeschichte abtreten könnte. Immer schien die chinesische Option auf dem Platz des Himmlischen Friedens als Alternative jede Prognose riskant zu machen. Die Flucht nach vorn ins weltpolitische Abenteuer wäre nicht zum ersten Mal in der Geschichte von bedrohten aber lernunfähigen Machthabern gewählt worden. Das nukleare Patt und die Gefahr der Selbstauslöschung mag eine Erklärung dafür sein, warum Moskau diese Option nicht gewählt hat.

Im ganzen war die Transformation der sozialistischen Gesellschaften nicht mehr als ein zusätzlicher Denkanstoß. Kaum eine These, die nicht schon in Ansätzen vor 1989 vertreten worden wäre. Das Ende der bipolaren Weltkonfrontation in der Perestroika hat lediglich eingeschliffene Diskussionsmuster gelockert und politisch motivierte Denkverbote aufgehoben.

2. Stadien der Entwicklung der politischen Theorie

(1) Im zweiten Weltkrieg hatte sich eine starke Bewegung für eine *normative Fundierung der politischen Theorie* entwickelt – als Antwort auf den instrumentellen Rationalismus, der durch den Faschismus pervertiert worden war (Miller 1990).

(2) In den fünfziger Jahren vollzog sich ein Niedergang der normativen Theorien. Die methodisch naiven historisch-genetischen und institutionellen Ansätze, die die Politikwissenschaft dominierten, wurden durch die *behavioralistische Revolte* in Frage gestellt. Die Behavioralisten waren an Fragen der Makrotheorie weitgehend desinteressiert. Als Reaktion auf den Faschismus kam es zu einer Abkehr von ganzheitlichen Begriffen (vor allem vom „Staat") und zur Hinwendung zu Individuen und kleineren Einheiten, vor allem zum Individuum. Die Gruppentheorie in der Tradition von Bentley und Truman wurde seit V.O. Key vielfach mit dem Behavioralismus in Verbindung gebracht. Strikte Behavioralisten bleiben jedoch einer Teiltotalität, wie dem Begriff der Gruppe gegenüber, nicht weniger skeptisch als den Konzepten der Holisten. Der Behavioralismus verstand sich ursprünglich im Kampf gegen Legalismus und Formalismus als „jakobinische Revolte". Er wurde jedoch von seinen Gegnern von links und rechts in seiner Berufung auf die Weisheit von „sages and ages" bald als „Thermidor" gebrandmarkt (Goodin/Klingemann 1996, Kap. 1).
Die positivistische Theorie der Politik konzentrierte sich auf die Konzeptanalyse. COCTA, eine Forschungsgruppe der International Political Science Association in den 60er Jahren, war typisch für diesen Trend. Lasswell und Kaplan (1950) hatten in den 50er Jahren bereits die moderne politische Theorien von Interessen und Normen zu reinigen versucht. Normative Revolten gegen diese Entwicklung hat es selbst in Amerika immer wieder gegeben. Sie blieben im Wissenschaftsbetrieb jedoch marginalisiert, obwohl ca. 10% der Lehrstühle auch in den USA immer der Randdisziplin „political philosophy" und „history of political ideas" gewidmet blieb.

(3) In den späten 60er Jahren kam es zu einer *Wiederbelebung der „grand theory"*. Der Konflikt zwischen Marxismus und funktionalistischer Systemtheorie beherrschte die theoretische Szene. Planungseuphorie und kybernetische Steuerungshoffnungen verbanden die beiden Antagonisten mehr als sie wahrhaben wollten. Erst als der Pulverdampf sich verzog und postmoderne Rationalitätskritik die Gemeinsamkeiten schonungslos aufdeckte, kam der einheits- und identitätsstiftende Impetus jeder großen Theorie erneut in Verruf.

(4) In den späten 70er Jahren waren die großen Debatten erschöpft. Die Kontrahenten begannen sich auf einer *mittleren Ebene der policy-Analyse zu treffen*. Empirische und normative Motive verbanden sich im Mainstream der Politikwissenschaft wieder stärker. Der dogmatische Anti-Normativismus wich der Vorstellung einer Möglichkeit zu kontrollierter Verwendung von normativen Zielvorstellungen in der politischen Analyse.
Das Treffen der alten Dialektiker oder Funktionalisten in einer *policy-orientierten Mehrebenen-Analyse* wurde gelegentlich wie der Sieg des Kritischen Rationalismus interpretiert. Diese Sicht verkennt, wieviel von den kritischen Theorien, auf mesotheoretische Ebene gesenkt, in die Policy-Analyse einging. Die Schematismen der marxisti-

schen Ableitungsliteratur, welche die funktionalen Teilsysteme überwiegend im Verhältnis von Basis und Überbau sah, waren überwunden. Aber die Sprache blieb verräterisch: die Mehrebenenanalyse, die ihre Anregungen vom Kölner Max-Planck-Institut und der Bielefelder Schule nahm und mehr oder weniger konsistent amalgamierte, entdeckte, wie einst die Dialektiker, überall Inkompatibilitäten von Handlungslogiken und Steuerungscodes. Nur von „Kapitallogik" wurde nicht mehr gesprochen. Auch von „Widersprüchen" sprach man nicht mehr. Eigendynamiken der Teilsysteme kehrten sich gegen die Intention der Urheber von politischen Entscheidungen.

Der Fortschrittt lag vor allem darin, daß die strukturellen Makroüberlegungen in einem *aufgeklärten Institutionalismus* auf die Ebene empirischer Nachprüfbarkeit zurückgeholt wurden. Die Prognosen waren nicht mehr von makrotheoretischem Krisenszenarios verdüstert. Aber aus den „*Politikverflechtungsfallen*", die überall entdeckt wurden, schien es kein Entrinnen zu geben, bis der Federstrich des Gesetzgebers, oder konkreter ein neuer Impuls der Maastricht-Runde, dies Szenario auf einer Ebene falsifizierte, wo es lange am plausibelsten gewesen ist.

Dieser Wandel der Theoriearbeit war begleitet von einem abnehmenden Glauben an die *Steuerungsfähigkeit*. Die Autopoiese hat im „teutonischen" Diskussionsmodell mit ihrer Steuerungsskepsis das Erbe der einstigen Ableitungsliteratur angetreten, nur, daß sie sich nicht mehr auf eine Phase des Kapitalismus, sondern auf jede denkbare Gesellschaft überhaupt bezieht. Unterhalb dieser Abstraktionsebene wurde die *gesellschaftliche Selbststeuerung* an die Stelle staatlicher Globalsteuerung gesetzt. Theorien der Konkordanzdemokratie (Lehmbruch, Lijphart), Theorien des Neokorporatismus (Schmitter 1981), sozietale Steuerung (Willke 1983), generalisierter politischer Tausch (Marin), oder „private interest government" (Streeck/Schmitter) waren die Bekenntnisformeln der *neuen Bescheidenheit* hinsichtlich der Steuerungsfähigkeit des politischen Systems. In Europa ging dieser Trend mit der staatlichen Bewegung für *Deregulierung* einher.

In der Sicht der Autopoiese ist die Transformation von Einsichten in politische Entscheidungen sehr einseitig angelegt. Nur Wahrheiten können zum Zuge kommen, für die sich eine Mehrheit finden läßt. Politik ist kein bloß formales Verhalten des Mehrheitsentscheids, das der Nichtpolitik als Mobilisierung von Einfluß oder Normen gegenübergestellt werden kann. Politik und Nichtpolitik stehen nicht im Verhältnis von System und Umwelt, sondern in einem Verhältnis von Form und Inhalt, die in Symbiose auftreten (Münch 1994: 389).

Politiker sind hingegen als Rollenträger aufzufassen, die in Macht-, aber auch in Austausch-, Solidaritäts- und Verständigungsbeziehungen agieren. Nicht alle Entscheidungen werden unter Zeitknappheit getroffen und unterliegen dem Machtcode. Durch wissenschaftliche Beratung wird dabei Definitionsmacht ausgespielt, um den Prozeß abzukürzen. Die Politiker – wie alle menschlichen Subjekte als Rollenträger – müssen zwischen verschiedenen Weltsichten vermitteln. Diese Vermittlungsrolle ist in die eigene Rolle eingebaut, weil sie ständig mit anderen Rollenträgern konfrontiert sind und weil jeder Akteur Träger mehrerer Rollen ist. Die Akteure agieren nicht in den operativ geschlossenen Systemen sondern zwischen ihnen (ebd: 397). Die Autopoiese hat mit der Selbststeuerung, die einer hierarchischen Konzeption von Steuerung entgegengesetzt wird, eine falsche Alternative aufgebaut. Die Steuerung wird ja gerade in der modernen Mehrebenenanalyse nicht mehr von der Spitze ausgehend angesehen.

Die Verflechtung von Politik und Nichtpolitik ist eine Sichtweise, die weder hierarchische Überforderung noch autopoietische Unterforderung der Politik begünstigt. Konzeptionen einer „aktiven Gesellschaft" werden wieder möglich.
Der Mainstream der Politischen Theorie, der noch immer von amerikanischen Denkansätzen beherrscht war, hat von dieser „teutonischen" Debatte wenig Kenntnis genommen. Da Amerika eine etatistische Tradition nicht gekannt hat, konnte es nach Abflauen der Systemdiskussion ganz unbekümmert die Parole ausgeben: „Bringing the State back in". Selbst die Altmeister der frühen Systemdebatte, wie Easton (1981) und Almond (1990) fanden den Begriff „Staat" nicht mehr so absurd wie in den Zeiten erster Entdeckerfreuden des politischen Systems. Aber im ganzen hatten Theorien einer aktiven Rolle des politischen Systems, wie in der Kybernetik von Deutsch oder der „aktiven Gesellschaft" Etzionis, immer beschränkte Resonanz, und diese war in Europa größer als in Amerika.

(5) In den 1980er Jahren haben die *neuen sozialen Bewegungen* einen neuen Akteurstyp in die Theoriebildung eingeführt. Im Gegensatz zu den autopoietischen Systemtheorien, welche jede Akteurstheorie als alteuropäische Illusion aufgaben, haben die Bewegungstheoretiker eher übertriebene Hoffnungen an den neuen Akteur geknüpft, der seinen Einfluß ohne die klassischen Merkmale der Großorganisation zu entfalten schien. Wieder zeigten sich Unterschiede zwischen Kontinentaleuropa und Amerika. Während angelsächsische Theoretiker der Versuchung widerstanden, einen völlig neuen Typ von Bewegungsgesellschaft auszurufen (Goodin 1992), haben einige europäische Theorien, wie die der Risikogesellschaft (Beck 1986) neue Gesellschaftstypen gleich mit ihren Gegengiften konfrontiert und den neuen Mustern der Subpolitik allzu große Wirkungsmöglichkeiten unterstellt. Selbst Habermas, der in seinem Hauptwerk von 1981 noch relativ skeptisch gewesen war, daß die neuen sozialen Bewegungen als Emanation der Lebenswelt den Kolonialisierungsbestrebungen des Systems mit Bürokratisierung, Justizialisierung und Kommerzialisierung Einhalt gebieten konnten, hat solche Möglichkeiten in seiner Theorie des Rechtsstaats höher eingeschätzt, gerade weil die schematische Konfrontation von System und Lebenswelt aufgegeben wurde (Habermas 1992).
Eine neue Generation in der Wissenssoziologie gewann an Einfluß. Die rationalistischen Illusionen der Popper-Schule, welche die Wahrheitssuche als Hauptantriebskraft in der Wissenschaft sahen, wurde durch die Wiederentdeckung anderer Motive für die Bildung von theoretischen Hypothesen ergänzt. Die Rolle von Interessen und normativen Zielsetzungen kam wieder ins Blickfeld der Theoriegeschichte (Barnes 1982). Gerade, weil der Ideologieverdacht auch vor dem Kritischen Rationalismus nicht haltmachte, wurden zunehmend die sozialen Bedingungen betont, die wissenschaftliche Diskurse strukturieren (Wagner/Wittrock 1993).

3. Geographie des Paradigmawechsels

In amerikanischen Überblicken über den Stand der politischen Theorie scheint es eine große internationale Konformität der Trendentwicklungen zu geben. Der repräsentative Überblick für die American Political Science Association von William Galston

(1993) hat kaum europäische Beiträge ausgemacht, außer bei Habermas und einigen französischen Postmodernisten, obwohl die amerikanische Dominanz im Bereich der politischen Philosophie keineswegs so überwältigend ist wie in der empirischen Theorie der Politik. Es gibt eine wachsende Diversifizierung der politischen Theorie auf der Makroebene, während im Bereich der partiellen Theorien, der für den Empiriker relevant ist, die Einheitlichkeit der Theoriebildung zugenommen hat. In den späten 70er und in den 80er Jahren haben alte Divergenzen der nationalen Denktraditionen sich auch in der politischen Theorie niedergeschlagen. Die halb-ernste Typologie der intellektuellen Stile von Galtung (1983) erhielt einige Evidenz in den 80er Jahren:
- Der *gallische* Stil, vor allem von Frankreich entwickelt, gegründet auf Sprache und Kunst in der sozialen Theorie, hat über die postmoderne Philosophie tiefen Einfluß auf die politische Theoriebildung genommen, mehr als Galtung 1983 ahnte.
- Der *teutonische Stil*, der in Galtungs Typologie noch vielfach mit dem Marxismus der Länder Osteuropas in Verbindung gebracht wurde, hat sich verlagert. Die autopoietische Systemtheorie der Bielefelder Schule entwickelte sich zum funktionalen Äquivalent der alten neomarxistischen Schulen. Die Inkompatibilität der Logik von funktionalen Teilsystemen war komplexer als die antagonistischen und nichtantagonistischen Widersprüche zwischen Basis- und Überbau-Sphären im Marxismus. Aber ihr Nachweis diente ähnlichen Zielen, auch wenn sie politisch eher auf der konservativen Seite anzusiedeln waren. Es ging um den Nachweis von Restriktionen des Handelns. Nicht die Grenzen der kapitalistischen Logik begrenzten in übelgelaunten Restriktionstheorien die Möglichkeiten politischen Handelns. Es war ein wohlgemuter Steuerungspessimismus, der sich mit der Unvereinbarkeit der Codes von Teilsystemen sehr gut abfinden konnte und mit den Resultaten von Evolution ohne effektive Steuerung leben konnte. Die scharfe Polemik der alten Marxisten war durch distanzierende Ironie gegenüber den „Alteuropäern" abgelöst worden. Vor allem Handlungstheorien wurden lächerlich gemacht, bis die Vorkämpfer der Autopoiese sich bei ihren definitorisch vorgeplanten Scheinsiegen zu langweilen begannen, und Anfang der 90er Jahre größere Konzessionen an Handlungs- und Steuerungstheorien gemacht wurden.
- Es gab nie einen einheitlichen *angelsächsischen Theoriestil*. Großbritannien hat den Eifer für den Republikanismus kaum geteilt, der mehr Einfluß auf dem Kontinent entwickelte als in England. Ähnlichkeiten der angelsächsischen Theorietradition blieben vage als „pragmatisch" zusammengefaßt. Aber Pragmatismus im stringenten Sinn als eine bestimmte Philosophie blieb in England ebenfalls weit schwächer als in den USA. Positive politische Theorie, wie sie axiomatisch und deduktiv in Amerika entwickelt wurde (Riker/Ordeshook 1973: XI), hatte in England nur begrenzte Gefolgschaft. Der Siegeszug der Rational Choice-Ansätze hat bis heute England nur partiell erfaßt.

Nationenübergreifend entwickelten sich gewisse Lockerungen der politischen Theorie gegenüber den letzten Ideologien. In den 80er Jahren kam es zu einem Niedergang der *neokonservativen* Theorien in vielen Ländern – in dem Maße wie die Erosion radikal-sozialistischen Denkens voranschritt. *Neoliberalismus* wurde nun die dominante konservative Einstellung. Die Konservativen wurden vom wirtschaftsliberalen Denken erfaßt. Markt ersetzt auch bei ihnen zunehmend ältere Vorstellungen von Staat und Hierarchie.

Je etatischer die Vergangenheit eines europäischen Systems, um so antietatischer war die Reaktion des theoretischen Mainstreams in den jeweiligen Ländern. In Frankreich hat die Bourdieu-Schule – neben dem institutionellen Mainstream – die Theoriedebatte beherrscht. Die traditionellen institutionellen Brennpunkte der Politikwissenschaft wurden an die Peripherie der kulturellen Codes und Semantiken von Akteuren in den Subsystemen verlagert. Im ganzen blieb jedoch in Europa die postmoderne Aufmerksamkeit für „political correctness" und für das „patchwork of minorities" begrenzter als in Amerika. Nur Frankreich hat eigenständige Positionen der politischen Theorie des Feminismus beigetragen, die überwiegend durch die Mobilisierung postmodernen Gedankenguts möglich wurde. In Amerika hat der neue Trend den wissenschaftlichen Diskurs stark beeinflußt. Selbst die linke Welle des *„Caucus"* in der Zeit der Antikriegsbewegung im Vietnam-Krieg hat keine solche Mobilisierung für die eigenen Ziele bewirkt, wie die Pluralität der Minderheiten, die ihren Anteil auch an den wissenschaftlichen Forschungsmitteln und Diskurspositionen forderten. Während die europäische Theorie der Politik sich damals in den Augen vieler amerikanischer Theoretiker durch Überpolitisierung diskreditierte, und der amerikanische Radikalismus gegen die Funktionalisierung durch den Marxismus überwiegend immun blieb, hat sich das Bild in den 80er Jahren verkehrt. Der amerikanische Diskurs in seinem öffentlichkeitswirksamen Kongreßleben scheint sich ganz in ein *patchwork of minorities* aufgelöst zu haben, während die europäische Politikwissenschaft ihre Politisierungsenergien nicht im Ausmaß der 70er Jahre revitalisiert hat.

4. Theorie und Methode: Ebenen der theoretischen Analyse

Die politische Theorie geht überwiegend ohne Rücksicht auf methodologische Ansätze vor. Eine ungute Arbeitsteilung hat sich herausgebildet. Politische Theoretiker setzen vielfach ihre Ehre darein, sich um die Operationalisierung ihrer theoretischen Propositionen nicht zu kümmern. Empiriker andererseits, haben die Methodologie nicht nur theoretischer Erwägungen entkleidet, sondern Methodenfragen auf Forschungstechniken reduziert. Theorie ohne Methodologie aber bleibt steril. Am weitesten gingen die Autopoietiker in der Abschirmung gegen Empiriker. Theoretiker und Empiriker haben einander nichts zu sagen. Allenfalls können beide versuchen, die Fragen des anderen in ihr Denksystem zu übertragen (Willke in diesem Band). Ziel der Diskurse ist weder Verifikation noch Falsifikation, sondern nur ein Diskurs über die Stringenz von Konstruktionen. Woran gemessen? Logische Geschlossenheit? Das kann kaum sein, weil kaum zwei Autopoitiker je über die Stringenz von Konstruktionen Einigkeit zeigen.
Ein Teil der theoretischen Ansätze, die in der Arena der Academia um Einfluß ringen, neigt dazu, Theorie und Methode zu vermischen oder gar zu identifizieren. Das gilt vor allem für zwei wichtige Ansätze der Gegenwart:
– Auf der Makroebene gilt es für die autopoietische Systemtheorie.
– Auf der Mikroebene gilt es für die Rational Choice-Ansätze.
Beide Ansätze neigten in ihrer Behandlung der Empirie zu „stylized facts" (Green/Shapiro 1994).

Das gegenteilige Extrem, die strikte Gewaltenteilung zwischen Theorie und Methodenlehre, war ebenfalls nicht immer fruchtbar. In der Soziologie war die notwendige Balance zwischen Theorie und Methode in der Anlegung von Forschungsdesigns weit stärker internalisiert als in der Politikwissenschaft.

Selbst ein emphatischer Eskapismus in der politischen Theorie, der in diesem Forschungszweig nichts als „fachsystematisches Versagen", „Fachtheatralik" und „schlechte Professionalisierung" entdecken kann, bleibt gesprächsfähig, weil er einen methodischen Ansatzpunkt auf dem Weg zur Besserung der kranken politischen Theorie benennen kann. „*Misplaced concretion*" und „*misplaced abstraction*" seien durch den Ansatz bei „Problemen" zu vermeiden. In Richtung „concretion" wird der Weg geöffnet, wenn „Genesis und Geltung von Institutionen" statt bloße „Funktionen" im Zentrum der Analyse stehen (Narr 1989: 83). Max Webers „Leidenschaft zur Sache", „Augenmaß" und „Verantwortungsethik", die nicht, wie bei Weber, selbst realpolitisch reduziert wird, sollen so in der politischen Theorie verwirklicht werden. Ein solcher Ansatz will die alte Trias überwinden. Er dürfte wenigstens in Richtung des älteren phronesis-orientierten Normativismus konsensfähig werden, auch wenn er die Szientisten nach wie vor kalt läßt.

Der Historiker politischer Theorien wird natürlich nicht umhinkönnen, auch eine solche Position auf der Matrix zu verorten. Sie wird vermutlich an der Stelle des „*naiven Institutionalismus*" landen, auch wenn der Staatsbegriff bei den kritischen Emphatikern nicht im Zentrum stehen soll. „Naiv" ist dabei keineswegs diskriminierend gemeint. Eine von Problemen und lebensweltlichen Erfahrungen ausgehender Ansatz, der nicht von intellektuellen Konstrukten spricht, befindet sich dabei durchaus in Einklang mit Positivisten, die sich um einen sinnvollen mesotheoretischen Einstieg für das Fach Politikwissenschaft bemühen, das weder die Verabsolutierung des behavioralistischen Ansatzes beim Individuum mitmachen will, wie er aus der politischen Soziologie in die Politikwissenschaft in den 60er Jahren eindrang, noch mit den luftigen Höhen evolutionärer Erwägungen der Makro-System-Theorie zufrieden gibt.

Warum ist es so schwer, die verschiedenen Ansatzhöhen zwischen Mikro- und Makro-Level in ihren jeweiligen Erkenntnisvorteilen gelten zu lassen? Der Emphatiker kann auf seiner methodologischen Basis gleichwohl die Ebene der Weltökonomie in einer Spezialstudie für die eigentlich relevante erklären, obwohl dort noch kaum Institutionen zu finden sind, die die eigentlichen Propositionen des Ansatzes ausweisen (Narr/Schubert 1994). Der von den Emphatikern verachtete mikro-orientierte Behavioralist ist in den Spitzenerzeugnissen des Ansatzes, der sich der Theorie zuwandte, bei Almond, Verba oder Easton nicht ohne einen Vorgriff auf einen Systembegriff ausgekommen, der vor allem in Systemtheorien mit internationaler Perspektive – wie bei Karl Deutsch – immer schon ein „Weltsystem in nuce" ausgemacht hat.

Kaum ein Autor mit einer breiteren Perspektive hat handlungs- und steuerungstheoretische Erwägungen losgelöst von Ergebnissen der Forschung über Systemevolution angestellt. Selbst die Verächtlichmachung von Handlungstheorien in der Autopoiese hat wenigstens zu neuen Formelkompromissen geführt.

Eine Vierfeldermatrix kann die Berührungspunkte demonstrieren, wenn die Theorieansätze nach handlungstheoretischen oder systemtheoretischen Ausgangspunkten auf der X-Achse mit Makro- und Mikro-Ansätzen auf der Y-Achse konfrontiert wird.

Matrix: Theorieansätze und methodische approaches der Theoriebildung

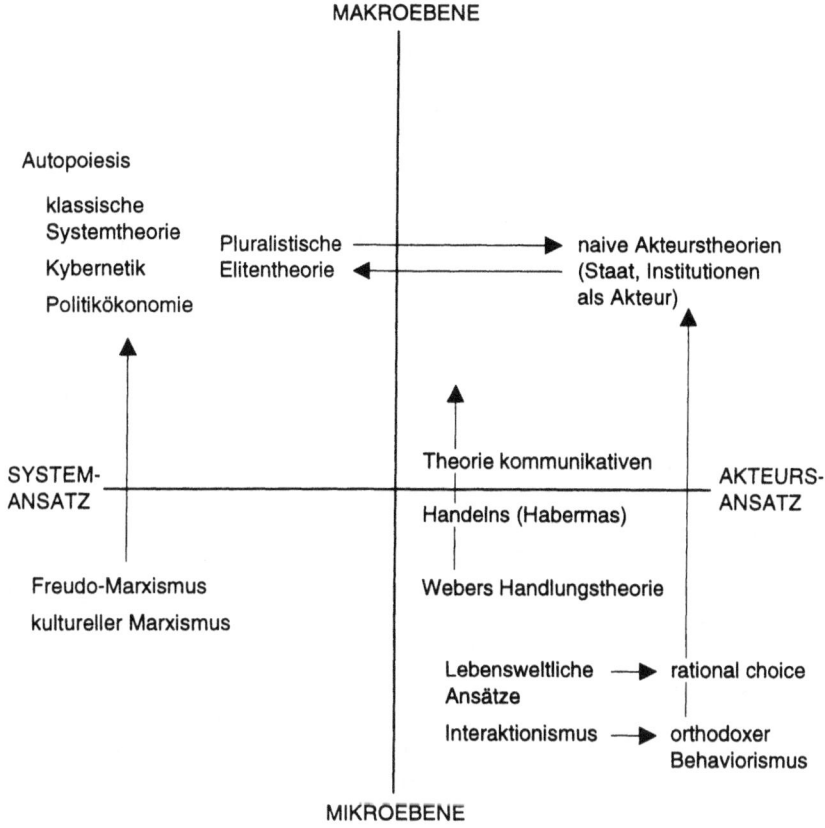

Quelle: von Beyme (1992: 346).

Gerade das Beispiel der Weltökonomie zeigt das Dilemma der bekenntnishaften Wahl einer Ansatzhöhe: Autopoietiker müßten die Weltgesellschaft für die primordiale Systemeinheit halten und äußern sich gleichwohl gewunden zu dem Verhältnis der territorial fixbaren Systemebenen. Sie sind nicht wesentlich über die Klassifikation der Systemebenen von der UNO bis zur Gemeindepolitik hinausgekommen, die Karl Deutsch einst nebeneinander stellte, nur, daß sie sich um deren Interaktions- und Penetrationsverhältnis weniger sorgten als ein Empiriker der internationalen Politik (vgl. Zürn in diesem Band). Die Weltgesellschaft bei Luhmann kommt in concreto nur als Ermahnung vor, daß die ohnehin nicht sehr plausiblen Steuerungstheorien neben den Beschränkungen, welche die jeweils speziellen Teilsystemcodes der Intervention von außen auferlegen, nicht vergessen mögen, daß für viele Entscheidungen bereits eine transnationale Ebene zuständig sei – als ob die Debatten in der Politikfeldanalyse seit Maastricht nicht verstärkt genau dieses Problem avisierten.

Zwischen den extremen Polen, dem orthodoxen Behaviorismus (Individuum) und der Autopoiese (Evolution des Weltsystems) hielten sich viele Zwischenpositionen. Trotz einiger Debatten auf der Methodenebene haben sich die Annäherungen seit langem vollzogen. Behavioralisten der weniger orthodoxen Variante haben immer Systemebenen als Konvergenzpunkt der vielen individuellen Perzeptionen und Attitüden gesucht. Wissenschaftler, die von den luftigen Systemkonstruktionen ausgingen, wie einige Kybernetiker, sind in der faktischen Analyse bei höchst konkreten Institutionen angelangt, die am Wege ihrer Rückkoppelungsschleifen auffielen. Man muß nicht postmoderner Wurstigkeit des *„anything goes"* verfallen, um das Prinzip der klassischen Moderne „eine Disziplin, eine Methode, eine bevorzugte Analyseeinheit" als methodischen Dogmatismus zu erkennen, so wie wir uns als Staatsbürger und Privatleute daran gewöhnt haben, die Vorstellung aufzugeben: ein Staat, eine Religion, eine Nation, ein Lebenspartner, eine Parteimitgliedschaft, eine Verbandszugehörigkeit – und das alles lebenslang.

Politikwissenschaft bedarf weit mehr als die Soziologie, die in Methodenfragen und Theorien vielfach Vorbild der Politologen wurde, der Vorstellung des Akteurs. Er gehört zu den notwendigen Lebenslügen dieser Wissenschaft, wie in der Geschichtswissenschaft, seit der dogmatische Strukturalismus wieder überwunden worden ist. Politikwissenschaft ist daher bei den Approaches auf der Matrix in der rechten Mitte angesiedelt. Sie tendiert zur Akteursseite, aber hält eine Mitte zwischen Makro- und Mikro-Ebene ein. Das bedeutet freilich nicht, daß die Traditionalisten recht haben, individualistische Ansätze der Behavioristen, die auf der Mikroebene ansetzen, aus dem Fach auszutreiben, wie es in den 50er und 60er Jahren gelegentlich geschah, als in vielen europäischen Ländern (B. Crick, G. Sartori, W. Hennis) „Lanzen für die Politik" gebrochen wurden, um das Einfallstor der politischen Soziologie in der Zitadelle Politikwissenschaft zu verriegeln.

Nur diese Gruppe von traditional gesinnten Gelehrten mußte sich das Verdikt der Autopoietiker zu Herzen nehmen, daß sie in „penetranter Weise" auf einer Trennung von der Soziologie bestanden. Nur sie erhoben einen übertriebenen Anspruch auf die Königswissenschaft „Politik", und hielten an einem Primat der Politik fest (vgl. Willke in diesem Band). Der Mainstream, der von Amerika behavioralistisch kolonialisiert worden war, dachte in diesen Fragen immer differenzierter. Die Fachgrößen organisierten ihre Panels in der IPSA und in der International Sociological Association in gleicher Zusammensetzung. Lipset, Rokkan, Renate Mayntz und viele andere hätten die Frage, ob sie Politologen oder Soziologen seien, nicht einmal verstanden. Einige von ihnen – wie Lipset oder Bendix – wurden aus soziologischen Departments herausgedrängt und durch den labelling approach zu Mitgliedern des Political Science Departments umdefiniert. Dies lag aber nicht an einer Abschottung der beiden sozialwissenschaftlichen Fächer, sondern eher an einer dogmatischen Mikro-System-Orientierung, welche die Makrosoziologen schon zur außerwissenschaftlichen Sozialphilosophie zu rechnen bereit war.

Die meisten Systemtheoretiker blieben resistent gegenüber den Sirenenklängen eines radikalen Konstruktivismus. Durkheims Beharrung auf der Entdeckung der *„faits sociaux"* hat einen zweiten Paradigmawandel der Systemtheorie auch bei Luhmann zunächst überlebt. Daß mesotheoretisch orientierte Politikwissenschaftler glauben, ihre Begriffe auch in der sozialen Realität vorzufinden, mag noch als erkenntnistheoretische Naivität abgetan werden. Aber auch Luhmann bestand lange darauf, daß seine Systeme in der Wirklichkeit existierten und keine reinen Konstrukte seien. Seit

1990 scheint der Widerstand gegen konstruktivistische Ansätze auch bei Luhmann schwächer geworden zu sein. Soweit Autopoietiker bekennende Konstruktivisten wurden, konnten sie aber wenig Einwände dagegen haben, den „Akteur" unter einer „als-ob-Prämisse" einzuführen, nachdem Vaihingers „Philosophie als ob" von der Postmoderne wieder entdeckt worden ist. Umstritten kann lediglich die Frage sein, nach welchem Kriterium die als-ob-Annahmen sich bewähren sollen. Akteurstheoretiker werden argumentieren, daß die Zunahme des Erkenntnisgewinns und der Steuerungsfähigkeit von Akteuren das Kriterium sein solle. Hier werden Autopoietiker skeptisch bleiben. Umgekehrt werden die empirisch orientierten Akteurstheoretiker sich schwerlich mit dem „Christo-Effekt", dem Aha-Erlebnis einer diskrepanten Erscheinung, „die Rückfragen an die eigene normalisierte Perspektive provoziert", zufriedengeben. Theorie mit der Kunst zu vergleichen, in der Konfrontierung der geläufigen Realität mit einer anderen Version derselben Realität, bleibt allenfalls bis zum Ende der auratischen und gegenständlichen Kunst plausibel (Luhmann 1984). Die nachauratische, moderne Kunst tritt eher als bewußte Konstruktion neuer Möglichkeitsrealitäten auf. Theorie scheint mir rigorosere Validisierungsregeln zu erfordern als Kunst. Solange nicht zwei Autopoietiker übereinstimmen, wie die Korrespondenzbeziehungen zwischen unterschiedlichen Rekonstruktionen von Wirklichkeit überprüft werden – stimmten sie überein, gäbe es weniger Meinungsverschiedenheiten zwıschen Luhmann und Willke – bleibt diese Konzeption der Theorie für die empirischen „Macher" etwa so exakt wie die Hermeneutik. Auch ihr spricht ja niemand ab, daß sie wertvolle heurıstische Erwägungen möglich macht. Es hapert nur an der „intersubjektiven Transmissibilität" des Wissens. Ein Autopoietiker freilich würde gerade diese für eine Utopie des klassischen Rationalismus halten. Aus dem Dilemma käme der Unentschiedene nur heraus, wenn er Wissen als Konvention definierte, oder postmoderne Inkommensurabilität predigte und dann dafür kämpft, daß für jede partiell durchsetzungsfähige Theorie ein Konkordanzlehrstuhl geschaffen wird.
Die erkenntnistheoretischen und methodologischen Debatten der „grand theory" waren für die meisten Politikwissenschaftler nur insofern relevant, als es um die Frage ging: ist eine Handlungstheorie möglich, eine Frage, die von den Mesotheoretikern meist unreflektiert bejaht wurde. Hier haben die 90er Jahre wichtige Annäherungen der Positionen gebracht. Auch die Bielefelder Schule begann sich bei der Rabulistik von den „geschlossenen, aber in gewisserweise offenen" Systemen (Teubner) zu langweilen. Helmut Willke hatte das Verdienst, sich eigenständig der Orthodoxie schon immer zu wiedersetzen. Willke hatte den Staat hinreichend entzaubert, um sich wieder vorurteilsfrei den verbliebenen Handlungsmöglichkeiten zuzuwenden. Etzioni wurde wieder entdeckt. Eine „aktive Gesellschaft" in seinem Sinne müßte ein Horror für jeden strenggläubigen Autopoietiker sein. Sozietale Steuerungstypen haben sich seit langem der Theoriebildung mittlerer Reichweite angenähert. Es wurde Willke – wohl zu Recht – die mehr oder weniger absichtsvolle Vermischung von System- und Akteursebene zugeschrieben (Ulrich 1994: 172). Dies konnte Luhmann (1984: 579) schwerlich gefallen. Er hielt es für illusorisch „sich vorzustellen, daß die Probleme der Interkoordination verschiedener gesellschaftlicher Funktionssysteme ... durch eine Aussprache der Beteiligten gelöst ... werden könnten". Er leugnete nicht, daß die Interkoordination folgenreich existierte. Er bezweifelte nur, daß sie die Probleme lösen könne.

Kein Wunder, daß der verblüffungsfeste Geist Niklas Luhmanns (1993: 54) sich ebenfalls bei der fruchtlosen Generaldebatte zu langweilen begann. Steuerung zu leugnen schien ihm absurd, „denn es hieße zu leugnen, was faktisch in erheblichem Umfange geschieht" (ebd. 55). Steuerung wurde nun wieder als „Hauptbetätigungsfeld" der Politik angesehen. Der Steuerungsanlaß entsteht durch „Politisierung" eines Zustandes als eines Problems, bei dem „etwas geschehen muß". Langeweile schlug in Flucht nach vorn um: Luhmann bot den Steuerungs- und Handlungstheoretikern Formulierungshilfe an, damit ihre Position sinnvoller werde. Es wurde durchgespielt, was geschieht, wenn man die Analyse von der Systemtheorie auf Handlungstheorie umstellte. Dann stünden die Untersuchungen von Zwecken, gegebenen Beschränkungen und unabbeabsichtigten Nebenfolgen als Unterscheidungen im Zentrum. Gewonnen ist mit dieser Umstellung für Luhmann (1993: 60) freilich nichts, weil abhängig von den jeweiligen Zeithorizonten die Beschränkungen und Nebenfolgen viel größeres Gewicht hätten als die Zwecke selbst. Die ältere Planungstheorie hatte das System durch Steuerung noch von außen in einen jeweils anderen Zustand bringen wollen. Die neuere Steuerungstheorie kann sich für Luhmann von dieser schlechten Gewohnheit der älteren Planungstheorie nur schwer befreien. Wenn sie es tut, kann man jedoch notfalls von Steuerung sprechen. Er selbst (1991: 143) bevorzugt aber eher den angelsächsischen Ausdruck *control*. Bei politischer Steuerung geht es – in Anlehnung an Herbert Simon – eher um Kontrolle der Beschränkungen und Nebenwirkungen als der Zwecke.

Auch Luhmann sieht eine Möglichkeit zur *Kompatibilisierung* von Steuerungsinterventionen in anderen Funktionssystemen. Aber die Reaktion auf den Steuerungsimpuls bestimmen sie selbst. Die Hoffnung von Willke und Teubner, durch Kontextsteuerung die selbstorganisierte Sensitivität der Funktionssysteme auszunutzen, weil die „Irritationen", als die jeder Interventionsversuch von außen wahrgenommen wird, eine interne Suche nach Problemlösungen auslöst, teilt er nicht. Das Konzept ist für ihn nicht in der Lage, Transparenz der Wirkungsketten und die Prognostizierbarkeit der Erfolge vorzusehen.

Jede Interpenetrationstheorie älterer Parsonssche Provenienz bleibt verdächtig, auch wenn sie im Gewande autopoietischer Terminologie antritt. Luhmann (1992: 76) blieb bei einer Logik zielloser Evolution. Mit dem Schlachtruf „nie wieder Vernunft" wird jede Anmaßung in Einsichten und Steuerungsfähigkeit zurückgewiesen. Trotz dieser verhärteten Grundsatzpositionen bleiben die Konzessionen an Handlungs- und Steuerungstheorien als Operation der Differenzreduktion für empirische Forscher, die ohne diese schwer auskommen, bemerkenswert. Die tröstliche Botschaft aus Bielefeld an die Steuerungsforscher lautet: „Man kann solche Sachverhalte im Hinblick auf Folgen und Nebenfolgen von Steuerung erforschen, ohne einen Gedanken an ‚Autopoiesis' zu verschwenden" (Luhmann 1990a: 144).

Merkwürdigerweise gab Luhmann nach einer erneuten Philippika gegen Steuerungsillusionen den Politikern in dem Teil der Politik gute Ratschläge, der am stärksten in Gefahr ist, populistische Handlungsmöglichkeiten zu simulieren, nämlich bei den Parteiprogrammen. Die Programme sollten sich darauf beschränken, die Grenzen der möglichen Steuerung der Staatspolitik publik zu machen. Damit wird irgendwie unterstellt, daß selbst mit vagen Programmen Verhaltenssteuerung der Wähler möglich sei. Man könnte argwöhnen, daß dieses Konzept allenfalls für eine Steuersenkungspartei, wie die Lega Lombarda oder Glistrups Fortschrittspartei, sinnvoll sei. Aber Luhmann wird sich für solche Details nicht interessieren: die Koalitionsvereinbarung von 1994 beginnt exakt mit diesem Gedanken. Das hindert sie freilich nicht, im folgenden durchaus kostentreibende Vorschläge zu machen, die dem limitierenden Vorspann kaum gemäß sein dürften.

Trotz solcher Konzessionen Luhmanns an die handlungsorientierten Sozialwissenschaftler, dürfen diese sich nur begrenzt freuen: Steuerungs- und Gesetzgebungsstudien auf allen politischen Ebenen dürften nach dieser Konzeption kaum mehr zutagefördern als ein überwiegendes Scheitern der ursprünglichen Intentionen der Akteure. Wieviel Scheitern muß der Empiriker erwarten? Luhmanns Epidemiebeispiel für erfolgreiche Steuerung ist nicht glücklich gewählt. Der Staat, der Impfrichtlinien erlassen hat, ist sich bewußt, daß die Selbststeuerung des Gesundheitssystems die Erkrankungsraten senkte und nicht die Politiker. Aber im Bereich, wo Steuerung über Verhaltenssteuerung des Rechts erfolgt, ist das Übersetzungsproblem von Steuerung zu Selbststeuerung nicht so einfach zu lösen.

Ein pragmatischer Eklektizismus zeichnet sich bei den theorieorientierten Empirikern ab: die neueren Theorien politischer Steuerung verengen sich zu einer präskriptiv gefärbten Theorie des politischen Handelns. Eine Gesellschaftstheorie scheint mit dem Steuerungsbegriff immer weniger verbunden zu sein. In dieser aber stehen Staatsintervention, Verhandlungsprozesse, Marktprozesse und spontane Strukturbildung nebeneinander (vgl. Renate Mayntz in diesem Band). Auch bei den Theoretikern, die auf die spontane Subsystembildung setzen, wie Beck (1993: 209), ist eine reflexive, regelverändernde Politik des politischen Systems als Bezugspunkt für die Subpolitik keineswegs ersatzlos gestrichen worden. Diese aber beruht nur zum kleineren Teil auf autoritativer Regelsetzung durch staatliche Steuerung.

Das Verhältnis von Theorie und Methode wurde in neueren Ansätzen zusätzlich kompliziert durch die Infragestellung des kausalen Denkens der klassischen Moderne. In der Zeit der Popperisierung der analytisch gestimmten Wissenschaft – von ihren Gegnern irreführend als „Neopositivismus" etikettiert – wurden die angeblich exakteren Naturwissenschaften zu einem Vorbild der Sozialwissenschaften. Der Behavioralismus hat über die empirische Psychologie schon immer diesem Vorbild gehuldigt. Er schien der Popperisierung allenfalls in der Ermahnung zu bedürfen, daß Wissenschaft mit deduktiven Theorien zu arbeiten habe. Im Behavioralismus, der sich von der Dogmatik des strikten Behaviorismus löste, wurde diese Forderung zum Teil erfüllt. Funktionalistische Systemtheorien verbanden sich mit behavioralistischen Methoden.

Am Ende der klassischen Moderne häuften sich die Stimmen der Naturwissenschaftler, die eher sozialwissenschaftliche Denkfiguren wie *Chaos und Fluktuation* wiederkehren sahen, auch in der Natur. Die Gefahr wuchs, daß ein veralteter Stand der Naturwissenschaften kopiert wurde (vgl. Landfried in diesem Band). In der Transformationsepoche wuchs die Bereitschaft mit chaostheoretischen Elementen zu operieren, da lineare Kausalität und selbst stochastische Schwankungen die globalen Prozesse nicht mehr erklären konnten. Vieles blieb metaphorisch und auf Makro-Phänomene begrenzt, obwohl bei hinreichender Operationalisierung auf vielen Ebenen mit chaostheoretischen Annahmen gearbeitet werden kann. Niemand wird jedoch im Eifer des Gefechts soweit gehen, lineare Kausalität für überholt zu halten. Für die täglichen

Durchschnittsphänomene reichen die Interventionsmöglichkeiten linearer Kausalität aus. Der Forscher, der beim Arzt für seine Erkältung mit zirkulären Erklärungen und Hinweis auf eine nichtlineare Logik vertröstet würde, wird geneigt sein, den Arzt zu wechseln. Der Politiker, der bei konkretem Handlungsbedarf nur Globaltheorien geboten bekommt, wird den wissenschaftlichen Berater wechseln – mit Recht.
Eine Antwort auf die neuen Entwicklungen der Naturwissenschaften war die autopoietische Systemtheorie. Es mehren sich die Stimmen, die bezweifeln, daß selbst Organismen operativ völlig geschlossen sind (Schwegler/Roth 1994). Es gab immer schon mehr Zweifler als Gläubige, daß man das Bild von der operativen Geschlossenheit, wenn es denn in der Natur plausibel wäre, auf soziale Gebilde übertragen könne. Luhmann hat den Vorwurf des Biologismus immer strikt zurückgewiesen. Unzweifelhaft ist, daß biologische Metaphern auf vielen Ebenen in die sozialwissenschaftlichen Theorien Eingang gefunden haben, von der neuen Nationalismusforschung bis zu feministischen Theorien. Biopolitik – einst ein verlängerter Arm behavioralistischer Theoriebildung – wurde ontologisiert und zur Gefahr für die Eigenständigkeit sozialer und politischer Phänomene (Féher/Heller 1994). Selbst wenn der Vorwurf des Biologismus entkräftet werden kann – und er kann es ganz sicher in der Weiterentwicklung einiger Autopoietiker wie Teubner oder Willke –, bleibt die konstruktivistische Beschränkung auf die systemtheoretische Realitätssicht eine Reifizierung der analytischen Kategorien (Münch 1994: 394).
Ansprüche auf *Prognosefähigkeit* und Hilfen für die *Politikberatung* sind durch diese neueren Entwicklungen der Theorie nicht gerade untermauert worden. Die Politikberatung geht zwar weiter, aber um den Preis, daß – mit wenigen Ausnahmen – die Politikwissenschaft die Politikberatung den Juristen und anderen Disziplinen überläßt. Während der theoretische Streit weitertobt, ob wir mehr als „half knowledge" besitzen, und ob dies für Prognosen und Steuerungshilfen im Teilsystem Politik ausreicht, wird weiter interveniert, schon weil die politische Elite ihre Responsiveness unter Beweis stellen muß. Obwohl nicht alles über Waldsterben und Ozonloch gesichertes Wissen erscheint, wird mit Hilfe von Wissenschaftlern interveniert.
Die Theorie der Politik hat daher als Gegenbewegung gegen makro-theoretische Beliebigkeit einen theoretischen Ansatz zur immer strikter gehandhabten Methode ausgebaut, den *Rational Choice-Ansatz*. Es handelt sich um einen Sproß vom Baum utilitarischer Theorie seit Bentham mit ein paar theoretischen Grundannahmen wie methodischer Individualismus und Deduktivismus. Aber in der routinisierten Anwendung wird der Ansatz weitgehend zur Methode, auch wenn die Statistiker nicht immer zufrieden sind, wie „stylized facts" mit statistischen Methoden behandelt werden. Der Ansatz erkauft seine Universalität des Anspruchs der Geltung mit einer besonders begrenzten Einsatzfähigkeit, die sich auf Gebiete wie Wahlverhalten, Koalitionenbildung von Parteien, Interessengruppen-Koalitionen und einige Konstellationen der internationalen Politik beschränken (vgl. Pappi in diesem Band).
Der Rational Choice-Ansatz zahlte in den 80er Jahren den Behavioralisten heim, was diese einst den Institutionalisten und Zeithistorikern angetan hatten. Die inkonsistente Psychologie und ihre Abneigung gegen Theorien wurden den Behavioralisten von der Rational Choice-Bewegung vorgehalten. Mit der Phasenverschiebung einer Generation vollzog sich noch einmal ein Glaubenskrieg in manichäischer Frontverhärtung (Goodin/Klingemann 1996). Die Suche nach der „kohärenten, sparsamen und deduktiven

Theorie" (Ordeshook 1992) ließ auch jene theoretischen Kritiker, die das Handwerkszeug beherrschten und das Rationalitätstheorem der Rational Choice-Ansätze akzeptierten, überwiegend skeptisch zurück, weil Aufwand und Ertrag – nicht wie versprochen – ihr altes Mißverhältnis überwanden (Green/Shapiro 1994). Trotz vehementer Gegenkritik kam es in den 80er Jahren zu einem beispiellosen Aufschwung des Ansatzes, der ganze Departments zu beherrschen begann. Dieser Aufstieg ist an der Untergliederung der politischen Theorie in den Kompendien zum „state of the discipline" abzulesen, welche die American Political Science Association in jeder Dekade vorlegte.

1983 war „politische Theorie" als historischer Überblick von empirischen und normativen politischen Theorien konzipiert (Gunnell 1983). Daneben durfte William Riker sein Steckenpferd „Koalitionsspiele" reiten. Zehn Jahre später wurde „formal rational choice" eine siegreiche Bewegung (Lalman u.a. 1993: 77) und Riker wurde nur noch als früher Beitrag gewürdigt, ein Pionier, der in den erlauchten Kreis derer, die meist aus der Ökonomie kamen, vorstoßen konnte. Zwischen „formaler Rational Choice-Theorie" und „normativer politischer Philosophie" war das Nichts getreten. Wie ist diese erstaunliche Erfolgsgeschichte eines sehr formalistischen Ansatzes zu erklären? Mehrere Gründe sind dafür denkbar:

– Der Ansatz entsprach der neopositivistischen Forderung nach *deduktiver Theorie*.
– Rational Choice kann auf *jedes Verhalten* angewandt werden, von egoistischer Rationalität bis zu dem Altruismus einer Mutter Teresa, die ihre Gutheitsstrategien nicht weniger maximiert als der krasse Egoist seine Bosheit.
– Der *Akteursansatz* der Politikwissenschaft, vornehmlich auf der Meso-Ebene angesiedelt, blieb möglich, ohne daß man die Einheit des Akteurs als Grundsatzproblem ontologisieren mußte.
– Rational Choice als *Gegenkraft* gegen die Dominanz behavioralistischer Ansätze, die ähnlich formal und szientistisch arbeiten, aber der Theoriebildung fernblieben.
– Der *aufgeklärte Institutionalismus*, der sich gegen den Behavioralismus wieder durchsetzte, ließ sich mit Rational Choice-Ansätzen verbinden. Selbst Rational Choice-Marxisten wurden entdeckt, wie Jon Elster oder Adam Przeworski. Das ist kein Zufall. Der methodisch problematisch gewordene marxistische Ansatz konnte sich auf ein solideres methodisches Fundament stellen.
– Die *neoklassische Grundstimmung* des Jahrzehnts und die verlockende Möglichkeit, mit der neuen Theorie das Ende der ideologischen Debatte ein für alle Male zu besiegeln, haben ebenfalls zu dieser Entwicklung beigetragen.
– *Autopoietische Selbstreferentialität von Teilsystemen* ist von Wissenschaftlern erdacht worden, und trifft auf sie am besten zu. Der neue Ansatz diente der Stabilisierung der Disziplin nach außen und verschaffte ihr Anschluß an Ökonomie und andere Sozialwissenschaften, welche die Politikwissenschaft als narrative Disziplin nicht sonderlich hoch einschätzten.

5. Die Wiederkehr der normativen Politischen Theorie

Die alte Trias-Narretei (E. Faul) der metatheoretischen Ansätze, die keine Einführung in die Politikwissenschaft vermied, schien durch die neueren Entwicklungen und die

Entideologisierung, die der Erosion des marxistischen Denkens vorausging, obsolet geworden. Durch die Bewegung des Kommunitarismus hat jedoch selbst eine tugendzentrierte Tradition des politischen Denkens wieder Auftrieb erhalten. Hannah Arendt wurde vielfach zum Bindeglied der älteren Normativisten und der „after virtue"-Bewegung bei A. MacIntyre.

Neben dem radikalen Kommunitarismus, der zu einer Entdifferenzierung der politischen Analyse neigte, gab es den gewichtigeren Zweig der äußerste differenziert denkenden gemäßigten Kommunitarier wie Michael Walzer und Amitai Etzioni. Die Liberalen, die in der Zeit der Erosion jeder sozialistischen Alternative dominierten, forderten den Widerspruch der Kommunitarier heraus. Die Suche nach übergreifenden Wertzusammenhängen blieb nicht ohne Rückwirkungen auf den Neoliberalismus. Der Liberalismus „liberalisierte" sich wieder. Michael Walzer (1990) hat einmal resignativ eingeräumt, daß die Kommunitarier die Schlacht nicht gewinnen und allenfalls den Liberalismus als Gegenspieler wieder humanisieren konnten.

Der neue liberale Grundkonsens, der die Pole an den Enden der theoretischen kommunizierenden Röhren umfaßt, ist das Ideal der *civil society*. Es wurde zugleich zum Ansatzpunkt einer Ideologiebildung der Opposition gegen den bürokratischen Sozialismus in seiner Endphase. Es zeigte sich freilich, daß die dominante staatlich geförderte Ideologie selbst auf die Opposition nicht ohne Rückwirkung geblieben war: die Opposition betonte das Prinzip des „*homme*" als Träger von Menschenrechten, die im Sozialismus verweigert wurden. Sie forderten den *citoyen*, der nicht nur einer staatlich manipulierten Pseudopartizipation zugeführt werden wollte. Aber das sozialistische Gedankengut war stark genug, um den *bourgeois*, der seit Locke und den amerikanischen Founding Fathers immer zum Begriff der civil society dazu gehört, weiterhin zu verachten. Daraus entwickelte sich ein wohlmeinender, aber weltfremder Idealismus, der die Intelligencija vor der Realität einer besonders brutalen frühen mafiosen Form des Kapitalismus nicht gewachsen war. Nicht wenige Radikale im Westen hatten um 1989 Impulse für die erstarrte und routinisierte Demokratie im Westen aus den friedlichen Revolutionen erhofft. Angesichts der Institutionenskepsis und der Wirtschaftsfremdheit solcher Theorien blieb dieses Gedankengut rasch in einer larmoyanten Minderheitenposition.

Die Länder des Westens erfuhren gleichwohl von Ansätzen einer zivilen Bürgergesellschaft ganz neue Anregungen. Die politische Theorie konnte sich nicht mit dem Gefühl des siegreichen Sektkorkenknallens abfinden. Die Theoretiker spürten, daß nach dem Untergang des bürokratischen Sozialismus nichts mehr so sein werde wie vorher. Das prognostische Versagen gegenüber dem Kommunismus wurde sogar mit besonders eifrigen *dooms day*-Szenarien hinsichtlich der Veränderungen im Westen zu kompensieren versucht. Eine Schlüsselrolle spielen die weltweite Migration, die durch den Wegfall des Eisernen Vorhangs nicht mehr einzudämmen schien. Die nordatlantische Festung begann über ihre Grundlagen nachzudenken.

Gegenüber unbekümmerten postmodernen Buntheitsvorstellungen unreflektierter multikultureller Gesellschafts-Apologeten hatte die Theorie des *Citizenship* das Verdienst, die Spannung von Inklusion und Exklusion, die in jedem Bürgerbegriff liegt, differenziert zu analysieren (Meehan 1993: 21). Globalisierung einerseits und subsystemische Regionalisierung und Partikularisierung andererseits lassen den Nationalstaat und seinen – ethnischen oder kontraktualistischen – Staatsbürgerbegriff nicht mehr sinnvoll erscheinen. Loyalitäten konstituieren sich zunehmend unterhalb oder jenseits der territorialen Definitionen von Staatsbürgerschaft. Die normative Komponente dieser Theorieansätze verkannte auch nicht, daß das Bild des „guten Bürgers" eine Loyalität erforderte, die sich in einer säkularen Gesellschaft – und nur in ihr ist civil society letztlich denkbar – nicht von selbst herstellt, sondern durch Sozialisation gefördert werden muß (Heater 1990: 203).

Postmodern gestimmte Ansätze des Denkens über die Zivilgesellschaft konnten nicht bei T.H. Marshalls (1991) Dreiteilung der citizenship in civil, political und social stehen bleiben, welche in der individuellen Freiheit, in der politischen Partizipation und in der sozialen Wohlfahrt der Bürger ihren Niederschlag findet (Clarke 1994: 173). Eine Postmoderne, die sich nicht als romantischen Rückfall in die Prämoderne verstand, sondern als die Entwicklung der guten Seiten der klassischen Moderne, monierte an der Marshallschen Konzeption die Konzentration auf den Wirtschafts- und Sozialbürger. *Cultural citizenship* mußte als viertes Element hinzutreten (Turner 1994: 159). Das Denken in Fragmenten bekam Unterstützung in dieser Betonung der kulturellen Faktoren von den Feministinnen (Vogel/Morgan 1991), über die antirassistischen Denkbemühungen bis hin zur positiven Bewertung der Ethnien in neueren Nationalismusansätzen. Je stärker der Bürgerbegriff sich verrechtlichte – bis in die Wirtschaftssphäre – und auch normativ zunehmend auf einen Verfassungspatriotismus vereidigt wurde, um so mehr wurde die Rolle der Ethnien in den kulturellen Aspekt der modernen Gesellschaft verankert. Soweit postmoderne Denker einen Primat des Teilsystems Kultur unterstellten, lag damit jedoch auch die Gefahr nahe, die alten primordialen Begriffe, wie die Nation, in neuem postmodernen Gewand unverdächtig verkleidet, wieder staatsfähig zu machen. Wegweisender ist jedoch ein Denkstrang (Roche 1992: 192f.), der im Postnationalismus – in Ansätzen in der Europäischen Union anvisiert – neue soziale Rechte transnationalisiert und der subnationalen Verwirklichung von Gruppen ganz neue Horizonte eröffnet.

Die Entwicklung der Theorie der Politik ist gekennzeichnet durch das Nebeneinander extremer Spezialisierung neben immer kühneren holistischen Griffen nach einer Konzeption des Ganzen. Neben postmoderner buntscheckiger Inkommensurabilität und Beliebigkeit entwickelt sich die Sehnsucht nach einer Gemeinschaft. Sie ist keineswegs auf das Gewimmel der New Age-Philosophien und Neofundamentalismen beschränkt. „Die Bürgergemeinschaft sichert die Solidarität nicht nur für sich selbst, sondern für die ganze Gesellschaft mit ihren Teilsystemen" (Münch 1994: 384) lautet die tröstliche Botschaft der Parsonschen Systemtheorie. *Systemische Integration* ist noch möglich, auch wenn *soziale Integration* zum Opfer der Differenzierung wurde. Wo die Systemtheorie zur Autopoiese weiterentwickelt wurde, haben ihre Vordenker an der moralischen Kälte ihrer Theorie auf die Dauer kein Vergnügen gefunden. Das Ganze und der Bürgersinn, der es realisieren soll, werden wenigstens unter als-ob-Prämissen wieder eingeführt (vgl. Willke in diesem Band). Ungelöstes Problem bleibt vorerst, auf welcher Ebene das Ganze angesiedelt werden soll, da sich der Nationalstaat verflüssigt und die Identitätsbildung sich pluralisiert. Es bleibt die vage Hoffnung auf eine *Weltgesellschaft*, die nicht nur als Teilphänomen vom „Weltkrieg" bis zum „Weltmarkt" existiert. Politik als „Kunst des Unmöglichen" (Falk 1994: 140) wird der Theorie der Politik von einem normativen Bürgerverständnis als künftige Aufgabe ins Stammbuch geschrieben.

Literaturverzeichnis

Andrews, G. (Hrsg.), 1991: Citizenship. London: Lawrence & Wishar.
Almond, Gabriel A., 1988: The Return to the State, in: APSR, 853-874.
Barnes, B., 1990: Thomas Kuhn and Social Science. New York: Columbia Unversity Press.
Beck, Ulrich, 1986: Risikogesellschaft. Frankfurt a.M.: Suhrkamp.
Beyme, Klaus von, 1988: Die deutsche Politikwissenschaft im internationalen Vergleich, in: *ders.*: Der Vergleich in der Politikwissenschaft. München: Piper, 29-49.
Beyme, Klaus von, 1992: Theorie der Politik im 20. Jahrhundert. Von der Moderne zur Postmoderne. 2. Aufl., Frankfurt a.M.: Suhrkamp.
Brie, Michael, 1995: Rußland: Die versteckten Rationalitäten anomonisch-spontaner Wandlungsprozesse, in: *Rudolph, Hedwig* (Hrsg.), Geplanter Wandel, ungeplante Wirkungen. WZB-Jahrbuch 1995: 44-61.
Clarke, P.B., 1994: Citizenship. London: Pluto Press.
Downs, Anthony, 1957: An Economic Theory of Democracy. New York: Harper & Row.
Easton, David, 1981: The Political System Besieged by the State, in: Political Theory, 303-325.
Falk, R., 1994: The Making of Global Citizenship, in: *Steenbergen, B. van* (Hrsg.), The Conditions of Citizenship. London: Sage, 127-140.
Féher, Ferenc/Heller, Agnes, 1994: Biopolitics. Aldershot: Avebury.
Fraser, N., 1995: Recognition Redistribution?, in: The Journal of Political Philosophy 2, 166-180.
Fraser, N., 1995a: From Redistribution to Recognition? Dilemmas of Justice in a „Post-Socialist" Age, in: New Left Review 212, 68-93.
Friedrich, Carl J./Brzezinski, Zbigniew, 1965: Totalitarian Dictatorship and Autocracy. Cambridge, Mass.: Harvard University Press.
Galtung, Johan, 1983: Struktur, Kultur und intellektueller Stil, in: Leviathan, 303-338.
Goodin, Robert, 1992: Green Political Theory. Cambridge: Polity.
Goodin, Robert E./Klingemann, Hans-Dieter (Hrsg.), 1996: A New Handbook of Political Science. Oxford: Oxford University Press (im Erscheinen).
Green, Donald P./Shapiro, Ian, 1994: Pathologies of Rational Choice Theory. New Haven: Yale University Press.
Gunnell, John G., 1983: Political Theory: The Evaluation of a Subfield, in: *Finifter, Ada W.* (Hrsg.), Political Science. The State of the Discipline. Washington: American Political Science Association, 3-46.
Habermas, Jürgen, 1992: Faktizität und Geltung. Beiträge zur Diskurstheorie des Rechts und des demokratischen Rechtsstaats. Frankfurt a.M.: Suhrkamp.
Hacker, Jens, 1992: Deutsche Irrtümer. Schonfarber und Helfeshelfer der SED-Diktatur im Westen. Berlin: Ullstein.
Heater, D., 1990: Citizenship: The Civil Ideal in World History, Politics and Education. London: Longmans.
Kuczynski, Jürgen, 1992: Asche fur Phönix. Aufstieg, Untergang und Wiederkehr neuer Gesellschaftsordnungen. Köln: Papyrossa.
Lalman, D. u.a., 1993: Formal Rational Choice Theory. A Cumulative Science of Politics, in: *Finifter, Ada W.* (Hrsg.), Political Science. The State of the Discipline II. Washington: American Political Science Association, 77-103.
Lasswell, Harold D./Kaplan, Abraham, 1950: Power and Society, A Framework for Political Inquriy. New Haven: Yale University Press.
Luhmann, Niklas, 1984: Soziale Systeme. Frankfurt a.M.: Suhrkamp.
Luhmann, Niklas, 1990: Soziologische Aufklärung 5. Konstruktivistische Perspektiven. Opladen: Westdeutscher Verlag.
Luhmann, Niklas, 1990a: Steuerung durch Recht?, in: Zeitschrift für Rechtssoziologie, 142-146.
Luhmann, Niklas, 1992: Betrachtungen der Moderne. Opladen: Westdeutscher Verlag.
Luhmann, Niklas, 1993: Politische Steuerungsfahigkeit eines Gemeinwesens, in: *Göhner, Reinhard* (Hrsg.), Die Gesellschaft für morgen. München: Piper, 50-65.
Marshall, T.H., 1991: Citizenship and Social Class. London: Pluto Press.
Meehan, Elisabeth, 1993: Citizenship and the European Community. London: Sage.
Miller, D., 1990: The Resurgence of Political Theory, in: Political Studies, 421-437.
Munch, R, 1994: Politik und Nichtpolitik. Politische Steuerung als schöpferischer Prozeß, in: Kölner Zeitschrift für Soziologie und Sozialpsychologie, 381-405.

Narr, W. D., 1989: Politische Theorie wofür? Anforderungen an politische Theorie heute. Gründe ihres weitreichenden Versagens. Ansätze, den Mangelstand zu überwinden, in: Österreichische Zeitschrift für Politikwissenschaft, 77-88.
Narr, W.-D./Schubert, A., 1994: Weltökonomie. Die Misere der Politik. Frankfurt a.M.: Suhrkamp.
Ordeshook, Peter C., 1992: A Political Theory Primer. New York: Routledge.
Riker, William/Ordeshook, Peter C., 1983: An Introduction to Positive Political Theory. Englewood Cliffs: Prentice Hall.
Roche, M., 1992: Rethinking Citizenship. Welfare, Ideology and Change in Modern Society. Cambridge: Polity.
Schmitter, Philippe, 1981: Interest intermediation and regime governability in contemporary Western Europe and North America, in: *Berger, Suzanne* (Hrsg.), Organizing Interests in Western Europe. Cambridge: Cambridge University Press, 287-330.
Schwegler, Helmut/Roth, Gerhard, 1992: Steuerung, Steuerbarkeit und Steuerungsfähigkeit komplexer Systeme, in: *Bußhoff, Heinrich* (Hrsg.), Politische Steuerung. Baden-Baden: Nomos, 11-49.
Turner, B.S., 1994: Postmodern Culture/Modern citizens, in: *Steenbergen, B. van* (Hrsg.), Conditions of Citizenship. London: Sage, 153-168.
Ulrich, Gunter, 1994: Politische Steuerung. Staatliche Intervention aus systemtheoretischer Sicht. Opladen: Leske & Budrich.
Vogel, U./Moran, M. (Hrsg.), 1991: The Frontiers of Citizenship. London: Macmillan.
Wagner, Peter/Wittrock, Björn, 1993: Social Sciences and Societal Development. The missing perspective. Berlin: Science Center.
Walzer, Michael, 1990: The Communitarian Critique of Liberalism, in: Political Theory, 6-23.
Willke, Helmut, 1983: Entzauberung des Staates. Überlegungen zu einer sozietalen Steuerungstheorie. Königstein: Athenäum.
Young, I.M., 1990: Justice and the Politics of Difference. Princeton: Princeton University Press.

Theorien der Transformation:
Die demokratische Konsolidierung postautoritärer Gesellschaften

Wolfgang Merkel

Einleitung

Betrachtet man die Evolution sozialwissenschaftlicher Theorien als eine darwinistische Selektion, in der nur jenes Paradigma überlebt, das einen „Erklärungsüberschuß" (Lakatos 1974: 173) gegenüber den konkurrierenden Paradigmen nachweisen kann, wird die sich bisweilen manifestierende Hybris sozialwissenschaftlicher Großtheorien, komplexe gesellschaftliche Phänomene exklusiv und umfassend erklären zu können, schon aus dem eigenen Überlebenswillen erklärbar[1]. Nun hat aber gerade die Entwicklung der politikwissenschaftlichen Theoriebildung im allgemeinen und der Transformationsforschung im besonderen, die Paradigmenerledigung, wie sie Kuhn (1967) für die Struktur (natur-)wissenschaftlicher Revolutionen herausgearbeitet hat, für die Sphäre der Sozialwissenschaften als einen unhaltbaren Mythos enthüllt. Anstatt einer linearen Theorieevolution lassen sich in der politikwissenschaftlichen Theoriebildung eher die Konturen von zyklischen Theoriedominanzen und einem sich festsetzenden Theoriepluralismus erkennen, der nicht zur Erledigung konkurrierender Theorieangebote, sondern bisweilen sogar zur wechselseitigen Aufklärung führt. Dies kann an der sozialwissenschaftlichen Transformationsforschung der letzten 40 Jahre exemplifiziert werden.

In den fünfziger und sechziger Jahren folgte die theorieorientierte Transformationsforschung mit Parsons (1951, 1969), Lipset (1959), Barrington Moore (1968) und Huntington (1965, 1968) insbesondere makrosoziologisch-funktionalistischen oder makrosoziologisch-strukturalistischen Theoriesträngen. Während System- und Modernisierungstheoretiker wie Parsons, Lipset und (der frühe) Huntington die Demokratisierung politischer Systeme zeit-, ort- und kulturunabhängig von der funktionalen Differenzierung der Gesellschaft und universell gültigen Modernisierungsmustern von Wirtschaft und Gesellschaft abhängig machten (Parsons 1969b: 57), zeichnete Barrington Moore (1968: 475ff.) unterschiedliche Wege in die Moderne. Für ihn entschieden nicht „evolutionäre Universalien", sondern vergangene soziale Konflikte und die jeweilige Konfiguration von Macht- und Klassenverhältnissen, über welche politische Herrschaftsform der Weg in die Moderne führt.

---

1 So ist etwa die Fehldeutung der „behavioralistischen Revolution" als die Durchsetzung eines siegreichen Paradigmas nicht allein auf die mechanische Analogie zu Kuhns naturwissenschaftlichem Paradigmenkonzept (Kuhn 1967) zurückzuführen, sondern reflektiert vor allem auch die eigeninteressierte Selbstdeutung ihrer herausragenden Protagonisten (Almond, Dahl, Downs, Easton, Riker etc.), um sich in der sozialwissenschaftlichen Konkurrenz um Wahrheit und Ressourcen durchzusetzen.

Die Transformationsforschung der achtziger Jahre brach mit dem makrosoziologischen Paradigma, daß Demokratie von soziökonomischen Requisiten oder klassenspezifischen Machtstrukturen abhängig machte. Im Gefolge der großen *Transition to Democracy* – Studie, die unter Federführung von Guillermo O'Donnell, Philippe Schmitter und Laurence Whitehead (1986) am Woodrow Wilson International Center for Scholars Mitte der achtziger Jahre erarbeitet wurde, rückte das Handeln von politischen Eliten in den Mittelpunkt theoretischer wie empirischer Transformationsstudien[2]. Insbesondere vor dem Hintergrund der Demokratisierungsprozesse in Südeuropa und Lateinamerika wurden zwei Varianten akteurstheoretischer Ansätze prägend für die Transitionsforschung: Zum einen die dem *rational choice* Axiom des homo oeconomicus verpflichteten Ansätze des methodologischen Individualismus (Przeworski 1986, 1991, 1992; Colomer 1991, 1995; Offe 1994) und zum anderen eher ein strukturalistisch aufgeklärter deskriptiv-typologischer Akteursansatz, wie ihn vor allem O'Donnell/Schmitter 1986, Schmitter 1988 und Schmitter/Karl 1991 vertraten.

Mit dem Zusammenbruch der kommunistischen Regime nach 1989 rückten wieder system- und modernisierungstheoretische Erklärungen in den Vordergrund, die den Kollaps der realsozialistischen Herrschaftssysteme über die politisch verhinderte funktionale Differenzierung der Gesellschaft deuteten. Die politische Übersteuerung, so das Kernargument der novellierten, „autopoietisch-negativen" Modernisierungstheorie, habe die Eigenlogik der Teilsysteme mißachtet, ihre spezifischen Kommunikationscodes suspendiert und damit die Modernisierung von Wirtschaft und Gesellschaft blockiert (Pollack 1990; Pye 1990; Welzel 1994). Freilich vermochte die Renaissance funktionalistisch inspirierter Modernisierungstheorien die Akteursansätze nicht zu verdrängen. Denn nach dem Kollaps der autoritären Regime Osteuropas führten unterschiedliche Pfade zu unterschiedlichen Formen der Demokratie oder neuen Varianten des Autoritarismus. Die erfolgreichen Demokratisierungsschritte in Ungarn und Tschechien, die plebiszitär-populistischen Regressionen der *delegative democracies* in der Slowakei oder Rußland[3], die minderheitenfeindlichen Regime Estlands und Lettlands, die *democraduras* im Kaukasus oder die offenen Autokratien Zentralasiens konnten mit keiner Variante der Modernisierungstheorie hinreichend erklärt werden. Es etablierten sich akteurstheoretische (Przeworski 1986, 1991) und (zivil-)kulturalistische Ansätze (Arato 1990; Diamond 1994), die mit strukturalistischen (Rueschemeyer/Huber Stephens/Stephens 1992) und modernisierungstheoretischen Erklärungsmustern (Pye 1990; Welzel 1994; Zapf 1994) koexistierten. Zunehmend gewinnen seitdem Ansätze und empirische Vergleichsstudien an Bedeutung, die funktionalistische, strukturalistische, handlungstheoretische und kulturalistische Elemente zu verknüpfen suchen (Huntington 1991; von Beyme 1994; Merkel 1994; Offe 1994; Sandschneider 1995; Gunther/Diamandouros/Puhle 1995; Kollmorgen 1996). Freilich sind auch diese Synthese-Versuche weit von einer allgemein gültigen sozialwissenschaftlichen Transformationstheorie entfernt.

Die Defizite der einzelnen Ansätze führten nicht zu einer Erledigung und Ablösung

---

[2] Als eine akteursorientierte Vorläuferstudie, verstanden als eine Art „Anti-Lipset", kann O'Donnells „Modernization and Bureaucratic Authoritarianism" von 1973 angesehen werden.

[3] Zur Anwendung von O'Donnells (1994) Konzept der *delegative democracy* auf Rußland vgl. Kubicek (1994) und Brie (1996).

der sie inspirierenden sozialwissenschaftlichen Paradigmen. Die Transformationsforschung ist noch längst nicht in ihre paradigmatische Phase (Dahl 1961: „Normalfall") eingetreten, in der ein theoretischer, methodischer und forschungstechnischer Konsens programmatisch die konkreten Analysen der Transformationsforscher anleitet. Zudem bestehen begründete Zweifel, ob eine solche Theorie mit heuristischem Wert für die empirische Forschung überhaupt zu entwickeln ist. Um das zu verdeutlichen, sei an dieser Stelle knapp auf die Erklärungslast eines derartigen theoretischen Unternehmens hingewiesen. Eine „holistische Transformationstheorie" müßte Aussagen zu mindestens drei „Problem-Triaden" zulassen:
- einer *systemspezifischen* Triade: Aussagen müßten sinnvoll möglich sein, auf welche je spezifische Weise *soziale, ökonomische* und *politische* Transformationsprozesse in den entsprechenden Teilsystemen ablaufen und welche wechselseitigen Interdependenzen den gesamtsystemischen Transformationsprozeß beeinflussen.
- einer *ebenenspezifischen* Triade: Aussagen müßten getroffen werden können, auf welche Weise Transformationsprozesse auf der *Makro-, Meso-* und *Mikroebene* des sozialen, ökonomischen und politischen Systems ablaufen und wie sie sich wechselseitig beeinflussen.
- einer *phasenspezifischen* Triade: Aussagen müßten ermöglicht werden, die gleichermaßen Antworten zum Ablauf aller drei großen Phasen der Transformation (Ende des alten Systems, Demokratisierung, Konsolidierung des neuen Systems) sowie ihrer Dependenzen zulassen.

Existierten solche Theorien, die eine so ungeheure Menge an Informationen und Interdependenzmöglichkeiten verarbeiten könnten, daß sie über ein System von aufeinander bezogenen Aussagen unter der Angabe von Voraussetzungen und Randbedingungen generalisierbare Hypothesen oder gar Voraussagen künftiger Entwicklungen zulassen würden, dann gäbe es diese vermutlich nur in mathematischer Form. Sie würden sich wohl, schreibt Helmut Wiesenthal, „in formalisierter Gestalt, z.B. als Systeme simultaner Gleichungen, präsentieren. Sie wären geeignet, uns das ästhetische und intellektuelle Vergnügen des Theoriegebrauchs zu vergällen" (Wiesenthal 1994: 4). Freilich helfen uns gerade die sozialwissenschaftlichen Großtheorien wie System-, Struktur- und Akteurstheorien, wichtige Einsichten in zentrale Teilaspekte der Systemtransformation zu gewinnen. Ich möchte dies im folgenden nicht allgemein an der Transformation politischer Systeme insgesamt demonstrieren, sondern mich auf den dritten Aspekt der dritten Triade, nämlich die Konsolidierung demokratischer Systeme beschränken. Dabei werde ich in drei Schritten vorgehen:

Ich werde zunächst den Begriff *demokratische Konsolidierung*[4] definieren, danach mit einem Mehrebenenmodell ein differenziertes Konzept der demokratischen Konsolidierung vorstellen, um abschließend unter Berücksichtigung system-, struktur- und handlungstheoretischer Elemente den Zusammenhang von Systemstrukturen, Elitenhandeln und Massenloyalität als Schlüsselzusammenhang „demokratischer Konsolidierung" herauszuarbeiten. Auf diese Weise sollen Makro-, Meso- und Mikroebene je einzeln wie in ihrem interdependenten Zusammenhang analysiert werden können.

---

4 Es wird nicht von der Konsolidierung politischer Systeme im allgemeinen, sondern der Konsolidierung demokratischer Herrschaftsordnungen im besonderen die Rede sein. Denn junge Demokratien unterliegen teilweise anderen Restriktionen und Möglichkeiten der Konsolidierung als dies bei autoritären politischen Systemen der Fall ist.

I. Das Konzept der demokratischen Konsolidierung

Obwohl kein zeit- und raumübergreifend dominierendes Paradigma in den Transformationsansätzen zu erkennen ist, beginnt sich im *mainstream* der politikwissenschaftlichen Transformationsforschung eine Konvention zu etablieren, den Begriff „demokratische Konsolidierung" einheitlicher zu definieren. Zwar werden die Konturen beider konstituierender Begriffsbestandteile „Demokratie" und „Konsolidierung" noch unterschiedlich gezogen. Aber insbesondere in der Frage, wann ein System demokratisch genannt werden kann, ist das Spektrum der Antworten unter „Demokratisierungsforschern" deutlich kleiner als unter „Demokratietheoretikern".
Für ein präzises Verständnis des Konzepts „demokratische Konsolidierung" müssen zunächst zwei Fragen geklärt werden: Erstens, wann ist ein System „demokratisch" und zweitens, ab wann kann es als „konsolidiert" gelten (Gunther/Diamandouros/Puhle 1995: 6)?

1. Der Demokratiebegriff

Es ist symptomatisch für die politikwissenschaftliche Transformationsforschung, daß sich keine intensive demokratietheoretische Debatte entwickelt hat. Die stark normative Frage, ob direkte oder repräsentative, elitäre oder partizipative, prozedurale oder substantialistische, schwache oder „starke" Demokratiemodelle vorzuziehen seien, ob Rousseau oder Schumpeter, Dahl oder Habermas die theoretische Orientierung abgeben können, wurde sehr schnell, gleichsam diskurslos, entschieden. Orientiert an Schumpeters „realistischer" Demokratietheorie, avancierten Robert Dahls (1971) „prozedurale und institutionelle Minima" zum gemeinsamen Ausgangspunkt in der politikwissenschaftlichen Systemwechselforschung. Dabei wurde nicht selten vernachlässigt, daß Dahl zwei fundamentale Demokratiedimensionen nennt: pluralistischen Wettbewerb (public contestation) und politische Partizipation (Dahl 1971: 6). Die partizipative Dimension wurde ganz in der theoretischen Tradition Schumpeters restriktiv als „right to participate in elections and office" verstanden (Dahl 1971: 6; vgl. auch: Huntington 1991: 7; Linz 1975: 182f.; Di Palma 1990: 16; Kraus 1990; Valenzuela 1992: 60). So paraphrasiert Linz, einer der Nestoren der politikwissenschaftlichen Transformationsforschung, in seiner oft zitierten Demokratiedefinition nichts weiter als Dahls acht prozedurale und institutionelle Minima[5], wenn er schreibt: Ein politisches System ist dann demokratisch, „when it allows the free formulation of political preferences, through the use of basic freedoms of association, information, and communication, for the purpose of free competitions between leaders to validate at regular intervals by non violent means their claim to rule, ... without excluding any effective political office from that competition or prohibiting any members of the political community from expressing their preference" (Linz 1975: 182f.). Noch knapper faßt es Di Palma

---
5 Dahls acht Kriterien sind: Assoziationsfreiheit; Meinungsfreiheit; aktives Wahlrecht; passives Wahlrecht; Recht politischer Eliten, um Wählerstimmen zu konkurrieren; Pluralismus der Informationsquellen; freie und faire Wahlen; Institutionen, die die Regierungspolitik vom Wählerwillen und anderen Ausdrucksformen der Bürgerpräferenzen abhängig machen (Dahl 1971: 3).

zusammen: „Political democracy, as the issue in the transitions, is understood in the conventional Schumpeterian or representative sense" (Di Palma 1990: 16). Am verblüffensten ist jedoch Adam Przeworskis Definition von Demokratie. Denn dem der kritischen Linken zuzurechnenden Sozialwissenschaftler gelingt es, Schumpeters Minimaldefinition noch zu unterbieten. Für ihn ist das konstituierende Merkmal der Demokratie die Unbestimmtheit der Ergebnisse politischer Entscheidungsprozesse. Konsequent definiert er Demokratie als „a system of ... organized uncertainty" (Przeworski 1991: 131). So verstanden ist Demokratie nichts weiter als ein abstraktes Regelsystem zur Bearbeitung gesellschaftlicher Konflikte. Die politischen Ergebnisse sind im Unterschied zu autoritären Herrschaftssystemen ex ante nicht bestimmbar, sondern kommen erst als Ergebnis der Handlungen konkurrierender politischer Kräfte zustande. Eingegrenzt und kanalisiert werden die politischen Strategien und Handlungen nur durch a priori festgelegte und demokratisch legitimierte Verfahrensregeln. Normative Elemente der Demokratie werden nicht thematisiert[6].

Es gibt zwei, freilich gewichtige, Ausnahmen, die in ihren Transformationsanlaysen nicht schlicht von einem Demokratiebegriff ausgehen, der sich knapp auf Schumpeter beruft oder Dahls prozedurale Minima additiv auflistet. Die erste, Philippe Schmitter, kritisiert die Reifikation eines solchen *Sets* feststehender Verfahren und Institutionen. Es komme nicht allein auf die Vollständigkeit der Minimalliste an, sondern es sei darüber hinaus von Bedeutung, welche besondere Beziehung sich zwischen den staatlichen Entscheidungsorganen, den intermediären Strukturen der Interessenvermittlung (Parteien, Verbände, Soziale Bewegungen, Medien) und den Formen der politischen Entscheidungsfindung herausbilde. Das gesamte Netzwerk von Beziehungen zwischen den Bürgern und Regierenden müsse im Demokratiebegriff mit reflektiert werden. Angesichts der unabhängig von Raum, Zeit und Kultur angewandten Demokratiekonzeption warnt er: „Most important, the conceptualization of democratic consolidation must carefully avoid adopting a historically or culturally peculiar *Gestalt* as the standard against which to measure the progress of contemporary nascent democracies" (Schmitter 1985: 14). Welche Berechtigung diese Ermahnung hat, demonstrierte Claus Offe, die zweite Ausnahme, unlängst an den besonderen Anforderungen der Demokratisierung des postkommunistischen Osteuropas. Seine Hauptthese lautet: Angesichts der außergewöhnlichen Akkumulation von ökonomischen, sozialen, ethnonationalistischen und präsidential-populistischen Problemen und Gefährdungspotentialen reiche eine liberal minimalistische Demokratiekonzeption nicht aus. Denn wenn diese „sparsame" Version der Demokratie allein darin bestehe, daß Verfahren feststehen, Ergebnisse aber kontingent seien, ist die Frage zu stellen, ob die materialen Ergebnisse bei aller Ungewißheit nicht doch die „Toleranzgrenze des Erträglichen" überschreiten? (Offe 1994: 86). Anders formuliert: Es drohe die Gefahr, daß die demokratisch erzielten ökonomischen und sozialen Politikergebnisse unterhalb einer bestimmten Zumutbarkeitsschwelle für große Teile der Bevölkerung liegen und diese deshalb ihre aktive und passive Loyalität gegenüber den demokratischen Verfahren und Institutionen aufgeben, bzw. sie gar nicht erst aufbauen. Deshalb stünde für die

---

6 Auch Jon Elsters minimalistische Demokratiedefinition überrascht. Der kritische Sozialwissenschaftler, der in den achtziger Jahren seine sozialwissenschaftlichen Reflexionen vor allem auf den „analytischen Marxismus" grundete, schreibt: „Democracy I shall understand as simple majority rule, based on the principle one person one vote" (Elster 1988: 1).

osteuropäischen Transformationsgesellschaften nicht die Zeit zur Verfügung, die der Evolution der marktwirtschaftlichen Demokratien des Westen vergönnt war, wo drei große politische Modernisierungsschübe den Rechtsstaat, die Demokratie und den Wohlfahrtsstaat in einer Sequenz von langen Zeitintervallen geformt haben. Offes These, daß unter den besonderen wirtschaftlichen Turbulenzen postkommunistischer Transformationen in den Ländern Osteuropas „mit einer Stabilisierung der liberaldemokratischen Regimes nur dann zu rechnen ist, wenn *gleichzeitig* mit Demokratie und Kapitalismus auch weitreichende soziale Sicherungen institutionalisiert werden" (Offe 1994: 93), ist hochplausibel. Sie kann für die lateinamerikanischen Gesellschaften ebenso eine besondere Gültigkeit beanspruchen (Nohlen/Thibaut 1994: 257).

Offes Argumentation läuft zumindest implizit darauf hinaus, daß demokratische Strukturen in postkommunistischen Gesellschaften eines „normative bite" (Barry 1984: 595) bedürfen[7], damit demokratisch nicht einwandfreie Verfahren moralisch inakzeptable Ergebnisse hervorbringen. Dies ist bei Offe gleichsam eine normative Forderung in funktionalistischer Absicht, da die sozialpolitische Absicherung in seiner Argumentation zu einem *„functional prerequisite"* der demokratischen Konsolidierung avanciert. Offen bleibt freilich, ob solche sozialstaatlichen Sicherungen über politikbindende Staatszielbestimmungen realpolitisch erzwungen werden können[8]. Ist dies möglich, etwa indem soziale Existenzminima wie Grundrechte festgeschrieben werden, entziehen sich bestimmte Politikkonzeptionen der demokratischen Revidierbarkeit. Sie würden, aus einer konsequent liberalen Perspektive formuliert, zu einer Einschränkung der demokratischen Wahlmöglichkeiten führen. Die Demokratie würde gewissermaßen mit undemokratischen Mitteln vor ihrer Selbstzerstörung bewahrt. Eine Demokratievorstellung, die über die Konzepte der demokratietheoretischen Minimalisten Schumpeter und Dahl hinausgeht.

So ist es wohl ein Akt des Pragmatismus' der Transformationsforschung, daß sie sich im *mainstream* nicht auf dieses verminte Gebiet demokratietheoretischer Paradoxa begibt, sondern Schumpeters elitär-minimalistische Demokratiekonzeption zum Ausgangspunkt ihrer Analysen macht.

2. Der Konsolidierungsbegriff

Weit stärker als der Demokratiebegriff sind in der Transformationsforschung Begriff und Konzept der (demokratischen) Konsolidierung umstritten. Minimalistische (Di Palma 1990: 138ff.) konkurrieren mit maximalistischen Konzepten (Huntington 1991: 263ff.). Dissens herrscht darüber, welcher Zeitrahmen für die Konsolidierung einer postautoritären Demokratie erforderlich ist. Uneinig sind sich die Transformationsforscher, welche politischen, sozialen und ökonomischen Institutionen konsolidiert sein müssen, um von einer krisenresistenten Stabilität demokratischer Systeme ausgehen zu können. Kontrovers wird diskutiert, welche Pfade am schnellsten zur demokratischen Konsolidierung führen. Noch nicht abgeschlossen ist die Debatte, welche

---

7 Ich verdanke diesen Ausdruck Ernesto Garzón Valdés (1986: 23).
8 Ganz abgesehen von den fiskalischen und unternehmerischen Belastungen, die kurzfristig stärker anfallen werden, als sich die sozialpolitischen Ergebnisse selbst in eine Produktivkraft transformieren können.

institutionellen Arrangements und welches Akteursverhalten (Massen und Eliten) die Konsolidierung begünstigen oder behindern.
Philippe Schmitter hat in der politikwissenchaftlichen Transformationsforschung die einflußreichste Phaseneinteilung von Systemwechselprozessen vorgelegt. Im Falle eines erfolgreichen Wechsels von einem autoritären zu einem demokratischen System unterscheidet er idealtypisch zwischen Liberalisierung, Demokratisierung und Konsolidierung (Schmitter 1985, 1988). Dabei beginnt die Konsolidierung bereits vor Abschluß der Demokratisierungsphase. Beide Phasen überlappen sich und lassen sich in der Realität nicht immer exakt trennen. Dennoch ist es plausibel, vom Ende der Transition zu sprechen, wenn die im Regimeübergang ad hoc entstandenen Verhaltensmuster in stabile Strukturen überführt worden sind, wenn die Zulassung von politischen Akteuren und der Ablauf von politischen Entscheidungen nach a priori festgelegten und demokratisch legitim gesatzten Verfahren verläuft. Wie sich dieser Prozeß entwickelt, welche Pfade die Konsolidierung nimmt, wie lange sie dauert und ob sie erfolgreich abgeschlossen werden kann, hängt von einem Bündel endogener und exogener Faktoren ab. Zu den wichtigsten endogenen Faktoren zählen: Auf welche vorautoritären Demokratieerfahrungen kann ein Land zurückgreifen? Welchen Charakter und welche Existenzdauer hatte das vorherige autoritäre System? Wie verlief der Zusammenbruch des alten Regimes, wie die Phase der Transition? Welche Strategien verfolgen die Entscheidungseliten in der Transitions- und Konsolidierungsphase und wie werden diese von den Massen wahrgenommen (Schmitter 1988: 93). Wichtige exogene Faktoren sind: die demokratische Stabilität der Nachbarstaaten, die Einbindung in supra- und internationale wirtschaftliche und politische Zusammenschlüsse, internationale Unterstützungsleistungen, die Art der Einbindung in die internationale Arbeitsteilung und wirtschaftliche Konjunkturzyklen (Schmitter 1985: 64).
Aus der Sicht des Beobachters hängt die Dauer des demokratischen Konsolidierungsprozesses vor allem aber von der jeweiligen Definition ab, was unter einem *konsolidierten* demokratischen System zu verstehen ist. Przeworski beispielsweise hält eine Demokratie dann für konsolidiert, wenn ein bestimmtes System von Institutionen „becomes the only game in town" (Przeworski 1991: 26), d.h. wenn kein relevanter Akteur außerhalb der demokratischen Institutionen agiert und auch diejenigen, die ihre Macht verloren haben, diese nur unter jenen demokratischen Regeln wiederzugewinnen suchen, unter denen sie sie verloren haben (ibid.). In diesem Verständnis ist das Verhalten der Akteure (insbesondere der politischen Eliten) das entscheidende Kriterium für die demokratische Konsolidierung. Das ist insbesondere aus einer handlungstheoretischen Perspektive einleuchtend, blendet aber zunächst den Zusammenhang zwischen den Opportunitätsstrukturen (v.a. Institutionen, Normen, wirtschaftliche Restriktionen) und dem Handeln selbst aus[9]. Geoffrey Pridham greift dieses Konzept implizit auf, wenn er von einer „negativen Konsolidierung" spricht (Pridham 1995: 168). Sie ist „negativ" insofern, als sie sich auf das Handeln der relevanten Akteure bezieht, die die demokratischen Regeln nicht verletzen, da sie in einer bestimmten historischen Situation zum demokratischen Regime keine Systemalternati-

---

9 An anderer Stelle arbeitet Przeworski gerade die engen demokratischen Restriktionen fur die wirtschaftliche Transformationspolitik in Osteuropa brillant heraus (vgl. Przeworski 1991: 171ff.).

ven zur Demokratie sehen. Demgegenüber grenzt er den Begriff der „positiven Konsolidierung" ab. Er bezieht sich auf die Etablierung, Glaubwürdigkeit und Legitimität des Gesamtsystems. Er beschränkt sich nicht auf das Elitenhandeln, sondern bezieht die positiven Einstellungsmuster der Bürger in die Beurteilung der Konsolidierungsniveaus demokratischer Systeme mit ein. Der Begriff der positiven Konsolidierung erweitert den Analysefokus, indem er die politischen Institutionen, das Elitenhandeln und die Einstellungsmuster der Bevölkerung in ihren jeweiligen besonderen Beziehungen mit berücksichtigt (ibid.: 169). Ein solches Konsolidierungskonzept rechnet mit weit größeren Zeithorizonten für die Stabilisierung einer postautoritären Demokratie als die nur auf die Eliten bezogene „negative Konsolidierung".
Ein zwischen positiver und negativer Konsolidierung liegendes Konzept mittlerer Reichweite haben Gunther, Diamandouros und Puhle (1995: 7) aus ihren Analysen zur Demokratisierung in Südeuropa entwickelt. Sie betrachten ein demokratisches Regime dann als konsolidiert, wenn alle politisch relevanten Gruppen alle zentralen politischen Institutionen als den einzigen legitimen Handlungsrahmen für den Wettbewerb um die politische Macht betrachten. Dieses Konzept ist primär auf politische Institutionen und Verhaltensnormen ausgerichtet, schließt aber die politischen Kulturmuster der breiten Bevölkerung nicht ein. Aber gerade diese gelten etwa Samuel Huntington als der zentrale Kern jeder demokratischen Konsolidierung. Denn die Bevölkerung müsse lernen, daß Demokratie nicht primär bedeutet, gesellschaftliche Probleme zu lösen, sondern, daß Regierungen abgewählt werden können: „Democracies become consolidated when people learn that democracy is a solution to the problem of tyranny, but not necesarrily something else" (Huntington 1991: 263). Dieser Lernprozeß, der letztlich über die Konsolidierung eines demokratischen Systems entscheidet, dauert freilich in der Regel viel länger als die Anpassung der Eliten an die demokratischen Entscheidungsprozeduren. Huntington rechnet deshalb in längeren Zeiträumen als die Vertreter minimalistischer Konsolidierung. So sieht er die Konsolidierung der Nachkriegsdemokratien in der Bundesrepublik Deutschland und Japan erst abgeschlossen, als die nach 1945 politisch sozialisierte Generation die Meinungsführerschaft und numerische Mehrheit in der Bevölkerung gewonnen hatte[10]. Für einen besonders wichtigen Konsolidierungsindikator, der sich sowohl auf die Eliten wie auf die Massen bezieht, hält Huntington den zweimaligen machtpolitischen Wechsel an der Regierung. Denn dadurch zeige sich erstens, daß die zwei wichtigsten politischen Führungsgruppen eines Landes den Machtverlust nach demokratischen Wahlniederlagen akzeptieren. Zweitens werde dokumentiert, daß die Massen die Regierung, nicht aber das demokratische Regime ersetzen wollen (ibid.: 266). Freilich wäre nach diesem Kriterium die Nachkriegsdemokratie der Bundesrepublik Deutschland erst 1982 konsolidiert gewesen und auch die japanische Demokratie müßte noch in den neunziger Jahren als unkonsolidiert gelten. Italien bestand den zweimaligen „turn over test" 1994 just zu einem Zeitpunkt, als erhebliche Dekonsolidierungserscheinungen das demokratische System erschütterten. Die Beispiele zeigen, daß Huntingtons Kriterien nicht systematisch gewählt sind und der Komplexität demokratischer Konsolidierungsprozesse nicht genügen können.

---

10 Gestützt wird diese Sichtweise von Almonds und Verbas *Civic Culture* Studien von 1963 und 1980.

Ich werde im folgenden ein umfassenderes und differenzierteres Konsolidierungskonzept vorstellen. Es ist nicht in seinem normativ-demokratischen Gehalten maximalistisch. Es ist aber maximalistisch in seinem Konsolidierungsverständnis und ermöglicht gerade deshalb auch differenziertere Aussagen zu bereichsspezifischen Konsolidierungserfolgen und Mißerfolgen. Es versucht die Stabilisierung des Gesamtsystems über die jeweiligen Interdependenzen von politischen Institutionen (Strukturen), Elitenhandeln (Akteure) und Einstellungsmustern auf der breiten Bevölkerungsebene mit Hilfe des Legitimitätsbegriffs zu erklären. Erst über diese jeweils besonderen wechselseitigen Konsolidierungs- oder Obstruktionseffekte lassen sich Dynamik und Verlauf erfolgreicher und gescheiterter Demokratisierungsprozesse präziser erfassen.

II. Die demokratische Konsolidierung als Mehrebenenmodell

Bei der Konstruktion eines Mehrebenenmodells der demokratischen Konsolidierung gehe ich zunächst von einer Systematik aus, die von Juan Linz und Alfred Stepan entwickelt wurde. Linz und Stepan (1991: 3) geben drei essentielle Dimensionen innerhalb eines politischen Systems an, in denen sich die demokratische Konsolidierung vollzieht: das Elitenverhalten, die Einstellungen der Bevölkerung und die „Struktur". Hinsichtlich des Verhaltens (*„behaviorally"*) sprechen Linz und Stepan dann von einer konsolidierten Demokratie, wenn kein relevanter politischer, militärischer oder wirtschaftlicher Akteur noch nennenswerte Ressourcen gegen die Demokratie mobilisiert. Aus der Perspektive der Einstellungsmuster (*„attitudinally"*) unter den Bürgern ist ein demokratisches System konsolidiert, wenn eine „starke Mehrheit" der Bevölkerung die demokratischen Strukturen und Verfahren als die alternativlos beste Herrschaftsordnung akzeptieren. Strukturell (*„structurally"*) ist ein demokratisches System konsolidiert, wenn keine „Reservedomänen" mehr bestehen, die der Kontingenz demokratischer Entscheidungen entzogen sind und von mächtigen korporativen Akteuren (z.B. Militär, Kirche, Großgrundbesitzer, Finanz- und Unternehmensoligarchien) jenseits demokratischer Entscheidungsarenen kontrolliert werden. Trotz der einsichtigen Differenzierung der demokratischen Konsolidierung versäumen Linz und Stepan, eine Sequenzierung dieser Prozesse anzugeben und die Interdependenzen zwischen den einzelnen Dimensionen genauer zu benennen. Die analytischen Ebenen bleiben untereinander weitgehend unverbunden. Aussagen über den Verlauf der Konsolidierung können deshalb nicht systematisch getroffen werden.

Ich schlage deshalb eine analytische Sequenzierung der Konsolidierungsebenen vor und ergänze sie durch die fundamentale Ebene der intermediären Interessenvermittlung zwischen Gesellschaft und den staatlichen Entscheidungsarenen. Ein solches Mehrebenenmodel besitzt dann vier Ebenen, deren Konsolidierung zwar gleichzeitig beginnt, aber erst nach unterschiedlich langen Perioden abgeschlossen werden kann:

1. Die *institutionelle* Konsolidierung: Damit bezeichne ich abweichend von Linz und Stepan die Konsolidierung der zentralen Verfassungsorgane und politischen Institutionen wie Staatsoberhaupt, Regierung, Parlament, Judikative und Wahlsystem[11]. Sie

---

[11] Ich verwende hier einen engen Institutionenbegriff, der vor allem die zentralen Verfassungsorgane und das Wahlsystem, nicht aber gesellschaftliche Organisationen wie Parteien,

wirken durch normative, strukturierende, handlungseingrenzende Vorgaben auf die zweite (wie auch die nachfolgenden) Ebene(n) der intermediären Interessenvermittlung ein.

2. Die *repräsentative* Konsolidierung: Diese berührt die Ebene der territorialen (Parteien) und funktionalen (Verbände) Interessensrepräsentation. Der Konsolidierungsstand der Ebenen 1 und 2 sowie ihre gemeinsame Konfiguration entscheiden mit darüber, ob auf der dritten Ebene, der

3. *Verhaltenskonsolidierung* tatsächlich die Anreize gemindert sind, daß mächtige Akteure wie das Militär, Großgrundbesitzer, Unternehmer, radikale Bewegungen, klandestine Gruppen oder populistisch-charismatische Führer ihre Interessen außerhalb der demokratischen Institutionen und gegen die demokratisch legitimierten repräsentativen Akteure durchsetzen. Sind diese ersten drei Ebenen weitgehend konsolidiert, gehen von ihnen entscheidende Impulse auf die Herausbildung einer demokratiestützenden Bürgergesellschaft aus.

4. Die Konsolidierung der *civic culture* schließt die Stabilisierung des sozio-politischen Unterbaus der Demokratie ab. Sie kann, wie wir aus der politischen Kulturforschung der „zweiten Demokratisierungswelle" (1943-1962) wissen, Jahrzehnte dauern und erst durch einen Generationswechsel besiegelt werden (Almond/Verba 1963, 1980). Erst wenn alle vier Konsolidierungsphasen abgeschlossen sind, kann von einer weitgehend konsolidierten, krisenresisten Demokratie gesprochen werden.

Indem ich die Ebenen 2 und 4 mit einbeziehe, komme ich, verglichen mit dem *mainstream* der Transformationsforschung zu einem maximalistischen Konsolidierungsbegriff. Dadurch kann vermieden werden, den möglichen Zusammenbruch eines schon „konsolidierten" demokratischen Systems durch voluntaristische und nicht konzeptualisierte Beschreibungen der „Dekonsolidierung" erklären zu müssen. So ließe sich der Zusammenbruch der Zwischenkriegsdemokratien Italiens, Deutschlands und Österreichs mit einem umfassenden und differenzierten Konsolidierungsbegriff präziser erklären als dies mit dem problematischen Begriffspaar Konsolidierung – Dekonsolidierung möglich ist. In den genannten Ländern war gerade die erste Ebene konsolidiert. Die zweite Ebene der *repräsentativen* Interessenvermittlung – insbesondere die Parteiensysteme – vermochte sich nie zu konsolidieren. Dadurch wurden Anreize auf die dritte Ebene (Verhaltenskonsolidierung) der „informellen politischen Akteure" (radikale Bewegungen, Kapital, Militär) vermittelt, die eigenen korporativen Interessen außerhalb und gegen die demokratischen Institutionen zu verfolgen. Die völlig unkonsolidierte vierte Ebene der demokratischen Massenunterstützung konnte sich infolge der legitimitätsabträglichen Form und Substanz von *politics* und *policies* nicht ausreichend entwickeln, um die erste Ebene der demokratischen *polity* gegen die demokratiefeindlichen Akteure „schützen" zu können.

Aber selbst ein auf allen vier Ebenen konsolidiertes demokratisches System ist nicht gänzlich gegen potentielle Dekonsolidierungstendenzen immun. Demokratie ist auch in entwickelten Gesellschaften weder unvermeidlich noch unumkehrbar (Schmitter

---

Verbände und Massenmedien mit einschließt. Ich folge damit einem Institutionenverständnis, wie es Douglas North formuliert hat: „Institutions are the rules of the game and organizations are the players" (North 1992: 4).

1995: 47). Allerdings birgt eine auf allen vier Ebenen konsolidierte Demokratie hohe Widerstandsreserven gegen exogene Destabilisierungsschocks, wie sie durch dramatische ökonomische oder außenpolitische Krisen entstehen können. Ein Dekonsolidierungsprozeß müßte sich dann über längere Zeitperioden hinziehen und alle vier Ebenen erfassen, bevor Autokratisierungstendenzen den demokratischen Systemcharakter zerstören können[12].

Doch auch mit dieser Ausdifferenzierung des demokratischen Konsolidierungskonzepts bleiben noch wichtige Fragen unbeantwortet:
- Gibt es eine Hierarchie der Konsolidierungsebenen?
- Welche Arrangements fördern die partielle, welche die umfassende Konsolidierung demokratischer Systeme?
- Welche Interdependenzen existieren zwischen den einzelnen Ebenen, die die demokratische Konsolidierung beeinflussen?
- Welche „externen Faktoren" begünstigen die Konsolidierung einer postautoritären Demokratie?[13]

Diese Fragen lassen sich über einen Ansatz mittlerer Reichweite beantworten, der die Herausbildung und Stabilisierung der Ebenen 1 und 2 zunächst isoliert analysiert und als „Teilregimes" (Schmitter 1985, 1995) konzipiert[14]. In einem zweiten Schritt lassen sich dann die Interdependenzen zwischen den einzelnen Konsolidierungsebenen herausarbeiten, so daß eine systemische Topographie interdependenter partieller Regimes sichtbar wird. Die Konsolidierungserfolge der einzelnen Teilregimes, aber gerade auch die durch ihre Interdependenzen und Independenzen generierten Stabilisierungs- oder Obstruktionseffekte, entscheiden letztlich über die Konsolidierung des gesamten politischen Systems.

1. Die institutionelle Konsolidierung

Die institutionelle, intermediäre, Verhaltens- und einstellungsbezogenen Konsolidierungsebenen lassen sich in dieser Reihenfolge als eine Sequenz begreifen, nach der sich die demokratische Konsolidierung des gesamten sozio-politischen Systems vollzieht. Dies ist natürlich eine analytische Sequenzierung. Denn die Konsolidierung der Phasen zwei bis vier beginnt nicht erst, wenn die Stabilisierung der zentralen politi-

---

12 Der schrittweise Abbau der Demokratie in Uruguay (1967/73) ist eines der wenigen Beispiele der Dekonsolidierung einer vorher stabilen Demokratie. Das Italien der neunziger Jahre bietet gegenwärtig ein Beispiel für Dekonsolidierungstendenzen. Freilich sind die Legitimitätsverluste auf der Ebene der Interessenvermittlung (Ebene 2) und der Massenunterstützung (Ebene 4) dort noch nicht so massiv und andauernd, daß für die potentiellen Vetomächte (Ebene 3) und die Bevölkerung autoritäre Systemalternativen attraktiver als die Demokratie sein konnten. Die Ebene der *polity* besitzt deshalb im Italien der neunziger Jahre noch ein einigermaßen solides Fundament (Merkel 1994).

13 Diese Frage soll aufgrund ihrer Bedeutung an dieser Stelle genannt werden, wird aber in der folgenden Erörterung aus Platzgründen nicht beantwortet werden. Vgl. dazu u.a.: Whitehead (1986); Pridham (1991).

14 Unter einem Teilregime (*partial regime*) soll hier mit Schmitter eine Teilsphäre des politischen Systems verstanden werden, das sich durch die Entwicklung eines relativ stabilen Sets an Strukturen, Regeln, Kommunikationsprinzipien und Handlungslogiken von anderen Teilregimes abgrenzt (Schmitter 1985: 10).

schen Verfassungsinstitutionen abgeschlossen ist. Bisweilen ist auch schon die dritte Konsolidierungsphase *(behavioural consolidation)* abgeschlossen, während die Organisationen der intermediären Interessenrepräsentation (Parteien, Verbände) noch erheblichen Fluktuationen unterworfen oder nur rudimentär in der Gesellschaft verwurzelt sind. Dies gilt in Osteuropa gegenwärtig für Polen, Tschechien und Ungarn. Allerdings steht in der skizzierten Phasenabfolge die konstitutionelle Begründung der Demokratie logisch und realgeschichtlich am Anfang. Sie ist in aller Regel am frühesten abgeschlossen. Stärker als die *founding elections* der Demokratie begründen die fixierten Verfassungsnormen den ersten Schritt in die demokratische Konsolidierung. Sie erst geben den im Transitionsprozeß herausgebildeten oder herausverhandelten informellen Verhaltensmustern der gesellschaftlichen und politischen Konfliktaustragung die sanktionsbewährte Normierungskraft. In diesem Sinne vertrete ich hinsichtlich der demokratischen Konsolidierung die These „*polity first*".

First gilt hier im doppelten, d.h. im temporalen wie hierarchischen Sinne. Die Verfassungsgebung steht zeitlich am Anfang des Konsolidierungsprozesses und prägt schon deshalb in erheblichem Maße die Konsolidierungschancen der nächsten Ebene. Eine hierarchisch übergeordnete Stellung kann der Verfassung eingeräumt werden, weil sie erstmals im Verlaufe des Transformationsprozesses zu einer drastischen Reduzierung der Verhaltenskontingenz führt. Die strategischen Handlungen der politischen Akteure werden durch sie auf einen Grundkonsens verpflichtet und verhindern damit ein Übermaß an wechselseitigem Mißtrauen. Aus der Verfassung fließt durch die autoritative Satzung iterativer Handlungsrahmen ein systemstabilisierendes Maß an politischer Erwartungssicherheit. Die Verfassung *garantiert* also die Verfahrensfestlegung politischer Entscheidungsprozesse (Merkel/Segert/Sandschneider 1996: 18). Sie definiert die Kompetenzen und Konfliktschlichtungsverfahren der partiellen Regimes, die sie mit einem „Set an Metaregeln" überwölbt (Schmitter 1995: 286). Der Idealfall der Normbeachtung, also der raschen Übertragung des Verfassungsbuchstaben in die Verfassungsrealität tritt freilich nicht automatisch nach einer Verfassungsverabschiedung ein. Ob und wie schnell er verwirklicht wird, hängt unter anderem von der Art der Verfassungsgebung (von Beyme 1968; Ackerman 1993; Böckenförde 1994; Elster 1994), dem Charakter der Verfassung (Lijphart 1992; Merkel 1996: 94ff.) und dem historisch gewachsenen „sozialen Kapital" (Putnam 1993) der die Verfassung umgebenden soziokulturellen „Umwelt" ab.

Postautoritäre Verfassungen sollen also den jungen demokratischen Ordnungen Legitimität und Stabilität verleihen, die sie doch erst selbst gewinnen müssen. Wie aber wächst den jungen Verfassungen in einer solch dilemmatischen Situation die notwendige Souveränität zu? In der staatsrechtlichen und politikwissenschaftlichen Diskussion werden diesbezüglich zwei Legitimitätsquellen betont: die „formale" und „empirische" Legitimation.

a. Die formale Legitimation[15]
Die Frage nach der demokratischen Verfahrenslegitimität einer Verfassungsgebung läßt sich auf drei Ebenen beantworten (Elster 1994: 43):

---

15 Zur Frage der Legitimation der Verfassungen für die Demokratien der „dritten Welle" im allgemeinen vgl. Merkel/Sandschneider/Segert (1996) und Ostmitteleuropa im besonderen vgl. Merkel (1996).

- *der Legitimität von oben:* Eine Verfassung kann nur dann demokratische Legitimität beanspruchen, wenn die verfassungsgebende Versammlung demokratisch legitim zustandegekommen ist;
- *der internen Verfahrenslegitimität:* Das Verfahren innerhalb der verfassungsgebenden Versammlung muß demokratischen Prinzipien folgen;
- der *Legitimität von unten*: Der Verfassungsentwurf wird dem Volk in einem Referendum zur Ratifizierung vorgelegt.

Diese drei Prinzipien der verfassungsgebenden Verfahrenslegitimität lassen sich in Anlehnung an Böckenförde (1994: 67ff.) und die Praxis der Verfassungsgebung demokratischer Staaten (von Beyme 1968, 1971) über vier Verfahrenstypen systematisieren. Die Reihenfolge der vier Typen ist hierarchisch angeordnet und reicht von „sehr demokratischen" (Typ 1) bis zu „demokratietheoretisch bedenklichen" Verfahren (Typ 4):

1. Eine vom amtierenden Parlament unabhängige *verfassungsentwerfende* Versammlung (Konvent) wird vom Volk gewählt. Sie arbeitet einen Verfassungsentwurf aus, verabschiedet ihn und legt ihn dem Volk *(pouvoir constituant)* in einem Referendum zur Abstimmung vor. Ein Beispiel für diese dreistufige Legitimierung ist die Verfassung der IV. Republik Frankreichs.

2. Eine *verfassungsgebende* Versammlung (Constituante) wird demokratisch gewählt. Sie arbeitet die Verfassung aus, beschließt und verabschiedet sie selbst. Dem Volk, im Sinne der stimmberechtigten Staatsbürger, wird die Verfassung nicht mehr zur Abstimmung vorgelegt. Ein Beispiel für diese Variante der zweistufigen Legitimierung ist die Verfassung der Weimarer Republik.

3. Von einem bestimmten *Staatsorgan* (z.B. amtierendes Parlament, Regierung) wird ein Verfassungsentwurf ausgearbeitet, der vom Parlament (in der Regel, aber nicht immer) verabschiedet wird. Es wird also keine vom amtierenden Parlament oder der Regierung unabhängige verfassungsentwerfende Versammlung gewählt. Ein Referendum über den Verfassungsentwurf findet statt. Ein Beispiel für diese Variante der zweistufigen Legitimation ist die Verfassung der V. Französischen Republik[16].

4. Von einem bestimmten *Staatsorgan* wird eine Verfassung ausgearbeitet (bzw. die alte revidiert) und vom amtierenden Parlament verabschiedet. Ein Referendum zur Verfassung findet *nicht* statt. Beispiele für diese einstufige Legitimierung sind die Verfassungen Ungarns und Polens aus dem Jahre 1989.

Wie die Verfassungsgebung in den vier Großregionen der dritten Demokratisierungswelle in diese Vierer-Typologie einzuordnen sind, zeigt Abbildung 1.

Keine der jungen Demokratien der „dritten Welle" hat den demokratisch vorbildlichen Weg der Verfassungsgebung gewählt (Typ 1). Dies weist auf die Zeitknappheit hin, die insbesondere bei dramatischen Systemwechseln (Regimekollaps) herrscht. Hier haben die Verfassungsgeber eine Güterabwägung zu treffen zwischen demokratischvorbildlichen Prozeduren und einer längeren, möglicherweise riskanten, Interimsphase

---

16 Das Demokratiegefälle zwischen Typ 2 und 3 ist minimal. Die Reihenfolge beider Typen in einer „Hierarchie" hangt nicht zuletzt von der Präferenz für direkte oder repräsentative Demokratieelemente ab.

Abbildung 1: Verfahren der Verfassungsgebung in Südeuropa, Osteuropa, Süd- und Zentralamerika sowie Ostasien

Art der Verfassungsgebung \ area	Südeuropa	Osteuropa	Sud- und Zentralamerika	Ostasien
Verfassungsentwurf von demokratisch gewählter *constituante*; Annahme durch *Referendum*				
Verfassunggebung durch demokratisch gewählte *constituante*; Annahme *ohne Referendum*	Portugal (1976)	Bulgarien (1991)	Paraguay (1992) Honduras (1981) El Salvador (1984) Guatemala (1985) Nicaragua (1987)	Taiwan (1991-94)
Verfassungsvorschlag durch ein *Staatsorgan*; Annahme durch *Referendum*	Spanien (1978)	Rußland (1993) Rumänien (1991) Litauen (1992)	Brasilien (1988) (Chile 1980; 1989) Ekuador (1978)	Philippinen (1987) Südkorea (1987)
Verfassunggebung durch ein *Staatsorgan*; Annahme *ohne Referendum*	Griechenland (1974)	Albanien (1991: prov. Verf.) Polen (1992: „kleine Verf.") Ungarn (1989: prov. Verf.) Slowakei (1992: prov. Verf.) Tschechien (1992: prov. Verf.) Lettland (1992) Slowenien (1991) Belarus (1994)	Argentinien (1983) Uruguay (1984) Peru (1980)	Thailand (1992)

Anmerkungen: Argentinien, Bolivien und Uruguay kehrten zur vorautoritären Verfassung zurück. In Griechenland hatte die Verfassungsgebende Versammlung nur einen Verfassungsrevisionsauftrag. Die Revisionen wurden an der Verfassung von 1952 vorgenommen. Das Referendum von 1974 bezog sich nur auf die Frage, ob Griechenland Monarchie bleiben oder Republik werden sollte. 69,2% stimmten für die Republik. In Chile scheiterte bisher eine grundsätzliche Revision der autoritären Verfassung von 1980 an den fehlenden Mehrheiten im Parlament. Im Falle Albaniens, Polens, der Slowakei, Tschechiens und Ungarns handelt es sich um provisorische Verfassungen.

ohne demokratische Verfassung oder einem schnelleren Verfahren der Verfassungsgebung mit einigen prozeduralen und inhaltlichen Defiziten. Klaus von Beymes Anmerkung zu Osteuropa, daß die demokratisierungswilligen Eliten „in der Regel dringendere Probleme ... und keine Zeit für eine doppelte Beteiligung des Volkes" (von Beyme 1994: 236) an der Verfassungsgebung hätten, trifft ganz offensichtlich generell auf die Verfassungsgebung im Gefolge von Regimebrüchen zu.

Von den Ländern, die sich nach dem immer noch anspruchsvollen zweiten Verfahren eine Verfassung gegeben haben, kann nur die portugiesische als konsolidiert gelten. Dagegen genießen unter den Ländern mit der undemokratischsten Verfassungsgebung mindestens fünf Verfassungen (Griechenland, Slowenien, Tschechien, Ungarn, Uruguay) eine vergleichsweise hohe Legitimität in der Bevölkerung. Ich vertrete gegen Bruce Ackerman (1993: 77) und die herrschende Lehrmeinung im Staatsrecht die Auffassung, daß die demokratische Vorbildlichkeit der Verfassungsgebung für die Konsolidierung, Stabilität und Qualität der postautoritären demokratischen Ordnungen sekundär ist. Denn nicht nur die Beispiele der dritten Demokratisierungswelle, sondern auch die westeuropäische Verfassungsentwicklung nach 1945 nähren erhebliche Zweifel an der These, daß demokratisch vorbildliche Verfahren der Verfassungsgebung besonders geeignet wären, einen Verfassungspatriotismus zu stiften. So wurde die Verfassung der IV. Französischen Republik in der „demokratischste(n) Ausübung des *pouvoir constituant* in der europäischen Verfassungsgeschichte" (von Beyme 1968: 16) über vier demokratische Schritte vorbildlich legitimiert. Dennoch hielt sie, von ihren Bürgern wenig geliebt, nur elf Jahre. Das verfahrensdemokratisch nur völlig unzureichend legitimierte Grundgesetz der Bundesrepublik Deutschland brachte dagegen im Verlaufe seines Bestehens eben jenen Verfassungspatriotismus hervor, der die bundesdeutsche Nachkriegsdemokratie neben dem „Wirtschaftswunder" nachhaltig konsolidierte.

In seiner demokratiestiftenden Qualität häufig überschätzt wird die „Legitimität von unten", das Verfassungsreferendum. Dies gilt vor allem für postautoritäre oder posttotalitäre Situationen, in denen die Verfassungsgebung unter Zeitdruck und den Bedingungen einer unterentwickelten Zivilgesellschaft abläuft. Ist aber eine gehaltvolle Verfassungsdiskussion nicht möglich, bleiben Verfassungsplebiszite bedeutungsarm und haben weitgehend akklamativen Charakter. Finden sie gar unter unaufgeklärten, gewalttätigen und manipulierten Kontexten wie in Rumänien (1992) oder Rußland (1993) statt, muß ihnen die demokratische Legitimationsfunktion gänzlich abgesprochen werden.

b. Die „empirische Legitimation"
Unter empirischer Legitimation verstehe ich, daß einer Verfassung durch ihre Wirkung auf die faktische Politik und die gesellschaftlichen Verhältnisse ein ausreichendes Maß an „Legitimitätsglauben" (Max Weber) bzw. „spezifischer und diffuser Unterstützung" (David Easton) zuwächst. Die Chancen dafür stehen besonders gut, wenn in der Verfassung drei Prinzipien prägend eingelassen sind:
– *die soziale und politische Inklusion:* Es dürfen keine größeren strukturellen Minderheiten (rassisch, ethnisch, religiös) und keine politischen und sozialen Gruppen beim institutionellen Zugang zur politischen Macht grob benachteiligt werden;

- *die institutionelle Effizienz*: Die politischen Institutionen müssen zügige Entscheidungen und Implementationen zulassen;
- *die politische Effektivität*: die politischen Entscheidungen müssen sichtbar zur Problemlösung gesellschaftlicher Probleme (ökonomisch, sozialpolitisch, innere und äußere Sicherheit) beitragen.

Das Inklusions-, Effizienz- und Effektivitätsproblem wird seit Ende der achtziger Jahre in der Transformationsforschung auf zwei Ebenen diskutiert:
- der *Ebene des Regierungssystems*: Hier dreht sich die Debatte um die Frage, ob sich parlamentarische, präsidentielle oder semipräsidentielle Regierungssysteme am ehesten zur Konsolidierung der jungen Demokratien eignen.
- der *Art des politischen Entscheidungsmodus:* Hier lautet die Frage: Erfüllen Mehrheits-, Konsens- oder intermediäre Demokratietypen die Konsolidierungsanforderungen am besten?

Insbesondere in der Frage nach dem geeigneten Regierungssystem wurde eine breite Debatte geführt. Sie kann hier nicht nachgezeichnet werden[17]. Positionen, die parlamentarische Regierungssysteme grundsätzlich für angemessener halten (Linz 1990b, 1994; Lijphart 1990, 1992, 1994; Stepan/Skach 1993) standen Befürwortern des Präsidentialismus (Horowitz 1993) gegenüber. Schließlich fand sich mit Giovanni Sartori (1994) sogar ein Verfechter des semipräsidentiellen Regierungssystems. Kritiker (Nohlen 1991; Thibaut 1992; Lipset 1994) haben insbesondere Linz nicht zu Unrecht vorgeworfen, daß die „idealtypisch-deduktive" (Thibaut 1992: 113) Argumentation von den institutionellen und soziokulturellen Umwelten abstrahiere, innerhalb derer die großen Verfassungsorgane der Regierungssysteme operieren müssen. Entscheidend für die demokratische Konsolidierung sei vielmehr, in welcher Weise die zentralen politischen Institutionen mit dem Wahl- und Parteiensystem, dem Verbändewesen, der staatlichen Verwaltung und der Elitenrekrutierung harmonierten (Nohlen 1994: 4). Ich schließe mich dieser Sichtweise grundsätzlich an, was die parlamentarische oder präsidentielle Option anbetrifft. Für die unterschiedlichen Varianten des Semipräsidentialismus gilt dies nicht (Rüb 1994a; Merkel 1996: 104). Ihre interne Konstruktion läßt auch kontextunabhängig die Aussage zu, daß sie für junge unkonsolidierte Demokratien besonders ungünstige institutionelle Arrangements bieten. Die institutionelle Konkurrenz innerhalb der Exekutive zwischen Staatspräsident und Regierungschef und die selten ausreichend trennscharf geklärten Kompetenzen zwischen präsidentieller Exekutive und parlamentarischer Legislative behindern im Falle der *cohabitation* die Entscheidungsfähigkeit. Drängende Problemlösungen werden aufgeschoben. An ihre Stelle treten machtpolitische Winkelzüge. Dies kann in der Bevölkerung sehr rasch zu einem Verlust an „spezifischer Unterstützung" (Easton) führen. Südkorea von 1988-1990, Polen nach 1990 und Rußland nach 1991 liefern dafür Beispiele. Gehören aber Staatspräsident und Parlamentsmehrheit derselben Partei an, wie dies in Kroatien, Rumänien, Südkorea (ab 1990), Litauen (ab 1994) und Polen (ab 1995) der Fall ist, wird die interne Konkurrenz in der Exekutive zwar aufgehoben. Aber das Staatsoberhaupt verfügt dann über eine Machtfülle, wie sie weder Premierminister in

---

17 Zu einer knappen Zusammenfassung dieser Debatte vgl. u.a. Merkel/Sandschneider/Segert (1996: 25ff.).

parlamentarischen Systemen noch Staatspräsidenten in präsidentiellen Systemen in der Regel besitzen. Es fehlen wichtige *checks und balances*, die unkonsolidierte Demokratien vor der Degeneration in eine „delegierte Demokratie" (O'Donnell 1994) bewahren können, in der ein gewählter Präsident, von konstitutionellen Kontrollen kaum eingeschränkt, plebiszitär-autoritär regiert.

Dieter Nohlens Kritik an Linz' und Stepans kontextunabhängiger Argumentation zugunsten parlamentarischer Regierungssysteme zeigt noch einmal die Notwendigkeit, die von mir oben skizzierten Konsolidierungsebenen 1 (Verfassungsinstitutionen; Regierungssystem) und 2 (Institutionen der intermediären Interessenvermittlung) analytisch zu verknüpfen. Denn erst die wechselseitige Verschränkung beider Ebenen läßt die Konturen der Macht- und Kommunikationsbeziehungen zwischen interdependenten Institutionen und Akteuren erkennen. Arend Lijphart (1984) hat dies in einer früheren Schrift unter dem besonderen Aspekt der Machtkonzentration, Machtteilung und Inklusion über die Idealtypen der Mehrheits- und Konsensdemokratie zumindest teilweise versucht, indem er das Parteiensystem, die Koalitionsformen der Regierungsbildung und die Verfahrensmodi politischer Entscheidungsfindung in die Institutionenanalyse mit einbezog.

2. Die repräsentative Konsolidierung

Die Konfiguration und Offenheit der staatlichen Institutionen, die Art des Wahlsystems und die Normvorgaben für Interessenverbände haben neben den gesellschaftlichen Konfliktstrukturen einen ersten prägenden, jedoch nicht determinierenden Einfluß auf die entstehende Konfiguration der intermediären Strukturen. Die Formen der Interessenvermittlung zwischen Gesellschaft und staatlichen Entscheidungsinstanzen lassen sich in eine territoriale und funktionale Dimension unterscheiden. Erstere wird durch die politischen Parteien, letztere durch die Interessenverbände bestimmt.

a. Parteiensysteme
Parteiensysteme in postautoritären Transformationsgesellschaften werden vor allem durch drei Einflüsse geformt. Erstens durch den Transformationskonflikt zwischen autoritärem Regime und demokratischer Opposition (Kitschelt 1992b); zweitens durch die soziale cleavage- Struktur (Lipset/Rokkan 1967; Sartori 1976); drittens durch das Wahlsystem (Nohlen 1990). Der zentrale Transformationskonflikt zwischen autoritärem Regime und demokratischer Opposition entwickelt nur vorübergehend prägende Kraft. Die oppositionellen „Forumsparteien" zerfallen rasch mit dem Fortschreiten der demokratischen Konsolidierung entlang ideologischer, sozialer oder personeller Trennungslinien (von Beyme 1994: 296). Längerfristig prägen vor allem soziale und in geringerem Maße auch personale Konfliktlinien die Struktur und Wettbewerbsdynamik der Parteiensysteme. Wahlsysteme können jedoch in erheblichem Maße mit dazu beitragen, die Parteiensysteme so zu „rationalisieren", daß sowohl das Gebot der sozialen Inklusion nicht grob verletzt wird als auch die Formierung stabiler Regierungsmehrheiten gefördert werden. Aus dem erstgenannten Grunde gefährden relative und absolute Mehrheitswahlsysteme, aus dem zweiten Grunde reine Verhältniswahlsysteme (ohne Sperrklauseln) die demokratische Konsolidierung. Mehrheits-

systeme diskriminieren häufig größere gesellschaftliche und politische Gruppen beim Zugang zur politischen Macht (z.B. in Mazedonien, der Ukraine, in Weißrußland und den Philippinen). Sie können zur Verschärfung regionaler Hegemonien führen, Oppositionsparteien nahezu eliminieren und zur Entwicklung dominanter Parteiensysteme führen, die die Möglichkeit eines Regierungswechsels minimieren (Nohlen 1995: 25). In heterogenen Gesellschaften mit multiplen Konfliktlinien behindern Mehrheitswahlsysteme die gesellschaftliche Integration und bergen gleichsam institutionell ein Destabilisierungspotential für junge Demokratien. Reine Verhältniswahlsysteme behindern die Formierung stabiler Regierungsmehrheiten, wie die Beispiele der Weimarer Republik, Italiens nach 1948, Polens von 1990 bis 1993 und Thailands in einzelnen Phasen nach 1946 zeigen. Das Spektrum der konsolidierungsfördernden Wahlsysteme spannt sich von Verhältniswahlsystemen mit Sperrklauseln zu Graben- bzw. kompensatorischen Wahlsystemen, die Elemente der Verhältnis- und Mehrheitswahl annähernd gleichgewichtig kombinieren[18]. Das zu den Grabensystemen gehörende kompensatorische Wahlsystem Ungarns, über das ca. 45% der Mandatssitze nach dem absoluten Mehrheitsprinzip und ca. 55% nach der Proporzregel bestimmt werden, erscheint als ein besonders positives Beispiel. Es begünstigt stabile Regierungsmehrheiten, birgt keine groben Diskriminierungen gegenüber strukturellen Minderheiten in sich und fördert die Alternanz in der Regierungsverantwortung. Freilich entstehen Wahlsysteme in der Regel in postautoritären Demokratien nicht primär aus unparteilichen Konsolidierungserwägungen, sondern aufgrund parteilicher Machtkalküle. Diese markieren denn auch die Grenzen eines konsolidierungsfreundlichen *institutional engineering*. Doch die Beispiele Spaniens (verstärktes Verhältniswahlsystem) und Ungarns (kompensatorisches Grabensystem) zeigen, daß in der Wahlfrage, im Unterschied zum Regierungssystem, die konsolidierungsfördernden Systeme eher in der Mitte zwischen den reinen Typen der Mehrheits- und Verhältniswahl angesiedelt sind.

Welche Typen von Parteiensystemen fördern bzw. gefährden nun die demokratische Konsolidierung? Unter Berücksichtigung der Kriterien Inklusion und Regierungsstabilität sind es auf der Grundlage von Sartoris Typologie (1976) auch hier die zwischen dem Zweiparteiensystem und dem polarisierten extremen Pluralismus liegenden Varianten des moderaten Vielparteiensystems (von Beyme 1982: 312), die die demokratische Konsolidierung fördern. Konkret heißt das: Parteiensysteme wirken sich dann fördernd auf die demokratische Konsolidierung aus, wenn sie folgende Eigenschaften besitzen:

– *Fragmentierungsgrad*: Parteiensysteme mit einem niedrigen oder mittleren Konsolidierungsgrad wirken konsolidierungsfördernd. In der Stabilitätsforschung politischer Systeme gelten hohe Fragmentierungsindices[19] der Parteiensysteme als stabilitätsgefährdend für das gesamte politische System. Dies gilt insbesondere dann, wenn sie – wie dies meist der Fall ist – mit ideologischer Polarisierung, schwachen und heterogenen Koalitionsregierungen und häufigen Regierungswechseln einher-

---
18 Zur Einteilung der osteuropäischen Wahlsysteme in 10 Typen vgl. Kasapovic/Nohlen (1996).
19 Der Fragmentierungsindex mißt die Zersplitterung des Parteiensystems an der Zahl der Parteien gewichtet nach ihren Stimmenanteilen. Der Fragmentierungsindex wird nach Rae (1968) berechnet, indem die Summe der quadrierten Anteile aller Parteien gebildet und dann von 1 abgezogen wird.

gehen (Weimar; IV. französische Republik; Italienische Republik; Polen 1990-1993). Einer der Faktoren, die zur raschen Konsolidierung der postautoritären Demokratien in Griechenland, Portugal und Spanien geführt hat, war der geringe Fragmentierungsgrad ihrer Parteiensysteme. Schon zehn Jahre nach der Transition lag er Mitte der achtziger Jahre knapp unter dem westeuropäischen Durchschnitt (Merkel 1990: 6; Morlino 1995: 324). Für die postkommunistischen Demokratien Ostmitteleuropas gilt dies bisher noch nicht. So lag der Fragmentierungsindex allein in Ungarn während der ersten und zweiten Legislaturperiode im westeuropäischen Durchschnitt. In der Tschechoslowakei lag er weit darüber. Auch die Nachfolgestaaten Tschechien und Slowakei weisen noch eine deutlich überdurchschnittliche Fragmentierung auf. In Polen lag der Fragmentierungsgrad bis 1993 unter allen liberaldemokratischen Systemen konkurrenzlos hoch (Merkel 1994b: 475). Und auch nach der Wahlrechtsreform von 1993 liegt er noch weit über dem west- wie osteuropäischen Durchschnitt.

– *Polarisierung und Antisystemparteien:* Parteiensysteme, die eine geringe ideologische Distanz zwischen den relevanten linken und rechten Flügelparteien aufweisen und keine Antisystemparteien haben, besitzen Konsolidierungsvorteile. In den drei jungen südeuropäischen Demokratien war auf der Linken allein die Kommunistische Partei Portugals als eine relevante Anti-System-Partei zu bezeichnen (Morlino 1995: 365). Der extrem rechte Pol der Parteiensysteme blieb gänzlich unbesetzt. Anders verhält es sich in den lateinamerikanischen Ländern El Salvador und Guatemala, wo gerade die politische Rechte offen und klandestin gegen das demokratische System operiert. Während die jungen Demokratien Ostasiens nicht von Anti-System-Parteien bedroht sind, wird in Osteuropa, insbesondere in Rußland, Lettland und der Slowakei die demokratische Konsolidierung durch die Existenz zweier antagonistischer Antisystemparteien erschwert (von Beyme 1994: 301ff.; Segert/Machos 1995).

– *Wählerfluktuation (volatility)*[20]: Parteiensysteme mit niedriger und mittlerer Wählerfluktuation wirken sich konsolidierungsfördernd auf das Gesamtsystem aus. Postautoritäre Parteiensysteme weisen unmittelbar nach der Transitionsphase in aller Regel eine hohe *volatility* auf. Der Rückgang der Wählerfluktuation zeigt an, daß sich ein stabilisierendes Element der Parteienidentifikaktion herausbildet. Er zeigt an, daß Parteien als intermediäre Strukturen in der Gesellschaft die notwendigen Wurzeln schlagen, ohne die eine Interessenvermittlung zwischen Staat und Gesellschaft unmöglich ist. Darüber hinaus werden mit der Abnahme der Wählerfluktuation auch Turbulenzen beim Regierungswechsel und *U-turns* in der Regierungspolitik unwahrscheinlich. Die vergleichsweise hohe Wählerfluktuation war und ist in fast allen postautoritären Demokratien der dritten Welle (Ausnahmen: Griechenland, Chile) ein hartnäckiges Konsolidierungsproblem.

Ein System konsolidierter, responsiver und gesellschaftlich verankerter Parteien stärkt die politische Effizienz und Effektivität im Hinblick auf die Formulierung und Implementation politischer Entscheidungen. Dies wiederum strahlt attraktiv in den Wählermarkt, stärkt die Wettbewerbsposition der beteiligten Parteien und verbessert ihre Beziehungen zu den Verbänden. Dadurch wird ein starker Anreiz auf Parteien ausge-

---

20 Mit dem Volatility-Konzept wird die Summe der Netto-Wahlergewinne und Netto-Verluste der relevanten Parteien von Wahl zu Wahl gemessen.

übt, sich in den Institutionen und Normen des demokratischen Systems einzurichten. In einer solchen Situation sind günstige Bedingungen dafür gegeben, daß die relevanten politischen Akteure die sicheren Gewinne der Regelbeachtung den potentiellen Gewinnen der Regelverletzung vorziehen (North 1992). Im optimalen Falle kann dadurch ein sich selbst tragender und wechselseitig verstärkender Konsolidierungskreislauf in Gang gesetzt werden, der solide im rationalen Eigeninteresse der beteiligten Akteure gründet. Nicht zuletzt aus diesem Grunde kommt einem konsolidierten Parteiensystem eine zentrale Rolle im demokratischen Konsolidierungsprozeß zu.

b. Verbändewesen

Parteien alleine können die Interessenvermittlung zwischen Gesellschaft und Staat nicht gewährleisten. Die territoriale Repräsentation muß durch ein komplementäres Regime der funktionalen Interessenvermittlung durch die Verbände ergänzt werden. Aber gerade diese Ebene intermediärer Strukturen ist in postautoritären Gesellschaften chronisch unterentwickelt. Denn die Staatsfixiertheit der meisten autoritären Systeme hinterläßt schwache Zivilgesellschaften. Die vor dem Staat geschützte gesellschaftliche Sphare, in der sich wirtschaftliche Interessen, soziale Gruppen oder kulturelle Strömungen selbst organisieren und artikulieren können, existiert in autoritären Regimen kaum oder nur in observierten Nischen. Dies hinterließ insbesondere für die postkommunistischen Demokratien Osteuropas eine erhebliche Erblast (Schienstock/Traxler 1993; Offe 1994: 121), belastete in abgeschwächter Form aber auch die postdiktatorialen Gesellschaften Portugals, Griechenlands und Spaniens (Schmitter 1995: 287) oder die jungen Demokratien in Ostasien.

Die im Systemwechsel einsetzende Differenzierung und Pluralisierung der Gesellschaft löst keineswegs automatisch das demokratische und funktionale Problem der Vermittlung sozialer Interessen innerhalb der Gesellschaft und gegenüber dem Staat. „Die Gesellschaft", schreibt Jacek Kuron, einer der herausragenden Akteure der polnischen Transformation, „kann unglaublich differenziert sein; worauf es ankommt, ist, ob sie organisiert ist, denn nur dann ist sie auch integriert" (Kuron 1991). Denn erst die wechselseitige Akzeptanz und Organisierung der sozialen und wirtschaftlichen Interessen einer Gesellschaft befähigen diese zum kollektiven Handeln gegenüber konkurrierenden Interessen und dem Staat. Durch Verbände wird dieses Handeln auf Dauer gestellt und gewährt ein Mindestmaß an reziproker Erwartungssicherheit für die wirtschaftlichen, sozialen und staatlichen Akteure. Aus demokratietheoretischer Perspektive sichert die verbandliche Selbstorganisierung der Gesellschaft dem Staat gegenüber wirkungsvolle autonome Handlungsräume. Sie bedeutet in aller Regel auch eine Steuerungsentlastung des Staates und damit einen wirtschaftspolitischen Rationalitätsgewinn. Denn die jungen staatlichen Institutionen und die politischen Parteien stehen ohne ein funktionierendes System funktionaler Interessen unter dem „Damoklesschwert der systematischen Überforderung" (Wiesenthal 1993: 15). Die Komplexität der Probleme der ökonomischen, sozialen und politischen Transformation steht nämlich in aller Regel in einem eklatanten Mißverhältnis zur Professionalität politischer Eliten und der Routinisierung administrativer Entscheidungs- und Implementationsverläufe. Unter den für Transformationsgesellschaften typischen Bedingungen politischer Unsicherheit und progredierender Partikularinteressen, in der weder die Hinwendung zu einem übermächtigen Staat noch zu einer reinen Marktgesellschaft denk-

oder auch nur wünschbar wäre, stellen repräsentative Interessenverbände ein erhebliches Ordnungspotential zur Reduzierung der steuerungspolitischen Unsicherheit dar. Darüber hinaus erscheint die Ausformung „intermediärer Organisationen und organisierender Netzwerke zwischen Staat und Gesellschaft nicht nur als rationale Reaktion auf die Steuerungslücke, sondern auch als der letzte Abschied vom autokratischen Staatsverständnis" (Wiesenthal 1993: 16). Verbände und Verbandsnetzwerke erfüllen also eine wichtige demokratische *und* exekutive Funktion.

Welche Konfigurationen von Verbändesystemen fördern, welche hemmen die demokratische Konsolidierung? Auch hier gelten die für die Verfassungsinstitutionen oben angeführten Kriterien: Verbändesysteme sollten inklusiv und effizient sein. Inklusiv sind sie, wenn sie repräsentativ sind; effizient vor allem, wenn sie kooperativ agieren. Sind etwa die großen Verbände von Arbeit und Kapital repräsentativ, konfligieren ihre Interessenkalküle weniger mit dem Allgemeininteresse der Gesellschaft (Olson 1968). Je größer und umfassender sie die jeweiligen Interessen der Gesellschaft organisieren können, um so eher werden sie zu kooperativem Handeln mit ihren interessenpolitischen Gegenspielern und dem Staat bereit sein. Kooperation wiederum bedeutet Effizienz in wirtschaftspolitischen Entscheidungs- und Implementationsabläufen (Cameron 1984). So können Verbände, ausgedrückt in Eastons Begrifflichkeit, sowohl zur spezifischen als auch zur diffusen Legitimität eines Systems beitragen.

Freilich sind solche Kooperationsformen etwa in der Form neokorporatistischer Politikgestaltung schon in etablierten Demokratien außerordentlich voraussetzungsvoll (Schmitter/Lehmbruch 1982). Junge Verbände in unkonsolidierten Demokratien besitzen aber noch viel seltener den für Konzertierungen notwendigen Organisations- und Zentralisierungsgrad sowie die daraus resultierende Selbstverpflichtungsfähigkeit hinsichtlich ihrer eigenen Organisationsmitglieder. Diese wiederum sind aber wichtige Voraussetzungen zur Kooperation mit anderen Verbänden und dem Staat. Deshalb ist es nicht verwunderlich, wenn Interessenverbände in frühen Phasen der demokratischen Konsolidierung in der Regel nur eine sekundäre Rolle spielen (Schmitter 1995: 287)[21]. In bestimmten Transformationsfällen, wo wie in Osteuropa radikale Wirtschaftsreformen den Beginn des ökonomischen Systemwechsels bedeuteten, kann gar die Abwesenheit starker Interessenverbände positive Auswirkungen auf den Reformerfolg haben. So konnten, infolge der mangelhaften Organisierung gesellschaftlicher Interessen, die Basisinstitutionen der neuen marktwirtschaftlichen Ordnung, etwa 1991 in Polen und der Tschechoslowakei, ohne die schwierige und zeitraubende Koordinierung von funktionalen Teilsystemen und mächtigen korporativen Akteuren hierarchisch vom Staat durchgesetzt werden (Wiesenthal 1994: 21).

Mit dem Fortschreiten des Konsolidierungsprozesses wächst jedoch die demokratische, ökonomische und soziale Bedeutung der organisierten Interessenverbände. Denn ohne ein ausdifferenziertes und repräsentatives Verbändesystem sind Gesellschaften auch in Demokratien weder vor einer etatistischen Suprematie noch vor den sozialdarwinistischen Auswirkungen reiner Marktwirtschaften sicher. Die hochpluralistischen Gewerkschaftssysteme und disparaten Unternehmerverbände mit ihrer relativ großen

---

21 Eine Ausnahme stellt Spanien dar. Hier haben insbesondere die mobilisierungsschwachen Gewerkschaften von 1978-1986 eine Reihe von politischen, wirtschaftlichen und sozialen „Pakten" mitgestaltet, die zur politischen Stabilisierung der jungen Demokratie in einer tiefen Wirtschaftskrise beigetragen haben (Merkel 1989: 646ff.).

Zahl konkurrierender Verbände im postkommunistischen Osteuropa (Schienstock/ Traxler 1993: 501), sind gegenwärtig weit davon entfernt, diese doppelte Gefahr zu bannen. Selbst in den erfolgreich konsolidierten Demokratien Südeuropas erwiesen sich die großen Wirtschafts- und Arbeitnehmerverbände auch 20 Jahre nach dem Systemwechsel als zu schwach, um ihre Autonomie gegenüber dem Staat zu wahren (Griechenland) oder die sozialen Interessen in symmetrisch-korporatistischen Arrangements zu koordinieren. In Osteuropa führte die mangelhafte funktionale Interessenvermittlungsstruktur zu einer „*overparlamentarization*" und „*overpartitization*" (Agh 1995: 251) des Konsolidierungsprozesses. Dadurch wurde die territoriale Repräsentationsschiene überlastet. Es kam zu einem problematischen Legitimitätsverlust von Parlament und Parteien (ibid.: 252; Montero/Morlino 1995: 259), denen alle unpopulären Entscheidungen alleine angelastet werden. Dies zeigt, daß eine Verfestigung asymmetrischer Interessenvermittlungsstrukturen ein latentes Dekonsolidierungspotential für einzelne Teilregime wie für das gesamte demokratische System birgt.

III. Systemstrukturen, Elitenhandeln und Massenloyalität:
Legitimität als Schlüsselkategorie der Demokratischen Konsolidierung

Welche Auswirkungen haben nun die Herausbildung der Regimestrukturen auf der 1. *(polity)* und 2. Ebene *(politics)* für die Ebenen 3 (Elitenloyalität) und 4 (Massenunterstützung)? Die Einführung demokratischer Strukturen bedeutet noch nicht deren „Institutionalisierung". Denn institutionalisiert sind diese Strukturen erst, wenn sie einerseits situationsangemessene Ordnungs- und Steuerungsleistungen erbringen und andererseits „symbolisch-integrative Wirkung" (Fehr 1994: 344) auf das Handeln der Eliten und die Einstellungsmuster der breiten Bevölkerung entfalten. Um beide Effekte zu erzielen, kommt es sowohl auf die konkreten konstitutionellen Arrangements an, als auch auf die Art und Weise, wie die Akteure (Regierungen, Präsidenten, Parteien und Verbände) die durch die Institutionen definierten Handlungsspielräume interpretieren und akzeptieren. Die Stabilität eines politischen Systems hängt in hohem Maße vom Legitimitätsbewußtsein der politischen und gesellschaftlichen Eliten ab. Fehlt dieses Legitimitätsbewußtsein der Herrschaftsträger gegenüber der neuen demokratischen Herrschaftsform, so ist diese „tödlich gefährdet"[22] (Kielmansegg 1971: 398). Insofern muß die eingangs pointiert vorgetragene These des *polity first* immer im Wirkungszusammenhang mit den *politics* betrachtet werden. Es ist also das Zusammenspiel von Systemstrukturen und Elitenhandeln, das entscheidenden Einfluß auf die Legitimation einer noch unkonsolidierten Demokratie hat. Damit rückt die Legitimation bzw. ihr Ergebnis, die Legitimität, zur Schlüsselkategorie der demokratischen Konsolidierung auf.

Ohne ein ausreichendes, von Fall zu Fall variierendes Maß an Legitimität ist ein demokratisches politisches System unkonsolidiert und instabil. Freilich muß der Begriff politischer Legitimität präzise definiert werden, da sein Gehalt von Normativisten,

---

[22] Graf Kielmansegg verweist mit Recht auf das Beispiel von Weimar. Diese These läßt sich aber auch am Beispiel Portugals in den zwanziger Jahren, manchen Demokratien Lateinamerikas in den sechziger Jahren und den meisten Nachfolgestaaten der Sowjetunion in den neunziger Jahren belegen.

Rechtspositivisten und Funktionalisten unterschiedlich verstanden wird. Der Legitimitätsbegriff bleibt für die vergleichende Stabilitätsforschung politischer Systeme analytisch unergiebig und nicht operationalisierbar, wenn er umfassend, aber unpräzise wie bei Hella Mandt (1985: 503) auf „Grundnormen, auf konstitutive Verfahren und auf die (empirische) Anerkennung der Bürger (Legitimitätsglaube)" zurückgeführt wird. Normen sind, darauf haben Rechtspositivisten wie Kelsen (1968) oder Funktionalisten wie Luhmann (1969) mit Recht hingewiesen, mit den Mitteln der Vernunft oder der Wissenschaft nicht letztgültig begründbar. Unklar bleibt zudem, in welchem Verhältnis Grundnormen und konstitutive Verfahren zum Legitimitätsglauben der Bürger stehen. Diese Begriffsunklarheit vermeidet Kielmansegg. „Legitimität", definiert er, „ist soziale Geltung als rechtens" (Kielmansegg 1971: 367). In diesem Verständnis wird Legitimität als Geltungsüberzeugung, als Reaktion der Herrschaftsunterworfenen gegenüber dem Herrschaftssystem verstanden. Legitim ist also, „was die, auf die der Geltungsanspruch zielt, als legitim anerkennen" (ibid.: 368). Eine Herrschaftsordnung ist also dann legitim, „wenn sie von denen, auf die ihr Geltungsanspruch zielt, dafür gehalten wird" (ibid.: 389). Damit rückt Kielmansegg nahe an Luhmanns funktionalistisches Verständnis von Legitimität heran. Luhmann bezieht Legitimität ganz allgemein auf die Bereitschaft der Bürger, die Entscheidungen des politischen Systems zu akzeptieren (Luhmann 1969: 35). Am prägnantesten hat dies freilich schon vor Luhmann Seymour Martin Lipset formuliert: „Legitimacy involves the capacity of a political system to engender and maintain the belief that existing political institutions are the most appropriate or proper ones for the society" (Lipset 1959: 68).

Ich schließe mich diesem Verständnis von Luhmann und Lipset an und definiere die Legitimität eines politischen Systems nicht normativ-absolut, sondern wertneutral-relativ: Legitimität ist demnach der Glaube, daß das Ensemble der existierenden politischen Institutionen und Verfahren besser ist als jede andere Systemalternative. Mit welchen Defekten ein solches System auch behaftet sein mag, es ist legitim, wenn es in der Wahrnehmung der Herrschaftsunterworfenen die am wenigsten schlechte Herrschaftsform darstellt. Dieser Glaube jedoch gründet nicht notwendigerweise in normativen Werturteilen. So teile ich nicht die apodiktische Aussage von Ernesto Garzón Valdés, daß Legitimitätsurteile immer normativer Natur sind und letztlich auf einer moralischen Rechtfertigung beruhen (Garzón Valdés 1988: 17). Denn Legitimität läßt sich aus der von mir skizzierten Rationalitätsperspektive als das revidierbare Urteil verstehen, daß ein bestimmtes politisches System im Vergleich zu anderen längerfristig für den jeweiligen Beurteilenden mehr Vor- als Nachteile bringt. Aus einer solchen relativen Sichtweise ist der normative Gehalt eines Legitimitätsurteils disponibel, das heißt, den rationalen Kosten-Nutzen Kalkülen unterworfen. In diesem Sinne schreibt Linz: „Ultimately democratic legitimacy is based on the belief that for that particular country at that particular juncture no other type of regime could assure a more successful pursuit of collective goals" (Linz 1978: 18).

Die Legitimität eines demokratischen politischen Systems ist nicht statisch. Sie wird nicht durch die Legalität und demokratische Qualität der Verfassungsgebung alleine und schon gar nicht dauerhaft erzeugt. Der Legitimitätsglaube der Bürger muß vielmehr beständig aus unterschiedlichen Quellen genährt und reproduziert werden. Diesen Prozeß der Legitimitätsproduktion hat Easton nach Bezugsebenen und Arten der Unterstützung differenziert (1979: 176). Die Bezugsebenen bzw. Bezugsobjekte sind in einer hierarchischen Reihenfolge geordnet: die politische Gemeinschaft, die politische Herrschaftsordnung *(polity)* und die Träger der politischen Herrschaft. Auf einzelne dieser drei Bezugsobjekte oder das politische System insgesamt können sich zwei unterschiedliche Arten der Unterstützung richten: die *spezifische* und die *diffuse* Unterstützung. Die spezifische, bzw. utilitaristisch motivierte Unterstützung der Bürger bezieht sich auf die Handlungen der politischen Herrschaftsträger und/oder die mit diesen Entscheidungen in Verbindung gebrachte Leistungsperformanz *(output)*. Fundamentaler und tiefer verwurzelt ist die diffuse Unterstützung. Sie richtet sich unabhängig vom *output* auf alle drei Bezugsobjekte bzw. auf das politische System insgesamt. *Diffuse support* fließt auch dann noch (mittelfristig) einem politischen System zu, wenn der einzelne Bürger konkrete politische Entscheidungen als unliebsam oder in Konflikt mit seinen eigenen materiellen Interessen wahrnimmt: „... diffuse support is support that underlies the regime as a whole and the political community" (Easton 1975: 445).

Einem politischen System wachsen also aus unterschiedlichen Gründen, auf unterschiedlichen Ebenen unterschiedliche Arten der Unterstützung zu. Nach demselben differenzierten Muster kann es freilich genauso an Legitimität verlieren. Wird also in der Bevölkerung die Verfassungsstruktur als unfair und inadäquat angesehen, fühlen die Bürger ihre Interessen durch das territoriale und funktionale Interessenvermittlungsregime nicht ausreichend vertreten und mündet all dieses in eine negativ wahrgenommene materiale Leistungsbilanz der Regierung (etwa in der Wirtschafts-, Sozialpolitik und der inneren Sicherheit), versiegt die Quelle der diffusen und spezifischen Unterstützung. Ein solches System vermag sich nicht zu konsolidieren. Ist es konsolidiert, wird es von massiven Entkonsolidierungstenzen destabilisiert. In diesem *worst case* Szenario gewinnen dann alternative Ordnungsysteme bei den Eliten oder mächtigen korporativen Akteuren (Militär, Unternehmern, Finanzkapital, Gewerkschaften) und den enttäuschten und depravierten Bürgern an Attraktivität. Wird aber umgekehrt die Verfassungsordnung akzeptiert, genießen Parteien und Verbände ein ausreichendes Maß an Vertrauen und verläuft auch die materiale Politikproduktion für die Bürger zufriedenstellend, dann haben alternative Systementwürfe keine Chance *(best case)*. Mit dem Anstieg der Legitimität eines demokratischen Systems fällt also die Attraktivität alternativer Herrschaftsformen und vice versa. Die Erfolgsaussichten und Prämien für systemoppositionelle Strategien von politischen, militärischen und wirtschaftlichen Eliten sind gering, nicht rational und deshalb unwahrscheinlich. Adam Przeworskis Kritik „What matters for the stability of any regime is not the legitimacy of this particular system of domination but the presence or absence of preferable alternatives" (Przeworski 1986: 51f.) greift zu kurz, da sie den Zusammenhang von Legitimiät und Attraktivität konkurrierender Herrschaftsentwürfe nicht reflektiert. Denn es ist gerade die Legitimätsausstattung eines politischen Systems, die darüber entscheidet, ob „vorziehbare" Systemalternativen im Kalkül der Eliten oder der Wahrnehmung der Bevölkerung überhaupt eine Rolle spielen. Zu einem politischen System, das auf einer soliden Legitimitätsgrundlage ruht, werden kaum „vorziehbare" Systemalternativen entstehen können. Umgekehrt wird jedoch mit der Abnahme der Legitimität bzw. dem Unvermögen eines Systems, Legitimität aufzubauen, die Attraktivität alternativer Herrschaftssysteme zunehmen. Legitimität ist also gerade auch aus einer solchen *rational choice*-Perspektive längerfristig eine notwendige, wenn nicht gar eine unabdingbare Bedingung für die Stabilität einer Demokratie.

Die Legitimitätsbasis postautoritärer Demokratien liegt irgendwo auf dem Kontinuum zwischen *worst and best case*. Junge und noch nicht konsolidierte Demokratien erhalten häufig aufgrund der Diskreditierung des autokratischen Vorläuferregimes eine Art Vertrauensvorschuß. Dieser kann duch die Konstruktion des Regierungssystems, durch Verfassungsnormen, Handlungen der Regierung, Parteien und Verbände verspielt oder aber vermehrt werden. Die Legitimität eines politischen Systems kann auf unterschiedlichen Ebenen unterschiedlich schnell angesammelt oder verloren werden. Ungleichzeitigkeit ist in diesem Prozeß der Legitimation oder Delegitimierung eher der Normalals der Ausnahmefall. Ein Mehrebenenmodell der demokratischen Konsolidierung kann deshalb in Verbindung mit einem theoretisch differenzierten und empirisch operationalisierbaren Konzept der Legitimitation genauer Aufschluß geben, wo, warum und wie weit in einem demokratischen System Konsolidierungserfolge oder Mißerfolge vorangeschritten sind. Damit läßt sich das analytische Konzept der demokratischen Konsolidierung dynamisieren und relativieren. Die problematische Redeweise, pauschal von einer „konsolidierten Demokratie" zu sprechen, könnte durch eine differenziertere Urteilsform ersetzt werden, die die Konsolidierungsniveaus der jeweiligen Teilregimes benennt und in Beziehung zur Stabilität des Gesamtsystems setzt. Erst danach können begründete Aussagen über die Stabilität(saussichten) eines demokratischen Systems getroffen werden.

Am Beispiel des von mir skizzierten Mehrebenenmodells zeigt sich erneut deutlich, daß akteurs- und systemtheoretische Elemente zu einem für die Politikwissenschaft typischen Forschungsansatz mittlerer Reichweite verknüpft werden können und verknüpft werden müssen. Die wechselseitige Schließung beider Paradigmen voneinander würde für die konkrete Transformationsforschung mit einem erheblichen Verlust an analytischer Differenzierung bezahlt werden. Dies zumindest bleibt auch in den unsicheren „Zeiten der Transformation" eine gesicherte theoretische Erkenntnis.

Literaturverzeichnis

Ackerman, Bruce, 1993: Ein neuer Anfang für Europa. Berlin.
Agh, Attila, 1995: The Role of the First Parliament in Democratic Transition, in: *Agh, Attila/Kurtán, Sándor* (Hrsg.), The First Parliament (1990-1994). Budapest, 249-261.
Almond, Gabriel, 1966: Political Theory and Political Science, in: American Political Science Review 60, 869-879.
Almond, Gabriel/Verba, Sidney, 1963: The Civic Culture. Princeton.
Almond, Gabriel/Verba, Sidney (Hrsg.), 1980: The Civic Culture Revisited. Boston.
Arato, Andrew, 1990: Revolution, Civil Society und Demokratie, in: Transit (1) 1, 110-126.
Barry, Norman P., 1984: Unanimity, Agreement, and Liberalism: A Critique of James Buchanan's Social Philosophy, in: Political Theory (12) 4.
Beyme, Klaus von, 1968: Die verfassungsgebende Gewalt des Volkes. Tübingen.
Beyme, Klaus von, 1971: Die parlamentarischen Regierungssysteme in Europa. München.
Beyme, Klaus von, 1982: Parteien in westlichen Demokratien. Munchen.
Beyme, Klaus von, 1994: Systemwechsel in Osteuropa. Frankfurt a.M.
Böckenforde, Wolfgang, 1994: Die verfassungsgebende Gewalt des Volkes – ein Grenzbegriff des Verfassungsrechts, in: *Preuß, Ulrich K.* (Hrsg.), Zum Begriff der Verfassung. Frankfurt a.M.
Brie, Michael, 1996: Rußland: Das Entstehen einer „delegierten Demokratie", in: *Merkel, Wolfgang/Sandschneider, Eberhard/Segert, Dieter* (Hrsg.), Systemwechsel 2. Opladen, 143-177.

Cameron, David, 1984: Social Democracy, Corporatism, Labour Quiescence, and the Representation of Economic Interest in Advanced Capitalist Society, in: *Goldthorpe, John H.* (Hrsg.), Order and Conflict in Contemporary Capitalism. Oxford, 143-178.
Colomer, Josep M., 1991: Transitions by Agreement. Modeling the Spanish Way, in: American Political Science Review 85, 1283-1302.
Colomer, Josep M., 1995: Game Theory and the Transition to Democracy: The Spanish Model. Hamshire.
Dahl, Robert A., 1961: The Behavioral Approach in Political Science: Epitaph for a Monument to a Successful Protest, in: American Political Science Review (55), 763-772.
Dahl, Robert A., 1971: Polyarchy. New Haven/Yale.
Diamandouros, Nikiforos/Puhle, Hans-Jurgen/Gunther, Richard, 1995: Conclusion, in: *Gunther, Richard/Diamandouros, Nikiforos P./Puhle, Hans-Jürgen* (Hrsg.), The Politics of Democratic Consolidation. Southern Europe in Comparative Perspective. Baltimore, 389-414.
Diamond, Larry, 1994: Toward Democratic Consolidation, in: Journal of Democracy (5) 3, 4-17.
Di Palma, Giuseppe, 1990: Crafting Democracies. Berkeley.
Easton, David, 1975: A Re-Assessment of the Concept of Political Support, in: British Journal of Political Science (5), 435-457.
Easton, David, 1979: A Systems Analysis of Political Life. Chicago (Erstausgabe 1965).
Elster, Jon, 1988: Introduction, in: *Elster, Jon/Slagstad, Rune* (Hrsg.), Constitutionalism and Democracy. Cambridge, 1ff.
Elster, Jon, 1994: Die Schaffung von Verfassungen: Analyse der allgemeinen Grundlagen, in: *Preuß, Ulrich K.* (Hrsg.), Zum Begriff der Verfassung. Frankfurt a.M., 37-57.
Falter, Jurgen W., 1982: Der „Positivismusstreit" in der amerikanischen Politikwissenschaft. Opladen.
Fehr, Helmut, 1994: Probleme der Grundung politischer Institutionen in Ostmitteleuropa, in: *Gohler, Gerhard* (Hrsg.), Die Eigenart der Instituionen. Baden-Baden, 331-349.
Garzón Valdés, Ernesto, 1988: Die Stabilität politischer Systeme. Freiburg.
Giddens, Anthoy, 1984: The Constitution of Society: Outline of the Theory of Structuration. Cambridge.
Glaeßner, Gert-Joachim, 1994: Demokratie nach dem Ende des Kommunismus. Opladen.
Gunther, Richard/Diamandouros, Nikiforos P./Puhle, Hans-Jurgen (Hrsg.), 1995: The Politics of Democratic Consolidation. Southern Europe in Comparative Perspective. Baltimore.
Horowitz, Donald L., 1993: Comparing Democratic Systems, in: *Diamond, Larry/Plattner, Marc F.* (Hrsg.), The Global Resurgence of Democracy. Baltimore, 127-133.
Huntington, Samuel P., 1991: The Third Wave. Democratization in the Late Twentieth Century. Oklahoma.
Karl, Terry L./Schmitter, Philippe, C., 1991: Modes of Transition in Latin America, Southern and Eastern Europe, in: International Social Science Journal 128, 269-285.
Kasapovic, Mirjana/Nohlen, Dieter, 1996: Wahlsysteme und Systemwechsel in Osteuropa, in: *Merkel, Wolfgang/Sandschneider, Eberhard/Segert, Dieter* (Hrsg.), Systemwechsel 2. Die Institutionalisierung der Demokratie. Opladen, 215-261.
Kelsen, Hans, 1968: Allgemeine Staatslehre. Bad Homburg.
Kielmansegg, Peter Graf, 1971: Legitimität als analytische Kategorie, in: Politische Vierteljahresschrift (12) 3, 367-401.
Kitschelt, Herbert, 1992a: Political Regime Change: Structure and Process-Driven Explanations?, in: American Political Science Review (86) 4, 1028-1034.
Kitschelt, Herbert, 1992b: The Formation of Party Systems in East Central Europe, in: Politics and Society (20) 1, 7-52.
Kollmorgen, Raj, 1996: Schöne Aussichten? Eine Kritik integrativer Transformationstheorien, in: *Kollmorgen, Raj/Reißig, Rolf/Weiß, Johannes* (Hrsg.), Sozialer Wandel und Akteure in Ostdeutschland. Opladen, 281-331.
Kraus, Peter A., 1990: Elemente einer Theorie postautoritärer Demokratisierungsprozesse im südeuropäischen Kontext, in: Politische Vierteljahresschrift (31), 191-213.
Kubicek, Paul, 1994: Delegative Democracy in Russia and Ukraine, in: Communist and Postcommunist Studies (24) 4, 423-440.
Kuhn, Thomas, 1967: Die Struktur wissenschaftlicher Revolutionen. Frankfurt a.M.
Kuron, Jacek, 1991: Interview, in: Tageszeitung (TAZ) vom 15.3.1991.

Lakatos, Imre/Musgrave, Richard A. (Hrsg.), 1974: Kritik und Erkenntnisfortschritt. Braunschweig.
Lauth, Hans-Joachim, 1985: Der Staat in Lateinamerika. Die Staatskonzeption von Guillermo O'Donnell. Saarbrucken/Fort Lauderdale.
Lijphart, Arend, 1984: Democracies. New Haven/London.
Lijphart, Arend, 1990: Presidencialismo y democracia de mayoría, in: Godoy Arcaya, Oscar (Hrsg.), Hacia una democracia moderna. La opción parlamentaria. Santiago de Chile, 109-128.
Lijphart, Arend, 1992: Democratization and Constitutional Choices in Czecho-Slovakia, Hungary and Poland 1989-91, in: Journal of Theoretical Politics (3) 4: 207-233.
Lijphart, Arend, 1993a: Double Checking the Evidence, in: Diamond, Larry/Plattner, Marc F. (Hrsg.), The Global Resurgence of Democracy. Baltimore/London, 171-177.
Lijphart, Arend, 1993b: Constitutional Choices for New Democracies, in: Diamond, Larry/Plattner, Marc (Hrsg.), The Global Resurgence of Democracy. Baltimore/London, 146-158.
Linz, Juan, 1975: Totalitarian and Authoritarian Regimes, in: Greenstein, Fred/Polsby, Nelson (Hrsg.), Handbook of Political Science, Bd. 3, 175-411.
Linz, Juan, 1978: Crisis, Breakdown, and Reequilibration, in: Linz, Juan/Stepan, Alfred (Hrsg.), The Breakdown of Democratic Regimes. Baltimore, 14-124.
Linz, Juan, 1990a: The Perils of Presidentialism, in: Journal of Democracy (1) 1, 51-69.
Linz, Juan, 1990b: The Virtues of Parliamentarism, in: Journal of Democracy (1) 1, 84-91.
Linz, Juan/Stepan, Alfred, 1991: Democratic Transitions and Consolidation: Eastern Europe, Southern Europe & Latin America, unveröffentlichtes Manuskript (i.E. Baltimore 1996).
Linz, Juan/Valenzuela, Arturo (Hrsg.), 1994: The Failure of Presidential Democracy. Baltimore/London.
Lipset, Seymour Martin, 1959/1980: Some Social Requisites of Democracy: Economic Development and Political Legitimacy, in: American Political Science Review, 53; wiederabgedruckt in: ders. (1980): Political Man. Baltimore, 459-476.
Lipset, Seymour Martin, 1993: The Centrality of Political Culture, in: Diamond, Larry/Plattner, Marc F. (Hrsg.), The Global Resurgence of Democracy. Baltimore, 134-137.
Lipset, Seymour Martin/Rokkan, Stein, 1967: Party Systems and Voter Alignments. New York.
Luhmann, Niklas, 1969: Legitimation durch Verfahren. Neuwied/Berlin.
Mandt, Hella, 1985: Legitimitat, in: Nohlen, Dieter/Schultze, Rainer-Olaf (Hrsg.), Pipers Wörterbuch zur Politik Bd. 1, 503-509.
Merkel, Wolfgang, 1989: Sozialdemokratische Politik in einer postkeynesianischen Ara? Das Beispiel der sozialistischen Regierung Spaniens, in: Politische Vierteljahresschrift (30) 4, 629-654.
Merkel, Wolfgang, 1990: Vom Ende der Diktaturen zum Binnenmarkt 1993. Griechenland, Portugal und Spanien auf dem Weg zurück nach Europa, in: Aus Politik und Zeitgeschichte B 51/90, 3-14.
Merkel, Wolfgang, 1994a: Struktur oder Akteur, System oder Handlung: Gibt es einen Konigsweg in der sozialwissenschaftlichen Transformationsforschung, in: Merkel, Wolfgang (Hrsg.), Systemwechsel 1. Theorien, Ansätze und Konzeptionen. Opladen, 303-331.
Merkel, Wolfgang, 1994b: Restriktionen und Chancen demokratischer Konsolidierung in postkommunistischen Gesellschaften. Ostmitteleuropa im Vergleich, in: Berliner Journal für Soziologie (3) 4, 463-484.
Merkel, Wolfgang, 1994c: Italien: das Phantom der „Zweiten Republik", in: SOWI (Sozialwissenschaftliche Informationen) (23) 4, 293-304.
Merkel, Wolfgang, 1995a: Transformationsstrategien: Probleme, Erfahrungen, Grenzen, in: Internationale Politik (50) 6, 3-8.
Merkel, Wolfgang, 1996: Institutionalisierung und Konsolidierung der Demokratien in Ostmitteleuropa, in: Merkel, Wolfgang/Sandschneider, Eberhard/Segert, Dieter (Hrsg.), Systemwechsel 2. Die Institutionalisierung der Demokratie. Opladen, 73-113.
Merkel, Wolfgang/Sandschneider, Eberhard/Segert, Dieter (Hrsg.), 1996: Einleitung, in: Systemwechsel 2. Opladen, 9-36.
Montero, José R./Morlino, Leonardo, 1995: Legitimacy and Democracy in Southern Europe, in: Gunther, Richard/Diamandouros, Nikiforos P./Puhle, Hans-Jurgen (Hrsg.), The Politics of Democratic Consolidation. Southern Europe in Comparative Perspective. Baltimore, 231-260.
Moore, Barrington, 1968: Soziale Ursprünge von Diktatur und Demokratie. Frankfurt a.M.

Morlino, Leonardo, 1995: Political Parties and Democratic Consolidation in Southern Europe, in: Gunther, Richard/Diamandouros, Nikiforos P./Puhle, Hans-Jürgen (Hrsg.), The Politics of Democratic Consolidation. Southern Europe in Comparative Perspective. Baltimore, 315-388.
Nohlen, Dieter, 1990: Wahlrecht und Parteiensystem. Opladen.
Nohlen, Dieter (Hrsg.), 1991: Descentralización política y consolidación democrática. Caracas.
Nohlen, Dieter, 1992: Präsidentialismus und Parlamentarismus in Lateinamerika, in: Lateinamerika Jahrbuch 1992. Frankfurt a.M., 86-99.
Nohlen, Dieter, 1994: Institutional Reform in Latin America from the Perspective of Political Engineering, Paper presented to the XVIth World Congress of IPSA. Berlin, August.
Nohlen, Dieter, 1995: Wahlssysteme und Wahlreform: Eine Einfuhrung. Ms. Heidelberg.
Nohlen, Dieter/Thibaut, Bernhard, 1994: Trotz allem: Demokratie – Zur politischen Entwicklung Lateinamerikas in den neunziger Jahren, in: Junker, Detlev/Nohlen, Dieter/Sangmeister, Hartmut (Hrsg.), Lateinamerika am Ende des 20. Jahrhunderts. Munchen, 235-261.
North, Douglas, 1992: Institutions and Credible Commitment, unveroff. Ms. Wallerfangen/Saar.
O'Donnell, Guillermo, 1973: Modernization and Bureaucratic Authoritarianism. Berkeley.
O'Donnell, Guillermo/Schmitter, Philippe, C., 1986: Transitions from Authoritarian Rule: Tentative Conclusions about Uncertain Democracies. Baltimore.
Offe, Claus, 1994: Der Tunnel am Ende des Lichts. Frankfurt a.M.
Olson, Mancur, 1968: Die Logik des kollektiven Handelns. Tubingen.
Parsons, Talcott, 1951: The Social System. New York.
Parsons, Talcott, 1969a: Das Problem des Strukturwandels: Eine theoretische Skizze, in: Zapf, Wolfgang (Hrsg.), Theorien des sozialen Wandels. Koln/Berlin, 35-54.
Parsons, Talcott, 1969b: Evolutionare Universalien der Gesellschaft, in Zapf, Wolfgang (Hrsg.), Theorien des sozialen Wandels. Koln/Berlin, 55-74.
Pollack Detlev, 1990: Das Ende einer Organisationsgesellschaft. Systemtheoretische Uberlegungen zum Umbruch in der DDR, in: Zeitschrift fur Soziologie (19) 4, 292-307.
Pridham, Geoffrey (Hrsg.), 1991: Encouraging Democracy. The International Context of Regime Transition in Southern Europe. New York.
Pridham, Geoffrey, 1995: The International Context of Democratic Consolidation: Southern Europe in Comparative Perspective, in: Gunther, Richard/Diamandouros, Nikiforos P./Puhle, Hans-Jurgen (Hrsg.), The Politics of Democratic Consolidation. Southern Europe in Comparative Perspective. Baltimore, 166-203.
Przeworski, Adam, 1986: Some Problems in the Study of the Transition to Democracy, in: O'Donnell, Guillermo/Schmitter, Philippe C./Whitehead, Lawrence (Hrsg.), Transitions from Authoritarian Rule, Bd. 2. Baltimore, 47-63.
Przeworski, Adam, 1991: Democracy and the Market. Political and Economic Reforms in Eastern Europe and Latin America. New York.
Przeworski, Adam, 1992: The Games of Transition, in: Mainwaring, Scott/O'Donnell, Guillermo/Valenzuela J. Samuel (Hrsg.), Issues in Democratic Consolidation: The South American Democracies in Comparative Perspective. Notre Dame, 105-152.
Putnam, Robert, 1993: Making Democracy Work. Princeton.
Pye, Lucian, 1990: Political Science and the Crisis of Authoritarianism, in: American Political Science Review 1, 3-17.
Rae, Douglas, 1968: A Note on the Fractionalization of some European Party Systems, in: Comparative Political Studies 1, 413-418.
Rub, Friedbert, 1994a: Schach dem Parlament! Über semi-prasidentielle Regierungssysteme in einigen postkommunistischen Gesellschaften, in: Leviathan (22) 2, 260-292.
Rub, Friedbert, 1994b: Die Herausbildung politischer Institutionen in Demokratisierungsprozessen, in: Merkel, Wolfgang (Hrsg.), Systemwechsel 1. Theorien, Ansätze und Konzeptionen. Opladen, 11-140.
Rueschemeyer, Dietrich/Huber, Stephens, Evelyn/Stephens, John, 1992: Capitalist Development & Democracy. Chicago.
Sandschneider, Eberhard, 1995: Stabilität und Transformation politischer Systeme. Opladen.
Sartori, Giovanni, 1976: Parties and Party Systems. Cambridge.
Sartori, Giovanni 1994: Neither Presidentialism nor Parliamentarism, in: Linz, Juan/Valenzuela, Arturo (Hrsg.), The Failure of Presidential Democracy. Baltimore, 106-118.

Schienstock, Gerd/Traxler, Franz, 1993: Von der stalinistischen zur marktvermittelten Konvergenz? Zur Transformation der Struktur und Politik der Gewerkschaften in Osteuropa, in: Kölner Zeitschrift für Soziologie und Sozialpsychologie 3, 484-506.
Schmidt, Manfred G., 1995: Demokratietheorie. Opladen.
Schmitter, Philippe C., 1985: The Consolidation of Political Democracy in Southern Europe (and Latin America). Unveröff. Ms. Florenz.
Schmitter, Philippe C., 1988: The Consolidation of Political Democracy in Southern Europe. Unveröff. Ms., Florenz.
Schmitter, Philippe C., 1994: Dangers and Dilemmas of Democracy, in: Journal of Democracy (5) 2, 57-74.
Schmitter, Philippe C., 1995: Von der Autokratie zur Demokratie. Zwölf Überlegungen zur politischen Transformation, in: Internationale Politik (50) 6, 47-52.
Schmitter, Philippe C./Lehmbruch, Gerhard, 1982: Patterns of Corporatist Policy-Making. Beverly Hills.
Segert, Dieter/Machos, Csilla, 1995: Parteien in Osteuropa. Opladen.
Stepan, Alfred/Skach, Cindy, 1993: Constitutional Frameworks and Democratic Consolidation: Parliamentarism versus Presidentialism, in: World Politics (46) 1, 1-22.
Thibaut, Bernhard, 1992: Präsidentialismus, Parlamentarismus und das Problem der Konsolidierung der Demokratie in Lateinamerika, in: Ibero-Amerikanisches Archiv (18) 1/2, 107-149.
Valenzuela, Samuel J., 1992: Democratic Consolidation in Post-Transitional Settings: Notion, Process, and Facilitating Conditions, in: *Mainwaring, Scott/O'Donnell, Guillermo/Valenzuela, Samuel J.* (Hrsg.), Issues in Democratic Consolidation: The New South American Democracies in Comparative Perspective. Notre Dame, 57-104.
Welzel, Christian, 1994: Systemwechsel in der globalen Systemkonkurrenz: Ein evolutionstheoretischer Erklärungsversuch, in: *Merkel, Wolfgang* (Hrsg.), Systemwechsel 1. Opladen, 47-80.
Whitehead, Laurence, 1986: International Aspects of Democratization, in: *O'Donnell, Guillermo/Schmitter, Philippe C./Whitehead, Lawrence* (Hrsg.), Transitions from Authoritarian Rule, Bd. 2. Baltimore, 3-46.
Wiesenthal, Helmut, 1993: Die „Politische Ökonomie" des fortgeschrittenen Transformationsprozesses und die potentiellen Funktionen intermediärer Akteure (I), Arbeitspapier der Max-Planck-Gesellschaft, AG Transformationsprozesse No. 1.
Wiesenthal, Helmut, 1994: Die Krise holistischer Politikansätze und das Projekt der gesteuerten Systemtransformation, Arbeitspapier der Max-Planck-Gesellschaft, AG Transformationsprozesse No. 10.
Willke, Helmut, 1992: Ironie des Staates. Frankfurt a.M.
Zapf, Wolfgang, 1994: Die Transformation in der ehemaligen DDR und die soziologische Theorie der Modernisierung, in: Berliner Journal für Soziologie (4) 3, 295-306.

Theorien der Entwicklung der Dritten Welt nach dem Ende der Zweiten (sozialistischen) Welt

Rainer Tetzlaff

„Entwicklung" ist ein sozialwissenschaftlicher Grundbegriff der Moderne, der sowohl eine normative als auch eine konkrete realpolitische Bedeutungsdimension hat. Beide haben sich seit Herder, dessen 1774 erschienene Schrift „Eine Philosophie der Geschichte zur Bildung der Menschheit" als Beginn der Begriffsgeschichte gewertet werden kann (Wieland 1975), mit zunehmenden Erfahrungen in westlichen Industriegesellschaften gewandelt. Dabei transportiert dieser schillernde Terminus (oftmals synonym verwandt mit „Fortschritt" oder „sozialem Wandel") die Hoffnungen und Erfahrungen der Menschheit mit der industriellen Revolution des 18./19. Jahrhunderts und ihren Folgen. So sind ihm stets neue Bedeutungen zugewachsen: Überwog noch zu Beginn des Jahrhunderts im abendländischen Westen wie auch in den großen vom europäischen Kolonialismus heimgesuchten Reichen und Staaten Asiens, des Nahen Ostens und Lateinamerikas die Hoffnung auf raschen sozialen Fortschritt durch Übernahme technisch-wissenschaftlicher Erfindungen sowie von demokratischen Verfassungs- und Rechtsreformen (Sieferle 1984; Cesana 1988), so hat sich gegen Ende des Jahrhunderts trotz vieler neuer Einsichten in das „social engineering" von gesellschaftlicher Entwicklung eher Ratlosigkeit und Verunsicherung breit gemacht. Ist ökologie- und sozialverträgliche Entwicklung („sustainable development") nachhaltig möglich und wenn ja, für wieviel Prozent der durch Interdependenz gekennzeichneten immer noch rapide wachsenden Weltgesellschaft?
Unter *Entwicklungstheorie* im engeren Sinne kann man mit Ulrich Menzel Aussagen verstehen, „mit deren Hilfe, in der Regel in idealtypischerweise, begründet wird, warum es in den Industriegesellschaften Westeuropas, Nordamerikas und Ostasiens zu Wirtschaftswachstum, Industrialisierung, sozialer Differenzierung und Mobilisierung, mentalem Wandel, Demokratisierung und Umverteilung gekommen ist (diese Prozesse nennt man Entwicklung) bzw. warum in den übrigen Teilen der Welt diese Prozesse ausblieben, nur unvollständig realisiert werden oder lediglich eine Karikatur dieser Prozesse zu beobachten ist" (Menzel 1993: 132). *Entwicklungstheorie im weiteren Sinne* soll ein System von analytischen Aussagen bedeuten, das zu erklären hilft, unter welchen politischen Rahmenbedingungen gesellschaftliche Reformprozesse ingang kommen, die zur verbesserten (gerechteren) Bearbeitung von innergesellschaftlichen Interessenkonflikten und umweltbezogenen Herausforderungen dienen. Dabei ist als normative Vorgabe nur noch die Bedingung zunehmender Partizipation (Demokratisierung) als konstitutiv für das Telos von Entwicklung geblieben, nicht aber der *homo oeconomicus* als Vorbild des grenzenlos akkumulierenden und konsumierenden Menschen. Diese weitere Definition soll von eurozentrischen Vorurteilen und Urteilen

befreien und den Blick für konzeptionelle Alternativen (z.B. Goudzwaard/de Lange 1990) freimachen.

1. Das aktuelle Entwicklungsdilemma: Verunsicherung über das normative Ziel als Ausdruck einer Epochenwende

Bisher fragten Entwicklungstheorien danach, wie eine Ordnung erzeugt werden könne, die sich *sozial* als Netz von Institutionen einer Zivilgesellschaft, *politisch* als Herausbildung einer legitimierten und effizienten (National-)Staatlichkeit und *ökonomisch* als Geflecht von marktförmigen und nicht-marktförmigen „linkages" für ein sich selbst tragendes Wachstum darstellt (nach Altvater 1993: 398). In der nun ein halbes Jahrhundert andauernden entwicklungstheoretischen Debatte (nach Trumans „Erfindung" der Unterentwicklung 1949) hat sich nicht nur keine einzige Entwicklungstheorie als nachhaltig diskursbestimmend etablieren können, sondern auch bisher als sicher geltende Erkenntnisse büßten zunehmend an Überzeugungskraft ein. Seit Mitte der 80er Jahre nun – und akzentuiert durch den Zusammenbruch der Staaten des real existierenden Sozialismus – sprechen Sozialwissenschaftler sogar von einer „Sackgasse" in der Theoriediskussion über „Entwicklung" (Booth 1988; Schuurman 1993) sowie von einer „Krise der Entwicklungstheorie" (Mouzelis 1988; Hauck 1990; Hein 1990; Boeckh 1993; Menzel 1995). In der (kurzen) Geschichte der neueren Entwicklungstheorien ist das Phänomen der Krise in der academic community zwar nicht neu (Eckstein 1982; Satzinger/Schwefel 1982), aber die jüngste Krise hat doch fundamentale Zweifel an dem bislang aufrechterhaltenen Theorieanspruch aufkommen lassen, die sozialen Triebkräfte, politischen Rahmenbedingungen und die Richtung widersprüchlicher Entwicklungen in einer sich immer stärker ausdifferenzierenden Dritten und Zweiten Welt hinreichend genau erfassen und erklären zu können.

Auch diese Krise hat – wie sollte es auch anders sein – mehrere Ursachen, von denen einige im Wissenschaftsprozeß selbst und in den Besonderheiten der Theorieproduktion zu suchen sind, und andere in den realen Veränderungen in der Dritten Welt und Zweiten Welt ihre Begründung finden, die auf die Theoriekonzepte irritierend und korrigierend zurückgewirkt haben. Und schließlich haben neue Themen wie „Strukturanpassung", die „dritte Welle" der *Demokratisierung*, die *„civil society"* als regulative Idee der selbstbestimmten, mündig gewordenen, partizipativen Gesellschaft, *„sustainable development"* als neue Orientierungsbegriff für die Suche nach Zielen und schließlich die feministische Diskussion über Entwicklung und Geschlechterdiskriminierung (*„Gender"-Frage*) die Palette der sozialwissenschaftlichen Entwicklungstheorieforschung erweitert. Gleichzeitig ist der reale Problemdruck größer geworden: Umwelt- und Klimazerstörung, strukturelle Arbeitslosigkeit und rapides Bevölkerungswachstum, Umwelt- und Kriegsflüchtlinge, ethnonationalistische Gewalt- und Haßausbrüche, absolute und relative Verknappung der Überlebensressourcen Ackerland, Weiden, Süßwasser etc. Weder mit den bisherigen klassischen Globaltheorien (den „general theories"), noch mit pragmatischen Handlungskonzepten sind diese faßbar. Wenn die Wirklichkeit immer unübersichtlicher wird, besteht für den nicht ganz resignierenden Entwicklungstheoretiker die Versuchung, sich nur noch mit Ausschnitten der Realität oder mit Vergleichen von entwicklungsrelevanten Einzelphänomenen wie

Kultur oder Natur (Ökologie) zu beschäftigen. Und in dieser Situation der Verunsicherung und Theorieregression befindet sich seit den 80er Jahren, im UN-Jargon der „verlorenen Entwicklungsdekade", der entwicklungstheoretische Diskurs: ganzheitlich Originelles ist fast nirgends in Sicht, wohl aber sind begriffliche Verfeinerungen zur genaueren Erfassung einer sich ausdifferenzierenden *Weltgesellschaft* (zum Begriff siehe Reimann 1992; Hein 1994a) sowie mehr erfahrungsgesättigte Einsichten in die Grenzen und Risiken einer Theoriebildung vorgenommen worden, die den nur schwer faßbaren fließenden Begriff „Entwicklung" zum Gegenstand hat.

Aus der Perspektive der jüngsten Erfahrungen über die widersprüchliche Dynamik in der modernen Weltgesellschaft mit ihren zunehmenden Existenzrisiken erwies sich das Ensemble der *klassischen Entwicklungstheorien* um die Paradigmen wirtschaftliches Wachstum in Stufen, soziale „Modernisierung", außenwirtschaftliche „Dependenz", staatlich dirigierte „Entwicklungsplanung" (sozialistischer oder keynesianischer Prägung) und Grundbedürfnisbefriedigung als weitgehend ungeeignet, plausible „Hypothesen über künftige Ereignisse und Veränderungen zu bilden", nach v. Beyme eine von drei Voraussetzungen für Theoriebildung (v. Beyme 1992: 11). Vor allem verweigern sie Anknüpfungspunkte an die Beantwortung folgender drei entwicklungspolitisch relevanter *Kernfragen*

– Warum sich entgegen früheren Annahmen ein kleiner Teil der abhängigen, unterentwickelten Staaten (die Schwellenländer Asiens) „entwickelt" hat und warum sich die Mehrheit der Staaten trotz vergleichbarer äußerer Rahmenbedingungen (und eines Kapitaltransfers von schätzungsweise 600 Mrd. Dollar seit 1945) eben nicht entwickelt oder gar rückentwickelt hat – die Frage nach der Konfiguration entwicklungsförderlicher oder -hemmender *Akteure* und sozialer *Akteursgruppen*.

– Wie und mit welcher Kombination von Mitteln in den hartnäckig unterentwickelt gebliebenen Ökonomien der Dritten Welt und in den Transitionsstaaten der einstigen Zweiten Welt sozio-ökonomische Veränderungsprozesse politisch (mittels staatlicher Intervention oder durch gesellschaftliche Netzwerke) so zu *steuern* wären, daß sie den Anschluß an eine dynamisch sich weiter ausdifferenzierende Weltgesellschaft nicht vollständig verlieren und zu peripheren Zonen von politischem Chaos und struktureller Armut verkommen – die Frage nach den entwicklungskonformen *Institutionen*, *Normen* und *Regimen*.

– Wozu „Entwicklung" überhaupt noch als erstrebenswertes Ziel politisch gewollt und lohnender Gegenstand theoretischer Reflexion sein soll, wenn die bisher erkennbaren *Folgen* von gelungener Entwicklung im Sinne von Industrialisierung der Wirtschaft und Modernisierung des Lebensstils (Ressourcenverknappung, Umweltschäden, Klimakatastrophe) das Überleben der Menschheit und die Zukunftsfähigkeit der Erde bedrohen.

Die Kombination dieser drei immer schwerer zu beantwortenden Fragen nach den Ursachen von Entwicklung und blockierter Entwicklung, nach den „richtigen" einzusetzenden Steuerungsmitteln und -methoden zur Schadensbegrenzung und nach dem philosophisch zu begründenden oder erfahrbaren Sinn von Entwicklung als Ziel menschlichen Strebens überhaupt konstituiert ein komplexes *„Entwicklungsdilemma"*, das wegen seiner scheinbaren Auswegslosigkeit über den engeren Bereich der Nord-Süd-Beziehungen hinausweist. Es signalisiert einen Bruch im Selbstverständnis der westlichen Staatengemeinschaft (siehe auch Brock 1993), das der Schriftsteller *Carl*

Amery unlängst mit der Metapher der ins Unermeßliche wachsenden Bierhefe zu erfassen gesucht hat: „Wie bei Bierhefe und Schimpansen ist oberstes, hartnäckig und eindeutig verfolgtes Gebot die Vermehrung, die Verstetigung, die zunehmende Sicherheit und Bequemlichkeit zunächst der Gruppe, dann des einzelnen. Dies wurde und wird nicht nur gegen die Natur durchzusetzen versucht, sondern auch gegen Artgenossen und Gruppen von Artgenossen ... Das neue Programm war innerhalb seiner selbstgestellten Aufgabe über alle Maßen erfolgreich ... Das Peinliche ist nur: Es ist ein Bierhefeprogramm geblieben. Und das besagt, daß die Menschheit, wenn sie daran festhält, in absehbarer Zeit das Schicksal der Bierhefe teilen wird: in den eigenen Exkrementen zu ersticken. Das und nichts anderes ist das Wesen der Gattungsfrage, wie die Gegenwart sie stellt; zum ersten mal in dieser Form und Unausweichlichkeit stellt" (Amery 1994: 31-37). Aber lassen sich nicht auch *qualitative* Aspekte entdecken, die erklären können, weshalb „Entwicklung" noch immer eine regulative Idee der Menschheit geblieben ist, die „entwickelte" und „sich entwickelnde" Gesellschaften verbindet und die weitere theoretische Anstrengung lohnt?

Die Überwindung von Massenarmut und Unmündigkeit in der Dritten (sowie in den Peripheriezonen der Ersten und Zweiten) Welt ist nach wie vor das *normative* Ziel jeder Entwicklung; wie es erstmalig in der UN-Charta von 1945 sowie in den zahlreichen UN-Sonderorganisationen (UNESCO, UNDP, UNEP etc.) niedergelegt worden ist; „etwas anderes wäre ethisch nicht vertretbar und politisch nicht legitimierbar" (Hein 1990: 188). Jedoch ist die Menschheit parallel zu allen Anstrengungen, dieses Ziel zu erreichen, auf einem Pfad der *ungleichen Entwicklung* „fortgeschritten", der bis heute ein Fünftel der Weltbevölkerung in absolute Armut geführt hat. Vor zweihundert Jahren betrug das Verhältnis zwischen reichen und armen Staaten etwa 1,5 zu 1; im Jahr 1960 betrug es schon 20 zu 1, im Jahr 1980 stieg es auf 46:1, und 1990 war die eine Milliarde Menschen mit den höchsten Einkommen sechzigmal so reich wie die eine Milliarde Menschen in absoluter Armut (nach Berechnungen der Weltbank, zit. nach Schuurman 1993: 10). Das frühe Konzept des „trickle-down", des „Durchsickerns" von Wachstumserfolgen und Einkommenszuwächsen von oben nach unten, wie es die Wachstums- und Modernisierungstheoretiker verkündet hatten (Walt Rostow), ist – aus der Globalperspektive gesehen – vollständig gescheitert.

Die Krise der Entwicklungstheorie und das Dilemma der Entwicklungspolitik sind zwei Seiten der selben Verunsicherung am Ende des Ost-West-Antagonismus. Zum einen hatten sich die prognostischen Aussagen der fünf großen Theorieschulen der sechziger und siebziger Jahre – Modernisierung, Dependencia, Weltsystem, „nicht-kapitalistische", sozialistische Entwicklung und armutsorientierte „basic needs"-Konzepte – als wenig zutreffend erwiesen (vgl. die Beiträge in „Peripherie" Nr. 39/40 aus dem Jahr 1990; Jungfer 1991; Nuscheler 1991; Boeckh 1993 sowie die drei Regionalbeiträge von Nohlen/Thibaut, Schmidt und Rüland in Merkel 1994). Zum anderen entpuppte sich deren analytischer Anspruch, über den heterogenen, komplexen Gegenstand, nämlich ca. 125 Staaten der modernen Weltgesellschaft, etwas Allgemeingültiges aussagen zu können, angesichts zunehmender realer *Differenzierung* des Gegenstands in *widersprüchliche Richtungen*, als überzogen und immer weniger verheißungsvoll. Und drittens verloren die „großen" Theoriegebäude, für die das Konzept der *historischen Stadien der Entwicklung* konstitutiv war, wie vor allem Wachstumstheorien und neo-marxistische sozialistische Ansätze, ihre Glaubwürdigkeit in dem Maße, in dem in beiden Metropolen als die ideellen Vorbilder für die jeweilige propagierte „Entwicklung" selbst in die Krise kamen – bis hin zur Selbstabdankung der UdSSR als Avantgardestaat sozialistischer Entwicklungsträume.

Während sich in den sozialistischen Staaten Osteuropas, in Kuba, Nord-Korea und auch in der VR China immer deutlicher die strukturellen Defizite einer *nachholenden* sozialistischen bzw. nicht-kapitalistischen Entwicklung unter Führung des bürokratischen Kommandostaates zeigten (v.a. mangelhafte Innovationsfähigkeit), schwand in den kapitalistischen Industrie- und Wohlstandsgesellschaften angesichts der Ökologiekrise nicht nur der Glaube an die entwicklungspolitische *Machbarkeit* von nachholender Entwicklung mittels Kapitaltransfer und Technologiehilfe in allen Teilen der Dritten Welt, sondern auch die Überzeugung, daß eine solche nachholende Entwicklung nach dem Vorbild der modernen kapitalistisch-liberalen Industriestaaten überhaupt *wünschbar* wäre. Nichts konnte die Krise der westlichen Entwicklungstheorie besser zum Ausdruck bringen, als der Verlust der Sicherheit über das *normative Ziel* von Entwicklung. Angenommen, die entwicklungstheoretischen Entwürfe und entwicklungspolitischen Interventionen der OECD-Staaten oder der Weltbank würden zum Erfolg führen, und die Staaten Asiens, Lateinamerikas und Afrikas würden dieselbe technologie-, energie- und kapitalintensive Industrialisierung der Wirtschaft und Modernisierung ihres Lebensstils praktizieren wie die industriellen Vorläufer und Vorbilder, dann würde der blaue Planet Erde sehr rasch an die Grenzen seiner Belastbarkeit gelangen. Das westliche Entwicklungsmodell – im Augenblick seines historischen Triumphes über Gegner und Konkurrenten – entpuppt sich aufgrund seiner *autodestruktiven* Grundtendenz als nicht universalisierbar!

Die Ausgangssituation für armutsüberwindende aktive Nord-Süd-Politik, die Anlaß und Notwendigkeit für postkoloniale Entwicklungstheorie konstituiert hatte, wurde zunehmend widersprüchlicher. Aus aufgeklärtem Eigeninteresse müßten die Gesellschaften der wohlhabenden Staaten, die die Entwicklungstheorien der Sozial- und Wirtschaftswissenschaftler in praktische Entwicklungshilfepolitik umzusetzen versuchen, nur hoffen, daß die Staaten der Dritten und Zweiten Welt ihnen auf dem „fordistischen Entwicklungsweg" nicht folgen (Hein 1990; Altvater 1992) oder auf dem Weg dorthin scheitern würden. Vermittelt über die naturwissenschaftlich belegten, wenn auch im einzelnen strittigen Thesen der Berichte des *„Club of Rome"* über die Grenzen des wirtschaftlichen Industriewachstums (seit 1972) und verstärkt durch die Katastrophe im Atomkraftwerk Tschernobyl wuchs weltweit die Einsicht in die Gefährlichkeit und deshalb Korrekturbedürftigkeit der westlichen Entwicklungsstrategien. Wenn kapitalistisches Wachstum und Entwicklung nicht im Sinne Schumpeters mit dem Argument der „konstruktiven Zerstörung" vormoderner Gesellschafts- und Naturzustände zu rechtfertigen ist, weil mit einiger Sicherheit die eintretenden Schäden größer als der erwartete Nutzen sein würden (Wöhlcke 1987; v. Weizsäcker 1990), dann ist die ideologische, weltanschauliche Grundlage des *teleologischen Entwicklungsbegriffs* seit der europäischen Aufklärung in Frage gestellt.

2. Der entwicklungstheoretische Diskurs zwischen resignativer Verneinung und der Reflexion über Entwicklungsoptionen und Weiterentwicklung kritischer Modernisierungsmaßstäbe

„Entwicklung" ist nicht mehr tendenziell mit *sozialem Fortschritt* gleichzusetzen, – eine Grundüberzeugung, die die Evolutionisten des 18. und 19. Jahrhunderts (Adam Smith, Herbert Spencer, Charles Darwin, Friedrich Hegel, Karl Marx etc.) mit den Modernisierungstheoretikern von 1945 bis 1985 (Walt Rostow, David Apter, Daniel Lerner, Seymour Lipset, Richard Behrendt) verbunden hatte, sondern möglicherweise mit seinem Gegenteil, der Selbstzerstörung der Menschheit durch einen ungezügelten Prozeß der profitgetriebenen Expansion – gemäß der Ameryschen Bierhefe-Metapher. Wolfgang Sachs (und vor ihm Autoren wie Ivan Illich, H.C. Mansilla, Robert Kurz, Gerald Braun, Dietmar Dirmoser, Marianne und Reimer Gronemeyer) hat 1992 „Entwicklung" in radikaler Zuspitzung als inhaltsleeren („quallig und amöbengleich") und anachronistisch gewordenen Begriff karikiert und „die Idee der ‚Entwicklung'" als „geistige Ruine in der intellektuellen Landschaft" bezeichnet, die unser Denken zwar überschatte, aber „unübersehbar einer vergangenen Epoche angehöre" (Sachs 1992: 25 und 30).

Dieses gnadenlose Verdikt ist im Hinblick auf die älteren heute platt erscheinenden Argumente der evolutionistisch inspirierten Entwicklungstheorien der Klassik, die hier nicht noch einmal kritisch „aufgearbeitet" werden sollen (vgl. dazu Boeckh 1993; Menzel 1995) möglicherweise zu rechtfertigen; denn es reflektiert einen weitverbreiteten Zustand der Verunsicherung unter SozialwissenschaftlerInnen, die kapitalistische Entwicklung höchstens im Sinne eines möglichen Weges zur Befriedigung von Grundbedürfnissen („basic needs"-Ansatz) und Entwicklungspolitik als aus humanitären Gründen unaufgebbare „Suchbewegung" gelten lassen wollen, aber nicht mehr als fortschrittsverbürgende regulative Idee, als brauchbares „Code-Wort für die Beziehungen zwischen den Industrieländern und der Zweidrittel-Welt" (Linz 1992: 323). Schon 1986 veröffentlichte der Modernisierungstheoretiker und Lateinamerikaforscher *H.C.F. Mansilla* in einem anregenden Traktat über „Trugbilder der Entwicklung in der Dritten Welt. Elemente einer kritischen Theorie der Modernisierung" die These, „daß es keine Etappen des Zurückbleibens oder des Vorhergehens gibt, sondern unterschiedliche Wege menschlicher Entfaltung, die in wertender Absicht untereinander unvergleichbar und inkommensurabel sind" (Mansilla 1986: 230). Dies stellte ein sympathisches Bekenntnis zur Vormoderne (in der Frankfurter Tradition der Dialektik des Fortschritts) dar; „das Wertvollste an vormodernen Ordnungen dürfte in ihrem bejahenden Verhältnis zur Heterogenität liegen" (Mansilla 1986: 227). Doch verfehlte die kritische Theorie der Modernisierung den irreversiblen realen Trend zur *Homogenisierung* der Dritte-Welt-Gesellschaften durch Globalisierung der Märkte und der Kommunikation. Die Weltgeschichte ist das Weltgericht; und die Jahre 1988 bis 1995, in denen auch noch die sozialistischen Staaten VR China, Rußland sowie ausnahmslos alle früheren RGW-Staaten formal freiwillig Mitglieder des IWF und der Weltbankgruppe wurden, um gegen den Preis der Anpassung ihrer Unternehmen und Wirtschaftspolitik an westliche Normen von den Krediten und Technikhilfen der OECD-Staaten zu profitieren, stellt einen ungeahnten Triumph des *internationalen Regimes der Entwicklungsfinanzierung plus Strukturanpassung* dar, wie es sich allmählich aber stetig seit den

Gründungstagen des Bretton Woods-Systems im Jahr 1944 entwickelt hat (Wohlmuth 1989; Tetzlaff 1996). Die fast universelle Ausbreitung des Paradigmas der Strukturanpassung als funktionales Äqivalent für „Entwicklung" (im Sinne der frühen Wachstums- und Modernisierungsideologen) kann dafür als Beleg gelten.
Daher ist verständlch und darf nicht in der Begeisterung über kritische Stimmen, die das hohe Lied der „kulturellen Polyphonie" (Mansilla 1986: 229) singen, übersehen werden, daß der *mainstream* der kritischen Sozialwissenschaftler am Begriff von Entwicklung prinzipiell festhält (Hein 1990; Calließ/Moltmann 1992; Nohlen/Nuscheler 1993: 116f.; Esser/Hillebrand/Messner/Meyer-Stamer 1994; Menzel 1995), ihn den neuen komplexer gewordenen Realitäten in der Staatenwelt anzupassen versucht („sustainable development") und daß neue bescheidenere Theorieansätze mittlerer Reichweite „beyond the impasse" (Schuurman 1993) enstanden sind und sicherlich auch weiterhin produziert werden. Auch soll im allgemeinen Krisengerede nicht untergehen, daß sich gewisse Erkenntnisse der früheren Entwicklungstheorien als plausible Arbeitshypothesen bewährt haben. So ist und bleibt es das Verdienst der Dependencia-Theorie (in ihrer subtileren Variante), die historische Gleichzeitigkeit von industriekapitalistischer Entwicklung im Norden und „Entwicklung der Unterentwicklung" in den Kolonien und abhängigen Territorien als Systemzusammenhang (Ausbeutung, Werttransfer, ungleicher Tausch) dargestellt zu haben (Cardoso, Frank; Amin, Thomas), an dem später die *Weltsystemtheoretiker* (Wallerstein, Braudel, Kennedy) mit ihrer analytischen Perspektive der Ergründung der Entwicklung globaler Ungleichzeitigkeiten und regionaler Asymmetrien anknüpfen konnten. Andererseits haben die *neo-liberalen Wachstums- und Modernisierungstheoretiker* ihren Argumenten zur nachholenden Industrialisierung soweit zur praktischen Anwendung verhelfen können, daß einer ihrer scharfsinnigsten Kritiker eingestehen mußte, daß es „heute keine in sich schlüssige Alternative zur fordistischen Industrialisierung" (Altvater 1987: 53) gäbe. So „falsch" können dann diese Entwicklungstheorien in ihrer praktischen Anwendung nicht gewesen sein – wenn man einmal von den unterschlagenen externalisierten Umweltkosten absieht!
Der kleinste gemeinsame Nenner des linken entwicklungspolitischen Diskurses der Gegenwart ist möglicherweise noch das Bekenntnis zum „*basic needs*"-*Ansatz*, also jenem armutsorientierten Konzept („Theorie" wäre hier übertrieben), das die Produktion einer Gesellschaft auf die Befriedigung der elementaren Bedürfnisse der Bevölkerungsmehrheit (wie essen, trinken, kleiden, wohnen und lernen) zu konzentrieren empfiehlt (Streeten 1981; Nuscheler 1982; Elsenhans 1992; kritisch dazu: Jungfer 1991). Grundbedürfnisbefriedigung mag eine unverzichtbare Voraussetzung für jede Art höherer Organisation einer Gesellschaft sein, aber mit der Einigung auf diese Voraussetzung ist die nicht minder wichtige Frage nach dem Zusammenhang von wirtschaftlichem Wachstum und politisch zu steuernden Wohlfahrtswirkungen (Wagner 1993: 60f.) nicht beantwortet. Auch die Frage nach der „angemessenen" Rolle von Staat und Markt oder die Frage nach dem geeigneten Mix diverser Produktionsweisen, d.h. aus Subsistenzwirtschaft, Arbeitsmigration, kleinbäuerliche Marktwirtschaft und weltmarktorientierte Exportproduktion, würden den interfakultativen Dissenz in der Theoriediskussion über Mechanismen und Ziel von Entwicklung und die optimalen Strategie zu seiner Verwirklichung offenbaren. Hier stehen sich etwa der Bielefelder Verflechtungsansatz (um die Autoren Bennhold-Thomsen, von Werlhoff, Elwert, Evers,

Lachenmann, Schiel) und die neoklassische Wachstumstheorie (Hemmer 1990) gegenüber.
Interessanterweise hat es jedoch in den *Wirtschaftswissenschaften* in jüngster Zeit mit der Diskussion um eine „neue Wachstumstheorie" eine Annäherung an Positionen der Politikwissenschaft und Entwicklungssoziologie gegeben (Wagner 1993: 54f.). In ihrer Modellwelt spielen neuerdings Fragen nach der marktgerechten Wirtschafts*politik* und der Mobilisierung von *„Humankapital"* (Bildungsinvestitionen) zur Erklärung von nachholender Modernisierung (wie in den NICs) eine wichtige Rolle, was von orthodoxen Wirtschaftswissenschaftlern als die reine Lehre verunreinigend verworfen wird (Gundlach 1995). Vor allem ist auf eine Richtung innerhalb der Volkswirtschaftslehre – die *evolutorische Ökonomik* – hinzuweisen, die Evolution als Erzeugung und Ausbreitung von Neuigkeit innerhalb des wirtschaftlich-sozialen Systems versteht, wobei Neuigkeit das Ergebnis menschlicher Kreativität und der Entdeckung neuer Handlungsmöglichkeiten ist. Diese, umgesetzt in die Tat, werden zu Innovationen in einem gesellschaftlichen Lernprozeß, in dem das existierende Wissen nicht bloß in einem Versuch-und-Irrtum-Verfahren an die Realität angepaßt wird, sondern in dem dieses Wissen wächst und damit die Realität selbst verändert. „Das Forschungsprogramm der evolutorischen Ökonomik zielt darauf ab, diesen komplexen und kreativen Prozeß auf den verschiedenen Ebenen der Wirtschaft zu verstehen. Es ist damit von vornherein mehr an Übergangsgesetzen als an Zustandsbeschreibungen interessiert und mit einigen Grundannahmen der Gleichgewichtsökonomik nicht vereinbar" (Witt 1995: 1f.). Grundprämissen dieses Programms sind die beschränkte Rationalität menschlicher Entscheider, seien diese Individuen, soziale Gruppen oder Firmen (Schumpeters „Pionier-Unternehmen"); und die an Hayek orientierte Hypothese, daß die gesellschaftliche Entwicklung am ehesten noch als das Ergebnis eines ungeplanten kulturellen Prozesses selektiver Übertragung und Vervielfältigung erlernter Verhaltensregeln unter organisierten Gruppen von Menschen vorgestellt werden könne (Hayek 1979). Gruppen, denen es gelingt, Regeln zu entwickeln und weiterzugeben, die erfolgreiche Interaktionen erlauben, können nach Hayeks Theorie wachsen und eine größere Anzahl von Menschen – via Spezialisierung, Arbeitsteilung und Märkte – ernähren. Ihre relative Überlegenheit ermöglicht es solchen Gruppen, rivalisierende, weniger gut funktionierende Gruppen auszuschalten oder zu absorbieren und damit teils gewollt, teils ungewollt ihr überlegenes Regelwerk auszubreiten (nach Witt 1995: 15). Zu ähnlichen Überlegungen gelangte die an Gruppenhandeln orientierte Demokratieforschung (s.u. Schubert et al.). Hiermit deutet sich eine späte methodische Annäherung zwischen einem Teil der Wirtschaftswissenschaftler (Goudzwaard/de Lange 1990) und klassischen evolutionären Konzepten in der Sozialwissenschaft an, die zum Teil wohl auf die fachübergreifende Ausstrahlung der fünf großen skeptischen Evolutionisten Marx, Spencer, Weber, Parsons und Elias zurückgeführt werden kann. Diese Annäherung verspricht die sachlich unberechtigte und methodisch unfruchtbaren Grenzziehung zwischen Fachdisziplinen im Bereich der Entwicklungsforschung schrittweise zu überwinden.
Auf einer konkret-analytischen Ebene hat sich in der Politikwissenschaft das Konzept *„des magischen Fünfecks von Entwicklung"* (Wachstum, Arbeit, Gleichheit/Gerechtigkeit, Partizipation und Unabhängigkeit/Eigenständigkeit) bewährt, das sich einer kritischen Modernisierungstheorie verpflichtet weiß und das Ergebnisse der Zielfindung

durch internationale Übereinkunft (Brundtlandreport; RIO-Report 1977; Brandt-Bericht 1980; Nyerere-Report der Süd-Kommission 1990) verarbeitet hat (Nohlen/Nuscheler 1993: 64f.). Es wird seine methodische Relevanz für sowohl vergleichende empirisch-analytische Untersuchungen wie für normativ orientierte Theoriediskussionen behalten, wobei die Entscheidung über Sequenzen und Zielprioritäten im realen Prozeß der gesteuerten Entwicklung nicht für alle Typen von Entwicklungsgesellschaften gleichlautend sein kann. Aber auch das kurzfristig Notwendige (Wachstum) und Machbare (Arbeit) bedarf des normativ-kritischen Maßstabs (Partizipation) und der Langzeitperspektive (Gerechtigkeit), um nicht in einem ziel- und normblinden Pragmatismus (Wachstum auf Kosten des Umweltschutzes) zu verkümmern.

3. Das Verblassen der „general theories" über „die Dritte Welt" und die Aktivierung historischer, vergleichender und normativer Ansätze: eine Zwischenbilanz

In den Sozial- und Wirtschaftswissenschaften herrscht heute weitgehend Konsens darüber, daß der unscharfe, aber doch noch immer unverzichtbare Begriff „Dritte Welt" eine *politische* Bezeichnung für etwa 125 untereinander sehr unterschiedliche Entwicklungsländer ist, d.h. ein nützlicher Sammelbegriff für eine Staatengruppe darstellt, die locker als „Gruppe der 77" organisiert ist und die sich als gewerkschaftsähnliche Forderungsgemeinschaft gegenüber dem „reichen Norden" (OECD-Staaten) versteht. Dieser Begriff stellt keineswegs mehr ein *theoretisches* Konstrukt dar, für das es klare Kriterien wie etwa die Höhe des Brutto-Sozialprodukts pro Kopf, das Niveau der Industrialisierung oder der Grad der Alphabetisierung gibt – Kriterien, die jedoch zur Binnendifferenzierung der Dritten Welt nach Untergruppen dienen. Während das Ende der „Zweiten Welt" nach der Selbstauflösung der sozialistischen Staatengemeinschaft eine evidente Tatsache ist, ist das weit verbreitete Gerede vom „*Ende der Dritten Welt*" ein unpassender Ausdruck für einen evolutionären Veränderungsprozeß in der kapitalistisch geprägten Weltgesellschaft, der eine *weitere Differenzierung* der Entwicklungsländer in erfolgreiche Nachholer, langezeit stagnierende Gesellschaften und hoffnungslos zurückgebliebene oder regressive Peripherie-Länder (Staatszerfall) bedeutet. Während die Herkunft dieser Länder am ehesten noch ein Element der Gemeinsamkeit und Kohäsion darstellt (vgl. auch G. Braun [1994: 39], der 10 Merkmale für Gemeinsamkeit der Dritten Welt definiert) – denn sie waren alle, wenn auch in unterschiedlicher Intensität und Dauer, mit dem Kolonialismus und Imperialismus der europäischen Staatenwelt konfrontiert gewesen bzw. verdanken ihre Staatsform kolonialer Rationalität und nicht eigenem nationalen Souveränitätsstreben (Kühnhard 1992) –, so sehen die Gegenwartsprobleme wie die Zukunftsperspektiven der (nach Weltbank-Kriterien) *sechs Staatengruppen* grundverschieden aus, in die heute Zweite und Dritte Welt differenziert werden kann: Schwellenländer („Newly Industrializing Countries", abgekürzt NICs); Transitionsländer (ehemalige „Zweite Welt"); Erdöl-exportierende Länder; Entwicklungsländer mit hohem, mittleren und niedrigen (bis zu 825 $ pro Kopf und Jahr) Durchschnittseinkommen.

In seiner „Rückschau" auf die Entwicklungstheorien ging *Andreas Boeckh* 1993 noch einen Schritt weiter und behauptete, daß „die Dritte Welt" nicht nur aufgehört habe zu existieren; es hätte „sie vermutlich nie gegeben in dem Sinne, daß man ihr gemeinsame Strukturmerkmale, Entwicklungsvoraussetzungen und eine ähnliche Entwicklungsdynamik je hätte unterstellen können. Wahrscheinlich ist sie von Anfang an das Produkt unserer grobschlächtigen analytischen Kategorien gewesen, welche eine Vielfalt von gesellschaftlichen Strukturen und Entwicklungspotentialen zu *der* Dritten Welt bzw. *der* Peripherie zusammengeklumpt haben. Wer hochentwickelte Großreiche wie China und akephale Stammesgesellschaften wie die der Ibo in Nigeria als traditionale Gesellschaften zusammengefaßt hat (so die frühen Modernisierungstheorien), wer von Mali bis Brasilien und Südkorea nur einen peripheren Kapitalismus mit weitgehend ‚identischen Tiefenstrukturen' (Senghaas 1977) zu erkennen vermochte, wer allenthalben ‚Staatsklassen' am Werke sieht, dem gehen zwangsläufig eine Menge relevanter Informationen über die Unterschiede zwischen diesen Gesellschaften verloren, die man jedoch dringend bräuchte, um die keineswegs identische Entwicklungsydynamik in der Region erklären zu können, die man bisher als die Dritte Welt bezeichnet hat" (Boeckh 1993: 111).

Derselbe methodische Einwand gilt für globale *Theorien über die Ursachen von Kriegen in der Dritten Welt*, die die allgemeinen Determinanten für Krieg als Negation von Entwicklung und Fortschritt zu eruieren versuchen. Die fachdisziplinär fragmentierte Kriegsursachenforschung ist „weit davon entfernt, die vielfältigen Ansätze, Hypothesen und empirischen Befunde so zu systematisieren, daß sich eine oder mehrere tragfähige Kriegsursachentheorien abzeichnen und damit eine kumulative Forschung möglich wäre" (Nielebock 1993: 271). Selbst wenn solche strukturellen Ursachen (z.B. koloniale Penetration, ungleiche Entwicklung, gewaltsame Staatsbildung, Widerspruch zwischen Tradition und Modernisierung) gefunden bzw. nachvollziehbar konstruiert werden könnten (Siegelberg 1994), hätten sie notwendigerweise (bei ca. 60 – 80 kriegsführenden Staaten in allen Regionen des Globus) einen so allgemeinen (reduktionistischen oder gar monokausalen) Charakter, das sie wohl wenig zur Erhellung spezifischer konfliktiver Gesellschaftsprozesse und ihrer gewaltsamen oder nicht-gewaltsamen Austragungsmodi beisteuern könnten. Auf jeden Fall bleibt die Frage der angemessenen Analyseebene – staatliche oder subnational verfaßte Gesellschaft; Industrialisierungstyp; kulturell geprägter regionaler Raum oder kapitalistische Weltgesellschaft – eine Daueraufgabe für die an systematischen Vergleichen interessierte Forschung, die sich einer patentrezeptlichen Regelung entzieht. Und nur solche Art der systematisch *vergleichenden Forschung* von Typen und Mustern von Entwicklung, die die Faszination der Einzelfalluntersuchung überwindet, verspricht neue Erkenntniszuwächse (so auch Hanisch 1995).

Damit ist angedeutet, warum sich heute die „Großtheorien" über Stadien des wirtschaftlichen Wachstums, über Industrialisierung, Modernisierung und Demokratisierung aus den 60er und 70er Jahren kaum noch großer Beliebtheit erfreuen. Durch die erstaunlich rasch und nachhaltig fortgeschrittene Differenzierung der Dritten Welt in unterschiedliche Typen von Wachstums- und Verelendungsökonomien hat es die Entwicklungstheorie sowohl mit stark veränderten Realitäten als auch mit neuen Erkenntnisinteressen zu tun, die theoretisch überzeugend wohl am ehesten noch im Rahmen von Typologien mit regionaler Schwerpunktsetzung verarbeitet werden könnten. Eine situationsbedingte und insofern vernünftige wissenschaftliche Antwort auf diese neue Unübersichtlichkeit war die Reduktion des *Anspruchs der theoretischen Reichweite* der Erklärungsversuche und die stärkere Hinwendung zu spezifisch regionalen, lokalen und sektoralen Faktoren der Bedingung für Entwicklung. Sie muß nicht mehr nach den *allgemeinen* Ursachen von Unterentwicklung und ihrer möglichen Überwindung fragen, sondern ist gefordert, eine Erklärung dafür finden, daß es in einigen Industrialisierungsländern (wie in Ostasien) zu gelungener Entwicklung kommen konnte und in anderen Kulturräumen zu deren Blockierung (in Afrika und Teilen Südamerikas), obwohl doch die sogen. externen Faktoren (vor allem Weltmarktzwänge, IWF-Diktate und Weltbankkonditionen) für alle Gültigkeit hatten. Das *explanandum* der Entwicklungstheorie ist demnach nicht mehr so sehr das Gemeinsame, sondern – nach Frans Schuurman – die Ursachen und Formen von „diversity and inequality" (Schuurman 1993: 31). Es sprach nicht gerade für die systemimanente Kohärenz und Flexibilität der „großen" Paradigmen und Konzepte der frühen Jahrzehnte der Entwicklungstheorie – wirtschaftliches Wachstum, sozio-kulturelle Modernisierung („Fordismus") und „nicht-kapitalistische" bzw. sozialistische Entwicklung etc. –, daß sie so unvorbereitet auf die empirischen Verläufe diverser Entwicklungspfade waren, daß noch lange Thesen verteidigt wurden, die empirisch eigentlich längst widerlegt waren, wie z.B. die behauptete Inkompatibilität von Abhängigkeit und Entwicklung oder die These von der Industrialisierung durch externe Verschuldung (nach dem Entwicklungsmotto „aus den Schulden herauswachsen"; vgl. Körner/Maaß/Siebold/Tetzlaff 1985; Suter 1990; Turok 1991).

Die widersprüchliche Vielfalt der realen Entwicklungspfade, die den einen Teil der Teilnehmer am Modernisierungsrennen in Abgründe führte, andere jedoch in schwindelnde Höhen der fordistischen Konsum- und Industriegesellschaft gelangen ließ, führte zu heilsamen *Desillusionierungen* – d.h. Befreiung von Wahnbildern und Korrektur von Weltbildern (Mansilla 1986; Hein 1990; Amin 1992). Was ist geblieben? Für den deutschsprachigen Raum stellt die *Theorie der assoziativ-dissoziativ nachholenden Entwicklung* von Ulrich Menzel und Dieter Senghaas den bis heute tragfähigsten „Versuch einer Synthese von bürgerlicher bzw. marxistischer Modernisierungstheorie, die eine weltweite Determinierung von Entwicklung annimmt, und der Dependenz- und Weltsystemtheorie, die für die Peripherie von der umgekehrten Annahme ausgeht" (Menzel 1995: 39), dar. Auf der Basis historisch-komparativer Untersuchungen über erfolgreiche und erfolglose Fälle nachholender Entwicklung werden Entwicklung und Unterentwicklung nicht als ein für allemal gegeben aufgefaßt (womit sich Senghaas von früheren dependenztheoretischen Ansichten entfernte), sondern in Abhängigkeit von spezifischen historischen Konstellationen als Möglichkeiten interpretiert. Dabei spielen die *innergesellschaftlichen* Faktoren wie die kolonialgeschichtlich und kulturgeprägte Sozialstruktur die entscheidene Rolle.

Im Anschluß an Befunde der vergleichenden Forschung über sozialstrukturelle Konfigurationen und davon ableitbare typische Entwicklungspfade von Barrington Moore, der die Besitz- und Machtverhältnisse im *Agrarsektor* zur Grundlage der Erklärung für den Ausgang von Modernisierung (Demokratie oder Diktatur) machte, kamen Menzel und Senghaas zu der empirisch fundierten Erkenntnis: „Gesellschaften mit mäßig ungleicher Landbesitz- und Einkommenskonzentration, aufbauend auf frei wirtschaftenden, in Genossenschaften eingebundenen Familienbetrieben, stellten eine besonders entwicklungsfördernde Grundlage für breitenwirksame Erschließungsprozesse dar. Agrargesellschaften mit hoher Landbesitz- und Einkommenskonzentration wurden in der Regel zu peripheren Exklaven-Ökonomien" (Menzel/Senghaas 1986:

27). Zweitens ließ die Geschichte erfolgreicher Exportökonomien den „strategischen Stellenwert eines hohen und sich erweiternden Bildungs- und Wissensstandes, also des *gesellschaftlichen Kompetenzniveaus*, deutlich werden ... Dieses Kompetenzniveau könnte als unsichtbares Kapital verstanden werden; ohne seine Entwicklung bleibt die Anpassungs-, Innovations- und Transformationsfähigkeit von Gesellschaften begrenzt" (Menzel/Senghaas 1986: 29).

Und drittens schließlich gibt dieser historisch vergleichende Theorieansatz eine Antwort auf eine Gretchenfrage der modernen Entwicklungsproblematik, wie nämlich weltmarktorientierte *Exportökonomien* sich dem Peripherisierungsdruck durch konkurrierende ältere Industriestaaten entziehen konnten: „Ein Schlüssel für die erfolgreiche Nutzung der Exportchancen bei gleichzeitiger Abwehr des Peripherisierungsdruckes ist in der ‚*gemischten Außenwirtschaftsorientierung*' von Exportökonomien zu sehen: Sie waren freihändlerisch bei der Förderung der eigenen Exportgüter und selektiv-protektionistisch (dissoziativ) beim Schutz der eigenen Importsubstitutions-Industrialisierung in den relevanten Branchen (Konsumgüter, Ausrüstungsgüter für den Exportsektor, allgemeiner Maschinenbau). Eine solche *assoziativ-dissoziative* Außenwirtschaftsorientierung stellte sich nirgendwo ‚automatisch' ein. Wo sie zustande kam, war sie das Ergebnis politischer Konflikte und daraus resultierender Kompromisse zugunsten eines eigenständigen nationalwirtschaftlichen Entwicklungsweges trotz Exportorientierung" (Menzel/Senghaas 1986: 29).

Kleinere Länder – so eine Konsequenz dieser Theorie – könnten eine aktive Weltmarktintegration gar nicht vermeiden (so schon 1980 die These von R. Schweers). Nur müsse diese Außenorientierung von einer soziopolitischen Struktur im Innern begleitet werden, die eine *breitenwirksame Binnenmarkterschließung* zuläßt. „Gesellschaften, die trotz Peripherisierungsdruck einen Prozeß nachholender Entwicklung durchlaufen, zeichnen sich deshalb durch frühzeitige Entoligarchisierung, Partizipation und Demokratisierung aus, ein Argument, das sich auch bei Elsenhans findet" (Menzel 1995: 39).

Wolfgang Hein hat diese theoretischen Überlegungen weitergeführt und zu einem Konzept „*autozentrierter agroindustrieller Entwicklung*" verdichtet, das sich für eine systematisch vergleichende Analyse analoger Entwicklungsprozesse in drei Entwicklungsregionen eignet (Hein 1994). Die Ungleichzeitigkeit weltweiter Entwicklungsprozesse mache es möglich, den industriellen Entwicklungsprozeß zumindest zeitweise von seiner landwirtschaftlichen Basis abzukoppeln, um so auch dann Produktivitätsfortschritte im urban-industriellen Sektor zu erzielen, ohne daß eine Einkommenssteigerung der ländlichen Massen eine entsprechende Nachfrage nach industriell produzierten Konsumgütern geschaffen hätte (Hein 1994: 34).

Die bei Menzel/Senghaas noch einmal geglückte interdisziplinäre multikausale *Synthese* aus allgemeinen entwicklungstheoretischen Überlegungen im Stil der klassischen Theorien mit regionalspezifischen Entwicklungsprofilen in unterschiedlichen Ländern mit unterschiedlicher Sozialstruktur und Weltmarkteinbindung stellt einen vorläufigen Abschluß in der historisch-vergleichenden Theoriebildung zur Frage Entwicklung/Unterentwicklung dar. Die beiden Politologen haben mit ihren auf Kategorienbildung angelegten „entwicklungsgeschichtlichen Betrachtungen" ein heuristisch fruchtbares analytisches Referenzsystem geschaffen, welches in der deutschen Entwicklungssoziologie nur in der sogen. „Bielefelder Theorie der strategischen Gruppen" eine äquivalente Entsprechung findet (siehe Evers/Schiel 1988 und die Rezeption bei Schubert/Tetzlaff/Vennewald 1994). In der zweiten Hälfte der 1980er Jahre hatten sie dann „kaum noch eine Weiterentwicklung der Diskussion auf der Ebene globaler Theorie zu vermelden" (Menzel 1995: 43); vielmehr sei die Aufsplittung der Theoriediskussion „in verschiedene Schauplätze, die nicht mehr beanspruchen können, eine große Theorie zu liefern" typisch, ebenso wie die Fixierung auf angebliche „*Modethemen*", „die die gesellschaftspolitische Diskussion in Westeuropa und Nordamerika beherrschen". Dabei nennt Menzel vier solcher Modethemen: „die Wiederentdeckung der Kultur anstelle der harten politikökonomischen Analyse"; die Feminismusdiskussion über „Gender-Fragen"; die Beschäftigung mit der Ökologieproblematik und schließlich die Diskussion über Ethnizität und Ethnisierung in deren Bedeutung für Entwicklung und Entwicklungstheorie (Menzel 1995: 43).

Legt der (unglückliche) Begriff „Modethemen" eine Assoziation an nur vorübergehend relevante Themen nahe, so ist doch eher von Theoriekonzepten mittlerer Reichweite zu reden, die vorerst den Anspruch aufgegeben haben, jenseits von Raum und Zeit allgemein gültige Aussagen über die linearen oder dialektischen Zukunftsperspektiven der Schwellen-, Transitions- und Entwicklungsländer zu versuchen. Dieser Pluralismus der methodischen Ansätze und inhaltlicher Hypothesen ist als realitätskonforme Bereicherung anzusehen, die nicht prinzipiell im Widerspruch zu der Suche nach generellen Trends der Entwicklung, nach Tendenzen in der Weltgesellschaft, stehen muß. So soll der explizit gegen Menzel und Booth gerichtete Einspruch von *Elmar Altvater* nicht unerwähnt bleiben, der vor dem argumentativen Kurzschluß warnen zu müssen glaubte, daß „mit dem Scheitern der Entwicklungsprojekte" auch die großen Theorien „obsolet geworden" seien (Altvater 1992: 15). In einem „Plädoyer für eine neue theoretische Anstrengung" begründet er die Notwendigkeit, „die Linie der ‚großen' Theorie zu verfolgen (so auch Mouzelis 1988), um überhaupt den weltgesellschaftlichen Rahmen für Entwicklungsprojekte und Umweltpolitik erfassen zu können". Sonst folge „dem radikalen ‚tier mondisme' der 60er und 70er Jahre ein ebenso radikaler, selbstbewußter, aber borniertcr Eurozentrismus am Ende der 80cr Jahre, der Anfang der 90er Jahre von den Verarbeitungsversuchen des Scheiterns des realsozialistischen Projekts beflügelt wird – auch in der Linken". Am Ende würde die „theoretische Resignation" in „entwicklungs- und umweltpolitischem Zynismus" enden (Altvater 1992: 15). In ähnlicher Weise hat der Lateinamerikaforscher Nikolaus Werz „das Verschwinden der Entwicklungstheoretiker" bedauert, da „die Abwendung der meisten Intellektuellen von den großen Themen zu einem Zeitpunkt" stattfinden würde, zu dem „Abhängigkeit und Armut in den lateinamerikanischen Staaten gewachsen und ein Bedürfnis an alternativen Modellen" bestünde (Werz 1991: 544).

In der Utopie eines nachhaltigen sozialverträglichen Entwicklungsweges, der den Verbrauch fossiler Energieträger (im gegenwärtigen Modell des „globalen Fordismus") durch Solarenergie als primären Energiespender des Zukunftsgesellschaft zu ersetzen hätte (Altvater 1993), wird die revolutionäre Dimension der geforderten Veränderung erahnbar. Von einer umfassend zu begründenden „general theory" für eine alternative Entwicklung sind aber noch kaum die ersten grünen Keime zu sehen. – ein wenig realistischer „Schleichweg aus der Sackgasse der Entwicklung", kritisiert Klaus Eßer (Eßer 1993, in: IZ3W 1994: 31).

Gleichwohl ist auf einer normativen Diskussionsebene eine unübersehbare Tendenz zur konsensualen Einigung auf Elemente einer „general theory" zu erkennen. Da zur

Zeit sozialistische und etatistische Alternativmodelle historisch verbraucht erscheinen, ist eine *Konvergenz von Bekenntnissen zu den Werten von Demokratie und Menschenrechten* im politischen Rahmen zivilgesellschaftlicher Kompetenzerweiterung zu konstatieren (Tetzlaff 1993; Ake 1994), die eine reale Bewegung zum Sturz von Diktaturen begleitet. Selbst der Nestor der Kritiker der kapitalistischen Gesellschaftsordnung par excellence Samir Amin spricht nun von „einem qualitativen Sprung im Vordringen des demokratischen Bewußtseins" und der Demokratisierung von politischen Regimen, „deren Ausmaß wahrscheinlich ihren letzten Endes unumkehrbaren Charakter anzeigt und gewiß zu begrüßen ist" (Amin 1991: 89). Daß damit aber noch keineswegs die Realisierungschancen für eine friedliche neue Weltordnung gestiegen sind, sei immerhin am Rande vermerkt (Hippler 1994). Zu den wichtigsten Themen der vielstimmigen gegenwärtigen Diskussio über Theorien, Modelle, Typen und Alternativen von Entwicklung gehören m.E. die folgenden *fünf Diskussionszusammenhänge*, über die noch in aller gebotenen Kürze referiert werden soll:

1. Eine Neudefinition der funktionalen Rolle von *Staat* und *Markt* (Staatsversagen vs. Marktversagen) als Initiatoren und Motoren der Entwicklung; und das *Netzwerk-Modell* der systemischen Wettbewerbsfähigkeit als Alternative.
2. Die neuen internationalen Entwicklungsparadigmen *„sustainable development"* (nachhaltige zukunftsfähige Entwicklung als normatives Ziel) und die Politik der umwelt- und sozialverträglichen *Strukturanpassung.* „Structural adjustment" als pragmatischen Versuch der Schadensbegrenzung und der Fortsetzung von Wachstum unter strukturellen Krisenbedingungen.
3. Die Neubewertung *kultureller Faktoren* zur Erklärung der endogen verursachten Unterschiede zwischen erfolgreichen und weniger erfolgreichen Gesellschaften im Transitionsprozeß der Modernisierung. *„Civil society"* mit ihren diversen „voluntary associations" als möglicherweise global gültiges Ideal von partizipativer Entwicklung.
4. Akteursorientierte Konzepte und Typologien zur Erklärung von *demokratischer Transition* : das Konzept der strategischen und konfliktfähigen *Gruppen*; Korrelationshypothesen von wirtschaftlicher Entwicklung und politischer Demokratisierung; Theoreme über „rent-seeking" versus „profit-seeking societies".
5. Die Sichtbarmachung der bislang unsichtbar gemachten Dimension von Entwicklung – Frauen als Akteure, Trägerinnen und Opfer von Entwicklung: theoretische Konzepte zur *Gender-Fragen.*

Dabei sind regionalspezifische Sonderentwicklungen und Eigenheiten der Forschungstraditionen zu berücksichtigen. Jürgen Rüland z.B. hat für die jüngste Zeit „vier Varianten des theoretischen Herangehens" an das Thema Systemwechsel (Transition, Demokratisierung) seitens der Asienforscher beobachtet: Von der frühen Modernisierungsliteratur inspirierte Theorien des sozialen Wandels (Lipset, Huntington, Diamond, Linz), kultursoziologische, institutionell-verfassungsrechtliche und politikökonomische Ansätze (Rüland 1994: 271), wobei vor allem die kultursoziologischen Arbeiten Beachtung verdienten. Für die Afrikaforschung hat Siegmar Schmidt eine Befruchtung durch lateinamerikanische Transitionsforschung (O'Donnell, Schmitter, Przeworski) festgestellt, was vergleichenden und akteursspezifischen Untersuchungen neue Erkenntnismöglichkeiten eröffnen würde (Schmidt 1994: 260). Und Dieter Nohlen und Bernhard Thibaut belegen in ihrem Literaturbericht zur Transitionsforschung über

Lateinamerika die wachsende Bedeutung von politischer Kulturforschung. Mit der raschen Verbreitung von Umfrageforschungsinstitutionen hätte die Beachtung unterschiedlicher kultureller Traditionen diverser Gruppen und Länder (erlebte Erfahrungen von Diktatur und Demokratie, Wahlrechtssysteme, Rolle der Kirche) einen Aufschwung erlebt (Nohlen/Thibaut 1994: 210), wie er etwa in afrikanischen oder arabischen Staaten mangels entsprechender Infrastruktur nicht möglich wäre.

4. Theorien über Staat und Markt

Eine Reaktion auf die Krise der globalen Entwicklungstheorien (Modernisierung, Dependencia), die ein gesellschaftspolitisches Programm transportiert hatten, war die Aufwertung der *politischen Akteure* bei der Bewertung entwicklungspolitischer Leistungen bzw. Fehlleistungen. Das Beispiel der erfolgreichen Schwellenländer Asiens, die die staatlich gelenkte Produktion für den Weltmarkt als Grundlage eigener nationaler Entwicklung konzipiert und umgesetzt hatten, lenkte das Augenmerk auf Theorien über das Verhältnis von *Staat und Markt*. Entgegen der prinzipiellen Annahme der neoliberalen Autoren (Hemmer 1988; Wagner 1993), daß der Interventionsstaat nicht in der Lage sei, Entwicklungsrückstände aufzuholen, weil die nur an „rent-seeking" interessierte Staatsklasse jegliche ökonomische Rationalität beim Einsatz von Ressourcen vermissen lasse (Weede 1990: 129f.), vertraten Entwicklungstheoretiker wie Paul Streeten, Karl Wohlmuth, Dirk Hansohm, Robert Kappel und Dirk Messner eher den entgegengesetzten Standpunkt: das asiatische Wirtschaftswunder sei ohne die Schaffung geeigneter *staatlicher* Rahmenbedingungen und die Zurverfügungstellung „öffentlicher Güter" wie vor allem Rechtssicherheit (für Unternehmen) gar nicht zu erklären. Ein starker öffentlicher Sektor dürfe keineswegs a priori als entwicklungshinderlich angesehen werden, sondern als unverzichtbare Voraussetzung für die Entfaltung privatwirtschaftlicher Aktivitäten: „The skill of these policies does not lie so much in the disputed art of ‚picking winners' as in creating winners ... Modern comparative advantage can be created by good government policies" (Streeten 1994: 419).

Das war in der Tat ein Fortschritt gegenüber früheren (neoliberalen wie neo-marxistischen) Theoremen, die den bürokratischen Staat per se als Entwicklungshindernis apostrophierten. Noch 1985 konnte Simonis in einem State-of-the-Art-Artikel zum Thema „Entwicklungsstaat in der Krise" die These vertreten, „daß die Mehrzahl der peripheren Gesellschaften deswegen verstärkt unregierbar" würde, „weil das globale politisch-ökonomische Regulationssystem, das seit dem 2. Weltkrieg Bestand hatte, seine Funktionsfähigkeit, globales Wachstum zu garantieren, verloren" hätte (Simonis 1985: 157). Solche inzwischen falsifizierte Pauschalaussagen sind durch Staatstheorien mittlerer Reichweite ersetzt worden, die einen konkreten regionalen Bezugspunkt (Gesellschaftstypen) hatten und daher eher die Überprüfung an der Empirie standhielten. So konnten etwa in Frankreich Jean-Francois Bayart, Richard Sanbrook in England und in den USA das Autorenteam um James S. Wunsch und Dele Oluwu die Entwicklung der Fehlentwicklung Afrikas südlich der Sahara auf Zentralisierung, Ressourcenvergeudung, Fehlallokation und Mangel an „good governance" des postkolonialen Staates zurückführen (vgl. auch Mehler 1993; Osterkamp 1995; Tetzlaff/Engel/Mehler 1995). Durch die Gegenüberstellung des Versagens der politischen Klasse im postkolonialen Afrika, das durch Bürgerkriege, Staatszerfall, zunehmende Verarmung der Massen von sich reden machte, mit den spektakulären Wirtschaftserfolgen der asiatischen Schwellenländer, wurde der Blick frei für eine vertiefte Ursachenanalyse der internen Faktoren.

Dabei sind manche Autoren der Gefahr erlegen, das Kind mit dem Bade auszuschütten und die Rolle des Staates im Entwicklungsprozeß auf ein kritisches Minimum – die Aufrechterhaltung der öffentlichen Ordnung (Repressionsfunktion) – zu reduzieren. Oft wird nicht unterschieden zwischen einer Anfangsphase nachholender industrieller Entwicklung, die einen aktiven Staat braucht, und dem Normalzustand, in dem aktiver Staatsinterventionismus in Produktion und Verteilung „logisch und sachlich wirklich zwingend" nur bei Marktversagen stattzufinden hat (Osterkamp 1995: 116). Die Tatsache jedoch, daß die von Weltbank und Internationalem Währungsfonds geforderten keynesianischen Reformmaßnahmen zu einer allgemeinen unabwendbaren Verpflichtung für verschuldete Länder geworden sind, läßt die Rolle des Staates in einem neuen Licht erscheinen. Trotz allen Politikversagens im einzelnen bleibt die aktive Rolle des Staates als Krisenmanager, der Anforderungen von außen gegen interne Widerstände im Innern durchsetzt, eine zentrale Voraussetzung für erfolgreiche Implementierung von vernünftiger Strukturanpassungspolitik. Es geht darum, Mittel und Wege zu finden, staatlichen Instanzen zu ermöglichen, „die Funktionen der Planung und Lenkung, der Integration und Koordination, der Politikvorbereitung und -formulierung, der Konsultation und Führung, sowie der politischen und rechtlichen Absicherung der ökonomischen, sozialen und auch ökologischen Rahmenbedingungen" zu erfüllen (Wohlmuth 1992: 116). Es liegt auf der Hand, daß unter permanenten Armutsbedingungen diese staatlichen Aufgaben nicht zu erfüllen sind, was auf Dauer Legitimationsprobleme mit sich bringen muß: die Mutation des peripheren Staates von einem Aneignungssystem zugunsten einer kleinen bürokratischen Elite zu staatlich organisiertem Verbrechertum (Bayart 1995) oder zur Erosion staatlicher Autorität schlechthin (Koch 1994). Der von einer korrupten Clique oder von regionalen „war lords" okkupierte Staat wird zu einer neuen Form der Eingliederung marginalisierter Staaten in die Weltwirtschaft funktionalisiert: der Eingliederung mit Hilfe von Schmuggel, Geldwäsche, Rauschgifthandel und sogar der Rückkehr zum Menschenhandel (Ake 1994; Bayart 1995: 65).

Diese Tendenz ist für schwache Staaten kennzeichnend, nicht für Schwellenländer ostasiatischen Typs. Für diese ist auf das Entwicklungskonzept der *systemischen Wettbewerbsfähigkeit* zu verweisen, das am Deutschen Institut für Entwicklungspolitik (DIE) Berlin in Zusammenarbeit von Politologen und Ökonomen konzipiert worden ist und das sich als Gegenentwurf zur herrschenden, neoliberal geprägten wirtschafts- und industriepolitischen Orthodoxie versteht (Messner 1995). Wettbewerbsfähigkeit – eine conditio sine qua non für Entwicklung im Rahmen komplexer Interdependenz – wird als Resultat der Interaktion auf vier Ebenen konzipiert: neben den gebräuchlichen Bezeichnungen Makroebene (Haushalts-, Steuer-, Handelspolitik) und Mikroebene (Unternehmensstrategien) werden zwei weitere Determinanten systemischer Wettbewerbsfähigkeit postuliert: die *Metaebene*, auf der gesellschaftliche Strukturbildung wie Verbesserung der gesellschaftlichen Lern- und Anpassungsfähigkeit und die Entwicklung sozio-kultureller Werthaltungen geleistet wird; und die *Mesoebene*, die von Wirtschaftsverbänden, Verbraucherorganisationen sowie Forschung- und Entwicklungseinrichtungen (den „weichen Steuerungsmitteln des Staates") gebildet wird. Einzelne Unternehmen erlangen demnach Wettbewerbsfähigkeit durch Einbettung in *industrial clusters*, d.h. in Netzwerken organisierte Gruppen von Unternehmern, für deren Entwicklungsdynamik die Leistungsfähigkeit der jeweiligen Industriestandorte wesentlich ist, also der enge Kontakt mit Universitäten, Technologieinstituten, Banken, Branchenorganisationen, Exportinformationseinrichtungen usw. Die Pointe dieser für weiter fortgeschrittene Entwicklungsgesellschaften relevanten Entwicklungskonzeption liegt in der systematischen Erfassung gesellschaftlicher und kultureller Organisationsmuster, die raschen Informationsfluß und schnelle Lernprozesse ermöglichen sollen. Wettbewerbsfähigkeit ist nach diesem Verständnis deshalb „systemisch", weil ihre Bestimmungsfaktoren nur im Wechselspiel zwischen Elementen auf den vier genannten Aktionsebenen zustandekommen können (Eßer/Hillebrand/Messner/Meyer-Stamer 1995: 256).

Der pragmatische Ansatz basiert auf einer radikalen Ablehnung der vor allem in Lateinamerika versuchten (und überwiegend gescheiterten) Strategie der Importsubstitutions-Industrialisierung (ISI-Strategie) und bringt als Ersatz dafür die selektive vernünftige Integration in den Weltmarkt ins Spiel: die intelligente Suche der Produzenten nach Weltmarkt-Nischen nach dem europäischen Vorbild kleiner Nachzügler-Staaten wie Schweiz, Dänemark, Norwegen etc. (vgl. Senghaas 1982). Das unverblümte Plädoyer für Weltmarktintegration als Entwicklungsstrategie hat linke Entwicklungstheoretiker auf den Plan gerufen (darunter Elmar Altvater, Leopoldo Mámora, Helmut Tielen), die in den „Blättern des Informationszentrums Dritte Welt" (IZ3W) in Freiburg einen interessanten Diskurs mit den Autoren der DIE-Studie zustandebrachten: „Integration in die Weltwirtschaft – Vision oder Alptraum?" (IZ3W 1994).

Mit der DIE-Studie, die ganz auf der Linie der Weltbank-Ökonomen liegt, war für den mainstream der sozialwissenschaftlichen Entwicklungsdiskussion die hinreichend plausible Begründung einer notwendigen Weltmarktintegration bei gleichzeitiger Komplementaritätsbeziehung zwischen Marktkonkurrenz und marktfreundlichem Staatsinterventionismus geliefert (so auch Elsenhans 1993). Der angebliche Antagonismus von Staat und Markt, zwischen sichtbarem Kopf und Adam Smith' „unsichtbarer Hand", entpuppte sich bei näherem Hinsehen als Scheinalternative: Unter gewissen Umständen (so demonstrierten es Staaten wie Taiwan, Süd-Korea, Singapur, Mauritius und Chile nach Pinochet) erweist sich der Weltmarkt nicht als „Sackgasse" der Entwicklung (ein Grundaxiom der Dependistas), sondern als Chance für Akkumulation von Kapital, das produktiv investiert werden kann, um so internationale Wettbewerbsfähigkeit zu erlangen (Asche 1984; Schubert 1994). Ein Fortschritt in der Staatstheoriedebatte ist unübersehbar. In der materialistischen Staatstheorie von *Nicos Poulantzas* ist die These des „autoritären Etatismus" in streng systematisch-begrifflicher Vorgehensweise abgeleitet worden, bei der der Staat als notwendiges Moment der jeweiligen Klassenbeziehungen theoretisiert wird. Im Prozeß der Klassenauseinandersetzung konstituiert, wird der Staat in der „Verdichtung der sozialen Kräfteverhältnisse" zu einer relativ autonomen Instanz, welche in der Vermittlung der sozialen Gegensätze die Kohäsion der Gesellschaft hervorbringt (Poulantzas 1978: 114). Als Resultat und Faktor des Klassenkompromisses wird der Staat zum integralen Moment der kapitalistischen Gesamtreproduktion, da sich in ihm der soziale Konsens der jeweiligen Klassenkonstellationen materialisiert (nach Heidt 1995: 325).

5. Die Neuendeckung der „politischen Kultur" als Ursache von Entwicklung und Blockierung gesellschaftlicher Dynamik

Mit der differenzierteren Betrachtung des Verhältnisses zwischen Staat und Gesellschaft – wobei Joel Migdals „Strong Societies and Weak States" einen wichtigen Anstoß gab (Migdal 1988) – kam auch die Wiederinangriffnahme eines alten Problems auf die Tagesordnung: die ambivalente Bedeutung „kultureller Tatsachen" für den Entwicklungsprozeß (so schon Riegel 1982: 74). Wie ließ sich erklären, daß in einigen Diktaturen der Dritten Welt autoritäre, aber marktfreundlich agierende Interventionsregime entstanden (erfolgreiche Entwicklungsdiktaturen) und in anderen Staaten mit gleichen oder vergleichbaren Ausgangs- und externen Rahmenbedingungen wachstumsblockierende Militär- oder Einparteiregime das politische Feld behaupteten. Einmal wirkten sich hochkulturelle Traditionen beschleunigend aus (Konfuzius-Debatte), in anderen Fällen wurde eine „Resistenzfähigkeit" kultureller Traditionen in der Konfrontation mit der Moderne ausgemacht, vor allem dann, wenn es um Identitätsfragen ging. Dieser Sachverhalt brachte all jenen theoretischen Ansätzen Aufwind, die die *„politische Kultur"* der Machteliten in den Mittelpunkt der Betrachtung über Entwicklungstempo und Entwicklungskosten rückten (Pye 1985; Cornelssen 1991; Anderson 1993).

Bei wohl nicht wenigen empirisch und vergleichend arbeitenden SozialwissenschaftlerInnen besteht eine innere erfahrungsgestützte Überzeugung, daß kulturelle Faktoren einen weit größeren Einfluß auf Entwicklungsverläufe und Entwicklungsblockaden haben als in der sozial-ökonomisch geprägten Fachliteratur meistens zum Ausdruck gebracht wird (siehe z.B. Rüland 1994: 284). Das analytische Problem bestünde nur eben in der Schwierigkeit, den Kulturfaktor von anderen koexistierenden Einflußvariablen hinreichend isolieren und messen zu können. Gleichzeitig aber wird anerkannt, daß Vorsicht und Skepsis gegenüber Kulturtheorien deshalb angebracht seien, weil zum einen die Verwendung eines inzwischen grenzenlosen Kulturbegriffs seinen wissenschaftlichen Wert hat fragwürdig werden lassen und weil zum anderen „Kultur" als *nationale Kulturpolitik* ideologisch für Zwecke des Machterhalts einer undemokratischen Regierung oder zur Unterdrückung von ethnisch-sozialen Minderheiten häufig mißbraucht worden ist. „Je nach Definition und subjektiver Akzentuierung wird Kultur wahlweise als bedeutende oder unbedeutende, als entwicklungshemmende oder entwicklungsfördernde Kategorie eingeführt. Daß die Kultur die Entwicklung einer Gesellschaft präge, läßt sich deshalb leichter als unverbindliche Plausibilität postulieren als überzeugend nachweisen" (Braun/Rösel 1993: 250).

Von besonderer Relevanz ist in diesem Zusammenhang die seit Max Weber akute Frage, ob in außereuropäischen traditionellen Gesellschaften kulturelle Spezifika (wie z.B. das Kastenwesen, Harmoniestreben oder spezielle Jenseitsvorstellungen) zu erkennen seien, die sie daran hinderten, zu modernen rational gesteuerten Industriegesellschaften okzidentalen Typs zu werden. Der *mainstream* der SoziologInnen und PolitologInnen neigt wohl der Ansicht zu, daß nirgends kulturelle (einschließlich religiöse) Faktoren *allein* oder *primär* für strukturelle Unterentwicklung verantwortlich gemacht werden können, daß aber sehr wohl kulturelle Spezifika (selbst wenn sie nur transitorischen Charakter hätten) den sozio-ökonomischen Wandel positiv oder negativ beeinflussen können (Behrendt 1965; Demele/Schoeller/Steiner 1989; Mehler 1993; Menzel 1994; Ibrahim/Wedel 1995). Maxim Rodinson hat für islamische Gesellschaften der These einer angeblich negativen Korrelation zwischen islamischen Glaubenssystem und marktwirtschaftlich-kapitalistischer Rationalität eindrücklich widersprochen (Rodinson 1966). Dieter Senghaas hat unter Hinweis auf die konfuzianisch geprägten Gesellschaften Asiens eine „relative Elastizität herkömmlicher Kultur gegenüber politischen, gesellschaftlichen und ökonomischen Kräften, die gezielt auf Entwicklung setzen", konstatiert (Senghaas 1994: 418). Für diese These spricht die auch empirisch belegbare und heute weithin geteilte Auffassung, daß Kultur nicht eine statische, unveränderbare Größe darstelle, die also deshalb auch nicht als eindeutig entwicklungsblockierend konzipiert werden könne. Zu bedenken gibt allerdings die Beobachtung, daß die entwicklungspolitische Leistung in einigen spezifisch geprägten Gesellschaften so signifikant und dauerhaft anders ausfällt als in anderen Kulturräumen, daß die Frage nach den Ursachen und Folgen dieser Differenzen in Sachen Akkulturation und kulturelle Resistenz gegen Modernisierung noch immer akut ist (Eisenstadt 1987). Im Zuge der „good governance"-Diskussion, die die Weltbank 1989 auf der Suche nach einer Erklärung für Stagnation und Fehlentwicklung Schwarzafrikas angestoßen hat, hat sie sogar eine entwicklungspolitische Zuspitzung von erheblicher praktischer Auswirkung erfahren (Betz 1995).

Für die Asienforschung ist der vergleichende „political-culture"-Ansatz von Lucian Pye (aufbauend auf früheren Arbeiten von Almond und Verba) relevant geworden, der die Internalisierung traditionaler Einstellungen zu Macht und Autorität thematisiert. Pye sieht in der Art und Weise, wie in verschiedenen Kulturen traditionelle Macht- und Autoritätsvorstellungen vermittelt und verändert werden (können), einen wichtigen Indikator für die Richtung der Modernisierung. Die drei Schlüsseldeterminanten der politischen Entwicklung sind nach Pye: „Die Veränderungen im Verständnis der Menschen über die Natur der Macht, die Veränderungen in ihren Erwartungen an Autorität, und schließlich die Veränderungen in ihrer Interpretation über das, was Legitimation von Herrschaft konstituiert" (Pye 1985: 19). Vor dem Hintergrund der wiederholten Erfahrung von Chaos, Anarchie und roher Gewalt haben zentralisierte Macht und Autorität immer zugleich auch – neben rituellen Aufgaben (Schaffung eines Zugangs zum Übernatürlich-Göttlichen) – eine Schutzfunktion. Daher seien asiatische Gesellschaften heute noch weniger an Kontrolle von Macht interessiert als westliche Gesellschaften, die auf Kontrolle von Macht und korrekte Implementierung von Entscheidungen (Politik als *policies*) großen Wert legen würden. Politische Führer seien zwar nicht durch die kulturellen Traditionen ihrer Völker determiniert, aber erstere können sie entweder entwicklungskonform oder töricht einsetzen und somit Modernisierung verzögern, nicht aber gänzlich aufhalten.

Auch Autoren, die mit der Realität *afrikanischer* Gesellschaften vertraut sind, haben gewichtige Argumente für eine positive Korrelation zwischen kulturellen Grundmustern und traditionsgebundenen sozialen Institutionen einerseits und den vergleichsweise geringen Entwicklungserfolgen andererseits vorgebracht. So hat Ernst Hillebrand die Auffassung vertreten, daß die Dysfunktionalität des postkolonialen modernen Staates in Afrika „auf kulturellen Grundmustern der afrikanischen Gesellschaften" beruhen würde. Dazu zählt er (neben Klientelismus, Paternalismus, Zauberei, Ahnenkult etc.) „die Idee der gegenseitigen Hilfe und der Solidarität unter Verwandten", ein Habitus im Bourdieuschen Sinne, der seine Wurzeln in der vorkolonialen Agrargesellschaft hätte. Die bis heute erhaltene Praxis der gegenseitigen Solidarverpflichtung – von anderen Autoren als „economy of affection" bezeichnet (Hyden 1983) – würde das Entstehen einer „civil society" mit abstrakten Gesetzen blockieren. So kommt er zu der These, daß die „Entwicklungs-Katastrophe Afrika" das Resultat zweier gleichzeitig ablaufender Prozesse sei: „einer Zerstörung von oben" durch die korrupte ineffiziente einheimische Staatsklasse und einer Zerstörung bzw. Blockierung von unten (Hillebrand 1994: 58). Damit wird implizit an die neomarxistische Kritik angeknüpft, die Isolde Demele, Wolfgang Schoeller und Roald Steiner schon früher vis-à-vis der Rückbeziehung der afrikanischen Machtelite auf die Tradition – „eine Alibifunktion zur Absicherung erreichter Privilegien für einige Wenige" (Demele et al. 1989: 203) – formuliert hatten: „Die innere Struktur traditionaler Gesellschaft, die nicht auf die Erzielung von Überschüssen, sondern auf den Erhalt eines Gleichgewichts von Arbeitsaufwand und Bedürfnis ausgerichtet ist, begründet zudem keinen Ansatz, aus eigenem Antrieb eine ökonomische Entwicklung einzuleiten" (Demele et al. 1989: 203). Zur Modernisierung ihrer Gesellschafts- und Produktionsstrukturen bliebe daher nur die inakzeptable „Alternative" der Marginalisierung und der Abhängigkeit von internationaler Fürsorge. Klassische Weltbankstrategen könnten dieser Argumentation problemlos zustimmen.

Diesen pointierten Ansätzen zur Erklärung der drohenden Marginalisierung Afrikas im Weltmaßstab durch überwiegend *endogene sozio-kulturelle* Faktoren ist durch das provozierende Buch der Kamerunerin Axelle Kabou „Weder arm noch ohnmächtig" sekundiert worden. In der Tradition von Franz Fanon (Fanon 1961) und Richard Behrendt (Behrendt 1965) stehend, behauptet sie einen kausalen Zusammenhang zwischen der postkolonialen Entwicklung zu weiterer Abhängigkeit und Verelendung und der Haltung der modernen akkulturierten Bildungs- und Machteliten Afrikas, die Innovationen, Investitiionen und wirtschaftliche Lösungen für eigene Probleme zuvörderst vom Ausland erwarteten – eine entwicklungshemmende Geisteshaltung der Selbstkolonisierung (Kabou 1993). Damit ist der seit 1989 vorgetragenen Kritik der Weltbank am sozio-politischen Verhalten der Staatsbürokratien in Entwicklungsländern – Mißmanagement beim Ressourceneinsatz, Eliten-Korruption, verschuldete Importsubstitutions-Industrialisierung, mit einem Wort „bad governance" (Jakobeit 1993; Illy 1994) – von prominent gemachter Seite Anerkennung gezollt worden.

So berechtigt und politisch nützlich diese provokativen Beobachtungen auch sein mögen, bei wissenschaftlichen Hypothesen, die mit dem Anspruch auf Erklärung komplexer sozialer Strukturen aufwarten, ist prinzipiell Vorsicht geboten; denn noch hat in diesem Fall die Forschung nicht die Hintergründe für die Entstehung und Tradierung dieser Wertepräferenzen bei afrikanischen Eliten und oppositionellen Gegeneliten ermittelt. Es könnte ja sein, daß sich die afrikanischen Eliten auch im okzidentalen Sinne durchaus rational verhalten, wenn sie z.B. von dem Weltbild ausgehen würden, daß Afrika als traditioneller Verlierer der Weltwirtschaft ohnehin keine faire Chance mehr hätte, als zuletzt Gestartete im globalen Entwicklungsrennen selbst durch allergrößte Eigenanstrengungen und eine rigorose Politik der Strukturanpassung den Anschluß an das technisch-wissenschaftliche Weltniveau noch jemals erreichen zu können (was auch von Sozialwissenschaftlern wie Hansohm und Kappel bezweifelt wird). Bei Verneinung dieser Option wäre die Entwicklung von krimineller Energie im Überlebenskampf und das Ausspielen von Chaosmacht gegen „den Westen" eine zwar ethisch nicht haltbare, aber doch eine nicht ganz irrationale Verhaltensweise (Bayart 1995; Amin 1991).

Afrika südlich der Sahara ist die tragisch anmutende Verkehrung des Prozesses, der in West- und Zentraleuropa zur Herausbildung einer *demokratischen Kultur* auf hohem materiellen Niveau der Bedürfnisbefriedigung geführt hat. Richard Münch und Dieter Claessens z.B. haben herausgearbeitet, daß sich in Europa kapitalistische Dynamik (nach der Krise des Feudalismus) und demokratiscche Kultur (Berufs- und Meinungsfreiheit, Bildung von nicht-familiär gebundenen Interessenverbänden; Toleranz; „abwägende Geistesart") „zu Anfang und über einen längeren Zeitraum hinweg gegenseitig stützten" (Claessens 1992: 189). Die Versatzstücke der Vergangenheit wurden von der „demokratischen Kultur" aufgenommen; sie machte sie „mehr und mehr den kapitalistischen Verwertungsinteressen zugänglich; das heißt aber nichts anderes, als daß die Bremswirkung der sich in der demokratischen Kultur anstauenden Vergangenheit zugleich dynamisierende (Verwertungs-)Elemente enthielt, die dem Kapitalismus förderlich waren" (Claessens 1992: 189).

Für das Verständnis der Differenz zwischen Europa zwischen 1650 und 1950 einerseits und den Ländern und Regionen mit (dauerhaft oder nur vorübergehend) blockierter Entwicklung zwischen 1960 und 1995 andererseits ist die Tatsache von prinzipieller Bedeutung, daß die sich ausbreitende Markt- und Geldwirtschaft neue Chancen zur Erlangung von Macht, Reichtum und Prestige schufen, so daß die Sphäre der staatlichen Macht ihre singuläre Bedeutung für aufstrebende ehrgeizige Talente verlor und daß um sie nicht mehr kriegerisch gekämpft werden mußte. Regeln für unblutigen Machtwechsel konnten akzeptiert werden, weil ein solcher Wechsel von der politischen Macht zur Opposition nicht mehr auch den Verlust der eigenen *wirtschaftlichen* Stellung bedeutete. Genau darin besteht in zahlreichen Diktaturen Afrikas und der arabischen Staaten das Problem des blockierten Machtwechsels: ein abgewählter oder gestürzter Präsident mit seiner Hofkamerilla hat die Wahl zwischen Exil oder Deprivation auf allen Ebenen. Der gefahrlose Rückzug ins private Leben oder in eine andere berufliche Existenz als Geschäftsmann, Rechtsanwalt oder Lehrer ist in den meisten Fällen nicht möglich. So haben politische Machtkämpfe in Afrika existenziellen Charakter: Der Gewinner gewinnt alles, der Verlierer verliert fast alles. Für kritische, aber systemloyale Opposition ist kein Platz. Demokratie und demokratische Kultur in Europa und Teilen Asiens und Lateinamerikas sind dadurch möglich geworden, daß die Umlenkung des Machtkampfes um jeden Preis in geregelte und in ihrem formalen unpersönlichen Charakter anerkannten Bahnen gelang (Claessens 1992: 181; Schubert et al. 1994).

Wo dieser Mechanismus der Zivilisierung von Macht auf gesamtstaatlicher Ebene blockiert ist, spielt die *Politisierung* von Kultur und Religion zum Zwecke der Monopolisierung von Macht anstelle der demokratischen Zivilgesellschaft eine große Rolle. Daher hat in jüngster Zeit die Forschung über „politisierte Ethnizität" (Tetzlaff 1991; Lentz 1995), über Ethnonationalismus und ethnisch-kultureller Minderheiten im Prozeß der Staats- und Nationwerdung eine erhöhte Aufmerksamkeit erfahren (vgl. den Literaturbericht bei Carola Lentz 1995 sowie Waldmann/Evers 1989).

Forscherinnen und Forscher, die mit Inse Cornelssen Kultur als „Steuerungsarbeit im

Prozeß der Evolution eines Systems" oder mit Dieter Weiss „als ein System von Wertefeldern, welche Handlungsspielräume abstecken und Handlungsrichtlinien vorgeben, die als sinnvoll erlebt werden" (nach Weiss 1995: 3), definieren, haben Begrifflichkeiten und Thesen entwickelt, die in Zukunft für die vergleichende Gesellschaftssystem- und Kulturraumforschung ihren Nutzen unter Beweis stellen werden. Bei Weiss steht der Begriff der individuellen und kollektiven *kreativen Intelligenz* in Hinblick auf Problemlösungskapazität im Vordergrund: „Entwicklung heißt, Problemsituationen nüchtern zu analysieren, notwendige Politiken zu konzipieren, Projekte und Programme zu entwerfen und deren Durchführung zu organisieren" (Weiss 1995: 5). Je weiter der ökonomische Entwicklungsprozeß voranschreitet, desto unverzichtbarer wird Freiheit des Denkens als elementare Voraussetzung für Kreativität. Unter schrittweiser Zurückweisung des Tradierten könnten so Innovationsblockaden von innen heraus abgebaut werden. Daß diese These in sich plausibel bzw. gut begründbar ist und mit Hinweis auf die asiatischen Schwellenländer auch empirisch untermauert werden kann, hat auch die noch in Gang befindliche Diskussion über die Rolle der „*asiatischen Werte*" für den nationalen Entwicklungsweg und für den internationalen Konkurrenzkampf zwischen dem „aufholenden" Ost- und Südostasien und „dem Westen" gezeigt. Während die einen den der Tradition (einschließlich Religion) geschuldeten Werten durchaus eine eigenständige Bedeutung als kurzfristig nicht eliminierbare Wirkfaktoren für Entwicklung beimessen (Weiss 1995), so relativieren die anderen eher funktionalistisch-systemtheoretisch argumentierenden Sozialwissenschaftler den Einfluß dieser Faktoren als reine Spiegelungen des Modernisierungsprozesses. „Was immer heute in internationalen Kulturdebatten als europäisch oder westlich deklariert wird, ist in aller Regel nicht ein europäisches Urprodukt, sondern das sehr späte Ergebnis konfliktreicher Entwicklungsprozesse" (Senghaas 1995a: 6f.). Daher seien asiatische Werte auch keineswegs „asiatisch", sondern defensive Reaktionen noch autoritärer Herrschaftsregime auf Modernisierungsprozesse, was Senghaas zu der Schlußfolgerung verleitet: „Es scheint also ‚nur' eine Frage der Zeit zu sein – vielleicht von nochmals vierzig Jahren? –, ehe Demokratie und Menschenrechte, insbesondere der institutionelle gesicherte Schutz individueller Grundrechte, zu einem selbstverständlichen Inhalt ostasiatischer politischer Kultur geworden sein werden ... Auch in verfassungspolitisch-menschenrechtlicher Hinsicht sei daher eine Annäherung Ostasiens an den demokratischen Verfassungsstaat zu erwarten" (Senghaas 1995a: 9ff.). Aus einer „longue duree"-Perspektive betrachtet, hat eine solche Deutung des kulturellen Faktors als abhängige Variable eine große Stringenz für sich, jedoch läuft diese Sicht Gefahr, die möglicherweise sehr *turbulente Phase des Übergangs* zwischen dem Beginn der Auflösung der traditionellen Gesellschaft und dem zu erwartenden modernen verfassungsstaatlich geprägten Endzustand der Entwicklung zu verharmlosen, in der alle jene schrecklichen Dinge im Namen einer ethno-nationalen religiös gefärbten Kultur passieren können, die unserem Begriff von Zivilisation Hohn sprechen: vom Genozid an ethnischen Minderheiten, über die Entrechtlichung und weitere Marginalisierung von Frauen und Mädchen bis hin zu Bürgerkriegen, Staatszerfall und „fundamentalistischen" Abwehrreaktionen gegen Westen und Moderne. Bei allen Schwächen dieser kultursoziologischen Ansätze – so warnt daher Rüland zurecht – „läßt sich für Asien der Einfluß jahrhundertealter Staatslehren, herrschaftstypologischer Überlieferungen und kulturell geprägter Einstellungen zu Macht, Autorität, Hierarchie

und Opposition bis in die Gegenwart hinein nicht verleugnen. Sie als Variable aus Systemwechselanalysen auszuklammern, hieße einem verzerrenden Eurozentrismus das Wort zu reden" (Rüland 1994: 284).
Gleichwohl bleibt festzuhalten: Es gibt zumindest eine Stimme im Konzert der außereuropäischen Kulturen, für die vorübergehend eine Inkompatibilität zwischen universell gültiger Norm der „Entwicklung" (definiert als „process of enlarging the range of people's choices", UNDP: Human Development Report 1992: 2) und eigenem kulturellen Wertesystem nicht bestreitbar ist, den (islamischen, christlichen, hinduistischen etc.) *Fundamentalismus*. Er versteht sich als Antithese zur liberalen Demokratie in pluralistischen Gesellschaften. Die Besinnung auf eigene kulturelle und religiöse Werte ist freilich nicht als Ursache für wirtschaftliche Stagnation anzusehen, sondern im Gegenteil: die trotzige Rückbesinnung auf die eigenen Wurzeln und Werte erscheint als überfällige heilbringende Reaktion auf oftmals gescheiterte importierte Entwicklungsexperimente, als „Flucht vor der Moderne" (Meyer 1989), was den sozio-ökonomischen Abwärtstrend tragischerweise eher noch verstärken dürfte. Hatte sich die Religion in den 60er und 70er Jahren an die „Erfodernisse der Moderne und ihr Staatsverständnis (Demokratie, Menschenrechte und moderne Wirtschaftsordnung) angepaßt", so ist das Kennzeichen der Postmoderne ein Pendelausschlag in die andere Richtung: in den Worten des Islamforschers Peter Antes: „die Rache der Religionen am Fortschrittsglauben der Moderne" (Antes 1992: 171; siehe auch Schulze 1994). In diesem Sinne haben wir bereits den von Samuel Huntington hochstilisierten „clash of civilizations", zwar nicht als dominanten Strukturkonflikt auf Weltebene (Huntington 1993), wohl aber als Identitätskonflikt in an der Moderne irre gewordenen Gesellschaften wie Iran, Sudan, Algerien und Ägypten. Dabei soll nicht übersehen werden, daß es islamische Reformatoren gibt – z.B. *Hamid Sulaiman* als Gründer der „Partei der islamischen Aufklärung" – die „das Festhalten am Schutzschirm der Demokratie mit allen weiträumigen Asspekten, die ihr der Islam bietet, wie Beratung (schura) und Recht auf Opposition, und allen modernen Ergänzungen wie Parteienpluralismus, Wahlen, Parlament und parlamentarischer Streit" (zit nach Meier 1994: 515), als einzigen Weg aus sozio-ökonomischer Unterentwicklung und kultureller Demütigung durch Fremde wahrnehmen.
In einer stärker multikulturell und polyzentrisch werdenden Weltgesellschaft, in denen neue regionale Vormächte (Indien, China, Indonesien, Iran, Syrien, Nigeria etc.) ihre Nachbarn potentiell bedrohen, erhalten ethnozentrische („tribalistische") Weltbilder und nationalistische Denkmuster neue Nahrung – die dann erneut zu Blockaden jeglicher Form von Entwicklung führen können. Insofern werden die Glaubenssysteme und „Wertefelder" verschiedener Gesellschaften und Kulturräume in zunehmendem Maße ein Gegenstand sozialwissenschaftler Reflexion über Bedingungen von Entwicklung bleiben.

6. Feministische Ansätze in der Entwicklungstheorie-Debatte

Jahrzehntelang war die Existenz von Frauen in der Entwicklungsdiskussion ein Nichtthema; ihre Rolle im Entwicklungsprozeß wurde nach Möglichkeit unsichtbar gemacht oder bagatellisiert. Man ging stillschweigend von der Annahme aus, daß sich im Zuge

erfolgreicher Modernisierung der Dritte-Welt-Gesellschaften auch die Lage der Frauen verbessern würde. Ökonomische Entwicklung und Kulturwandel, so wurde erwartet, würden die patriarchalischen Strukturen, Werte und Verhaltensweisen der traditionalen Gesellschaften aufbrechen. Erst als zu Beginn der 70er Jahre – 1975 fand in Mexiko die erste UN-Frauenkonferenz statt – das Scheitern wachstumsorientierter Modernisierungstheorien erkannt wurde, wurden langsam auch Frauen als potentielle Trägerinnen von Wachstum und Modernisierung wahrgenommen (Wichterich 1995). Mit der programmatischen Hinwendung zur Grundbedürfnisbefriedigung erfolgte die „Entdeckung" von Frauen, später noch akzentuiert durch die Aufwertung des „*informellen Sektors*" als Grundlage der Reproduktion eines wachsenden Anteils der Erwerbsbevölkerung in Entwicklungsgesellschaften, als Überlebenssektor par excellence (Potts 1989; Hahnsohm/Kappel 1993: 197-215). Seitdem gibt es auch in der Entwicklungstheorie einen Wettstreit um das erfolgversprechendste bzw. emanzipativste Konzept zur Förderung von Frauen, wobei die kreativen Impulse von feministischer Seite kamen. *Caroline Moser* unterschied fünf historische ‚approaches' zum Thema „Women in Development": den Welfare Approach, Equity (Gleichheit/Gerechtigkeit); Armutsüberwindung; „Women in Development" (WID) und „Empowerment" (Moser 1989). Dabei hat der Empowerment-Ansatz von den Schriften und „grassroots"-Erfahrungen der Dritte-Welt-Frauen (Sen/Grown 1987) starke Impulse erhalten. Feministinnen aus Asien, Lateinamerika und Afrika haben eine Vision der sozio-ökonomischen Entwicklung zur Befriedigung von Grundbedürfnissen durch mehr Kontrolle über und Zugang zu politischer Macht. „Entwicklungstheorie sollte diesesn Ansatz sehr ernst nehmen. Dritte Welt-Frauen sprechen über Selbstermächtigung durch Organisationen. Dritte-Welt-Feministinnen identifizieren dieselben Bedürfnisse, aber sie haben unterschiedliche Mittel, diese zu befriedigen" (Townsend 1993: 173).
Angesichts der kolossalen Arbeitsleistung von Frauen – vor allem in der Landwirtschaft sowie in den Slums der Millionenstädte – mutet es heute makaber an, daß ihr Beitrag zur Entwicklung so lange von (männlichen) Wissenschaftlern übersehen wurde, von Ausnahmen wie Claude Meillassoux („die wilden Früchte der Frau" 1976) abgesehen. Es ist das Verdienst von engagierten Sozialwissenschaftlerinnen wie (was den deutschsprachigen Raum angeht) Maria Mies, Claudia von Werlhof, Veronika Bennholdt-Thomsen, Ludgera Klemp, Renate Nestvogel, Eva-Maria Bruchhaus, Carola Donner-Reichle, Christa Wicherich, Gudrun Lachenmann, Claudia von Braunmühl, Uta Ruppert und Cilja Harders, die Rollen von Frauen in Politik und Gesellschaft und deren Bedeutung für den Reproduktionsprozeß in der üblicherweise patriarchalisch geprägten Gesellschaft herrschaftskritisch analysiert zu haben. Innerhalb der von Frauen gestalteten *Subsistenzwirtschaft* werden fortlaufend Dienstleistungen und Werte für das Überleben der Familien erbracht; ähnliches gilt zunehmend auch im informellen Sektor, in dem die Frauen oftmals mehr Entfaltungschancen als im formellen Wirtschaftssektor haben, da hier Können und Anpassungsvermögen mehr zählen als formelle Ausbildung und Erfahrung in der modernen Geschäftswelt. Durch diese zunächst unentgeldliche Bereitstellung von Arbeitskraft trägt daher der *Subsistensektor als verborgene Basis der Lohnarbeit* zur Wertschöpfung im formellen Sektor bei, so daß Markt- und Subsistenzproduktion funktional aufeinander bezogen sind (nach Klemp 1993: 294).
Die Bedeutung von arbeitenden und erziehenden Frauen für das Überleben und die

Entwicklung einer Gemeinschaft steht in auffallendem Widerspruch zu den vielfältigen Möglichkeiten ihrer Diskriminierung. Seit dem Paukenschlag der Französischen Revolution ist in Punkto Menschenrechte/Frauenrechte auf Weltgesellschaftsebene noch nicht viel erreicht worden. Vor allem die von der Weltbank in Asien und Lateinamerika so massiv geförderte „Grüne Revolution" war nolens volens ein Instrument zur *Deplazierung von armen Frauen* (und anderen schwachen Agrarproduzenten/innen wie Kleinpächtern) (Donner-Reichle 1988; Ruppert 1995). Der Widerspruch zwischen verbrieftem Recht und tatsächlichem Unrecht ist überall ein Ausgangspunkt für „Frauenpolitik von unten". Frauengruppen in Ländern der Dritten Welt gehören heute zu den aktivsten BefürworterInnen eines kollektiven „Menschenrechts auf Entwicklung" (Wichterich 1995: 74f.). In Chile und Mexiko z.B. ist ihr Beitrag für Demokratisierung via soziale Bewegungen und Nicht-Regierungsorganisationen von großer Bedeutung gewesen. Gleichzeitig sind angesichts der enormen Entsolidarisierungseffekte der neoliberalen Wirtschaftspolitik in diesen Staaten Kämpfe um Finanzierung und gesellschaftliche Anerkennung in Gang gesetzt worden, „die nicht nur die Organisationen in den unteren Einkommensschichten, sondern schließlich die verändernde gesellschaftliche Kraft der gesamten Frauenbewegung lähmen und blockieren können" (Hellmann 1995: 335).

Nach zwanzig Jahren Diskussion über Frauen im Entwicklungsprozeß und feministische Analyseansätze hat sich die Frauenbewegung zu „einer Pluralität von Feminismen" ausdifferenziert: „unterschiedliche Richtungen eines ‚politischen Feminismus' mit liberalen, sozialistischen/marxistischen oder radikalen/anarchistischen Positionen und ein Kulturfeminismus, der sich zwar zum Teil als Radikalfeminismus bezeichnet, aber eher durch Rückzugstendenzen in die Privatheit gekennzeichnet ist" (Zdunnek 1995: 24, in Anlehnung an Marlies Krüger). Hinzu kommen kritische feministische Ansätze aus außereuropäischen Kulturräumen, die eine kulturübergreifende Einigung auf gemeinsame Definitionen von Entwicklung, Emanzipation, kulturelle Identität und Handlungsprioritäten sehr erschwert (zu afrikanischen Feministinnen siehe Künkel 1995). Universell gültige Theoriekonzepte von Entwicklung werden hier wenig Aussicht auf Akzeptanz haben, die Betonung kultureller Eigenständigkeit (als Mythos oder Realität) wird jeder allgemeinen Theorie vorgezogen, die bei vielen unter dem Verdacht eurozentrischer Blickwinkel steht (Nestvogel 1994). Wo allerdings Geschlechterforscherinnen der Utopie eines Ausstiegs aus der Moderne oder der einer „ganz anderen Gesellschaft" huldigen, droht die Gefahr, daß feministische Entwicklungsforschung den Boden unter den Füßen verliert (Hasenjürgen/Preuss 1993). Für die Lebens- und Arbeitsbedingungen von ca. einer Milliarde Mädchen und Frauen ist nicht primär die klassische Frage „Integration oder Feminisierung" zukunftsweisend, sondern die Praxis der raschen Verbesserung der realen Reproduktionsbedingungen der Gesamtgesellschaft.

7. Demokratie und Menschenrechte als Voraussetzung oder Folge von universell gültiger Entwicklung? Ansätze zu einer neuen „general theory"

Am Ende dieser entwicklungsgeschichtlichen Betrachtung, die keinen Anspruch auf Vollständigkeit erhebt, soll eine aktuelle Theorieentwicklung skizziert werden, die gute Chancen hat, zu einem Dauerbrenner der Entwicklungstheorie der nächsten Jahre zu werden: *Demokratietheorien*, d.h. Konzepte über demokratische Transition, über soziale Bewegungen, Nicht-Regierungsorganisationen und „civil society" und die Universalität der Menschenrechte.

Angestoßen durch die angelsächsische Forschung (O'Donald, Schmitter, Dahl, Diamond, Lipset, Apter, Huntington etc.; vgl. Literaturübersichten in Merkel 1994; Oberreuter/Weiland 1994) und inspiriert durch die exzeptionell reibungslos verlaufende Transition Spaniens hat auch in Deutschland das sozialwissenschaftliche Interesse an den Bedingungen erfolgreicher Systemtransition bzw. Demokratisierung von Entwicklungs- und Schwellenländern stark zugenommen. Seit 1985 hat sich eine vielstimmige Diskussion über die Frage des kausalen Zusammenhangs zwischen politischen Herrschaftsformen (Demokratie) und Entwicklungsstrategien (kapitalistische Marktwirtschaft) entwickelt, die hier nicht noch einmal resümiert zu werden braucht (vgl. vor allem Töpper 1990 und Nolte 1991 sowie Berg-Schlosser 1985; Schubert/Tetzlaff/Vennewald 1994; Nohlen/Thibaut 1994; Rüland 1994; Schmidt 1994). Die aktuellen Entwicklungen in Osteuropa seit 1988, wo „Glasnost" zur Voraussetzung von „Perestroika" gemacht wurde und seitdem eine doppelte Transition zu liberaler Demokratie und Marktwirtschaft in Gang gekommen ist, hat die seit den 50er Jahren thematisierte *Lipset-Frage* erneut aufgeworfen: ob politische Öffnung (die Phase der Liberalisierung in der Sprache der Transitionsmodelle) und Demokratisierung als Bedingung für die Realisierung marktwirtschaftlicher Reformen anzusehen oder eher als deren Folgen zu begreifen seien (wichtig dazu Marks/Diamond 1992). Zu dieser Frage hat Klaus Meschkat 1995 angemerkt, daß es „gerade vom Marxismus geprägten Sozialwissenschaftlern" immer noch schwerfalle, „einen notwendigen Zusammenhang zwischen der ökonomischen Entwicklung und dem Wandel der Herrschaftsformen zu" behaupten (Meschkat 1995: 13). Die empirische Evidenz jedoch spricht stark für eine Wahrscheinlichkeitskorrelation: je stärker sich eine Gesellschaft industrialisiert und urbanisiert, desto größer ist die Wahrscheinlichkeit (nicht „Notwendigkeit"!), daß es über die Austragung sozialer Interessenkonflikte zu Demokratisierungsschüben kommt. Dabei werden Zeitpunkt und Ausmaß der Transition von der organisierten Konfliktfähigkeit oppositioneller Gruppen und der Kompromißbereitschaft der strategischen Gruppen an der Macht bestimmt (Schubert/Tetzlaff/Vennewald 1994).

Die Demokratisierungsdiskussion befindet sich noch in vollem Gange, so daß es kaum möglich ist, zur Zeit ein Resümee über politische Demokratie als sozio-ökonomischer Entwicklungsfaktor zu ziehen. Daher sollen folgende Beobachtungen und Hypothesen den Abschluß bilden:

– Auf einer normativen Ebene ist eine bemerkenswerte Konvergenz der Ansichten über die Wünschbarkeit der liberalen (und sozialen) Demokratie als regulativer Idee für Entwicklung zu konstatieren, „einschließlich von Linken und Reformern" (Töpper 1990: 154). „Entwicklung" wird fast universell (die gewichtige Ausnahme: „fundamentalistische" Bewegungen) als Prozeß der gewollten, politisch beeinflußbaren gesamtgesellschaftlichen Veränderung konzipiert, der zwei Endzielen näher kommen soll: der Verwirklichung des *demokratischen Rechtsstaats* (Demokratie und Menschenrechte; gewaltenteiliger Verfassungsstaat und „civil society") und die Institutionalisierung einer *effizienten marktwirtschaftlichen Ordnung* unter dem staatlichen Schutz eines marktfreundlichen politischen Regimes. Alle theoretischen Alter-

nativmodelle für nachholende Entwicklung bzw. Industrialisierung (Sozialismus, Etatismus, Entwicklungsdiktatur) scheinen fürs erste historisch verbraucht und wissenschaftlich ohne Überzeugungskraft zu sein.
- Die Aussichten über die Bestandsfähigkeit (Konsolidierung) demokratischer Ordnungen als Motoren für Fortschritt und *wirtschaftliche Entwicklung* werden unterschiedlich eingeschätzt: Während die Mehrzahl der Autoren die (pessimistische) These vertritt, daß auf Dauer ohne leistungsstarke wirtschaftliche Entwicklung der Produktivkräfte einer Gesellschaft bis zur „systemischen Wettbewerbsfähigkeit" (Messner 1995) die Demokratisierung nur eine Phase auf dem Weg in die nächste Diktatur sein wird, so lassen real ablaufende Demokratisierungsprozesse unter Bedingungen von massenhafter Armut in Indien, in Teilen Lateinamerikas und Afrikas vor der Annahme einer simplen positiven Korrelation von wirtschaftlicher Entwicklung und demokratischer Partizipation warnen (Berg-Schlosser 1985). Es gibt eben diverse Pfade und Verlaufsmuster der Demokratisierung. Demokratisierung kann am Ende eines wirtschaftlich erfolgreichen Entwicklungsweges stehen (z.B. in den Schwellenländern Taiwan und Südkorea), Demokratisierung kann aber auch den Anfang eines solchen Weges (als Möglichkeit zum Fortschritt) markieren (Nohlen/Thibaut 1994: 206f.), wenn zuvor eine entwicklungsblockierende Diktatur die Gesellschaft gelähmt hatte (Südafrika, Benin, Nikaragua, Guatemala).
- Zu den entwicklungstheoretisch wichtigsten Lehren der vergangenen Jahrzehnte gehört die These, daß ökonomisch erfolgreiche „Entwicklungsdiktaturen" mit steigendem Wohlstand solchen *Partizipationsforderungen* von unten (von urbanen Mittelschichten mit hohem Bildungsniveau) ausgesetzt werden, daß fortschreitende Demokratisierung zur systemischen Notwendigkeit wird, soll ein Land international wettbewerbsfähig sein bzw. bleiben.
Damit sind im Ansatz die Konturen einer neuen „general theory" zu erkennen: Demokratisierung als Begleiterscheinung und Folge der *Durchkapitalisierung der Weltgesellschaft*, vermittelt über die quasi unwiderstehliche Vereinheitlichung der Lebenswelten als Folge von Urbanisierung und Industrialisierung und damit einhergehenden Verhaltensnormen. Eine differenzierter argumentierende Modernisierungstheorie mit kritisch bedauerndem Unterton über den unaufhaltsamen Nivellierungsprozeß zu Lasten kultureller Identitäten entfaltet erneut ihre Attraktivität (vgl. die Diskussion in der Zeitschrift „Entwicklung und Zusammenarbeit", Jge. 1995 und 1996). Bedürfnis und Forderung nach erweiterter politischer *Partizipation* sind zu objektiven Entwicklungstendenzen in sich modernisierenden Gesellschaften geworden.
- „Demokratie" (wie auch Wirtschaftswachstum oder „Nachhaltigkeit") ist im gegenwärtigen Diskurs ein Kampfbegriff entweder zur Eroberung oder zur Verteidigung von Macht (siehe auch Hippler 1994: 28). Relevant für Theorie und Praxis zukünftiger Entwicklungspolitiken sind die Einstellungen und Strategien der oppositionellen konfliktfähigen Gruppen. Sie fungieren in den meisten Entwicklungsgesellschaften als die stärksten Anwälte für Übernahme und Weiterentwicklung *universalisierbarer Werte von Demokratie und Menschenrechten* (Shute/Hurley 1996), und zwar nicht aus Liebe zum Imperium, sondern aus vernünftiger Einsicht in die Sachzwänge der internationalen Marktwirtschaft, an der alle mit Aussicht auf Gewinn teilhaben möchten. Stellvertretend für dieses Segment in der Weltgesellschaft kann der ko-

reanische Oppositionspolitiker *Kim Dae Jung* angeführt werden – ein vehementer Gegner des Mythos von den „asiatischen Werten": „Asien hat zur Demokratie keine praktikable Alternative; sie stellt eine Angelegenheit des Überlebens in einem Zeitalter des sich intensivierenden weltweiten wirtschaftlichen Wettbewerbs dar. Die Veränderungen der Weltwirtschaft haben bereits einen stärkeren und erleichterten Informationsfluß mit sich gebracht, der den Demokratisierungsprozeß in Asien beschleunigt hat" (Jung 1994: 192).

- Während der fundamentale Irrtum der Linken darin bestanden hatte, eine dem Paradigma der marktwirtschaftlichen (neo-liberalen) Entwicklung überlegene Alternative realisieren zu können, bestand der nicht weniger folgenreiche Irrtum der Apologeten der Wachstums- und Modernisierungstheorien darin, die gleiche Relevanz dieser partiell sehr erfolgreichen Entwicklungstheorie für alle Teile der Weltgesellschafft zu unterstellen, unabhängig von deren Stellung im System der internationalen Arbeitsteilung. Sie „übersahen" die Dimension der Opfer und Ausgeschlossenen.
- Die im Rahmen der Kapitalisierung der Produktions- und Lebensverhältnisse *praktizierte Entwicklungsstrategie* (verschuldete Industrialisierung plus Strukturanpassung) wird vom internationalen Finanzierungs- und Verschuldungsregime der Bretton-Woods-Zwillinge orchestriert und läßt Alternativen nicht zu, wohl aber notwendige Modifikationen (Tetzlaff 1996). Deren theoretisch wie praktisch nicht gelöstes Problem besteht in der *Inklusionsfrage*: Integration und Sozialisation von immer neuen aufsteigenden Gruppen waren erfolgreiche Prinzipien der Moderne. In dem Maße, in dem die praktizierte Entwicklungstheorie sozial Marginalisierte und neue Arme in den Millionenstädten der Dritten Welt hervorbringt, die von den Früchten der Moderne ausgeschlossen bleiben (Stichwort „jobless growth" als universelles Problem), verliert sie ihre Überzeugungskraft und wird antidemokratische Reaktionen hervorrufen.
- Nur für die Schwellenländern Asiens kann bisher mit einer gewissen Berechtigung von einer *Irreversibilität* demokratischer Erfolge gesprochen werden; für die Staaten der Dritten und Zweiten Welt, die in den internationalen Fallstricken der Verschuldung verheddert sind, liegt die Hypothese nahe, daß in Krisenphasen neue autoritäre Herrschaftsmodelle (wie z.B. das Modell der „Anpassungsdiktatur"; Tetzlaff 1991) das Krisenmanagement übernehmen werden. In Afrika ist die „Demokratisierung der Machtlosigkeit" (Aké 1994) bereits eine bittere Erfahrung: „große Erwartungen – minimale Möglichkeiten". Dort, wo politische Demokratisierung nicht zur Verbesserung der Lebensbedingungen der Menschen führt (oder führen kann), büßt sie ihr Emanzipations- und Befriedungspotential ein.

„Wir können das Paradox der Demokratisierung von Machtlosigkeit nur verstehen" – schreibt der nigerianische Politologe *Claude Aké* –, „wenn wir über den afrikanischen Horizont hinausblicken und daran denken, was weltweit mit Demokratie und besonders ihrer *Trivalisierung* geschieht. In den Nachwirren des Kalten Krieges gibt es keine Alternative zur Demokratie, und es ist wahrscheinlich, daß gegen die Welle der Demokratie in keinem Teil der Welt Widerstand geleistet werden kann. Es ist gut nachvollziehbar, wenn viele glauben, wir erlebten endlich den weltweiten Triumph der Demokratie" (Aké 1994: 73; Hervorhebung von R.T.).

– Damit ist auch für die Entwicklungstheorie die Aufgabe der nächsten Jahre andeutungsweise vorgezeichnet (vgl. auch Brock 1995). Es gilt die Gleichzeitigkeit von Differenzierung und Integration, von Inklusion und Marginalisierung, von Verflechtung und Fragmentierung, von Demokratisierung und Regression (Staatszerfall) im Kontext der sich verdichtenden Weltgesellschaft zu erfassen und normative Orientierungen für einen konstruktiven Umgang mit den angesprochenen Problemen zu erarbeiten. Bei Festhalten an universell gültig zu machenden Normen von Demokratie und Menschenrechten als regulative Ideen (Kerber 1991; Delbrück 1994) ist nach Wegen zu suchen, die Überwindung von Armut (soziale Dimension) mit der ökologisch gebotenen Notwendigkeit der Anwendung „nachhaltiger" Wirtschaftssysteme in Einklang zu bringen. Daß dieses Fernziel je erreicht sein wird, ist äußerst unwahrscheinlich (Fritz/Huber/Levi 1995), aber das Interesse am gemeinsamen Überleben der Menschheit nötigt zu einer solchen gemeinsamen kreativen Anstrengung.

Literaturverzeichnis

Ake, Claude, 1993: Development and Underdevelopment, in: The Oxford Companion to Politics of the World, ed. by *Joel Krieger.* New York/Oxford: Oxford University Press, 239-243.
Ake, Claude, 1994: Die Demokratisierung der Machtlosigkeit in Afrika, in: *Jochen Hippler* (Hrsg.), Demokratisierung der Machtlosigkeit. Politische Herrschaft in der Dritten Welt. Hamburg, 59-82.
Altvater, Elmar, 1987: Sachzwang Weltmarkt. Verschuldungskrise, blockierte Industrialisierung, ökologische Gefährdung – der Fall Brasilien. Hamburg: VSA-Verlag.
Altvater, Elmar, 1992: Der Preis des Wohlstands oder Umweltplunderung und neue Welt(un)ordnung. Munster: Westfälisches Dampfboot.
Altvater, Elmar, 1993: Zur Ökonomie und Ökologie der Nord-Süd-Beziehungen, in: *Nohlen, Dieter/Nuscheler, Franz* (Hrsg.), Handbuch der Dritten Welt, Bd. 1: Grundprobleme, Theorien, Strategien. Bonn: Dietz, 398-419.
Amery, Carl, 1994: Die Botschaft des Jahrtausends. Von Leben, Tod und Würde. München/Leipzig: List.
Amin, Samir, 1975: Die ungleiche Entwicklung. Hamburg: Hoffmann und Campe.
Amin, Samir, 1992: Das Reich des Chaos. Der neue Vormarsch der Ersten Welt. Hamburg: VSA-Verlag.
Anderson, Benedict, 1990: Language and Power. Exploring Political Cultures in Indonesia. Ithaca/London: Cornell University Press.
Anderson, Benedict, 1993: Die Erfindung der Nation. Zur Karriere eines erfolgreichen Konzepts. 2. Aufl., Frankfurt a.M./New York: Campus.
Antes, Peter, 1992: Die Weltregionen und der moderne Staat, in: Europa-Archiv Nr. 7, 171-178.
Asche, Helmut, 1984: Industrialisierte Dritte Welt? Ein Vergleich von Gesellschaftsstrukturen in Taiwan, Hongkong und Südkorea. Hamburg: VSA Verlag.
Bayart, Jean-François, 1993: The State in Africa. The Politics of the Belly. London/New York: Longman.
Bayart, Jean-François, 1995: Vom Staat als Dieb zum Staat als Mafia?, in: der uberblick. Zeitschrift für ökumenische Begegnung und internationale Zusammenarbeit (31) 3, 65-68.
Behrendt, Richard F., 1965: Soziale Strategie für Entwicklungsländer. Entwurf einer Entwicklungssoziologie. Frankfurt a.M.: Fischer.
Berg-Schlosser, Dirk, 1985: Zu den Bedingungen von Demokratie in der Dritten Welt, in: *Nuscheler, Franz* (Hrsg.), Dritte Welt-Forschung. Entwicklungstheorie und Entwicklungspolitik. PVS-Sonderheft 16, 233-266.
Betz, Joachim (Hrsg.), 1995: Politische Restriktionen der Strukturanpassung in Entwicklungsländern. Schriften des Deutschen Übersee-Instituts, Hamburg.

Beyme, Klaus von, 1992: Die politischen Ideen der Gegenwart. Eine Einfuhrung. 7. Aufl., Opladen: Westdeutscher Verlag.
Biester, Elke/Holland-Cunz, Barbara/Sauer, Birgit (Hrsg.), 1994: Demokratie oder Androkratie? Theorie und Praxis demokratischer Herrschaft in der feministischen Diskussion. Frankfurt a.M./New York: Campus.
Boeckh, Andreas, 1993: Entwicklungstheorien: Eine Ruckschau, in: Nohlen, D./Nuscheler, F. (Hrsg.), Handbuch der Dritten Welt, Bd. 1: Grundprobleme, Theorien, Strategien. Bonn, 110-130.
Booth, David, 1988: Marxismus und Entwicklungssoziologie: Der Weg in die Sackgasse, in: PROKLA (18) 2, 13-48.
Bourdieu, Paul, 1979: Entwurf einer Theorie der Praxis. Frankfurt a.M.
Braudel, Fernand, 1986: Die Dynamik des Kapitalismus. Stuttgart: Klett-Cotta.
Braun, Gerald, 1992: Entwicklung jenseits des Wachstums, in: Deutsches Ubersee-Institut Hamburg (Hrsg.), Jahrbuch Dritte Welt 1992. München: Beck, 71-85.
Braun, Gerald, 1994: Nord-Sud-Konflikt und Dritte Welt. 5. neubearbeitete Aufl., Paderborn: Ferdinand Schöningh.
Braun, Gerald/Rösel, Jakob, 1993: Kultur und Entwicklung, in: Nohlen, D./Nuscheler, F. (Hrsg.), Handbuch der Dritten Welt, Bd. 1: Grundprobleme, Theorien, Strategien. Bonn: Dietz, 250-268.
Brock, Lothar, 1993: Im Umbruch der Weltpolitik, in: Leviathan (21) 2, 163-173.
Brock, Lothar, 1995: Nord-Süd-Politik, in: Knapp/Krell (Hrsg.), Einfuhrung in die internationale Politik. 3. Aufl., München/Wien (44 Seiten) i.E.
Bultmann, Ingo/Hellmann, Michaela/Meschkat, Klaus/Rojas, Jorge (Hrsg.), 1995: Demokratie ohne soziale Bewegung? Gewerkschaften, Stadtteil- und Frauenbewegungen in Chile und Mexiko. Unkel (Rhein)/Bad Honnef: Horlemann.
Callaghy, Thomas M./Ravenhill, John (Hrsg.), 1994: Hemmed In. Responses to Africa's Economic Decline. New York: Columbia University Press.
Callies, Jörg/Moltmann, Bernhard (Hrsg.), 1992: Jenseits der Bipolaritat: Aufbruch in eine „Neue Weltordnung". Evangelische Akademie Loccum. Loccumer Protokolle 9.
Cesana, Andreas, 1988: Geschichte als Entwicklung? Zur Kritik des gesellschaftsphilosophischen Entwicklungsdenkens. Berlin/New York: Walter de Gruyter.
Claessens, Dieter, 1992: Kapitalismus und demokratische Kultur. Frankfurt a.M.: Suhrkamp.
Cornelssen, Inse, 1991: Der Fall Japan. Kultur als Triebkraft wirtschaftlicher Entwicklung. Frankfurt a.M.
Delbrück, Jost, 1993: Die Universalisierung des Menschenrechtsschutzes: Aspekte der Begründung und Durchsetzbarkeit, in: Zunker, Albrecht (Hrsg.), Weltordnung oder Chaos? Stiftung Wissenschaft und Politik, Bd. 35. Baden-Baden, 551-576.
Demele, Isolde/Schoeller, Wolfgang/Steiner, Roald, 1989: Modernisierung oder Marginalisierung. Investierbarer Überschuß und kulturelle Transformation als Grundlagen der Entwicklung. Frankfurt a.M.: Brandes & Apsel.
Dirmoser, Dietmar/Gronemeyer, Marianne/Gronemeyer, Reimar/Rakelmann, Georgia (Hrsg.), 1991: Mythos Entwicklungshilfe. Entwicklungsruinen: Analysen und Dossiers zu einem Irrweg. Giessen: Focus.
Eckstein, Harry, 1982: The Idea of Political Development: From Dignity to Efficiency, in: World Politics 34, 451-486.
Eisenstadt, S.N. (Hrsg.), Patterns of Modernity. Volume II: Beyond the West. London: Frances Pinter Oublishers.
Elsenhans, Hartmut, 1992: Equality and Development. Dhaka University/Indien: Centre for Social Studies.
Elsenhans, Hartmut, 1993: Der Markt als Antriebskraft für Entwicklung, in: Datta, Asit (Hrsg.), Die neuen Mauern. Krisen der Nord-Süd-Beziehung. Wuppertal: Peter Hammer Verlag gemeinsam mit der Deutschen Welthungerhilfe.
Eßer, Klaus/Hillebrand, Wolfgang/Messner, Dirk/Meyer-Stamer, Jorg, 1994: Neue Determinanten internationaler Wettbewerbsfahigkeit der Unternehmen und Anforderungen an die Politik. Berlin: Deutsches Institut für Entwicklungspolitik (DIE).
Eßer, Klaus/Hillebrand, Wolfgang/Messner, Dirk/Meyer-Stamer, Jorg, 1995: Systemische Wettbewerbsfahigkeit und Entwicklung, in: E & Z (Entwicklung und Zusammenarbeit) (36) 10, Frankfurt a.M., 256-260.

Evers, Hans-Dietrich/Schiel, Tilmann, 1988: Strategische Gruppen. Vergleichende Studien zu Staat, Bürokratie und Klassenbildung in der Dritten Welt. Berlin: Dietrich Reimer Verlag.
Fanon, Franz, 1966: Die Verdammten dieser Erde. Frankfurt a.M.: Suhrkamp.
Fritz, Peter/Huber, Joseph/Levi, Hans Wolfgang (Hrsg.), 1995: Nachhaltigkeit in naturwissenschaftlicher und sozialwissenschaftlicher Perspektive. Eine Publikation der Karl Heinz Beckurts-Stiftung. Stuttgart: S. Hirzel (Edition Universitas).
Geudzwaard, Bob/de Lange, Harry M., 1990: Weder Armut noch Überfluß. Pladoyer für eine neue Ökonomie. München: Chr. Kaiser.
Gruppe Feministischer Internationalismus: Beheim-Schwarzbach, Beate/Linck, Annekathrin/Prüßner, Christa/Schneider, Ingrid/Sirow, Elke (Hrsg.), 1989: Zwischen Staatshaushalt und Haushaltskasse. Frauen in der Weltwirtschaft. Bremen: edition CON.
Gundlach, Erich, 1995: Humankapital als Motor der Entwicklung. Ein neuer Ansatz der neoklassischen Wachstumstheorie, in: E & Z (Entwicklung und Zusammenarbeit) (36) 10, Frankfurt a.M., 261-266.
Hall, John A. (Hrsg.), Civil Society. Theory, History, Comparison. Cambridge: Polity Press.
Hanisch, Rolf, 1995: Schwerpunkte, Defizite und Aufgaben der politikwissenschaftlichen Afrika-Forschung in Deutschland. Einige personliche Anmerkungen, in: *Tetzlaff, Rainer/Engel, Ulf/Mehler, Andreas* (Hrsg.), Afrika zwischen Dekolonisation, Staatsversagen und Demokratisierung. Hamburg, 7-32.
Hansohm, Dirk/Kappel, Robert, 1993: Schwarz-weiße Mythen. Afrika und der entwicklungspolitische Diskurs. Bremer Afrika-Studien, Bd. 5. Münster/Hamburg: Lit.
Hansohm, Dirk/Kappel, Robert, 1993a: Afrikas Krise und die Hilflosigkeit des entwicklungstheoretischen Dichotomienalphabets; hrsg. von der Afrika-Studiengruppe an der Universität Bremen.
Harders, Cilja, 1994: Frauen in der Politik Ägyptens. Munster/Hamburg: Lit.
Hasenjurgen, Brigitte/Preuss, Sabine (Hrsg.), 1993: Frauenarbeit Frauenpolitik in Afrika, Asien, Lateinamerika und Osteuropa. Munster: Westfalisches Dampfboot.
Hauck, Gerhard, 1990: Modernisierung, Dependencia, Marxismus – was bleibt?, in: Peripherie. Zeitschrift für Politik und Okonomie in der Dritten Welt (10) 39/40, 68-81.
Hayek, F.A., 1979: Die drei Quellen menschlicher Werte. Tubingen.
Heidt, Elisabeth, 1995: Staatstheorien: Politische Herrschaft und burgerliche Gesellschaft, in: *Neumann, Franz* (Hrsg.), Handbuch Politische Theorien und Ideologien, Bd. 1. Opladen: Leske + Budrich, 291-342.
Hein, Wolfgang, 1990: Der Umbruch der achtziger Jahre – entwicklungstheoretische Herausforderung, in: Peripherie. Zeitschrift für Politik und Ökonomie in der Dritten Welt (10) 39/40, 176-195.
Hein, Wolfgang, 1994: Autozentrierte agroindustrielle Entwicklung. Eine Strategie zur Überwindung der gegenwärtigen Entwicklungskrise? Ansätze sozioökonomischer Transformation in Costa Rica im Vergleich zu südostasiatischen und afrikanischen Gesellschaften. Hamburg (Schriften des Deutschen Übersee-Instituts 22).
Hein, Wolfgang, 1994a: Umbruch in der Weltgesellschaft. Auf dem Wege zu einer „Neuen Weltordnung"? Hamburg: Deutsches Übersee-Institut.
Hellmann, Michaela, 1995: „Ohne uns gibt es keine Demokratie". Möglichkeiten und Grenzen der Frauenbewegungen in Chile und Mexiko, in: *Bultmann, Ingo u.a.* (Hrsg.), Demokratie ohne soziale Bewegung? Gewerkschaften, Stadtteil- und Frauenbewegungen in Chile und Mexiko. Unkel (Rhein)/Bad Honnef: Horlemann, 259-336.
Hemmer, H.-R., 1990: 40 Jahre Entwicklungstheorie und -politik. Ein Rückblick aus wirtschaftswissenschaftlicher Sicht, in: Zeitschrift für Wirtschafts- und Sozialwissenschaften, Bd. 10, 505-570.
Hillebrand, Ernst, 1994: Zivilgesellschaft und Demokratie in Afrika, in: Politik und Gesellschaft, hrsg. von der Friedrich-Ebert-Stiftung (1), 57-71.
Hippler, Jochen (Hrsg.), 1994: Demokratisierung der Machtlosigkeit. Politische Herrschaft in der Dritten Welt. Hamburg: Konkret Literatur Verlag.
Huntington, Samuel, 1993: The Clash of Civilization?, in: Foreign Affairs (72) 3, 22-49.
Hyden, Goran, 1983: No Shortcuts to Progress. African Development Management in Perspective. London u.a.: Heinemann.
Ibrahim, Ferhad/Wedel, Heidi (Hrsg.), 1995: Probleme der Zivilgesellschaft im Vorderen Orient. Opladen: Leske + Budrich.

Illy, Hans F., 1994: Der „Governance"-Diskurs der Weltbank, in: Entwicklung und Zusammenarbeit (E + Z), 35. Jg., 5/6, 128-130.
Informationszentrum Dritte Welt Freiburg (IZ3W), 1994: Dokumentation: Zur Debatte um Weltmarkt-Integration. Die Dritte Welt zwischen Ausgrenzung und Modernisierung? Freiburg.
Jakobeit, Cord, 1994: Korruption in Afrika. Erscheinungsformen, Ursachen, Konsequenzen und Gegenstrategien, in: Afrika Jahrbuch 1993, hrsg. vom Institut für Afrika-Kunde, *Rolf Hofmeier*. Opladen: Leske + Budrich, 46-56.
Jung, Kim Dae, 1994: Is Culture Destiny? The Myth of Asia's Anti-Democratic Values, in: Foreign Affairs (73) 6, 189-195.
Jungfer, Joachim, 1991: Grundbedürfnisstrategie oder Ordnungspolitik als Wege zur Überwindung wirtschaftlicher Unterentwicklung. Bern/Stuttgart: Haupt.
Kabou, Axelle, 1991: Weder arm noch ohnmächtig. Eine Streitschrift gegen schwarze Eliten und weiße Helfer. Paris (dt. Übersetung: Basel 1993).
Kerber, Walter (Hrsg.), 1991: Menschenrechte und kulturelle Identität. München: Peter Kindt Verlag.
Klemp, Ludgera, 1993: Frauen im Entwicklungs- und Verelendungsprozeß, in: *Nohlen, D./Nuscheler, F.* (Hrsg.), Handbuch der Dritten Welt, Bd. 1: Grundprobleme, Theorien, Strategien. Bonn: Dietz, 287-303.
Koch, Walter A. S., 1994: Ökonomische Aspekte der Demokratisierung in Afrika. IFO-Institut für Wirtschaftsforschung München. Afrika-Studien, Bd. 123. München u.a.: Weltforum Verlag.
Koßler, Reinhart, 1994: Postkoloniale Staaten. Elemente eines Bezugsrahmens. Hamburg (Schriften des Deutschen Übersee-Instituts 25).
Korner, Peter/Maaß, Gero/Siebold, Thomas/Tetzlaff, Rainer, 1985: Im Teufelskreis der Verschuldung. Der IWF und die Dritte Welt. Hamburg: Junius.
Kühnhardt, Ludger, 1992: Stufen der Souveranität. Staatsverständnis und Selbstbestimmung in der „Dritten Welt". Bonn/Berlin: Bouvier.
Kunkel, Petra, 1995: Geschlechterbeziehungen und Krise – afrikanische Frauenforschung auf der Suche nach realitätsangemessenen Analysen, in: Peripherie (15) 57/58, 58-85.
Kurz, Robert, 1991: Der Kollaps der Modernisierung. Vom Zusammenbruch des Kasernensozialismus zur Krise der Weltökonomie. Frankfurt a.M.: Eichborn.
Lachenmann, Gudrun, 1991: Soziale Bewegungen als gesellschaftliche Kraft im Demokratisierungsprozeß in Afrika? Bauernorganisation in Senegal angesichts des Ruckzugs des Staates und der Strukturanpassung, in: Afrika Spektrum (91) 1, 73-98.
Lentz, Carola, 1995: „Tribalismus" und Ethnizität in Afrika – ein Forschungsüberblick, in: Leviathan 1, 115-145.
Linz, Manfred, 1992: Die Industrieländer und die Zweidrittelwelt, in: Leviathan 3, 319-329.
Mansilla, H.C.F., 1986: Die Trugbilder der Entwicklung in der Dritten Welt. Elemente einer kritischen Theorie der Modernisierung. Paderborn u.a.: Schöningh.
Matthies, Volker (Hrsg.), 1992: Kreuzzug oder Dialog. Die Zukunft der Nord-Süd-Beziehungen. Bonn: Dietz.
Mehler, Andreas, 1993: Kamerun in der Ära Biya. Bedingungen, erste Schritte und Blockaden einer demokratischen Transition. Hamburg (Institut für Afrika-Kunde).
Meier, Andreas, 1994: Der politische Auftrag des Islam. Programme und Kritik zwischen Fundamentalismus und Reformen. Originalstimmen aus der islamischen Welt. Wuppertal: Peter Hammer Verlag.
Menzel, Ulrich, 1992: Das Ende der Dritten Welt und das Scheitern der großen Theorie, Frankfurt a.M.: Suhrkamp.
Menzel, Ulrich, 1993: 40 Jahre Entwicklungsstrategie = 40 Jahre Wachstumsstrategie, in: *Nohlen, Dieter/Nuscheler, Franz* (Hrsg.), Handbuch der Dritten Welt, Bd. 1: Grundprobleme, Theorien, Strategien. Bonn: Dietz, 131-156.
Menzel, Ulrich, 1994: Nachholende Modernisierung in Ostasien aus entwicklungstheoretischer Perspektive, in: *Nohlen, D./Nuscheler, F.* (Hrsg.), Handbuch der Dritten Welt, Bd. 8: Ostasien und Ozeanien. Bonn: Dietz, 14-51.
Menzel, Ulrich, 1995: Geschichte der Entwicklungstheorie. Einführung und systematische Bibliographie. Hamburg (Schriften des Deutschen Übersse-Instituts, im Druck).
Menzel, Ulrich/Senghaas, Dieter, 1986: Europas Entwicklung und die Dritte Welt. Eine Bestandsaufnahme. Frankfurt a.M.: Suhrkamp.

Merkel, Wolfgang (Hrsg.), 1994: Systemwechsel 1. Theorien, Ansätze und Konzeptionen. Opladen: Leske + Budrich.
Meschkat, Klaus, 1995: Einleitung, in: *Bultmann, Ingo* et al. (Hrsg.), Demokratie ohne soziale Bewegung? Gewerkschaften, Stadtteil- und Frauenbewegungen in Chile und Mexiko. Unkel (Rhein)/Bad Honnef, 11-26.
Messner, Dirk, 1995: Die Netzwerkgesellschaft. Wirtschaftliche Entwicklung und internationale Wettbewerbsfähigkeit als Probleme gesellschaftlicher Steuerung. Köln: Weltforum Verlag.
Meyer, Thomas (Hrsg.), 1989: Fundamentalismus in der modernen Welt. Frankfurt a.M.: Suhrkamp.
Migdal, Joel S., 1988: Strong Societies and Weak States. State-Society Relations and State Capabilities in the Third World. Princeton, NJ: Princeton University Press.
Moser, Caroline, 1989: Gender Planning in the Third World: Meeting Strategic and Practical Gender Needs, in: World Development (17) 11, 799-825.
Mouzelis, Nicos, 1988: Sociology of Development: Reflections on the Present Crisis, in: Sociology (22) 1, 23-44.
Munch, Richard, 1992: Die Struktur der Moderne. Grundmuster und differentielle Gestaltung des institutionellen Aufbaus der modernen Gesellschaften. Frankfurt a.M.: Suhrkamp.
Munch, Richard, 1992a: Die Dialektik der globalen Kommunikation. Kommunikation und gesellschaftliche Entwicklung, in: *Reimann, Horst* (Hrsg.), Transkulturelle Kommunikation und Weltgesellschaft. Zur Theorie und Pragmatik globaler Interaktion, Opladen: Westdeutscher Verlag, 30-43.
Nestvogel, Renate (Hrsg.), 1994: 'Fremdes'oder 'Eigenes'? Rassismus, Antisemitismus, Kolonialismus, Rechtsextremismus aus Frauensicht. Frankfurt a.M.: IKO-Verlag.
Nielebock, Thomas, 1993: Kriegsursachenforschung, in: *Nohlen, D.* (Hrsg.), Lexikon der Politik, Bd. 6 (hrsg. von *A. Boeckh*), Internationale Beziehungen, 268-272.
Nohlen, Dieter/Nuscheler, Franz (Hrsg.), 1993: Handbuch der Dritten Welt, Bd. 1: Grundprobleme, Theorien, Strategien. Bonn: Dietz.
Nohlen, Dieter/Thibaut, Bernhard, 1994: Transitionsforschung zu Lateinamerika: Ansätze, Konzepte, Thesen, in: *Merkel, W.* (Hrsg.), Systemwechsel 1. Opladen, 195-228.
Nolte, Detlef (Hrsg.), 1991: Lateinamerika im Umbruch? Wirtschaftliche und politische Wandlungsprozesse an der Wende von den 80er zu den 90er Jahren. Münster/Hamburg: Lit.
Oberreuter, Heinrich/Weiland, Heribert (Hrsg.), 1994: Demokratie und Partizipation in Entwicklungsländern. Paderborn: F. Schöningh.
Osterkamp, Rigmar, 1995: Staatsversagen und Staatsinterventionismus als eine Ursache der „afrikanischen Krise", in: *Tetzlaff, Rainer/Engel, Ulf/Mehler, Andreas* (Hrsg.), Afrika zwischen Dekolonisation, Staatsversagen und Demokratisierung. Hamburg, 115-130.
Potts, Lydia, 1989: Frauen auf dem Weltmarkt für Arbeitskraft, in: *Gruppe Feministischer Internationalismus* (Hrsg.), Zwischen Staatshaushalt und Haushaltskasse. Bremen: Con, 66-80.
Poulantzas, Nicos, 1978: Staatstheorie. Politischer Überbau, Ideologie, Sozialistische Demokratie (französ. 1977), Hamburg.
Reimann, Horst (Hrsg.), 1992: Transkulturelle Kommunikation und Weltgesellschaft. Zur Theorie und Pragmatik globaler Interaktion. Opladen: Westdeutscher Verlag.
Riegel, Klaus-Georg, 1982: Tradition und Modernität. Zum Modernisierungspotential traditionaler Kulturen nichtwestlicher Entwicklungsgesellschaften, in: *Nohlen, Dieter/Nuscheler, Franz* (Hrsg.), Handbuch der Dritten Welt Bd. 1. Hamburg, 73-91.
Rodison, Maxime, 1971: Islam und Kapitalismus. Paris (1966) (dt. Übersetzung Frankfurt a.M. [1971]: Suhrkamp).
Rüland, Jürgen, 1994: Theoretische, methodische und thematische Schwerpunkte der Systemwechselforschung zu Asien, in: *Merkel, W.* (Hrsg.), Systemwechsel 1. Theorien, Ansätze und Konzeptionen. Opladen, 271-302.
Ruppert, Uta, 1995: Gegenwarten verbinden. Frauenarbeit und Frauenpolitik im Entwicklungsprozeß Burkina Fasos. Münster/Hamburg: Lit.
Sachs, Wolfgang, 1992: Zur Archäologie der Entwicklungsidee. Acht Essays, hrsg. von *F. Friedrich Schade*. Frankfurt a.M.: Verlag für Interkulturelle Kommunikation.
Sachs, Wolfgang (Hrsg.), 1993: Wie im Westen so auf Erden. Ein polemisches Handbuch zur Entwicklungspolitik. Reinbek bei Hamburg: Rowohlt.

Satzinger, Walter/Schwefel, Dieter, 1982: Entwicklung als soziale Entwicklung: Über Irrwege und Umwege entwicklungstheoretischer Strategiesuche, in: Nohlen, Dieter/Nuscheler, Franz (Hrsg.), Handbuch der Dritten Welt, Bd. 1. 2. Aufl., Hamburg: Hoffman und Campe, 312-331.
Schmidt, Siegmar, 1994: Demokratisierung in Afrika: Fragestellungen, Ansätze und Analysen, in: Merkel, W. (Hrsg.), Systemwechsel 1. Theorien, Ansätze und Konzeptionen. Opladen, 229-270.
Schubert, Gunter, 1994: Taiwan – die chinesische Alternative: Demokratisierung in einem ostasiatischen Schwellenland. Hamburg: Institut für Asien-Kunde.
Schubert, Gunter/Tetzlaff, Rainer (Hrsg.), 1996: Blockierte Demokratien (in Vorbereitung).
Schubert, Gunter/Tetzlaff, Rainer/Vennewald, Werner (Hrsg.), 1994: Demokratisierung und politischer Wandel. Theorie und Anweendung des Konzeptes der strategischen und konfliktfähigen Gruppen (SKOG). Münster/Hamburg: Lit.
Schulze, Reinhard, 1994: Geschichte der Islamischen Welt im 20. Jahrhundert. München: C.H. Beck.
Schuurman, Frans J. (Hrsg.), 1993: Beyond the Impasse. New Directions in Development Theory. London/New Jersey: Zed Books.
Schwers, Rainer, 1980: Kapitalistische Entwicklung und Unterentwicklung. Frankfurt a.M.: Alfred Metzner Verlag.
Sen, G./Grown, C., 1987: Development, Crisis and Alternative Visions: Third World Women's Perspectives. New York: Monthly Review Press.
Senghaas, Dieter, 1982: Von Europa lernen. Entwicklungsgeschichtliche Betrachtungen. Frankfurt a.M.: Suhrkamp.
Senghaas, Dieter, 1994: Die Welt im Lichte des zivilisatorischen Hexagons, in: Ders., Wohin driftet die Welt? Über die Zukunft friedlicher Koexistenz. Frankfurt a.M.: Suhrkamp, 17-52.
Senghaas, Dieter, 1995a: Über asiatische und andere Werte, in: Leviathan 1, 5-12.
Senghaas, Dieter, 1995b: Die Wirklichkeiten der Kulturkämpfe, in: Leviathan 2, 197-212.
Shute, Stephen/Hurley, Susan, 1996: Die Idee der Menschenrechte. Frankfurt a.M.: Fischer.
Sieferle, Rolf Peter, 1984: Fortschrittsfeinde? Opposition gegen Technik und Industrie von der Romantik bis zur Gegenwart. München: Beck.
Siegelberg, Jens, 1994: Kapitalismus und Krieg. Eine Theorie des Krieges in der Weltgesellschaft. Kriege und militante Konflikte Bd. 5. Hamburg: Lit.
Simonis, Georg, 1985: Der Entwicklungsstaat in der Krise, in: Nuscheler, Franz (Hrsg.), Dritte-Welt-Forschung. Entwicklungstheorie und Entwicklungspolitik. PVS-Sonderheft 16/1985, 157-183.
Streeten, Paul, 1981: First Things First. Meeting Basic Human Needs in Developing Countries. Published for the World Bank. Washington: Oxford University Press.
Streeten, Paul, 1994: Markets and States: Against Minimalism, in: Journal fur Entwicklungspolitik (JEP), Wien, X. Jg., 4/1994, 413-430.
Suter, Christian, 1990: Schuldenzyklen in der Dritten Welt. Kreditaufnahme, Zahlungskrisen und Schuldenregelungen peripherer Länder im Weltsystem von 1820 bis 1986. Frankfurt a.M.: Anton Hain.
Tetzlaff, Rainer, 1991: Politische Herrschaft im Zeichen der „Afrikanischen Krise". Zwischen autoritärer „Anpassungsdiktatur" und Versuchen zu demokratischer Legitimation, in: Neubert, Dieter (Hrsg.), Die Zukunft Afrikas – Überleben in der Krise. Konigswinter: Friedrich-Naumann-Stiftung, 33-64.
Tetzlaff, Rainer (Hrsg.), 1992: Perspektiven der Demokratisierung in Entwicklungslandern. Hamburg (Schriften des Deutschen Übersee-Instituts, Bd. 13).
Tetzlaff, Rainer, 1993a: Staatswerdung im Sudan. Ein Bürgerkriegsstaat zwischen Demokratie, ethnischen Konflikten und Islamisierung. Münster/Hamburg: Lit.
Tetzlaff, Rainer, 1993b: Demokratie und Entwicklung als universell gültige Normen? Uber die Chancen und Risiken der Demokratisierung in der außereuropäischen Welt nach dem Ende des Ost-West-Konflikts, in: Böhret, C./Wewer, G. (Hrsg.), Regieren im 21. Jahrhundert – zwischen Globalisierung und Regionalisierung. Opladen: Leske + Budrich, 79-108.
Teztlaff, Rainer, 1995: Afrika zwischen Staatsversagen und Demokratiehoffnung, in: Aus Politik und Zeitgeschichte, B 44-45, 3-13.

Teztlaff, Rainer, 1996: Weltbank und Währungsfonds – Gestalter der Bretton-Woods-Ära. Kooperations- und Integrationsregime in einer sich dynamisch entwickelnden Weltgesellschaft. Opladen: Leske + Budrich.
Tetzlaff, Rainer (zus. mit C. *Peters* und R. *Wegemund*) 1991: Politisierte Ethnizität – eine unterschätzte Realität im nachkolonialen Afrika, in: Afrika Spektrum 1, 5-28.
Tetzlaff, Rainer/Engel, Ulf/Mehler, Andreas (Hrsg.), 1995: Afrika zwischen Dekolonisation, Staatsversagen und Demokratisierung. Hamburg: Institut für Afrika-Kunde.
Thomas, Clive Y., 1976: Dependence and Transformation. The Economics of the Transition to Socialism. London: Monthly Review Press.
Tibi, Bassam, 1993: Die Verschwörung. Das Trauma arabischer Politik. Hamburg: Hoffmann und Campe.
Tibi, Bassam, 1994: Im Schatten Allahs. Der Islam und die Menschenrechte. München: Piper.
Topper, Barbara, 1990: Die Frage der Demokratie in der Entwicklungstheorie. Kritisches Resümee von 40 Jahren Theoriengeschichte, in: Peripherie 39/40, 127-160.
Townsend, Janet, 1993: Gender-Studies: Whose Agenda?, in: *Schuurman, Frans J.* (Hrsg.), Beyond the Impasse. New Directions in Development Theory. London/New Jersey: Zed Books, 169-186.
Turok, Ben (Hrsg.), 1991: Debt and Democracy. Alternative Strategies for Africa, Vol. 3. London: Institute for African Alternatives.
Wagner, Helmut, 1993: Wachstum und Entwicklung. Theorie der Entwicklungspolitik. München/Wien: R. Oldenbourg.
Waldmann, Peter/Elwert, Georg (Hrsg.), 1989: Ethnizität im Wandel. Saarbrücken: Breitenbach.
Weede, Erich, 1990: Wirtschaft, Staat und Gesellschaft. Zur Soziologie der kapitalistischen Marktwirtschaft und der Demokratie. Tubingen: Mohr.
Weiss, Dieter, 1995: Entwicklung als Wettbewerb der Kulturen, in: Aus Politik und Zeitgeschichte, Beilage zur Wochenzeitschrift „Das Parlament", B 29/95, 3-10.
Weissmahr, Joseph A., (o.J.): An Evolutionary Theory of Technical Change and Economic Growth and Development.
Weizsacker, Ernst U. von, 1990: Erdpolitik. Ökologische Realpolitik an der Schwelle zum Jahrhundert der Umwelt. 2. Auflage, Darmstadt: Wissenschaftliche Buchgesellschaft.
Werz, Nikolaus, 1991: Lateinamerika: Kultureller Modernismus ohne gesellschaftliche Entwicklung?, in: Zeitschrift fur Kulturaustausch, hrsg. vom Institut fur Auslandsbeziehungen Stuttgart, Nr. 4: „Entwicklung – wohin?", 543-554.
Wichterich, Christa, 1995: Frauen der Welt. Vom Fortschritt der Ungleichheit. Göttingen: Lamuv.
Wieland, Wolfgang, 1975: Entwicklung, in: *Brunner, Otto/Conze, Werner/Koselleck, Reinhart* (Hrsg.), Geschichtliche Grundbegriffe. Stuttgart: Klett, 199-228.
Witt, Ulrich, 1993: Wann kommt es eigentlich zu wirtschaftlichem Fortschritt?, in: *Wagner, A.* (Hrsg.), Dezentrale Entscheidungsfindung bei externen Effekten. Tubingen: Mohr, 19-35.
Witt, Ulrich, 1995: Wirtschaft und Evolution – einige neuere theoretische Entwicklungen (im Erscheinen).
Wohlmuth, Karl (Hrsg.), 1989: Structural Adjustment in the Third World Economy and East-West-South-Economic Cooperation. University of Bremen.
Wohlmuth, Karl, 1992: Die Erfüllung von Strukturanpassungsprogrammen in Afrika südlich der Sahara, in: *Hofmeier, Rolf/Tetzlaff, Rainer/Wegemund, Regina* (Hrsg.), Afrika – Überleben in einer ökologisch gefährdeten Umwelt. Münster/Hamburg: Lit, 103-118.
Wohlke, Manfred, 1987: Umweltzerstörung in der Dritten Welt. München: Beck.
Wunsch, James S./Oluwu, Dele (Hrsg.), 1990: The Failure of the Centralized State. Institutions and Self-Governance in Africa. Boulder/San Francisco/Oxford: Westview Press.
Zdunnek, Gabriele, 1995: Feminismus mit Methode – Ein erster Überblick, in: Peripherie. Zeitschrift für Politik und Ökonomie in der Dritten Welt, Nr. 57/58: Geschlecht/Methode/Praxis. Münster, 23-37.

Konfliktlinien nach dem Ende des Ost-West-Gegensatzes – global handeln, lokal kämpfen*

Michael Zürn

Seit der Konsolidierung des internationalen Staatensystems im 18. Jahrhundert sind immer wieder große weltpolitische Auseinandersetzungen entstanden. Solche globalen Konfliktlinien beinhalteten sowohl Rivalitäten um die Hegemonialstellung im internationalen System als auch den Widerstreit über die gute politische Ordnung im Innern. Das trifft auf den Napoleonischen Feldzug gegen die feudalistische Ordnung, auf die rechtsautoritäre und faschichtische Herausforderung der westlichen Demokratien in der ersten und auf die Ost-West-Auseinandersetzung in der zweiten Hälfte des 20. Jahrhunderts zu. Jede dieser drei globalen Konfliktlinien war strukturprägend für das gesamte internationale System und zusammen sind sie für die fünf bis heute verheerendsten Kriege in der Menschheitsgeschichte verantwortlich: Die beiden Weltkriege bedeuteten den Tod für insgesamt 70 Millionen Menschen, die Napoleonischen Kriege für 4,5 Millionen und die beiden blutigen Ost-West Auseinandersetzungen in Ostasien – der Korea-Krieg und der Vietnam Krieg – für je ca. 3 Millionen.
Vor diesem Hintergrund ist es verständlich, daß sich eine Schar von Analytikern die Frage stellt, welche großen weltpolitischen Auseinandersetzungen uns nach dem Ende des Ost-West-Gegensatzes erwarten. Von welchen Mächten wird die einstige amerikanische Hegemonialposition in Zukunft angegriffen werden? Welche ordnungspolitischen Alternativen werden sich zur liberalen Demokratie im weltpolitischen Zentrum etablieren? Und werden sich Hegemonialkonflikt und Herrschaftskonflikt wieder so verschränken, daß es zu einer globalen Konfliktlinie kommt? Eine ganze Palette von auf den ersten Blick plausiblen Szenarien sind in Auseinandersetzung mit diesen Fragen entwickelt worden, wovon hier nur die spektakulärsten angeführt werden. Die einfachste und verblüffendste Antwort lautet in diesem Zusammenhang: Mit dem Zusammenbruch des Sozialismus haben sich alle Alternativen zur liberal-demokratischen Ordnung verbraucht, welche sich damit endgültig und universell durchgesetzt hat – das Ende der Geschichte ist erreicht (Fukuyama 1992). Diese These steht in Verbindung mit der liberalen Theorie der internationalen Beziehungen, welche die internationale Politik insbesondere durch die innere politische und gesellschaftliche Struktur der agierenden Staaten sowie durch das Ausmaß von deren Interdependenz bestimmt sieht.[1] Liberale Theoretiker der internationalen Beziehungen, die sich nicht

---

* Für hilfreiche Kommentierungen möchte ich mich bei Claus Offe, Dieter Senghaas, Frank Schimmelfennig und Bernhard Zangl herzlich bedanken.
1 Die liberale Theorie der internationalen Beziehungen ist kein kohärent ausformuliertes Gebilde. Sie setzt sich vielmehr aus unterschiedlichen Literatursträngen mit kompatiblen konzeptionellen Prämissen zusammen. Die Bedeutung der inneren Ordnung von Staaten für die internationale Politik wird insbesondere vom „republikanischen Liberalismus"

auf das Glatteis der Geschichtsphilosophie begeben wollten, formulierten ihre Prognosen vor dem Hintergrund der Kantschen Friedenstheorie weniger nebulös: Es wird die Chance eines Europas demokratischer Rechtsstaaten gesehen, das mittels eines Systems kollektiver Sicherheit eine dauerhafte Friedensstruktur errichtet. Die Garantie für den Bestand einer solchen Europäischen Friedensordnung würde letztlich in der politischen Verfaßtheit der liberal-demokratischen Staaten liegen, die diese zu einem zivilisierten Konfliktaustrag im Rahmen eines republikanischen Bundes befähigt (vgl. Senghaas 1990, 1992).

Die sog. realistische Theorie internationaler Politik betont demgegenüber das Fehlen einer übergeordneten Zentralinstanz, die Recht und Ordnung durchsetzen könnte, als zentrales Merkmal des internationalen Systems. Sie sieht folglich die Machtverteilung zwischen den Staaten als wichtigsten Erklärungsfaktor internationaler Politik.[2] Realisten bestreiten die eigenständige Rolle „ideologischer" Faktoren bei den großen Auseinandersetzungen und erwarten, daß nach der Auflösung der Ost-West-Konfliktlinie der Grundcharakter der internationalen Politik, die ewige Konkurrenz der „großen Mächte", wieder unvermittelt hervortritt. Die „reine" realistische Lehre bedauert sogar das Ende des Ost-West-Gegensatzes. John Mearsheimer beispielsweise schrieb bereits wenige Wochen nach dem Fall der Berliner Mauer: „The prospects for major crisis and war in Europe are likely to increase if the Cold War ends ..." (Mearsheimer 1990: 6). Gemäß dieser Sichtweise führte die bi-polare Struktur des Kalten Krieges zu einer stabilen und übersichtlichen Ordnung, die aufgrund der gegenseitigen nuklearen Abschreckung eine disziplinierende Wirkung für den Zusammenhalt der Blöcke hatte und einen Imperativ der Kriegsvermeidung zwischen den Blöcken hervorrief. Mit dem Ende der bi-polaren Struktur wird daher die Wiederkehr altbekannter Muster europäischer Machtpolitik erwartet, in der sich Nationalstaaten wie eh und je kompetitiv gegenüberstehen. Insbesondere wird von der hegemoniezyklischen Variante des Realismus eine konfrontative Auseinandersetzung zwischen der gegenwärtigen Hegemonialmacht USA und den neuen Herausforderern wie Japan und (mittelfristig) China prognostiziert. Andere dem Realismus nahestehende Autoren erwarten nach einer vorübergehenden Phase der Orientierungslosigkeit einen globalen Kulturkonflikt. In dem Maße, wie die kulturellen Gegner des abendländischen Zivilisationsmodells, die v.a. in Asien und Nordafrika zu suchen sind, eine machtpolitische Unterfütterung erfahren, ergebe sich ein *clash of civilizations*, bei dem auf der einen Seite eine Allianz abendländischer Nationalstaaten und auf der anderen eine Allianz aller Gegner des westlichen Modells antreten.[3]

---

betont. Als andere Stränge können genannt werden: der „kommerzielle Liberalismus", der die friedensförderliche Wirkung von internationalen Handelsbeziehungen betont, ein „soziologischer Liberalismus", der die Bedeutung von transnationalen Kontaken herausstellt, ein „regulativer Liberalismus", der internationale Institutionen in den Mittelpunkt der Überlegungen stellt sowie ein „ideeller Liberalismus", der von einer autonomen Bedeutung von Ideen ausgeht. Vgl. hierzu Czempiel (1986), Keohane (1991), Moravcsik (1992), Zürn (1994).

2 Waltz (1979) gilt inzwischen als der moderne Klassiker der Theorie des Realismus. Bull (1977) repräsentiert die englische Variante des Realismus, die im Gegensatz zum strukturellen Realismus von Waltz die normativen Grundlagen der internationalen Staatengesellschaft erkennt.

3 Huntington (1993: 45) spricht in diesem Zusammenhang von einer „Confucian-Islamic Connection ... that has emerged to challenge Western interests, values and power."

In der Tradition der Dependenztheorien stehen die Analysen, die eine Nord-Süd-Konfrontation um die Aufteilung der knapper werdenden Ressourcen aufziehen sehen. Angesichts massiver Ungleichheiten zwischen dem reichen Norden und dem armen Süden, der Zurückweisung des westlichen Zivilisationsmodells durch religiöse Nationalisten und der wachsenden Abhängigkeit des Nordens vom Süden in der ökologischen Frage zeichnet sich demnach ein „Nord-Süd-Konflikt" ab, der sich an einigen einfachen Fragen manifestiert, die seitens der Vertreterinnen und Vertreter der Entwicklungsländer gestellt werden: Wessen Bäume wachsen in den Regenwäldern? Weshalb dürfen die Länder im Süden der Erde heute nicht denselben Entwicklungsweg einschlagen wie die im Norden?[4] Weshalb beansprucht der Westen eine Überlegenheit für seine eigene politische Ordnung? Ist nicht der scheinbar kulturell überlegene Westen mit einem Verfall der Sitten konfrontiert?[5] Diese Fragen bringen eine Ablehnung des als paternalistisch empfundenen Versuchs der Einmischung in innere Angelegenheiten zum Ausdruck und verbinden die bekannten Verteilungskonflikte zwischen Nord und Süd (jetzt um ökologische Ressourcen) mit einer kulturellen Auseinandersetzung. Erste Konturen einer solchen Konfliktlinie haben sich auf der Weltbevölkerungskonferenz und auf den Klimakonferenzen in Rio und Berlin abgezeichnet, wo nicht nur über die Verteilung von Kosten bei der Lösung ökologischer Probleme, sondern auch über Lebensstile gestritten wurde. Da die „Chaosmacht" des Südens aufgrund der Überbevölkerung und anderer ökologischer Begebenheiten so hoch wie noch nie in der Geschichte des modernen Staatensystems ist, birgt dieser latente Konflikt Sprengkraft, die bald strukturprägend werden könnte. So mutmaßt Mark Juergensmeyer (1993: 2) im Kontext einer Studie über die Konfrontation zwischen „säkularem Nationalismus" im Norden und „religiösem Nationalismus" im Süden: „Proponents of the new nationalisms hold the potential of making common cause against the secular West, in what might evolve into a Cold War."

Alle diese Konfliktprognosen haben gemeinsam, daß sie von der Zukunft der internationalen Politik nach dem Ende des Ost-West-Gegensatzes sprechen, ohne eine sorgfältige Analyse der vorausgegangenen globalen Konfliktlinien vorzunehmen.[6] Demgegenüber möchte ich zur Diskussion beitragen, indem ich mit Hilfe der wichtigsten Theorien internationaler Beziehungen die Grundzüge der historisch gewordenen globalen Konfliktlinien zu erfassen versuche, um vor diesem Hintergrund Aussagen über die Zukunft angesichts der gegenwärtigen politischen Transformationsprozesse zu machen. Die Argumentation läßt sich in vier Thesen zusammenfassen:

1. Globale Konfliktlinien sind das Produkt eines internationalen Systems, das durch die zwei Merkmale „Staatensouveränität" und „gesellschaftliche Interdependenz" gekennzeichnet ist. Aus dem Prinzip der territorialstaatlichen Souveränität erwachsen Machtkonflikte zwischen Staaten, die sich immer wieder in einen Kampf um die Hegemonialstellung im internationalen Staatensystem übersetzen. Aus der Interdependenz zwischen Gesellschaften erwachsen internationale Konflikte über die

---

[4] Mögliche Aspekte eines ökologischen Nord-Süd-Konflikts werden differenziert von Wöhlcke (1993) diskutiert.
[5] Mögliche Aspekte eines kulturellen Nord-Süd-Konflikts werden differenziert von Juergensmeyer (1993) diskutiert.
[6] Eine wichtige Ausnahme ist die Analyse von Schimmelfennig (1995).

gute innerstaatliche Ordnung. Nur wenn der Hegemonialkonflikt (machtpolitische Komponente) und der Herrschaftskonflikt (ideologische Komponente) gleichgerichtet sind, entwickelt sich eine von Staaten getragene große weltpolitische Auseinandersetzung. Folglich setzen globale Konfliktlinien im hier definierten Sinn das internationale Staatensystem voraus.
2. In dem Maße, wie die Interdependenz zwischen nationalen Gesellschaften zunimmt, wird auch die ideologische Komponente globaler Konfliktlinien gewichtiger.
3. In der Zukunft wird es globale Konfliktlinien in der bekannten Form nicht mehr geben. In einer Welt von globalisierten gesellschaftlichen Interaktionen (im Gegensatz zu einer Welt von interdependenten Gesellschaften) wird zum einen der Anpassungsdruck auf den einzelnen Staat so hoch, daß ökonomisch erfolgreiche Gesellschaften gar nicht mehr genügend Raum für widerstreitende Konzepte über die richtige innenpolitische Ordnung haben. Zum anderen verlieren ausgerechnet die Nationalstaaten, die eine ausreichende ökonomische Basis für eine hegemonialpolitische Auseinandersetzung hätten, das Privileg, als einzig glaubwürdiger Garant für Sicherheit zu gelten.
4. In dem Maße, in dem der Nationalstaat jedoch ein wichtiges politisches Organisationsprinzip bleibt, durchkreuzt er andere denkbare, ähnlich polarisierende transnationale Organisationsformen. Es kann mithin erwartet werden, daß zukünftige transnationale Gegensätze zu neuen Konfliktgruppen führen werden, ohne daß die alten sich vollständig auflösen. Als Folge entsteht ein komplexes institutionelles Gebilde der Weltpolitik, in der *cross cleavages* eine viel größere Bedeutung haben werden, als sie es im internationalen System je hatten.

1. Weshalb das doppelt kompetitive Staatensystem globale Konfliktlinien produzierte

Der Territorialstaat setzte sich im Laufe des 18. Jahrhunderts als dominante politische Organisationsform der Weltpolitik kontinuierlich durch. Nachdem der Westfälische Frieden von 1648 die Voraussetzung für eine territorialstaatliche Ordnung gelegt hatte, waren der Aufstieg des Nationalismus, die Anerkennung des Prinzips der Selbstbestimmung sowie die Delegitimierung des Kolonialismus die weiteren entscheidenden Schritte bei der weltweiten Etablierung des Territorialstaates. Bis heute haben sich 189 Nationalstaaten gebildet, und außer den (bevölkerungsfreien) Ozeanen sowie Arktis und Antarktis (beide bevölkerungsarm) gibt es keine „staatsfreien" Räume mehr auf der Erde. Es entstand ein internationales Staatensystem, das globale Konfliktlinien hervorgebracht hat, welche die Weltpolitik in ihrer Gesamtheit prägten.
Der Begriff „globale Konfliktlinien" bedarf der Erläuterung: Konflikt allgemein bezeichnet eine Situation, in der zwei oder mehrere Akteure eine Positionsdifferenz hinsichtlich der angestrebten Zielzustände und/oder hinsichtlich der zu wählenden Mittel zur Erreichung dieser Ziele aufweisen. Solche Konflikte können gewaltförmig oder auch unter Rückgriff auf Mechanismen der friedlichen Konfliktregelung ausgetragen werden. Eine Konflikt*linie* liegt dann vor, wenn dieselben (relativ stabilen) Konfliktparteien sich in einer Vielzahl von Einzelkonflikten gegenüberstehen. Solche Konfliktlinien können (wie Konflikte überhaupt) wiederum in unterschiedlichem Maße verregelt sein. Eine Konfliktlinie gilt dann als *global*, wenn sie für einen gegebenen

Zeitraum das gesamte internationale System übergeordnet strukturiert, und so das Handeln in allen neben- und untergeordneten Konfliktlagen mitausrichtet. Global steht hier allerdings nicht für erdumfassend. Es bezeichnet die Gesamtheit des historisch kontingenten Gebiets, das Teil des internationalen Staatensystems ist, das sich in Westeuropa im 17. und 18. Jahrhundert entwickelte, sich zunächst auf den europäischen Raum beschränkte und inzwischen fast erdumfassend ist.

Globale Konfliktlinien haben sich immer aus zwei Komponenten zusammengesetzt. Die machtpolitische Komponente äußerte sich in den Hegemoniekonflikten zwischen Großmächten wie Spanien, England, Frankreich, Deutschland, USA und der UdSSR. Globale Konfliktlinien gab es aber immer nur dann, wenn sich ein Hegemoniekonflikt mit der Frage nach der guten innerstaatlichen Ordnung, also mit einer ideologischen Komponente verbunden hat. Die globalen Konfliktlinien wurden dann in Form von konvergierenden Erwartungshaltungen und von Allianzbildungen in und zwischen Staaten institutionalisiert. Im Ergebnis prägten sie das Verhalten im gesamten internationalen System. Beispielsweise dominierte nach dem Ende des Zweiten Weltkrieges die lange Zeit nur schwach verregelte Ost-West-Konfliktlinie die Weltpolitik. Die ideologische Konfrontation und die Rüstungskonkurrenz der Supermächte warfen ihre bedrohlichen Schatten auf die ganze Erde. Die Entwicklungspolitik vollzog sich entlang von Blocklinien, und vielen der kriegerischen Auseinandersetzungen auf der südlichen Halbkugel wurde der Ost-West-Gegensatz von außen übergestülpt. Innerhalb der Blöcke wurden kritische Stimmen schnell als Verrat an der eigenen Sache gebrandmarkt. Zweifelsohne waren andere Konfliktlagen wie der Nord-Süd-Gegensatz und die Konflikte innerhalb der beiden gegenüberstehenden Blöcke sowie innerhalb der Dritten Welt keinesfalls nur Derivate des Ost-West-Gegensatzes. Sie richteten jedoch deutlich weniger das Denken und Handeln im weltweiten Maßstab aus.

Meine erste These lautet, daß globale Konfliktlinien das internationale *Staaten*system zur Voraussetzung haben. Es sind zwei konstitutive Merkmale des internationalen Staatensystems, die globale Konfliktlinien erst möglich machen: Souveränität und gesellschaftliche Interdependenz. Die normative Grundlage des internationalen Systems ist das Prinzip der *Souveränität*, „... the supreme legal authority of the nation to give and enforce the law within a certain territory and, in consequence, independence from the authority of any other nation and equality with it under international law" (Morgenthau 1967: 305). Historisch betrachtet war es die internationale Anerkennung als völkerrechtliches Subjekt, die eine politische Organisation *letztlich* zum Staat machte. So kann auch ein Grund für den Sieg des Nationalstaates gegenüber möglichen alternativen Organisationsformen darin gesehen werden, daß beispielsweise die Hanseatische Liga immer weniger als Verhandlungspartner von Territorialstaaten anerkannt wurde (vgl. Spruyt 1994). Das Prinzip der Souveränität schafft ein System fragmentierter Herrschaft, in dem die einzelnen, mit dem Gewaltmonopol ausgestatteten Souveräne in Abwesenheit einer übergeordneten Zentralinstanz miteinander in einem herrschaftsfreien Raum interagieren.[7] Das führt zu einem Machtwettlauf zwischen Staaten. In Abwesenheit einer übergeordneten Zentralmacht ist jeder für die

---

[7] Das heißt freilich nicht, daß es keine Macht- und Gewaltbeziehungen gibt. Es heißt nur, daß es in einem internationalen System keine Instanz mit einer legitimen Kompetenz-Kompetenz gibt. Herrschaft wird hier also verstanden als legitimierte Hierarchie.

Sicherung der eigenen Integrität und für die Durchsetzung der eigenen Interessen auf sich selbst angewiesen. In dem dezentralen Selbsthilfesystem (Link 1988) herrscht der unbedingte Verhaltensimperativ „Hilf Dir selbst" und mithin das *Sicherheitsdilemma*. Dadurch werden Staaten gezwungen, selbst für ihre Sicherheit zu sorgen, so daß sie möglichen Gegnern gegenüber zumindest nicht unterlegen sind. Dies wiederum löst bei diesen Gegnern ein Bedrohungsgefühl aus, mit der Konsequenz, daß auch sie danach streben, ihre Sicherheit durch vermehrte Anstrengungen, vor allem auf militärischem Gebiet, zu erhöhen. Hierdurch entsteht ein Wechselverhältnis, das spiralförmig zu immer größeren Anstrengungen zur Befriedigung des Sicherheitsbedürfnisses führen und Rüstungswettläufe hervorrufen kann.

Dabei verlief die historische Entwicklung des Staatensystems nicht als Geratewohlprozeß. Es bildeten sich in diesem Wettlauf immer wieder neue Hegemonialmächte aus, deren Überlegenheit neben der militärischen Dominanz auch auf einer hohen Produktivität beruhte. Demzufolge erreichten nacheinander Portugal (alternativ: Spanien), die Niederlande, Großbritannien und die USA eine Hegemonialstellung. Der jeweilige Hegemonialstaat war in der Lage, eine Weltordnung zu schaffen, die weitgehend den eigenen Interessen entsprach und in gewisser Weise eigene politische Ordnungsvorstellungen auf der internationalen Ebene institutionalisierte. Im Laufe der Zeit verfiel jedoch die Macht aller Hegemonialstaaten, mit dem Ergebnis, daß sich Konkurrenten etablierten, die die Veränderung der Weltordnung anstrebten.[8] Dies führte schließlich immer zu einem allgemeinen Krisenzustand des internationalen Systems, der die Gefahr eines hegemonialen Konkurrenzkampfes beinhaltete (vgl. Modelsky 1987).

Da die gegenseitige Anerkennung von Staaten mit souveräner Staatlichkeit einhergeht, ist die *Interdependenz zwischen Staaten* gleichsam existentiell. In einer solchen Welt von politischen Gemeinschaften mit trennscharfen Außengrenzen und punktuellen Kontakten der Repräsentantinnen der Gemeinschaften ist die Homogenität der politischen Ordnungen nicht zwingend notwendig. Fragmentierte Herrschaft heißt territorial aufgeteilte Herrschaft und ermöglicht daher durchaus das Nebeneinander von verschiedenen Herrschaftsformen. Ein wesentliches Motiv für die Anerkennung des Souveränitätsprinzipes bestand historisch sogar in dem Zwang, wechselseitige Toleranz aufzubringen, um die (selbst-)zerstörerischen konfessionellen Kriege zu beenden. Die Homogenisierung von politischen Ordnungen ist in dieser Welt sogar unwahrscheinlich, weil es unterschiedlichen Herrschaftsformen gemein ist, daß sie aufgrund der herrschaftskonformen Selektion von Entscheidungsträgern eine Tendenz zur Eigenreproduktion akzentuieren (Schimmelfennig 1995: 268). Realistische Theoretiker haben den Politikern daher auch immer nahegelegt, innenpolitische Vorgänge nicht zum Thema der Außenpolitik zu machen.

---

8 Erklärungen für den konstatierten zyklischen Verlauf gibt es nur in Ansätzen. Es wird davon ausgegangen, daß gesellschaftliche Verkrustungen und überzogene Konsumorientierungen innerhalb der Hegemonialstaaten sowie die wachsenden Kosten der Aufrechterhaltung der Weltordnung den relativen Machtrückgang verursachten (vgl. Gilpin 1981; Kennedy 1991). Darüber hinaus wurde versucht, die politischen Hegemonialzyklen mit den ökonomischen Kondratieff-Zyklen (vgl. Bornschier/Suter 1990) und mit „historischen Blöcken" (Cox 1987) in Verbindung zu bringen. Bedauerlicherweise sind die frühen hegemonietheoretischen Arbeiten von Triepel (1938) und Dehio (1948) in Vergessenheit geraten.

Warum hat das internationale System dennoch immer wieder Herrschaftskonflikte hervorgebracht? Weil nationale Gesellschaften nie sauber abgetrennte politische Einheiten waren, die nur mittels ihrer staatlichen Vertreter punktuell interagierten – das Koexistenz-Modell, worauf das Prinzip der Souveränität beruht –, sondern immer auch unmittelbar miteinander in Kontakt standen. Neben dem Souveränitätsprinzip ist die *Interdependenz zwischen Gesellschaften* das zweite konstitutive Merkmal des modernen internationalen Systems. Nationale Gesellschaften standen im modernen Staatensystem immer auch in Kontakt zueinander und verglichen sich miteinander. Legitimation von Herrschaft mußte daher im Wettbewerb der Ordnungen erlangt werden. Dieser Tatbestand legte es nahe, daß sich Legitimationsmuster entfalteten, die auf der Universalisierung der eigenen Herrschaftsordnung beharrten. Der Verzicht auf einen universellen Anspruch könnte sich nämlich in ein Legitimationsdefizit übersetzen, da volle Legitimität nur für die *eine* richtige Ordnung beansprucht werden kann. Die universalistische Logik des Wettbewerbs um Legitimation überlagerte daher die wertrelativistische Logik fragmentierter Herrschaft. Neben den internationalen Hegemonialkonflikten entbrannten transnationale Konflikte über die angemessene politische Ordnung.[9] Das Resultat war, daß die machtpolitische Auseinandersetzung im internationalen System um eine ideologische Auseinandersetzung ergänzt wurde, daß das internationale System immer zwei Arenen des Wettbewerbs beinhaltete und somit ein doppelt kompetitives war.[10]

Es war stets die unheilvolle Allianz von machtpolitisch gestütztem Hegemonialstreben und ordnungspolitischem Sendungsbewußtsein, die zu den großen weltpolitischen Auseinandersetzungen führte. Nur wenn ein Hegemonialkonflikt und ein Herrschaftskonflikt gleichgerichtet waren, entstand eine Konfliktlinie, die das Verhalten systemumspannend ausrichtete. Der ideologische Konflikt gibt der hegemonialen Auseinandersetzung Substanz, indem er die bloße Machtkonkurrenz um weltordnungspolitische Vorstellungen ergänzt, die sich aus der inneren Herrschaftsordnung ableiten. Eine *Pax Sovjetica* hätte eine andere Gestalt gehabt als die *Pax Americana*. Der Hegemonial- gibt dem Herrschaftskonflikt Glanz und Gloria, indem er die beiden konkurrierenden Ordnungen mit dem Flair des „Platz an der Sonne" ausstattet. Ohne dieses Flair kann eine ordnungspolitische Differenz keine weltpolitische Bedeutung erlangen. Hegemonial- und Herrschaftskonflikt ergänzen sich also nicht nur, sie verstärken sich auch

---

9 Politische Ordnung besteht aus den Verfahren über die legitime Bestellung und Kontrolle von Herrschaft sowie aus der Definition des Bereichs, den die Herrschenden legitimerweise regieren dürfen und sollen. Sowohl die Verfahren als auch der Herrschaftsbereich sind dabei an Grundwerte rückgebunden. Der Gegenstand von Herrschaftskonflikten ist demnach: Wer darf wie und was zu welchem Zweck regieren? Vgl. hierzu die Definitionen von „Systemkonflikt" bei Halliday (1994: Kap. 8) und Schimmelfennig (1995: 48-53).

10 Konflikttheoretisch heißt das, daß sich globale Konfliktlinien zusammensetzen aus einem Interessenkonflikt über relativ bewertete Güter – alle Staaten streben nach militärischer und wirtschaftlicher Macht, also einem Gut, das seinen Wert nur daraus erlangt, daß man mehr davon besitzt als die anderen – und einem Wertekonflikt – alle Staaten bevorzugen die Universalisierung ihres Herrschaftssystems und streben mithin nach unterschiedlichen Dingen. Es ist demnach das Zusammenspiel der beiden am schwierigsten zu verregelnden Konflikttypen, das der Prägekraft globaler Konfliktlinien zugrundeliegt. Zur Unterscheidung zwischen Werte- vs. Mittelkonflikten auf der einen Seite und Interessenkonflikte über relativ bewertete vs. absolut bewertete Güter auf der anderen Seite vgl. Rittberger/Zürn (1990).

gegenseitig und erlangen nur in dieser spezifischen Verschränkung den Status einer globalen Konfliktlinie. Deshalb kann es auch nicht überraschen, daß alle globalen Konfliktlinien des modernen internationalen Systems ihren Ursprung im Zentrum der Weltpolitik hatten, in dem Teil der Welt, der heute als erweiterte OECD-Welt (inklusive Russland) bezeichnet werden kann. Nur in diesem Teil der Welt bildeten sich Herrschaftsordnungen heraus, die universale Aufmerksamkeit auf sich zogen und nur in diesem Teil der Welt entstanden Volkswirtschaften, die die materielle Basis von hegemonialen Bestrebungen abgeben konnten. Herrschaftskonflikte ohne machtpolitische Unterstützung gab es in anderen Teilen der Welt immer wieder. Sie konnten aber nie eine Konfliktlinie global ausrichten. Und die zahlreichen Machtkonflikte zwischen den Machten im Zentrum der Welt erlangten nur dann welthistorische Bedeutung, wenn sie zugleich ausreichend große ordnungspolitische Differenzen abbildeten.

Die Abfolge der großen weltpolitischen Auseinandersetzungen weist zudem aus, daß es neben den Gemeinsamkeiten und den vielen idiosynkratischen Besonderheiten auch eine regelhafte Veränderung gibt. Das führt mich zur zweiten These: Im Laufe der Zeit hat die ideologische Komponente der globalen Konfliktlinien infolge der wachsenden *gesellschaftlichen Interdependenz* an Bedeutung gewonnen. Als sich mit dem Westfälischen Frieden die ersten Konturen des internationalen Systems abzeichneten, waren die beiden zentralen Merkmale des Systems noch vergleichsweise schwach ausgeprägt. Das Prinzip der Souveränität war noch sehr löchrig. So war etwa die im Vertrag von Münster festgeschriebene Vertragsfreiheit von Staaten insofern eingeschränkt, als sie nicht gegen das Kaiserreich genutzt werden durfte. Erst im Laufe der Zeit setzte sich das Prinzip der Souveränität weitgehend durch, wiewohl es immer auch internationale Auseinandersetzungen um die Frage gab, wo die gottgewollten, natur-, völker- oder menschenrechtlichen Grenzen der inneren Souveränität lagen (vgl. Krasner 1993: 245). Noch schwächer ausgeprägt war allerdings zunächst die Interdependenz zwischen den Gesellschaften. Bis weit in das 18. Jahrhundert hinein waren auf dem europäischen Kontinent Reisen selbst in Kutschen, die ohnehin nur den Privilegiertesten zur Verfügung standen, äußerst mühsam und das Thurn und Taxis Postsystem arbeitete noch sehr langsam. In Abwesenheit einer kommunikativen Interdependenz unterhalb der Herrscherhäuser war noch eine ausschließlich opportunistische Machtpolitik möglich, die ohne Rücksicht auf die Herrschaftskonkurrenz agieren konnte. So hat abgesehen von Holland jeder europäische Staat während der Regentschaft von Ludwig XIV. zumindest einmal sowohl auf der Seite Frankreichs als auch auf der Gegenseite gekämpft. Erst mit der Ausbildung von nationalen Verkehrswirtschaften infolge der ersten industriellen Revolution zu Ende des 18. Jahrhunderts und dem damit verbundenen räumlichen Schrumpfungsprozeß (Straßenbau und bald danach Eisenbahnverkehr) nahm der transnationale Austausch einen solchen Umfang an, daß Ereignisse, die in einer europäischen Gesellschaft stattfanden, die Ereignisse in einer anderen Gesellschaft beeinflußten, ohne daß dieser Einfluß über Regierungen vermittelt wurde. Als Folge der langsam zunehmenden gesellschaftlichen Interdependenz wuchs die Bedeutung ordnungspolitischer Differenzen. In einer Welt, die zunehmend Kontaktpunkte zwischen national organisierten Gesellschaften entwickelte, erlangte der Vergleich unterschiedlicher Herrschaftsformen eine immer größere Bedeutung. Die langfristige Legitimation einer politischen Ordnung konnte nur noch unter Rückgriff auf eine Ordnung mit universalistischem Anspruch geschehen. Dank der *qua* Souveränität garantierten Möglichkeit, die Herrschaftsordnung frei zu wählen, mußten somit irgendwann unterschiedliche Ordnungen aufeinanderprallen, die sich aufgrund ihres Universalanspruches ausschlossen.

Das geschah, nachdem die Französische Revolution, die sich gegen den Absolutismus richtete, zu einem in Europa völlig neuartigen Herrschaftssystem führte. Eine globale Konfliktlinie aufgrund des Dissens von Absolutismus (vertreten durch die Ancien Regimes) und bürgerlicher Oligarchie in Gestalt des frühen Liberalismus (vertreten durch das revolutionäre Frankreich) erwuchs aber tatsächlich erst in der Phase, in der die ideologische Konfrontation durch das hegemoniale Streben des napoleonischen Frankreich unterfüttert war. Das französische Hegemonialstreben wurde andererseits mittels der Anbindung an die Grundwerte der französischen Revolution sowie den damit verbundenen Verfahren der politischen Entscheidungsfindung und Vorstellungen von legitimen Staatstätigkeiten ideologisch überhöht. Spätestens mit der Einrichtung des Konzerts der Großmächte in Folge des Wiener Kongresses zeigte sich jedoch, wie sehr die machtpolitische Komponente unter alten ordnungspolitischen Vorzeichen bei dieser Auseinandersetzung noch dominierte. Für einige Zeit gelang es dem Wiener Kongreßsystem, ein Mächtegleichgewicht zu schaffen, das die Konflikte zwischen unterschiedlichen Herrschaftssystemen ausklammerte. Die Staaten mit liberal-oligarchischen Neigungen ließen sich aufgrund machtpolitischer Erwägungen und der Anerkennung des Souveränitätsprinzips bis zur Mitte des 19. Jahrhunderts in die *status quo* orientierte Metternichsche Ordnung einbinden.

Im 19. Jahrhundert schritt die Durchsetzung des Souveränitätsprinzips in Europa voran. Neue Staaten entstanden und deren Legitimation fand in dem Prinzip der nationalen Selbstbestimmung eine solide Abstützung (Gellner 1991). Mit der Ausbreitung der industriellen Revolution nahm jedoch auch die Interdependenz zwischen Gesellschaften deutlich zu. Der Welthandel weitete sich enorm aus und die Portfolioinvestitionen erreichten ungekannte Ausmaße. Die alte Politik des Mächtegleichgewichts scheiterte letztlich daran, daß sie nicht in der Lage war, die wachsenden symetrischen und asymmetrischen Interdependenzen zwischen den Volkswirtschaften zu verregeln. Spätestens die nationalen Politiken, die nach dem Börsenkrach von 1929 zu einer Protektionismus- und Abwertungsspirale führten und erst die Wirtschaftsflaute zur großen Weltwirtschaftskrise machten, zeigten dies – mit katastrophalen Auswirkungen.[11]

Die rechtsautoritäre Reaktion auf die in der zweiten Hälfte des 19. Jahrhunderts voranschreitenden Demokratisierung führte wiederum erst dann zu einer großen weltpolitischen Auseinandersetzung, als sich mit dem Wilhelminischen Deutschland ein Nationalstaat mit hegemonialen Ambitionen an die Spitze der Gegenbewegung setzte. Doch auch bei dieser globalen Konfliktlinie dominierte zunächst eindeutig die machtpolitische Komponente. Es handelte sich vorrangig um einen Hegemonialkonflikt zwischen England und Deutschland, obwohl diese Auseinandersetzung zahlreiche ideologische Obertöne – am deutschen Wesen soll die Welt genesen – besaß (Kehr

---

11 So betrug das Volumen des Welthandels 1932 nur noch ein Bruchteil des Volumens von 1928. Für die klassische Interpretation der Weltwirtschaftskrise als Resultat des Scheiterns internationaler Politik vgl. Kindleberger (1973). Ergänzt werden muß, daß es nach der Mitte des 19. Jahrhunderts eine kurze Periode gab, in der die Hegemonialmacht England die meisten Industrieländer auf den Goldstandard und das Freihandelsprinzip verpflichten konnte.

1970). Der Herrschaftskonflikt akzentuierte sich im Hegemonialkonflikt aber erst, als nach dem Scheitern der spätabsolutistischen Ordnungen im Ersten Weltkrieg sich von Mitte der 20er Jahre ab der Faschismus als Alternative zur liberal-demokratischen Ordnung etablierte. Die Symbiose von nationalsozialistischer Radikalisierung der Gegenmoderne mit dem wiedererwachten deutschen Hegemonialstreben ließ diese Konfliktlinie der Katastrophe des Holocaust und dem schrecklichsten aller Kriege, dem Zweiten Weltkrieg entgegenstreben. Diese weltpolitische Auseinandersetzung läutete den Beginn des „ideologischen Zeitalters" ein, wie die kommende Periode später bezeichnet werden sollte (Bender 1981; Bracher 1982). Im ideologischen Zeitalter emanzipierte sich die ordnungspolitische Komponente der globalen Konfliktlinie gegenüber der machtpolitischen Komponente.

Nach dem Zweiten Weltkrieg wurden unter Führung der USA internationale Institutionen entwickelt, die sich der politischen Regelung der Interdependenz zwischen Gesellschaften in der westlichen Welt annahmen. Weitgehend außerhalb dieses internationalen Institutionengefüges blieb allerdings der sozialistische Block unter Führung der UdSSR. Doch auch der „Eiserne Vorhang" zwischen Ost und West konnte nicht verhindern, daß sich zwischen dem sozialistischen und dem liberal-demokratischen Herrschaftssystem ein Wettbewerb um Legitimation entfaltete. Zwar konnte die Sowjetunion mittels dissoziativer Politiken insbesondere die wirtschaftliche Interdependenz in Grenzen halten, der transnationale Diskurs über die Qualität der beiden sich gegenüberstehenden Ordnungen sollte zu Beginn und konnte später nicht durch die Kreml-Führung unterbunden werden. Während der Trend wachsender wirtschaftlicher Interdependenz vorübergehend gebrochen werden konnte, intensivierte sich die kommunikative Interdependenz in Form eines transnationalen Legitimationsdiskurses weiter. Beide Herrschaftssysteme besaßen nicht nur einen universalistischen Anspruch, sie hatten beide zunächst auch soviel Anziehungskraft, daß sie sich gegenseitig ideologisch bedroht fühlten. Im Laufe der Zeit geriet das sowjetische System aber ideologisch in die Defensive (vgl. Schimmelfennig 1995: Kap. 7), was im Ergebnis zu einer asymmetrischen Deutung der Konfliktlinie führte. Während sich der Osten in der Tat v.a. durch die ideologische Anziehungskraft der westlichen Ordnung bedroht fühlte, stand auf der westlichen Seite die machtpolitische Komponente im Vordergrund der Bedrohungsvorstellung. Die Auseinandersetzung wäre aber nie systemprägend geworden, hätte sie nicht neben der ideologischen auch immer eine machtpolitische Komponente besessen. Mit den USA und der UdSSR standen sich zwei Nuklearmächte bis an die Zähne bewaffnet gegenüber, die gleichzeitig die Protagonisten der zwei unterschiedlichen Herrschaftssysteme waren. Nie war allerdings die ideologische Komponente in einer globalen Konfliktlinie bedeutender als bei der Auseinandersetzung zwischen dem kommunistischen Osten und dem liberal-demokratischen Westen. Generell formuliert: Je höher die gesellschaftliche, und hierbei insbesonders die kommunikative Interdependenz wurde, desto mehr wuchs auch die Bedeutung der ideologischen Komponente bei globalen Konfliktlinien. Können wir somit erwarten, daß der Trend anhält und eine neue große Konfliktlinie entsteht, bei der die ideologische Komponente – der Dissens über unterschiedliche Herrschaftssysteme – gegenüber der machtpolitischen Komponente – die hegemoniale Auseinandersetzung – vollends in den Vordergrund rückt? Spricht diese Analyse also für den Kampf der Zivilisationen und gegen den Hegemoniekonflikt zwischen Japan und der USA sowie v.a. gegen die

These vom Ende des ideologischen Zeitalters? Der angezeigte Trend spricht sicherlich dafür, daß es nach dem Ende des Ost-West Gegensatzes weder einen Hegemonialkonflikt traditioneller Art zwischen den zwei mächtigsten Staaten der Welt noch eine ideologiefreie Weltrepublik demokratischer Gemeinwesen geben wird. Möglicherweise übersehen wir aber eine noch weitreichendere Veränderung, wenn wir den Trend einfach fortschreiben: Globale Konfliktlinien sind nach 1648 unmittelbar Ausdruck eines Systems gewesen, dessen wesentliche Komponenten Nationalstaaten waren, die gemäß dem Souveränitätsprinzip nach außen in einem Wettbewerb um die machtpolitische Vorherrschaft zueinander standen und nach innen bemüht waren, eine legitime Herrschaftsordnung zu etablieren. Die Frage ist also, ob das internationale System auch nach dem Ende des Ost-West-Konflikts in erster Linie ein System sein wird, das weiterhin von souveränen Nationalstaaten mit interdependenten Gesellschaften dominiert wird?

2. Weshalb das internationale System ein doppelt kompetitives Staatensystem war

Gemäß der realistischen Theorie internationaler Politik streben souveräne Nationalstaaten in einem anarchischen System gleichsam zwangsweise nach Macht. Liberale Theorien internationaler Politik heben hingegen auf ordnungspolitische Differenzen zwischen Staaten ab, seien es ordnungspolitische Differenzen über die Ausgestaltung von internationalen Institutionen zur Regelung der Interdependenz oder Differenzen über die richtige Ordnung im Innern. Mein Argument bis hierher war, daß nur eine Verbindung der beiden Theorien globale Konfliktlinien erfassen und erklären kann. Liberale und realistische Theorie stimmen darin überein, daß trotz der gesellschaftlichen Interdependenz das internationale System als ein Staatensystem zu charakterisieren ist. Staaten sind die politischen Institutionen, die im internationalen System sich im Laufe der Zeit die Kompetenz-Kompetenz angeeignet haben. Daß der Nationalstaat zum dominanten politischen Ordnungsprinzip wurde und gleichzeitig ein internationales Staatensystem entstand, welches immer wieder von globalen Konfliktlinien mit enormen Gewaltpotentialen geprägt war, ist letztlich der gegenseitigen Anerkennung der Staaten – also dem Souveränitätsprinzip – geschuldet. Dieser Befund darf allerdings nicht den Blick auf die materiellen Fähigkeiten versperren, die dem Prozeß der gegenseitigen Anerkennung zugrundelagen. Souveränität hätte sich nämlich nicht ohne eine entsprechende materielle Grundlage durchsetzen können. Entscheidend war dabei, daß der Territorialstaat bestimmte Aufgaben besser erfüllen konnte als andere politische Organisationsformen wie Imperien, Stadtstaaten und Städteligen. Erst später löste sich das Recht der Völker auf Selbstbestimmung von der Fähigkeit, staatliche Aufgaben erfüllen zu können. Noch 1946 wehrte die britische Regierung unter Verweis auf die Politik des Völkerbundes, die aufgrund einer unterschiedlichen „readiness for independence" unterschiedliche Rechte auf Staatenbildung zuwies, eine sofortige Abgabe ihrer Kolonien mit dem Fehlen eines *effektiven* Staates in diesen Ländern ab. Erst 1960 verabschiedeten die Vereinten Nationen eine Resolution, die das Selbstbestimmungsrecht von der Anwesenheit eines effektiven Staates abkoppelte: „... inadequacy of political, economic, social and educational preparedness should never serve as a pretext for delaying interdependence" (zit. nach Jackson 1990:

36).¹² M.a.W.: Legale Souveränität existiert heute als juristisches Konzept im Prinzip unabhängig von der Effektivität nationalstaatlicher Politiken (die Problemlösungsfähigkeit) und auch von dem Grad der Autonomie eines Staates (die Entscheidungsfreiheit, wie mit Problemen umgegangen werden soll).

Formale Souveränität in Abwesenheit von realer Autonomie und Problemlösungsfähigkeit, also in Abwesenheit von Funktionserfüllung, ist jedoch eine äußerst prekäre Institution. Die Existenz eines Systems von Staaten, die allesamt nur aufgrund der Anerkennung durch andere Staaten existieren, ist ein unhaltbares Konstrukt. Um über die Zukunft von staatlicher Souveränität und von globalen Konfliktlinien nachzudenken, erscheint es also unabdingbar zu verstehen, welche Aufgaben er erfüllt hat, und ob er diese Aufgaben heute immer noch erfolgreich erfüllt. Ich möchte daher zunächst die Entwicklung typischer Staatsfunktionen skizzieren, um dann zu fragen, ob und inwieweit die Erfüllung dieser Aufgaben durch Globalisierungsprozesse in Frage gestellt werden. In einer Spätphase der Entwicklung gilt es als vorrangige Aufgabe des modernen Staates, die gesellschaftlichen Beziehungen in einem Land so zu regeln, daß gleichzeitig

1. die äußere und innere Sicherheit gewährleistet ist (Sicherheitsfunktion);
2. Gemeinschaftsgüter wie gesicherte Eigentumsrechte, einheitliche Meßgrößen oder Ausbildungssysteme zur Verfügung gestellt werden, so daß die Transaktionskosten reduziert werden und ein effizientes Wirtschaften ermöglicht wird (Effizienzfunktion);
3. die Verfahren, mittels derer Politiken formuliert und implementiert werden, so organisiert sind, daß sie für die Betroffenen zustimmungsfähig sind und allgemein anerkannt werden (Legitimationsfunktion);
4. die Ungleichheiten in einer Gesellschaft so eingedämmt werden, daß sie kein die Gesellschaft sprengendes Ausmaß annehmen (Redistributionsfunktion).¹³

Die genannten vier Staatsfunktionen haben sich in einer historischen Abfolge herausgebildet und sind erst vom Wohlfahrtsstaat in der zweiten Hälfte des 20. Jahrhunderts in vollem Umfang erfüllt worden.

ad 1) Die *Entstehung* des modernen Territorialstaates geht ganz wesentlich auf die *Sicherheitsfunktion* zurück. Der moderne Territorialstaat ist entstanden, als sich die europäischen Herrscherhäuser stehende Armeen zulegten, mittels derer sie gegenüber anderen Herrscherhäusern und umherziehenden bewaffneten Banden ein Gewaltmo-

---

12 Jackson hat für diese Organisationen den Begriff „Quasi-Staaten" eingeführt. Zur Problematik siehe auch Knieper (1991) und v.a. Sørensen (1995).
13 Einen Überblick über „Staatsaufgaben" bietet der von Grimm (1994a) herausgegebene Sammelband. Vgl. insbesondere die Beiträge von Grimm (1994b), Héritier (1994), Offe (1994), Preuß (1994). In diesem Band wird der Begriff „Staatsaufgaben" gewählt, da er im Gegensatz zu Begriffen wie „Staatszwecke" und „Staatsfunktionen" keine teleologische Wesensbeschreibung des Staates beinhalte und statt dessen die historische Kontingenz von Staatsaufgaben hervorhebe (vgl. Kaufmann 1994: 17). Ich verwende hier die Begriffe „Staatsaufgaben" und „Staatsfunktionen" jedoch austauschbar, auch um anzuzeigen, daß mit dem historischen Wandel der staatlichen Aufgaben sich gleichzeitig ein Kern von Staatsfunktionen herausgebildet hat, der in einem systematischen Zusammenhang mit moderner Staatlichkeit steht, und insofern mit dem Konzept der historischen Kontingenz nicht hinreichend erfaßt wird.

nopol durchsetzten, welches durch den Aufbau eines administrativen Apparates zur Eintreibung von Abgaben begleitet wurde. Es gab also eine enge Beziehung zwischen Kriegen, der Notwendigkeit, Mittel für die Kriegsführung einzutreiben, und der Einrichtung eines Verwaltungsapparats zu diesem Zweck. In einem System, das durch Wettbewerb, Krieg und Eroberung gekennzeichnet war, sammelte ein wachsender Verwaltungsapparat die Ressourcen, welche Sicherheit gegen militärische Drohungen vor ähnlichen, externen Einheiten gewährleisten sollten. Gleichzeitig setzte er ein Gewaltmonopol gegenüber internen Rivalen durch, was im Ergebnis den inneren Frieden, ganz im Sinne des Hobbesschen Leviathans, leidlich garantierte (vgl. hierzu Tilly 1985, 1990).

ad 2) Die Bereitstellung eines institutionellen Rahmens, der es ermöglicht, Transaktionskosten zu senken und Gemeinschaftsgüter in ausreichendem Maße herzustellen (*Effizienzfunktion*), begann erst, nachdem sich die ersten absolutistischen Territorialstaaten etabliert hatten. Angesichts der existentiellen Konkurrenz zwischen verschiedenen Territorialstaaten, Stadtstaaten und Städteligen kamen die Herrscher zum Schluß, daß sie eine starke, autonome Wirtschaft benötigten, um ihre Stellung zu verteidigen und auszubauen. Es war das Zeitalter von Colberts Merkantilismus. Die politischen Maßnahmen, die der Minister von Ludwig XIV ergriff, sollten die französische Wirtschaft ankurbeln, um Kriege finanzieren und ein großes Heer unterhalten zu können. Zu diesem Zweck wurden Eigentumsrechte verteilt und garantiert sowie die Vertragsfreiheit ermöglicht, soziale Konflikte wurden mit Hilfe der Gerichtsbarkeit entschärft, und der Staat begann infrastrukturelle Grundlagen einer erfolgreichen Verkehrswirtschaft zu legen, sei es in Form eines standardisierten Ausbildungssystems oder in Form von neuen Verkehrswegen. Zudem wurden die nationalen Volkswirtschaften als Ganzes und besonders die für die nationale Sicherheit als wichtig erachteten Sektoren durch staatliche Maßnahmen meist in Form von Zöllen gegenüber den ausländischen Produzenten protegiert. Auch bei der Erfüllung dieser wirtschaftlichen Funktionen erwies sich der Territorialstaat gegenüber seinen institutionellen Alternativen, den Stadtstaaten und der Städteligen, überlegen. Der Territorialstaat war bei der Vereinheitlichung von Maßen und Normen, von rechtlichen und kulturellen Verkehrsformen, bei der Durchsetzung von Beiträgen für Kollektivgüter, kurz bei der Bereitstellung eines institutionellen Rahmens, der die nationale Verkehrswirtschaft ermöglichte, besser und erfolgreicher als seine Konkurrenten (vgl. hierzu North 1981; Spruyt 1994).

Thomas H. Marshall (1992) hat drei Bestandteile des Staatsbürgerstatus ausgemacht, welche die individualrechtliche Fundierung der Staatsfunktionen zwei bis vier darstellen: die bürgerlichen Freiheitsrechte, die politischen Teilhaberechte und die sozialen Rechte. Die formgebende Phase der bürgerlichen Freiheitsrechte, also die Rechte, die notwendig sind, um die individuelle Freiheit zu sichern wie die „Freiheit der Person, Redefreiheit, Gedanken- und Glaubensfreiheit, Freiheit des Eigentums, die Freiheit, gültige Verträge abzuschließen, und das Recht auf Gerichtsverfahren" (ebd.: 40), ging einher mit der weiteren Verbesserung der Effizienzfunktion des Staates. Ohne derartige Grundrechte hätte sich kaum eine Bürgerschicht herausgebildet, die sich ohne Rückgriff auf politische Privilegien Gewinne anzueignen versuchte. Das Set von Freiheitsrechten formte den institutionellen Rahmen, der es ermöglichte, Transaktionskosten weiter zu senken. Dieser institutionelle Rahmen ermöglichte es, daß wirtschaftliches Wachstum sich zunehmend aus der Gesellschaft heraus entwickelte und nicht mehr nur staatlich induziert war wie noch in der Hochzeit des Merkantilismus.

Später wurde die Effizienzfunktion des Staates zusätzlich erweitert: Neben der Bereitstellung eines institutionellen und infrastrukturellen Rahmens griff der Staat nun selbst in die Marktprozesse ein. Nach dem Erfolg des „New Deal" in den USA setzte sich insbesondere in Westeuropa eine Politik durch, die auf die Linderung der Auswirkungen von Konjunkturkrisen und auf eine aktive Strukturgestaltung der nationalen Volkswirtschaft abzielte. Aufgrund der gewachsenen Interdependenz zwischen Volkswirtschaften war die Effizienzfunktion aber auch zunehmend von der Errichtung internationaler Institutionen abhängig. Durch das internationale Handelsregime (GATT), das Regime zur Regelung der Währungsbeziehungen und der Finanzbeziehungen sowie durch die Europäische Wirtschaftsgemeinschaft ist ein institutioneller Rahmen gelegt worden, der den weltwirtschaftlichen Aufschwung nach dem Zweiten Weltkrieg ermöglichte. Das Prinzip, das hinter diesen internationalen Institutionen steht, wurde mit dem Begriff „embedded liberalism" (John Gerard Ruggie) auf den Punkt gebracht. Diese Institutionen ermöglichten einen relativ unbehinderten wirtschaftlichen Austausch zwischen allen Industrieländern, ohne den Raum für unterschiedliche nationale Ausgestaltungen der politischen und gesellschaftlichen Landschaft allzu gering werden zu lassen. So konnten die korporatistischen Wohlfahrtsstaaten skandinavischer Provenienz in diesem Umfeld mindestens genauso erfolgreich bestehen wie die liberalen angelsächsischen Systeme oder die staatsorientierte Gesellschaft und Wirtschaft in Ostasien. M.a.W: Internationale Institutionen waren eine Form des internationalen Regierens, die den Fortbestand der staatlichen Steuerungsfähigkeit ermöglichte (Ruggie 1983).

ad 3) Die Sicherheits- und die Effizienzfunktion erforderten zielgerichtete Aktivitäten oder Unterlassungen seitens des Staates. Die *Legitimitätsfunktion,* also die Entwicklung von legitimen Verfahren, die zu Entscheidungen über den Gehalt von Politiken führen, liegt dazu quer. Während die englische Revolution Symbol für die Rechtsstaatlichkeit wurde, erlangte die französische Revolution Symbolkraft für das demokratische Recht auf Beteiligung am Prozeß der staatlichen Entscheidungsfindung. Insoweit staatliche Herrschaft die Befugnis der zwangsförmigen Durchsetzung ihrer Anordnungen einschließt, bedarf sie seitdem der Beteiligung der Regelungsadressaten als Rechtfertigung. Der Forderung nach Demokratisierung konnten sich die Herrschenden nicht mehr länger entziehen. Freilich war der Kreis derjenigen, die als Staatsbürger angesehen wurden und im 19. Jahrhundert Beteiligungsrechte erhielten, zunächst stark eingeschränkt. Das allgemeine Wahlrecht für Männer wurde erstmals 1848 in Frankreich und in den meisten heutigen OECD-Ländern inklusive Großbritannien erst nach dem Ersten Weltkrieg eingeführt. Das allgemeine Wahlrecht für Frauen wurde noch später zum Standard, in Großbritannien beispielsweise 1928 und in Belgien, Frankreich und Italien gar erst nach dem Zweiten Weltkrieg.

ad 4) Die Entwicklung einer nationalen Marktwirtschaft und die industrielle Revolution produzierten einen ungekannten Wohlstand. Parallel dazu führten sie zu der relativen Verarmung weiter Bevölkerungsschichten, da sie die sozialen Absicherungen zerstörten, die die feudal organisierte dörfliche Gemeinschaft noch bereithielt. Das führte im Ergebnis zu einer staatlichen Politik, die auf die Sicherung der sozialen Bürgerrechte abzielte. Das Recht auf ein Mindestmaß an wirtschaftlicher Wohlfahrt und Sicherheit ist das Staatsbürgerrecht, welches in Form der *Redistributionsfunktion* des Staates erbracht wird und im wesentlichen eine Entwicklung des 20. Jahrhunderts ist. Nachdem sich die Arbeiterklasse aufgrund des erweiterten Wahlrechts erstmals einen (allerdings mittelbaren) Einfluß auf die staatliche Politik erkämpft hatte und sich die sog. Hilfskassen aufgrund der homogenen Mitgliedschaft als defizitär erwiesen (vgl. de Swaan 1988: 146) wurden in den entwickelten Industrieländern ab dem Ende des 19. Jahrhunderts nationale Versicherungssysteme eingerichtet, die die Folgen der Erwerbslosigkeit lindern sollten. Erfaßt wurden die vier Hauptursachen der Erwerbslosigkeit: Eine Unfallversichung, eine Altersvorsorge, eine Krankenversicherung und eine Arbeitslosenversicherung wurden nach und nach eingeführt. Alles dies stellte freilich bestenfalls einen Anfang dar. Zur Jahrhundertwende wurde in Deutschland ein Betrag von ungefähr einem Prozent des BSP für Sozialleistungen ausgegeben. Damit hatte Deutschland zu jener Zeit den höchsten Sozialanteil am BSP. Heute hingegen liegt Schweden mit einem Anteil von über 30 Prozent für Sozialausgaben weltweit an der Spitze.

Die wohlfahrtsstaatlichen Maßnahmen vermischten sich nach dem Zweiten Weltkrieg zunehmend mit der wirtschaftlichen Globalsteuerung. Im Rahmen des „embedded liberalism" konnten die Kapitalströme so gut kontrolliert werden, daß die Nationalstaaten in vielen Bereichen gegen die Interessen der Wirtschaft intervenieren konnten, um ungewünschte Nebenwirkungen von Marktprozessen zu lindern (nicht ohne selbst solche ungewünschte Nebenwirkungen zahlreich zu produzieren). In diesem Zusammenhang wird häufig vom „keynesianischen Wohlfahrtsstaat" gesprochen, der (i) das Instrument der staatlichen Nachfragesteuerung extensiv nutzte, (ii) scharfe Kapitalkontrollen auferlegte, (iii) eine aktive Industriepolitik betrieb, und (iv) substantielle Transferleistungen tätigte (Shonfield 1965). Dieser keynesianische Wohlfahrtsstaat verkörperte eine gewisse soziale Kompetenz, die in der relativ krisenfreien wirtschaftlichen Wachstumsperiode der ersten 30 Jahre nach dem Zweiten Weltkrieg eine Nationalisierung der Wohlfahrt ermöglichte (Neyer 1995).

Es ist die relativ erfolgreiche Erfüllung dieser historisch abgestuften Aufgaben in der westlichen Welt, die die institutionelle Dominanz des Nationalstaates als politisches Ordnungsprinzip in der gesamten Welt ermöglicht hat. Gleichzeitig sind in diesen Staatsfunktionen auch schon die Wurzeln für die doppelte Kompetivität des modernen Staatensystems angelegt. Zum einen etablierte der Territorialstaat im Innern ein Gewaltmonopol und schaffte mithin Ordnung. Nach außen wurde er zur Bedrohung für andere politische Gemeinschaften, der durch die Errichtung eines eigenen Staatswesens mit ähnlichem Drohpotential begegnet wurde. Insofern etablierte sich der Staat gleichzeitig als wichtigster Friedensgarant und als wichtigste Friedensbedrohung. Die aus dieser eigenartigen Doppelrolle erwachsende zwischenstaatliche Machtkonkurrenz schuf internationale Konfliktlinien und überlagerte gegenläufige transnationale Konflikte zwischen sozialen Klassen. Zum anderen herrschte ein Wettbewerb darüber, wie die anderen drei Funktionen am besten erfüllt werden. Diese Herrschaftskonkurrenz zwischen den Staaten wurde jedoch vermittelt über die Gesellschaften ausgetragen. Der Gegenstand der Auseinandersetzung war die ordnungspolitische Konzeption, also die Frage, welche Tätigkeit der Staat ausüben, und welche er unterlassen sollte, um die Staatsfunktion erfolgreich *und* moralisch rechtfertigbar zu erfüllen.[14] Die wichtigsten Konfliktgegenstände bei diesen Auseinandersetzungen bezogen sich auf die Rechtsstaatlichkeit (die Frage, wo unabdingbare Grenzen staatlicher Eingriffe liegen), die Demokratie (die Frage, ob und wenn in welcher Form alle Bewohner eines Landes am politischen Prozeß partizipieren sollen), die Rolle des Staates im Wirtschaftsprozeß (die Frage, ob und inwieweit der Staat die Wirtschaft plant, umfassend steuert oder nur punktuell eingreift) und den Wohlfahrtsstaat (die Frage, ob der Staat eine Pflicht hat, allen Bewohnern eines Landes eine materielle Mindestversorgung zukommen zu lassen und die Einkommensdifferenzen nicht zu groß werden zu lassen). Kurz und gut: Der Nationalstaat etablierte sich gegenüber seinen institutionellen Alternativen, weil er bestimmte Aufgaben besser erfüllen konnte. Gleichzeitig entstand ein internationales Staatensystem, in dem die Nationalstaaten um die beste Aufgabenerfüllung miteinander konkurrierten.

3. Weshalb Globalisierung das doppelt kompetitive Staatensystem transformiert

Wenn globale Konfliktlinien in der Vergangenheit tatsächlich aus der Struktur eines internationalen Systems gleichsam zwingend erwachsen sind, welches sowohl durch Souveränität mit der Folge der Machtkonkurrenz als auch durch gesellschaftliche Interdependenz mit der Folge der ordnungspolitischen Konkurrenz gekennzeichnet war, dann kann argumentiert werden, daß sich dieses System und die Staatlichkeit selbst (und nicht einzelne Staaten) in einer Transformationsphase befinden. Als Folge dieser Transformation dürften sich zwei Konsequenzen des internationalen Systems nicht mehr einstellen, falls die These vom Ende der globalen Konfliktlinien zutreffen sollte.

1. Die Staaten müßten ihre beinahe absolute Strukturierungsmacht im Bereich der Sicherheit einbüßen und mithin die Fähigkeit verlieren, Konfliktlinien global auszurichten.
2. Herrschaftskonflikte dürften sich nicht mehr *via* Staaten internationalisieren.

M.a.W.: Nationalstaaten müssen systematisch Schwierigkeiten haben, ihre Funktionen weiterhin zu erfüllen. Diese Auswirkung werden m. E. das Resultat eines Globalisierungsschubs sein, der vor zwei bis drei Jahrzehnten einsetzte. Unter *Globalisierung* soll dabei die Ausweitung der verdichteten sozialen Handlungszusammenhänge über den nationalen Rahmen hinaus verstanden werden. Soziale Handlungszusammenhänge konstituieren sich durch den Austausch oder die gemeinsame Produktion von Bedrohungen und Risiken (Sicherheit), Waren, Dienstleistungen, Kapital und Arbeitskräften (Wohlfahrt) sowie Zeichen (Kommunikation). Globalisierung vollzieht sich dabei zu einem Großteil über die sprachunabhängigen sog. M-Medien (Offe) wie „money",

---

14 In dem bereits zitierten, von Grimm (1994a) herausgegebenen Band verwenden verschiedene Autoren hierfür verschiedene Begriffe: So spricht etwa Offe (1994) von einem ordungspolitischen Design und Abelshauser (1994) von einem Aufgabenregime. In meiner Terminologie ist das ein Teilaspekt des herrschafts- oder ordnungspolitischen Konflikts, der sich aus dem Aufgabenregime, den legitimen Verfahren der Politikformulierung und den damit verbundenen Grundwerten zusammensetzt.

„music", „movies", „mathematics", „migration", „moral claims" etc.[15] Herrschte *bis dato* eine *Interdependenz* in der Form, daß gesellschaftliche und staatliche Tätigkeiten außerhalb des eigenen Landes erhebliche Rückwirkungen auf die Erreichung eigener politischer Ziele hatten, so ist in vielerlei Hinsicht inzwischen aufgrund der Globalisierung der Unterschied zwischen „Innen" und „Außen" aufgehoben (vgl. Holm/ Sørensen 1995b). Dieser Globalisierungsschub unterminiert das internationale Staatensystem, indem er zunehmend in Frage stellt, ob selbst die erfolgreichsten Nationalstaaten in der OECD-Welt ihre traditionellen Aufgaben weiterhin erfüllen können. Wenn es im Kern Afrikas nur quasi-souveräne Staaten gibt oder in den Republiken der ehemaligen UdSSR diese Funktionen nicht erfüllt werden, gefährdet dies das internationale System möglicherweise noch nicht. Wenn jedoch selbst die erfolgreichsten Nationalstaaten in der OECD-Welt ihre Aufgaben nicht mehr hinreichend erfüllen können, steht das Staatensystem in seiner bisherigen Form in Frage.

3.1 Transformation der Herrschaftskonkurrenz

Die Globalisierung im Sachbereich *„Wohlfahrt"* ergibt sich durch die Verdichtung internationaler Handelsbeziehungen, durch das Entstehen von off-shore Finanzmärkten und den Bedeutungszuwachs von Direktinvestitionen. So stieg in den meisten OECD-Staaten der Export von Waren und Dienstleistungen zwischen 1970 und 1991 schneller als das Bruttosozialprodukt. Hinzu kommen phantastische Wachstumsraten bei den Auslandsdirektinvestitionen – der Gesamtwert der getätigten Auslandsinvestititonen ist von 211 Milliarden US-Dollar 1973 auf inzwischen ungefähr 2000 Milliarden US-Dollar angestiegen (UNCTC 1992). Außerdem haben sich die Finanzmärkte in atemberaubendem Tempo globalisiert – der Wert der Wertpapiere und Spekulationsgelder überschreitet den Wert der Aktien inzwischen um das fünffache, was Währungsentwicklungen zunehmend von realen Wirtschaftsentwicklungen abkoppelt. Als Folge davon sind die nationalstaatlichen Handlungsspielräume kleiner geworden und die ordnungspolitischen Designs erfolgreicher Länder werden sich im Laufe der Zeit angleichen und damit den Raum für Herrschaftskonflikte verringern.[16]

Die *wohlfahrtsstaatliche Frage*, ob der Staat eine Pflicht hat, allen Bewohnern eines Landes eine materielle Mindestversorgung zukommen zu lassen und die Einkommensdifferenzen nicht zu groß werden zu lassen, hat ihren *zwischenstaatlichen* Spreng-

---

15 Die Grenzen eines *Handlungszusammenhangs* sind „the place where there is some critical reduction in the frequency of a certain type of transaction" (Deutsch 1969: 99). Diese Definition von Globalisierung bezieht sich auf alle Handlungszusammenhänge, die potentiell regelungsbedürftig sind. Die internationale und transnationale politische Verregelung dieser Zusammenhänge wird folglich nicht als „Globalisierung", sondern als „politische Integration" konzeptualisiert. Dabei darf aber politisches Handeln nicht mit staatlicher Aktivität gleichgesetzt werden. Es sollen alle *Regelungen* der genannten Austausch- und Interaktionsprozesse (Handlungszusammenhänge) als politisch verstanden werden. Insofern können nicht-staatliche Akteure ebenso Teil einer regelnden Instanz sein, wie staatliche Akteure Teil eines zu regelnden Handlungszusammenhangs sein können. Eine so verstandene Globalisierung ist kein völlig neuer Prozeß. Ich gehe aber davon aus, daß sie sich seit der Mitte der 70er Jahre dieses Jahrhunderts schubartig beschleunigt hat (vgl. Zürn 1995a).
16 Garrett/Lange (1991) und Armingeon (1993) wenden ein, daß sich die *outcomes* verschiedener Politiken in unterschiedlichen OECD-Ländern bisher nur bedingt angleichen.

stoff verloren, seitdem in allen OECD-Ländern die Sozialpolitik aufgrund des Globalisierungsprozesses im Sachbereich Wirtschaft unter enormen Druck geraten ist. Durch den Abbau der Handelshemmnisse in der OECD-Welt hat sich der Wettbewerb auf dem Weltmarkt verschärft, was in Verbindung mit der deutlich erhöhten Kapitalmobilität die Standortfrage in Ländern mit hohen Lohnnebenkosten in neuer Weise stellt. *Ceteris paribus* investieren Unternehmen nämlich dort, wo die Lohnkosten geringer und die Arbeitskräfte besser qualifiziert sind sowie eine überlegene Infrastruktur vorhanden ist. Darüber hinaus belastet auch die wachsende Personenmobilität den Haushalt der Wohlfahrtsstaaten durch mindestens zwei Mechanismen: Hohe Sozialleistungen stellen zum einen einen pull-factor für niedrig qualifizierte Arbeitskräfte dar und zum anderen setzt die Beweglichkeit der Personen mit hohem Einkommen Grenzen für die Höchststeuersätze. Die Finanzierung des Sozialstaats gerät somit durch leere Haushaltskassen in Schwierigkeiten. Der westliche Wohlfahrtsstaat verliert an sozialer Kompetenz, und zwar gleichermaßen in den USA wie in Schweden. Abnehmende pro-Kopf-Transferzahlungen an Erwerbslose sowie die Armutsentwicklung sind aussagekräftige Indikatoren für diese Entwicklung (vgl. Neyer/Seeleib-Kaiser 1995). Umgekehrt bleibt freilich ein Mindestmaß an sozialer Integrationskraft gleichfalls ein wichtiger Standortfaktor (siehe z.B. Rieger/Leibfried 1995). Eine attraktiver Wirtschaftsstandort kann sich jedenfalls sozialpolitisch keine grundlegende Abweichung vom Sozialstandard anderer Länder erlauben, weder in die eine noch in die andere Richtung.

Auch die Möglichkeit des Nationalstaates, eine *makroökonomische Globalsteuerung* zu betreiben, ist aufgrund der erhöhten Kapitalmobilität und v.a. der internationalen Finanzmärkte eingeschränkt. Kapitalfreiheit, eine autonome Geldmengenpolitik und Wechselkursstabilität sind in einer globalisierten Ökonomie gleichzeitig nicht mehr zu verwirklichen. Da sowohl die Einschränkung der Kapitalfreiheit als auch starke Wechselkursverschiebungen wirtschaftlich verheerende Auswirkungen hervorrufen, sind die Möglichkeiten einer autonomen Geldmengenpolitik für alle OECD-Länder dieser Welt mit der bestenfalls partiellen Ausnahme von den USA, Japan und der Bundesrepublik eingeschränkt. Auch eine staatliche Verschuldungspolitik mit inflationären Auswirkungen führt zur schnellen Kapitalabwanderung und mithin zu wirtschaftlichen Problemen. Nicht zuletzt deshalb ist in allen Industrieländern die Massenarbeitslosigkeit zum Dauerzustand geworden. In den alten Ländern der Bundesrepublik beispielsweise überschritt die Zahl der Arbeitslosen 1975 die Ein-, zu Anfang der 80er Jahre die Zwei- und inzwischen schreitet sie forsch auf die Drei-Millionengrenze zu. Ingesamt beeinflußt die Globalisierung alle wichtigen staatlichen Aktivitäten im wirtschaftlichen Bereich (Cerny 1995) und schlägt sich in der Einkommensverteilung nieder. Die Einkommensverteilung ist in allen westlichen Industrieländern zwischen der Jahrhundertwende und den 70er Jahren zunächst ausgeglichener geworden. Seitdem hat sich die Entwicklung aber umgekehrt. Beispielsweise hatte das reichste Fünftel der Bevölkerung in den USA zwischen 1977 und 1990 ein Einkommensplus von 9 % zu verzeichnen, während das unterste Fünftel ein Minus von 5 % hinnehmen mußte.[17] Zwar versuchen Staaten die Effektivität ihrer Politik durch die Schaffung von internationalen Institutionen, in deren Rahmen sie ihre Politiken besser koordinieren kön-

---

17 Vgl. The Economist, Rich Man, Poor Man, 24.7.1993, S. 71.

nen, zurückzugewinnen. Die marktkorrigierende internationale Institutionenbildung kann aber aufgrund ihrer Schwerfälligkeit den Verlust der Effektivität nationaler Politiken nicht völlig ausgleichen, so daß ein erhebliches Maß an Steuerungsdefizit übrigbleibt. Dennoch hat sich in fast allen Problemfeldern der internationalen Politik inzwischen ein Netz von internationalen Institutionen und Regimen etabliert, die die gesellschaftlichen und staatlichen Interaktionen auf der Grundlage gemeinsam entwickelter Normen, Prinzipien, Regeln und Verfahrensweisen „regieren". Die Europäische Union ist das augenscheinlichste Beispiel dafür, daß Staaten mittels solcher Institutionen versuchen, verlorengegangene Handlungskapazitäten auf einer neuen Ebene zurückzuerlangen. Als Folge dieser Entwicklung erhöht sich der ohnehin schon hohe Anpassungsdruck für die beteiligten Länder, der dafür sorgt, daß sich unterschiedliche ordnungspolitische Designs in der Tendenz angleichen.

Auch mit Blick auf die Frage der Rechtsstaatlichkeit scheint vieles für einen Angleichungsprozeß zu sprechen. Hier ist v.a. die Globalisierung im Sachbereich „*Kommunikation*" wichtig.[18] Die Staaten in der OECD-Welt haben nämlich zunehmend die Möglichkeit verloren, die transnationale Kommunikation und den damit verbundenen Austausch von Informationen zu kontrollieren und zu steuern. Die globale Verbreitung neuer Informations- und Kommunikationstechnologien stärkt nicht, wie in Orwells „1984" vorausgesagt, den Staat gegenüber dem Individuum, sondern im Gegenteil das Individuum gegenüber dem Staat. Oder um es in den Worten der „Commission on Global Governance" zu sagen: „The information and communication revolutions are helping to diffuse power throughout society, often transferring it from hierarchical structures to small groups, and increasing the ability of dispersed groups to communicate. Indeed, computer-based networking capabilities are giving new form and strength to civil society and facilitating partnerships with intergovernmental institutions" (Commission 1995: 2). So können beispielsweise mittels digitaler Verschlüsselungstechnologien große Informationsmengen verschoben werden, ohne daß der Staat eine Zugriffsmöglichkeit hätte. Weil derartige Verschlüsselungsprogramme heute auch von Bürgerrechtsbewegungen genutzt werden (vgl. Die Zeit, 8.9.1995: 76), sind die Staaten insbesondere in der OECD-Welt kaum (mehr) in der Lage, das Bekanntwerden von Menschenrechtsverletzungen zu verhindern, und zwar weder im Inland noch im Ausland. Die verringerte Kontrolle über Kommunikationsflüsse wird ergänzt durch eine höhere Sanktionsanfälligkeit sowohl auf der Produktions- als auch der Konsumptionsseite. Staaten, die die Rechtsstaatsfunktion nur ungenügend erfüllen, müssen mit einer sinkenden Attraktivität ihres Standortes für die Produktion von Waren und Dienstleistungen rechnen. Sie müssen auch eine sinkende Attraktivität als Arbeitsplatz für die Spitzenkräfte in Kauf nehmen, die im Zuge der Globalisierung für die Wirtschaftsunternehmen immer wichtiger werden. Diese hochbezahlten Menschen werden

---

[18] Durch die Einrichtung von Telephon- und Telefaxverbindungen, durch elektronische Datennetze und Satellitenkommunikation sowie durch Massenmedien wie Fernsehen und Radio hat schließlich auch die Kommunikation innerhalb der OECD-Welt einen Globalisierungsschub durchlaufen. Nach Schätzungen waren bis 1990 550 **Millionen** Telefone, 600 **Millionen** TV-Geräte, über 1,5 **Milliarden** Radiogeräte und viele **Millionen** PC- und Fax Geräte in Gebrauch. Seitdem hat inbesondere die PC-gestützte Kommunikation, aber auch die weltweite Ausbreitung von internationalen Fernsehprogrammen exorbitante Wachstumsraten zu verzeichnen.

bei der Wahl ihres Arbeitsplatzes Staaten vorziehen, in denen die Grundrechte als gesichert gelten. Auf der Konsumptionsseite handeln sich Staaten, die die Rechtsstaatsfunktion ungenügend erfüllen, ökonomische Nachteile ein, weil Produkte, die mit Grundrechtsverletzungen in Verbindung gebracht werden, aufgrund dieses Images Absatzschwierigkeiten bekommen können oder im Extremfall mit Boykottmaßnahmen rechnen müssen. Die Sorgen deutscher Unternehmerinnen, im Zusammenhang mit den Brandanschlägen auf Asylbewerberwohnheime in Deutschland Exporteinbußen hinnehmen zu müssen, haben dies ebenso gezeigt wie die letzten Jahre des Apartheidregimes in Südafrika. Die globalisierte „Weltöffentlichkeit" hat den (diesmal globalen) „Marktplatz" als Ort der politischen Auseinandersetzung wiederentdeckt.
In der Tat wird die Rechtsstaatsfunktion heute auf einem historisch hohen Niveau erbracht. Im allgemeinen kann gesagt werden, daß Demokratien die Rechtsstaatsfunktion besser erfüllen als autoritäre oder totalitäre Staaten. Insofern kann die sogenannte dritte Welle der Demokratisierung, die Mitte der 70er Jahre in Westeuropa einsetzte (Portugal, Spanien, Griechenland) und mit der Demokratisierung der Staaten Osteuropas Ende der 80er Jahre vorläufig ihren Höhepunkt erreicht hat, als ein erstes Indiz für eine gesteigerte Funktionserfüllung gelten (Huntington 1991; Sørensen 1993). Nach einer Zählung wurden 1993 99 von 186 Staaten als demokratisch kategorisiert und 30 weitere Staaten befanden sich demnach in einem Transformationsprozeß (Lipset 1995). Ein weiteres Indiz für die gute Erfüllung der Rechtsstaatsfunktion durch die Staaten der OECD-Welt stellt die weitgehend gesicherte Verwirklichung der Menschenrechte in dieser Weltregion dar. In der Studie des Freedom House (1992) über die Verwirklichung der politischen Rechte und bürgerlichen Freiheiten haben auf einer Skala von eins bis sieben abgesehen von der Türkei und Mexiko alle 25 OECD-Staaten Noten zwischen eins und zwei bekommen. Im Human Rights Guide (Humana 1992) wird von den 23 erfaßten OECD-Staaten 18 Staaten bescheinigt, die Menschenrechte zu mehr als 90 Prozent zu verwirklichen. Griechenland und Spanien mit je 87 Prozent sowie Japan mit 82 Prozent erreichen gleichfalls gute Ergebnisse. Aber auch über die OECD-Welt hinaus hat sich gemäß dem Human Rights Guide die Verwirklichung der Menschenrechte verbessert. Wurden die Menschenrechte in allen Staaten der Welt 1986 im Durchschnitt nur zu 55 Prozent respektiert, so wurde 1991 immerhin ein Durchschnitt von 62 Prozent erreicht: „[an] improvement ... unparalleled in History" (Humana 1992: xi).
Die Globalisierung fördert also die weltweite Durchsetzung von Minimalstandards der Rechtsstaatlichkeit und Partizipation. Gleichzeitig setzt sie enge Obergrenzen für die demokratische Mitwirkung der Menschen, indem sie die Errichtung und wachsende Bedeutung von internationalen Institutionen fördert. Internationale Institutionen erfüllen nicht die Voraussetzungen, um *Entscheidungen demokratisch legitimieren* zu können: Insbesondere beruhen sie erstens nicht auf einer identifizierbaren politischen Gemeinschaft mit klar definierbaren Außengrenzen (Gemeinschaftskriterium), und sie verletzen zweitens den Grundsatz der Zuordnungsfähigkeit (Zuordnungskriterium) bestimmter Sachentscheidungen zu den verantwortlichen Amtsträgern. Es sind v.a. diese zwei Voraussetzungen des Funktionierens einer repräsentativen Mehrheitsdemokratie, an denen internationale Institutionen scheitern, wenn sie an demokratischen Standards gemessen werden. Selbst im Zusammenhang mit der am weitestgehenden integrierten internationalen Institution, der Europäischen Union, muß festgehalten

werden, daß es keine politische Gemeinschaft gibt, die sich in europaweiten öffentlichen Diskursen, europaweiten Parteien und einer europäischen Öffentlichkeit äußern würde (vgl. Graf Kielmannsegg 1992). Gleichzeitig hat die europäische Mehrebenenpolitik eine dermaßen hohe Komplexität angenommen, daß es den normalen Bürgerinnen und Bürgern längst unmöglich ist, die Rolle und den Einfluß einer Partei oder gar einer Repräsentantin darin auszumachen. Die Politikerinnen nutzen diesen Sachverhalt, in dem sowohl „claiming credit" als auch „shifting blame" längst zum Werkzeugkasten erfolgreicher Politik an der Schnittstelle zwischen internationalen Insitutionen und nationalen Gruppen gehört. Wenn Wähler mit einer Entscheidung unzufrieden sind, kann es ihnen nur schwer gelingen, die verantwortlichen Politikerinnen ausfindig zu machen und abzuwählen. In dieser Situation liegt es nahe, zum Feindbild der politischen Klasse zu greifen – die ist aber erstens nicht abwählbar und zweitens universell. Insofern scheint auch die Demokratiefrage kaum mehr den Stoff abgeben zu können, der eine globale Konfliktlinie zwischen verschiedenen Nationalstaaten ideologisch begründen kann.

In der Summe zeigen diese Überlegungen, daß sich die Differenzen verflüchtigen, welche die ideologische Komponente einer globalen Konfliktlinie ausmachen könnten. Konzeptionen für die politische Ordnung in Nationalstaaten sind einem Angleichungsdruck ausgesetzt. Der Angleichungsdruck wird freilich nicht zu einer völligen Konvergenz der Herrschaftsformen führen. Eliten in den aufstrebenden Industrieländern in Südostasien mögen die Forderung, Menschenrechte zu befolgen, nach wie vor als Hindernis einer wirtschaftlichen Entwicklung sehen und dementsprechend freihändig mit ihnen umspringen. Sie werden aber gleichzeitig vermeiden, Minimalstandards systematisch zu verletzen. Parias zahlen in einer globalisiert Welt einen hohen Preis. Sicherlich gibt es eine Gegenbewegung dazu: Kulturelle und ethnische Differenzen werden betont, um die nationale und politische Identität eines Landes vor der Homogenisierung zu schützen. Globalisierungsverlierer fordern einen starken Staat, der vor den Brutalitäten des Weltmarktes schützt. Derartige Entwicklungen sind aber genau dies: eine *Gegen*bewegung. Sie ist defensiv und gibt nicht den Stoff ab, um einen universalen Ordnungsanspruch begründen zu können. Darüber hinaus ist sie wirtschaftlich zum Scheitern verurteilt: In einer globalisierten Weltwirtschaft kann man nicht mehr anders *und* erfolgreich sein, man ist anders *oder* erfolgreich.

Als Ergebnis des Angleichungsdrucks läßt sich das nach wie vor vorhandene, möglicherweise gewachsene reale gesellschaftliche Konfliktpotential nicht mehr entlang von Nationalstaaten organisieren. Fraglos werden Konflikte über die Frage erwachsen, auf welcher Ebene regiert werden soll und/oder wie die legitime Organisation von internationalen Institutionen aussehen soll. Nationalstaaten scheinen aber denkbar ungeeignet, um entlang dieser Konfliktgegenstände globale Konfliktlinien zu organisieren. Dort, wo nach wie vor ein Wettbewerb zwischen Nationalstaaten denkbar ist, spielen jedoch Fragen der ethischen Begründung keine überbordende Rolle mehr und die Mittel zur Zielerreichung gleichen sich an. Zwar mag der Wohlfahrtsstaat in einen konfliktbereiten Wettbewerbsstaat (Bob Jessop) transformiert werden. Die denkbaren Konflikte sind jedoch kaum ideologiefähig, wie etwa selbst die folgende, radikal klingende Forderung von Peter Drucker illustriert: „Was wir brauchen, ist eine überlegte und aktive – sogar agressive – Politik, die den Forderungen, Gelegenheiten und Dynamiken der externen Ökonomie Priorität über innenpolitische Forderungen und

Probleme einräumt. Wir sehen die Forderungen und Gelegenheiten der Weltwirtschaft noch immer als Externalitäten. Wir fragen gewöhnlich nicht, ob innenpolitische Entscheidungen Wettbewerbsfähigkeit, Teilnahme und Position im Weltmarkt beeinträchtigen. Das Gegenteil muß zur Regel werden." (Drucker, zit. nach Neyer 1995: 177) Der Wettbewerb um das Kapital ist kein Wertekonflikt mit der Logik der binären ideologischen Überhöhung; er ist ein Interessenkonflikt.

3.2 Transformation der Machtkonkurrenz

Gegen das Argument, wonach sich globale Konfliktlinien nicht mehr wiederholen werden, weil zukünftige Konflikte zwischen Nationalstaaten keine ausreichende ideologische Überhöhung zulassen, steht v.a. die realistische Argumentation. Demzufolge ist die Zunahme der ideologischen Komponente in den globalen Konfliktlinien mit einer anwachsenden Interdependenz nur scheinbar. Je weniger historische Distanz zu einer Konfliktlinie vorliegt, desto mehr lasse man sich von den Epiphänomenen einer solchen Auseinandersetzung blenden und desto weniger sehe man deren strukturellen Kern. Der Territorialstaat hat demzufolge seit dem 17. Jahrhundert genau in dem Bereich seine Position permanent gestärkt und konsolidiert, welche die Grundlage seiner Position ausmacht: das Gewaltmonopol. Nachdem die Nationalstaaten im Innern ihr Gewaltmonopol etabliert hatten, erlangten sie im Laufe der Zeit auch das exklusive Recht, Gewalt jenseits des eigenen Territoriums anzuwenden. Nach und nach verschwanden Söldnerheere, Piraten und transnationale Handelsorganisationen mit territorialen Exklusivrechten wie die East India Company. Die Herstellung von Sicherheit sei *die* Kernaufgabe des Territorialstaates und erst wenn sie unterminiert werde, könne von einer Transformation des internationalen Staatensystems gesprochen werden. In der Globalisierungsliteratur sei aber nur auf die Konsequenzen für die Effizienz- und Redistributionsfunktion verwiesen worden (vgl. Thompson/Krasner 1989; Waltz 1990).

Ich möchte diesem Einwand begegnen, indem ich zeige, daß sich auch die Sicherheitsfunktion des Staates in einem grundlegenden Wandel befindet. Zu diesem Zweck ist es notwendig, die Sicherheitsfunktion des Staates in drei Bereiche von allgemeiner Bedeutung auszudifferenzieren:[19]

1. die Verteidigungsfunktion, d.h. die Sicherung des Staates und der Gesellschaft vor Bedrohungen durch andere Staaten und generell vor dem Kriegsrisiko;
2. die Herrschaftsfunktion, d.h. die Sicherung des Staates gegenüber terroristischen oder umstürzlerischen Bedrohungen; und
3. die Schutzfunktion, d.h. die Sicherung der Individuen vor dem Risiko der Schädigung durch die Handlungen anderer gesellschaftlicher Akteure.

Verteidigungsfunktion: Hier kann zunächst in Übereinstimmung mit der realistischen Argumentation festgehalten werden, daß in der Geschichte der modernen Staatenwelt der Nationalstaat den Schutz vor militärischen Bedrohungen durch andere Staaten noch nie effektiver erfüllte als heute. Weltweit ist die Anzahl zwischenstaatlicher

---

19 Für das Folgende vgl. ausführlicher Zangl/Zürn (1995).

Kriege seit den 70er Jahren rückläufig. Sowohl 1993 als auch 1994 weisen die Kriegsstatistiken keinen einzigen der 43 Kriege als *zwischenstaatlichen* Krieg aus (Gantzel 1995; SIPRI 1994). Innerhalb des Kerns der OECD-Welt sind zwischenstaatliche Kriege inzwischen außerhalb unseres Vorstellungsrahmens.

Ist diese zunehmend erfolgreiche Erfüllung der *Verteidigungsfunktion* durch den Nationalstaat in der OECD-Welt mit auf die skizzierten Globalisierungsprozesse zurückzuführen? Angesichts der stetigen Proliferation von Massenvernichtungswaffen mit potentiell globaler Auswirkung erscheint dies fraglich. In der Tat hat die Globalisierung der Bedrohungen die Verteidigungsfähigkeit von Nationalstaaten eher gesenkt.[20] Dieser Prozeß wird aber durch die Globalisierung im Sachbereich „Wohlfahrt" mehr als konterkariert. Zum einen wird die ökonomische Interdependenz häufig von einem dichten Netz an internationalen Institutionen begleitet, die zur Bearbeitung von Konflikten und gemeinsamen Problemen errichtet werden. Dort, wo derartig verdichtete Netze internationaler Institutionen existieren, wird der Frieden im allgemeinen als relativ stabil betrachtet (Deutsch 1957; Rittberger/Zürn 1990). Zum zweiten geht eine starke ökonomische Interdependenz mit einer transnationalen Verflechtung einher, insbesondere zwischen den Eliten unterschiedlicher Länder. Folglich überlappen sich nationale und internationale Konfliktlinien immer häufiger, was nationalistische Mobilisierungen erschwert (Milner 1988; Russett 1993; Risse-Kappen 1995). Zum dritten können Regierungen in einem Kontext hoher ökonomischer Interdependenz ihre internationalen Ziele mit militärischen Mitteln gar nicht mehr erreichen. Militärische Mittel werden zur Zielerreichung jenseits der Abschreckung untauglich (Keohane/Nye 1977; Czempiel 1991). Schließlich nimmt generell die Bedeutung von territorialen Ressourcen für die nationale Wohlfahrt ab (vgl. Neyer 1995). Darüber hinaus dürfte auch die Globalisierung im *Sachbereich „Kommunikation"* die Wahrscheinlichkeit militärischer Bedrohungen durch andere Staaten reduzieren. Die erhöhte Transparenz zwischen den Gesellschaften und der aufgrund der intensivierten Kommunikation beschleunigte kulturelle Angleichungsprozeß macht die militärische Mobilisierung und die Legitimierung von militärischen Aggressionen in der OECD-Welt unwahrscheinlicher. Insgesamt läßt sich also plausibel argumentieren, daß die Globalisierung in den Sachbereichen „Wirtschaft" und „Kommunikation" die seit den 70er Jahren verbesserte Erfüllung der Verteidigungsfunktion durch die Staaten der OECD-Welt miterklärt. Die weniger klar absehbaren Folgen der Globalisierung im Sachbereich „Sicherheit" können zumindest in der Wahrnehmung der Menschen in der OECD-Welt diesen Trend kaum bremsen. Die OECD-Staaten vermitteln am Ende des 20. Jahrhunderts ein historisch noch nie dagewesenes Maß an Sicherheit vor militärischen Bedrohungen durch andere Staaten.

Das Bild stellt sich mit Blick auf die *Herrschaftsfunktion*, also die Existenz eines legitimen Monopols der Verfügung über die Mittel der Gewaltsamkeit, anders dar. Die Zunahme politisch motivierter Gewalttaten zum einen und die Zunahme der Anzahl und Stärke regionaler Autonomie- und Separationsbewegungen zum anderen deuten darauf hin,

---

20 Globalisierung im *Sachbereich „Sicherheit"* druckt sich zum einen in einer Globalisierung von Bedrohungen aus, die durch die Entwicklung von Trägersystemen mit interkontinentaler Reichweite und von zerstörungsmächtigen Massenvernichtungswaffen und durch Verbreitung dieser Tragersysteme und Waffen getragen wird. Zum anderen erleben wir in diesem Sachbereich eine Globalisierung von Risiken durch die Umweltschädigung.

daß die Erfüllung der Herrschaftsfunktion durch die Nationalstaaten in der OECD-Welt in den vergangenen 20 bis 30 Jahren gelitten hat. In der Bundesrepublik ist beispielsweise die Gesamtzahl politisch motivierter Gewalttaten zwischen 1986 und 1993 um ca. 50 % angestiegen (Verfassungsschutzberichte 1987 bis 1993). Auch die Anzahl und Stärke regionaler Autonomie- und Separationsbewegungen ist in den Staaten der OECD-Welt in den letzten drei Jahrzehnten deutlich angestiegen (Gurr 1993: 89-122). Es spricht einiges dafür, daß die Erfüllung der Herrschaftsfunktion durch die Staaten in der OECD-Welt u.a. infolge des Globalisierungsschubes der letzten zwei bis drei Jahrzehnte abnimmt. Zwar ist das Gewaltmonopol in der OECD-Welt heute bestimmt weniger angegriffen, als es in manchen Staaten beispielsweise in den 20er Jahren dieses Jahrhunderts war. Gleichwohl ist zu fragen, ob sich nicht eine Trendwende abzeichnet, und ob sich am Horizont nicht ganz neuartige Herausforderungen abzeichnen. So könnte v.a. die skizzierte Globalisierung im Sachbereich „Sicherheit" dazu führen, daß dem Staat sein Gewaltmonopol entgleitet. Bislang sind zwar keine terroristischen Vereinigungen aufgetreten, die über Atomsprengkörper verfügen, doch die Anzahl der Versuche, nukleares Ausgangsmaterial für den Bau von Atomsprengkörpern zu schmuggeln, haben in den vergangenen Jahren dramatisch zugenommen. So stieg zwischen 1990 und 1994 die Anzahl der tatsächlichen oder behaupteten illegalen Transfers von radioaktivem und spaltbarem Material allein in Deutschland von vier (1990) auf 241 (1993) (Müller 1995). Das Gewaltmonopol der Staaten in der OECD-Welt wird außerdem durch die transnationale Organisation des Terrorismus beeinträchtigt. Nicht nur der linksextreme Terrorismus, sondern auch die in den späten 80er und frühen 90er Jahren vermehrt auftauchenden rechtsextremistischen Terrororganisationen sind transnational vernetzt. Derartige transnationale Vernetzungen stellen den Staat bei der Terrorismusbekämpfung jedoch vor zusätzliche Schwierigkeiten.

Neben der materiellen wird durch Globalisierungsprozesse auch die ideelle Grundlage des staatlichen Gewaltmonopols, dessen Legitimität angegriffen. Im Sachbereich „Wohlfahrt" ist hierbei insbesondere die Rolle von ökonomisch erfolgreichen, ethnisch bzw. kulturell abgrenzbaren Regionen innerhalb der Nationalstaaten in der OECD-Welt wichtig. Mit der Globalisierung der Ökonomie verringert sich die Bedeutung nationaler Märkte für kleine, aber ökonomisch erfolgreiche Regionen. Für diese Regionen besteht somit ein ökonomischer Anreiz, nach mehr Unabhängigkeit zu streben, um im globalen Wettbewerb der Standorte eine eigenständige, von nationalen Vorgaben befreite Politik betreiben zu können, und um nationalen Redistributionspflichten zu entgehen. Ein Teil der gegenwärtigen Autonomie- und Separationsbewegungen in der OECD-Welt hat in dieser der globalen Ökonomie geschuldeten Konstellation seine Grundlage: die Lombardei in Italien, Flandern in Belgien und die Katalanen in Spanien sind nur die bekanntesten Beispiele des „Besitzstandsnationalismus" (Senghaas 1994: 78).

Die Globalisierung im Sachbereich „Kommunikation" begünstigt derartige Autonomie- und Separationsbestrebungen zusätzlich.[21] Mit der Globalisierung von Kommunikationsbeziehungen verbindet sich eine Homogenisierung verschiedener nationaler Kulturen, die sich unter Umständen in eine verstärkte Betonung kultureller Differenz

---

21 Gellner (1991) betont, daß nationalistische Bewegungen immer dann besonders erfolgreich sind, wenn ökonomische und kulturelle Grenzen zusammenfallen.

innerhalb einer territorialstaatlich definierten Nation übersetzen kann.[22] In einer Welt signifikanter kultureller Unterschiede zwischen Nationen konnten geringe kulturelle Unterschiede innerhalb von Nationen kaum politisch wirksam werden. In einer kulturell weitgehend homogenisierten Welt hingegen lassen sich auch kleine kulturelle Unterschiede politisch beleben und in Autonomie- und Separationsbestrebungen überführen. Dementsprechend wird die Legitimität des nationalstaatlichen Gewaltmonopols und damit die Legitimität nationalstaatlicher Herrschaft innerhalb der OECD-Welt inzwischen von sub-nationalen Gruppen in Frage gestellt, deren sozialer Kitt kultureller Natur ist.

Insgesamt läßt sich feststellen, daß dem Staat in der OECD-Welt im Zuge der Globalisierung innerhalb seiner eigenen Grenzen Herrschaftskonkurrenten erwachsen, die ihm das Gewaltmonopol streitig machen könnten: in Gestalt des Terrorismus hinsichtlich dessen materieller Grundlage und in Gestalt von Autonomie- und Separationsbewegungen hinsichtlich dessen Legitimität. Es scheint mithin plausibel, daß der Globalisierungsschub der 70er Jahre einen wichtigen Faktor darstellt für die Erklärung der sinkenden Fähigkeit des Nationalstaates in der OECD-Welt, seine Herrschaftsfunktion befriedigend zu erfüllen.

Die staatliche *Schutzfunktion* besteht darin, daß Individuen und gesellschaftliche Gruppen vor den Bedrohungen und Risiken durch andere Individuen und andere gesellschaftliche Gruppen beschützt werden. Zwei Entwicklungen lassen Zweifel daran aufkommen, daß der Nationalstaat in der OECD-Welt diese Funktion noch überzeugend erfüllt. In der OECD-Welt fühlen sich immer mehr Menschen durch die Kriminalität bedroht. Zumindest teilsweise wird diese Wahrnehmung durch die Kriminalstatistiken bestätigt. In der Bundesrepublik Deutschland beispielsweise hat sich die Anzahl der vom Bundeskriminalamt erfaßten Straftaten zwischen 1969 und 1990 von 2,2 Mio. pro Jahr auf 4,4 Mio. pro Jahr verdoppelt (Bundeskriminalamt 1975, 1990, 1993). Zum anderen fühlen sich in der OECD-Welt immer mehr Individuen durch Risiken, die sich aufgrund der Schädigung der natürlichen Lebensgrundlagen des Menschen einstellen, in ihrer Sicherheit beeinträchtigt. Immer mehr Menschen erkranken an Umweltkrankheiten wie Asthma und Hautkrebs, Kinder leiden immer öfter unter Pseudokrupp, die Häufigkeit von Allergien steigt ebenso wie von Netzhautablösungen. Darüber hinaus sind die Menschen in der OECD-Welt heute den Risiken großtechnischer Anlagen wie Atomkraftwerken, Chemiewerken und gentechnischen Forschungslabors ausgesetzt – sie leben in einer Weltrisikogesellschaft (Beck 1995; Zürn 1995b).[23]

Die abnehmende Fähigkeit des Nationalstaates, diese Unsicherheitsempfindungen der Menschen in der OECD-Welt zu zerstreuen, seine sinkende Fähigkeit, seine Schutzfunktion befriedigend auszufüllen, lassen sich ebenfalls zumindest in Teilen auf den

---

22 Diese These folgt unmittelbar aus der soziologischen Einsicht, daß eine Gemeinschaftsbildung sich meist in Abgrenzung zu einer anderen Gruppe ergibt (vgl. Elias 1987: 305; Estel 1994; Bloom 1993).

23 Angesichts der gleichzeitig immer noch steigenden Lebenserwartung wird deutlich, daß die besorgniserregenden Umweltkrankheiten sich kaum als „objektive", „nachweisbare" Verschlechterungen erfassen lassen. Entscheidend ist allerdings, daß die Angst vor der *Ungewißheit über die Zukunft* der Umwelt- und der daraus entstehenden Gesundheitsbelastungen nicht als irrational abgetan werden kann. Vgl. Douglas/Wildavsky (1982) für eine allgemeine Diskussion der Wahrnehmung von Umweltrisiken.

Globalisierungsschub der 70er Jahre zurückführen. Zum einen hat die Beeinträchtigung der Herrschaftsfunktion (siehe oben) auch negative Auswirkungen auf die Schutzfunktion des Staates. Politisch motivierte Anschläge auf Sachen oder auf „Personen des öffentlichen Interesses" stellen zumeist auch Risiken für unbeteiligte Menschen dar. Neuerdings zielen terroristische Anschläge offenbar weniger auf bekannte Symbole der staatlichen Herrschaft, sondern unmittelbar auf die „unbeteiligte" Bevölkerung: Der rechtsextrem motivierte Bombenanschlag in Bologna machte hier den Anfang; die Serie von Gasanschlägen in Japan sowie die gegenwärtige Serie von Bombenattentaten in Frankreich führen diese Entwicklung fort, die in den genannten Extremfällen das Versagen der Erfüllung der Herrschafts- und der Schutzfunktion des Staates eins werden läßt. Zum zweiten spricht vieles dafür, daß die Zunahme des Organisierten Verbrechens gleichfalls eine Globalisierungsfolge ist. Während der Staat bei der Verbrechensbekämpfung durch seine Staatsgrenzen beschränkt ist, kann das Organisierte Verbrechen im Zuge seiner Transnationalisierung über Staatsgrenzen hinweg operieren und sich so der Verbrechensbekämpfung der Staaten entziehen. Dementsprechend ist in Deutschland die Organisierte Kriminalität mit internationalen Bezügen in den vergangenen Jahren fortlaufend angestiegen. Bei 68 Prozent der 1993 insgesamt 780 Ermittlungsverfahren gegen die Organisierte Kriminalität in Deutschland wurden internationale Bezüge festgestellt (Zachert 1995).

Die staatliche Schutzfunktion wird jedoch vor allem durch die Globalisierung von Risiken im Umweltbereich unterminiert. Die Reduktion von Risiken – d.h. die Sicherung des Menschen vor den nicht-intendierten, die physische Unversehrtheit beeinträchtigenden Nebenfolgen der Handlungen anderer Menschen – ist im Zuge der Modernisierung ein wichtiger Bestandteil der Schutzfunktion des Staates geworden. Während jedoch bis in die 50er und 60er Jahre des 20. Jahrhunderts die Empfänger von Risiken die Sender dieser Risiken zumeist innerhalb der Grenzen ihres Staates ausmachen konnten, sind in den letzten 20 bis 30 Jahren immer mehr Risiken bekannt geworden, bei denen sich die Sender und die Empfänger von Risiken in verschiedenen Staaten aufhalten. Insbesondere mit dem Bau von Atomkraftwerken hat in den 70er Jahren die Globalisierung von Risiken eingesetzt. Spätestens seit dem Reaktorunfall in Tschernobyl ist bekannt, daß das Risiko einer Deutschen, durch einen Unfall in einem Atomkraftwerk geschädigt zu werden, nicht nur von der Zuverlässigkeit deutscher Atomkraftwerke abhängt. Mittlerweile sind insbesondere mit der Ausdünnung der Ozonschicht, dem Wandel des Weltklimas und der Nutzung der Gentechnik weitere globale Risiken hinzugetreten. Die Fähigkeit des einzelnen OECD-Staates, die Menschen in der OECD-Welt gegen Risiken zu schützen, ist also stark beeinträchtigt und kann bislang noch nicht ausreichend durch effektive internationale Institutionen ersetzt werden.

In der Summe bleibt festzuhalten, daß sich in den vergangenen 20 bis 30 Jahren die Sicherheitsfunktionen des Nationalstaates signifikant verlagert haben. Der Schutz vor anderen Staaten gelingt dem Nationalstaat in der OECD-Welt heute so gut, daß die „Verteidigungspolitik" vielfach schon als überflüssig angesehen wird. Demgegenüber wachsen in der OECD-Welt die Schwierigkeiten für den Nationalstaat, seine Herrschafts- und seine Schutzfunktion zu erbringen. Der Fortbestand der territorialstaatlichen Organisationsform wird in der OECD-Welt relativ immer weniger durch die kriegerischen Absichten anderer Staaten, dafür aber relativ immer mehr durch terroristische Vereinigungen sowie Autonomie- und Separationsbewegungen, durch organisierte Kriminalität und insbesondere durch globale Umweltschäden angegriffen. Dieser Befund läßt sich auf einen einfachen Nenner bringen: staatsinduzierte Bedrohungen nehmen ab, während gesellschaftsinduzierte Bedrohungen und Risiken zunehmen.

Die Schwierigkeiten des Nationalstaates, gesellschaftsinduzierte Bedrohungen zu bewältigen, schwächt auch die Erfüllung der Sicherheitsfunktion. Wenn der Nationalstaat die Fähigkeit verliert, potentiell innere *und* äußere Sicherheit bereitzustellen, so wird er auch nicht mehr große weltpolitische Auseinandersetzungen entlang von nationalstaatlichen Linien strukturieren können. Als Ergebnis fehlt für zukünftige globale Konfliktlinien nicht nur der Konfliktstoff, der sich *via* Nationalstaaten internationalisieren könnte (ideologische Komponente), es müssen zudem Zweifel angemeldet werden, ob zwischenstaatliche Konfrontationen tatsächlich noch die alte Prägekraft haben werden (machtpolitische Komponente).

4. Weshalb neue Konfliktlagen keine globalen Konfliktlinien produzieren werden

Globale Konfliktlinien entstanden aus dem Zusammenspiel von Konflikten über die korrekte innerstaatliche Ordnung und von Machtkonflikten zwischen Nationalstaaten. Insofern sind globale Konfliktlinien vom Fortbestand des doppelt kompetitiven internationalen Staatensystems abhängig. Im Zuge der Globalisierung sozialer Handlungszusammenhänge wird das internationale Staatensystem jedoch transformiert. Zum einen sorgt die Globalisierung für eine Verlagerung der Funktionen, die vom Territorialstaat erbracht werden können und stellt damit dessen traditionelles Souveränitätsverständnis in Frage. Da der Nationalstaat selbst bei der Erfüllung seiner zentralen Aufgabe, der Bereitstellung von Sicherheit, im Rahmen von komplexen institutionellen Arrangements verstärkt auf andere soziale Organisationen angewiesen ist und mithin nicht mehr Sicherheit und Ordnung schlechthin verkörpert, dürfte generell seine Fähigkeit abnehmen, Konfliktlinien entlang von nationalstaatlichen Grenzen zu institutionalisieren. Zum anderen verringern sich aufgrund der Globalisierung die ideologischen Grundlagen globaler Konfliktlinien. Der erhöhte Anpassungsdruck, der aufgrund der Globalisierungsprozesse auf den Gesellschaften lastet, nimmt den Raum für deutlich unterscheidbare ordnungspolitische Konzeptionen. Dieser Trend wird durch die wachsende Bedeutung internationaler Institutionen, die mit dem Ziel errichtet werden, staatliche Politiken zu harmonisieren und zu koordinieren, zusätzlich verstärkt. Die abnehmenden ordnungspolitischen Differenzen und der zunehmende Harmonisierungsdruck für Politiken machen wiederum die ideologische Mobilisierung zugunsten einer globalen Konfliktlinie unwahrscheinlich. Es spricht also vieles dafür, daß das Ende des Kalten Kriegs Ausdruck eines umfassenderen Schauspiels ist, welches die Nationalstaatlichkeit und das territoriale Ordnungsprinzip moderner Politik generell und somit auch die liberal-demokratischen Wohlfahrtsstaaten in ihrer bisherigen Form in Frage stellt. Gemäß einer solchen Sichtweise wären die Freudentänze, die vor sechs Jahren auf der Berliner Mauer aufgeführt wurden, nicht der Abgesang auf die sozialistische Ordnung, sie würden vielmehr, viel epochaler, die Freude über die Entmachtung der Grenze und über das friedliche Ende der definitiv letzten großen weltpolitischen Konfliktlinie schlechthin symbolisieren.

Diese Sichtweise unterscheidet sich von allen drei eingangs genannten Prognosen über die Zukunft globaler Konfliktlinien. Diejenigen, die nach dem Ost-West-Konflikt einen strukturprägenden Nord-Süd-Konflikt erwarten, übersehen die notwendige machtpolitische Unterfütterung einer globalen Konfliktlinie. Die „Chaosmacht" vieler Länder auf der südlichen Erdhalbkugel mag zwar anwachsen und fatale Auswirkungen haben, sie läßt sich aber nicht gestaltend einsetzen und sie kann mithin nicht die Grundlage des hegemonialen Strebens im Rahmen einer globalen Konfliktlinie sein. Die Rede vom „Ende der Dritten Welt" als einheitliche Kategorie (vgl. Menzel 1992) verdeutlicht zudem, daß den benachteiligten Länder die Organisation einer einheitlichen Konfliktposition schwerer fällt denn je. Je mehr ein Land oder eine Region die wirtschaftlichen, militärischen und administrativen Kompetenzen für eine derartige Führungsrolle entwickelt, deso mehr werden sich dessen Interessendivergenzen mit dem Westen verringern. Freilich werden die Ungleichheiten und Ungerechtigkeiten im Verhältnis zwischen Nord und Süd und innerhalb von Gesellschaften im Rahmen der Auseinandersetzung zwischen denen, die eine säkulare politische Organisation bevorzugen und denen, die ein der Religion untergeordnetes Staatswesen anstreben, thematisiert werden. Diese Konflikte werden aber wegen der fehlenden machtpolitischen Unterfütterung und der fehlenden Einheitlichkeit der anti-säkularistischen Front zum einen in den Gesellschaften in Süd und (teilweise) Nord und zum anderen an den Rändern der OECD-Welt ausgetragen werden. Sie werden aber nicht den Stoff für eine globale Konfliktlinie liefern, in der Machtkonkurrenz und Herrschaftskonkurrenz zur Deckung kommen.

Gemeinsam mit der liberalen Perspektive wird also keine durch eine umfassende Herrschaftskonkurrenz überhöhte globale Konfliktlinie erwartet. Es wäre jedoch falsch zu glauben, daß die zukünftige Weltordnung eine ideologie- und kriegsfreie Weltrepublik demokratischer Wohlfahrtsstaaten sein wird. Die zukünftige Weltordnung wird auch keine herrschaftsfreie und bloß effizienzorientierte Wohlfahrtsmaschinerie sein.[24] Vieles spricht dafür, daß eher das Gegenteil richtig sein wird. So birgt bekanntermaßen jeder Transformationsprozeß von globalen Strukturen ein enorm hohes Gewaltpotential. Der Etablierung des internationalen Staatensystems ging einer der brutalsten Kriege der Weltgeschichte überhaupt voraus – der Dreißigjährige Krieg. Darüber hinaus werden auch unabhängig vom Transformationsprozeß neue Konfliktpotentiale entstehen, wenn die staatliche Fähigkeit abnimmt, die traditionellen Aufgaben zu erfüllen. Die wachsende Bedeutung von internationalen Institutionen bei der Erfüllung dieser Institutionen wird Konflikte über die angemessene Ebene des Regierens sowie Konflikte über die legitime Form internationaler Organisation hervorrufen. In Westeuropa deuten die Debatten über die Europäische Union zweifelsohne bereits in diese Richtung. Die abnehmende Fähigkeit des Staates, eine einigermaßen krisenfreie Wirtschaftsentwicklung zu gewährleisten, macht wieder Wirtschaftskrisen möglich, die schon

---

24 Diese Position wird von einigen Autoren aus der internationalen Business-Community vertreten, die v.a. die positiven Aspekte der Globalisierung hervorheben (vgl. z.B. Ohmae 1991). Sie folgt allerdings auch aus der Position, daß der Staat die zentrale Ursache organisierter Gewaltanwendung ist, wie sie beispielsweise von Krippendorff (1985) vertreten wird.

immer eine erhöhtes Gewaltpotential mit sich brachten. Die wachsende Ungleichheit zwischen den Globalisierungsgewinnern und den Globalisierungsverlierern wird den gesellschaftlichen Zusammenhalt in der westlichen Welt weiter unterminieren und sich in Gewaltpotentiale übersetzen. Umweltschäden können gleichfalls leicht zu gewalttätigen Auseinandersetzungen führen, v.a. wenn die Bewohner des geschädigten Territoriums zu Flüchtlingen werden und in ein Gebiet wandern, das von einer anderen, ebenfalls krisengeschüttelten Bevölkerungsgruppe bewohnt wird. Terroristische Organisationen und sektenartige Gruppen werden auch in Zukunft zum Alltag gehören und möglicherweise mit noch schrecklicheren Waffen kämpfen als heute. Staatliche Eliten, die aufgrund der mangelnden Aufgabenerfüllung mit gewalttätigen Oppositionsbewegungen konfrontiert sind, werden auch in Zukunft zu militärischen Maßnahmen greifen. Und zu alledem kommt eine unübersehbare Gegenbewegung zur Globalisierung, die sich aus Angst vor dem Neuen, aus der Sehnsucht nach Gemeinschaft und aus realen Verlustängsten speist und im wesentlichen von den Globalisierungsverlierern getragen wird. Manche sehen gerade in dieser Gegenbewegung die nächste große Auseinandersetzung, so etwa Pascal Bruckner: „... zwei Lager stehen in einem titanischen Kampf gegenüber, die einander so feind sind wie Kapitalisten und Kommunisten, nämlich das nationalistische und xenophobe, seinem Heimatboden verbundene Lager, und das Lager der nach Fremdem begierigen und neugierigen Kosmopoliten, die darauf brennen, die nationale Begrenztheit gegen ein weiteres Gewand auszuwechseln" (zit. nach Coulmas 1994: 548).
Alle die genannten Konflikte werden häufig unter Gewaltanwendung ausgetragen werden, sie werden allerdings kaum zu einer globalen Konfliktlinie führen. Keiner dieser Konflikte wird nämlich vermittelt durch Nationalstaaten mit weltweiter Wirkung internationalisiert, also „verstaatlicht" werden, auch nicht der „titanische Kampf zwischen Xenophoben und Kosmopoliten." Alle diese Konflikte sind zutiefst transnational. Sowohl die Ursachen der Konflikte als auch die Organisation von Konfliktparteien können nicht mehr mit bezug auf den nationalen Kontext verstanden werden. Keines der Probleme, das den Konflikten zugrundeliegt, läßt dauerhafte nationale Lösungen zu, obwohl alle gleichzeitig innerhalb der national definierten Gesellschaften auftreten. Es ist daher unwahrscheinlich, daß sich die Nationalstaaten aufgrund der genannten Konflikte wie im Ost-West-Gegensatz entlang einer Linie in zwei die Weltpolitik prägenden Konfliktlager aufspalten werden. Selbst wenn einzelne Staaten ganz in die Hand von Nationalisten gelangen, so werden dies strukturell bedingt schwache Staaten sein, die nicht dauerhaft eine Partei in einer globalen Konfliktlinie abgeben können. Den machtpolitischen und wirtschaftlichen Interessen dieser Staaten wird außerdem die Überhöhung durch eine Ideologie fehlen, die offensiv und universalistisch antritt. Auch die nationalistische Gegenbewegung zur Globalisierung wird also nicht eine Partei in einer globalen Konfliktlinie konstituieren können.
Gegen die realistische Perspektive habe ich argumentiert, daß der Nationalstaat seine dominant strukturierende Kraft verliert. Aus dieser Feststellung darf aber auf gar keinen Fall abgeleitet werden, daß der Niedergang des Nationalstaates in der OECD-Welt faktisch bevorsteht bzw. seine Auflösung gefordert werden muß. Das wäre fatal. Es ist nämlich nicht die Globalisierung schlechthin, sondern die Globalisierung im Kontext demokratischer Wohlfahrtsstaaten, die dazu geführt hat, daß die Verteidigungs- und die Rechtsstaatsaufgaben in der OECD-Welt inzwischen befriedigend

erbracht werden. Daß wir diese Sicherheiten heute als selbstverständlich ansehen, sollte daher nicht zu dem Schluß führen, daß der Staat in diesen Fragen überflüssig geworden ist.[25] Es ist darüber hinaus nicht zu erkennen, welche Institutionen an Stelle des Nationalstaates seine Funktionen besser erfüllen könnten. Eine sinkende Funktionserfüllung einer Institution kann aber nur dann als Vorzeichen ihres Absterbens gedeutet werden, wenn konkurrierende Institutionen in Sicht sind, die eine bessere Funktionserfüllung versprechen. Es ist kaum vorstellbar, daß der Terrorismus, das Organisierte Verbrechen sowie die Risiken globaler Umweltschädigungen *ohne* die Nationalstaaten beseitigt werden können. Der Staatszerfall, der den Bürgerkriegen beispielsweise im ehemaligen Jugoslawien und in Somalia bzw. Ruanda voranging, hat eindrucksvoll vor Augen geführt, daß die zivilisatorischen Errungenschaften des Nationalstaates, bei aller berechtigten Kritik, nicht aus dem Auge verloren werden dürfen. Daraus folgt: Der Nationalstaat wird nicht nur bleiben, es gibt auch gute Gründe, sein Bleiben zu begrüßen.

Der Staat wird allerdings eingebunden werden in ein komplexes Set von regelnden Institutionen und dabei wird sich Staatlichkeit verändern. Notwendig wird die verläßliche und zielgerichtete Regelung der Beziehungen in einer transnationalen Gesellschaft und der Beziehungen zwischen Staaten, die territoriale oder räumliche Segmente dieser transnationalen Gesellschaft vertreten. Parallel dazu werden auf transnationaler Ebene auch sektoral oder funktional definierte Organisationen wie transnationale Unternehmen aber auch transnationale Interessengruppen wie Greenpeace oder Amnesty International in die Politik, sprich die Ausbildung von Regelungen, eingreifen. Das daraus entstehende Set von regelnden Institutionen wird in Abwesenheit einer übergeordneten Zentralinstanz und Abwesenheit einer umfassenden politischen Gemeinschaft, die politische Diskurse, politische Organisation und die politische Öffentlichkeit weltweit konstituiert, funktionieren müssen. Der Nationalstaat wird in einem solchen institutionellen Arrangement weiterhin eine zentrale Rolle spielen. In dem Maße jedoch, in dem der Nationalstaat noch ein wichtiges politisches Organisationsprinzip bleibt, verhindert er gleichzeitig die Dominanz von anderen denkbaren politischen Organisationsformen, die globale Konfliktlinien schaffen könnten. So werden beispielsweise regionale Unionen mit supranationalem Charakter sich nicht ohne weiteres in machtpolitischen Konfrontationen verfangen, solange die Verfügungsgewalt über das Militär noch beim Nationalstaat angesiedelt ist. Die Auseinandersetzung zwischen einem transnationalen Unternehmen wie Shell und einer transnationalen Organisation wie Greenpeace um die Versenkung der Brent Spar mag heftig gewesen sein und den Staaten die Relativierung ihrer Macht vor Augen geführt haben – wer hat sich schon darum gekümmert, daß Großbritannien sich in seiner „Souveränität" nicht beschränken ließ und zur Genehmigung der Versenkung des Bohrturms stand? –, es bestand aber nie die Gefahr einer Militarisierung, nicht zuletzt weil die Nationalstaaten in dieser Auseinandersetzung marginalisiert waren. Es kann mithin erwartet werden, daß zukünftige Konflikte über ökologische oder soziale Fragen transnational

---

25 Im Falle der Menschenrechte wies beispielsweise schon Arendt (1949) darauf hin, daß sich diese erst im Kontext einer politischen Gemeinschaft als Bürgerrechte materialisieren lassen. Sie tut dies anhand einer Analyse der Situation von „displaced persons", also von Flüchtlingen ohne politische Heimat, was die Aktualität dieser Einsicht zusätzlich deutlich macht.

sein und quer zu den Nationalstaaten verlaufen werden. Die „neue" Welt wird nicht weniger Konflikte und mit hoher Wahrscheinlichkeit auch nicht weniger Gewalt bergen. Die neuen Konflikte werden aber Teil einer sich ausbildenden Welt(risiko)gesellschaft[26] sein, in der *cross cleavages* eine viel größere Bedeutung haben werden, als sie es im internationalen Staatensystem hatten. Globalisierung wird also paradoxerweise zum Ende der globalen Konfliktlinien führen und statt dessen zahlreiche lokale Konfliktherde produzieren. Insofern könnte die Globalisierung zur tragischen Umsetzung eines bekannten Mottos führen: global denken, lokal kämpfen ...

Die hier vorgetragene Argumentation ist eine primär kritische: Sie besagt im wesentlichen, daß sich aufgrund der Globalisierung das internationale Staatensystem so sehr transformiert, daß es die globalen Konfliktlinien, welche durch die Struktur des Systems ermöglicht wurden, nicht mehr geben wird. Jede konstruktive Überlegung über das, was statt dessen passieren wird, bleibt jedoch notwendigerweise spekulativ, weil das theoretische Instrumentarium fehlt, welches die profunde Analyse einer sich globalisierenden Welt mit komplexen Regierungsarrangements erlaubt. Das ist allerdings nicht nur eine Herausforderung für die Theorie der internationalen Beziehungen. In dem Maße wie die Grenzen zwischen „Innen" und „Außen" unschärfer werden und die Notwendigkeit des Projekts „komplexes Weltregieren"[27] steigt, gleicht sich der Gegenstand der Theorie innerstaatlicher Politik und der Theorie internationaler Beziehungen an. Die beiden ehemals feinsäuberlich getrennten Teildisziplinen verbindet heute eine Reihe von gemeinsamen Fragen, von denen die folgenden nur eine Auswahl darstellen: Wie kann der Staat in einer sich globalisierenden Welt neu konzeptualisiert werden? Wie kann die Transformation der Staatlichkeit präzise erfaßt werden? Was sind die Grenzen und Möglichkeiten von politischen Regelungen, die in Abwesenheit des Schattens einer übergeordneten Zentralinstanz entwickelt werden und funktionieren müssen? Wie kann der Staat zur Stabilisierung von transnationalen Regelungen beitragen? Wie konstituieren sich transnationale Interessengruppen? Welche Interessengruppen reagieren mit welchen Aktivitäten und Forderungen auf die Globalisierung?

Literaturverzeichnis

Abelshauser, Werner, 1994: Wirtschaftliche Wechsellagen, Wirtschaftsordnung und Staat: Die deutschen Erfahrungen, in: *Grimm, Dieter* (Hrsg.), Staatsaufgaben, Baden-Baden, 199-232.
Arendt, Hannah, 1949: Es gibt nur ein einziges Menschenrecht, in: Die Wandlung 4, 755-770.
Armingeon, Klaus, 1993: Auf dem Weg zu einem europäischen politischen System?, in: Journal für Sozialforschung 3, 255-273.
Beck, Ulrich, 1995: Weltrisikogesellschaft, Weltöffentlichkeit und globale Subpolitik – ökologische Fragen im Bezugsrahmen fabrizierter Unsicherheiten. Masch. Ms. München.
Bender, Peter, 1981: Das Ende des ideologischen Zeitalters. Die Europäisierung Europas. Berlin.
Bloom, William, 1993: Personal Identity, National Identity and International Relations. Cambridge.

---

26 Für eine analytische Konzeptualisierung von Weltgesellschaft vgl. Forschungsgruppe Weltgesellschaft (1995).
27 Siehe hierzu die Literatur zum Regieren jenseits des Nationalstaates: z.B. Kohler-Koch (1993), Scharpf (1993), Mayer/Rittberger/Zürn (1993).

Bornschier, Volker/Suter, Christian, 1990: Lange Wellen im Weltsystem, in: *Rittberger, Volker* (Hrsg.), Theorien der internationalen Beziehungen. Bestandsaufnahme und Forschungsperspektiven (PVS-Sonderheft 21). Opladen, 175-197.
Bracher, Karl Dietrich, 1982: Zeit der Ideologien. Eine Geschichte politischen Denkens im 20. Jahrhundert. Stuttgart.
Bull, Hedley, 1977: The Anarchical Society. A Study of Order in World Politics. Basingstoke/London.
Bundeskriminalamt, 1975-1993: Polizeiliche Kriminalstatistik. Wiesbaden.
Bundesminister des Inneren, 1987-1993: Verfassungsschutzberichte. Bonn.
Cerny, Philip G., 1995: Globalization and the Changing Logic of Collective Action, in: International Organization 49, 595-625.
Commission on Global Governance, 1995: Our Global Neighbourhood. The Report of the Commission on Global Governance, Oxford.
Coulmas, Peter, 1994: Die vielen Nationen und die Einheit der Welt, in: Europa-Archiv 49, 545-552.
Cox, Robert W., 1987: Production, Power, and World Order. Social Forces in the Making of History. New York.
Czempiel, Ernst O., 1986: Friedensstrategien. Systemwandel durch Internationale Organisationen, Demokratisierung und Wirtschaft. Paderborn.
Czempiel, Ernst O., 1991: Weltpolitik im Umbruch. Das internationale System nach dem Ende des Ost-West-Konflikts. (2. Auflage 1993) München.
Dehio, Ludwig, 1948: Gleichgewicht oder Hegemonie. Betrachtungen über ein Grundproblem der neueren Staatengeschichte. Krefeld.
Deutsch, Karl W., 1969: Nationalism and Its Alternatives. New York.
Deutsch, Karl W. u.a., 1957: Political Community and the North Atlantic Area: International Organization in the Light of Historical Experience. Princeton, N.J.
Douglas, Mary/Wildavsky, Aaron, 1982: Risk and Culture. An Essay on the Selection of Technological and Environmental Dangers. Berkeley, CA.
Elias, Norbert, 1987: Die Gesellschaft der Individuen. (2. Auflage 1994) Frankfurt a.M.
Estel, Bernd, 1994: Grundaspekte der Nation, in: *Estel, Bernd/Mayer, Thomas* (Hrsg.), Das Prinzip Nation in modernen Gesellschaften. Länderprognosen und theoretische Perspektiven. Opladen, 13-81.
Forschungsgruppe Weltgesellschaft, 1995: Weltgesellschaft. (unveröff. Manuskript) Darmstadt/Frankfurt a.M.
Freedom House, 1992: Freedom in the World. Political Rights & Civil Liberties 1991-1992. New York.
Fukuyama, Francis, 1992: Das Ende der Geschichte. Wo stehen wir? München.
Gantzel, Klaus Jürgen, 1995: Die Kriegsherde der Welt, in: Der Bürger im Staat 45, 8-14.
Garrett, Geoffrey/Lange, Peter, 1991: Political responses to interdependence: what's „left" for the left?, in: International Organization 45, 539-564.
Gellner, Ernest, 1991: Nationalismus und Moderne. Berlin.
Gilpin, Robert, 1981: War and Change in World Politics. Cambridge.
Grimm, Dieter (Hrsg.), 1994a: Staatsaufgaben. Baden-Baden.
Grimm, Dieter, 1994b: Staatsaufgaben – eine Bilanz, in: *ders.* (Hrsg.), Staatsaufgaben. Baden-Baden, 771-785.
Gurr, Ted R. (Hrsg.), 1993: Minorities at Risk. A Global View of Ethnopolitical Conflicts. Washington, DC.
Halliday, Fred 1994: Rethinking International Relations. London.
Héritier, Adrienne, 1994: Die Veränderung von Staatsaufgaben aus politikwissenschaftlich-institutioneller Sicht, in: *Grimm, Dieter* (Hrsg.), Staatsaufgaben. Baden-Baden, 75-91.
Holm, Hans-Henrik/Sørensen, Georg (Hrsg.), 1995a: Whose World Order? Uneven Globalization and the End of the Cold War. Boulder, Col.
Holm, Hans-Henrik/Sørensen, Georg, 1995b: Introduction: What has changed?, in: *dies.* (Hrsg.), Whose World Order? Uneven Globalization and the End of the Cold War. Boulder, Col., 1-17.
Humana, Charles, 1992: World Human Rights Guide. A Comprehensive, Up-To-Date Survey of the Human Rights Records of 104 Major Countries Throughout the World. New York.

Huntington, Samuel N., 1991: The Third Wave. Democratization in the Late Twentieth Century. Norman/London.
Huntington, Samuel N. u.a., 1993: The Clash of Civilizations? The Debate. New York.
Jackson, Robert H., 1990: Quasi-States: Sovereignity, International Relations, and the Third World. Cambridge.
Jessop, Bob, 1994: Veränderte Staatlichkeit, in: Grimm, Dieter (Hrsg.), Staatsaufgaben. Baden-Baden, 43-73.
Juergensmeyer, Mark 1993: The New Cold War? Religious Nationalism Confronts the Nation-State. Berkeley, CA.
Kaufmann, Franz-Xaver, 1994: Diskurse über Staatsaufgaben, in: Grimm, Dieter (Hrsg.), Staatsaufgaben. Baden-Baden, 15-41.
Kehr, Eckart, 1970: Der Primat der Innenpolitik. Gesammelte Aufsätze zur preußisch-deutschen Sozialgeschichte im 19. und 20. Jahrhundert, hrsg. und eingeleitet von Hans-Ulrich Wehler. (2. Auflage) Berlin.
Kennedy, Paul, 1991: Aufstieg und Fall der großen Mächte. Ökonomischer Wandel und militärischer Konflikt von 1500 bis 2000. Frankfurt a.M.
Keohane, Robert O., 1991: International Liberalism Reconsidered, in: Dunn, John (Hrsg.), The Economic Limits to Modern Politics. Cambridge, MA, 165-194.
Keohane, Robert O., 1995: Hobbe's Dilemma and Institutional Change in World Politics: Sovereignity in International Society, in: Holm, Hans-Henrik/Sørensen, Georg (Hrsg.), Whose World Order? Uneven Globalization and the End of the Cold War. Boulder, Col., 165-186.
Keohane, Robert O./Nye, Joseph S., 1977: Power and Interdependence. World Politics in Transition. (2. Auflage 1988) Boston, MA.
Keohane, Robert O./Nye, Joseph S./Hoffmann, Stanley (Hrsg.), 1993: After the Cold War: International Institutions and State Strategies in Europe, 1989-1991. Cambridge, MA/London.
Kielmannsegg, Peter Graf, 1994: Läßt sich die Europäische Gemeinschaft demokratisch verfassen?, in: Europäische Rundschau, 22, 23-33.
Kindleberger, Charles P., 1973: Die Weltwirtschaftskrise. München.
Knieper, Rolf, 1991: Nationale Souveränität: Versuch über Ende und Anfang einer Weltordnung. Frankfurt a.M.
Kohler-Koch, Beate, 1993: Die Welt regieren ohne Weltregierung, in: Böhret, Carl/Wewer, Gottfried (Hrsg.), Regieren im 21. Jahrhundert. Zwischen Globalisierung und Regionalisierung. Festgabe für Hans-Hermann Hartwich zum 65. Geburtstag. Opladen, 109-141.
Krasner, Stephen D., 1993: Westphalia and All That, in: Goldstein, Judith/Keohane, Robert O. (Hrsg.), Ideas and Foreign Policy. Beliefs, Institutions, and Political Change. Ithaca/London, 235-264.
Krippendorff, Ekkehart, 1985: Staat und Krieg. Die historische Logik politischer Unvernunft. Frankfurt a.M.
Link, Werner, 1988: Der Ost-West-Konflikt. Die Organisation der internationalen Beziehungen im 20. Jahrhundert. 2. Auflage, Stuttgart.
Lipset, Martin, 1995: The Social Requisites of Democracy Revisited, in: Lehmbruch, Gerhard (Hrsg.), Einigung und Zerfall. Deutschland und Europa nach dem Ende des Ost-West-Konflikts. Opladen, 287-314.
Mayer, Peter/Rittberger, Volker/Zürn, Michael, 1993: Regime Theory: State of the Art and Perspectives, in: Rittberger, Volker (Hrsg.), Regime Theory and International Relations. Oxford.
Marshall, Thomas H., 1992: Staatsbürgerrechte und soziale Klassen, in: Rieger, Elmar (Hrsg.), Bürgerrechte und soziale Klassen. Zur Soziologie des Wohlfahrtsstaates. Frankfurt a.M./New York: Campus, 33-94.
Mearsheimer, John J., 1990: Back to the Future. Instability in Europe After the Cold War, in: International Security 15, 5-56.
Menzel, Ulrich 1992: Das Ende der Dritten Welt und das Scheitern der großen Theorie. Frankfurt a.M.
Milner, Helen, 1988: Resisting Protectionism. Princeton, NJ.
Modelski, George, 1987: Long Cycles in World Politics. Seattle/London.
Moravcsik, Andrew, 1992: Liberalism and International Relations Theory, Harvard University. Center for International Affairs Working Paper Series, No. 92-6. Cambridge, MA.
Morgenthau, Hans J., 1967: Politics among Nations. 4. Auflage, New York.
Müller, H., 1995: Nuklearschmuggel: Tödliches Risiko?, in: Internationale Politik 50, 23-30.

Neyer, Jürgen, 1995, Spiel ohne Grenzen. Jenseits des sozial kompetenten Staates. Dissertation. Frankfurt a.M.
Neyer, Jürgen/Seeleib-Kaiser, Martin, 1995: Bringing the Economy Back In: Economic Globalization and the Re-Commodification of the Workforce. Zes-Arbeitspapier 16/95, Universität Bremen.
North, Douglas C., 1981: Structure and Change in Economic History. New York.
Offe, Claus, 1994: Die Aufgabe von staatlichen Aufgaben: „Thatcherismus" und die populistische Kritik der Staatstätigkeit, in: *Grimm, Dieter* (Hrsg.), Staatsaufgaben. Baden-Baden, 317-351.
Ohmae, Kenichi, 1991: Die neue Logik der Weltwirtschaft. Zukunftsstrategien der internationalen Konzerne. Hamburg.
Preuß, Ulrich K., 1994: Risikovorsorge als Staatsaufgabe, in: *Grimm, Dieter* (Hrsg.), Staatsaufgaben. Baden-Baden, 523-551.
Rieger, Elmar/Leibfried, Stephan, 1995: Wohlfahrtsstaat und Globalisierung. „Standort Deutschland": Oder vom Einstieg in den Ausstieg aus der Weltwirtschaft. Masch. Ms. Bremen.
Risse-Kappen, Thomas, 1995: Cooperation among Democracies. Princeton, NJ.
Rittberger, Volker, 1987: Zur Friedensfähigkeit von Demokratien. Betrachtungen zur politischen Theorie des Friedens, in: Aus Politik und Zeitgeschichte B44, 3-12.
Rittberger, Volker/Zürn, Michael, 1990: Towards Regulated Anarchy in East-West Relations, in: *Rittberger, Volker* (Hrsg.), International Regimes in East-West Politics. London/New York, 9-63.
Ruggie, John Gerard, 1983: International Regimes, Transactions, and Change: Embedded Liberalism in the Postwar Economic Order, in: *Krasner, Stephen D.* (Hrsg.), International Regimes. Ithaca u.a., 195-231.
Russett, Bruce, 1993: Grasping the Democratic Peace. Principles for a Post-Cold War World. Princeton, NJ.
Scharpf, Fritz W., 1993: Legitimationsprobleme der Globalisierung. Regieren in Verhandlungssystemen, in: *Böhret, Carl/Wewer, Gottfried* (Hrsg.), Regieren im 21. Jahrhundert. Zwischen Globalisierung und Regionalisierung. Festgabe für Hans-Hermann Hartwich zum 65. Geburtstag. Opladen, 165-185.
Schimmelfennig, Frank, 1995: Debatten zwischen Staaten. Eine Argumentationstheorie internationaler Systemkonflikte. Opladen.
Senghaas, Dieter, 1990: Frieden in einem Europa demokratischer Rechtsstaaten, in: Aus Politik und Zeitgeschichte, B4-5/90, 3-12.
Senghaas, Dieter, 1992: Friedensprojekt Europa. Frankfurt a.M.
Senghaas, Dieter, 1994: Wohin driftet die Welt? Frankfurt a.M.
Shonfield, Andrew, 1965: Modern Capitalism. Oxford: Oxford U.P.
SIPRI (Stockholm International Peace Research Institute), 1994: SIPRI Yearbook 1994. World Armaments and Disarmament. Oxford.
Sørensen, Georg, 1993, Democracy and Democratization. Processes and Prospects in a Changing World. Boulder, Col.
Sørensen, Georg, 1995: States are Not Like Units: Types of State and Forms of Anarchy in the Present International System. Masch. MS. Aarhus.
Spruyt, Hendrik, 1994: The Sovereign State and its Competitors. The Analysis of Systems Change. Princeton, NJ.
Swaan, Abram de, 1988: In Care of the State. Health Care, Education and Welfare in Europe and the USA in the Modern Era. Cambridge: Polity Press.
Thompson, Janice E./Krasner, Stephen D., 1989: Global Transactions and the Consolidation of Sovereignty, in: *Czempiel, Ernst O./Rosenau, James N.* (Hrsg.), Global Changes and Theoretical Challenges. Approaches to World Politics for the 1990s. Lexington, MA, 195-219.
Tilly, Charles, 1985: War Making and State Making as Organized Crime, in: *Evans, Peter/Rueschemeyer, Dietrich/Skocpol, Theodor* (Hrsg.), Bringing the State Back In. Cambridge, 169-191.
Tilly, Charles, 1990: Coercion, Capital and European States, AD 990 – 1990. Oxford.
Triepel, Heinrich, 1938: Die Hegemonie. Ein Buch von führenden Staaten. Stuttgart/Berlin.
UNCTC, 1992, World Investment Report. New York.
Waltz, Kenneth N., 1979: Theory of International Politics. New York.
Waltz, Kenneth N., 1990: Nuclear Myths and Political Realities, in: American Political Science Review 84, 731-745.

Wöhlcke, Manfred, 1993: Der ökologische Nord-Süd Konflikt. München.
Zachert, Hans L., 1995: Die international organisierte Kriminalität, in: Internationale Politik 50, 3-10.
Zangl, Bernhard/Zürn, Michael, 1995: Auswirkungen der Globalisierung auf die Sicherheit. Masch. Ms. Bremen.
Zurn, Michael, 1994: We Can Do Much Better! Aber muß es auf amerikanisch sein? Zum Vergleich der Disziplin ‚Internationale Beziehungen' in den USA und in Deutschland, in: Zeitschrit für Internationale Beziehungen 1, 93-115.
Zürn, Michael, 1995a: The Challenge of Globalization and Individualization. A View from Europe, in: *Holm, Hans-Henrik/Sørensen, Georg* (Hrsg.), Whose World Order? Uneven Globalization and the End of the Cold War. Boulder, Col., 137-163.
Zürn, Michael, 1995b: Globale Gefährdungen und internationale Kooperation. Auf dem Weg in eine Weltrisikogesellschaft?, in: Der Bürger im Staat 45, 49-56.

II.

Bereichstheorien der Politik

Theoretische Verhüllungen der Politik – der Beitrag der Systemtheorie

Helmut Willke

1. Einleitung

Seit dem Fall der Mauer und der Implosion des Sozialismus ist fragwürdiger geworden, was der Beitrag politikwissenschaftlicher Theorien zur Erklärung realer Politik sein könnte. Innerhalb der Koordinaten des Kalten Krieges war Politikwissenschaft im Westen der Ort einer simulierten Auseinandersetzung um den Maßstab für die Kritik an der real existierenden Demokratie: Neo-konservative Positionen gewannen ihren Maßstab am Bild eines idealisierten Kapitalismus; neo-marxistische Positionen formten ihren Maßstab am Bild eines idealisierten Sozialismus. Nur ganz selten gelang die Auflösung dieser irreführenden Leitdifferenz – und mithin der Ausblick auf eine dritte Alternative im Sinne einer Beschreibung der Konturen einer Transformation, die Kapitalismus wie Sozialismus grundsätzlich in Frage zu stellen bereit war.

In dieser eine Epoche prägenden Auseinandersetzung avancierte die Antinomie von Offenheit und Geschlossenheit zum Leitthema. Offenheit der Politik, des politischen Prozesses, der Strukturen der Interessenmediatisierung, der Beeinflußbarkeit der Politik durch gesellschaftlich konstituierte Optionen verdichtete sich zum Angelpunkt für Freiheitlichkeit, Pluralität, Anpassungsfähigkeit und Responsivität des westlichen Modells in dem Maße, wie Geschlossenheit zum zentralen Merkmal real sozialistischer Politik erklärt wurde. Noch die unterschiedlichsten Erklärungsversuche zum demokratischen Defizit des Sozialismus stimmen darin überein, daß jedenfalls die hermetische Geschlossenheit der politischen Systeme, Klassen, Nomenklaturen und Beziehungsnetze sozialistischer Gesellschaften als Kern des Versagens des Sozialismus verstanden werden müsse.

Insofern ist durchaus verständlich, daß die etablierte Politikwissenschaft mit Anzeichen tiefer Entrüstung und Empörung reagierte (in Deutschland; anderswo linderten wirkungsvollere Rezeptionsbarrieren den Schmerz), als Niklas Luhmann in den frühen 80er Jahren mit dem längst angelegten Gedanken ernst machte, die Geschlossenheit der Politik zum konstituierenden Merkmal auch und gerade der westlichen, „modernen" politischen Systeme zu deklarieren. Die Verwirrung war komplett, weil Luhmann schlecht als Neomarxist eingestuft werden konnte, hatte man ihn doch längst und definitiv als unverbesserlichen Neokonservativen ausgemacht. Jedem seriösen Politologen, Politologinnen eingeschlossen, ist klar, daß Politik in der Demokratie nicht geschlossen sein kann. Sind nicht gerade Volksparteien offen gegenüber jedem nur erdenklichen neuen Thema, und seien es die Rechte von Frauen, Berbern oder sozial Disprivilegierten? Gelingt es nicht immer wieder neuen politischen Strömungen, wie

etwa den Grünen, sich in die etablierte Politik zu drängen? Was also sollte man von einer Position halten, welche die Geschlossenheit der Politik verkündete?
Nun, nichts. Die Politikwissenschaft nahm Luhmann schlicht nicht zur Kenntnis, es sei denn als Gelegenheit für die Zelebrierung der absolut selbstverständlichen Überlegenheit des Theorems der Offenheit und entsprechender demokratischer Gesinnung. Vermutlich wäre es dabei geblieben, hätte nicht in einer seltsamen Überholbewegung die Faszination sogar des Laienpublikums mit Themen wie Selbstorganisation, Chaostheorie, Katastrophentheorie, dissipativen Strukturen, Ordnung durch Dissipation, „order through noise", Autopoiese, Selbstähnlichkeit, konstruktivistischer Kognition, Rekursivität oder Selbstreferenz (vgl. zusammenfassend Hofstadter 1984) ein Klima geschaffen, in dem es zumindest erlaubt schien, gewisse Vokabeln in den Mund zu nehmen. Natürlich war dies alles Naturwissenschaft und Mathematik und insofern für die Politikwissenschaft nicht einschlägig. Immerhin war ein Stachel gesetzt. Bevor nun aber die Politikwissenschaft sich einer ziemlich degoutanten populistischen Strömung beugte, gab es die schöne Gelegenheit, die Situation selbst noch gegen die Idee der Geschlossenheit zu wenden: Es galt nur zu begründen, daß nichts deutlicher die Unsinnigkeit der operativen Geschlossenheit oder gar Autopoiese der Politik belegte als die Tatsache, daß hier naturwissenschaftliche Modelle und Vorstellungen geradezu besinnungslos auf sozialwissenschaftliche Problemlagen übertragen wurden, also ganz offensichtlich klassische Fehler falscher Analogien, fehlgeleiteter Rezeption, irreführender Isomorphien, kritikloser Übernahme von Worthülsen, essentialistischer Verkürzungen etc. begangen werden.
Diese Gelegenheit nahm die Politikwissenschaft, und nicht nur sie, ausgiebig wahr. Für den größten Teil der 80er Jahre schützte sie sich damit vor der Zumutung, sich mit der eigentlichen Provokation der Systemtheorie auseinanderzusetzen. Diese betraf eine andere Dimension. Nur ganz allmählich und nur einigen wenigen Geistern der Politikwissenschaft wurde klar, daß die eigentliche Herausforderung nicht die Frage von Offenheit oder Geschlossenheit war, sondern die Frage der Dignität von Theorie. Niemand in Europa, auch nicht Jürgen Habermas, Michel Foucault oder Anthony Giddens, hat seit Max Weber eine Theoriearchitektur von vergleichbarer Komplexität und Stringenz vorgelegt wie Niklas Luhmann. Der Kern dieser Singularität ist einfach zu sehen, wenn man danach Ausschau hält: Er liegt darin, daß Luhmann Theorie als Aufgabe in ihrem eigenständigem Recht, in ihrer eigenen Dignität begreift – und nicht als Simulation oder Belehrung von Praxis. Luhmanns Unternehmen der systemtheoretischen Rekonstruktion des politischen Systems der (modernen, westlichen) Gesellschaft formiert sich deshalb nicht an Problemen der Praxis, sondern an Problemen der Theorie. Keine Theorie, so die Grundannahme, kann Probleme der Praxis lösen. Die Praxis steht der Theorie verständnislos gegenüber; sie reagiert nicht auf Theorie, sondern nur auf eine andere Praxis.
Mit einer anderen Beschreibung kann man auch sagen, daß das Verhältnis zwischen Theorie und Empirie nicht als direkte Abhängigkeit, sondern als strukturelle Kopplung zu begreifen ist. Beide Bereiche entwickeln sich nach ihren internen Bewegungsgesetzen unabhängig voneinander, aber sie können aufeinander reagieren, wenn dafür gute *interne* Gründe vorliegen. Theoretische und empirische Kommunikationen operieren vorrangig selbstreferentiell und entfernen sich deshalb seit langem voneinander. Empirische Forschungen werden deshalb zunehmend unabhängiger von theoretischen

Entwicklungen – und umgekehrt. Sie bewirken füreinander „kanalisierte Irritationen" (Luhmann) und mehr oder weniger geschickt plazierte Ärgernisse, aber sie können einander weder beweisen noch widerlegen. Selbst noch die weichere Sprache von Karl Weicks Idee der „losen Kopplung" legt denselben Zusammenhang nahe: Auch lose gekoppelte Systeme beeinflussen sich nur indirekt durch wechselseitige Irritationen, durch dosierte Diskrepanzen, durch die „Akkomodation" (Piaget) von Perturbationen, durch potentielle statt sofortige Wirkungen (Weick 1982: 380). Für die Rational-Choice Theorie formuliert Jon Elster: „A ‚problem' in rational choice theory cannot have a solution in this sense [hier: eines definitiven Beweises, H.W.]. This is because the theory is, in an important sense, hermeneutic or interpretative" (1993: 179).

Wozu dann Theorie? Diese Frage läßt sich so leicht nicht beantworten. Theorie organisiert ein Wissensfeld nach bestimmten Konstruktionsprinzipien (wie Konsistenz, Kohärenz und Korrespondenz) – allerdings nicht um irgendeine wirkliche Wirklichkeit oder reale empirische Realität erklären zu können. Niemand kann dies, da es eine unvermittelte Realität nicht gibt. Vielmehr bietet Theorie die Möglichkeit, die Konsistenz, Kohärenz und die Korrespondenzbeziehungen zwischen unterschiedlichen Rekonstruktionen von Wirklichkeit zu prüfen und damit ihrerseits Konstruktionen zweiter Ordnung anzubieten, welche sich mit anderen reflexiven Rekonstruktionen vergleichen lassen. Von vornherein ist mithin Theorie ein Geschäft der Reflexion. Sie zielt nicht auf irgendeine Prüfung von Realität, denn Realität läßt sich nicht abprüfen. Vielmehr prüft sie Rekonstruktionen, genauer Prinzipien der Rekonstruktion, welche nur als Theorieprobleme behandelbar sind. Unvermeidbar ist deshalb Theoriearbeit zirkulär angelegt. Theorie richtet sich nicht auf eine Prüfung der Praxis, sondern auf die Prüfung von Theorie. Ihr Ziel ist weder Verifikation noch Falsifikation, sondern ein Diskurs über die Stringenz von Konstruktionen. Theorie ist deshalb nichts anderes als eine Form der instruktiven Entfremdung oder Verhüllung ihres Gegenstandes. Die Obsession gerade auch der politikwissenschaftlichen Theorie mit der Enthüllung des wahren Gesichts der Politik ist bestenfalls alteuropäisch, schlimmstenfalls spätpubertär. Schon von Salome hätte man lernen können, daß jede Form der Enthüllung nur eine andere Form der Verhüllung bleibt.

Der klarste Anknüpfungspunkt für diese Sicht liegt in der griechischen Wurzel des Wortes Theorie selbst. „Theorein" als schauen oder beobachten konnte solange als unmittelbares Erkennen und Überprüfen von Realität verstanden werden, wie die Komplexität und Rekursivität des Prozesses des Beobachtens unaufgeklärt war. Heute ist die Mythologie der Unmittelbarkeit einem entzauberten Relativismus gewichen, der sich in seinen konsequentesten Ausprägungen (Gilles Deleuze, Jean-François Lyotard, Richard Rorty) eine Einheit und Re-Integration der heterogenen idiosynkratischen Rekonstruktionen von Wirklichkeit nicht mehr vorstellen kann. Damit haben sich auch die Bedingungen der Relevanz von Theorie grundlegend geändert. Theoriearbeit wird zur Arbeit an den Regeln der Konstruktion von Rekonstruktionen. Sie ist architektonisch in einem präzisen Sinne, und die Qualität der Architektonik einer Theorie avanciert zum Kriterium theoretischer Relevanz. Theoriearbeit erfordert in erster Linie „architectural knowledge" (Henderson 1992) im Sinne eines Wissens über Beziehungen zwischen Komponenten. Die Trägheit von Theorie-Innovationen läßt sich dann damit erklären, daß das Augenmerk gewöhnlich auf den Komponenten und deren Veränderung liegt, während Annahmen über die Beziehungen zwischen Komponenten zum unbefragten Hintergrundwissen werden. Mit Bezug auf organisationales Wissen formuliert Rebecca Henderson diesen Zusammenhang: „Since architectural knowledge is usually stable during long periods of incremental innovation, it tends to become embedded in the communication channels, information filters, and problem-solving strategies of the organization. This makes its obsolescence difficult to observe and to correct" (1992: 121).

Entsprechend registrieren die vorgeschobenen Beobachtungsposten der universitären politikwissenschaftlichen Theoriearbeit zwar eine Fülle inkrementaler Innovationen in den Rekonstruktionen von Elementen der Politik, und sie leiten aus diesen Innovationen die Überzeugung eines besseren Verstehens der Politik und eines besseren Erklärungspotentials ihrer Modelle ab. Aber es entgeht ihnen doch ziemlich verläßlich der Wald jenseits der Bäume. So legen wir unverzagt zugrunde, daß Forschungen über Parteien, Wähler, Eliten, Skandale, Politiker, Gesetzgebung etc. unser Wissen über die Politik verbessern. Die Jahresinhaltsverzeichnisse der relevanten Zeitschriften belegen dies. Daran möchte ich auch keinerlei Kritik üben, denn all dies ist ohne Zweifel wichtig und wertvoll. Verwunderlich ist nur, daß Innovationen der Theoriearchitektonik gewöhnlich über Jahre hinweg mit den abenteuerlichsten Unterstellungen und Verdächtigungen zu kämpfen haben, bevor durchsickert, daß die angebotene Theorieinnovation nichts anderes bedeutet als den Vorschlag, eine alternative Beobachtungsperspektive einzunehmen, in welcher dieselben Elemente aufgrund anderer ins Bild kommender Verknüpfungen alternative Konfigurationen und mithin alternative Möglichkeiten der Interpretation ergeben.

Eine gewisse Brisanz gewinnt dieses Spiel vor allem im Verhältnis zwischen Politikwissenschaft und Soziologie. Während die Stärke der Klassiker des politikwissenschaftlichen Denkens, von Machiavelli über Karl Marx und Max Weber bis zu Karl W. Deutsch oder Amitai Etzioni, genau darin begründet ist, daß sie Politik als Moment eines kontextuierenden gesellschaftlichen Zusammenhanges begreifen, kapriziert sich gerade die deutsche Politikwissenschaft in einer schon etwas penetranten Weise auf eine Trennung von der Soziologie und der gesellschaftstheoretischen Kontextuierung politischer Prozesse. Auch in dieser Hinsicht verletzt Luhmann ein Tabu, indem er seine Idee der Geschlossenheit der Politik, für sich schon frivol genug, auch noch aus einer umfassenden, gesellschaftstheoretisch fundierten Analyse der Operationsregeln moderner, funktional differenzierter Demokratien heraus entwickelt. Zwei konstituierende Merkmale der Nachkriegs-Politikwissenschaft geraten damit ins Wanken: zum einen der Anspruch der Eigenständigkeit der Politikwissenschaft gegenüber der Soziologie; zum anderen die damit verknüpfte Idee des Primats der Politik. Dieser doppelte Affront war zuviel – und die Behandlung der Systemtheorie durch die Politikwissenschaft entsprechend.

Zur Besänftigung kann ich hinzufügen, daß ich hier Hauptlinien nachzeichne. Ganz ohne Zweifel haben reflektierte Politikwissenschaftler immer schon gegen diese beiden Tabus argumentiert, wenngleich insgesamt lange Zeit nur mit bescheidenem Erfolg. Klaus von Beyme geht in einem Rückblick so weit zu formulieren: „Politik und politische Theorie haben in einer differenzierten und pluralistischen Gesellschaft gelernt zu akzeptieren, daß die *Politik nur ein Teilbereich ist*" (Beyme 1991: 341. Hervorhebung im Original). Ich halte dies zwar für die Situation der 90er Jahre für zutreffend, für die Zeit davor aber für eine reichlich optimistische Einschätzung. Erst Luhmann hat die (deutsche) Politikwissenschaft zur Verabschiedung ihrer „Königswissenschafts-Besessenheit" (Beyme 1991: 342) gezwungen – wohlgemerkt ohne die Soziologie an diese Stelle zu plazieren, sondern mit dem Argument, daß es weder Königswissenschaften noch primäre Funktionssysteme in einer funktional differenzierten und interdependenten Gesellschaft geben könne.

Was sind nun die Inhalte der mit systemtheoretischem Denken angebotenen Theorieinnovationen? Im vorliegenden Zusammenhang möchte ich mich auf einen Punkt beschränken: den Problemkreis Offenheit/Geschlossenheit. Wie sich herausstellen wird, ist er komplex genug, um beispielhaft den Sinn systemisch orientierter Theoriearbeit zu bezeichnen.

2. Offenheit/Geschlossenheit

In der Entwicklung des systemischen Denkens, vor allem in Kybernetik und General Systems Theory, markierte die *Offenheit* von Systemen den Kontrapunkt gegenüber der Theorietradition. Input-output-Modelle und kybernetische Regelkreise, die auf externe Veränderungen reagieren, sind wichtige Beispiele der neuen Denkmittel. Für die Politikwissenschaft nutzt David Easton die frühe Systemtheorie zu einer beeindruckend elaborierten Konzeption des politischen Systems. Seine Analysen kreisen um die Frage, wie ein politisches System seine Kontinuität sichern kann, wenn es von einer veränderlichen Umwelt umgeben und von ihr abhängig ist. Sein „dynamic response model of a political system" trägt schon im Titel die Antwort: Das System reagiert dynamisch und responsiv auf Umweltveränderungen und etabliert so einen Regelkreis wechselseitiger Anpassung (Easton 1965: 110). Ähnliche Grundpositionen ließen sich für Talcott Parsons, Karl W. Deutsch, Charles Lindblom oder Amitai Etzioni nachzeichnen.

Demgegenüber beginnt die (moderne) Karriere der Idee der Geschlossenheit auf einem ganz anderen Feld: dem der Naturwissenschaften. Das von den Biologen Maturana und Varela entwickelte *Autopoiese-Konzept* bezieht sich auf die Beobachtung, daß es offensichtlich Systeme gibt, die sich selbst reproduzieren; und zwar sich selbst reproduzieren nicht nur im herkömmlichen Sinne der genetischen Replikation in der Generationenfolge, sondern in dem sehr viel spezifischeren Sinne einer kontinuierlichen gegenwärtigen Selbsterzeugung des eigenen Systems. Autopoietische Systeme sind operativ geschlossene Systeme, die sich in einer „basalen Zirkularität" selbst reproduzieren, indem sie in einer bestimmten räumlichen Einheit die Elemente, aus denen sie bestehen, in einem Produktionsnetzwerk wiederum mit Hilfe der Elemente herstellen, aus denen sie bestehen (Maturana 1982: 58). Etwas vereinfacht ausgedrückt: Ein autopoietisches System reproduziert die Elemente, aus denen es besteht, mit Hilfe der Elemente, aus denen es besteht. Eine Zelle oder ein Organismus ersetzen in einem kontinuierlichen Prozeß die Bestandteile, aus denen sie bestehen. Neu war die Interpretation, die Maturana und Varela diesem Vorgang gaben. Sie schlossen daraus auf eine Geschlossenheit der Tiefenstruktur der Selbststeuerung („basale Zirkularität") jedes lebenden Systems in Form einer homöostatischen Organisation, deren Funktion darin besteht, eben diese basale Zirkularität selbst zu erzeugen und zu erhalten (Maturana 1982: 35).

Und genau daraus folgt das eigentlich Aufregende: Autopoietische Systeme erscheinen nun entgegen dem frühen systemtheoretischen Postulat der notwendigen Offenheit von Systemen in System-Umwelt-Konstellationen in ihrem Kernbereich, in ihrer inneren Steuerungsstruktur als geschlossene Systeme. Wird diese operative Geschlossenheit zerstört, so bricht ihre Autopoiese zusammen, sie hören auf, als lebende Systeme zu existieren. Konkret heißt dies, daß etwa eine Zelle, ein Organismus oder ein menschliches Nervensystem die eigene Kontinuierung ausschließlich nach den eigenen eingebauten operativen Gesetzmäßigkeiten bewerkstelligt und steuert; eine Steuerung des systemspezifischen Operationsmodus von außen ist nicht möglich, es sei denn um den Preis der Zerstörung der autopoietischen Qualität des Systems.

Es ist allerdings wesentlich zu beachten, daß sich die operative Geschlossenheit eines autopoietischen Systems nur auf die basale Zirkularität der Selbststeuerung der eigenen Reproduktion bezieht; in anderen Hinsichten, insbesondere bezüglich der Aufnahme von Energie und Information (d.h. der Verarbeitung möglicher bedeutsamer Differenzen), ist es durchaus und notwendigerweise offen. Und genau dies konstituiert auf der Ebene selbstreferentieller Systeme die Notwendigkeit einer genaueren Fassung des Problems der operativen Geschlossenheit von Systemen: Sie sind weder (in der klassischen Weise) als geschlossene Systeme zu begreifen, die sich nach einem Schöpfungsakt gemäß ihrer Entelechie, Lebenskraft oder Letztbestimmung verwirklichen ohne äußeres Zutun; noch sind sie offene Systeme im Sinne einer durchgängigen Abhängigkeit von ihrer Umwelt. Vielmehr müssen wir nun von einem voraussetzungsvolleren und präzise zu bestimmenden Ko-Evolutions- und Bedingungsverhältnis von partieller Geschlossenheit und *dadurch* ermöglichter Offenheit ausgehen.

Das Autopoiese-Konzept lenkt die Aufmerksamkeit des Beobachters auf die Konstitutionsbedingungen komplexer (biologischer, psychischer und sozialer) Systeme. Die Leitfrage lautet: Welche Organisationsform von Operationen ist erforderlich, um die Kontingenzen zufälliger Ereignisse auf ganz bestimmte Pfade zu zwingen und so zu vernetzen, daß spezifische reproduktive oder kreative Zyklen entstehen. Das Autopoiese-Konzept ist innovativ und provozierend, weil es gegenüber der einseitigen Betonung der Umwelt-Abhängigkeit von Systemen deren interne Strukturdeterminiertheit primär setzt. Damit kommt ins Blickfeld, daß Systeme zunächst und vor allem ihre eigene Kontinuierung organisieren müssen, um als Systeme in Beziehungen zu ihrer Umwelt treten zu können. Und es wird deutlich, daß selbst noch die Art möglicher Umweltbeziehungen abhängt von der „innengeleiteten" Operationsweise des autopoietischen Systems.

Gedanken, die eine Person als psychisches System hat, können nur von anderen Gedanken dieser Person wahrgenommen – also beobachtet – werden. Es gibt keine Möglichkeit, Gedanken von außen in ein psychisches System einzubringen oder sie außerhalb eines psychischen Systems zu beobachten. Auf dieser elementaren Ebene des Prozessierens von Gedanken gibt es demnach für ein psychisches System weder input noch output, sondern im strengen autopoietischen Sinne nur zirkuläre Geschlossenheit. Daraus folgert Luhmann zu Recht: „Es gibt keinen unmittelbaren Kontakt zwischen verschiedenen Bewußtseinssystemen" (Luhmann 1985: 404). Niemand kann die Gedanken und Vorstellungen eines anderen „wissen", er kann sich nur seine eigenen Vorstellungen darüber bilden. Personen können sich wechselseitig beobachten, und sie können miteinander kommunizieren. Sicherlich sind dabei die unterschiedlichsten Grade der Einfühlung, der Übereinstimmung, des Verstehens möglich. Grundlegend ist aber, daß es sich immer nur um die Interaktion zwischen autopoietischen Systemen handelt, deren je selbstreferentielle Operationsweise das Schienennetz vorgibt, in das an bestimmten Punkten und in intern vorgegebener Weise fremdreferentielle Informationscontainer eingeschleust werden können.

Größere Schwierigkeiten bereitet es, auch soziale Systeme als autopoietische zu begreifen. Grundlage einer solchen Konstruktion ist die Annahme, daß soziale Systeme nicht aus einer Ansammlung von Menschen bestehen, sondern aus dem Prozessieren von Kommunikationen. Diese scharfe Trennung zwischen psychischen und sozialen Systemen ist zwar Anlaß für kontinuierliche Mißverständnisse. Aber nur eine radikale Soziologisierung – und damit: Entpersönlichung – sozialer Systeme ist geeignet, deren Besonderheit und Eigengesetzlichkeit so zu fassen, daß das Soziale nicht zur bloßen Aggregation biologischer und psychischer Momente gerät. „Intersubjektivität" ist keine Lösung dieses Problems, weil die neurobiologisch fundierte Annahme der autopoietischen Qualität psychischer Prozesse zu der Folgerung zwingt, daß jedes Subjekt seine *eigene* Intersubjektivität hat (Luhmann 1989).

Was aber berechtigt überhaupt zu der Annahme, das Soziale bilde einen eigenständigen Realitätsbereich, eine emergente Ordnung, die sich auf die Merkmale biologischer und psychischer Systeme nicht zurückführen lasse? Gibt es eine eigenständige Operationsgrundlage sozialer Systeme, die auf der Ebene von Organismen und psychischen Systeme nicht konstitutiv ist? Sowohl psychische als auch soziale Systeme sind sinnhaft konstituierte Systeme – hier kann der Unterschied nicht liegen. Es ist die *Prozessierungsform von Sinn*, welche den Unterschied ausmacht: Psychische Systeme verarbeiten Sinn in Form von Gedanken und Vorstellungen; soziale Systeme dagegen prozessieren Sinn in Form sprachlich-symbolisch vermittelter Kommunikation (Luhmann 1984: 192ff.). Soziale Systeme bilden sich auf der Grundlage von Kommunikationen. Für ihre Kontinuität ist fortlaufende Kommunikation unerläßlich.

Natürlich ist auch Vertretern des Autopoiese-Konzepts klar, daß autopoietische Systeme wie Zellen, Organismen oder Nervensysteme Umweltbeziehungen haben. Der entscheidende Punkt ist, daß diese Systeme als strukturdeterminierte, selbststeuernde Systeme von Umweltereignissen nur zu eigenen Operationen angeregt oder angestoßen, nicht aber determiniert werden können – denn externe Determination wäre das Ende ihrer Autopoiese. Diese Art der Umweltbeziehung nennt Maturana „strukturelle Koppelung" (Maturana 1982: 144 u. 150ff.). Ganz analog ist es im Falle sozialer Systeme notwendig, die Härte des Gedankens reiner Selbstreferenz abzumildern durch eine besondere Art der Kombination oder Koppelung von Selbstreferenz und Fremdreferenz. Reine Selbstreferenz müßte sich in der Perpetuierung des immer Gleichen erschöpfen; sie würde eine Welt fensterloser Monaden schaffen. Da außer Zweifel steht, daß auch im Verhältnis zwischen psychischen und sozialen Systemen Veränderungen, Kommunikationen und Evolutionen stattfinden, ist der Schluß zwingend, daß reine Selbstreferenz nicht möglich ist und auch zur Erklärung dieser Prozesse nicht ausreicht.

Tatsächlich ist Selbstreferenz gewissermaßen der *basso continuo* kommunikativer (und: psychischer, organischer) Prozesse. Er schließt keineswegs aus, sondern ermöglicht geradezu, daß auf dieser Grundlage weitere, freiere Verweisungsbeziehungen als Begleitmelodien eine Rolle spielen. Luhmann nennt diese Kombination von Selbstreferenz und Fremdreferenz, die Simultanverweisung auf Eigenes und Fremdes, „mitlaufende Selbstreferenz" (Luhmann 1984: 604). Er sieht die operative Geschlossenheit autopoietischer Systeme nicht als Selbstzweck an, sondern als Bedingung der Möglichkeit für Offenheit. In Erweiterung strikt autopoietischer Formulierungen kommt er deshalb zu der Schlußfolgerung, daß selbstreferentielle Systeme „mit Hilfe der Differenz von Selbstverweisung und Fremdverweisung (kurz: mit Hilfe mitlaufender Selbstreferenz) Informationen gewinnen, die ihnen die Selbstreproduktion ermöglichen" (Luhmann 1984: 607). Streng analog können soziale Systeme dann als operativ geschlossen angesehen werden, wenn sie semantische Strukturen ausbilden, die die in ihnen ablaufenden kommunikativen Operationen auf selbstreferentielle, rekursive Umlaufbahnen zwingen. Diese Bedingung ist für Gesellschaft als dem Gesamtzusammenhang aneinander anschließbarer Kommunikationen qua Definition gegeben. Für gesellschaftliche Teilsysteme und andere soziale Systeme aber nur dann, wenn sie *Spezialsemantiken* ausbilden, die sowohl die präzise Bezeichnung einer systemspezifischen elementaren Operation als auch eine trennscharfe Differenzierung zwischen allgemeinen (gesellschaftlichen) Kommunikationen und systemischen Operationen erlauben.

Man darf sich die Ausbildung selbstreferentieller sozialer Systeme, ihre Absonderung vom gesellschaftlichen Gesamtzusammenhang nicht so vorstellen, daß nun im Unternehmen nur über Entscheidungen, im Rechtssystem nur über Recht, in der Ökonomie nur über Zahlungen oder im Wissenschaftssystem nur über Wahrheit geredet würde. Entscheidend ist vielmehr, daß die Qualität (im Sinne des Informationsgehaltes) von Kommunikationen durch die jeweilige Art der Bezugnahme, also durch die Art der Beziehung zwischen Referent und Referiertem, definiert wird als organisationsbezogene, rechtliche, ökonomische, wissenschaftliche oder sonstige Kommunikation. Eine schnelle und zuverlässige Einordnung von Kommunikationen in je spezifische Kontexte geschieht durch eine Engführung des Bedeutungsstromes von Kommunikationen durch differentielle semantische *Codes*, die im Prozeß der Kommunikation stetig in Form von Code-Schlüsseln und Kontextsignalen mitgeliefert werden. Es liegt auf der Hand, daß Schwierigkeiten entstehen, wenn diese Schlüssel ausbleiben oder nicht verstanden werden.

Aus dem Gesagten folgt, daß soziale Differenzierung und semantische Differenzierung sehr eng zusammenhängen. Schreitet die semantische Differenzierung soweit voran, daß über eine spezifische Codierung eine Sondersprache und ein eigenständiges „Sprachspiel" in dem Sinne entsteht, daß eine durch Selbstreferenz zirkulär organisierte Operationsweise dieser spezifischen Kommunikationen sich etabliert, dann kann man wohl ohne Bedenken von einem operativ geschlossenem sozialem System sprechen. Denn nun kontinuiert es sich durch Kommunikationen, die durch Bezug auf Kommunikationen der gleichen Element-Klasse entstehen. In noch stärkerem Maße als für organische und psychische Systeme gilt allerdings für soziale Systeme, daß nur eine Kombination von selbstreferentieller Geschlossenheit und fremdreferentieller Offenheit aus der Paradoxie einer Selbstlähmung durch Zirkularität heraushilft. Wenn es aber auf diese Kombination, auf Offenheit durch Geschlossenheit, auf die Simultaneität von Selbstreferenz und Fremdreferenz ankommt, dann stellt sich die Frage, inwieweit der Autopoiese-Gedanke über das alte Konzept der relativen Autonomie hinausführt. Eine erwägenswerte Antwort gibt Francisco Varela, indem er Autonomie als allgemeinste Form selbstreferentieller Geschlossenheit definiert und Autopoiese als Spezialfall versteht, der nur dann gegeben ist, wenn sich die Elemente des Systems aus den Elementen des Systems im strengen Sinne reproduzieren. Damit ist Autopoiese auf chemische Prozesse beschränkt; jede Übertragung auf andere Emergenzebenen als „Kategorienfehler" (Varela 1979: 55) ausgeschlossen. Begrenzt man allerdings die Idee der Autopoiese nicht auf chemische Reproduktion innerhalb topologischer Grenzen, sondern begreift man deren Kern als operative Geschlossenheit eines selbstreferentiellen Verweisungszusammenhanges, dann steht einer Übertragung auf psychische und soziale Systeme nichts im Weg. Dann wird zugleich auch deutlich, daß operative Geschlossenheit ungleich präzisere, trennschärfere und engere Voraussetzungen postuliert als ein Begriff von Autonomie, der zwar irgendeine Form von Eigengesetzlichkeit, Eigendynamik oder Eigenständigkeit meint, aber nicht präzisiert, worin genau die Eigenständigkeit eines Kontextes bestehen sollte.

Es macht die herausragende Erkenntnisleistung des Autopoiese-Konzepts – und seine Nähe zur Idee des Hyperzyklus – aus, die selbstreferentielle Geschlossenheit eines Verweisungszusammenhanges in der Radikalität zu postulieren, daß Einheit und Elemente dieses Zusammenhanges erzeugt werden durch nichts anderes als die Operationsweise dieser Einheit selbst. Damit wird die *Regelstruktur* der Operationsweise eines Systems zum Kriterium, an dem sich in gläserner Härte und Transparenz erweist, ob ein System autopoietische Qualität hat oder nicht: Zwingt diese Regelstruktur die Einzeloperationen in autokatalytische Zyklen eines rekursiven Musters, so daß ein geschlossener, selbstreferentieller Verweisungszusammenhang von Operationen sich ergibt, dann liegt Autopoiese vor. Sonst nicht. Und es ist dann ein notwendiger weiterer Schritt, die auf dieser Basis die möglichen (und unabdingbaren) Umweltbeziehungen des autopoietischen Systems zu spezifizieren.

Der Autonomie-Begriff erscheint nun besonders geeignet, die Einheit der Differenz von Autopoiese und Umweltkontakt, von Selbstreferenz und Fremdreferenz zu bezeichnen. Denn in einem wörtlichen Sinne meint Autonomie die Eigengesetzlichkeit der Operationsweise eines Systems, die nun präzisiert werden kann als operative Autonomie, als autonome Tiefenstruktur der Selbststeuerung eines Systems (Willke 1987). Im Gegensatz zum Begriff der Autopoiese ist Autonomie aber nicht auf den Innenhorizont eines Systems beschränkt. Autonomie soll gerade beide Seiten, Innenhorizont und Außenhorizont, übergreifen und den Zusammenhang von Selbstreferenz und Fremdreferenz betonen. *Ein autonomes System ist mithin ein System, das auf der Grundlage autopoietischer Selbststeuerung spezifische, durch seine Leitdifferenz und seinen Operationsmodus vorgezeichnete Umweltbeziehungen unterhält* (Willke 1993: 72).

3. Geschlossenheit der Politik?

In der Transformation mittelalterlicher Gesellschaften zu frühmodernen und dann modernen Nationalstaaten war die Politik das leitende Teilsystem, nachdem es seine Autonomie gegenüber der Religion durchgesetzt hatte. Unter ihrem Schutzmantel folgten im Prozeß der Zivilisierung und Modernisierung die Autonomiebewegungen der anderen Teilsysteme. Insgesamt ergibt sich in diesem Prozeß der „okzidentalen Rationalisierung" die Form der gegenwärtigen, funktional differenzierten Gesellschaft. In systemtheoretischer Sicht macht es Sinn, von einem ausdifferenzierten gesellschaftlichen Funktionssystem – etwa für Politik, Wirtschaft, Erziehung oder Kunst – zu sprechen, wenn mindestens folgende fünf Voraussetzungen gegeben sind:

1. Die Ausbildung spezialisierter *Kernrollen*, in der Regel in der Form eines Duals von Professionellen und Laien, also z.B. Wähler/Gewählte, Produzent/Konsument, Lehrer/Schüler, Arzt/Patient oder Künstler/Publikum.
2. Die Ausbildung spezialisierter *Organisationen*, etwa Kirchen für das Religionssystem, Parteien für die Politik, Unternehmen für die Ökonomie, Schulen für das Erziehungssystem oder Forschungsinstitute für das Wissenschaftssystem.
3. Die Ausbildung einer *Spezialsemantik* durch die Einrichtung einer die dazugehörige Kommunikation markierende Leitdifferenz, wie Recht/Unrecht für das Rechtssystem, heilig/profan für das Religionssystem, Sieg/Niederlage für das Sportsystem oder Regierung/Opposition für das (demokratische) Politiksystem.
4. Die Ausbildung eines spezialisierten *Steuerungsmediums* als Steigerungsform der Alltagssprache: Macht für die Politik, Geld für die Ökonomie, Wissen für das Wissenschaftssystem, Glaube für das Religionssystem, Kompetenz für das Erziehungssystem etc.
5. Die Ausbildung von *Leistungsbeziehungen* zwischen den spezialisierten Funktionssystemen als Form der Organisation eines Zusammenhangs von Interdependenz und Autonomie.

Insoweit gibt es wohl keinen Zweifel daran, daß das politische System moderner Gesellschaften als ein voll ausdifferenziertes Funktionssystem anzusehen ist. Der Grad der Autonomie der Politik in der Moderne erweist sich besonders deutlich im Vergleich mit der Stellung der Politik in archaischen, despotischen, klerikalen oder anderen vormodernen Gesellschaftsformen. Während es viele Formen von Gesellschaft und anderen Sozialsystemen gibt, in denen die Logiken der unterschiedlichen Lebensbereiche tatsächlich nicht getrennt sind, sondern vielfältig ineinander übergehen und durcheinander spielen, ist die Moderne – wie Max Weber herausgearbeitet hat – durch die scharfe Trennung exklusiver Logiken gekennzeichnet. Bis hinein in die Fundamente der Verfassungen und Rechtssysteme moderner Gesellschaften sind diese exklusiven „Zuständigkeiten" durch Autonomiegarantien geschützt – Religionsfreiheit, Freiheit von Wissenschaft und Lehre, Autonomie der Familie und der Kommunen, Garantie des Eigentums und Berufsfreiheit, Autonomie der Kunst etc. So wichtig ist der Verfassung der Moderne diese scharfe Trennung und Exklusivität der Logiken, daß noch der Code der Politik strikt vom Code der Moral getrennt ist und „die Werte der verschiedenen Funktionssysteme keine moralischen Werte sind. ... Die Zwei-Werte-Codierung der Funktionssysteme läßt sich in keinem Fall mit dem Moralcode von gut/schlecht gleichsetzen, und damit entzieht sich auch die gesamte Selbstorganisation dieser Funktionssysteme einer moralischen Kontrolle. ... Und gerade der Einzelne darf wohl erleichtert aufatmen, wenn er erfährt, daß heute niemand, der sich für Moral einsetzt, in Anspruch nehmen kann, die Gesellschaft zu vertreten" (Luhmann 1994: 32 u. 41).

Auf der Ebene der Organisationen verdichtet sich dieser Befund. Die ausdifferenzierten Funktionsbereiche bilden auf der Ebene der Personen spezifische Rollen aus, auf der Ebene der Organisationen spezifische Handlungslogiken, welche die Zugehörigkeit der Organisation zu einem exklusiven Funktionszusammenhang spiegelt. So trivial es zunächst erscheint, daß Unternehmen der Ökonomie, Parteien dem politischen System, Kirchen dem Religionssystem, Universitäten dem Wissenschaftssystem, Schulen dem Erziehungssystem oder Sportvereine dem Sportsystem angehören, so radikal und folgenreich ist doch diese „Vereinnahmung". Sie bedeutet, daß zum Beispiel ein Unternehmen alle nur denkbaren internen Ziele, Motive und Interessen formulieren kann, die jenseits der ökonomischen Logik liegen mögen; aber als Unternehmen insgesamt kann es gegen diese Logik bei Strafe des Verschwindens vom Markt nicht verstoßen, nicht einmal, wenn die Unternehmen IBM oder Daimler-Benz heißen. Es gibt also eine glasklare Handlungslogik im Sinne einer ökonomischen Rationalität des Unternehmens, ohne Vermischungen, Übergänge oder Beimengungen, die strikt einzuhalten ist, oder das Unternehmen hört auf, als ökonomische Einheit zu existieren. Analog dazu sind etwa Parteien strikt an die Handlungsrationalität des politischen Systems gebunden. Auch wenn sie sich „christlich" nennen, sind sie keine Kirchen und müssen sich gegen christliche Positionen – etwa in der Abtreibungsproblematik – entscheiden, wenn die politische Rationalität dies fordert. Ebenso sind Schulen der Logik der pädagogischen Bewertung von Kompetenzen unterworfen und können nicht als Wirtschaftsunternehmen, Parteien oder Kirchen geführt werden, ohne ihren Sinn zu verfälschen.

Dieser Diagnose strenger Trennung der Teilrationalitäten scheinen Befunde zu widersprechen, wonach in Wirtschaftsunternehmen auch Machtspiele, in Kirchen auch wirtschaftliche Aktivitäten, in Schulen auch rechtliche Handlungszusammenhänge etc. eine Rolle spielen. Jede Organisation entwickelt mit ihrer internen Arbeitsteilung und Differenzierung vielfältige Teilziele, Nebenzwecke und subkutane Rationalitäten. Statt Trennung also doch Vermischungen und Überschneidungen? Die Antwort ist weder ja noch nein; sie hängt vom Beobachterstandpunkt ab. Für Mitglieder und Teilsysteme einer Organisation ergeben sich hieraus regelmäßig Rollen- und Zielkonflikte. Die Forschungs- und Entwicklungsabteilungen technologie-intensiver Firmen richten sich ihrem Selbstverständnis nach eher an der Leitdifferenz und den Prioritäten des Wissenschaftssystem aus als an der „krämerhaften" Logik der Ökonomie. Die Mitglieder der Marketing- und Werbeabteilungen verstehen sich in Wirklichkeit als Entertainer und Künstler und tun sich schwer, sich auf profane Kosten-Nutzen-Rechnungen einzulassen. Ähnliches gilt für alle weiteren Abteilungen, Divisionen, Geschäftsbereiche und andere Untergliederungen eines komplexen Unternehmens. Oft genug setzen sich auch faktisch diese Teilbereichslogiken durch. Dann entwickelt die F&E-Abteilung ein technologisches Juwel – das allerdings nicht absetzbar ist, weil es bei weitem zu teuer ist. Oder die Marketingabteilung produziert eine künstlerisch wertvolle Werbekampagne – die leider nur bei den potentiellen Käufern nicht ankommt.

Im Gewoge und Widerstreit der verschiedenen Teillogiken gibt es demnach trotz aller scheinbarer Vermischungen eine glasklare Trennung: Insgesamt als System muß eine Organisation der Logik ihres „Muttersystems", d.h. ihres Funktionssystems gehorchen, oder sie verliert ihre Identität als Firma, Kirche, Partei, Universität, Krankenhaus etc. Unter der Oberfläche können alle erdenklichen Teillogiken mehr oder weniger weit zum Tragen kommen; die Frage der Identität und der Reproduktion als System aber stellt sich rigoros als Frage der Einhaltung der Leitdifferenz gegenüber allen anderen Nebenzielen der Organisation. Nur wenn eine Firma insgesamt zahlungsfähig bleibt, und nur innerhalb dieses Rahmens, kann sie hochwertige Forschung betreiben, Personalentwicklung durchführen, kunstvolle Marketingstrategien entwerfen etc. Nur wenn ein Krankenhaus insgesamt seine Operationen an der Leitdifferenz von gesund/ krank und an der Logik des Heilens ausrichtet, bleibt es ein Krankenhaus und mutiert nicht z.B. in ein Forschungslabor oder in ein Industrieunternehmen. Nur wenn eine Kirche insgesamt ihr Handeln auf die Differenz heilig/profan und an der Logik des Glaubens ausrichtet, bleibt sie eine Kirche und wird nicht unterwegs zu einem Wirtschaftsunternehmen oder zu einer revolutionären Partei. Nur wenn eine Schule insgesamt ihre Kommunikationen an der pädagogischen Bewertung von Kompetenzen ausrichtet und der Logik des Lehrens/Lernens unterordnet, degeneriert sie nicht zu einem auf Profitabilität orientierten Unternehmen, zu einer auf Parteilichkeit gründenden Hilfsschule der Politik, zur Dependence einer Kirche oder zu einer anderen Monstrosität.

Auch auf der Ebene des Funktionssystems insgesamt ist für den Fall der Politik die Idee der Geschlossenheit weniger erschreckend, als es zunächst den Anschein hat. Daß es die exklusive gesellschaftliche Funktion der Politik in modernen Gesellschaften sei, kollektiv verbindliche Entscheidungen zu produzieren und durchzusetzen, ist nicht gerade eine Erfindung der Systemtheorie, sondern Ausgangspunkt jeder Politikwissenschaft, welche die Folgen funktionaler Differenzierung zur Kenntnis genommen hat. Ebensowenig ist bestritten, daß die Politik die exklusive Zuständigkeit für das Steuerungsmedium Macht in Anspruch nimmt. Max Weber spricht von der Kasernierung und Monopolisierung legitimer öffentlicher Macht; die Systemtheorie spricht von einer exklusiven Zuständigkeit für die Erzeugung, Ausübung und Kontrolle legitimer öffentlicher Macht. Allen Beteiligten ist klar, das Modernität als solche auf dem Spiel stünde, wenn die Exklusivität dieses Anspruches etwa von einem eigenständigem Machtanspruch der Religion, der Ökonomie oder der Wissenschaft bedroht wäre. Die etwas seltsame Diskussion darüber, daß auch Kirchen, Unternehmen, Sportvereine oder Universitäten Macht ausüben, ist nicht einschlägig. Denn es geht nicht um jedwede Form der Einflußnahme, sondern die Exklusivität der Politik bezieht sich streng auf legitime öffentliche Macht, also die Fähigkeit zu kollektiv verbindlichen Entscheidungen. In dieser gesellschaftlichen Funktion ist die Politik entweder exklusiv zuständig oder nicht, entweder unabhängig im Sinne des Art. 38 I Grundgesetz oder nicht, entweder souverän oder nicht – tertium non datur.

Der eigentliche Streitpunkt ist denn auch nicht die Exklusivität der gesellschaftlichen Funktion oder die Souveränität des Machtanspruchs, sondern die Frage der Modellierung des internen Operationsmodus der Politik. Und auch hier hat die institutionen- und akteurstheoretisch orientierte Politikwissenschaft zum Thema Geschlossenheit Interessantes zu bieten. Das starrsinnige Beharrungsvermögen etablierter Institutionen gegenüber massiven externen Perturbationen ist ebenso bekannt wie die hartnäckige „Eigendynamik sozialer Prozesse" (Mayntz/Nedelmann 1987). Empirische Befunde über die obstinaten Probleme der Umsetzung oder Implementierung politischer Programme in gesellschaftlichen Problemfeldern sind Legion (Mayntz 1983, 1978; Wildavsky 1973). Inzwischen ist längst auch in der Politikwissenschaft der Blick geschärft „für die Fragmentierung der Gesellschaft und für den Eigensinn, mit dem Teilbereiche sich der politischen Intervention entziehen" (Beyme 1991: 31).

Die theoretische Impertinenz der Systemtheorie beginnt für ihre Kritiker dort, wo sie diese Ansätze ernst nimmt und in Beziehung setzt zur grundsätzlicheren Frage der

Bedingungen der Konstitution und Reproduktion hochkomplexer Systeme. Dabei ist schwer zu sehen, was an der Frage so abwegig sein sollte: Wie bringt es ein hochkomplexes soziales System fertig, sich gegenüber der Ubiquität und Massivität interner und externer Störungen, Veränderungen, Abweichungen, der Chaotisierung durch interne und externe Zufälle und Fehlerreihen, ja gegenüber der bloßen Gewalt von Entropie und Anomie *als identisches zu reproduzieren?* (Eine ähnliche Frage hatte ja bereits David Easton gestellt.)

Es ist die Antwort auf diese Frage, die systemtheoretisch fundiertes Denken von alteuropäischen oder menschentümmelnden Alternativen abhebt. Alteuropäische Antworten haben immerhin den Vorteil, daß sie in der Betonung von Traditionen, Normen und Werten in eine aufschlußreiche Richtung weisen. Der Verweis auf Menschen und Akteure *an dieser Stelle* ist dagegen eher verblüffend: Menschen potenzieren mit ihrer eingebauten Chaotik und Kurzzeitigkeit nur das Problem.

Versucht man genauer zu fassen, was die Funktion überindividueller, anonymisierter und symbolisch generalisierter Normen, Werte oder Institute ausmacht, dann stößt man auf *Regelsysteme* als Steuerungsinstanzen für Kommunikationen (Buchanan 1985; Burns 1987). Die operative Geschlossenheit eines sozialen Systems entsteht aus einer evolutionär allmählichen Verschiebung von Heteronomie zu Autonomie: Die Orientierung von Kommunikationen an externen umfassenden Regeln wie Tradition, Religion oder Moral wird schwächer und verschwindet im Prozeß der Modernisierung zugunsten der Orientierung an selbstgesetzten Regeln, die zunehmend die Besonderheit, Eigenlogik und Eigen-Sinnigkeit eines ausdifferenzierten Bereiches reflektieren. Jede Gründung eines Unternehmens oder eines Vereins zeigt diesen Prozeß ebenso klar wie die Bildung einer Jugendbande oder die Gründung einer Sekte. Um sich von der Umwelt abzugrenzen und ihre Autonomie zu etablieren und zu wahren, beziehen sich diese Systeme in erster Linie auf sich selbst und orientieren ihre Kommunikationen an selbstgesetzten Regeln. Dies schließt weder Lernen noch Evolution aus, wenn und soweit die Umwelt über bedeutsame Differenzen (Batesons „Unterschiede, die einen Unterschied machen") eine Quelle für die Ableitung von Informationen darstellt. Sie müssen dazu allerdings in die „Sprache" (d.h. in die eigensinnige Logik) des Systems transformiert werden, um überhaupt wahrgenommen zu werden, und sie müssen als Kontextinformationen in die zirkuläre Operationsweise des Systems eingeschleust werden, um überhaupt wirksam werden zu können.

Operative Geschlossenheit erzeugt die Gefahr eines unendlichen Regresses der Selbstreferenz, die immer weiter nur in sich selbst zurück- und weiterläuft. Alle autonomen Sozialsysteme sind mit dieser Gefahr konfrontiert und manche erliegen ihr: z.B. fanatische Sekten, autologische revolutionäre Zellen, defensiv strukturierte Organisationen etc. Um diese Gefahr zu vermeiden, brauchen selbstreferentielle Systeme Umweltkontakt und mithin eine spezifische Umweltoffenheit. Denn über Umweltkontakte werden in die Selbstreferenzschleifen Interdependenzunterbrechungen eingeführt, sozusagen Stoppregeln und Neuanstöße für die operativ geschlossenen Prozesse basaler Zirkularität.

Die Frage ist also nicht, ob Funktionssysteme wie die Politik offen oder geschlossen „sind". Die Frage ist eher, welche Erkenntnismöglichkeiten sich aus der Idee der Geschlossenheit ergeben, wenn diese Idee stringent in einen systemtheoretischen Kontext eingebettet ist, welcher die funktionale Differenzierung moderner Gesellschaften ebenso ernstnimmt wie die Verdichtung funktionsspezifischer Kommunikationen in Spezialsemantiken der Selbststeuerung. Nicht zufällig ist es deshalb gerade die Steuerungsproblematik, die Frage der Steuerungskapazität der Politik, an welcher sich nach Jahren forcierter Mißverständnisse ein instruktiver Austausch zwischen Akteurstheorien und Systemtheorien abzeichnet (Mayntz 1987; Scharpf 1989, 1991; Luhmann 1989a; Willke 1995).

4. Verhüllungen der Politik

Für vierzehn Tage im Juni 1995 gab der verhüllte Reichstag ein schönes Sinnbild der Bedeutung theoretischer Verhüllungen der Politik. Das Reichstagsgebäude als einfältiges Gebäude und zwiespältiges Symbol deutscher Politik verschwand im komplexen Faltenwurf einer Verhüllung. Millionen von Beobachtern sahen Gebäude und Symbol zum ersten Mal klar vor Augen.
Zuvor hatte der Bundestag in einem theoretisch hochrangigem Diskurs sich dezidiert auf die Seite der Systemtheorie geschlagen und die Realität funktionaler Differenzierung ausdrücklich in der Notwendigkeit einer kategorialen Trennung von Kunst und Politik anerkannt. Empirisch lassen sich folgende Äußerungen festhalten:
- „Wir stimmen nicht über Kunst ab" (Peter Conradi, SPD).
- „Wir werden nicht hierher gewählt, um zu entscheiden, was Kunst ist. Wir entscheiden hier, ob der Reichstag für diese Aktion freigegeben wird" (Peter Conradi, SPD).
- „Dies ist keine Entscheidung über Kunst. Sie kann und sie darf dies nicht sein. Niemand von uns wird sich anmaßen wollen zu entscheiden, ob das Vorhaben von Christo künstlerisch sinnvoll ist oder nicht" (Wolfgang Schäuble, CDU).
- „Bedenken Sie die Gefahr, daß das Vertrauen zu vieler Mitbürger in die Würde unserer demokratischen Geschichte und Kultur Schaden nehmen könnte. Stimmen Sie mit mir und der großen Mehrheit meiner Fraktion einer Verhüllung des Reichstags nicht zu" (Wolfgang Schäuble, CDU).

Nach dem Ereignis waren sich Beobachter und Kommentatoren einig, daß für die Kunst etwas normales, für die Politik etwas wichtiges geschehen war. Die Verhüllung ermöglichte einen klareren Blick auf die Politik und ihre Symbole als jede Enthüllung. Eine vergleichbare Wirkung hat Theorie. Die Bedeutung von Theorie läßt sich mit der Funktion von Kunst vergleichen. Luhmann sieht die Funktion der Kunst „in der Konfrontierung der (jedermann geläufigen) Realität mit einer anderen Version derselben Realität", in dem „Hinweis auf die Kontingenz der normalen Realitätssicht" (Luhmann 1984a: 55). Brauchbare Theorie konfrontiert ihren Gegenstandsbereich mit der Kontingenz seiner „normalen" Selbstbeschreibung und Weltsicht. Sie bietet Beschreibungen für Optionen an, die vom analysiertem System gemäß seiner Einsicht in die Möglichkeit alternativer Selbstbeschreibungen – also gemäß seines Selbst-Verständnisses – verarbeitet oder aber ignoriert werden können. Theorien produzieren nicht Wahrheiten, sondern Weltsichten. Deshalb sind sie praktisch bedeutsam – und manchmal praktisch einflußreich –, obwohl sie dies nur dann sein können, wenn sie von Praxis absehen und diese den Praktikern überlassen.
Alle theoretischen Verhüllungen der Politik, ob institutionentheoretisch, akteurstheoretisch, spieltheoretisch oder systemtheoretisch, erzeugen, wenn es gut geht, beim

Beobachter einen Christo-Effekt: das Aha-Erlebnis einer diskrepanten Erscheinung, die Rückfragen an die eigene normalisierte Perspektive provoziert. Das Schattenboxen der Theorien und ihrer Proponenten untereinander ist, wenn es gut geht, ein Streit um Kriterien für die Beurteilung von Perspektiven oder Weltsichten, wenn es schlecht läuft, ein Stellvertreterkrieg um Einfluß bei Posten, Personen und Programmen. Da beides in der Praxis der Theorie nur schwer zu trennen ist, steht Theoriearbeit unter dem doppeltem Verdacht bloßer Ideologie und bloßer Programmatik. Nahezu alle sind sich einig, daß es nur eine Rettung aus dieser doppelten Gefahr gibt: Empirie. Empirisch läßt sich dies daran erkennen, daß jede theoretische Innovation, insbesondere solche aus der Gegend der Systemtheorie, geradezu reflexhaft mit der Aussage gekontert wird, daß dies empirisch weder überprüft noch überhaupt überprüfbar sei. Die Ironie der letzteren Aussagen liegt darin, daß sie als Gipfel der Unhaltbarkeit und Unwissenschaftlichkeit gemeint ist, während sie – jedenfalls aus systemtheoretischer Sicht – schlicht richtig ist: Mit Empirie lassen sich theoretische Rekonstruktionen nicht überprüfen. Es ist so, als wollte man Christos Verhüllung des Reichstages dadurch aus der Welt schaffen und damit den drohenden Schaden von unserer Geschichte und Kultur abwenden, daß man sein Modell empirisch überprüft.

Wozu dann Theorie? Theoriearbeit negiert nicht die Bedeutung von Empirie, sondern verstärkt deren Relevanz in *funktional äquivalenter* Weise wie Kunst Realität nicht negiert, sondern potenziert, indem sie die unhintergehbare Kontingenz jeder Wahrnehmung enthüllt. Empirie und Theorie handeln in getrennten Welten, aber sie sind in ihren Funktionen aufeinander bezogen, sobald die paradiesische Illusion der Einheit von Sein und Erkenntnis verloren gegangen ist. Paradise lost, theory gained. Theoriearbeit schafft die Verstörungen und Dissonanzen, die eine reflektierte Empirie in ihre *eigenen* Fragen umsetzen kann. Empirische Arbeit beantwortet dann empirische Fragen und nicht theoretische – in gleicher Weise, wie ein theoretischer Diskurs nicht mit Verweis auf „passende" oder „nicht passende" Empirie zu entscheiden ist, sondern nur durch eine überzeugende Kritik der Archeologie und der Architektur eines gegebenen Theoriegebäudes.

Theoriearbeit hat deshalb von Empirie nichts zu fürchten und wenig zu hoffen. Auch die beste Empirie kann Theorie weder verifizieren noch falsifizieren. Gute Empirie kann, wie Allison (1971) gezeigt hat, den theoretischen Diskurs beflügeln; und sie kann, wie Luhmanns historische Empirie in Ansätzen zeigt, dazu anregen, in die Architektur einer Theorie, neue Treppen, Geländer, Anbauten und, wenn es sein muß, auch Rumpelkammern einzubauen. Seltener kommt es vor, daß Theorieinnovationen gestandene Empiriker durcheinander bringen. Gewöhnlich wartet man ein paar Jahre oder Jahrzehnte ab, um zu sehen, was die anderen davon halten. In der Theoriearbeit kann deshalb nur „erfolgreich" sein, wer sich lange im Geschäft hält oder wer immer wieder neu entdeckt wird.

Immer wieder durchbrechende Phantasien von der Verschmelzung von Theorie und Empirie werden getrieben von der Sehnsucht nach Klarheit. Jeder Forschungsantrag an die Drittmittelgeber muß so tun, als würde er für seine Fragestellung endlich Klarheit schaffen. Tatsächlich ist nur eines klar: daß sowohl auf der Seite empirischer Forschung wie auf der Seite der Theoriekonstruktionen weitere Forschungen nicht endlich Durchblick erzeugen, sondern nur eine neue Form der Unübersichtlichkeit, nicht Klarheit, sondern Komplexität. Vielleicht befindet sich die politische Theorie bereits in der Ära ihrer Transformation. Trotz einiger ermutigender Anzeichen bin ich allerdings eher skeptisch. Zu vorrangig kümmern sich installierte Politologen und Politologinnen um die Transformationen der Außenwelt, als daß sie die Notwendigkeit einer Transformation ihrer eigenen Welt wahrnehmen könnten. Politikwissenschaft in der Ära der Transformation müßte ein distanzierteres Verhältnis zu den eigenen Traditionen und Versäulungen gewinnen. Sie müßte die Neugier und Innovationsbereitschaft, die sie der realen Politik predigt, zumindest vorsichtig und probehalber auch für sich selbst zulassen. Und sie müßte die Kosten der Stagnation, die sie an anderen verzögerten Transformationen so gekonnt berechnet, bei Gelegenheit für ihren eigenen Fall aufstellen.

Wenn es denn einen Beitrag der Systemtheorie zu einer aufschlußreichen Verhüllung der Politik gibt, dann liegt er wohl darin, einer Zunft, die zu lange dem Zauber der Enthüllung und Aufklärung anderer Bereiche aufgesessen ist, zu einem geordneten Rückzug in die eigene Transformation zu verhelfen: eine Transformation politikwissenschaftlicher Theorie, die dann beginnt, wenn sie sich mit einer Politik der Komplexität anfreunden kann.

Literaturverzeichnis

Allison, Graham, 1971: Essence of Decision. Explaining the Cuban Missile Crisis. Boston: Little, Brown & Co.
Beyme, Klaus von, 1991: Theorie der Politik im 20. Jahrhundert. Frankfurt a.M.: Suhrkamp.
Beyme, Klaus von, 1991a: Regierungslehre zwischen Handlungstheorie und Systemansatz, in: Hartwich, Hans-Hermann/Wewer, Göttrik (Hrsg.), Regieren in der Bundesrepublik III. Systemsteuerung und „Staatskunst". Opladen: Leske + Budrich, 19-34.
Buchanan, Geoffrey/Brennan, James, 1985: The Reason of Rules. Constitutional Political Economy. Cambridge: Cambridge University Press.
Burns, Tom/Flam, Helena, 1987: The Shaping of Social Organization: Social Rule System Theory with Applications. Beverly Hills: Sage.
Easton, David, 1965: A Framework for Political Analysis. Englewood Cliffs.
Elster, Jon, 1994: Some Unresolved Problems in the Theory of Rational Behavior, in: Acta Sociologica 36, 179-190.
Henderson, Rebecca, 1992: Technological Change and the Management of Architectural Knowledge, in: Kochan, Thomas/Useem, Michael (Hrsg.), Transforming Organizations. New York/Oxford: Oxford University Press, 118-131.
Hofstadter, Douglas, 1984: Gödel, Escher, Bach: An Eternal Golden Braid. Harmondsworth, UK: Penguin.
Luhmann, Niklas, 1984: Soziale Systeme. Grundriß einer allgemeinen Theorie. Frankfurt a.M.: Suhrkamp.
Luhmann, Niklas, 1984a: Das Kunstwerk und die Selbstreproduktion der Kunst, in: Delfin III, 51-69.
Luhmann, Niklas, 1985: Die Autopoiese des Bewußtseins, in: Soziale Welt 36, 402-446.
Luhmann, Niklas, 1989: Politische Steuerung. Ein Diskussionsbeitrag, in: Politische Vierteljahresschrift, 4-9.
Luhmann, Niklas, 1989a: Das Individuum, Individualitat, Individualismus, in: *ders.*, Gesellschaftsstruktur und Semantik. Bd. 3. Frankfurt a.M.: Suhrkamp, 149-258
Luhmann, Niklas, 1994: Die Ehrlichkeit der Politiker und die höhere Amoralität der Politik, in: Kemper, Peter (Hrsg.), Opfer der Macht. Müssen Politiker ehrlich sein? Frankfurt a.M.: Suhrkamp.
Maturana, Humberto, 1982: Erkennen: Die Organisation und Verkorperung von Wirklichkeit. Braunschweig/Wiesbaden: Vieweg.

Mayntz, Renate, 1983: Zur Einleitung: Probleme der Theoriebildung in der Implementationsforschung, in: *dies.* (Hrsg.), Implementation politischer Programme II. Ansätze zur Theoriebildung. Opladen: Westdeutscher Verlag, 7-24.

Mayntz, Renate, 1987: Politische Steuerung und gesellschaftliche Steuerungsprobleme – Anmerkungen zu einem theoretischen Paradigma, in: Jahrbuch zur Staats- und Verwaltungswissenschaft Band 1. Baden-Baden: Nomos, 89-110.

Mayntz, Renate/Nedelmann, Birgitta, 1987: Eigendynamische soziale Prozesse. Anmerkungen zu einem analytischen Paradigma, in: Kölner Zeitschrift für Soziologie und Sozialpsychologie 39, 648-668.

Mayntz, Renate u.a., 1978: Vollzugsprobleme der Umweltpolitik, in: Materialien zur Umweltforschung 4.

Scharpf, Fritz, 1989: Politische Steuerung und politische Institutionen, in: Politische Vierteljahresschrift 30, 12-21.

Scharpf, Fritz, 1991: Die Handlungsfähigkeit des Staates am Ende des zwanzigsten Jahrhunderts, in: Politische Vierteljahresschrift 32, 621-634.

Varela, Francisco, 1979: Principles of Biological Autonomy. New York/Oxford: North Holland.

Weick, Karl, 1982: Management of Organizational Change Among Looseley Coupled Elements, in: *Goodman, P.S. et al.* (Hrsg.), Change in Organizations. San Francisco: Jossey-Bass, 375-408.

Wildavsky, Aaron, 1973: Implementation: How Great Expectations in Washington are Dashed in Oakland; Or, Why it's Amazing that Federal Programs Work at all. Berkeley: UC Press.

Willke, Helmut, 1987: Strategien der Intervention in autonome Systeme, in: *Baecker, Dirk et al.* (Hrsg.), Theorie als Passion. Niklas Luhmann zum 60. Geburtstag. Frankfurt a.M.: Suhrkamp.

Willke, Helmut, 1993: Systemtheorie. 4. Auflage, Stuttgart: Fischer (UTB).

Willke, Helmut, 1995: Systemtheorie III: Steuerungstheorie. Stuttgart: Fischer (UTB).

Politische Steuerung: Aufstieg, Niedergang und Transformation einer Theorie

Renate Mayntz

1. Zur Genese einer Theorie politischer Steuerung

Politische Steuerung wurde in dem Augenblick zum Gegenstand der Forschung, als sie in den 60er Jahren dieses Jahrhunderts zu einem verbreitet wahrgenommenen praktischen Problem wurde. Einmal zum Thema geworden, entwickelte sich die Theorie politischer Steuerung nach einem für die interne Dynamik der Wissenschaftsentwicklung typischen Muster, nämlich als Abfolge von Thematisierungen verschiedener Aspekte eines komplexen Phänomens. Zuerst wurde die Schuld am diagnostizierten staatlichen Steuerungsversagen in organisatorischen und kognitiven Defiziten gesucht, und es entwickelte sich in den 70er Jahren eine umfangreiche Planungsliteratur (vgl. u.a. Mayntz/Scharpf 1973). Als die Planungseuphorie zerstob, wandte sich das Interesse anderen Komponenten staatlicher Steuerungsfähigkeit zu: zum einen instrumentellen und institutionellen Aspekten der Politikentwicklung und zum anderen den Problemen beim Gesetzesvollzug.[1] So entstand eher additiv als aus einem einheitlichen Konzept systematisch abgeleitet eine Theorie, die die Voraussetzungen wirksamer politischer Steuerung thematisierte. Die einzelnen Komponenten dieser Theorie blieben allerdings in recht verschiedenartige Diskurse eingebettet.

Die intensiv geführte Diskussion über Recht als Instrument politischer Steuerung (vgl. etwa Voigt 1983) ließ schnell erkennen, daß insbesondere bestimmte Formen der regulativen Politik ins Leere stießen, weil sich mit Verboten nicht positiv motivieren läßt, der Erfolg staatlicher Steuerung aber vielfach die Kooperation der Adressaten voraussetzt. Die diagnostizierte „Krise der regulativen Politik" (Mayntz 1979) mündete speziell in den USA schnell in eine heftige Auseinandersetzung über die relativen Vor- und Nachteile staatlicher versus marktlicher Regulierung, wobei der Markt, im amerikanischen Kontext wenig überraschend, oft als die leistungsfähigere Governanceform herausgestellt wurde. So führte dieser Strang der Theoriebildung, anstatt weiterhin systematisch die Einsatzbedingungen verschiedener Steuerungsinstrumente zu erkunden, zu einer generellen Kritik am Interventionsstaat, die in den bürgerlich-konservativen Regierungen der USA und Europa bald auch praktisch wurde.

Auch die Frage nach den institutionellen Voraussetzungen effektiver politischer Steuerung mündete in eine nicht speziell steuerungstheoretische Diskussion, nämlich darüber, ob „institutions matter", oder ob – dies die verbreitetste Gegenthese – Politikergebnisse eher von gesellschaftsstrukturellen bzw. sozio-ökonomischen Bedingungen

---

[1] Diese Themenabfolge ist verschiedentlich ausführlich geschildert worden; vgl. etwa Mayntz (1987), Ulrich (1994).

bestimmt werden (Schmidt 1993). Versuche, die (nicht zuletzt von der quantifizierenden Staatstätigkeitsforschung genährten) Zweifel an der Bedeutsamkeit institutioneller Faktoren für die politische Steuerungsfähigkeit mittels empirischer Detailstudien kritisch zu prüfen (Weaver/Rockmann 1993), erlaubten zwar, die generelle Frage „Do Institutions Matter?" zu bejahen, zeigten jedoch zugleich, daß es keinen institutionellen „one best way" zur Bewältigung politischer Steuerungsprobleme gibt. Institutionen setzen nur den Rahmen, innerhalb dessen Akteure handeln. Wie dieser Rahmen ausgefüllt wird, hängt u.a. von politischer Kultur, verbreiteten Interaktionsorientierungen und auch von persönlichen Merkmalen politischer Führer ab.

Die Implementationsforschung suchte die Ursache von Steuerungsdefiziten nicht mehr bei der Politikentwicklung, sondern bei ihrer Umsetzung, ein Thema, das durch die Europäisierung eine neue Dimension – und aufschlußreiche Vergleichsmöglichkeiten – gewonnen hat. Die Implementationsforschung blieb jedoch nicht lange von der Frage bestimmt, wie man den staatlichen Exekutivapparat durchsetzungsfähiger machen kann. Diese im engeren Sinne steuerungstheoretische Fragestellung kam bald als „Gesetzgeberperspektive" in Verruf, was reaktiv zu einer bottom-up-Perspektive und zur Betonung partizipativer Aspekte führte (Mayntz 1980: 11-13; Peters 1993). Damit geriet die Implementationsforschung in einen demokratietheoretischen Kontext, denn je mehr faktisch nicht die Legislative sondern die Exekutive steuert, um so wichtiger sind Formen der öffentlichen Beteiligung am Implementationsprozeß.

Am Ende der Beschäftigung mit den verschiedenen Voraussetzungen staatlicher Steuerungsfähigkeit stand die Einsicht, daß es keine einfachen Rezepturen für ihre Erhöhung gibt, ja es stellte sich sogar die skeptische Frage, ob nicht eine Theorie politischer Steuerung – ähnlich wie die Theorie rationalen Handelns, mit der sie manches gemeinsam hat – auf unrealistischen Prämissen beruht. Tatsächlich basiert, genau besehen, eine auf die Voraussetzungen staatlicher Steuerungsfähigkeit konzentrierte Steuerungstheorie[2] stillschweigend auf der Vorstellung vom Staat als zentraler gesellschaftlicher Steuerungsinstanz und Garant öffentlicher Wohlfahrt. Diese Vorstellung wurzelt in dem bis in die Zeit der Aufklärung zurückreichenden Anspruch auf kollektive Selbstbestimmung, fand im Absolutismus politischen Ausdruck und wirkte in vielen europäischen Ländern bis in die jüngste Vergangenheit weiter.[3] Auch die totalitären Einparteien- Regime, die nach dem Ersten Weltkrieg entstanden, haben die Vorstellung vom Interventionsstaat nicht unterminiert; ihrem Staat mangelte es ja nicht an Durchsetzungsfähigkeit, auch wenn er politisch fehlgeleitet war. Nach 1945 schließlich ließen der erfolgreiche Wiederaufbau und das ökonomische Wachstum in der ersten Nach-

---

2 Eine solche Theorie politischer Steuerung thematisiert auch höchst selten die *Vernunftigkeit* der staatlichen Politik; Fragen wie die nach einer möglichen Ausbeutungsbeziehung zwischen politischer Klasse und Gesellschaft, wie sie in den italienischen Prozessen der „mani pulite"-Periode zum Gegenstand praktischer Kritik wurden, sind im klassischen Paradigma der Steuerungstheorie schwer formulierbar – und praktisch auch kaum behandelt worden. Hier mag sich die relativ hohe Akzeptanz der herrschenden politischen Ordnung zur Zeit der betreffenden Theorieentwicklung auswirken.
3 Entgegen der populären Vorstellung vom Nachtwächterstaat hat der liberale Rechtsstaat den historischen Trend zur Ausdehnung der Staatsaufgaben und zum Wachstum der offentlichen Haushalte (vgl. z.B. Rose 1976) nicht entscheidend unterbrochen (Ellwein 1965: 25). Auch Hall (1986) betont, daß für den Liberalismus der Staat trotz reduzierter Funktionszuschreibung unverzichtbar blieb.

kriegszeit keine großen Zweifel an der staatlichen Leistungsfähigkeit aufkommen (Lutz 1984). Der Umschwung bahnte sich erst an, als in den bislang so erfolgreichen westlichen Demokratien unerwartet innere Konflikte und wirtschaftliche Probleme auftraten und zahlreiche Reforminitiativen scheiterten. Die analytischen Prämissen einer Staatsvorstellung, derzufolge der Staat als gesellschaftliches Regelungszentrum fungiert, wurden so in dem Moment fragwürdig, in dem politische Steuerung praktisch gefragt und wissenschaftlich zum Thema wurde.

Als man sich dessen bewußt wurde, begann ein Paradigmenwechsel, bei dem zuerst das Leitkonzept hierarchischer Steuerung infrage gestellt wurde, ehe sich in mehreren Schritten ein auf anderen Prämissen beruhender Ansatz entwickelte. Vorbereitet wurde dieser Auf- und Ablösungsprozeß vor allem durch zwei zunächst unverbundene Arbeitsrichtungen: Zum einen durch empirische Policy-Analysen, speziell Untersuchungen zur Steuerung in einzelnen Politiksektoren, und zum anderen durch systemtheoretische Überlegungen zum Thema Steuerung.[4] In beiden Richtungen stand nicht mehr das präsumptive Steuerungssubjekt und damit die Frage der Steuerungsfähigkeit, sondern das Steuerungsobjekt und damit die Frage der Steuerbarkeit im Zentrum des Interesses. Zu dieser Akzentverlagerung hatte die Implementationsforschung beigetragen, indem sie u.a. Steuerungswiderstände auf seiten der Adressaten behandelte. Dabei ergaben sich Berührungspunkte mit der Verbändeforschung, die unter dem Stichwort der Staat-Verbände-Beziehungen fragte, wieweit die Existenz starker Verbände für die gesellschaftliche Resistenz gegen politische Steuerung verantwortlich ist. Implementationsforschung und Verbändeforschung haben ihrerseits die empirischen Policy-Analysen befruchtet, auf deren Ergebnisse im folgenden Abschnitt näher eingegangen wird.

2. Tendenzen der „Entstaatlichung"

Die Enttäuschung über die Unfähigkeit des Staates, mit den seit den 60er Jahren auftretenden bzw. bewußt werdenden Problemen fertig zu werden, lenkte die Aufmerksamkeit auf zwei andere Formen gesellschaftlicher Ordnungsbildung: den Markt und die organisierte gesellschaftliche Selbstregelung. Damit ließ sich, auch wenn das selten explizit geschah, an zwei sozialtheoretische Traditionen anknüpfen, in denen schon früher vom Rückzug oder gar Absterben des Staates die Rede war: die englische Utopie einer friedlichen Wirtschaftsgesellschaft im Sinne von Ferguson und Spencer, und die marxistische Theorie der staatsfreien kommunistischen Gesellschaft (vgl. Hall 1986).

Markttheoretiker nutzten die Gunst der Stunde zuerst und verlangten die Disziplinierung des Staates im Interesse des leistungsfähigeren Marktprinzips, das im Gefolge der großen Depression und des Zweiten Weltkriegs zurückgedrängt worden war. Diese „Wende zum Markt" fand, wie schon angedeutet, zunächst am deutlichsten in den USA statt – und machte es dort in der Folgezeit notwendig „to bring the state back in" (Evans/Rueschemeyer/Skocpol 1985). In Europa haben wenig später die Überla-

---

[4] Auf die Parallelität dieser beiden steuerungstheoretisch relevanten Linien hat auch Ronge (1994) hingewiesen.

stung der öffentlichen Haushalte bis hinunter auf Gemeindeebene und die Wettbewerbspolitik der Europäischen Union Tendenzen zur Deregulierung und Privatisierung gefördert und zu dem Christ- und Sozialdemokraten vereinenden „neo-liberalen Konsens" beigetragen (W.C. Müller 1994). Den letzten großen Aufschwung erlebte der Markt als politisches Leitkonzept mit dem Zerfall und der Transformation staatssozialistischer Regime in der Zweiten Welt. Vor allem in diesen Ländern hat es vielfach nicht lange gedauert, bis die marktwirtschaftliche Euphorie angesichts der unerwartet schwierigen Transformationsprozesse und der bleibenden Probleme massiver Arbeitslosigkeit und ökonomischer Wachstumsschwäche zerstob (K. Müller 1995). Sowieso hatte in den westlichen Industrieländern ein tatsächlicher Rückzug des Staates nicht stattgefunden (W.C. Müller/Wright 1994); zwar hat sich das Wachstum der Staatsquote abgeschwächt (Naschold 1993: 12-17), aber die Staatstätigkeiten haben sich eher qualitativ verändert als tatsächlich verringert. Vor allem im Bereich technischer Infrastruktursysteme auf lokaler, regionaler und nationaler Ebene wird zwar in vielen Ländern weiter privatisiert, aber wie besonders Majone (1994) betont, folgt der Privatisierung in der Regel die staatliche Regulierung.

Am Ende des Pendelschwungs vom Modell des steuernden Interventionsstaates zum Modell marktlicher Selbstregelung, das offenbar auch nicht als universelles Lösungsprinzip für sämtliche Entwicklungsprobleme moderner Gesellschaften gelten kann, stand somit die Frage nach einem Weg nicht nur jenseits der Hierarchie, sondern auch des Marktes. Hier hatte inzwischen die Policy-Forschung einiges anzubieten. Die präskriptiv-beratende ebenso wie die wissenschaftlich orientierte, deskriptiv-erklärende Policy-Forschung waren immer auf konkrete Politikfelder bezogen gewesen (für einen frühen Überblick vgl. Sturm 1986). Zunächst waren diese Studien von dem skizzierten steuerungstheoretischen Paradigma geleitet (vgl. etwa Windhoff-Héritier 1987); ihre Ergebnisse zeigten jedoch bald die Unzulänglichkeit dieses Paradigmas angesichts einer unendlich vielgestaltigen und komplexen Wirklichkeit (vgl. rückblickend Héritier 1993). Die empirische Policy-Forschung identifizierte nicht nur die Ursachen auftretender Steuerungsmängel, sondern entdeckte zugleich Formen der organisierten Bearbeitung regelungsbedürftiger Tatbestände, auf die das alte Modell nicht paßte. In der Folge fanden unter dem wiederbelebten Subsidiaritätsgedanken traditionelle Formen der Selbstverwaltung, privatrechtlich organisierte Dienstleistungen im Dritten Sektor und neue Formen des *private interest government* Beachtung (Schuppert 1989a; Streeck/Schmitter 1985). Vor allem aber wandte sich die Aufmerksamkeit kooperativen Formen der Politik in neokorporatistischen Entscheidungsstrukturen zu (rückblickend Czada 1994). In den – später makro-korporatistisch genannten – Verhandlungen zwischen den organisierten Tarifparteien und dem Staat ging es um Fragen der globalen Wirtschaftspolitik. Bald jedoch wurde man bei der Betrachtung nachgeordneter Politikebenen und einzelner Branchen auf ähnliche Konfigurationen aufmerksam, die als Meso-Korporatismus bezeichnet wurden (Heinze/Schmid 1994). Als schließlich auch in anderen Politiksektoren wie z.B. im deutschen Gesundheitswesen Verhandlungsbeziehungen zwischen Staat und Verbänden beobachtet und als (neo-)korporatistisch bezeichnet wurden, verlor der Begriff seine engere anfängliche Bedeutung und wurde auf jede Art des Zusammenwirkens gesellschaftlicher und staatlicher Akteure bei der Regelung sektoraler Leistungsprozesse angewendet. Damit verwischte sich die Grenze zu einem anderen Schlüsselbegriff der Diskussion in den 80er Jahren, dem Politiknetzwerk, dessen Karriere ebenfalls mit der empirischen Untersuchung von Politikentwicklungsprozessen begann (Marin/Mayntz 1991). Auch dieser Begriff umfaßt von den relativ festgefügten „iron triangles" aus Interessenverband, Behörde und Parlamentsausschuß bis zu den wesentlich mehr Akteure einschließenden, locker gefügten „issue networks", die anläßlich einer bestimmten Entscheidung entstehen, sehr unterschiedliche Strukturen. So avancierte auch das Politiknetzwerk zu einem Oberbegriff, unter den schließlich sogar (z.B. industriepolitische) Verhandlungssysteme ohne staatliche Beteiligung subsumiert wurden. Fast unbemerkt löste sich damit der Politikbegriff von seiner Bindung an Akteure des politisch-administrativen Systems; Politikentwicklung konnte nun jede Form kollektiven Bemühens um die Lösung eines gemeinsamen Problems heißen.

Zusammengenommen vermittelten die verschiedenen Varianten nichtmarktlich-privater und gemischt staatlich-gesellschaftlicher Regelungsformen, die man nun genauer untersuchte, den Eindruck eines nur noch „halbsouveränen" Staates (Katzenstein 1987). Wie Schuppert (1989) feststellt, stand Mitte der 80er Jahre die ganze Staatsdiskussion unter den Stichworten Dezentralisation und Kooperation; hierzu gehören auch Vorstellungen von kooperativer Konsensbildung als Planungsprinzip, wie man sie bei Ritter (1987: 347) findet.

Die wachsende Bedeutung nicht-staatlicher Regelungsformen wurde besonders in der Bundesrepublik Deutschland intensiv erörtert. Das ist sicher teilweise die Folge der hier besonders ausgeprägten staatstheoretischen Tradition, hängt aber auch damit zusammen, daß in Deutschland gleichzeitig viele Formen des Zusammenwirkens staatlicher und gesellschaftlicher Akteure, das Subsidiaritätsprinzip und die Aufgabendelegation an öffentliche Körperschaften historisch tief verwurzelt sind.[5] Die bisher knapp umrissene Entwicklung der politischen Steuerungstheorie läßt sich aber – mit gewissen Akzentverschiebungen und Abweichungen – auch in den anderen westlichen Industriegesellschaften beobachten. So hat es in den USA, obwohl dort die Tradition des starken Staates in Theorie und Praxis fehlt, ebenfalls eine Phase der Planungseuphorie und nachfolgend eine skeptische Implementationsliteratur gegeben. Die Prinzipien der Selbstverwaltung und gesellschaftlichen Selbstregelung genießen in den USA traditionell besondere Aufmerksamkeit (vgl. Ostrom 1991; Cohen/Rogers 1994), und auch die Literatur zu Politiknetzwerken ist großenteils amerikanischer Provenienz. In Frankreich mit seiner ausgeprägt etatistischen Tradition und seiner jahrhundertealten Skepsis gegenüber intermediären Organisationen findet zwar die neuere Subsidiaritätsdebatte kaum Widerhall. Es gibt aber auch in Frankreich eine empirisch fundierte Literatur, die staatliche Steuerungsdefizite diagnostiziert und als Folge eingeschränkter Steuerungsfähigkeit und Steuerbarkeit erklärt (z.B. Padioleau 1982; Papadopoulos 1995: 64ff. mit weiteren Literaturangaben).

Die empirischen Hinweise der Policy-Forschung auf die Verbreitung und große praktische Bedeutung nichtmarktlich-privater und gemischt staatlich-gesellschaftlicher (und in *diesem* Sinne nicht-hierarchischer) Regelungsformen wurden – ähnlich wie zuvor die emphatische Zuwendung zu Marktprinzipien – als Tendenz zur „Entstaat-

---

5 Dieser historischen Dimension wurde besonders in der Literatur zum Neokorporatismus Rechnung getragen; für eine Vielzahl von Landern hat z.B. Crouch (1986) die historischen Wurzeln der Beziehung zwischen Staat und gesellschaftlichen Organisationen rekonstruiert.

lichung", zumindest aber als Zeichen für einen „schwachen" Staat gedeutet.[6] Die Verbreitung nicht-hierarchischer Regelungsformen erschien mithin nicht als positive Strategie, sondern als erzwungener Rückzug des Staates (z.B. Ritter 1990: 74; Offe 1987: 313). Angesichts dessen war es nur konsequent, von der Politik eine realistische Selbstbescheidung zu fordern. Die Aufforderung, den staatlichen Steuerungsanspruch zu senken, ist auch der Kern von Croziers Ruf nach dem „bescheidenen Staat" (Crozier 1987). Die Rücknahme politischer Steuerungsansprüche markiert jedoch noch nicht den Endpunkt in der Entwicklung der Steuerungstheorie.

3. Gesellschaftstheoretische Einbettung der Steuerungsproblematik

Die empirische Widerlegung des hierarchischen Steuerungsmodells konnte solange keinen theoretischen Paradigmenwechsel auslösen, wie es keine umfassende Erklärung für das Auftreten der das staatliche Handlungspotential offensichtlich überfordernden Probleme gab. Diese Möglichkeit bot die sozialwissenschaftliche Modernisierungstheorie. Was Modernisierung heißt, wird zwar recht verschieden verstanden; für manche Autoren sind Industrialisierung, Demokratisierung und Säkularisierung, für andere die Emanzipation des Individuums und die rationale Naturbeherrschung ihr Kern (vgl. z.B. Zapf 1994; Latour 1993). Das dominante soziologische Modernisierungskonzept ist systemtheoretischer Provenienz und stellt die funktionelle Differenzierung in den Mittelpunkt. Diese Vorstellung von Modernisierung, die sich speziell auf die entwickelten demokratischen Gesellschaften des euro-atlantischen Kulturraums bezieht, ist vor allem mit dem Namen Talcott Parsons verbunden (Parsons 1976; K. Müller 1991), doch hat bereits Max Weber denselben Gedanken ausgedrückt, als er den Prozeß der institutionellen Differenzierung zwischen Religion, Politik, Recht und Wirtschaft analysierte. Mit dem Entstehen der verschiedenen funktionellen Teilsysteme löst sich die hierarchische Grundstruktur auf, die für die absolutistischen wie für die verfassungsmäßigen europäischen Territorialstaaten bis ins 19. Jahrhundert mehr oder weniger charakteristisch war (und zunächst auch noch von der Theorie politischer Steuerung unterstellt wurde). Damit erfaßt die sozialwissenschaftliche Modernisierungstheorie das Spezifikum des globalen Strukturwandels, nämlich eine wachsende Bedeutung der horizontalen und ein Bedeutungsverlust der vertikalen Differenzierung, genauer als Wandlungstheorien, die die rechtliche und politische Emanzipation des ökonomisch erstarkten Bürgertums in den Mittelpunkt stellen. In der funktionell differenzierten Gesellschaft ist auch das politisch-administrative System nur noch ein Funktionssystem unter anderen; die Gesellschaft der Moderne hat kein Zentrum mehr, der Staat ist „entzaubert" (Willke 1983) und zentrale Gesellschaftssteuerung eine Utopie.[7] Die autopoietische Wende der Systemtheorie (Luhmann 1984) hat diese Erklärung

---

6 Das gilt noch am wenigsten für neokorporatistische Arrangements, jedoch deutlich für Systeme gesellschaftlicher Selbstregelung und für Politiknetzwerke – eine Auffassung, der ich selber mich seinerzeit angeschlossen hatte (Mayntz 1993: 41).
7 Die Demokratisierung ist in dieser Perspektive weniger der Motor als vielmehr ein Korrelat der mit einer wachsenden Inklusivität aller Teilsysteme einhergehenden Enthierarchisierung; faktisch war sie jedoch eine wichtige Voraussetzung funktioneller Differenzierung, da sie den Verzicht des Staates auf absolute Macht bedeutete, wodurch die Entwicklung einer freien Wirtschaft, einer freien Wissenschaft und freier Verbände überhaupt erst mög-

für beobachtbares Steuerungsversagen noch radikalisiert: Nicht nur ist der Primat der Politik verlorengegangen; die funktionellen Teilsysteme lassen sich aufgrund ihrer autopoietischen Geschlossenheit prinzipiell nicht durch externe Einwirkung steuern. Anstelle von Steuerung kann lediglich eine (gegenseitige) Perturbation der verschiedenen Funktionssysteme stattfinden, deren interne Verarbeitung Veränderungen auslöst.

Wie von Beyme (1991) ausführlich dargestellt hat, wurde dieses systemtheoretische Gedankengut bald in die politische Theorie übernommen. Das gilt vorzugsweise für Deutschland, doch fand diese Diskussion selbst in Frankreich ihren Niederschlag (z.B. Papadopulos 1995). Zwar sprach man vielfach weiterhin von Steuerung, verstand darunter aber nunmehr (auch) die dezentrale (Selbst-)Regelung (vgl. Görlitz 1989, 1995: 117) – meist ohne daß man sich die Mühe machte, die höchst anspruchsvollen Voraussetzungen der Fähigkeit zur Selbstregelung auszuformulieren. Auch die Vorstellung einer tatsächlich „dezentralen", aus der gegenseitigen Einwirkung der verschiedenen gesellschaftlichen Teilsysteme aufeinander resultierenden Kontextsteuerung ist dem autopoietischen Modell von Perturbation und Koevolution verhaftet (Teubner/Willke 1984; kritisch Ulrich 1994: 163-169).

Die systemtheoretische Einbettung der Steuerungsdiskussion war zwar geeignet, die fragwürdigen Prämissen der verbreiteten Klagen über staatliche Steuerungsmängel aufzuweisen. Die autopoietische Variante der Systemtheorie konnte jedoch lediglich den vermeintlichen Rückzug des Staates erklären, vermochte aber der politikwissenschaftlichen Diskussion keine *positiven* Impulse zu geben. Der Grund hierfür liegt darin, daß zentrale politische Steuerung im systemtheoretischen Modell nicht nur unmöglich ist, sondern daß es dafür im Grunde auch keinen Bedarf gibt. Zwar gilt Integration generell als zentrales Problem funktionell differenzierter Gesellschaften. Modernisierungstheoretiker, die wie Parsons in der funktionellen Differenzierung eine Evolution zu steigender Leistungsfähigkeit sehen, scheinen jedoch mit Adam Smith auf eine Art „unsichtbare Hand" zur Lösung solcher Probleme zu vertrauen, etwa in Form einer Tendenz zur Interpenetration teilsystemischer Werte (Münch 1984, 1995) oder als Koevolution der autopoietischen Teilsysteme (vgl. hierzu Schimank 1995).

Daß diese systemtheoretischen Ansätze steuerungstheoretisch in eine Sackgasse führen, blieb nicht unbemerkt (Mayntz 1987; Scharpf 1989; Martinsen 1992; Ronge 1994). Um den systemtheoretischen Ansatz politikwissenschaftlich fruchtbar zu machen, müssen seine blinden Flecken erkannt und durch positive Theoriebildung beseitigt werden. Erstens müssen die negativen Konsequenzen einer ungezügelten funktionellen Differenzierung explizit thematisiert werden. Die funktionelle Spezialisierung erzeugt nicht nur ein hohes Maß an wechselseitiger Abhängigkeit, sondern auch unabsichtliche negative Nebenwirkungen der verschiedenen Teilsysteme für einander. Außerdem sind die Abhängigkeitsbeziehungen zwischen ihnen typischerweise asymmetrisch, sodaß kein spontaner Ausgleich divergierender Interessen stattfindet. Die Steigerung teilsystemischer Rationalität durch funktionelle Spezialisierung erzeugt damit, wie u.a. Offe (1986) betont, ungelöst bleibende Kompatibilitätsprobleme und Koordina-

---

lich wurde. Das Geschick der DDR galt nach der Wende als Beleg dafür, daß ohne einen solchen Machtverzicht die gesellschaftliche Modernisierung (trotz hoher Organisierung!) gehemmt bleibt (vgl. etwa Pollack 1990).

tionsmängel, in deren Folge auf der Ebene des Gesamtsystems die Irrationalität steigt. Die Senkung des Steuerungsanspruchs ist angesichts solcher Probleme eine bloße Verzichtsreaktion. Wie gleich zu zeigen sein wird (Abschnitt 4), läßt sich aus einer Problematisierung der Interdependenzbeziehungen zwischen den Teilsystemen aber auch ein Weg zur positiven Funktionsbestimmung des politisch-administrativen Systems finden.

Ein zweiter blinder Fleck der Systemtheorie Parsonsscher und Luhmannscher Provenienz ist die Vernachlässigung struktureller Aspekte und speziell der Binnenstruktur der verschiedenen funktionellen Teilsysteme. Grad und Formen sektoraler Organisation sind jedoch entscheidende Voraussetzungen sowohl für die Möglichkeit der Selbstregelung wie auch für das Entstehen von Politiknetzwerken und anderen Verhandlungssystemen mit staatlicher Beteiligung. Das typische makro-korporatistische Dreieck aus Staat, Arbeitgeber- und Arbeitnehmerorganisationen etwa setzt eine vertikal integrierte, monopolistische Organisation antagonistischer gesellschaftlicher Interessen voraus. Eine Systematisierung der verschiedenen Regelungsformen jenseits von Markt und Hierarchie und damit auch der Vernetzung zwischen verschiedenen Teilsystemen ist ohne Bezug auf derartige strukturelle Aspekte gar nicht möglich. Soll der system- bzw. modernisierungstheoretische Ansatz nicht nur das alte Paradigma politischer Steuerung destruieren, sondern ein neues begründen helfen, dann bedarf er mithin einer institutionalistischen Wende (Abschnitt 5).

4. Gesellschaftliche Modernisierung und die Rolle des Staates

Die systemtheoretische Funktionszuweisung an das politisch-administrative System – das Treffen und die Durchsetzung kollektiv verbindlicher Entscheidungen – bleibt rein formal. Die Thematisierung der Interdependenzproblematik erlaubt dagegen eine inhaltliche Funktionsbestimmung der Politik: das Management der teilsystemischen Interdependenz. Tatsächlich wird in der staatstheoretischen Diskussion unter dem Einfluß der Modernisierungstheorie eine Schwerpunktverlagerung hin zu Koordinationsaufgaben gesehen. Besonders deutlich kommt das bei Grimm (1987: 83) in der Forderung nach einer Institution zum Ausdruck, die die fehlende Aufmerksamkeit der autonomen Subsysteme für ihre Umwelt kompensiert. Ähnlich argumentiert Fürst (1987: 280), für den der Staat mehr und mehr eine Moderatorenrolle übernimmt und Spielregeln für gesellschaftliche Problembearbeitungsprozesse entwickelt. Auf derselben Linie liegt schließlich auch das Konzept der *direktiven* Kontextsteuerung, bei der der Staat versucht, das Problemlösungsverhalten der Teilsysteme auch mit dem Instrument der Rechtssetzung zu beeinflussen.[8]

Genauer könnte man sagen, daß das Management der gesellschaftlichen Interdependenz sowohl die negative wie die positive Koordination der verschiedenen Teilsysteme verlangt, d.h. sowohl die Verhinderung oder zumindest Begrenzung negativer Externalitäten wie die kooperative Lösung von Problemen des übergeordneten Systems. Es

---

8 Die Unterscheidung von direktiver und dezentraler Kontextsteuerung findet sich bereits bei Teubner und Willke (1984: 32f.); tatsächlich impliziert die Vorstellung einer Kontextsteuerung *durch Recht* ein Tätigwerden des Gesetzgebers und damit ein Element zentraler Steuerung.

ist klar, daß damit nicht auf gänzlich neuartige Staatsaufgaben verwiesen wird. Dennoch geht es beim Interdependenzmanagement nicht einfach um die längst praktizierte *Kompensation* von negativen Folgen speziell der kapitalistischen Wirtschaftsentwicklung. Einschlägig ist vielmehr, was unter dem Stichwort der sozialen Regulierung läuft (vgl. z.B. Lave 1981): die Verhinderung von Umwelt- und Gesundheitsschäden u.a. durch Arbeitsschutz, Nahrungsmittelkontrolle oder Gewässerschutz. In diesen – aber nicht nur in diesen – Politikbereichen läßt sich wohl tatsächlich eine Verlagerung von der Kompensation bzw. nachträglichen Schadensbeseitigung hin zur Verhinderung des Entstehens negativer Effekte feststellen.

Interdependenzmanagement bedeutet zwar, getreu der organisationssoziologischen Devise „To manage is not to control", keine direkte, imperative Verhaltenssteuerung, ist jedoch allein durch eine Art generalisierten Tausches (Marin 1990) zwischen den verschiedenen Teilsystemen nicht zu leisten – nicht zuletzt wegen der asymmetrischen Interdependenzbeziehungen zwischen ihnen und der starken Abhängigkeit insbesondere vom ökonomischen System. Auch ein staatlich gewährleistetes Reziprozitätsprinzip, wie es der Idee des liberalen Rechtsstaats zugrundeliegt, sichert die allgemeine Wohlfahrt nur, wenn es keine sozio-ökonomisch bedingten Ungleichheiten gibt (Günther 1990). Interdependenzmanagement verlangt dementsprechend auch steuernde Eingriffe in die Machtbeziehungen zwischen den Teilsystemen und schließt die autoritative Hierarchisierung konkurrierender Forderungen ein. Angesichts asymmetrischer Interdependenz wird schließlich auch die Gewährleistung der Leistungsfähigkeit einzelner Teilsysteme zu einer politischen Aufgabe.

Mit der Akzentverschiebung zur Koordination werden die mit der traditionellen hierarchischen Vorstellung einer staatlich überwölbten Gesellschaft verbundenen Aufgaben der Gewährleistung von äußerer Sicherheit und innerer Ordnung nicht überflüssig. Das systemtheoretische Modell der funktionell differenzierten Gesellschaft, die die Anarchie der segmentären und die Hierarchie der stratifizierten Gesellschaft ablöst, läßt zwar den Leviathan überflüssig erscheinen. Tatsächlich gehört jedoch die Erfüllung der klassischen Staatsaufgaben nach wie vor zum politischen Selbstverständnis wie auch zu den an die legislativen, exekutiven und judikativen Institutionen gerichteten Erwartungen – gleichgültig, ob ihr Adressat nun der Zentralstaat oder eine andere Ebene staatlichen Handelns ist.

Nicht nur die klassische Ordnungspolitik, sondern auch die „moderne" Funktion des Interdependenzmanagements ist mit der Vorstellung unvereinbar, daß sich das politische von den übrigen Teilsystemen allein durch den Inhalt seines Leitwerts oder Codes unterscheidet und keinerlei herausgehobene Position einnimmt. Deshalb wollte man in der mit dem Thema Staatsaufgaben beschäftigten interdisziplinären Forschergruppe, über deren Ergebnisse Grimm berichtet, Luhmann in diesem Punkt auch mehrheitlich nicht folgen (Grimm 1994: 781). Wenn Offe (1987: 317) von der Unverzichtbarkeit einer zur Gesamtverantwortung kompetenten Instanz spricht oder wenn Theisen (1995: 115) meint, daß der Staat als „Treuhänder" der Zukunft gerade dann nötig ist, wenn im übrigen partikulare Interessen verfolgt werden, dann ist damit gesagt, daß das politisch-administrative System eben *nicht* irgendeinen partikularen Wert wie Wohlstand, Wissen oder Gesundheit zu maximieren sucht, sondern gewissermaßen als „Spezialist fürs Allgemeine" fungiert. Würden die Akteure im politischen System ihr Handeln tatsächlich einsinnig an Macht als Leitwert orientieren, dann genügte auch die Abhängigkeit von den Leistungen anderer Teilsysteme und die dadurch erzwungene Berücksichtigung ihrer Bedürfnisse nicht, um das politische System vor Hybris und Korruption oder umgekehrt vor der widerstandslosen Instrumentalisierung durch mächtige Partikularinteressen zu bewahren. Macht ist nicht einmal die Basis der vom politisch-administrativen System beanspruchten Allzuständigkeit; diese beruht vielmehr auf Legitimität, die durch eine demokratische Verfassung, durch Tradition oder auch durch Charisma begründet sein kann. „Steuerung" im Sinne einer absichtsvollen Beeinflussung sozialer Prozesse bleibt damit *dem Anspruch nach* die besondere Funktion des politisch-administrativen Systems. Was sich geändert hat, ist die Art, wie der Staat seine Aufgaben zu erfüllen versucht.

5. Die Binnenstruktur der Funktionssysteme und der Formwandel politischer Aufgabenerfüllung

Der von der Policy-Forschung beobachtete Formwandel politischer Aufgabenerfüllung, der sich mit Begriffen wie Delegation und Kooperation oder mit Willke (1983, 1995) als Tendenz zur Regelung der teilsystemischen Aufgabenerfüllung durch und in Verhandlungssystemen beschreiben läßt, ist – ebenso wie der Wandel der Staatsaufgaben – eine Folge funktioneller Differenzierung. Dieser Formwandel läßt sich allerdings nur dann genauer erfassen, wenn man die *strukturellen* Aspekte des Differenzierungsprozesses einbezieht. Zentral ist dabei zum einen die starke Binnendifferenzierung des politisch-administrativen Systems (bzw. des Staatsapparats), und zum anderen die Existenz einer Vielzahl von korporativen Akteuren in den meisten gesellschaftlichen Regelungsfeldern – Organisationstatbestände, die nur schwer ins Blickfeld systemtheoretischer Analysen gelangen.

Um in einer immer stärker differenzierten Gesellschaft steuern zu können, mußte sich der Staatsapparat intern ebenfalls differenzieren. Die interne Differenzierung nach Sachgebieten ist eine Voraussetzung für die Bildung sektoraler Politiknetzwerke, an denen typischerweise die „zuständigen" Ressorts oder Behörden, aber auch Vertreter von entsprechend spezialisierten Parlamentsausschüssen und Fraktionsarbeitskreisen beteiligt sind. Speziell für das Interdependenzmanagement ist die Tatsache wichtig, daß die staatlichen Akteure in einem sektoralen Politiknetzwerk ihrerseits in innerstaatliche Netzwerke eingebunden sind, die aus der Beteiligung anderer Ressorts zumindest zum Zwecke der negativen Koordination erwachsen. Wenngleich motiviert von dem Bedürfnis, Unterstützung für die eigenen Vorschläge in den unter einer Mehrheits-, wenn nicht gar de facto Einstimmigkeitsregel operierenden politischen Entscheidungsgremien zu finden, sind solche Beteiligungen angesichts der faktischen Problemverflechtung auch eine sachliche Notwendigkeit. Der aus der Differenzierung folgende Zwang zum Verhandeln *innerhalb* des Staatsapparats ist der zentrale Mechanismus, durch den die gesellschaftlichen Interdependenzprobleme auf die Tagesordnung staatlichen Handelns kommen. Ohne die Existenz *intrastaatlicher* Verhandlungsprozesse würde die Verlagerung politischer Entscheidungsprozesse in sektorale Politiknetzwerke nur zur Fragmentierung führen.

Das politische System ist intern nicht nur nach Sachgebieten, sondern zunehmend[9] auch vertikal nach territorial definierten Ebenen differenziert – nach unten hin zu den Ländern, Regionen und Kommunen, nach oben hin zur Europäischen Union und teilweise zu noch umfassenderen internationalen Gremien. Kommunalisierung, Regionalisierung und Europäisierung transformieren den unitarischen Nationalstaat in ein verflochtenes Mehrebenensystem, in dem es keine durchlaufende Befehlshierarchie gibt: Wir haben es mit einer neuen Architektur von Staatlichkeit zu tun (Grande 1993), die man nicht mit Schwächung oder gar Auflösung verwechseln darf. Eine Folge davon ist, daß man Politiknetzwerke auch auf sub- und supranationalen Ebenen findet und daß die einzelnen Netzwerke selbst oft eine vertikale Dimension besitzen, d.h. sich über mehrere politische Ebenen erstrecken; die Besonderheiten derartiger multidimensionaler Netzwerke sind allerdings bislang noch wenig erforscht.

Die Existenz großer handlungsfähiger Organisationen in fast allen Regelungsfeldern ist nicht nur die zweite strukturelle Voraussetzung für das Entstehen von Politiknetzwerken; auf ihrem Vorhandensein beruht auch die Fähigkeit zur absichtsvollen gesellschaftlichen Selbstregelung. Hier ist jedoch zwischen den (intern arbeitsteiligen) Leistungsorganisationen (z.B. Unternehmen, Hochschulen, Krankenhäuser) einerseits und den auf dem Zusammenschluß Gleichartiger basierenden sekundären Organisationen zu unterscheiden, die der Kommunikation unter den Mitgliedern, der Interessenvertretung nach außen oder auch, häufig als zusätzliche Funktion, der nach innen gerichteten disziplinierenden Selbstregelung dienen. In Sektoren, die durch eine Vielzahl kleiner und mittelgroßer Leistungsorganisationen gekennzeichnet sind, ist es vorzugsweise der zweite, die beiden letztgenannten Funktionen erfüllende Organisationstyp, auf dem die Existenz von *private interest governments*, neokorporatistischen Strukturen und Systemen gesellschaftlicher Selbstverwaltung wie der im deutschen Gesundheitswesen praktizierten beruht.

Die parallelen Prozesse der Binnendifferenzierung im Bereich der Politik und der Organisationsentwicklung in den anderen gesellschaftlichen Teilsystemen begünstigten das Entstehen jener Vielfalt von Regelungsformen zwischen „Markt" (im Sinne spontaner, ungeplanter Selbstorganisation) und „Hierarchie" (im Sinne zentraler Steuerung), auf die die Policy-Forschung aufmerksam gemacht hat.[10] Bei der Analyse der neuen Regelungsformen interessierte man sich auf dem Hintergrund der bisherigen Steuerungstheorie zunächst vor allem für das, was sie gemeinsam von der zentralen staatlichen Steuerung unterscheidet, und faßte sie demzufolge unter einem Begriff zusammen. Hierzu boten sich vor allem die Begriffe Netzwerk (als dritter Governanceform neben Markt und Hierarchie) und Verhandlungssystem an. Mit den Begriffen Netzwerk und Verhandlungssystem werden zwar wichtige Merkmale und charakteristische Probleme nicht-hierarchischer Regelungsformen angesprochen; gleichzeitig blenden jedoch derartige Sammelbegriffe, die auf der Gegenüberstellung zur hierarchischen Steuerung basieren, die beträchtlichen Unterschiede zwischen den so zusammengefaßten Regelungsformen aus.

---

9 „Zunehmend" gilt, was Kommunalisierung und Regionalisierung angeht, vielleicht nicht für die (relativ wenigen) foderalistisch verfaßten Staaten mit traditionell starker kommunaler Selbstverwaltung, aber doch für die hier ins Auge gefaßte Gesamtheit entwickelter westlicher Demokratien.

10 Viele dieser Formen sind bei Katzenstein (1987) beschrieben.

Ansätze zu einer differenzierenden Betrachtung von nicht-hierarchischen Regelungsformen gibt es in der Literatur verschiedentlich, ohne daß sich bisher eine Typologie allgemein durchgesetzt hätte. Schimank und Glagow (1984) etwa unterscheiden – neben der „etatistischen" Steuerung – drei Formen von „Selbststeuerung": Korporatismus oder ausgehandelte Selbststeuerung, Delegation oder verordnete Selbststeuerung und Subsidiariät oder gewährte Selbststeuerung. Der hier semantisch suggerierte Zusammenhang zwischen der Genese (errungen, ausgehandelt, übertragen) und der Funktion von Selbstregelungsformen ist allerdings empirisch fragwürdig, ganz abgesehen davon, daß man neokorporatistische Entscheidungsstrukturen vielleicht nicht unter den Begriff der (gesellschaftlichen) Selbststeuerung fassen sollte. Sinnvoller könnte es sein, zwischen gesellschaftlicher Selbstregelung ohne direkte Mitwirkung staatlicher Akteure auf der einen Seite und dem Zusammenwirken staatlicher und gesellschaftlicher Akteure auf der anderen Seite zu unterscheiden. Wichtig bleibt dann die weitere Unterscheidung zwischen der formellen, rechtlich verankerten Delegation von Aufgaben an Selbstregelungsinstitutionen („Beleihung", „Verkammerung") und möglichen Formen freiwilliger Selbstkontrolle ohne explizite Aufgabenübertragung.

Die Untersuchung von Entscheidungsprozessen, die in den hier angesprochenen Regelungsstrukturen ablaufen, hat zu wichtigen Einsichten hinsichtlich der Rolle geführt, die staatliche Akteure in Politiknetzwerken und gegenüber Systemen gesellschaftlicher Selbstverwaltung spielen.[11] Zusammengenommen ergibt sich daraus die Erkenntnis, daß weder das Verhandeln mit gesellschaftlichen Akteuren noch die Delegation von Regelungsfunktionen an Institutionen der Selbstverwaltung einen Steuerungsverzicht bedeuten müssen, sondern in erster Linie einen Formwandel der Politik darstellen (der im übrigen selten genug gegen staatlichen Widerstand erzwungen wurde). Die in einem Sozialsystem ausgeübte Macht ist keine konstante Summe, sodaß jedem Zuwachs an organisierter gesellschaftlicher Selbstregelung eine Abnahme staatlicher Macht entsprechen müßte. So steht z.B. dem Kompetenzzuwachs der Selbstverwaltung im Gesundheitswesen kein staatlicher Kompetenzverlust gegenüber; der Einfluß des Bundes als letztentscheidende Instanz ist hier ganz im Gegenteil eher gewachsen (Döhler/Manow 1995). Das Ergebnis dieses Formwandels politischer Steuerung ist ein teils kooperatives, teils konfliktives Zusammenwirken staatlicher und gesellschaftlicher Akteure. Besonders klar zum Ausdruck kam diese Akzentuierung in der Diskussion, die 1991 in einem ECPR Workshop mit dem Titel „Governance: New patterns of interaction between government and society" begann (Kooiman 1993).

Betrachtet man, wie staatliche Akteure ihren Einfluß in und gegenüber nicht-hierarchischen Regelungsformen geltend machen, dann stellt man bald fest, daß der staatliche Einfluß dort, wo staatliche Akteure (wie bei der delegierten und der freiwilligen Selbstverwaltung) nicht unmittelbar an der Regelung mitwirken, zwar anders, aber kaum geringer ist als bei Entscheidungsprozessen, die in gemischten Verhandlungssystemen ablaufen: In *beiden* Fällen verfügt die staatliche Seite, Legislative und/oder Exekutive, über am Ende ausschlaggebende Interventionsmöglichkeiten, sei es (in neokorporatistischen Strukturen und Politiknetzwerken) in Form der Kompetenz zur rechtlichen Ratifizierung getroffener Vereinbarungen oder zur letztinstanzlichen Entscheidung bei Nichteinigung, sei es (im Falle gesellschaftlicher Selbstregelung) in Form

---

11 Ausführlicher hierzu Mayntz/Scharpf (1995: 27-32).

der „Ersatzvornahme" bei unzulänglichen Ergebnissen der Selbstverwaltung. So besteht, um nur ein Beispiel zu geben, kein großer Unterschied zwischen der Rolle, die das zuständige Bundesministerium bei der Umsetzung der unter staatlicher Beteiligung im Rahmen des forschungspolitischen Netzwerks entwickelten Pläne für die Umstrukturierung der Forschungseinrichtungen der DDR (Mayntz 1994) gespielt hat, und der Rolle, die staatliche Instanzen gegenüber der im Rahmen privater Verbände stattfindenden Entwicklung technischer Standards spielen, denen sie rechtliche Verbindlichkeit verleihen (Voelzkow 1995).

Sowohl in gemischten wie gegenüber rein gesellschaftlichen Regelungsstrukturen können die staatlichen Akteure (1) Zusammensetzung und Struktur der Akteurskonstellationen beeinflussen (Organisationsentscheidungen treffen), (2) die Spielregeln verbindlich festlegen und ändern (prozedural regeln), (3) selektiv Unterstützung gewähren, (4) die Handlungsorientierung der nicht-staatlichen Akteure durch Information und Überzeugungsarbeit verändern und (5) auf andere Weise nicht zustandekommende Entscheidungen autoritativ treffen. Insbesondere gegenüber Systemen gesellschaftlicher Selbstregelung verändert der Staat durch oft minimale Modifikation der Spielregeln das Kräfteverhältnis zwischen den Parteien und beeinflußt damit die Verhandlungsergebnisse; Dunsire (1993) hat diese Art der Steuerung als *collibration* bezeichnet. Gesellschaftliche Selbstregelung findet damit typischerweise „im Schatten" des Rechts bzw. der Hierarchie statt (Schuppert 1990: 238; Scharpf 1993). Der Staat tut in diesen Beziehungen mehr, als nur „pädagogisch" zu steuern (Ref. bei Krauss), er ist nicht reiner „Supervisionsstaat" (Willke 1992: 335-362), sondern benutzt nach wie vor die ihm eigenen Möglichkeiten hoheitlicher Intervention, auch wenn die Ansatzpunkte andere sind. Politische Steuerung und gesellschaftliche Selbstregelung, das ist der Kern dieses Befundes, sind keine Alternativen, sondern eine verbreitete Mischform von Governance, die unter bestimmten Bedingungen besonders wirkungsvoll sein kann.

Fragt man, an diesem Punkt angelangt, weiter nach den Voraussetzungen eines effektiven Zusammenwirkens von politischer Steuerung und gesellschaftlicher Selbstregelung, dann ist es nötig, die Merkmale der verschiedenen nicht-hierarchischen Regelungsformen differenzierter zu erfassen als durch die bloße Unterscheidung zwischen gemischten (Neokorporatismus, Politiknetzwerke) und rein gesellschaftlichen Verhandlungssystemen. Bisherige Versuche analytischer Differenzierung beziehen sich vorzugsweise auf einzelne „Realtypen" nicht-hierarchischer Regelung; man findet sie etwa bei Schuppert (1989a) für Formen der Selbstverwaltung, bei Ritter (1990) für „kooperative Strukturen im Rechtssystem" und bei wieder anderen Autoren für Politiknetzwerke (vgl. u.a. Marin/Mayntz 1991: 16ff.; Marsh/Rhodes 1992). Diese getrennte Betrachtung verstellt jedoch den Weg zur Identifikation generell wichtiger Differenzen, zu denen u.a. die Strukturiertheit und Stabilität eines Verhandlungssystems gehört.[12]

---

[12] Von Marsh/Rhodes (1992: 13) wird diese Merkmalsdimension speziell auf Politiknetzwerke bezogen; ich selber habe vorgeschlagen, den Begriff Korporatismus für Konstellationen weniger, stabil verbundener Akteure zu reservieren und Konstellationen zahlreicher, locker und variabel verknüpfter Akteure als Politiknetzwerke zu bezeichnen (Mayntz 1990) – eine Sprachregelung, die sich angesichts der semantischen Expansionstendenz beider Begriffe nicht durchsetzen konnte.

Die Strukturiertheit eines Verhandlungssystems wird durch den Grad seiner Institutionalisierung, d.h. der Existenz formeller Verfahren und/oder spezieller Organisationen bzw. Gremien für die Behandlung regelungsbedürftiger Tatbestände bestimmt. Obwohl die Institutionalisierung eine vielfach abgestufte Variable ist, läßt sich tendenziell feststellen, daß die Systeme „delegierter" Selbstverwaltung, wie man sie im deutschen Gesundheitswesen und bei der technischen Normierung (Standardisierung) findet, in der Regel stark institutionalisiert und auch über Zeit relativ stabil sind. Die staatliche und gesellschaftliche Akteure umfassenden Politiknetzwerke sind dagegen meist nicht formell verfaßt; sie entwickeln sich oft langsam, und Zahl und Art der daran Beteiligten ändern sich im Laufe der Zeit.[13] Dieser Unterschied hängt zum einen sicherlich mit dem Verlangen nach (nur auf dem Wege von Organisationsentscheidungen und prozeduraler Steuerung möglicher) staatlicher Einflußnahme gerade auf Systeme gesellschaftlicher Selbstregelung zusammen. Wichtig sind jedoch zum anderen auch funktionelle Aspekte: Der Institutionalisierungsgrad ist besonders dort hoch, wo es um die *kontinuierliche* Regelung von Konflikten, Kooperationsbeziehungen und negativen Externalitäten bei teilsystemischen Leistungsprozessen geht. Dagegen wird auf neu auftauchende Probleme, Reformnotwendigkeiten und krisenhafte Ereignisse (wie die deutsche Vereinigung; vgl. Czada 1995) eher mit der Bildung von Politiknetzwerken reagiert, die aufgrund ihres informellen Charakters leichter modifizierbar und wieder aufzulösen sind und auch nicht durch formelle Verfahrensregeln in ihrer Operationsweise behindert werden. In diesem Sinne weist auch Kooiman darauf hin, daß die von ihm beschriebene, kooperative *social-political governance* vor allem in neuen Regelungsfeldern entsteht „in which organisational forms and patterns of interest intermediation are not (yet) strongly established" und „traditional structures of authority, methods and instruments, have failed or are eroded" (Kooiman 1993: 251).

Gerade institutionalisierte Systeme nicht rein staatlicher Regelung sind demnach nicht nur durch das sektorale Organisationsprofil (Art, Zahl und Relationierung von Leistungs- und sekundären Organisationen) geprägt, sondern auch durch die in der sektoralen Leistungsstruktur verankerten, potentiell konfliktiven sozio-ökonomischen Strukturen und die sich aus ihnen ergebenden regelungsbedürftigen Probleme.[14] Regelungsbedürftig sind insbesondere (1) die Beziehungen zwischen verschiedenen Leistungsorganisationen bzw. von verschiedenen Untergruppen von Produzenten, (2) die Beziehungen zwischen Leistungsanbietern und Abnehmern/Nachfragern und (3) die Beziehungen zu anderen gesellschaftlichen Funktionssystemen (Problem der Externalitäten). Häufig sind manifeste Konflikte in diesen Beziehungen der Anlaß zur Bildung von Verhandlungssystemen gewesen, die dann mit ihrer Regelung befaßt sind. Das gilt für das dualistisch strukturierte deutsche Tarifverhandlungssystem mit dem ihm zugrundeliegenden Verteilungskonflikt zwischen Arbeitgebern und Arbeitnehmern genauso wie für das ebenfalls dualistisch strukturierte Verhandlungssystem zwischen

---

13 Ein gutes Beispiel dafür liefert der Bereich der Telekommunikationspolitik; vgl. hierzu Schneider/Werle (1991).
14 Der Politiknetzwerkansatz, der auf der modernisierungstheoretischen Vorstellung der differenzierten Gesellschaft aufruht, blendet noch sehr viel deutlicher als der Neokorporatismus die Problematik der politischen Ökonomie aus. Durch die explizite Einbeziehung der sozio-ökonomischen Basis sektoraler Organisationsprofile würde man der in diese Richtung zielenden Kritik Jessops (1990: 110-143) Rechnung tragen können.

Krankenkassen und kassenärztlichen Vereinigungen im deutschen Gesundheitswesen, in dem die Austauschbeziehung zwischen Leistungsproduzenten und Nachfragern nach Gesundheitsleistungen geregelt wird. Die Koordination von Wirtschaftsorganisationen etwa zum Zweck der Standardisierung von Leistungen, aber auch mit dem Ziel der Disziplinierung im Interesse der Vermeidung negativer Externalitäten (Gesundheits- und Umweltschäden) führt demgegenüber eher zu monistisch strukturierten *private interest governments* wie dem im Deutschen Institut für Normung e.V. (DIN) organisierten System technischer Regelsetzung.

Sobald man sich in einer Art von bottom-up Perspektive mit der Regelungsstruktur befaßt, die auf einer bestimmten sektoralen Leistungsstruktur aufruht,[15] anstatt sich jeweils nur auf ein bestimmtes (oder einen bestimmten Typ von) Verhandlungssystem zu konzentrieren, wird deutlich, daß fest institutionalisierte Selbstregelung keine *Alternative* zur Existenz von Politiknetzwerken ist, sondern daß in aller Regel beide Formen miteinander verschränkt existieren. So ist z.B. die vom DIN koordinierte technische Regelsetzung ein Fall von delegierter Selbstverwaltung, die in ein staatlich-privates Beziehungsdual eingebettet ist, bei dem die staatliche Seite im Sinne des Interdependenzmanagements als Anwalt von Interessen fungiert, die in dem monistisch strukturierten *private interest government* des DIN ausgespart blieben (Voelzkow 1995). Das dualistisch strukturierte deutsche Tarifverhandlungssystem ist, um ein weiteres Beispiel zu geben, die Basis des drei zentrale Akteure umfassenden makrokorporatistischen Verhandlungssystems, in dem nicht über Löhne und Arbeitsbedingungen, sondern über Fragen der globalen Wirtschaftspolitik gestritten wird. Hier wie ebenfalls im deutschen Gesundheitswesen finden wir also stabil institutionalisierte Systeme gesellschaftlicher Selbstregelung in enger Verflechtung mit weniger institutionalisierten Netzwerkstrukturen, an denen staatliche Akteure mitwirken. Eine noch komplexere Mischung von Regelungsstrukturen repräsentiert das deutsche Forschungssystem, dessen Leistungsstruktur aufgrund starker personeller Verflechtung einen Netzwerkcharakter hat, zugleich aber aufgrund der Regelung zu seiner Finanzierung (im Rahmenabkommen Forschungsförderung) aufs engste mit den staatlichen Instanzen in Bund und Ländern verflochten ist. Eingebettet in diese Netzwerkstruktur ist der Wissenschaftsrat, der einerseits Selbstverwaltungsfunktionen wahrnimmt, aber zugleich eine wichtige Arena für die Interaktion mit den staatlichen Akteuren darstellt. Auf dem Hintergrund dieser komplexen Struktur schließlich bilden sich immer wieder für kurze Zeit besondere *issue-networks*, so z.B. anläßlich der im Zuge der deutschen Wiedervereinigung anstehenden Umstrukturierung der ehemaligen DDR-Akademien (Mayntz 1994). Gesellschaftliche Selbstregelung und Verhandlungen zwischen staatlichen und gesellschaftlichen Akteuren in neokorporatistischen Strukturen bzw. Politiknetzwerken sind keine alternativen Governance-Formen, sondern durchdringen und ergänzen sich gegenseitig.

---

15 Zu dieser Unterscheidung Mayntz/Scharpf (1995: 16ff.).

6. Ein neues steuerungstheoretisches Paradigma?

In den letzten beiden Abschnitten dieses Beitrags wurde zu zeigen versucht, daß sich das von einer hierarchischen Beziehung zwischen Staat und Gesellschaft ausgehende Paradigma politischer Steuerung in den letzten zwanzig Jahren nicht nur aufgelöst hat (was keine neue Feststellung wäre), sondern daß tatsächlich ein Paradigmenwechsel stattgefunden hat. Das setzt selbstverständlich voraus, daß nicht schon die Existenz des Phänomens Steuerung geleugnet wird. Die wissenschaftliche Konzentration auf Regelungsprozesse, die in Netzwerken oder Verhandlungssystemen stattfinden, führt insofern nur dann zu einem steuerungstheoretischen Paradigmenwechsel, wenn sich mit ihr der Nachweis verbindet, daß die Akteure des politisch-administrativen Systems im Laufe gesellschaftlicher Modernisierung weder in funktioneller Hinsicht (öffentliche Aufgaben) überflüssig geworden, noch ihrer Einwirkungsmöglichkeiten beraubt worden sind.

Die jüngste politikwissenschaftliche Diskussion läßt in der Tat erkennen, daß von einem resignierten Rückzug des Staates keine Rede sein kann. Zu den klassischen „Staatsaufgaben", deren Träger zunehmend nicht mehr der unitarische Nationalstaat, sondern ein differenziertes politisch-administratives Mehrebenensystem ist,[16] treten im wachsenden Maße Aufgaben des gesellschaftlichen Interdependenzmanagements, und gerade diesen Aufgaben sind die gegenwärtig im Zentrum des Interesses stehenden neuen Regelungsformen angemessen. Deren Aszendenz ist insofern keine Reaktion politischer Schwäche, sondern ein Korrelat gesellschaftlichen Strukturwandels, der staatlichen Akteuren *auch* in manchen traditionellen Regelungsfeldern neue Einflußmöglichkeiten eröffnet. Wir haben es nicht mit einem Rückgang, sondern mit einem *Formwandel* staatlicher Machtausübung zu tun, durch den sich das Spektrum der nebeneinander existierenden Regelungsformen verbreitert hat.[17]

Das entscheidende Element dieses Formwandels ist das Zusammenwirken, die *Kombination* von gesellschaftlicher Selbstregelung und politischer Steuerung. Eine solche Kombination beruht allerdings auf spezifischen Voraussetzungen, die nicht in allen modernen Staaten gleich ausgeprägt sind. Zentrale Voraussetzung ist ein gewisses Kräftegleichgewicht zwischen Staat und Gesellschaft, also die Verbindung eines „starken" Staats mit einer „starken" Gesellschaft. Diese Voraussetzung ist etwa in Frankreich weniger gegeben als in Deutschland. Blickt man genauer hin, dann zeigt sich, daß auch die unterschiedlichen Varianten nicht-hierarchischer Regelung auf jeweils sehr spezifischen institutionellen Voraussetzungen beruhen. In den USA z.B. sind Politiknetzwerke ubiquitär, während es dort praktisch keinen Makrokorporatismus gab und gibt. Wie der Paradefall des zuerst fast als Modell dienenden schwedischen Neokorporatismus zeigt, können die Voraussetzungen einer nicht-hierarchischen Regelungsform außerdem auch wieder verschwinden – und sie mit ihnen (Wiesenthal 1995:

---

16 Es ist insofern eine nicht unproblematische sprachliche Vereinfachung, wenn – auch in diesem Beitrag – weiterhin von „staatlichen" Akteuren und „Staatsaufgaben" gesprochen wird. Die Alternative, statt dessen das Wort „politisch" zu benutzen, ist jedoch auf andere Weise ebenso „schief", da vielfach eben nicht politische Akteure im engeren Sinne, sondern Instanzen der Exekutive gemeint sind.

17 Im Bereich der Sicherheitspolitik nach innen und außen findet kennzeichnenderweise keine Verlagerung auf nicht-hierarchische Regelungsformen statt.

25ff.). Im Augenblick wird darüber diskutiert, ob Europäisierung (Streeck/Schmitter 1991) und Globalisierung generell zur Erosion neokorporatistischer Arrangements führen werden. Das allgemeine Modell der funktionell differenzierten Gesellschaft genügt nicht, um derartigen Varianzen Rechnung zu tragen. Deren Existenz sollte aber auf jeden Fall davor warnen, allzu leicht der Neigung zur Generalisierung von historisch gebundenen Beobachtungen nachzugeben.

Eine – von diesen notwendigen Differenzierungen unabhängige – Komponente des steuerungstheoretischen Paradigmenwechsels ist die inhaltliche Veränderung der zentralen, an den Untersuchungsgegenstand gerichteten Fragen. Während aus der früheren „Gesetzgeberperspektive" heraus folgerichtig vor allem Fragen zur Steuerungsfähigkeit und Steuerbarkeit formuliert und damit allen hierarchischen Strukturen eigene Probleme thematisiert wurden, rücken nun andere, für Netzwerke oder Verhandlungssysteme charakteristische Probleme in den Mittelpunkt: die Handlungs- bzw. Entscheidungsfähigkeit der in Netzwerken verbundenen Akteure, die dabei von staatlichen Akteuren gespielte besondere Rolle, und die Qualität der in derartigen Strukturen erzielbaren Politikergebnisse. In Verhandlungssystemen herrscht in der Regel keine Harmonie, sondern eine Mischung aus Interessenkonflikten und gemeinsamen Problemlösungsversuchen. Insofern ist es auch falsch, das Verhältnis zwischen staatlichen und gesellschaftlichen Akteuren in nicht-hierarchischen Regelungsformen einfach als „Kooperation" zu beschreiben; neben Versuchen kooperativer Problemlösung gibt es in diesen Strukturen auch Versuche einseitiger Beeinflussung, reaktive Anpassung und Verhandlungen, bei denen alle Beteiligten ihren eigenen Nutzen suchen (vgl. Scharpf 1991).[18] Das Fehlen einer zentralen Steuerungsinstanz in solchen Systemen „antagonistischer Kooperation" (Marin 1990) bedingt drei typische Gefahren: (1) die Gefahr der Entscheidungsblockade, (2) die Gefahr der Einigung auf suboptimale Kompromißlösungen bzw. der Einigung zu Lasten Dritter, und (3) die Gefahr der fehlenden Bindungswirkung der getroffenen Entscheidungen. Damit rücken die Umstände, unter denen diese negativen Ergebnisse vermieden werden können, in den Mittelpunkt des Interesses. Zu dieser neuen Fragestellung liegen inzwischen schon Überlegungen und einige empirische Ergebnisse vor (vgl. u.a. Scharpf 1993; Mayntz 1993), auf die hier ebenso wenig eingegangen werden kann wie auf den – leicht ausgeblendeten – Zusammenhang mit der Demokratieproblematik,[19] die an anderer Stelle in diesem Band zur Sprache kommt.

Die „neue" Theorie politischer Steuerung negiert nicht die fortdauernde Existenz autoritativer Staatsintervention mit dem Ziel einer direkten Verhaltenssteuerung, konzentriert sich jedoch (daneben) auf die Möglichkeiten und Folgen der absichtsvollen „staatlichen" (öffentlichen, politischen) Einwirkung auf Entscheidungsprozesse in rein gesellschaftlichen und in gemischten Verhandlungssystemen staatlicher und gesell-

---

18 Der Begriff „Verhandlungssystem" ist angesichts dessen keine unproblematische Oberkategorie für die hier behandelten Regelungsformen, denen lediglich gemeinsam ist, daß sie nicht rein staatlich sind. Aber auch gegen den Begriff des Netzwerks bzw. „nicht-hierarchische Regelungsformen" lassen sich Einwände vorbringen – z.B. der, daß manche Form des *private interest government* durchaus hierarchische Züge trägt.

19 Das „Demokratiedefizit" neokorporatistischer Strukturen wurde häufig kritisiert; ähnlich läßt sich für alle auf funktioneller Repräsentation basierenden Verhandlungssysteme argumentieren, deren Legitimation scharf mit dem demokratischen Prinzip funktionell diffuser, territorialer Repräsentation kollidiert; vgl. zu dieser Diskussion Voelzkow (1995).

schaftlicher Akteure. Von „Steuerung" allerdings darf man lediglich im Sinne einer bestimmten Art zielgerichteten Handelns von Subjekten sprechen. Das heißt, daß von der überholten Gleichsetzung von politischem Steuerungshandeln und Gesellschaftssteuerung Abschied zu nehmen ist. Das politische Steuerungshandeln ist nur ein sozialer Teilprozess, der mit vielen anderen Teilprozessen interferiert und so zum sozialen Wandel beiträgt, ohne ihn lenken zu können. Auf der Ebene des Gesamtsystems findet keine Steuerung statt, sondern lediglich Strukturbildung und Strukturwandel. Das bedeutet, daß es zwar Steuerung *in* der funktionell differenzierten Gesellschaft gibt, aber keine politische Steuerung *der* Gesellschaft. Die neue Theorie politischer Steuerung liefert damit kein *gesellschaftstheoretisches* Paradigma mehr, sondern wird zu einer (möglicherweise stark präskriptiv gefärbten) Theorie politischen Handelns in einer funktionell differenzierten Gesellschaft. Die Gesellschaftstheorie muß ihrerseits das von der alten Steuerungstheorie implizierte kybernetische Modell aufgeben, ohne ein Modell autopoietischer Selbstregulation an seine Stelle setzen zu können. Eine Theorie, die die Dynamik gesellschaftlicher Entwicklung zum Gegenstand hat, muß vielmehr die Interferenz zwischen autoritativer Staatsintervention, Verhandlungsprozessen zwischen politischen und gesellschaftlichen Akteuren, organisierter Selbstregelung, Marktprozessen und spontaner Strukturbildung zu ihrem zentralen Thema machen. Für eine empirisch gesättigte Gesellschaftstheorie mag das eine Überforderung sein; die ausdrückliche Unterscheidung zwischen Gesellschaftstheorie und Steuerungstheorie könnte aber beide befruchten.

Literaturverzeichnis

Beyme, Klaus von, 1991: Theorie der Politik im 20. Jahrhundert. Von der Moderne zur Postmoderne. Frankfurt a.M.: Suhrkamp.
Cohen, Joshua/Rogers, Joel, 1994: Solidarity, Democracy, Association, in: *Streeck, Wolfgang* (Hrsg.), Staat und Verbände. PVS Sonderheft 25. Opladen: Westdeutscher Verlag, 136-159.
Crouch, Colin, 1986: Sharing Public Space: States and Organized Interests in Western Europe, in: *Hall, John A.* (Hrsg.), States in History. Oxford: Blackwell, 177-210.
Crozier, Michel, 1987: Etat modeste, Etat moderne. Paris: Editions Fayard.
Czada, Roland, 1994: Konjunkturen des Korporatismus: Zur Geschichte eines Paradigmenwandels in der Verbändeforschung, in: *Streeck, Wolfgang* (Hrsg.), Staat und Verbände. PVS Sonderheft 25. Opladen: Westdeutscher Verlag, 37-64.
Czada, Roland, 1995: Kooperation und institutionelles Lernen in Netzwerken der Vereinigungspolitik, in: *Mayntz, Renate/Scharpf, Fritz W.* (Hrsg.), Gesellschaftliche Selbstregelung und politische Steuerung. Frankfurt a.M.: Campus, 299-326.
Dunsire, Andrew, 1993: Manipulating Social Tensions: Collibration as an Alternative Mode of Government Intervention. MPIFG Discussion Paper 93/7. Köln: MPI für Gesellschaftsforschung.
Dohler, Marian/Philip Manow, 1995: Staatliche Reformpolitik und die Rolle der Verbände im Gesundheitssektor, in: *Mayntz, Renate/Scharpf, Fritz W.* (Hrsg.), Gesellschaftliche Selbstregelung und politische Steuerung. Frankfurt a.M.: Campus, 140-168.
Evans, Peter B./Rueschemeyer, Dietrich/Skocpol, Theda (Hrsg.), 1985: Bringing the State Back In. Cambridge, MA: Cambridge University Press.
Ellwein, Thomas, 1965: Das Regierungssystem der Bundesrepublik Deutschland. 2. Auflage, Opladen: Westdeutscher Verlag.
Fürst, Dietrich, 1987: Die Neubelebung der Staatsdiskussion: Veränderte Anforderungen an Regierung und Verwaltung in westlichen Industriegesellschaften, in: Jahrbuch zur Staats- und Verwaltungswissenschaft 1, 261-284.

Grande, Edgar, 1993: Die neue Architektur des Staates. Aufbau und Transformation nationalstaatlicher Handlungskapazität – untersucht am Beispiel der Forschungs- und Technologiepolitik, in: *Czada, Roland/Schmidt, Manfred G.* (Hrsg.), Verhandlungsdemokratie, Interessenvermittlung, Regierbarkeit. Opladen: Westdeutscher Verlag, 51-71.

Görlitz, Axel (Hrsg.), 1989: Politische Steuerung sozialer Systeme. Pfaffenweiler: Centaurus Verlagsgesellschaft.

Gorlitz, Axel, 1995: Politische Steuerung. Ein Studienbuch. Opladen: Leske + Budrich.

Grimm, Dieter, 1987: Der Staat in der kontinentaleuropäischen Tradition, in: *ders.* (Hrsg.), Recht und Staat der bürgerlichen Gesellschaft. Frankfurt a.M.: Suhrkamp, 53-83.

Grimm, Dieter, 1994: Staatsaufgaben – eine Bilanz, in: *ders.* (Hrsg.), Staatsaufgaben. Baden-Baden: Nomos, 771-785.

Günther, Klaus, 1990: Der Wandel der Staatsaufgaben und die Krise des regulativen Rechts, in: *Grimm, Dieter* (Hrsg.), Wachsende Staatsaufgaben – sinkende Steuerungsfähigkeit des Rechts. Baden-Baden: Nomos, 51-68.

Hall, John A., 1986: Introduction, in: *ders.* (Hrsg.), States in History. Oxford: Blackwell, 1-21.

Heinze, Rolf G./Schmid, Josef, 1994: Mesokorporatistische Strategien im Vergleich: Industrieller Strukturwandel und die Kontingenz politischer Steuerung in drei Bundesländern, in: *Streeck, Wolfgang* (Hrsg.), Staat und Verbände. PVS Sonderheft 25. Opladen: Westdeutscher Verlag, 65-99.

Héritier, Adrienne, 1993: Policy-Analyse. Elemente der Kritik und Perspektiven der Neuorientierung, in: *dies.* (Hrsg.) Policy-Analyse. PVS Sonderheft 24. Opladen: Westdeutscher Verlag, 9-36.

Jessop, Bob, 1990: State Theory. Putting Capitalist States in their Place. Cambridge: Polity Press.

Katzenstein, Peter J., 1987: Policy and Politics in West Germany. The Growth of a Semisovereign State. Philadelphia: Temple University Press.

Kooiman, Jan (Hrsg.) 1993: Modern Governance. New Government – Society Interactions. London u.a.: Sage.

Latour, Bruno, 1993: We Have Never Been Modern. New York u.a.: Harvester/Wheatshief.

Lave, Lester B., 1981: The Strategy of Social Regulation: Decision Frameworks for Policy. Washington D.C.: Brookings.

Luhmann, Niklas, 1984: Soziale Systeme. Grundriß einer allgemeinen Theorie. Frankfurt a.M.: Suhrkamp.

Lutz, Burkart, 1984: Der kurze Traum immerwährender Prosperität. Frankfurt a.M.: Campus.

Majone, Giandomenico, 1994: Paradoxes of privatization and deregulation, in: Journal of European Public Policy 1, 53-69.

Marin, Bernd (Hrsg.), 1990: Generalized Political Exchange. Antagonistic Cooperation and Integrated Policy Circuits. Frankfurt a.M./Boulder, CO: Campus/Westview.

Marin, Bernd/Mayntz, Renate (Hrsg.), 1991: Policy Networks: Empirical Evidence and Theoretical Considerations. Frankfurt a.M.: Campus.

Marsh, D./Rhodes, R.A.W. (Hrsg.), 1992: Policy Networks in British Government. Oxford: Clarendon Press.

Martinsen, Renate, 1992: Theorien politischer Steuerung – Auf der Suche nach dem dritten Weg, in: *Grimmer, Klaus et al.* (Hrsg.), Politische Techniksteuerung. Opladen: Leske + Budrich, 51-73.

Mayntz, Renate, 1979: Regulative Politik in der Krise?, in: *Matthes, J.* (Hrsg.), Sozialer Wandel in Westeuropa. Verhandlungen des 19. Deutschen Soziologentages 1979 in Berlin. Frankfurt a.M.: Campus, 55-81.

Mayntz, Renate, 1980: Die Entwicklung des analytischen Paradigmas der Implementationsforschung, in: *dies.* (Hrsg.), Implementation politischer Programme. Königstein/Ts.: Verlagsgruppe Athenäum u.a., 1-19.

Mayntz, Renate, 1987: Politische Steuerung und gesellschaftliche Steuerungsprobleme – Anmerkungen zu einem theoretischen Paradigma, in: Jahrbuch zur Staats- und Verwaltungswissenschaft 1, 89-110.

Mayntz, Renate, 1990: Politische Steuerbarkeit und Reformblockaden: Überlegungen am Beispiel des Gesundheitswesens, in: Staatswissenschaften und Staatspraxis 1, 283-307.

Mayntz, Renate, 1993: Policy-Netzwerke und die Logik von Verhandlungssystemen, in: *Héritier, Adrienne* (Hrsg.), Policy-Analyse. PVS Sonderheft 24. Opladen: Westdeutscher Verlag, 39-56.

Mayntz, Renate, 1994: Deutsche Forschung im Einigungsprozeß. Die Transformation der Akademie der Wissenschaften der DDR von 1989 bis 1992. Frankfurt a.M.: Campus.
Mayntz, Renate/Scharpf, Fritz W. (Hrsg.), 1973: Planungsorganisation – Die Diskussion um die Reform von Regierung und Verwaltung. Munchen: Piper.
Mayntz, Renate/Scharpf, Fritz W., 1995: Steuerung und Selbstorganisation in staatsnahen Sektoren, in: dies. (Hrsg.), Gesellschaftliche Selbstregelung und politische Steuerung. Frankfurt a.M.: Campus, 9-38.
Muller, Klaus, 1991: Nachholende Modernisierung?, in: Leviathan 19, 261-291.
Muller, Klaus, 1995: Vom Post-Kommunismus zur Postmodernität? Zur Erklärung sozialen Wandels in Osteuropa, in: Kolner Zeitschrift fur Soziologie und Sozialpsychologie 47, 37-64.
Muller, Wolfgang C., 1994: Political Traditions and the Role of the State, in: West European Politics 17, 32-51.
Muller, Wolfgang C./Wright, Vincent, 1994: Reshaping the State in Western Europe: The Limits to Retreat, in: West European Politics 17, 1-11.
Munch, Richard, 1984: Die Struktur der Moderne. Grundmuster und differentielle Gestaltung des institutionellen Aufbaus der modernen Gesellschaften. Frankfurt a.M.: Suhrkamp.
Munch, Richard, 1995: Elemente einer Theorie der Integration moderner Gesellschaften. Eine Bestandsaufnahme, in: Berliner Journal für Soziologie 5, 5-24.
Naschold, Frieder, 1993: Modernisierung des Staates. Zur Ordnungs- und Innovationspolitik des offentlichen Sektors. Berlin: edition sigma.
Offe, Claus, 1986: Die Utopie der Null-Option, in: *Berger, Johannes* (Hrsg.), Die Moderne – Kontinuitäten und Zasuren. Gottingen: Otto Schwartz, 97-117.
Offe, Claus, 1987: Die Staatstheorie auf der Suche nach ihrem Gegenstand. Beobachtungen zur aktuellen Diskussion, in: Jahrbuch zur Staats- und Verwaltungswissenschaft 1, 309-320.
Ostrom, Vincent, 1991: The Meaning of American Federalism. Constituting a Self-governing Society. San Francisco: ICS Press.
Padioleau, Jean G., 1982: L'Etat au concret. Paris: Presses universitaires.
Papadopoulos, Yannis, 1995: Complexité sociale et politiques publiques. Paris: Montchrestien.
Parsons, Talcott, 1976: Zur Theorie sozialer Systeme. Eingeleitet und herausgegeben von *Stefan Jensen*. Opladen: Westdeutscher Verlag.
Peters, B. Guy, 1993: Alternative Modelle des Policy-Prozesses: Die Sicht „von unten" und die Sicht „von oben", in: *Héritier, Adrienne* (Hrsg.), Policy-Analyse. PVS Sonderheft 24. Opladen: Westdeutscher Verlag, 289-303.
Pollack, Detlef, 1990: Das Ende einer Organisationsgesellschaft. Systemtheoretische Uberlegungen zum gesellschaftlichen Umbruch in der DDR, in: Zeitschrift fur Soziologie 19, 292-307.
Ritter, Ernst-Hasso, 1987: Staatliche Steuerung bei vermindertem Rationalitätsanspruch? Zur Praxis der politischen Planung in der Bundesrepublik Deutschland, in: Jahrbuch zur Staats- und Verwaltungswissenschaft 1, 321-352.
Ritter, Ernst-Hasso, 1990: Das Recht als Steuerungsmedium im kooperativen Staat, in: Staatswissenschaften und Staatspraxis 1, 50-88.
Ronge, Volker, 1994: Politische Steuerung – innerhalb und außerhalb der Systemtheorie, in: *Dammann, Klaus/Grunow, Dieter/Japp, Klaus P.* (Hrsg.), Die Verwaltung des politischen Systems. Opladen: Westdeutscher Verlag, 53-64.
Rose, Richard, 1976: On Priorities of Government. A Developmental Analysis of Public Policies, in: European Journal of Political Research 4, 247-289.
Scharpf, Fritz W., 1989: Politische Steuerung und politische Institutionen, in: PVS 30, 10-21.
Scharpf, Fritz W., 1991: Political Institutions, Decision Styles, and Policy Choices, in: *Czada, Roland M./Windhoff-Héritier, Adrienne* (Hrsg.), Political Choice: Institutions, Rules, and the Limits of Rationality. Frankfurt a.M.: Campus, 53-86.
Scharpf, Fritz W., 1993: Positive und negative Koordination in Verhandlungssystemen, in: *Héritier, Adrienne* (Hrsg.), Policy Analyse. Kritik und Neuorientierung. PVS Sonderheft 24. Opladen: Westdeutscher Verlag, 57-83.
Schimank, Uwe, 1995: Teilsystemevolutionen und Akteurstrategien: Die zwei Seiten struktureller Dynamiken moderner Gesellschaften, in: Soziale Systeme 1, 73-100.
Schimank, Uwe/Glagow, Manfred, 1984: Formen politischer Steuerung: Etatismus, Subsidiarität, Delegation und Neokorporatismus, in: *Glagow, Manfred* (Hrsg.), Gesellschaftssteuerung zwischen Korporatismus und Subsidiarität. Bielefeld: AJZ Verlag, 4-28.

Schmidt, Manfred, 1993: Theorien in der internationalen vergleichenden Staatstatigkeitsforschung, in: *Héritier, Adrienne* (Hrsg.), Policy-Analyse. PVS Sonderheft 24. Opladen: Westdeutscher Verlag, 371-393.

Schneider, Volker/Werle, Raymund, 1991: Policy Networks in the German Telecommunications Domain, in: *Marin, Bernd/Mayntz, Renate* (Hrsg.), Policy Networks: Empirical Evidence and Theoretical Considerations. Frankfurt a.M.: Campus, 97-136.

Schuppert, Gunnar Folke, 1989: Zur Neubelebung der Staatsdiskussion: Entzauberung des Staates oder „Bringing the State Back In?", in: Der Staat 28, 91-104.

Schuppert, Gunnar Folke, 1989a: Selbstverwaltung, Selbststeuerung, Selbstorganisation – Zur Begrifflichkeit einer Wiederbelebung des Subsidiaritätsgedankens, in: Archiv des offentlichen Rechts 114, 127-148.

Schuppert, Gunnar Folke, 1990: Grenzen und Alternativen zur Steuerung durch Recht, in: *Grimm, Dieter* (Hrsg.), Wachsende Staatsaufgaben – sinkende Steuerungsfahigkeit des Rechts. Baden-Baden: Nomos, 217-249.

Streeck, Wolfgang/Schmitter, Philippe C. (Hrsg.), 1985: Private Interest Government. Beyond Market and State. Beverly Hills/London: Sage.

Streeck, Wolfgang/Schmitter, Philippe C., 1991: From National Corporatism to Transnational Pluralism: Organized Interests in the Single European Market, in: Politics & Society 19, 133-164.

Sturm, Roland, 1986: Policy-Forschung, in: *Beyme, Klaus von* (Hrsg.), Politikwissenschaft in der Bundesrepublik Deutschland, PVS Sonderheft 17. Opladen: Westdeutscher Verlag, 231-249.

Teubner, Gunther/Willke, Helmut, 1984: Kontext und Autonomie. Gesellschaftliche Selbststeuerung durch reflexives Recht, in: Zeitschrift fur Rechtssoziologie 6, 4-35.

Theisen, Heinz, 1995: Zukunftsvorsorge als Staatsaufgabe, in: Staatswissenschaften und Staatspraxis 6, 111-125.

Ulrich, Gunter, 1994: Politische Steuerung. Staatliche Intervention aus systemtheoretischer Sicht. Opladen: Leske + Budrich.

Voelzkow, Helmut, 1995: Verhandlungssysteme zwischen organisierten Interessen und Staat. Frankfurt a.M.: Campus (im Erscheinen).

Voigt, Rudiger (Hrsg.), 1983: Gegentendenzen zur Verrechtlichung, in: Jahrbuch fur Rechtssoziologie und Rechtstheorie 9.

Weaver, Kent R./Rockman, Bert A. (Hrsg.), 1993: Do Institutions Matter? Government Capabilities in the United States and Abroad. Washington D.C.: Brookings.

Wiesenthal, Helmut, 1995: Representation of Functional Interests in West and East European Democracies: Theoretical Coordinates and Empirical Assessment. Berlin: Forschungsberichte der AG TRAP.

Willke, Helmut, 1983: Entzauberung des Staates. Überlegungen zu einer gesellschaftlichen Steuerungstheorie. Konigstein/Taunus: Athenäum.

Willke, Helmut, 1992: Ironie des Staates. Frankfurt a.M.: Suhrkamp.

Willke, Helmut, 1995: Systemtheorie III: Steuerungstheorie. Stuttgart/Jena: Fischer.

Windhoff-Héritier, Adrienne, 1987: Policy-Analyse. Eine Einführung. Frankfurt a.M.: Campus.

Zapf, Wolfgang, 1994: Modernisierung, Wohlfahrtsentwicklung und Transformation. Soziologische Aufsätze 1987 bis 1994. Berlin: edition sigma.

Modernisierungstheorien in der Transformationsforschung

Wolfgang Zapf

I

Zu unserer Verständigung schlage ich vor, unter Modernisierung dreierlei zu verstehen: erstens den säkularen Prozeß seit der industriellen Revolution, in dem sich die kleine Gruppe der heute modernen Gesellschaften entwickelt hat; zweitens die vielfältigen Aufholprozesse unterentwickelter Gesellschaften; drittens die Bemühungen der modernen Gesellschaften selbst, durch Innovationen und Reformen die Entwicklung in Gang zu halten und neue Herausforderungen zu bewältigen. Unter Transformation wäre in diesem Sinne die zweite Gruppe von Modernisierungsprozessen zu fassen. Ihre Eigenschaft ist, daß ihr Ziel prinzipiell bekannt ist und von den zentralen Akteuren bewußt angestrebt wird. Heute ist dieses Ziel die moderne Gesellschaft mit politischer Demokratie, Marktwirtschaft und Wohlstand der breiten Bevölkerung.

Aber dieses Verständnis von Modernisierung ist keineswegs unumstritten, sondern beschreibt das Feld langer und bis heute andauernder theoretischer und praktischer Kontroversen. Dabei scheint am wenigsten kontrovers zu sein, daß die Herausbildung der modernen Gesellschaften der OECD-Welt von recht verschiedenen Ausgangspunkten zunehmend in die gleiche Richtung geführt hat. Moderne Gesellschaften sind sich hinsichtlich ihres wirtschaftlichen und politischen Systems, ihrer Sozialstruktur, der Grundeinstellungen ihrer Bevölkerung und ihres materiellen Wohlstands, weitgehend auch ihres subjektiven Wohlbefindens, ähnlicher als Gesellschaften anderer Entwicklungsstufen, Zivilisationen und Kulturkreise. Da es aber neben dem westlichen Weg erfolgreicher Modernisierung mindestens den ostasiatischen Weg gibt, sollten wir gegen zu starke Konvergenzannahmen gefeit sein.

Stärker kontrovers ist die Vorstellung, die Entwicklungsbemühungen der ärmeren Länder seien wesentlich als Prozesse der „nachholenden Modernisierung", d.h. der Orientierung am westlichen Vorbild zu verstehen. An dieser Stelle hatte ja die heftige Kritik an der klassischen Modernisierungstheorie der 1950er und 1960er Jahre eingesetzt: die Kritik an der „Westernisierung" und Amerikanisierung ebenso wie an der Vorstellung eines ununterbrochenen Wachstums in Richtung auf die kapitalistische Konsumgesellschaft. Damals stand mit dem Sozialismus eine große Alternative für eine nicht-kapitalistische Entwicklung zur Verfügung und wurde in mehrere Varianten differenziert: das sowjetische Modell, das chinesische Modell, zeitweise das kubanische Modell und das Modell des afrikanischen Sozialismus. Mit dem Zusammenbruch des Sozialismus sind diese Alternativen vorläufig ausgeschieden, es sei denn, man würde in dem aktuellen chinesischen Programm einer „sozialistischen Marktwirtschaft" ein längerfristiges Modell sehen. Die heutigen Alternativen zur Modernisierung rücken vom Gedanken der ökonomischen und politischen Entwicklung, der Beteiligung der einzelnen Bürger am wirtschaftlichen Ertrag und an politischen Entscheidungen weitgehend ab. Es handelt sich in dem dramatischen Bild von Huntington (1993) um den „clash of civilizations" anstelle der national-staatlichen Entwicklungskonkurrenz der letzten zweihundert Jahre.

Am meisten umstritten ist die Vorstellung, moderne Gesellschaften könnten auf dem Wege „weitergehender Modernisierung", d.h. der Weiterentwicklung ihrer Basisinstitution durch Reformen und Innovationen, die neuen Probleme erfolgreich bearbeiten, die aus den komplexer gewordenen natürlichen, internationalen und psycho-sozialen Umwelten stammen. Aber die Alternativen, die zu einer „weitergehenden Modernisierung" (Zapf 1991) angeboten werden, sind entweder nur Variationen der Modernisierung oder moralische Wunschgebilde ohne institutionelle Basis. So ist meines Erachtens das Konzept der „reflexiven Modernisierung" (Beck 1991, 1995), in der Individuen und Gruppen in ihren Institutionen und Organisationen über die Folgen der ersten Modernisierung nachdenken und ihre Risiken berücksichtigen, in der Modernisierungstheorie von Anfang an angelegt. Marktwirtschaft und Konkurrenzdemokratie sind per se reflexive, d.h. reaktionsfähige und revisionsfähige Basisinstitutionen. Wohlfahrtsstaat und Massenkonsum sind per se Reservemechanismen zur Regulierung und Legitimierung der Lasten des Modernisierungsprozesses.

Gegen die moralischen Programme, z.B. einer „doppelten Modernisierung" (Klein 1991), wie sie von postkommunistischer Seite vorgetragen werden, ist die klassische Kritik vorzubringen, daß man nicht über Nacht neue Menschen und altruistische Organisationen bekommt, nur weil man die an sich sympathische Idee entwickelt, mit den Veränderungen in den Transformationsgesellschaften doch auch gleich die Probleme der westlichen Gesellschaften zu beseitigen, von Ungleichheit und Exklusionstendenzen bis zum sogenannten Werteverfall. Die Hoffnungen der osteuropäischen Reformer richteten sich vor allem auf die „Zivilgesellschaft", d.h. den unter der Diktatur gewachsenen Bereich von Bürgerbewegungen, neuartigen Assoziationen, alternativen, schattenwirtschaftlichen Ökonomien. Hiermit sollte sich die „Lebenswelt" gegen das „alte System" durchsetzen, aber auch das neue daran hindern, in die spätkapitalistischen Muster des Westens abzugleiten (Dubiel 1993). Diese Hoffnungen sind bei den meisten Anhängern inzwischen enttäuscht worden, weil sich die Zivilgesellschaft als zu schwach erwies, um einen eigenen dritten Weg jenseits von Kapitalismus und Sozialismus durchzusetzen. Trotz dieser Kritik an utopischen Modernisierungsalternativen möchte ich aber eine Reihe von spezifischen Einwänden, die heute gegen die erneuerte Modernisierungstheorie vorgebracht werden, ernst nehmen und darauf zurückkommen.

Die Vorstellung, Transformation sei nachholende Modernisierung im Sinne eines tiefgreifenden und raschen Wandels, dessen Ziel bekannt ist (vgl. auch Habermas 1990), gilt sicher in vielen postkommunistischen Ländern ebenso wie in zahlreichen Schwellenländern Ostasiens und Lateinamerikas. Aber sie gilt eben nicht in allen Entwicklungsgesellschaften. „Breakdowns of modernization" (Eisenstadt 1964) waren schon in der klassischen Modernisierungstheorie durchaus vorgesehen und insbesondere an lateinamerikanischen Fällen studiert worden. Mit „breakdowns of transformation" im Ausmaße der früheren Sowjetunion und gar Jugoslawiens haben aber nur wenige gerechnet, am ehesten diejenigen Spezialisten, die sich durchaus vorstellen konnten, daß nationale Abgrenzungen, ethnische Revanchen, Verteilungskämpfe um die Restbestände sozialistischer Macht für wichtige Akteure durchaus bedeutsamer sein könnten als eine rasche Konsensusbildung zur Erlangung von Marktwirtschaft und Konkurrenzdemokratie. Als Alternative zum Modell der nachholenden Modernisierung wird deshalb, z.B. unter der Formel „Das Alte im Neuen" (Stark 1995), die Vorstellung vertreten, daß es mehrere Transformationswege deshalb gibt, weil mit dem Zusammenbruch der alten Machtstrukturen nicht einfach ein Vakuum eingetreten ist, sondern weil alte Netzwerke und Seilschaften weiter wirken und durchaus zu Lösungen gesellschaftlicher Versorgungs-, Integrations- und Steuerungsprobleme führen können, die sich von den westlichen Vorstellungen unterscheiden.

II

Prozesse des sozialen Wandels kann man nach Tempo, Tiefgang, Richtung und Steuerbarkeit sinnvoll klassifizieren und beschreiben. Die Modernisierungstheorie befaßt sich vornehmlich mit tiefgreifenden Wandlungsprozessen langfristiger Art, die zumindest ex post eine klare Richtung haben. Innerhalb dieser langfristigen Prozesse gibt es Take-offs und Spurtsituationen, die unter Umständen als die hinreichenden Bedingungen langfristiger Veränderungen konzipiert werden. Aber die Prognose rapider Überraschungen wie Coups, öffentliche Gewaltausbrüche oder technische Katastrophen gehören sicher nicht zum Kernprogramm der Modernisierungstheorie, ebenso wenig wie die umfassende gesellschaftliche Steuerung. Umfassende Planung und Steuerung war vielmehr eine Besonderheit der sozialistischen Alternative und wurde gerade als rationale Differenz zum Kapitalismus gefeiert. Die westliche Modernisierung wird hingegen als ein Suchprozeß interpretiert, der entweder ungeplant eine Richtung genommen hat (Elias 1939) oder am generellen Leitfaden der Differenzierung durch Versuch und Irrtum umweltadäquate, d.h. überlebens- und wachstumsfähige institutionelle Lösungen gefunden hat (M. Schmid 1982).
Es ist also sicher richtig, daß die Modernisierungstheorie der 1950er und 1960er Jahre mit naiven Vorstellungen der raschen Institutionenübertragung und Entwicklungssteuerung gescheitert ist und daß sie Ereignisse wie den Zusammenbruch von 1989 nicht punktgenau vorhersagen konnte. Demgegenüber überwiegen aber meines Erachtens bei weitem die Erklärungserfolge innerhalb ihres Kernprogramms, nämlich die Erklärung tiefgreifenden, gerichteten Wandels moderner Gesellschaften. Zu den erfolgreichen Erklärungen und Prognosen gehören unter anderem: 1) Die westlichen Demokratien werden in der weltweiten Auseinandersetzung den faschistischen und kommunistischen Konkurrenten nicht unterliegen. 2) Die modernen Gesellschaften werden nicht interne Widersprüche eines solchen Ausmaßes entwickeln, daß ein Umschlag in die sozialistische Gesellschaftsformation erfolgt. 3) Die Nationalstaaten werden für nationale und internationale Entscheidungen trotz supranationaler Integration und trotz der Globalisierung von Kapital und Information die zentralen Akteure bleiben. 4) Das Grundmuster der Modernisierung wird in der Führung einer oder weniger Gesellschaften und den Bemühungen anderer Gesellschaften bestehen, diesen Vorsprung aufzuholen (vgl. Bendix 1969). 5) Diese Dynamik verläuft in Wellen von Expansion und Kontraktion. Krisenphasen sind, wie Innovationsphasen, notwendige

Momente des Modernisierungsprozesses. Die Rangordnung der einzelnen Gesellschaften verändert sich in der Entwicklungskonkurrenz langsam, reversibel und sektoral differenziert. 6) Die kapitalistische Durchdringung autoritärer Gesellschaften führt nicht zu Stagnation und Dependenz, sondern im Falle der produktiven Aneignung und Nacherfindung zu einer sich selbst tragenden Entwicklung. 7) Weltweit wird sich die Demokratisierung fortsetzen, d.h. die Zahl der Länder mit einer im Prinzip auf Mehrheitsentscheidung beruhenden politischen Verfassung wird weiter steigen.

Dies sind in meiner Einschätzung ganz beachtliche Leistungen der Modernisierungstheorie, wenn man sie nur einmal mit den Behauptungen vergleicht, die der Westmarxismus in den 1970er Jahren über die Zukunft des „Spätkapitalismus" aufgestellt hat, oder mit den Behauptungen der Dependenztheorie über die Unausweichlichkeit der Unterentwicklung, oder mit den diversen Theorien des Zusammenbruchs der Wert- und Motivationsgrundlagen, der finanziellen Grundlagen oder der ökologischen Stabilität westlicher Gesellschaften. Ich sehe also die Fehler der Modernisierungstheorie im Vergleich zu konkurrierenden Ansätzen nicht als extraordinär an.

Ein ebenfalls überschätztes Problem ist der sogenannte evolutionäre Determinismus der Modernisierungstheorie. Selbst bei Parsons gibt es diesen Determinismus allenfalls ex post im Modell der evolutionären Universalien (Parsons 1969), nämlich in dem nach wie vor vernünftigen Gedanken, daß die Entwicklung bestimmter Institutionen bestimmten Gesellschaften für die Lösung ihrer inneren und äußeren Anpassungsprobleme und für die eigene Weiterentwicklung eine Überlegenheit („Dominanz", vgl. Hondrich 1991) gegenüber anderen Gesellschaften mit ihren weniger leistungsfähigen Institutionen verleiht. Vielleicht ist diese Gefahr des evolutionären Determinismus beim zweiten Grundgedanken von Parsons, soziale Entwicklung als Kombination von Statusanhebung, Differenzierung, Inklusion und Wertgeneralisierung (upgrading, differentiation, inclusion und value generalization) zu verstehen, größer (Parsons 1971). Aber es gibt keinen prinzipiellen Grund, diese Modernisierungsdimensionen nicht als Variable zu begreifen, die unter angebbaren Bedingungen negative oder positive Werte annehmen können.

Ein weiteres Problem, Systemansatz versus Akteursansatz, wird oft deshalb falsch eingeschätzt, weil man die Modernisierungstheorie nicht selten als eines der grundlegenden Paradigmen der Sozialwissenschaften mißversteht. Nach meiner Auffassung ist die Modernisierungstheorie eine angewandte Theorie, die Theoriestücke aus verschiedenen Paradigmen in raum-zeitlichen Zusammenhang bringt, um z.B. den Übergang von traditionellen zu sich entwickelnden Gesellschaften aus notwendigen strukturellen Voraussetzungen und hinreichenden take-off Innovationen (z.B. getragen von siegreichen Eliten) zu begreifen. Bei allen drei Gegenstandsbereichen der Modernisierungsforschung kann man sowohl von individuellen und kollektiven Akteuren, ihren Zielen, Strategien und auch ihrem Wohlbefinden ausgehen als auch von leistungsfähigeren oder weniger leistungsfähigen Institutionen und schließlich lernfähigen oder lernresistenten Systemen. Im Sinne einer angewandten Theorie kann sich die Modernisierungstheorie durchaus kombinatorisch verhalten (vgl. Merkel 1994). Ihr Vorteil ist, daß sie sich auf der mittleren Abstraktionsebene von Ländernamen und Jahreszahlen bewegt. Konkurrenten sind also nicht etwa Rational Choice oder Symbolischer Interaktionismus oder Autopoetische Systemtheorie, sondern vielmehr Stamokap, Dependencia, World Systems und alle Arten von Stagnationstheorien. Auch ist es durch-

aus möglich, Modernisierungsprozesse mit einfachen sozialstrukturellen Kategorien (Sozialindikatoren) zu beschreiben und zu bewerten. Alphabetisierungsrate, Jahre der Schulausbildung, mittlere Lebenserwartung und Pro-Kopf-Einkommen: dies sind die neuerdings im Human-Development-Index wieder verwendeten Indikatoren, die es erlauben, einen einfachen Überblick über die soziale Lage der inzwischen 160 Mitgliedsstaaten der Vereinten Nationen zu geben (UNDP 1992).
An anderer Stelle (Zapf 1986, 1991) habe ich argumentiert, daß die Modernisierungstheorie durch die Inkorporation der Innovationsforschung eine Reihe ihrer Probleme bearbeiten kann: sie erhält dadurch eine klare handlungstheoretische und konflikttheoretische Grundierung, und sie kommt durch Übernahme dieser Vorstellungen zwanglos zur Erklärung von Unregelmäßigkeiten, nichtlinearen Ablaufen, Entwicklungsschüben, Stagnationsperioden und langen Wellen. Vor allem aber kann man „breakdowns of modernization" mit Hilfe der vielen Erfahrungen über Innovationsgegner und Innovationswiderstände konzipieren, und man ist nicht völlig überrascht, wenn funf Jahre nach dem Zusammenbruch des Sozialismus nur der kleinere Teil der 27 postkommunistischen Gesellschaften auf einem stabilen Weg der Transformation zu sein scheint (Brzezinski 1993).

III

Ich möchte meine Perspektive nochmals formulieren: Modernisierungstheorien behandeln die Entstehung und Entwicklung moderner Gesellschaften, Prozesse nachholender Modernisierung und die Bemühungen moderner Gesellschaften, ihre anstehenden Entwicklungsaufgaben durch Reformen und Innovationen zu bearbeiten. Es gibt eine Schnittmenge von Modernisierungsforschung und Transformationsforschung, aber die Modernisierungstheorie hat nicht die stärksten Mittel, den erfolgreichen kurzfristigen Ubergang zur Marktwirtschaft und zur Demokratie zu erklären. Ihre Perspektive ist die längerfristiger Prozesse der Institutionenbildung, der Entwicklung marktwirtschaftlicher und demokratischer Überzeugungen, ebenso der Wohlfahrtsentwicklung der breiten Bevölkerung. In einem ähnlichen Verständnis hat H.U. Wehler jüngst nochmals festgestellt: „Zu dieser differenzierten historischen Modernisierungsforschung gibt es derzeit, soweit ich zu sehen vermag, keine überzeugende Gegenposition" (Wehler 1995: 57). Bei der Typisierung und Erklärung jener dramatischen Umbrüche, die Klaus von Beyme (1994) treffend als „Systemwechsel" bestimmt hat, sind hingegen den eher akteurszentrierten, strategischen und auch elitetheoretischen Ansätzen der Politikwissenschaft die besten Übersichten gelungen. Dennoch ist es nicht notwendig, eine säuberliche Trennung von modernisierungstheoretischen und transformationstheoretischen Kritiken und Vorschlägen vorzunehmen. Ich will deshalb zunächst einige neuere Beiträge nennen, die sich kritisch bis wohlwollend mit der modernisierungstheoretischen Perspektive befassen und anschließend zwei zentrale Probleme erörtern: alternative Entwicklungspfade und die doppelte Transformation.

1. Neuere Vorschläge für eine modernisierungstheoretische Perspektive

In seiner Kritik an der Transformationstheorie wie der Transformationspraxis der postkommunistischen Gesellschaften verweist Klaus Müller (1995) zunächst auf zwei Fehleinschätzungen der Ausgangslage, nämlich der Überschätzung der Produktivkräfte der osteuropäischen Gesellschaften und der Überschätzung der Organisationskräfte der Protest- und Bürgerbewegungen. Zuvor schon hatte er gezeigt (vgl. Müller 1992), daß es in einer Reihe postkommunistischer Gesellschaften in Eliten und Bevölkerung keineswegs Konsens über die Modernisierungsziele gibt und daß nationalistische Rivalitäten die Transformation blockieren. Die Transformationsprogramme selber wurden ebenfalls mit einer Reihe von Fehleinschätzungen durchgeführt. Die außerökonomischen Voraussetzungen des wirtschaftlichen Wachstums, die in der klassischen Modernisierungstheorie eingehend untersucht worden sind, wurden grob unterschätzt. Die Politik wurde nur negativ gesehen, d.h. nicht als wesentlicher Mitgestalter. Und es wurden die internationalen Zwänge falsch eingeschätzt, die weit ungünstiger waren, als in der Phase nach 1945. Aus diesen Fehleinschätzungen erklären sich die Enttäuschungen, die in zahlreichen Ländern zu beobachten sind. Für die deutsch-deutsche Transformation zeigen sich als besondere Probleme die Legitimation der hohen Transferleistungen, die Überlastung der intermediären Organisationen, denen der Staat einen großen Teil der Vereinigungsaufgaben zugeschoben hat, und schließlich die Störung des etablierten westdeutschen Systems des Interessenausgleichs. Klaus Müller, der der Modernisierungstheorie im ganzen nicht abgeneigt ist, sieht einen Revisionsbedarf darin, das interdisziplinäre Niveau der klassischen Modernisierungstheorie wiederzugewinnen, die Fiktion sich selbst organisierender Märkte aufzugeben, sowie internationale und innergesellschaftliche Kooperations- und Verhandlungslösungen stärker zu berücksichtigen.

In einer komplexen Argumentation unterscheidet Jeffrey Alexander (1994) für die Zeit nach dem Zweiten Weltkrieg vier Phasen der Gesellschaftstheorie, die vier gesellschaftlichen Entwicklungsphasen entsprechen: erstens die Modernisierungstheorie im Kontext eines romantischen Liberalismus, zweitens eine Antimodernisierungstheorie im Kontext eines heroischen Radikalismus, drittens die Theorie der Postmoderne und der ironischen Distanzierung, und viertens die sich jetzt herausbildende Phase der Neomodernisierung mit der Betonung neuer Konvergenzen. Die Kritik an den drei erstgenannten Ansätzen oder Denkschulen setzt sowohl bei spezifischen theoretischen Annahmen an als auch bei der allgemeinen Philosophie, die dahinter steckt. Dies war im Falle der Modernisierungstheorie der Glaube an den garantierten Fortschritt und die Universalisierung amerikanischer Werte, einschließlich der amerikanischen Vorstellungen von Identität und Privatheit. Die kritischen Theorien sind mit dem Scheitern des Sozialismus dahingegangen, der sich entgegen allen Behauptungen als dem Kapitalismus unterlegen erwies. Die ironische, manchmal auch zynische Postmoderne ist durch die Ereignisse von 1989 erschüttert worden, in denen Marktwirtschaft und Demokratie einen neuen Aufschwung gewonnen haben. Der heutige Neomodernismus, oder was er mit E. Tiryakian (1991) „Modernisierung II" nennt, hat seinen Angelpunkt in der neuen Konvergenz auf Demokratie und Marktwirtschaft. Aber darin liegt auch die Gefahr des Neomodernismus, zentrale Fehler der Modernisierungstheorie zu wiederholen, nämlich den Glauben an die Konvergenz in Richtung

auf westliche Muster und die Unterschätzung nationalistischer und fundamentalistischer Gegenbewegungen.
Edward Tiryakian (1993) geht direkt auf den Zusammenhang von Modernisierung und osteuropäischer Transformation ein. Er schlägt, wie bereits schon in früheren Arbeiten, eine Neubewertung der Modernisierungstheorie vor, nachdem ihre Konkurrenten – die Dependenztheorie und die World Systems Analysis – mit dem Untergang des Sozialismus an Boden verloren haben und der Aufstieg einer Reihe von asiatischen Gesellschaften belegt, daß auch außerhalb der westlichen Welt eine erfolgreiche kapitalistische Entwicklung möglich ist. Tiryakian nennt insgesamt sieben Merkmale der erneuerten Modernisierungstheorie, die in anderen Ansätzen nicht oder weit weniger explizit entwickelt sind. Erstens vertritt sie die Überzeugung, daß kollektive Akteure und individuelle Akteure ihre Situation verbessern können. Zweitens können Gesellschaften neue Entwicklungspfade wählen, wenngleich damit nicht der erfolgreiche Durchgang durch diesen Pfad garantiert ist. Drittens ist Modernisierung keinesfalls ein einheitlicher Prozeß der Systemtransformation, sondern ein multisektoraler Prozeß mit unterschiedlichen Erfolgen und zahlreichen Diskrepanzen. Viertens spielt Religion (in verschiedenster Form) eine wesentliche Rolle bei der Modernisierung. Fünftens sind Modernisierungsprozesse kurzfristig kostspielig und schmerzhaft, aber langfristig fuhren sie zu einer Verbesserung der Lebensbedingungen einer großen Zahl von Gesellschaftsmitgliedern. Sechstens gibt es kein alleiniges Zentrum der Modernität (etwa die Vereinigten Staaten), sondern mehrere Epizentren, d.h. mehrere Modelle und Entwicklungspfade. Siebtens ist Modernisierung nicht nur nicht einheitlich, sondern auch nicht kontinuierlich linear und kann durchaus zyklische Formen annehmen. Die osteuropäischen Staaten konnen aus früheren Modernisierungssequenzen lernen, daß Probleme der nationalen Identität lösbar sind, d.h. daß Modernisierung auch in multi-ethnischen Staaten möglich ist. Man sollte davon ausgehen, daß Mentalitäten und Verhaltensweisen der Bürger postkommunistischer Gesellschaften noch lange vom alten Regime geprägt sein werden, aber deswegen sollte selbst die Wiederwahl sozialistischer Parteien nicht einfach als Rückfall in den Autoritarismus interpretiert werden.
Gemeinsam ist diesen und einigen anderen Beiträgen (vgl. So 1990; Reißig 1994; Andorka 1993) der Verzicht auf eine überhöhte theoretische Systematik und, konsequenterweise, die Bereitschaft zur Kombination verschiedener Theoriestücke. Für meine eigene Position finde ich es hilfreich, daß K. Müller explizit eine Ansatzhöhe „mit Jahreszahlen und Ländernamen" unterstützt, daß J. Alexander die Sprachspiele der Postmoderne als für die Gegenwartsanalyse zu leicht befindet und daß E. Tiryakian die Wohlfahrtsentwicklung der breiten Bevölkerung zu einem zentralen Kriterium der Modernisierung erklärt.

2. Alternative Entwicklungspfade und doppelte Transformation

Das Problem alternativer Entwicklungspfade ist die Frage, ob es einen oder mehrere Wege zur Moderne gibt, d.h. ob moderne Gesellschaften wirklich nur die reichen westlichen Gesellschaften zum Vorbild haben. Bekanntlich hat Barrington Moore (1966) unter einer langfristigen historischen Fragestellung drei Wege zur Moderne unterschieden, namlich neben dem liberal-demokratischen den konservativ-faschistischen und den sowjet-kommunistischen Weg. Die beiden letzteren Wege wurden wir allerdings heute nicht mehr als Alternativen zur Moderne bezeichnen. Andererseits ist die Unterscheidung von drei verschiedenen Wegen zum Wohlfahrtsstaat bzw. von drei unterschiedlichen Wohlfahrtsregimes, wie sie Esping-Andersen (1990) vornimmt (der residuale, der korporative, der sozialdemokratische Wohlfahrtsstaat), zu sehr auf die westlichen Gesellschaften beschränkt.

Eine weitere Perspektive gewinnen wir, wenn wir von einer regionalen Betrachtungsweise ausgehen und neben der westlichen Entwicklung die osteuropäisch-postkommunistische, die ostasiatische, die südasiatische, die lateinamerikanische und die afrikanische Entwicklung unterscheiden. Dabei ist sozusagen die Nullhypothese die Behauptung von Claus Offe (1994), analog Max Webers These von der „okzidentalen" Sonderentwicklung, die OECD-Länder seien ein welthistorisches Unikat, das prinzipiell nicht reproduzierbar ist. Daran ist, nachdem wir ökologisch sensibilisiert worden sind, sicher richtig, daß der Ressourcenverbrauch pro Kopf und die Autodichte pro tausend Einwohner der westlichen Gesellschaften nicht weltweit replizierbar ist. Daraus folgt aber nicht, daß nicht in zahlreichen heute noch unterentwickelten Gesellschaften die Sicherung der Grundbedürfnisse, Wachstum, politische Freiheit und ein gewisser Wohlstand erreichbar sind.

Im Weltmaßstab sind es die ostasiatischen Beispiele, die meines Erachtens die Nullhypothese widerlegen und die auch die Frage positiv beantworten, ob es einen zweiten Entwicklungspfad zur kapitalistisch-demokratischen Moderne gibt. Einen dritten Pfad könnten die inzwischen erfolgreichen lateinamerikanischen Länder markieren, einen vierten Pfad die erfolgreichen postkommunistischen Reformstaaten. Die Analysen des ostasiatischen Weges stilisieren den Gegensatz zum westlichen Weg gelegentlich in der Weise, daß sie eine Umkehrung der zeitlichen Sequenz Europas, d.h. der Abfolge der sozial-kulturellen, politischen und wirtschaftlichen Entwicklung annehmen (Tominaga 1991). Die Stufen sind ein rapides Wirtschaftswachstum durch die gezielte Übernahme westlichen Know-hows, aber umgesetzt in rascher Eigenproduktion (d.h. Importsubstitution und Exportstimulierung), unter straffer Kooperation von politischer Planung und großindustrieller Strategie, im Rahmen traditioneller Clan- und Familienstrukturen: also wirtschaftliche Entwicklung vor politischer Entwicklung und sozialstrukturellem Wandel. In dieser Perspektive könnte auch die rotchinesische sozialistische Marktwirtschaft länger erfolgreich operieren, als westliche Beobachter zunächst angenommen haben.

Der lateinamerikanische Entwicklungsweg ist durch zahlreiche Wechsel von Wachstums- zu Stagnationsperioden, von demokratischen Regimes zu Militärdikaturen gekennzeichnet, und trotz zum Teil früherer Modernisierungserfolge gelten die 1980er Jahre als verlorenes Jahrzehnt der Entwicklung. Von allen Formen der transnationalen Wirtschaftsbeziehungen (Entwicklungshilfe, Außenhandel, ausländische Investitionen, Auslandsschulden) haben die lateinamerikanischen Länder in einem außergewöhnlichen Maß Gebrauch gemacht, und dies hat sie tatsächlich in Abhängigkeiten gebracht, wie sie die Dependencia-Theorie beschreibt, wie sie aber nach dem ostasiatischen Muster nicht zwingend sind.

Die traurigsten Entwicklungsperspektiven zeigen sich derzeit in Afrika und in Südasien. In Afrika scheinen die territorialen und ethnischen Konflikte, die Zerstörung der eigenen Landwirtschaft und die faktische Isolation von weltwirtschaftlichen Beziehungen eine auf absehbare Zeit unüberwindbare Entwicklungsfalle darzustellen. In Südasien ist zumindest die Situation der Landwirtschaft besser, und in einigen Fällen scheint es erfolgreiche, staatlich unterstützte Projekte des Aufbaus einer eigenen Industrie zu geben (vgl. Centeno 1994).

Die postkommunistischen Länder befinden sich wiederum in einer anderen Situation. Sie haben ihre Industrien in den 1950er und 1960er Jahren mit zum Teil beachtlichen Wachstumsraten aufgebaut; sie sind in der materiellen und kulturellen Infrastruktur näher an westliche Gesellschaften herangekommen als alle anderen Regionen. In guten Tagen hat man kommunistische Bildungs-, Gesundheits- und Sozialpolitik mit den westlichen Wohlfahrtsstaaten verglichen. Insgesamt aber hat die Abkopplung vom Weltmarkt zu einem Differenzierungs- und Innovationsverlust und zu einer Erosion der eigenen industriellen Basis beigetragen, und nach dem Zusammenbruch des COMECON sind Exportmärkte weitgehend weggebrochen und einheimische Produkte haufig entwertet worden.

Der Zusammenbruch des Sozialismus brachte die doppelte Belastung des gleichzeitigen Übergangs von Diktatur zu Demokratie und von Kommandowirtschaft zu Marktwirtschaft. Eine derartige Belastung hat es in früheren und anderen Modernisierungsprozessen nicht gegeben. Selbst in den Erfolgsfällen Westdeutschland, Japan, Italien nach 1945 sind die ökonomischen Erwartungen der Bevölkerung viel langsamer gewachsen, und andererseits war die materielle und institutionelle Unterstützung, ausgerechnet von den Siegermächten, viel größer als heute in Osteuropa. In der Literatur wird häufig von einem Dilemma von Demokratisierung und Marktwirtschaft gesprochen (vgl. Offe 1991). Das Dilemma besteht darin, daß die politischen Einrichtungen nicht stabil genug sind, um die Zeit- und Kapitalreserven für eine wirtschaftliche Entwicklung zu schaffen, die ihrerseits die Stabilität der demokratischen Institutionen legitimieren und erhöhen würde. Ein anderes Bild ist das des „Tals der Tränen", durch das die Bevölkerung für mehrere Jahre oder gar eine Generation hindurch muß, nachdem die alten Ordnungsmuster zusammengebrochen sind. Dazwischen liegt die schon erwähnte Vorstellung, daß nicht das Vakuum, sondern eine Mischung aus Altem und Neuem die Situation der Transformation am besten beschreibt, und daß aus dieser Mischung Ergebnisse erwachsen, die von denen der westlichen Modernisierung durchaus verschieden sind. Doppelwirtschaft, Klientelwirtschaft, Clanwirtschaft sind Begriffe, die benutzt werden, um diese neue Konstellation zu charakterisieren. Unbestritten ist jedenfalls, daß die Mehrfachbelastung, Freiheit und Wohlstand schnell und gleichzeitig zu realisieren, in keiner bisherigen Modernisierungssituation so brisant gewesen ist.

IV

Betrachten wir abschließend die Transformation in Deutschland. Sie wurde von den politischen Akteuren des Jahres 1990 in Ost und West explizit als nachholende Modernisierung, als vollständige Übernahme des westdeutschen Institutionensystems, konzipiert und von den Skeptikern und Gegnern als Anschluß und Kolonialisierung kritisiert. Ausländische Beobachter gingen davon aus, daß es bei der ostdeutschen

Transformation keine bedeutsamen Probleme geben konne, angesichts des gewollten Beitritts in ein funktionierendes Institutionensystem einer der modernsten und reichsten Gesellschaften der Welt und angesichts der gewaltigen Kapitaltransfers, von denen die anderen Transformationsgesellschaften nur traumen können. Richard Rose (1994) hat dies das Phänomen des „ready made state" genannt: in dem Doppelsinn, daß ein komplettes Angebot einer Gesellschaftsordnung vorlag, die Beigetretenen aber darin keinen Gestaltungsspielraum hatten und sich den schockartigen Folgen des Zusammenbruchs der sozialistischen Institutionen überrascht und hilflos ausgeliefert sahen. Denn im Vergleich zu den länger vorbereiteten Veränderungen in Polen, Ungarn und der Tschechoslowakei war der wirtschaftliche Zusammenbruch in Ostdeutschland tatsächlich schockartig, in einer Weise, wie sie selbst die „Big bang-Strategie" nicht vorsieht. In den Jahren 1990 bis 1992 wurden Netto rund ein Drittel aller Arbeitsplätze abgebaut (drei Millionen von neun Millionen), brachen weite Teile der Industrie und große Bereiche der früheren Handelsbeziehungen zusammen.

Praktisch zeitgleich mit diesen wirtschaftlichen Rückschlägen reagierten die Ostdeutschen im Privatbereich mit einem dramatischen Rückgang der Eheschließungen und Geburten (und kurzzeitig auch der Scheidungen): insgesamt ein Rückgang um mehr als die Hälfte, für die es historisch kein Vorbild gibt (vgl. Zapf/Mau 1993). Diese Veranderungen sind so einschneidend, daß es ein eigenes Erklärungsproblem darstellt, warum es zu keinen größeren Unruhen und Protesten als über jene 20% PDS-Stimmen in Ostdeutschland hinausgekommen ist, wie also eine Gesellschaft so große Veränderungen in so kurzer Zeit verarbeiten konnte. In unseren eigenen Forschungen arbeiten wir mit repräsentativen Umfragen und ermitteln die objektiven Lebensbedingungen, das subjektive Wohlbefinden und die sozialstrukturellen Lebensumstande der Befragten, ihrer Familien und Haushalte. Dieser Ansatz hat klar erkennbare Beschränkungen, insbesondere was die Analyse der ökonomischen Veränderungen auf der Makroebene und die Analyse der politischen Veränderungen auf der Ebene von Interessenorganisation und Interessenvermittlung angeht. Er ist aber der Modernisierungs- und Transformationsforschung deshalb durchaus adäquat, weil er repräsentative Angaben über sozialstrukturelle Veränderungen, die Wohlfahrtsentwicklung und die Einstellungen zum wirtschaftlichen und politischen System erbringt (vgl. Habich/Zapf 1994; Seifert/Rose 1994; Seifert et al. 1994).

Auf der Ebene der Sozialstruktur wurden der DDR im Vergleich zur Bundesrepublik ein Gleichstellungsvorsprung der Frauen und möglicherweise eine bessere Versorgung mit beruflichen Grundqualifikationen zugeschrieben. Als Anpassungserfordernisse wurden bezeichnet „der Abbau leistungshemmender Nivellierungen, die Dezentralisierung der Macht, die Entpolitisierung der Statuszuweisung und die Beseitigung der Folgen politisierter Zuordnung (Allokation) von Qualifikationen, die Wiederbelebung vertikaler Mobilität, die Schließung der Tertiarisierungslücke und der Abbau von personellen Überhängen, der Wiederaufbau eines leistungsfähigen Mittelstandes sowie die Beseitigung des Abwanderungsdrucks" (Geißler 1992: 21f.). Fünf Jahre nach der Vereinigung können wir feststellen, daß die rapiden Wanderungsbewegungen aufgehört und sich auf einem niedrigen Niveau stabilisiert haben, daß der Arbeitsplatzabbau offenbar zu einem Ende gekommen ist, daß die anderen Prozesse aber langsamer vonstatten gehen als erwartet. Die demographischen Einbrüche, die sich ganz unvorhersehbar dazwischengeschoben haben, sind inzwischen zu einem Stillstand, ja sogar einer leichten Trendumkehr gekommen. 1993 erklären 48% der ostdeutschen Befragten, daß sich ihre Lebensbedingungen seit 1990 insgesamt verbessert haben, und 1994 sagen dies sogar 59% (bei 17% „verschlechtert"). Die Bewertung des neuen wirtschaftlichen Systems ist positiv, eine weitere Verbesserung wird erwartet. Die Bewertung des politischen Systems war 1993 noch sehr skeptisch und hat sich bis 1994 deutlich in die positive Richtung verbessert.

Wir erklären die Verarbeitung der großen Schocks in Ostdeutschland durch mehrere Faktoren. Neben den Zusammenbrüchen hat es eine Reihe rapider Entwicklungsprozesse gegeben, die die Mangelwirtschaft überwunden haben: eine deutliche Einkommensverbesserung sowohl bei Beschäftigten wie bei Beziehern von Sozialeinkommen; große Wellen des nachholenden Konsums; eindeutige Verbesserungen der Infrastruktur; klar verbesserte Sozialleistungen, insbesondere deutlich gestiegene Renten. Die demographischen Einbrüche sind nur zum Teil Krisensymptome, sie sind zum anderen Teil Ausdruck einer freieren Lebensgestaltung. Der Arbeitsplatzabbau konnte durch die Wirtschaftspolitik zwar nicht verhindert, aber durch sozialpolitische Maßnahmen (Arbeitsbeschaffungsmaßnahmen, Umschulung, Vorruhestand) abgefedert werden. Auf der Haushaltsebene gibt es Ausgleichsprozesse dahingehend, daß zwar der früher sehr hohe Anteil von Haushalten mit zwei Vollzeitbeschäftigten zurückgegangen ist, daß aber Haushalte mit zwei arbeitslosen Erwachsenen die seltene Ausnahme sind, so daß sich zumindest ein Erwerbseinkommen und ein Sozialeinkommen kombiniert. Mit unseren Indikatoren der objektiven Lebensbedingungen und des subjektiven Wohlbefindens können wir zeigen, daß es eine deutliche Verbesserung gegeben hat, wenngleich der Abstand zu Westdeutschland noch erheblich ist. Mit einer Liste kritischer Lebensereignisse können wir zeigen, um wieviel höher das Veränderungstempo in Ostdeutschand war als in Westdeutschland, zugleich aber auch, daß die ostdeutschen Befragten mehr positive als negative Ereignisse nennen. Die Westdeutschen reagieren im übrigen in ihrer Bewertung der Vereinigung sehr realistisch: für die Mehrzahl (1994: 64%) sind die Lebensbedingungen gleich geblieben, für eine Minderheit haben sie sich verschlechtert. Stärker als reale Einbußen schlagen Belastungen und Schwierigkeiten, die für die Zukunft befürchtet werden, zu Buche.

Im internationalen Vergleich ist die deutsche Transformation ein klarer Sonderfall, insbesondere im Vergleich mit den postkommunistischen Gesellschaften. Die Sonderrolle besteht nicht etwa darin, daß Ostdeutschland in der Zustimmung zu Marktwirtschaft und Demokratie einsam an der Spitze liegt. Hier geben 1993 die Tschechen, Slowaken und Ungarn leicht bessere Bewertungen ab als die Ostdeutschen, die sich nur mit Vorbehalten an das neue politische System gewöhnen und eine Reihe von DDR-Eigenschaften („soziale Sicherheit", „Ordnung") nostalgisch verklären. Die Unterschiede liegen vielmehr im Institutionentransfer und den damit verbundenen enormen finanziellen Transfers. In ihrer Bewertung der wirtschaftlichen Situation des eigenen Haushalts im Vergleich zu vor fünf Jahren führen die Ostdeutschen mit weitem Abstand vor anderen osteuropäischen Gesellschaften.

In der Gesamtbilanz sprechen wir von einer sich stabilisierenden Transformation in Deutschland (Zapf/Habich 1995). Es bleiben erhebliche Wohlfahrtsunterschiede zwischen Ost und West, aber sie verringern sich. Es bleiben erhebliche Vorbehalte gegen die Vereinigung, aber sie verringern sich ebenfalls. Die Modernisierung der Infrastruktur klappt besser als die Modernisierung der Marktwirtschaft. Die Übertragung der

Institutionen geht schneller als das Erlernen der neuen Regeln, d.h. die Übernahme der politischen Kultur. Selbst die deutsche Vereinigung war trotz Einigungsvertrag, Wirtschafts-, Währungs- und Sozialunion und aller programmatischen und institutionellen Übertragungen kein gesteuerter Wandel nach einem Meisterplan. Sie war ein gewaltiger Umbruch in kurzer Zeit mit unerwarteten Anpassungsreaktionen, aber insgesamt doch noch der Beginn einer erfolgreichen nachholenden Modernisierung. Wie das vereinte Deutschland die Probleme der Zukunft, d.h. der „weitergehenden Modernisierung" löst, bleibt dahingestellt. Dieser Teil der Modernisierung ist ein konfliktreicher Suchprozeß nach neuen Wegen und Zielen, wenngleich die Richtung absehbar zu sein scheint.

Literaturverzeichnis

Alexander, Jeffrey, 1994: Modern, Anti, Post, and Neo: How Social Theories have tried to understand the ‚New World' of ‚Our Time', in: Zeitschrift fur Soziologie 23, 165-197.
Andorka, Rudolf, 1993: The Socialist System and its Collapse in Hungary: An Interpretation in Terms of Modernization Theory, in: International Sociology 8, 317-337.
Beck, Ulrich, 1991: Der Konflikt der zwei Modernen, in: Zapf, W. (Hrsg.), Die Modernisierung moderner Gesellschaften. Frankfurt a.M.: Campus, 40-53.
Bendix, R., 1969: Modernisierung in internationaler Perspektive, in: Zapf, W. (Hrsg.), Theorien des sozialen Wandels. Köln, 505-512 (Orig. 1966).
Beyme, Klaus von, 1994: Systemwechsel in Osteuropa. Frankfurt a.M.: Suhrkamp.
Brzezinski, Zbigniew, 1993: The Great Transformation, in: The National Interest, 3-13.
Centeno, Miguel Angel, 1994: Between Rocky Democracies and Hard Markets: Dilemmas of the Double Transition, in: Annual Review of Sociology 20, 125-147.
Dubiel, Helmut, 1993: Reflexive Modernisierung, Zivilgesellschaft und Transformation Mitteleuropas, in: *Schäfers, B.* (Hrsg.), Lebensverhältnisse und soziale Konflikte im neuen Europa. Frankfurt a.M.: Campus, 166-173.
Eisenstadt, Shmuel N., 1964: Breakdowns of modernization, in: Economic Development and Cultural Change 12, 345-367.
Elias, Nobert, 1939: Über den Prozeß der Zivilisation, 2 Bde. Basel (Neuausgabe Frankfurt a.M. 1976).
Esping-Andersen, G., 1990: The Three Worlds of Welfare Capitalism. Oxford.
Geißler, Rainer, 1992: Die ostdeutsche Sozialstruktur unter Modernisierungsdruck, in: Aus Politik und Zeitgeschichte, B 29-20, 15-28.
Habermas, J., 1990: Die nachholende Revolution. Frankfurt a.M.
Hondrich, K.O., 1991: Systemveränderungen sozialistischer Gesellschaften – eine Herausforderung für die soziologische Theorie, in: Zapf, W. (Hrsg.), Die Modernisierung moderner Gesellschaften. Frankfurt a.M., 553-557.
Huntington, Samuel P., 1993: The Clash of Civilizations?, Foreign Affairs, 22-49.
Klein, Dieter, 1991: Doppelte Modernisierung im Osten. Illusion oder Option der Geschichte, in: Brie, M./Klein, D. (Hrsg.), Umbruch zur Moderne. Hamburg, 9-34.
Merkel, Wolfgang, 1994: Struktur oder Akteur, System oder Handlung: Gibt es einen Königsweg in der sozialwissenschaftlichen Transformationsforschung?, in: Merkel, Wolfgang (Hrsg.), Systemwechsel. Opladen: Leske.
Moore, B. Jr., 1966: Social Origins of Dictatorship and Democracy. Boston.
Müller, Klaus, 1992: ‚Modernizing' Eastern Europe: Theoretical Problems and Political Dilemmas, in: European Journal of Sociology 33, 109-150.
Muller, Klaus, 1995: Der osteuropäische Wandel und die deutsch-deutsche Transformation. Zum Revisionsbedarf modernisierungstheoretischer Erklärungen, in: Lutz, B./Schmidt, R. (Hrsg.), Chancen und Risiken der industriellen Restrukturierung in Ostdeutschland. Berlin: Akademie, 1-42.

Offe, Claus, 1991: Das Dilemma der Gleichzeitigkeit. Demokratisierung und Marktwirtschaft in Osteuropa, in: Merkur 4, 279-292.
Offe, Claus, 1994: Der Tunnel am Ende des Lichts. Frankfurt a.M.
Parsons, Talcott, 1969: Evolutionäre Universalien der Gesellschaft, in: Zapf, W. (Hrsg.), Theorien des sozialen Wandels. Köln, 56-74 (Orig. 1964).
Parsons, Talcott, 1971: The System of Modern Societies. Englewood Cliffs, N.Y.
Reißig, Rolf, 1994: Transformation – Theoretisch-konzeptionelle Ansätze und Erklärungsversuche, in: Berliner Journal für Soziologie 4, 323-344.
Rose, Richard u.a., 1994: Germans East and West: A Comparative Analysis, in: Studies in Public Policy 210. University of Strathclyde.
Schmid, M., 1982: Theorie des sozialen Wandels. Opladen.
Seifert, Wolfgang/Rose, Richard, 1994: Lebensbedingungen und politische Einstellungen im Transformationsprozeß: Ostdeutschland und Osteuropa im Vergleich. WZB papers, 94-104.
So, Alvin Y., 1990: Social Change and Development, Modernization, Dependency, and World System Theories. Newbury Park: Sage.
Stark, David, 1995: Das Alte im Neuen, in: Transit 9, 65-77.
Tiryakian, Edward A., 1991: Modernization: Exhumetur in Pace (Rethinking Macrosociology in the 1990s), in: International Sociology (6) 2, 165-180.
Tiryakian, Edward A., 1993: Modernization in a Millinarian Decade: Lessons for and from Eastern Europe (paper to be published).
Tominaga, Ken-ichi, 1991: A Theory of Modernization and Social Change of the Non-Western Societies: Toward a Generalization from Japan's Experiences, in: International Review of Sociology 3, 95-120.
UNDP (United Nations Development Programme) (1992): Human Development Report 1992. New York.
Wehler, Hans-Ulrich, 1995: Die Gegenwart als Geschichte. München: Beck.
Zapf, Wolfgang, 1986: Innovationschancen der westeuropäischen Gesellschaften, in: *Berger, J.* (Hrsg.), Die Moderne – Kontinuitäten und Zäsuren. Soziale Welt, Sonderband 4. Göttingen, 167-179.
Zapf, Wolfgang, 1991: Modernisierung und Modernisierungstheorien, in: Die Modernisierung moderner Gesellschaften. Frankfurt a.M., 23-39.
Zapf, Wolfgang/Mau, Steffen, 1993: Eine demographische Revolution in Ostdeutschland?, in: Informationsdienst Soziale Indikatoren 10. Mannheim, 1-5.
Zapf, Wolfgang/Habich, Roland, 1994: Die Wohlfahrtsentwicklung im vereinten Deutschland, in: Dettling, W. (Hrsg.), Perspektiven für Deutschland. München, 175-205.
Zapf, Wolfgang/Habich, Roland, 1995: Die sich stabilisierende Transformation – ein deutscher Sonderweg?, in: WZB-Jahrbuch. Berlin: Sigma.

Der Januskopf der Transformationsperiode.
Kontinuität und Wandel der Demokratietheorien

Manfred G. Schmidt

I. Einleitung

Die „Ära der Transformation" seit 1989/90 umfaßt Vorgänge, die aus demokratietheoretischer Perspektive größte Aufmerksamkeit erwecken. In ihr löste sich in den sozialistischen Ländern in Mittel- und Osteuropa eine Staatsform auf, die dem Anspruch nach als „Volksdemokratie" das Gegenmodell zur konstitutionellen liberalen Demokratie und letztlich die bessere Staatsverfassung sein sollte.[1] Die Demokratie hat hierdurch einen Gegner verloren – aber nicht alle Widersacher, wie es Ulrich Becks Diagnose „feindlose Demokratie" suggeriert (Beck 1995). Die Ära der Transformation ist der Höhepunkt der sogenannten „dritten Demokratisierungswelle" (Huntington 1991; Lipset 1994: 1; Merkel 1995) oder – je nach Blickwinkel – Kern der „vierten Demokratisierungswelle" (von Beyme 1994: 12ff.). In dieser Ära erlangten mehr Staaten als je zuvor den Status einer vollentfalteten demokratischen Republik oder zumindest einer Staatsform, die bei großzügiger Klassifizierung der Demokratie näher steht als der Autokratie. 1950 zählte man gerade 26 Demokratien.[2] Kurz vor Beginn der dritten Demokratisierungswelle – 1970 – belief sich ihre Zahl auf 34. Allerdings war nun auch die Zahl der Staaten größer als zuvor, vor allem wegen der Entstehung post-kolonialer

---

1 Mit der tautologischen Wortneubildung „Volksdemokratie" war im Unterschied zum prozeduralistischen Demokratieverständnis der konstitutionellen Demokratien eine output- bzw. outcomezentrierte Herrschaftsvorstellung verbunden. Faktisch handelt es sich um einen autoritär verfaßten Parteistaat auf der politisch-ökonomischen Basis einer zentralgeleiteten Wirtschaft und eines „Unternehmerstaates" im Sinne der Finanzsoziologie, d.h. eines Produktionsmittel besitzenden Staates.

2 Gemessen an einem Minimum von 8 auf der von 0 bis 10 reichenden Demokratieskala von Gurr und Jaggers (1995), einer besonders brauchbaren Messung demokratischer Staatsverfassungen. Jaggers und Gurr zufolge gehören zur Demokratie vor allem 1) Institutionen und Prozesse, mit denen die Bürger ihre politischen Präferenzen effektiv artikulieren und aggregieren können, 2) garantierte Bürger- und Freiheitsrechte und 3) institutionelle Begrenzungen der Exekutivmacht. Anzeiger solcher „institutionalisierter Demokratie" (Gurr u.a. 1990 sowie Jaggers/Gurr 1995) sind fünf Größen (in Klammern die Ausprägungen und die jeweiligen Indexwerte): 1) die Wettbewerbsintensität politischer Partizipation (Dreierskala von kompetitiv [3] bis restringiert oder unterdrückt [0]), 2) die Regulierung politischer Beteiligung (fragmentiert oder restringiert: jeweils 0), 3) der Wettbewerbsgrad der Rekrutierung von Amtsinhabern (Dreierskala von Wahl [2] bis Bestellung durch Erbfolge oder autoritäre Selektion [0]), 4) die Offenheit des Prozesses der Rekrutierung von Amtsinhabern (Wahl: 2, Dualismus von Erbrecht und Wahl: 1, Dualismus von Erbrecht und Designation oder geschlossenes System: 0) und 5) Begrenzungen der Exekutive (Viererskala von Teilung der Exekutivmacht oder Subordination der Spitze der Exekutive unter politisch verantwortliche Gruppierungen [4] bis zu unbegrenzter Exekutivmacht [0]).

Gemeinwesen, so daß der Anteil der Demokratien an allen Regimen nur ein knappes Viertel betrug.³ Die Demokratisierungswelle von 1973 bis 1989 erhöhte die Zahl der Demokratien auf 42.⁴ Die vierte Demokratisierungswelle schlug alle Rekorde. Durch sie stieg die Zahl der selbständigen Staaten mit demokratischer Verfassung von 1990 bis 1994 auf 65.⁵ Das Spektakuläre der vierten Demokratisierungswelle bestand darin, daß sie eine ganze Reihe der Länder erfaßte, deren sozialstrukturelle und politisch-ökonomische Basis nach verbreiteter Deutung eher Hindernisse auf dem Weg zur Demokratie zu sein schienen: vormals autoritär regierte Staaten mit Zentralverwaltungswirtschaft, geringem Grad an Differenzierung und hochkonzentrierten Machtressourcen, wie die sozialistischen Systeme in Mittel- und Osteuropa, und ferner Staaten mit einem außerordentlich geringen wirtschaftlichen Entwicklungsstand, wie z.B. Bangladesch.⁶

Viele Beobachter deuteten die dritte und die vierte Demokratisierungswelle in Verbindung mit dem zunehmenden Verlangen nach politischer Beteiligung in den westlichen Ländern (Barnes/Kaase 1979) als Zeichen eines unaufhaltsamen Siegeszugs der Demokratie. Bestärkt sah man sich in diesem Urteil vor allem durch den Kollaps der sozialistischen Länder und die Annahme, die Attraktivität der westlichen Demokratie sowie fortschreitende sozioökonomische Modernisierung ebne den Weg zu weiterer Expansion demokratisch legitimierter Herrschaft. Das 20. Jahrhundert werde wohl als „das Jahrhundert der Demokratie" in die Geschichtsbücher eingehen, so war aus berufenem Munde auf dem Berliner Weltkongreß der International Political Science Association zu hören.⁷

Gewiß sind die Demokratisierungswellen der 70er, 80er und 90er Jahre epochale Ereignisse. Allerdings bestand für unbeschränkten Optimismus in Sachen Demokratie weder vor noch während der dritten und der vierten Demokratisierungswelle Anlaß. So mancher Beobachter hat sich beim Urteilen über die Stärke der Demokratisierungs-

---

3 23,4 Prozent der 145 Staaten, die von Jaggers und Gurr 1995 für das Jahr 1970 erfaßt wurden.
4 27,2 Prozent der 154 Staaten, die von Jaggers und Gurr für das Jahr erfaßt wurden.
5 Basis: Jaggers und Gurrs Demokratieskala (1995). Für Details siehe Tabelle 1 im Anhang dieses Essays. 65 Staaten entspricht 40,1 Prozent der nunmehr 162 Staaten des Datensatzes von Jaggers und Gurr (1995). Ähnliche Befunde ergibt eine Auswertung der „Political-Rights"-Skala, die Freedom House (1972ff.) in seinen Jahresberichten publiziert und die etwas strengere Maßstäbe an die demokratische Staatsverfassung anlegt als Jaggers und Gurr (siehe Spalte 3 in Tabelle 1 im Anhang). Die Political-Rights-Skala reicht von 1 (vollentfaltete Demokratie nach US-amerikanischer Verfassungstradition) bis 7 (keine Demokratie) (zur Operationalisierung Freedom House 1995: 674ff.). Langsschnittvergleiche verdeutlichen den allmählichen Vormarsch der Demokratie: Der Mittelwert der Political-Rights-Skalenwerte aller erfaßter Staaten sank von 1973 4,53 über 4,13 (1989) auf 3,62 (1994). Die Abnahme signalisiert ein wachsendes Niveau an Freiheitlichkeit der Staatsverfassungen. Quelle: Berechnet aus den Rohdaten aller Freedom House Surveys seit 1972.
6 Siehe Tabelle 1 im Anhang. Allerdings wurden keineswegs alle sozialistischen Länder und keineswegs alle Mitglieder des Kreises der armen Nationen von der dritten und der vierten Demokratisierungswelle voll oder teilweise erfaßt. So z.B. qualifizierten sich Rußland, Rumänien und die Mehrzahl der GUS-Staaten nur als Mischformen von Demokratie und Autokratie oder als autoritäre Regime. Überdies blieben viele Länder mit geringem wirtschaftlichem Entwicklungsstand autokratisch verfaßt, z.B. die Volksrepublik China. Autokratische oder semi-autokratische Staatsverfassungen dominieren auch im Kreis wirtschaftlich stärker entwickelter Staaten in Asien und im arabischen Sprachraum.
7 Bob Goodin, der „Programme Chair" des IPSA-Kongresses in Berlin, hat diese Bezeichnung in einer öffentlichen Veranstaltung auf diesem Kongress vorgeschlagen.

wellen wohl mehr von seinem Werturteil für die Demokratie als von exakter wissenschaftlicher Beobachtung leiten lassen. Nicht wenige haben die Größe des Demokratisierungsschubes überschätzt und die Gegenströmungen sowie die Verteilung von demokratischen und autokratischen Staatsverfassungen gleichermaßen unterschätzt. Zur korrekten Bilanz gehören aber alle drei Größen: Strömung, Gegenströmung und Verteilung von Demokratie und Autokratie. Berücksichtigt man dies, wird der januskopfartige Charakter der „Ära der Transformation" besser sichtbar:

1) Gewiß ist die Zahl der demokratisch verfaßten Staaten Mitte der 90er Jahre des 20. Jahrhunderts größer als je zuvor. Wie erwähnt, ist dies wesentlich auch ein Ergebnis der beiden letzten Demokratisierungswellen. Gewiß wuchs in der vierten Demokratisierungswelle auch der Anteil der Bevölkerung, der unter demokratischen Verfassungen lebt. Allerdings war der Nettozuwachs – unter Berücksichtigung der Transitionen zur Demokratie und derjenigen zu autoritäreren Stufen – weniger eindrucksvoll: er stieg um sechs Prozentpunkte von rund 40% auf rund 46%.

2) Trotz dritter und vierter Demokratisierungswelle sind die Demokratien unter den Staaten der Welt allerdings nach wie vor eine Minderheit. Sie umfassen derzeit rund 40 vom Hundert aller Staaten. Mindestens ebenso viele Staatsformen im ausgehenden 20. Jahrhundert sind hybride Formen, teils demokratische teils autokratische Regime oder „Anokratien" im Sprachgebrauch von Gurr u.a. (1990). Die übrigen 20 Prozent sind vollentfaltete autoritäre Regime.[8]

3) Trotz aller Demokratisierungswellen lebt die Mehrheit der Weltbevölkerung nach wie vor nicht in einer Demokratie, sondern entweder in autoritären Regimen oder in „Anokratien" (Gurr u.a. 1990). Legt man die Freedom House-Klassifikation in „freiheitliche" (free), „teilweise freie" (partially free) und „nicht freie" (not free) politische Systeme zugrunde, so ist die Bevölkerung der volldemokratischen oder freiheitlichen Ländern sogar nur eine rund 40 Prozent der Erdbevölkerung umfassende Minderheit. Und auch bei Anlegung der etwas großzügigeren Demokratieskalen von Jaggers und Gurr ergibt sich ein ähnlicher Befund: 1993 leben 45 Prozent der Weltbevölkerung unter demokratischer Staatsverfassung.[9] Daran haben selbst die dritte und die vierte Demokratisierungswelle nur wenig geändert. Berücksichtigt man die Transitionen vom autoritären Staat zur Demokratie *und* die Rückbildungen zu autoritäreren Regimen, bleibt beispielsweise von der vierten Welle nur ein relativ magerer Nettoeffekt übrig.[10]

4) Die dritte und die vierte Demokratisierungswelle haben Regime hervorgebracht, von denen mehr als die Hälfte „fragile Demokratien" sind (Casper 1995), d.h. nicht oder noch nicht konsolidierte Demokratien mit erheblicher Wahrscheinlichkeit des Rückfalls in vordemokratische Zustände. Erfolgreiche Transitionen, wie die Spaniens, Griechenlands und Portugals in den 70er Jahren und diejenige Chiles nach der Pinochet-Diktatur sind nicht die Regel; sie repräsentieren nur etwa ein Drittel aller Demokratisierungsfälle in den Jahren von 1973 bis 1994 (Schmidt 1995: Tabelle 14).

---

8 Basis: Jaggers und Gurr (1995), weitgehend übereinstimmende Resultate bei Zugrundelegung der Political-Rights-Skalen von Freedom House (1991ff.). Allerdings umfaßt die Minderheit der Demokratien die nach wirtschaftlicher Produktivität stärksten Staaten der Welt.
9 Operationalisierung wie in Anmerkung 2 angegeben.
10 Freedom House 1995: 4.

5) Überdies gibt es in der Ära der Transformation – wie schon während der dritten Demokratisierungswelle – nicht nur Übergänge zur Demokratie, sondern auch Rückbildung zu semidemokratischen oder autoritären Formen. Der Political-Rights-Skala des Freedom House zufolge betrifft dies 1989 bis 1994 vor allem Indien, Indonesien, Jugoslawien, Peru, die Türkei und Venezuela. Aufgrund der Bevölkerungsstärke von Staaten wie Türkei, Indonesien und vor allem Indien betreffen die Rückbildungen zu stärker autoritären Formen allerdings eine sehr große Bevölkerung. Man kann allenfalls dies einschränkend hinzufügen: bislang sind die Rückbildungen in der vierten Demokratisierungswelle seltener vorgekommen als während der dritten Welle, und sie waren gemäßigter als die der dritten Welle.

Wie reagieren die Demokratietheorien auf den Wandel der Demokratie in der Ära der Transformation, vor allem auf die „vierte Demokratisierungswelle"? Inwieweit und in welcher Form verarbeiten sie Erfahrungen dieser Welle und die der Gegenstromungen? Welchen Wandel durchlaufen die Demokratietheorien in dieser Periode und inwieweit ist für sie Kontinuität charakteristisch – im Sinne von Konstanz der Struktur wie auch des Tempos und der Richtung der Veränderung? Das sind die Leitfragen des vorliegenden Essays. Ihre Beantwortung beruht auf der Annahme, daß auch auf die Demokratietheorie der Lehrsatz paßt, wonach Zustand und Bewegungsrichtung eines Systems zum Zeitpunkt „t" maßgeblich vom Zustand und seiner Bewegungsrichtung zum Zeitpunkt „t–1" geprägt sind. Des weiteren gründet sich die vorliegende Abhandlung – im Anschluß an K. von Beyme (1991) – auf die Unterscheidung zweier zentraler Antriebskräfte der Entwicklung von wissenschaftlichen Theorien in der Politikwissenschaft: der wissenschaftsexternen Zwecksetzungen einerseits, die z.B. durch Anforderungen an die Politikberatung, die Organisation des Bildungswesens und den fachwissenschaftlichen Niederschlag von politischen Strömungen definiert sind, und der – meist wichtigeren – inneren Dynamik etablierter Wissenschaft und ihrer Innovationen andererseits. In der Wissenschaft wirkt ein mit dem Sayschen Theorem begreifbarer Prozeß: ihr Angebot an Theorien, Methoden und Empirie ruft die Nachfrage hervor; zumindest steuert das vorfindliche Angebot die Aufmerksamkeitsregeln und die Such- oder Nachfragestrategien im Prozeß der Themenwahl, der Datenbeschaffung und der Organisation des Forschungsprozesses.

Aus diesem Grunde werden im folgenden zunächst die wichtigsten Themen und Trends der Demokratietheorien zu Beginn der Ära der Transformation skizziert und anschließend die – von diesen Trends beeinflußte – Entwicklung der Theorien in der Ära der Transformation erörtert (Abschnitt III). Im vierten Abschnitt werden die Leistungen der Demokratietheorien der vierten Demokratisierungswelle skizziert, aber auch ihre Grenzen. Dort wird auch das Erkennen des Januskopfs der Transformationsära – die eine Seite ist der Demokratie zugewandt, die andere von ihr abgewandt – als ein Prüfstein zur Ermittlung der Qualität der Demokratietheorien herangezogen (Abschnitt IV). Doch zuvor ist die Verständigung über die Familien der Demokratietheorie erforderlich, die im folgenden genauer analysiert werden sollen (Abschnitt II).

II. Vier Familien der Demokratietheorie

Bekanntlich gibt es nicht die Demokratietheorie, sondern viele Demokratietheorien von höchst unterschiedlicher Statur. Zu ihnen zählen normative Theorien, d.h. solche, die Soll-Zustände erörtern und „realistische", d.h. beschreibende und auf Erklärung abstellende Theorien, statische und dynamische, struktur- und akteurstheoretisch ausgerichtete, vergleichende und nichtkomparatistische sowie input- und outputorientierte Gedankengebäude. Erwähnenswert ist ferner die Differenz zwischen den Theorien, die Funktionsvoraussetzungen und Destabilisierungsprobleme der Demokratie erörtern und solchen, die das nicht tun. Schlußendlich ist zwischen Theorien zu unterscheiden, die nur die nationalstaatliche Ebene im Blick haben und solchen, die nationale und internationale Zusammenhänge thematisieren[11].

Für viele Zwecke wird man sich mit einer Zusammenfassung der verschiedenen Demokratieansätze mit einer Gruppierung zu klar abgrenzbaren Theoriefamilien begnügen können. So auch im vorliegenden Essay. Hinsichtlich des Wandels der Demokratietheorien in der Ära der Transformation bietet sich die Unterscheidung von vier Familien der Demokratietheorie an: 1) der prozeßzentrierten Richtung, 2) des institutionen- oder formenzentrierten Ansatzes, 3) der input- und outputorientierten Demokratietheorie und 4) der Lehre von den Funktionsvoraussetzungen der Demokratie und der Transition zum demokratischen Staat, kurz: der transitions- und funktionszentrierten Theorie.

Das Hauptaugenmerk der prozeßzentrierten Demokratietheorie gilt politischen Vorgängen, vor allem dem Verhältnis von Herrschenden und Herrschaftsunterworfenen, so z.B. in Max Webers Lehre von der plebiszitären Führerdemokratie (Weber 1988: 544), Brennan und Lomaskys Theorie der Wählerpräferenzen (1993) und den verschiedenen Spielarten der (mikro- oder makroanalytisch ansetzenden) partizipatorischen Demokratietheorie, z.B. Habermas (1992a), Warren (1992) sowie Butler und Ranney (1994). Demgegenüber betont die institutionenzentrierte Demokratietheorie die Formen der demokratischen „Staatsverfassungen" (Aristoteles, Politik: 1279b), womit nach heutigem Sprachgebrauch Verfassung und Verfassungswirklichkeit eines Gemeinwesens gemeint ist. Beispiele sind die älteren und neueren Typologien der Staats- oder Herrschaftsformen, z.B. Aristoteles Politik (1989), Friedrich (1953) und Loewenstein (1975) sowie die neuere vergleichende Demokratieforschung, allen voran A. Lijphart (1984), einschließlich der Beiträge zur Messung des Demokratiegehalts von Staatsformen.[12] Im Unterschied zu den beiden ersten Theorien führt die input- und outputorientierte Demokratietheorie die drei Dimensionen des Politischen zusammen: Form, Prozeß und Politikinhalt. Zu ihr gehören Tocquevilles Meisterwerk *De la Démocratie en Amérique* (1835/40). Aber auch speziellere Beiträge haben Input- und Outputstrukturen erörtert, z.B. A. Downs *Economic Theory of Democracy* (1957) und die vor allem von J. Schumpeter (1950), T. Parsons (1959) und anderen inspirierten Analysen des Tauschs materieller Politiken gegen Unterstützung, so in der „Parties-Do-Matter"-Theorie (z.B. Budge/Keman 1990) und der Mandatstheorie (Klingemann u.a. 1994).

---

11 Überblick z.B. bei Cnudde und Neubauer (1969), Narr und Naschold (1973), Held (1987 und 1993), Sartori (1992) und Schmidt (1995).
12 Zu den wichtigsten Werken zählen neben Dahl (1971) vor allem die Beiträge zu Inkeles (1991), Vanhanen (1984, 1990), Jaggers und Gurr (1995) und Freedom House (1995).

Mit an vorderster Stelle der input- und outputorientierten Theorie ist die „komplexe Demokratietheorie" zu nennen, so F. Scharpfs Kurzbezeichnung für einen Ansatz der Demokratieforschung, der empirisch und normativ sein und den Input wie auch den Output von Politik erfassen will (Scharpf 1970: 66). Der transitions- und funktionszentrierten Demokratietheorie schließlich liegen akteurs- und institutionenzentrierte bzw. funktionalistische Ansätze zugrunde. Ihre Gegenstände sind vor allem die Struktur und die Dynamik der Übergänge vom autoritären Staat zur Demokratie und – hauptsächlich sozialökonomische, klassenstrukturelle und politisch-kulturelle – Funktionsvoraussetzungen von Demokratien (Lipset 1959, 1994; O'Donnell u.a. 1986; Huntington 1991; Rueschemeyer u.a. 1992).

III. Kontinuität und Wandel der Demokratietheorien in der „Ära der Transformation"

Noch kurz vor Anbruch der Ära der Transformation – aber schon im zehnten Jahr der „dritten Demokratisierungswelle" – wurden der Demokratietheorie bemerkenswert schlechte Zeugnisse ausgestellt. Nach allen erdenklichen Maßstäben zu urteilen sei sie in einem beklagenswert schlechten Zustand. Mit den Veränderungen der politischen Praxis in den vergangenen Dekaden habe sie nicht Schritt gehalten. Mehr noch: sie habe eigentlich alle größeren politischen Veränderungen in den westlichen Demokratien als eo ipso demokratisch eingestuft. Schlimmer noch: viel von dem, was unter der Flagge der demokratischen Theorie segelte, sei bei näherem Licht besehen apologetisch gewesen. Mit diesem Rundumschlag begann Philippe C. Schmitter 1983 einen Beitrag über die demokratische Theorie und die Praxis des Neokorporatismus. Genaugenommen handelte es sich noch um ein vergleichsweise mildes Urteil, denn letztlich beklagte Schmitter nur, daß die Demokratietheorie unelastisch und vorurteilsbeladen reagiert habe. Daß sie sich bessern könnte, hat er nicht bezweifelt. Da waren andere Kritiker viel pessimistischer. Die neuere Systemtheorie, insbesondere die von Niklas Luhman entwickelte Variante der Theorie selbstreferentieller Systeme beispielsweise, konnte weder den älteren noch den neueren Demokratietheorien etwas abgewinnen. Ihre Binnenstruktur sei von Grund auf defizitär, veraltet, auf ehrwürdige alteuropäische Begriffskonstruktion zugeschnitten, jedoch für moderne hochdifferenzierte Gesellschaften nicht länger tragfähig (Luhmann 1986).
Genauere Prüfung zeigt, daß beide Kritiker unzulässig verallgemeinern. Die vehemente Kritik der älteren und neueren Demokratielehre seitens der Theorie selbstreferentieller Systeme ruht auf schwankendem Boden. Was sie als Alternative anbietet, ist Schmalhans' Kost: Demokratie ist „ein ungewöhnliches Offenhalten von Möglichkeiten zukünftiger Wahl" (ebd.: 207), sie ist – systemtheoretisch gesprochen – „die Spaltung der Spitze des ausdifferenzierten politischen Systems durch die Unterscheidung von Regierung und Opposition" (ebd.: 208). Doch damit ist die Theorie auf ein Komplexitätsniveau gedrückt worden, das den älteren Demokratietheorien, z.B. Tocquevilles *Über die Demokratie in Amerika* (1835/40) und neueren Gedankengebäuden, z.B. Lijpharts Lehre von der Konsens- und Mehrheitsdemokratie (Lijphart 1984, 1994), nicht Paroli zu bieten vermag.
Aber auch Schmitters Philippika hält der Überprüfung nicht gut stand, abstrahiert sie doch ebenso unbekümmert wie Luhmann von der Vielfalt der Demokratietheorien.

Es gibt nicht *die* Demokratietheorie, sondern viele Demokratietheorien unterschiedlichster Qualität (Held 1987, 1992b; Schmidt 1995). Nicht wenige von ihnen waren auch schon zum Zeitpunkt der Veröffentlichung von Schmitters Beitrag besser, als man seinem harten Urteil zufolge erwarten konnte. Man nehme die „realistische" oder „empirische" Demokratietheorie: Vier Jahre vor Schmitters Attacke war die bahnbrechende *Political Action*-Studie von Barnes, Kaase u.a. (1979) erschienen, einer der wichtigsten Beiträge zur empirischen Partizipationsforschung und somit zum Kern neuerer Entwicklung der Politik in den westlichen Ländern, und drei Jahre vor ihr die *Civic Culture Revisited*-Studie (Almond/Verba 1980), ein wahrlich maßgebender Beitrag zur kritischen Fortschreibung der *Civic Culture* Studie aus dem Jahre 1963 (Almond/Verba 1963). Man nehme auch die institutionenzentrierte Forschung: ein Jahr nach Schmitters Aufsatz sollte A. Lijphart mit seiner Studie „Democracies" in Weiterführung der älteren vergleichender Institutionenforschung einen bahnbrechenden Beitrag zur vergleichenden Beschreibung der Konsensus- und Mehrheitsdemokratien vorlegen (Lijphart 1984). Auch die partizipatorische Demokratietheorie verdient in diesem Kontext Erwähnung: Sie erhielt ebenfalls 1984 von B. Barbers *Strong Democracy* und der dort enthaltenen Kritik am Repräsentationsprinzip einen kräftigen Schub. Im übrigen hat auch Philippe Schmitter kaum drei Jahre nach seinem Klageruf zusammen mit G. O'Donnell u.a. gezeigt, daß es mit der Demokratietheorie nicht schlecht bestellt sein konnte: die von ihnen herausgegebenen Beiträge zu den Übergängen vom autoritären Staat zur Demokratie (O'Donnell u.a. 1986), vor allem der Nachweis, daß Demokratisierungserfolge maßgeblich von der Gestaltung der Auflösung des alten Regimes, Akteurskonstellationen und Pakten abhing, gaben den Anstoß für eine Flut von Studien über Demokratisierung bzw. Redemokratisierung in Lateinamerika und Südeuropa und später vor allem in Mittel- und Osteuropa (z.B. von Beyme 1994; Merkel 1994a; Colomer 1995).

Zugutezuhalten ist allerdings P.C. Schmitter und anderen, die in den frühen 80er Jahren zur Demokratie geschrieben haben, daß Mitte der 90er Jahre manche Trends im Gegenstandsbereich und den Strukturen der Demokratietheorien besser erkennbar sind als zuvor. Vom Wandel im Umfeld der Demokratietheorie ist ein zentraler Trend schon erwähnt worden: die als „partizipatorische Revolution" bezeichnete Erweiterung des Verlangens vieler jüngerer, besser ausgebildeter Bürger nach mehr Mitsprache. Es ist die Quelle der Ausbreitung konventioneller und unkonventioneller politischen Beteiligung in den westlichen Industrieländern seit etwa Mitte der 60er Jahre und Grundlage wachsender politischer Beteiligung in vielfältigsten Organisationen in Politik und Gesellschaft, die von politischen Parteien über Verbände, Vereine und Bürgerinitiativen bis zu Selbsthilfegruppen reichen. Man hat diesen Vorgang mitunter als „partizipatorische Revolution" bezeichnet. Er fand, nicht weiter verwunderlich, alsbald Eingang in die – hauptsächlich normativen – Varianten der partizipatorischen Demokratietheorie und die normative und empirische Lehre von der associational democracy (siehe hierfür Cohen 1992 und Schmitter 1995a). Neben der partizipatorischen Revolution kam eine zweite Serie von Großereignissen auf die Demokratietheorie zu: die dritte Demokratisierungswelle und alsbald die vierte. Eine weitere Kette von Ereignissen ist auf den ersten Blick weniger eindeutig dem Gegenstandsbereich der Demokratie zuzuschlagen, doch beschäftigt sie in zunehmenden Maße sowohl die normativen wie auch die empirischen Demokratietheorie: das hohe Niveau „komplexer

Interdependenz" (Keohane/Nye 1989) in den internationalen Beziehungen bzw. die weiter fortschreitende Internationalisierung und – so die nicht unumstrittene These – den damit schrumpfenden Spielraum demokratisch legitimierter Politik auf nationalstaatlicher Ebene.

3.1 Kontinuität und Wandel der partizipatorischen Demokratietheorie in der Ära der Transformation

Begreiflicherweise zahlen sich die Protagonisten der partizipatorischen Demokratietheorie – in der Ära der Transformation der dynamischste Zweig der prozeßzentrierten Demokratielehre – zu den Gewinnern der partizipatorischen Revolution und der Demokratisierungswellen. Beides paßte vorzüglich zu einem zentralen Anliegen der partizipatorischen Demokratietheorie, nämlich dem der Analyse und der Förderung authentischer politischer Beteiligung und der Schulung der Beteiligungsberechtigten zu verantwortlich wägenden, diskutierenden und urteilenden Bürgern. Die empirische Partizipationsforschung nahm diese Chance vor und während der vierten Demokratisierungswelle ebenso wahr wie die stärker normative Theorievariante. Die empirische Variante konnte die Grundlagen und Formen politischer Beteiligung nunmehr in West und Ost erkunden (siehe z.B. Kaase 1994; Fuchs/Roller 1994) und sie konnte Prozesse politischer Beteiligung sowohl auf der Mikro- wie auch auf der Makroebene studieren, letzteres vor allem im Rahmen von Studien zur Funktionsweise der Direktdemokratie. Die empirische und normative Aufwertung der Direktdemokratie und der Nachweis, daß sie keineswegs per se „Prämie für Demagogen" (Theodor Heuss) ist, sondern oftmals leistungsfähiges Integrationsinstrument – nicht selten mit konservativem Bias –, ist eines der auffälligen Ergebnisse der neueren inputzentrierten Demokratieforschung (siehe z.B. Linder 1994; Luthardt 1994; Butler/Ranney 1994).

Zweifelsohne waren partizipatorische Revolution und Demokratisierungswellen Wasser auf die Mühlen der beteiligungsorientierten Demokratietheorie. Aber auch die Beobachtung, daß nicht wenige der Staatsbürger der neuen Demokratien vom Ideal des allseits partizipationsorientierten Bürger weit entfernt sind und daß die Schwäche zivilgesellschaftlicher Strukturen für die neuen Demokratien eine schwer zu tragende Erblast ist, fügte sich den Entwicklungen der partizipatorischen Demokratielehre. Sie betonte nämlich stärker als zuvor, daß authentische Beteiligung anspruchsvolle Voraussetzungen hat, die sich der Engführung der begrifflichen Linsen in der Ökonomischen Theorie der Demokratie entziehen (vgl. hierzu Brennan und Lomaskys instruktive Kritik des public choice-Ansatzes [Brennan/Lomasky 1993]). Zu den erforderlichen Rahmenbedingungen authentischer politischer Beteiligung gehören tief verwurzelte „bürgergesellschaftliche Traditionen" (Putnam 1993). Hinzukommen die Voraussetzungen, die in normativen Varianten der beteiligungsorientierten Demokratietheorie erörtert wurden, so z.B. zur Stimmbürgerschaft offene Organisationen der Willensbildung und Entscheidungsfindung und diskursive Formen der Konsensbildung (Habermas 1992a, 1992b; Offe 1995a). Vor allem auf Erkundung der Mikro- und Meso-Voraussetzungen verständigungsorientierter politischer Beteiligung in interdependenten Entscheidungssituationen zielten die Beiträge von J. Habermas, im Unterschied zu den makrostrukturellen Voraussetzungen, denen das Interesse der Theorien über die sozioökonomischen und -kulturellen Funktionsvoraussetzungen demokratischer Ordnungen galt[13]. Hinsichtlich der Mikro- und Mesovoraussetzungen politischer Beteiligung erweist sich, so eine Hauptthese von J. Habermas, das Zusammenspiel nichtverfaßter und verfaßter Öffentlichkeit als zentral, vor allem das Zusammenwirken einer Öffentlichkeit, die sich auf zivilgesellschaftliche Strukturen gründet, d.h. auf freiwillig eingegangene nichtgouvernementale und nichtwirtschaftliche Zusammenschlüsse und Assoziationen in der Sphäre der Bürgergesellschaft, mit der durch den Rechtsstaat institutionalisierten Meinungs- und Willensbildung im parlamentarischen Bereich und im Rechtswesen (Habermas 1992b)[14].

Allerdings blieb vor allem die normative Variante der partizipatorischen Demokratietheorie meist im alten Fahrwasser: Eigenständige empirische Forschung überließ man den Spezialisten aus der Umfrageforschung, die ihrerseits ihren Theorie- und Methodenapparat mit relativ geringen Variationen von West nach Ost übertrugen. Deren Ergebnisse nahm die normative Variante der partizipatorischen Demokratietheorie – wie schon zuvor – allerdings nur in kleiner Dosierung zur Kenntnis, sofern sie sich überhaupt auf die Niederungen der Empirie einließ. Überdies blendete sie alle zur Demokratisierungswelle gegenläufigen Entwicklungen aus. Davon, daß in allen Demokratisierungswellen auch Transitionen zu autoritären Stufen vorkamen, war in keiner der partizipatorischen Demokratietheorien die Rede: in Warren (1992, 1993) und Archibugi und Held (1995) ebensowenig wie in der feministischen Demokratietheorie (Phillips 1991), in Offe (1995a) und in Habermas' Beiträgen (Habermas 1992a, 1992b). Wenig Reflexion ließ die beteiligungsorientierte Demokratietheorie auch dem Befund zuteil werden, wonach die Demokratie vorzugsweise in westlichen Ländern und im vom Westen früher kolonisierten Gebieten verankert ist (Lipset u.a. 1993). Auch ist die Konstanz des Anteils der Erdbevölkerung, der in streng autoritären Regimen lebt, bislang an der beteiligungsorientierten Demokratietheorie spurlos vorbeigegangen. Und gar nicht gerne erinnerte man der Lobreden, die Fürsprecher partizipatorischer Demokratietheorie auf die Arbeiterselbstverwaltung im sozialistischen Jugoslawien gehalten hatten (z.B. Pateman 1974).

Nicht ignoriert wurde allerdings eine tendenziell zunehmende Spannung zwischen der auf nationalstaatlicher Ebene verankerten politischen Beteiligung und dem Nichtvorhandensein (oder schwächlicher Ausprägung) von Demokratiestrukturen auf der Ebene inter- oder supranationaler Organisationen. Die naive Richtung der partizipatorischen Demokratietheorie setzt diesem Spannungsverhältnis das Utopia der „kosmopolitischen Demokratie" entgegen (Archibugi/Held 1995). Die „Realisten" unter den Demokratietheoretikern sehen die Lage zu Recht anders: auf absehbare Zeit ist an eine Demokratisierung inter- und supranationaler Organisationen nicht zu denken (Scharpf 1993a, 1993b sowie Dahl 1994). Deshalb verspreche mehr Erfolg, den Verlust von wirkungsvollen Beteiligungschancen infolge zunehmender Internationalisierung durch Erweiterung der Partizipationsgelegenheiten auf nationaler oder subnationaler

---

13 Wie z.B. Lipset (1959). Lipset hat allerdings mittlerweile seinen Ansatz zum akteurstheoretischen Institutionalismus der Transitionsforschung weit geöffnet, siehe Lipset u.a. (1993) und vor allem Lipset (1994: 16f.).

14 Siehe auch den hiermit verwandten Gedanken des Zusammenwirkens zweier Formen der Volkssouveränität: der rechtlich institutionalisierten und der nicht-institutionalisierten Volkssouveränität (Maus 1992).

Ebene auszugleichen, so die Empfehlung R. Dahls (1994). Allerdings entgeht dieser Vorschlag nicht dem Legitimation-Effektivitäts-Dilemma (Scharpf 1993b): mehr Internationalisierung und hierdurch erforderliche Politikverflechtung mindern die Reichweite demokratisch legitimierten Regierens, doch ein Mehr an Demokratie auf nationaler oder subnationaler Ebene wird bei gegebenen oder zunehmenden sub-, inter- oder supranationalem Politikverflechtungsniveau der Effektivität des Regierens abträglich sein (siehe Abschnitt 3.3).

3.2 Die institutionenzentrierte Richtung der Demokratietheorie

Nicht nur die prozeßorientierte Demokratietheorie wurde vor allem in den 80er und 90er Jahren zu einer Wachstumsbranche der Politikwissenschaft, sondern auch die institutionen- oder formenzentrierte Demokratietheorie. Auch sie erhielt Antrieb von außen – vor allem von der zunehmenden Anzahl von Demokratien – und von innen, nämlich von den Aufmerksamkeitsregeln der Vergleichenden Staats- oder Herrschaftsformenlehre. Die Ausdehnung der Demokratie auf zuvor autoritär verfaßte Regimes erweiterte den Einzugsbereich der institutionenzentrierten Theorie, ohne sie zu überlasten. Man konnte nunmehr sogar ausführlicher und intensiver als zuvor – aber im wesentlichen mit den gleichen Instrumente – den Demokratie- bzw. Autokratiegehalt von Staatsverfassungen und ihrer Verfassungswirklichkeit vergleichen und in ihrem Wandel erfassen. Zu den besonders reizvollen Möglichkeiten zählt der Vergleich der politischen Strukturen und Prozesse der alten mit den neuen Demokratien und die Chance, die Übergänge vom autoritären Staat zur Demokratie in Typologien zu gießen, die den bisherigen Wissensbestand erweiterten (Schmitter/Terry 1992). Nicht zuletzt bot die Demokratisierung von zuvor autoritär regierten Ländern den institutionenzentrierten Demokratietheorien die Gelegenheit, die Verfassungsgebung der neuen Demokratien mit Empfehlungen zu begleiten. Arend Lijphart hat dies an den neuen Demokratien in Mitteleuropa vorexerziert. Seine Empfehlung lief darauf hinaus, die Verfassungen am Modell der Konsensusdemokratie und am Verhältniswahlsystem auszurichten. Gegründet hat Lijphart seine Empfehlung auf Ergebnisse seiner vergleichenden Studien zu Stärken und Schwächen der Konsensus- und der Mehrheitsdemokratien in den westlichen Ländern (Lijphart 1984, 1992).

Dreierlei ragt aus der institutionenzentrierten Demokratietheorie in der Periode vor und während der Ära der Transformation hervor. An vorderer Stelle ist der vor allem von Dahls Polyarchietheorie (1971) inspirierte Auf- und Ausbau von Instrumenten zur exakten Messung des Demokratiegehalts von Staatsformen zu erwähnen (z.B. Vanhanen 1984, 1990; Inkeles 1991; Freedom House 1995; Jaggers/Gurr 1995). Mit ihm lassen sich nicht nur die Unterschiede im Demokratie- bzw. Autokratiegrad von Nationen im Querschnitt erfassen, sondern auch im Längsschnitt. Das erlaubt die exaktere Auslotung nicht nur der Übergänge vom autoritären Staat zur Demokratie und von der Demokratie zur Diktatur, sondern auch der blockierten Transitionen. Die zweite Innovation der institutionenzentrierten Demokratielehre bestand vor und während der Ära der Transformation in der Fortführung des systematischen Vergleichs verschiedener Demokratieformen, so vor allem – in Weiterführung der Forschungen zur Proporz- und Konkordanzdemokratie sowie der Consociational Democracy – A. Lijpharts Analyse der Mehrheits- und Konsensusdemokratie (Lijphart 1984) und die Beiträge zu Stärken und Schwächen parlamentarischer und präsidentieller Systeme (Linz/Valenzuela 1994). Zu den bemerkenswerten Ergebnissen dieses Forschungszweiges gehört im übrigen der Nachweis, daß die Konkordanz- und Konsensusdemokratien vielfach den Leistungsvergleich mit den bis dahin als leistungsfähiger eingestuften Mehrheitsdemokratie gut aushalten und bisweilen die Majorzdemokratien sogar deutlich übertreffen. Und auch die von Linz und Valenzuela vertretene These, daß parlamentarische Demokratien stärker integrativ als präsidentielle Systeme sind, erregte einiges Aufsehen (kritisch hierzu Thibaut/Skach 1994). Eine weitere Innovation, die von der institutionenzentrierten Demokratietheorie vor und während der Ära der Transformation erbracht wurde, liegt in der Wiederaufwertung von Staats- bzw. Verfassungsstrukturen, die im Zeitalter der stark behavioristisch geprägten Politikwissenschaft der 60er und 70er Jahre vernachlässigt worden waren.[15]

3.3 Der Wandel der input- und outputorientierten Demokratietheorie in der Ära der Transformation

Die dem Anspruch nach besonders komplexe Demokratietheorie, die input- und outputzentrierte Lehre, zielt auf empirisch und normativ gehaltvolle Analyse der Formen, Vorgänge und Inhalte des Politischen (Scharpfs 1970). Daß diese Theorie sich zunächst nur verhalten entwickelte und nur in spezielleren Feldern wuchs, hatte mit einem erheblichen Nachholbedarf an demokratierelevanter Policy-Output- und -Outcome-Forschung zu tun, zu dessen Deckung übrigens die Architekten dieser Theorie in Deutschland – F.W. Scharpf, der seinerseits F. Nascholds Beiträge zur Demokratietheorie weiterführte (Naschold 1968, 1969, 1971) – Maßgebliches beigesteuert haben (siehe z.B. Scharpf 1987; von Rosenow/Naschold 1994). In der Zwischenzeit hatte allerdings auch die – von der Kritischen Theorie und der Ökonomischen Theorie der Politik beeinflußte – Politische Verfassungssoziologie von C. Offe Substantielles zur input- und outputzentrierten Theorie beigetragen, so zunächst die These der eigentümlichen Selektivität der Willensbildung und der Staatstätigkeit im konkurrenzdemokratisch verfaßten „kapitalistischen Staat" (Offe 1972a, 1972b) und später – zusammen mit B. Guggenberger – die Kritische Theorie der Mehrheitsregel (Guggenberger/Offe 1984). In ihr wurde die Aufmerksamkeit auf die Selektivität derjenigen Entscheidungen gerichtet, die nach dem Mehrheitsprinzip getroffen werden[16], vor allem auf irreversible Mehrheitsentscheide zu strittigen Themen der „Risikogesellschaft" (Beck 1986). Der Kern der Kritischen Theorie der Mehrheitsregel ist die – um die Erfahrung demokratisch verfaßter Industrie- und Dienstleistungsgesellschaft – erweiterte Variante der Kritik der „Tyrannei der Mehrheit", der zuvor schon der Stachel der Kritik des „Ari-

---

15 Dies ist Teil eines Trend, der – dem „Bringing the State back in"-Programm ähnlich – der Leitlinie „Bringing constitutional structures back in" verpflichtet ist. Hierzu u.a. Huber, Ragin und Stephens (1993) und Riggs (1993).
16 Dabei war – stillschweigend – an absolute und relative Abstimmungs-, Anwesenheits- und Stimmberechtigtenmehrheit gedacht, nicht an qualifizierte Mehrheiten mit hoheren Konsensbildungsschwellen.

stokratischen Liberalismus" (Kahan 1992) gegolten hatte, so vor allem der Demokratietheorien von Alexis de Tocquevilles (1835/40) und John Stuart Mill (1861).
Zur input- und outputzentrierten Demokratietheorie trug vor und während der Ära der Transformation auch ein speziellerer Forschungszweig der Komparatistik bei, vor allem die vergleichenden Analysen des Zusammenhangs von Parteienwettbewerb, demokratischen Wahlen, Regierungszusammensetzung und Staatstätigkeit („Parties-Do-Matter"-Theorie, siehe z.B. Budge/Keman 1990) sowie die Mandatstheorie, die den Zusammenhang zwischen Wahlversprechen von Parteien und Tun und Lassen der Gewinner einer Wahl untersucht (Klingemann u.a. 1994). Pauschal zusammengefaßt haben beide Theorien beträchtliche Parteien- und Mandatseffekte in der Staatstätigkeit nachgewiesen: Parteien unterschiedlicher Couleur machen im Regierungshandeln vor allem auf mittlere und längere Frist einen Unterschied, und überdies halten sich an die Macht gewählte Parteien in einem vielleicht erstaunlich großem Maß an das vor der Wahl Versprochene. Man kann hierin die Bestätigung der Hypothese sehen, der zufolge der demokratische Prozeß, einschließlich des in parlamentarischen Bahnen ablaufenden „demokratischen Klassenkampfs" (S.M. Lipset), in den verfassungsstaatlichen Demokratien alles in allem relativ wirkungsvoll funktioniert.
Die Wurzeln von Lijpharts Konsensus- und Majorzdemokratievergleich reichen bis in die Ära vor der – zu Beginn der 70er Jahre enstehenden – dritten Demokratisierungswelle zurück. In die Ära der Transformation – den auf die Zeitenwende von 1989/90 folgenden Abschnitt – fällt allerdings eine besonders fruchtbare Fortentwicklung von A. Lijpharts Untersuchung der Leistungsprofile von Konsensus- und Majorzdemokratien, nämlich diejenige, die eine Brucke von der institutionenzentrierten zur input- und outputorientierten Demokratietheorie schlägt (Lijphart 1994). Lijpharts Meßlatten zufolge – Partizipation, Offnung gegenüber Minoritäten oder anderen benachteiligten Gruppen und wirtschaftspolitische Effizienz – bestehen die Konsensusdemokratien den Test besser als die reinen Mehrheitsdemokratien.[17] Lijpharts Ansatz verwandt ist der Vergleich der Struktur und Leistungskraft von präsidentiellen und parlamentarischen Systemen, so vor allem die Beiträge von J. Linz und A. Valenzuela (1994). Linz und Valenzuela zufolge sind die parlamentarischen Regierungssysteme die leistungsfähigeren Herrschaftsformen – jedenfalls nach Integrationskraft, politischer Stabilität und Vermeidung von Nullsummenspiel-Konstellationen zu urteilen. Diese Ergebnisse sind – wie diejenige von Lijphart (1994) – von potentiell großer Bedeutung für die Verfassungsgebung in alten wie neuen Demokratien. Und sie sind auch die Basis der Empfehlungen von Lijphart und anderen, die Verfassungen der neuen Demokratien eher am Modell der Konsensusdemokratie, am parlamentarischen Regierungssystem und am Verhältniswahlrecht auszurichten (siehe auch Merkel 1995) als an dem der Mehrheitsdemokratie, das lange Zeit unangefochten als die beste Demokratieform gegolten hatte (so z.B. bei Bryce 1923).
Wie die partizipatorische Demokratielehre und die institutionenzentrierten Theorie profitierte auch die input- und outputorientierte Demokratietheorie von der Ära der Transformation, erweiterte diese doch ihr Forschungsgebiet und eröffnete sie doch die Chance, neue oder etablierte Thesen und Theorien an der Struktur, der Dynamik

---

17 Vgl. hierzu den Uberblick zur Vergleichenden Demokratieforschung in Schmidt 1995, Kapitel 3.1 bis 3.7.

und dem Output der neuen Demokratien zu testen, z.B. die Propositionen der „Parties-Do-Matter"- und der Mandatstheorie und – in Weiterführung von Lijphart (1984) – die der Analyse der politischen Performanz von Konsensus- und Majorzdemokratien. Auch die Differenz zwischen parlamentarischen und präsidentiellen Systemen, die bislang vor allem anhand der US-amerikanischen und lateinamerikanischen Erfahrung erörtert worden war, kann nun auch anhand der politischen Systeme anderer Regionen der Welt überprüft und weiterentwickelt werden.

Allerdings sieht sich die input- und outputzentrierte Demokratietheorie in der Ära der Transformation auch mit beträchtlichen Herausforderungen konfrontiert. Unter diesen ist eine ungewöhnlich große Variation des Zusammenhangs von demokratischer Form der politischen Ordnung einerseits und Politik-Output und -Outcome andererseits an vorderster Stelle zu erwähnen. Das betrifft vor allem die neuen Demokratien und unter ihnen besonders die fragilen Demokratien.[18] Dort ist der Form-Inhalt-Zusammenhang viel lockerer und – nach distributiver Gerechtigkeit und makroökonomischer Effizienz – erheblich ungünstiger als in den etablierten Demokratien des Westens seit den fruhen 50er Jahren. In vielen neuen Demokratien geht die Etablierung einer demokratischen Staatsverfassung einher mit einem außerordentlich krisenhaften Prozeß des ökonomischen und sozialen Wandels, meist verbunden mit größerer Unsicherheit und stärkerer Destabilisierung von Lebenslagen als unter dem alten Regime. In manchen Übergangsländern nahm der Verfall der Wirtschaft in der Ära der Transformation sogar beängstigende Ausmaße an. Allein in den Jahren von 1990 bis 1992 beispielsweise schrumpfte das zu konstanten Preisen berechnete Wirtschaftsprodukt in Albanien um rund 40 Prozent, in Bulgarien um rund 37%, im Gebiet der tschechischen Republik um etwa 21% und dem der Slowakei um etwa 20%, in Ungarn um 19% und in Polen um etwa 16%.[19] Entsprechend rasch nahm die Arbeitslosenquote zu.[20] Daß

---

18 Die Fragilität der Demokratie läßt sich am besten durch eine Kombination von vier Meßwertreihen erfassen: 1) dem Alter der Demokratie (bzw. ihrer „Jugendlichkeit"), 2) der Erblast der autoritätsstaatlichen Vorgeschichte (meßbar durch die Dauer ununterbrochener autokratischer Verfassung anhand der Autokratieskalen von Jaggers und Gurr [1995] und der Political-Rights-Skalen von Freedom House [1991ff.]), 3) der Große der Spannung zwischer formeller Demokratisierung (gemessen durch die Demokratieskala von Jaggers und Gurr 1995) und der Dispersion der Machtressourcen im Sinne von Vanhanen (1990 und 1994) (siehe hierzu auch die Anmerkung 23) und 4) der Spannung zwischer formeller Demokratisierung und der Einhaltung von Burgerrechten (gemessen durch die Civil-Rights-Skalen von Freedom House und vergleichbare Indizes wie z.B. den Human-Rights-Index von Humana 1992).

19 Employment Observatory Central & Eastern Europe No. 7, 1995: 40. Einschränkend ist hinzuzufügen, daß die Veranderungen des Sozialproduktvolumens aufgrund der Erbschaft verzerrter Preisgefüge nur begrenzt als Indikator der Veränderungen des Lebensstandards dienen. Siehe ebd.: 2. Aussagekräftiger ist insoweit die Entwicklung der Arbeitslosenquote (hierzu Anmerkung 20).

20 Nach Berechnungen der EU war die Arbeitslosenquote (in Prozent der zivilen Erwerbsbevölkerung) – ausgehend von nahezu vollständiger Vollbeschaftigung vor der Ära der Transformation – im 4. Quartal 1994 in Bulgarien bei 20,5% angelangt, in der Slowakei bei 14,1%, in Polen bei 13,9%, in Ungarn bei 10,3% und in der Tschechischen Republik bei 3,9%. Quelle: Employment Observatory Central & Eastern Europe No. 7, 1995: 37. Zur Analyse u.a. Barr (1995), Commander und Coricelli (1995). Auch der Niedergang der ostdeutschen Wirtschaft erzeugte bekanntlich unerwartet hohe Wohlfahrtsverluste. Allerdings wurden diese Verluste durch massivsten Einsatz von sozialstaatlichen Leistungen entscheidend gemildert.

Demokratie nicht notwendig Wohlfahrtsvermehrung oder zumindest Bestandssicherung mit sich bringt, sondern für manche Gruppen schmerzliche Wohlfahrtsverluste, sind Erfahrungen, welche die moderne Demokratietheorie erst wieder in der Ära der Transformation machen konnte, nachdem sie schon fast vergessen hatte, welch schwere Wohlfahrtsverluste – Wirtschaftsdepression, Arbeitslosigkeit, in manchen Ländern auch Hyperinflation – die Demokratien in der Zwischenkriegszeit erlitten und unter bestimmten Bedingungen ausgehalten hatten.[21]
Welche Effekte die nunmehr größere Variation zwischen demokratischer Struktur und Outcome hat und welche Wirkung von der Erfahrung vieler ausgeht, daß zeitgleich mit der Einführung der Demokratie fur viele die Lebensführung unsicher und Wohlfahrtserwartungen bitter enttauscht werden, ist im einzelnen noch ungewiß. Allerdings fällt es nicht schwer, hierin einen Destabilisierungsfaktor größter Ordnung zu sehen. Daß drastische Wohlfahrtsverluste heftige Kritik hervorrufen und den Boden für Anti-System-Opposition bereiten konnen, verwundert nicht.[22] Allerdings ist die outcomebedingte Destabilisierung neuer Demokratien nicht der einzig denkbare Fall und man sollte sich davor huten, die Erfahrung des Zusammenbruchs der Weimarer Republik als allgemeingultige zu deuten. Günstigere Überlebenschancen haben die neuen Demokratien nämlich selbst bei ungünstigen Outcomes, vor allem wenn Alternativen fehlen oder gänzlich diskreditiert sind und die Demokratie somit buchstäblich „the only game in town" ist, um A. Przeworskis umgangssprachliche Definition erfolgreicher Demokratiekonsolidierung in Erinnerung zu rufen (Przeworski 1990: 26). Just dies scheint vor allem in den mitteleuropäischen Staaten weitgehend zuzutreffen, zumal dort zukunftiger Nutzen in Form der Aufnahme in die Europäische Union und die NATO erwartet wird.
Die Koexistenz von Demokratie einerseits und drastischen Wohlfahrtsverlusten andererseits hat auch erhebliche Folgen für die Beurteilung der Stabilität von Demokratien. Demokratien scheinen erheblich belastungsfähiger zu sein als diejenigen meinen, die ihre Belastbarkeit vor allem auf Basis von Erfahrungen der Zwischenkriegszeit, insbesondere des Zusammenbruchs der Weimarer Republik, bewerten. Ein Zweites kommt hinzu: solange die Demokratie mit drastischen Wohlfahrtsverlusten einhergeht, schneidet sie im Leistungsvergleich mit nichtdemokratischen Systemen erheblich schlechter ab als vor Beginn der Ära der Transformation. Bis dahin galt beim Demokratie-Diktatur-Vergleich von wirtschaftspolitischen Daten eine schier eherne Regelmaßigkeit: zwar hatten die Demokratien insgesamt nicht höhere Wirtschaftswachstumsraten aufzuweisen als die Nichtdemokratien (Barro/Sala-i-Martin 1995), doch waren in ihnen die Auf- und Abschwünge der Konjunktur viel geringer und insoweit der Wirtschaftsprozeß stetiger und besser kalkulierbar als anderswo. Just diesen Wettbewerbsvorteil der Demokratie hat die vierte Demokratisierungswelle zumindest in der ersten Hälfte der 90er Jahre überschwemmt: nunmehr finden sich auch unter den Demokratien Staaten mit größten Schwankungen der Wirtschaftstätigkeit und – hiervon abgeleitet – drastischen Schwankungen der Staatstätigkeit. Dies hat erhebliche

---

21 Vgl. hierzu die instruktive Studie von Berg-Schlosser und DeMeure 1994.
22 „Unter dem Kommunismus sind die Preise stabil geblieben. Diese sogenannte Demokratie hat nur Verbrechen, Räuber und Halunken hervorgebracht." Mit diesen Worten wurde ein 88jähriger rumänischer Rentner zitiert, der nach dem Fall des Eisernen Vorhangs in Rumänien mit kärglichsten Mitteln auskommen mußte (Rhein-Neckar-Zeitung Nr. 291, 1994: 11).

Folgen für das Leistungsvermögen der Demokratien im Vergleich zu dem der Diktaturen: Der komparative Vorteil der Demokratie, vor allem ihre bessere Kalkulierbarkeit, nimmt just in der Periode ab, in dem man seine Zunahme erwarten könnte! Das ist ein Dilemma der untersteuerten Transition zur Demokratie, d.h. eines Übergangs zum demokratischen Staat, dessen Dynamik die vorfindlichen politischen Steuerungskapazitäten nachhaltig überlastet.

Das Dilemma der untersteuerten Transition ist nicht die einzige Zwickmühle, mit der sich die Demokratiepraxis und vor allem die input- und outputzentrierte Demokratietheorie in der Transformationsära beschäftigen muß. Hinzu kommt das „Legitimation-Effektivitäts-Dilemma" (Scharpf 1993b). Dessen Wurzeln liegen in dem hohen und tendenziell zunehmenden Niveau „komplexer Interdependenz" (Keohane/Nye 1989) der internationalen Beziehungen und den Verhandlungssystemen, die für die Willensbildung und Entscheidungsfindung der nationalstaatlichen sowie der trans- und supranationalen Politik in den westlichen Ländern charakteristisch sind. Nun hat die Ära der Transformation nicht nur einen großen Zuwachs an Freiheit hervorgerufen, sondern auch ein höheres Niveau der Internationalisierung erbracht. Zwischen Internationalisierung und nationalstaatlich verankerter demokratischer Legitimation politischer Entscheidungen besteht allerdings ein Spannungsverhältnis. F. Scharpf hat diese Spannung als Effektivität-Legitimations-Dilemma gedeutet (Scharpf 1993b). Ihm zufolge besteht ein stark negativer Zusammenhang zwischen der Effektivität von Problemlösungen auf inter- und transnationaler Ebene einerseits und der Autonomie nationaler und subnationaler Entscheidungen sowie ihrer demokratischen Legitimation andererseits. Mehr noch: „Die zunehmende Intensität transnationaler Koordination schadet der nationalstaatlichen Demokratie, und die zunehmende Virulenz demokratischer Partizipations- und Rechtfertigungsforderungen beeinträchtigt die Chancen transnationaler Problemlösung" (ebd.: 176). Dort handelt es sich um Kosten in Form von Demokratiedefiziten, hier um externe Koordinationsdefizite, wodurch der potentiell erreichbare Kollektivnutzen aller Beteiligten nicht ausgeschöpft wird. Zwar kann das Effektivität-Legitimations-Dilemma durch geeignete Vorkehrungen gemildert werden, vor allem durch autonomieschonende Koordinationsformen und Arrangements, wie z.B. freiwillige Verhandlungssysteme mit Ausstiegsklauseln. Doch die zugrundeliegende Gefahr ist groß. Sie besteht darin, daß bei ausbleibender Verminderung allseits praktizierter Politikverflechtung „die Demokratie ... entweder an der weltweit zunehmenden Interdependenz der Probleme scheitert, oder in einem immer dichteren Gestrüpp von interorganisatorischen, föderalen und transnationalen Verflechtungen erstickt wird" (Scharpf 1993b: 181). – Auch wenn die These vom Legitimation-Effektivitäts-Dilemma insoweit überzogen ist, als sie entgegenwirkende Tendenzen auf nationalstaatlicher und internationaler Ebene unterschätzt – wie die Transitionsforschung gezeigt hat, kann die internationale Dependenz der Demokratisierung förderlich sein (Schmitter 1995b: 49f.) –, so hat sie doch scharfsichtiger als die meisten den Januskopf der Transformationsära beobachtet: in dieser Ära sind nicht nur Vorgänge der Demokratisierung am Werke, sondern auch autoritäre Gegenströmungen und demokratieabträgliche Tendenzen.

*IV. Der Wandel der transitions- und funktionszentrierten Demokratietheorie
in der Ära der Transformation*

Im Zentrum der vierten Familie der Demokratietheorie – des transitions- und funktionszentrierten Ansatzes – stehen die Funktionsvoraussetzungen der Demokratie sowie die Bedingungen und Formen der Übergänge vom autoritären Staat zur Demokratie. Letztere erhielten zunächst durch spektakuläre Demokratisierungen während der dritten Demokratisierungswelle Nahrung, z.B. die erfolgreiche Transition Spaniens nach dem Ende der Franco-Ära in der zweiten Hälfte der 70er Jahre und die Redemokratisierung einer Reihe von lateinamerikanischen Ländern, die zuvor den Weg von der Demokratie zum autoritären Regime beschritten hatten, wie Argentinien (1983), Uruguay (1985) und Chile (1989/90) (siehe z.B. O'Donnell u.a. 1986; Colomer 1995). Mit dieser Forschungsrichtung hatte sich zum älteren strukturell-funktionalistischen Ansatz ein akteurs- und institutionentheoretisches Paradigma gesellt, das den Weg zur Analyse der Fälle der dritten wie auch der vierten Demokratisierungswelle erleichterte. Während die klassische Modernisierungstheorie vor allem – kurzfristig nicht veränderbare – sozioökonomische Strukturen und Prozesse erörterte und diese als maßgebende Bedingungen demokratischer Stabilität deutete (Lipset 1959 in Weiterführung von Lerner 1957), favorisierten die Transitionstheorien einen institutionen- und handlungstheoretischen Ansatz. In ihm kommen das Handeln von Individual- und Kollektivakteuren zur Sprache, die Interdependenz von Entscheidungen und Wahlhandlungen konfligierender und kooperierender Akteure, die Koalitionsbildung zwischen Oppositions- und Reformergruppen im Machtapparat des alten Regimes und die Handlungskorridore, die hierdurch und durch die Form des Zerfalls des alten Regimes geschaffen werden. Dieser Ansatz hat einiges von dem, was später als akteursorientierter Institutionalismus bezeichnet wurde, so die Selbstbeschreibung der vor allem von R. Mayntz und F. Scharpf angeregten Forschungen am Kölner Max-Planck-Institut für Gesellschaftsforschung. Die Hauptbedeutung dieses Ansatzes für die Demokratietheorie vor und während der Ära der Transformation liegt in der Revitalisierung der akteursorientierten Beobachtung. Diese erörtert – im Gegensatz zur simplen „Männer-machen-Geschichte"-Sichtweise und dem anspruchsvolleren „men-in-circumstances"-Ansatz (z.B. Schwarz 1981, 1983) – Individual- *und* Kollektivakteure, Handlungen *und* vom Gegenüber beeinflußte strategische Wahlen sowie Entscheidungen, die von systemisch und kontingent begrenzter Rationalität gezeichnet sind.
Allerdings ging die Fortschreibung der transitions- und funktionsorientierten Demokratietheorie vor und während der Transformationsära nicht im akteursorientiertem Institutionalismus auf. Auch ihr älterer Pfeiler, die strukturfunktionalistische sozioökonomische Richtung, wurde während der dritten Demokratisierungswelle von Grund auf erneuert und während der vierten Demokratisierungswelle fortentwickelt. Bahnbrechend hierfür waren vor allem T. Vanhanens Studien (1984, 1990, 1994), die im Anschluß an die Polyarchietheorie von R. Dahl zur Entwicklung von Demokratieskalen beitrugen und die Analyse der Funktionsvoraussetzungen der Demokratie um das Konzept der Machtressourcenstreuung bereicherte, und S.M. Lipsets Öffnung des sozioökonomischen Ansatzes zur Akteurs- und Institutionentheorie (Lipset 1994). Vanhanens Kerngedanke läßt sich in einer gesetzesartigen Regelmäßigkeit ausdrücken:

je breiter die Machtressourcen einer Gesellschaft gestreut sind, desto günstiger die Funktionsvoraussetzungen der Demokratie (und desto größer die Wahrscheinlichkeit einer funktionierenden Demokratie) und je stärker die Machtressourcen konzentriert sind, wie etwa in einem extrem hierarchischen hochgradig politisierten System, desto ungünstiger die Voraussetzungen für die Demokratie (und desto geringer die Wahrscheinlichkeit der Existenz einer demokratischen Ordnung).[23]
Man schmälert die Leistungen von Vanhanen umfangreichen Forschungen nicht, wenn man auf ihre Erklärungsdefizite hinweist: die Zusammenhänge zwischen dem sozioökonomischen Entwicklungsstand und der Dispersion der Machtressourcen eines Landes einerseits und der Existenz einer stabilen Demokratie andererseits sind statistische Tendenzen, keine gesetzmäßigen Eins zu Eins-Entsprechungen. Überdies hat sich im Zuge der dritten Demokratisierungswelle (Huntington 1991) der Zusammenhang zwischen dem sozioökonomischen Entwicklungsstand und der Wahrscheinlichkeit einer stabilen Demokratie etwas gelockert, wenngleich er nach wie vor hochsignifikant ist.[24]
Ein Teil der Erklärungsmängel der sozioökonomischen Theorie wird durch einen Ansatz behoben, der politisch-kulturelle Variablen stärker betont. R.N. Putnam hat dies in seiner meisterlichen Analyse der bürgerschaftlichen Traditionen in Italien gezeigt: in Regionen, in denen die bürgerschaftlichen Traditionen historisch tief verankert sind, sind günstige politisch-kulturelle Bedingungen für eine funktionsfähige und leistungsstarke Demokratie gegeben (Putnam 1993).
Die Familie der transitions- und funktionszentrierten Demokratietheorien ist direkter und starker als andere von den Veränderungen der Transformationsära berührt worden. Wie erwähnt, expandierte ihr Gegenstandsbereich schon seit Beginn der dritten Demokratisierungswelle; die vierte Demokratisierungswelle beschleunigte sein Wachstum. Hierbei handelte es sich allerdings um mehr als nur um quantitativen Wandel. Im Gegensatz zum institutionenzentrierten Ansatz konnte die transitions- und funktionszentrierte Demokratietheorie die Erfahrungen der vierten Demokratisierungswel-

---

[23] Der Index der Machtressourcenstreuung basiert auf einer Kombination dreier Indizes, die die Verteilung wirtschaftlicher und wissensmäßiger Ressourcen und die berufliche Diversifikation erfassen. Der Indexberechnung liegen hauptsächlich Indikatoren soziookonomischer Schichtung zugrunde. Vereinfacht gesagt, wird der Index der beruflichen Diversifikation durch eine Kombination des Verstädterungsgrades und der Aufteilung der Bevölkerung auf den Agrar- und den Nicht-Agrarsektor erfaßt. Die Verteilung der Wissensressourcen wird durch den Mittelwert des Alphabetisierungsgrades und der Verhältniszahl der Universitätsstudierenden zur Gesamtbevölkerung gemessen. Der Index der Dispersion der wirtschaftlichen Ressourcen basiert auf der Verteilung des Landbesitzes und dem Grad der Dezentralisierung nichtagrarischer ökonomischer Ressourcen. Schlußendlich werden die drei Hauptindizes durch Multiplikation zusammengefügt. Das ergibt den eigentlichen Index der Machtressourcen. Dieser hat ein Minimum von 0 und ein Maximum von 100. Die meisten westlichen Verfassungsstaaten erzielen auf diesem Index Werte zwischen etwa 35 und mehr als 50. Die USA beispielsweise erreichen auf ihm 51,5 Punkte, Finnland 44,4 und die Bundesrepublik Deutschland 37,7 (Daten für 1993). Viel geringer war die Dispersion der Machtressourcen nach Vanhanen in den ehemaligen staatssozialistischen Landern. Allerdings bestanden dort große Unterschiede zwischen der hochgradigen Konzentration der Machtressourcen in der Ökonomie und der breiten Streuung der Wissensressourcen. In diesem „strukturellen Ungleichgewicht" haben Vanhanen und Kimber (1994: 72) ex post eine Hauptursache des Zusammenbruchs der sozialistischen Lander zu verorten versucht.
[24] Hierzu Vanhanen 1990 und 1994. Auch bei Verwendung anderer Demokratieskalen als derjenigen von Vanhanen wird dieser Zusammenhang bestätigt (Schmidt 1995: Kapitel 3.6).

le nicht ohne größere Anstrengung und Brüche integrieren. Mit ihr gelangten nämlich Staaten auf den Weg zur Demokratie, von denen man dies am wenigsten erwartet hatte: die ehemaligen sozialistischen Staaten und wirtschaftlich wenig entwickelte Länder, wie z.B. Bangladesch, Benin, Namibia und Nepal (siehe Tabelle 1 im Anhang).[25] Von letzteren hatten sowohl die Strukturalisten (z.B. Lipset 1959) wie die Kulturalisten unter den Demokratieforschern (z.B. Putnam 1993) unisono angenommen, daß dort die sozioökonomischen und politisch-kulturellen Funktionsvoraussetzungen der Demokratie fehlten, wie ein höheres Stadium wirtschaftlicher Entwicklung, eine nach Auf- und Abwärtsmobilität offene Klassenstruktur, eine polyzentrisch-vielgliedrige Gesellschaft und eine säkularisierte, Individualität betonende politische Kultur. Auch die sozialistischen Länder schienen den Demokratietheorien keine aussichtsreiche Kandidaten für demokratische Transitionen zu sein (siehe z.B. Huntington 1984), auch wenn der wirtschaftliche Entwicklungsstand in einigen dieser Länder schon längst die Schwelle überschritten hatte, ab der nach klassischer Modernisierungstheorie der Übergang zur Demokratie hochwahrscheinlich war. Relativ zum Entwicklungsstand der westlichen Demokratien Mitte des 20. Jahrhunderts – das ist ungefähr das gemäß klassischer Theorie der sozioökonomischen Funktionsvoraussetzungen der Demokratie erforderliche Entwicklungsniveau –, war ein erheblicher Teil der sozialistischen Staaten halbwegs oder voll entwickelt (siehe Tabelle 1 im Anhang). Allerdings kennzeichnete diese Länder auch Entdifferenzierung – infolge des Primats der Politik – und hochgradige Konzentration der Machtressourcen im Sinne von Vanhanen (1990). Obendrein schrieb man diesen Regimen – mit guten Gründen – hohe Aggressions- und Repressionskapazitäten sowie die Bereitschaft zu, diese bei Gefährdung von außen oder innen voll auszuschöpfen und somit den Übergang zur Demokratie gegebenenfalls mit Gewalt zu unterbinden.

Aber auch die besonderen Umstände des Übergangs der sozialistischen Länder zur Demokratie stellt die transitions- und funktionsorientierten Theorien vor Probleme. Wie die input- und outputorientierte Demokratietheorie mußte auch sie sich von der Annahme lösen, Demokratisierung sei eng gekoppelt mit greifbaren sozioökonomischen Verbesserungen zumindest für die politisch wichtigsten Gruppen der Gesellschaft. Dieser Koppelung stand zweierlei im Wege: in den armen Demokratisierern der geringe wirtschaftliche Entwicklungsstand und in den mittel- und osteuropäischen Ländern ein besonders riskanter Übergang vom autoritären Staat zur Demokratie. Dessen Risiko ist der doppelte Strukturbruch: die Transformation der Herrschaftsform erfolgt zeitgleich mit einem wirtschaftlichen Strukturbruch, einem Übergang von der zentralgeleiteten zur marktgesteuerten Ökonomie, der außerordentlich krisenhaft ist und mit beträchtlichen Wohlfahrtsverlusten und Insekurität für größere Gesellschaftsgruppen einhergeht. Hierdurch häufen sich die Problemlasten der Transition zur Demokratie. Mehr noch: sie können sich wechselseitig blockieren (Offe 1994). Das Großreformprojekt, in den sozialistischen Ländern einer Marktökonomie den Weg zu bahnen, bedurfte unter den gegebenen politischen Bedingungen der demokratischen Legiti-

---

25 Allerdings gelangte nur ein Teil der Mitglieder dieser Ländergruppen auf dem Pfad zur Demokratie in nennenswertem Umfang voran. Auf der Demokratieskala von Jaggers und Gurr (1995) erreichten die meisten GUS-Staaten niedrige Werte, z.B. Aserbeidschan den Wert 0, Kasachstan 2, die Republik Moldau 3, Turkmenistan 0, Usbekistan 0 und Weißrußland 3. Armenien und Rußland wurden 1993 immerhin mit dem Indexwert 7 bewertet.

mation. Doch die Umstellung der zentralgeleiteten auf die marktgesteuerte Ökonomie erzeugt gewaltige Umverteilungen und bringt Gewinner – aber auch Verlierer – hervor. Und somit ist die Wahrscheinlichkeit beträchtlich, daß eine marktorientierte Wirtschaftsreform durch Vorenthaltung demokratischer Legitimation blockiert oder verzögert wird. Besonders delikat ist das Problem der gleichzeitig stattfindenden Demokratisierung und Privatisierung der Wirtschaft, wenn beide von hochstehenden Erwartungen begleitet werden, die alsbald enttäuscht werden. Dann ist damit zu rechnen, daß die zur Konsolidierung der Demokratie erforderliche Akkumulation von generalisierter Unterstützung ausbleibt[26]. Und geradezu explosiv wird der doppelte Strukturbruch, wenn durch ihn ältere ethnische oder religiöse Konflikte revitalisiert werden (vgl. von Beyme 1994; Merkel 1994a).

Insoweit kommt ein Teil der neueren Transitionsforschung zu relativ pessimistischen Aussagen zur Machbarkeit und zur Qualität der Demokratisierung in den mittel- und osteuropäischen Ländern und in wirtschaftlich schwachentwickelten Staaten der vierten Demokratisierungswelle. Allerdings sind die großen Unterschiede beispielsweise zwischen der Tschechischen Republik, Polen, Ungarn und Slowenien und den meisten GUS-Staaten andererseits nicht zu übersehen. In der ersten Gruppe sind die Konsolidierungschancen infolge höherer wirtschaftlicher Entwicklung und stärkerer zivilgesellschaftlicher Strukturen größer als die der meisten GUS-Staaten. Für die GUS-Staaten ist jedoch eine weitere ausschlaggebende Größe der Weg, den Rußlands Staatsform nimmt (von Beyme 1994: 360f.).

Von diesen Prognosen weichen allerdings einige der Vorhersagen beträchtlich ab, die man aus stärker generalisierenden Ansätzen ableiten kann, wie z.B. Vanhanens Machtressourcentheorie. Wie erwähnt, begünstigt nach Vanhanen die breite Streuung von Machtressourcen die Demokratie. In den mittel- und osteuropäischen Staaten sind die Machtressourcen jedoch noch immer stark konzentriert. Hierin liegt Vanhanens Ansatz zufolge ein schweres Hindernis des Demokratisierungsprozesses. Statistische Auswertungen von Vanhanen (1994) und Analysen des Autors dieses Essays zu den Wechselbeziehungen zwischen Vanhanens Machtressourcenindex und den Demokratieskalen nach Jaggers und Gurr (1995) sowie Freedom House (1991ff.) stützen diese These: Relativ zur Machtressourcenstreuung ist der Demokratisierungsgrad in allen mittel- und osteuropäischen Staaten zu hoch, und zu hoch ist er auch im Vergleich mit der Schwäche ihrer zivildemokratischen Vorgeschichte. Gleiches gilt für die meisten anderen Staaten der vierten Demokratisierungswelle, im Unterschied zur dritten Demokratisierungswelle, in der die Machtressourcenverteilung und die zivilgesellschaftlichen Traditionen dem demokratischen Übergang viel stärker entsprach.[27] Dem Macht-

---

26 Fuchs und Roller 1994. Optimistischer: Wessels und Klingemann 1994 sowie Plasser und Ulram 1994.
27 Diesem Befund liegen regressionsstatistische Auswertungen von Daten über rund 150 Staaten zugrunde. Die Spannung zwischen formellem Demokratisierungsgrad und zugrundeliegender Machtressourcenverteilung (und anderer erklärungskräftiger Größen, wie z.B. dem Human Development Index sowie der Human-Rights-Skala von Humana (1992) und der Autokratieskalenwerte der Vorperiode, die hier als Proxy-Indikator zivilgesellschaftlicher Strukturen verwendet werden, läßt sich anhand der Residualgrößen der Regressionsanalyse ableiten. Ein einfaches Beispiel: Zwischen dem Demokratiegrad 1993 (z.B. Jagger und Gurrs Demokratieskala) und dem Index der Machtressourcen für 1993 besteht ein signifikanter Zusammenhang. Er läßt sich mit folgender Regressionsgleichung fassen:

ressourcenansatz zufolge aber auch nach dem Urteil zivilgesellschaftlicher Hypothesen ist dies ein untrügliches Zeichen der Fragilität der in der vierten Welle entstandenen Demokratien[28] und der Stabilität der dritten Demokratisierungswelle. Aus dem Blickwinkel der akteurszentrierten Transitionstheorien wird man die Residuen der Wechselbeziehung von Demokratisierungsgrad und Machtressourcen bzw. Zivilgesellschaft allerdings auch so deuten können: sie zeigen an, wieviel Unterschied politisches Handeln trotz ungünstiger Rahmenbedingungen machen kann.

Es soll nicht unerwähnt bleiben, daß eine der sozioökonomischen Theorien allerdings für die erfolgreiche Demokratisierung der mittel- und osteuropäischen Reformstaaten spricht. Pikanterweise ist es die ökonomistische Variante der angloamerikanischen Modernisierungstheorie, die sogenannte „wealth theory of democracy" (Pourgerami 1992) oder „Wohlstandstheorie der Demokratie". Gemessen am Schlüsselindikator dieser Theorie – dem pro-Kopf berechneten ökonomischen Entwicklungsstand – erfolgt die Demokratisierung der meisten mittel- und osteuropäischen Reformstaaten auf einem mittleren Entwicklungsniveau (siehe Tabelle 1 im Anhang, Spalte 5), je nach Berechnungsmethode des Entwicklungsstandes sogar auf einem recht hohen Niveau[29] und somit unter günstigen Vorzeichen, im Gegensatz zu den ärmeren Staaten unter den Nationen der vierten Demokratisierungswelle.

Gewiß wird kann man nicht allein mit der „Wohlstandstheorie" die Chancen der Stabilisierung oder Destabilisierung von Demokratien beurteilen. Wie die Transitionsforschung zeigt, ist der Weg zur Demokratie und die Chance ihrer Verankerung ohne das Tun und Lassens der Hard- und Softliner im Machtapparat des alten Regimes und in der Opposition nicht zu verstehen. Auch die Form der Auflösung des alten Regimes und die Institutionen des neuen Regimes sind von größer Bedeutung für Gelingen oder Fehlschlag der Transition. Überdies haben zahlreiche Studien zu demokratischen Transitionen in Südeuropa, Lateinamerika sowie Mittel- und Osteuropa politisch-ökonomische und politisch-kulturelle Bestimmungsfaktoren nachgewiesen, die in der sozioökonomischen Theorie der Demokratie nicht angemessen berücksichtigt wurden (siehe z.B. Przeworski 1990; Merkel 1994a). Deren Väter haben ihre Theorie mittlerweile auch zum akteurs- und institutionentheoretischen Ansatz geöffnet, so z.B. S.M. Lipset (1994). Zu den Faktoren, die von sozioökonomischen Theorien lange ausgeblendet wurden, gehören auch zuvorderst Diffusionsvorgänge und das internationale Umfeld der Demokratisierung. Für Übergänge zur Demokratie, die demo-

---

Demokratiegrad 1993 = 2.617+0.172*(Machtressourcenindex), Determinationskoeffizient: 0,372, 149 Beobachungsfälle, alle Koeffizienten auf dem 0,001-Niveau signifikant. Mit dieser Gleichung können die Demokratisierungswerte der einzelnen Länder geschätzt werden und anhand der Differenz zwischen diesen Schätzungen und dem tatsächlichen Demokratieskalenwert können die Restgrößen ermittelt werden. Große Restgrößen signalisieren erhebliche Spannungen zwischen Demokratisierungsgrad und Machtressourcenstreuung.

28 Der in den Anmerkungen 18 und 27 erläuterten Berechnung zufolge gehören zu den besonders fragilen Demokratien der vierten Demokratisierungswelle vor allem die besonders gering entwickelten Länder, wie Bangladesch, Benin und Nepal, und die meisten der ehemaligen sozialistischen Staaten.

29 Höhere Entwicklungsniveaus werden bei Anwendung der Kaufkraftparitätenmethode zur Ermittlung der Wirtschaftskraft errechnet. Siehe hierzu vor allem Summers und Heston (1991) und Maddison (1993). Für strengere Maßstäbe, die den wirtschaftlichen Entwicklungsstand der sozialistischen Länder geringer einstufen als Summers und Heston (1991) und Maddison (1993) siehe die Spalte 5 in der Tabelle 1 im Anhang.

kratiefreundliche internationale Beziehungen auf ihrer Seite haben, wie vor allem die mitteleuropäischen Länder der vierten Demokratisierungswelle und die Südafrikanische Republik nach dem Ende der Apartheid, sind die Chancen erfolgreicher Transition um ein Vielfaches günstiger als in Fällen, in denen die Demokratisierer ein demokratiefeindliches Umfeld gegen sich haben, wie z.B. eine autoritär verfaßte regionale Großmacht oder eine autoritäre Weltmacht. Insoweit sind die Demokratisierungschancen auch derjenigen Länder größer, die nach Meßlatten der klassischen Lehre von den sozioökonomischen Funktionsvoraussetzungen der Demokratie ungünstige Chancen haben. Zugleich verdeutlicht der Faktor „internationales Umfeld" der Demokratisierung, daß die „komplexe Interdependenz" (Keohane/Nye 1989) der internationalen Beziehungen ambivalente Funktionen für die Demokratie hat, nicht nur demokratieabträgliche, wie die oben erwähnte Lehre vom Demokratie-Effektivitäts-Dilemma unterstellt. In den etablierten Demokratien kann die „komplexe Interdependenz" das Scharpfsche Legitimation-Effektivitäts-Dilemma vergrößern, doch beim Übergang vom autoritären Staat zu einem freiheitlicheren Regime kann sie der Demokratie forderlich sein, so vor allem in der Ära der Transformation.

V. Schlußfolgerung

Die Struktur und die Veränderungsrichtung der Demokratietheorie wurde – wie zuvor – auch während der Transformationsära von 1989/90 bis heute (Juli 1995) wesentlich durch ihre Struktur und Trends in der Vorperiode geprägt. Diese prägen die Art und Weise der Verarbeitung oder Ignorierung von Erfahrungen der vierten Demokratisierungswelle. Das Maß allerdings, in dem diese Erfahrungen Eingang in die Demokratietheorien fanden und dort ihrerseits substantielle Änderungen im Theorie- und Methodengebäude hervorriefen, ist unterschiedlich groß. Am geringsten touchierte die Transformationsära die inneren Weichenstellungen der Lehre von der partizipatorischen Demokratie, den Hauptträger der inputzentrierten Demokratietheorie. Die empirische Variante dieser Lehre praktiziert weiterhin Partizipationsforschung, nunmehr eben in West und Ost, doch im nach wie vor gleichen Outfit. Auch die normative Variante der partizipatorischen Demokratie folgt dem zuvor schon selbst gelegten Trend: somit blieb es – im günstigsten Fall – beim Ausbau einer normativ anspruchsvollen Theorie mit eigentümlichen Schwachstellen: ihre empirisch-analytische Basis bleibt schmal, ihr Vertrauen in das Gute des Bürgers ist groß, und ihre Nichtbeachtung von Paradoxien demokratischer Abstimmung ist verwunderlich (siehe zu letzterem Riker 1982). Die partizipatorische Demokratietheorie wertet die vierte Demokratisierungswelle als Bestätigung ihres praktischen Anliegens: Schulung, Aufklärung und verständigungsorientierte politische Beteiligung der Stimmbürger. Die inhaltliche Ausgestaltung des Ansatzes, der Werkzeuge und des Analysedesigns blieb allerdings von dieser Welle und von der ihr vorangehenden Welle weitgehend unberührt, mit Ausnahme der Aufwertung der Zivilgesellschaft zu einer zentralen Voraussetzung wirkungsvoller politischer Beteiligung.
Konstanz der Struktur und der Veränderungsrichtung kennzeichnet weithin auch die institutionen- oder formenzentrierte Demokratietheorie in der Ära der Transformation. Wie die empirische Variante der beteiligungsorientierten Demokratietheorie profitier-

ten auch die Institutionalisten direkt von der vierten Demokratisierungswelle: diese vergrößerte das Untersuchungsfeld. Vor allem die größere Vielfalt der Staatsformen wie auch die Verfassungsdebatte und Verfassungsgebung in den neuen Demokratien konnten von der institutionenzentrierten Theorierichtung gleichsam en passant aufgenommen und dem vorfindlichen Theorie- und Methodenarsenal eingefügt werden. Allerdings kam es dabei zu einem Wandel, der eingefleischten Behavioristen das Fürchten lehren müßte: die Schlüsselgrößen des älteren institutionenkundlichen Ansatzes wurden aufgegriffen und spürbar aufgewertet. „Bringing constitutional structures back in" erweist sich nicht nur im OECD-Ländervergleich als tragfähiges Unternehmen, sondern auch in der vergleichenden Erkundung der alten und der neuen Demokratien.

Deutlich größerer Änderungsbedarf kam mit der Ära der Transformation auf die input- und outputorientierte und auf die transitions- und funktionsorientierte Demokratietheorie zu, und deren Reaktion war auch stärker als die der anderen Theorien. Für die input- und outputorientierte Demokratietheorie war zum einen die Erfahrung der tendenziellen Entkoppelung von Politikform und Politik-Output zu verarbeiten, die aus der vierten Demokratisierungswelle hervorging. Hinzu kam das von F. Scharpf beschriebene Legitimation-Effektivitäts-Dilemma. Mit ihm wird eine Richtung der Demokratietheorie gestärkt, die – mit Ausnahme der Kritik der Mehrheitsregel (Guggenberger/Offe 1984) und der ökonomischen Theorie demokratischer Abstimmungen (Riker 1982) – längere Zeit vernachlässigt worden war: die Analyse der „Achillesferse" (Sartori 1992: 40) und der Destabilisierungspotentiale der Demokratie.

Den allergrößten Herausforderungen und Chancen sah sich die vierte Familie der Demokratietheorie konfrontiert, die transitions- und funktionsorientierte Lehre. Ihr war die vierte Demokratisierungswelle ein besonders borniges Problem. Sie hatte nämlich zu erklären, warum und auf welchem Wege ausgerechnet diejenigen Staaten demokratische Verfassungen anstrebten, die den sozioökonomischen und soziokulturellen Theorien der Demokratievoraussetzungen zufolge dafür am wenigsten prädestiniert waren. Wie die Forschung zur dritten und vierten Demokratisierungswelle gezeigt hat, können beide Fragen ohne Zuhilfenahme akteurs- und institutionentheoretischer Ansätze nicht beantwortet werden. Allerdings reichen diese nicht aus. Auch die strukturfunktionalistische Theorie der Funktionsvoraussetzungen der Demokratie kann Ergiebiges zur Debatte beisteuern, so vor allem die zur Handlungstheorie hin geöffnete sozioökonomische Theorie von S.M. Lipset (siehe vor allem Lipset u.a. 1993 und Lipset 1994) und Vanhanens Theorie der Machtressourcenverteilung (Vanhanen 1990), die in Verbindung mit zivilgesellschaftlichen Hypothesen auf die Fragilität der neuen Demokratien aufmerksam macht. Überdies erfordert die Analyse der Demokratisierungswellen auch Mehrebenen-Analysen. Ohne die Berücksichtigung der Wechselwirkungen von nationalstaatlichen und internationalen Bestimmungsfaktoren, wie z.B. einem demokratieverträglichen oder -abträglichen internationalen Umfeld, wird man den Erfolg oder Mißerfolg der Demokratisierung vormals autoritärer Staaten nicht verstehen können.

Insoweit bestätigt auch der Wandel der Demokratietheorien in der Ära der Transformation, daß es in der Politischen Theorie „keine ein für allemal überholten Paradigmen" gibt (von Beyme 1991: 331). Ältere, von manchen schon fast vergessene Wissensbestände rückten in der Transformationsperiode wieder ins Zentrum der Aufmerksamkeit: politische-kulturelle Wurzeln der Demokratie beispielweise (Putnam 1993), Zivilgesellschaft oder – in der Sprache der Pluralismus- und der Polyarchietheorie von Dahl (1971) – die „MDP-Gesellschaft" (Dahl 1989: 251ff.) oder moderne dynamische pluralistische Gesellschaft, sowie staatsstrukturelle und konstitutionelle Variablen. Auch bestätigt die Beobachtung der Demokratietheorien in der Transformationsära den Eindruck, daß eine leistungsfähige „dichte Beschreibung" (Geertz 1983) und ein generalisierungsfähiger Erklärungsansatz in der Demokratietheorie einer Vielfalt von Blickwinkeln, Theorien und Untersuchungsdesigns bedarf: Strukturfunktionalistisches und handlungstheoretisches Werkzeug gehört dazu, die Situationsdeutungen und Strategiewahlen von Individual- und Kollektivakteuren, ihr institutionelles Umfeld einschließlich der Staatsstrukturen sowie die Betrachtung von Institutionen als optionenbegrenzende und handlungsermöglichende Arrangements. Überdies empfiehlt es sich, den Ansatz empirisch und normativ anzulegen, so wie es F. Scharpf in Anschluß an F. Naschold in der „komplexen Demokratietheorie" (Scharpf 1970) programmatisch formuliert hat. Ferner kann solche dichte Beschreibung und Erklärung der Input- und der Output-Seite der Demokratie vom historischen und internationalen Vergleich nur profitieren. Eine Demokratietheorie wird unter sonst gleichen Bedingungen um so besser sein, je mehr sie auch in der Lage ist, Gemeinsamkeiten und Unterschiede in der Form, im Prozeß und im politischen Leistungsvermögen von demokratischen Systemen zu erfassen. Weiß sie darüber hinaus auch über die Funktionsvoraussetzungen der Demokratie auf Makro- und Mikroebene Bescheid, kommt sie einer idealen Demokratietheorie so nahe wie die Polyarchie (Dahl 1971) der vollentfalteten Demokratie.

Voraussetzung dafür ist, daß die Demokratietheorien Handelnde und Vorgänge nicht nur nach vordergründigen Selbstbeschreibungen beurteilen, sondern nach ihrem tatsächlichen Gesicht. Das gilt auch für die Ära der Transformation. Diese ist nicht nur von der Ausbreitung der demokratischen Staatsverfassung bestimmt. Sie ist auch – wie schon zuvor die dritte Demokratisierungswelle – eine Periode, in der manche Strömungen von der Demokratie wegführen. Ferner umfaßt sie Vorgänge, die demokratieabträgliche Zwangslagen stärken, wie Scharpfs Legitimation-Effektivitäts-Dilemma zeigt. Überdies ist das Plateau im Blickfeld zu halten, auf das der Vormarsch der Demokratie seit Beginn der dritten Demokratisierungswelle führte: Relativ zur Gesamtzahl der selbständigen Staaten und zum Anteil der von ihr erfaßten Erdbevölkerung ist die Demokratie bis auf den heutigen Tag die Staatsverfassung einer Minderheit. All dies verweist auf ein weiteres Gütekriterium zur Beurteilung des Wandels der Demokratietheorien in der Ära der Transformation: den geschärften Blick für die zwei Gesichter der Transformationsperiode, für das der Demokratie zu- und das von ihr abgewandte.

Anhang

Tabelle 1: Die vierte Demokratisierungswelle (Beobachtungszeitraum 1990-94)

Staat	Einwohner in Millionen Mitte 1992	Beginn der Demokratisierung nach Freedom House (linke Spalte) und Jaggers-Gurr (1995) (rechte Spalte)		Stand wirtschaftlicher Entwicklung zu Beginn der „vierten Welle der Demokratisierung"	Entwicklungsstand zu Beginn der Demokratisierung im Vergleich zum Entwicklungsstand der reichsten Industriestaaten 1950
Albanien	3,4	Nur 1993	1992	340	4,8%
BANGLADESCH	114,4	1991	1991	220	3,1%
BENIN	5,0	1991	1991	380	5,4%
Bulgarien	8,5	1991	1990	1840	26,2%
DDR (bis 3.10.1990)/ NEUE BUNDESLÄNDER	16,4	1990	1990	(9361)	(133,0%)
El Salvador	5,4	—	1991	1090	15,5%
Estland	1,6	Nur 1991	1991	3970	56,4%
Kolumbien	33,4	1991-93	(1969)	1250	17,8%
Lesotho	1,9	—	1993	570	8,1%
Lettland	2,6	Nur 1991	1991	3920	55,7%
LITAUEN	3,8	1991	1991	2420	34,4%
Makedonien	2,2	—	1991	1400	19,9%
Malawi	9,1	1994	—	210	2,9%
Mongolei	2,3	1991+1993	seit 1993	390	5,4%
NAMIBIA	1,5	1990	1990	1520	21,6%
Nepal	19,9	1991-92	1991	180	2,5%
Pakistan	119,3	—	1993	400	5,7%
Panama	2,5	1994	1990	2130	30,3%
Polen	38,4	1990	1991	1790	25,5%
Slowakei	5,3	1994	1993	1950	27,7%
SLOWENIEN	2,0	1991	1991	6490	92,3%
SÜDAFRIKANISCHE REPUBLIK	39,8	1994	(1994)	2540	36,1%
TSCHECHISCHE REPUBLIK	10,3	1993	1993	2710	38,5%
TSCHECHOSLOWAKEI (Auflösung am 1.1.1993)	15,6	1990-92	1990-92	(6570)	(93,4%)
Ukraine	52,1	—	1991	2190	31,1%
UNGARN	10,3	1990	1990	2750	39,1%
Zentralafrikanische Republik	3,2	—	1993	410	5,8%

Anmerkungen zu Tabelle 1:

Spalte 1: Ländername. Mit Großbuchstaben sind die Namen der Staaten geschrieben, die nach übereinstimmender Einstufung durch Freedom House (1991 ff.) sowie Jaggers und Gurr (1995) Demokratisierer sind (Details siehe Erläuterungen zu Spalte 3). Die Namen der übrigen Staaten, deren Transition verschieden gedeutet wird, sind in Normalgröße geschrieben. Die Tabelle enthält nur Staaten mit einer Mindesteinwohnerzahl von 1 Million. Zu den Demokratisierern der „vierten Demokratisierungswelle" zählen auch die Zwergstaaten Kap Verde, Marshallinseln, Mikronesien sowie Sao Tome und Principe (jeweils seit 1991).

Spalte 2: Bevölkerung 1992 (DDR: 1989, Tschechische Republik und Slowakische Republik 1993). Quelle: Fischer Weltalmanach '95, S. 31-42.

Spalte 3: Linke Spalte: Beginn der Demokratisierung im Sinne des Political Rights-Index des Freedom House (1991ff.) bzw. Anfang und Ende der Demokratisierungsperiode im Falle abgebrochener Demokratisierung. Als „Demokratisierer" wurden die Länder eingestuft, die im Untersuchungszeitraum ihre Position auf der 7er-Skala der Politischen Rechte veränderten und erstmals oder erneut den Wert „2" erreichten und beibehielten (1 = Höchstmaß an politischen Rechten, 7 = keine politischen Rechte). Rechte Spalte: Messung des Beginns der Demokratisierung auf der Basis der Demokratieskala von Jaggers und Gurr (1995). Diese Skala erfaßt allerdings nur den Beobachtungszeitraum bis Ende 1993. „Beginn der Demokratisierung" wurde definiert als Erreichung eines Demokratiewertes von mindestens 8 auf der von 0 bis 10 laufenden Demokratieskala. Abweichend von Freedom House und Jaggers und Gurr, die die DDR des Jahres 1990 (bis zur Vereinigung mit der Bundesrepublik am 3.10.1990) nicht als Demokratisierungsfall klassifizieren, wurden die DDR (seit der Volkskammerwahl von 1990) bzw. – seit dem Inkrafttreten des Einigungsvertrages zum 3.10.1990 – die neuen Bundesländer der Bundesrepublik Deutschland in die Liste der Fälle der vierten Demokratisierungswelle aufgenommen.

Spalte 4: Reales Bruttoinlandsprodukt pro Kopf (in nach Kaufkraftparitäten ermittelten Dollar) 1991. Quelle: United Nations Development Programme: Human Development Report 1994 (Oxford 1994): 129-131, außer: DDR: Angaben für 1988 (Fischer Weltalmanach '91: 251); Makedonien 1990 (Fischer Weltalmanach '93: 451); Malawi (Fischer Weltalmanach '95: 415); Mikronesien 1989 (Fischer Weltalmanach '93: 465); Mongolei (Zahl für 1993, Fischer Weltalmanach '96: 439); Albanien, Slowakei, Slowenien und Tschechische Republik 1993 (Quelle: World Development Report 1995: 162f.). Zum Vergleich: 1991 belief sich das Pro-Kopf-Bruttoinlandsprodukt der USA auf 22340 Dollar und das der Bundesrepublik Deutschland auf 20510. Wahrscheinlich überhöhte Schätzwerte sind in Klammern gesetzt.

Spalte 5: Vorläufige Schätzung des wirtschaftlichen Entwicklungsstandes der Demokratisierer der „vierten Demokratisierungswelle" in Prozent des durchschnittlichen wirtschaftlichen Entwicklungsstandes der 14 reichsten Industrieländer im Jahre 1950 (Australien, Belgien, BR Deutschland, Dänemark, Finnland, Frankreich, Italien, Kanada, Niederlande, Norwegen, Schweden, Vereinigtes Königreich von Großbritannien und die USA). Die Schätzung erfolgte unter Zuhilfenahme der Daten aus Spalte 3 und der (bis 1991 trendextrapolierten) international und intertemporal vergleichbaren Daten zur wirtschaftlichen Entwicklung der 14 Länder auf der Basis der Daten in Maddison 1993, Tabelle 1. Wahrscheinlich erheblich überschätzte Werte (DDR und Tschechoslowakei) sind in Klammern gesetzt. Den Erfahrungen mit der Neuberechnung der Produktivität der ehemaligen DDR nach zu urteilen, dürfte der tatsächliche Wert mindestens um etwa ein Drittel niedriger sein.

Literaturverzeichnis

Almond, Gabriel A./Verba, Sidney, 1963: Political Culture. Princeton.
Almond, Gabriel A /Verba, Sidney (Hrsg.), 1980: The Civic Culture Revisited. London u.a.
Archibugi, Daniele/Held, David (Hrsg.), 1995: Cosmopolitan Democracy. Cambridge.

Aristoteles, 1989: Politik. Schriften zur Staatstheorie, hg. v. *Franz F. Schwarz*. Stuttgart.
Barber, Benjamin, 1994 (engl. 1984): Starke Demokratie. Hamburg.
Barnes, Samuel H./Kaase, Max u.a., 1979: Political Action. Beverly Hills/London.
Barr, Nicolas (Hrsg.), 1995: Labor Markets and Social Policy in Central and Eastern Europe. Oxford.
Barro, Robert J./Sala-i-Martin, Xavier, 1995: Economic Growth. New York u.a.
Beck, Ulrich, 1986: Risikogesellschaft. Frankfurt a.M.
Beck, Ulrich, 1995: Die feindlose Demokratie. Stuttgart.
Berg-Schlosser, Dirk/De Meur, Gisèle, 1994: Conditions of Democracy in Inter-War Europe, in: Comparative Politics 26, 253-279.
Beyme, Klaus von, 1991: Theorie der Politik im 20. Jahrhundert. Frankfurt a.M.
Beyme, Klaus von, 1994: Systemwechsel in Osteuropa. Frankfurt a.M.
Brennan, Geoffrey/Lomasky, Loren, 1993: Democracy & Decision. The Pure Theory of Electoral Preference. Cambridge.
Bryce, James, 1926 (1923): Moderne Demokratien, 3. Bd. München.
Budge, Ian/Keman, Hans, 1990: Parties and Democracy. Oxford u.a.
Butler, David/Ranney, Austin (Hrsg.), 1994: Referendums Around the World. Washington D.C.
Casper, Gretchen, 1995: Fragile Democracies. London.
Cnudde, Charles F./Neubauer, Deane E. (Hrsg.), 1969: Empirical Democratic Theory. Chicago.
Cohen, Joshua/Rogers, Joel, 1992: Secondary Associations and Democratic Governance, in: Politics & Society 20, 393-472.
Colomer, Josep Maria, 1995: Game Theory and the Transition to Democracy. Aldershot.
Commander, Simon/Coricelli, Fabrizio (Hrsg.), 1995: Unemployment, Restructuring, and the Labor Market in Eastern Europa and Russia. Washington D.C.
Dahl, Robert A., 1971: Polyarchy. New Haven/London.
Dahl, Robert A., 1989: Democracy and its Critics. Cambridge, Mass.
Dahl, Robert A., 1994: A Democratic Dilemma: System Effectiveness versus Citizen Participation, in: Political Science Quarterly 109, 23-34.
Downs, Anthony, 1957: An Economic Theory of Democracy. New York (deutsch: Ökonomische Theorie der Politik. Tübingen 1968).
Freedom House (1992): Freedom in the World. The Annual Survey of Political Rights & Civil Liberties 1991-1992. New York.
Freedom House (1993): Freedom in the World. The Annual Survey of Political Rights & Civil Liberties 1992-1993. New York.
Freedom House (1994): Freedom in the World. The Annual Survey of Political Rights & Civil Liberties 1993-1994. New York.
Freedom House (1995): Freedom in the World. The Annual Survey of Political Rights & Civil Liberties 1994-1995. New York.
Friedrich, Carl Joachim, 1953: Der Verfassungsstaat der Neuzeit. Berlin u.a.
Fuchs, Dieter/Roller, Edeltraud, 1994: Cultural Conditions of the Transformation to Liberal Democracies in Central and Eastern Europe. Wissenschaftszentrum für Sozialforschung Berlin.
Geertz, Clifford, 1983: Dichte Beschreibung. Frankfurt a.M./New York.
Guggenberger, Bernd/Offe, Claus (Hrsg.), 1984: An den Grenzen der Mehrheitsdemokratie. Opladen.
Habermas, Jürgen, 1992a: Drei normative Modelle der Demokratie: Zum Begriff deliberativer Politik, in: *Münkler, Herfried* (Hrsg.), Die Chancen der Freiheit. München/Zürich, 11-24.
Habermas, Jürgen, 1992b: Faktizität und Geltung. Frankfurt a.M.
Held, David, 1987: Models of Democracy. Cambridge/Oxford.
Held, David, 1991: Democracy, the Nation-State and the Global System, in: *Held, David* (Hrsg.), Political Theory Today. Cambridge, 197-235.
Held, David, 1992a: Democracy: From City-states to a Cosmopolitan Order?, in: *Held, David* (Hrsg.), Prospects for Democracy. Cambridge, 13-52.
Held, David (Hrsg.), 1992b: Prospects for Democracy. Cambridge.
Huber, Evelyne/Ragin, Charles/Stephens, John D., 1993: Social Democracy, Christian Democracy, Constitutional Structure, and the Welfare State, in: American Journal of Sociology 99, 711-749.
Humana, Charles (Hrsg.), 1992: World Human Rights Guide. New York/Oxford.

Huntington, Samuel P., 1984: Will more Countries become Democratic?, in: Political Science Quarterly 99, 193-218.
Huntington, Samuel P., 1991: The Third Wave. Norman/London.
Inkeles, Axel (Hrsg.), 1991: On Measuring Democracy. New York.
Jaggers, Keith/Gurr, Ted Robert, 1995: Transitions to Democracy: Tracking the Third Wave with Polity III Indicators of Democracy and Autocracy. University of Maryland: Manuskript (zur Veröffentlichung im Journal of Peace Research vorgesehen).
Kaase, Max, 1994: Political Culture and Political Consolidation in Central and Eastern Europe. Berlin (Manuskript).
Kahan, Alan S., 1992: Aristocratic Liberalism. New York.
Kedouri, Elie, 1994: Democracy and Arab Political Culture. London.
Keohane, Robert O./Nye, Joseph S., 1989: Power and Interdependence. New York.
Klingemann, Hans-Dieter/Hofferbert, Richard I./Budge, Ian u.a., 1994: Parties, Policies, and Democracy. Boulder u.a.
Lijphart, Arend, 1984: Democracies, New Haven/London.
Lijphart, Arend, 1992: Democratization and Constitutional Choices in Czecho-Slovakia, Hungary and Poland 1989-91, in: Journal of Theoretical Politics 4, 207-223.
Lijphart, Arend, 1994: Democracies: Forms, performance, and constitutional engineering, in: European Journal of Political Research 25, 1-17.
Linder, Wolf, 1994: Swiss Democracy. New York.
Linz, Juan J./Valenzuela, Arturo (Hrsg.), 1994: The Failure of Presidential Democracy, Bd. 1. Baltimore/London.
Lipset, Seymour Martin, 1959: Some Social Requisites of Democracy: Economic Development and Political Legitimacy, in: American Political Science Review 53, 69-105.
Lipset, Seymour Martin, 1981 (erweiterte Ausgabe): Political Man. Baltimore.
Lipset, Seymour Martin, 1994: The Social Requisites of Democracy Revisited, in: American Sociological Review 59, 1-22.
Lipset, Seymour Martin/Seong, Kyoung-Ryung/Torres, John Charles, 1993: A comparative analysis of the social requisites of democracy, in: International Social Science Journal 45, 155-175.
Loewenstein, Karl, 1975: Verfassungslehre. Tübingen.
Luhmann, Niklas, 1986: Die Zukunft der Demokratie, in: Der Traum der Vernunft. Berlin (2. Folge). Darmstadt/Neuwied, 207-217.
Luthardt, Wolfgang, 1994: Direkte Demokratie. Baden-Baden.
Maddison, Angus, 1993: Explaining the Economic Performance of Nations 1820-1989. Universitat Groningen, Working Paper Nr. 174.
Maus, Ingeborg, 1992: Zur Aufklärung der Demokratietheorie. Frankfurt a.M.
Merkel, Wolfgang (Hrsg.), 1994a: Systemwechsel 1. Opladen.
Merkel, Wolfgang, 1994b: Restriktionen und Chancen demokratischer Konsolidierung in postkommunistischen Gesellschaften, in: Berliner Journal für Soziologie 4, 463-484.
Merkel, Wolfgang, 1995: Transformationsstrategien, Probleme, Erfahrungen und Grenzen, in: Internationale Politik (50) 6, 3-9.
Mill, John Stuart, (1861) 1958: Considerations on Representative Government. New York.
Narr, Wolf-Dieter/Naschold, Frieder, 1973: Theorie der Demokratie. 2. Auflage, Stuttgart u.a.
Naschold, Frieder, 1968: Demokratie und Komplexität, in: Politische Vierteljahresschrift 9, 494-518.
Naschold, Frieder, 1969: Organisation und Demokratie. Stuttgart u.a.
Naschold, Frieder, 1971: Die systemtheoretische Analyse demokratischer politischer Systeme, in: Probleme der Demokratie heute (Politische Vierteljahresschrift Sonderheft 2). Opladen, 3-39.
O'Donnell, Guillermo A./Schmitter, Philippe C./Whitehead, Laurence (Hrsg.), 1986: Transitions from Authoritarian Rule, 5 Bde. Baltimore.
Offe, Claus, 1972a: Politische Herrschaft und Klassenstrukturen, in: Kress, Gisela/Senghaas, Dieter (Hrsg.), Politikwissenschaft. Frankfurt a.M., 135-164.
Offe, Claus, 1972b: Strukturprobleme des kapitalistischen Staates. Frankfurt a.M.
Offe, Claus, 1994: Der Tunnel am Ende des Lichts. Frankfurt a.M./New York.
Offe, Claus, 1995a: Micro-Aspects of Democratic Theory: What Makes for the Deliberative Competence of Citizens? Berlin (Manuskript).

Offe, Claus, 1995b: Main Problems of Contemporary Theory of Democracy and the Uncertain Future of its Practise. Bremen (Manuskript).
Parsons, Talcott, 1959: Voting and the Equilibrium of the American Political System, in: *Burdick, Eugene/Brodbeck, A.J.* (Hrsg.), American Voting Behavior. Glencoe, 80-120.
Pateman, Carole, 1974: Participation and Democratic Theory. London.
Phillips, Anne, 1991: Engendering Democracy. Cambridge.
Plasser, Fritz/Ulram, Peter A., 1994: Monitoring Democratic Consolidation: Political Trust and System Support in East-Central-Europe. Berlin: IPSA-Kongreß August 21-25, 1994.
Pourgerami, Abbas, 1991: The Political Economy of Development: An Empirical Examination of the Wealth Theory of Democracy, in: Journal of Theoretical Politics 3, 189-211.
Przeworski, Adam, 1990: Democracy and the Market. Cambridge u.a.
Putnam, Robert D., 1993: Making Democracy Work. Princeton, N.J.
Riggs, Fred W., 1993: Fragility of the Third World's regimes, in: International Social Science Journal 45, 199-243.
Riker, William H., 1982: Liberalism against populism. San Francisco.
Rosenow, Joachim von/Naschold, Frieder, 1994: Die Regulierung von Altersgrenzen. Berlin.
Rueschemeyer, Dietrich/Huber-Stephens, Evelyne/Stephens, John D., 1992: Capitalist Development and Democracy. Cambridge.
Sartori, Giovanni, 1992: Demokratietheorie. Darmstadt.
Scharpf, Fritz W., 1970: Demokratietheorie zwischen Utopie und Anpassung. Konstanz.
Scharpf, Fritz W., 1993a: Versuch über Demokratie im verhandelnden Staat, in: *Czada, Roland/Schmidt, Manfred G.* (Hrsg.), Verhandlungsdemokratie – Interessenvermittlung – Regierbarkeit. Opladen, 25-50.
Scharpf, Fritz W., 1993b: Legitimationsprobleme der Globalisierung, in: *Böhret, Carl/Wewer, Göttrik* (Hrsg.), Regieren im 21. Jahrhundert – Zwischen Globalisierung und Regionalisierung. Opladen, 165-185.
Schmidt, Manfred G., 1995: Demokratietheorie. Eine Einführung. Opladen (im Erscheinen).
Schmitter, Philippe C., 1983: Democratic Theory and Neocorporatist Practice, in: Social Research 50, 885-928.
Schmitter, Philippe C., 1995a: More Liberal, Preliberal, or Postliberal?, in: Journal of Democracy (6) 1, 15-22.
Schmitter, Philippe C., 1995b: Von der Autokratie zur Demokratie, in: Internationale Politik (50) 6, 47-52.
Schmitter, Philippe C./Karl, Terry, 1992: The Types of Democracy Emerging in Southern and Eastern Europe and South and Central America, in: *Volten, Peter M.E.* (Hrsg.), Bound to Change: Consolidating Democracy in East Central Europe. Boulder, Col., 42-68.
Schumpeter, Joseph A., 1950 (1942): Kapitalismus, Sozialismus und Demokratie. Bern.
Schwarz, Hans-Peter, 1981: Die Ära Adenauer. Gründerjahre der Republik. 1949 bis 1957. Stuttgart/Wiesbaden.
Schwarz, Hans-Peter, 1983: Die Ära Adenauer. Epochenwechsel. 1957 bis 1963. Stuttgart/Wiesbaden.
Summers, Robert/Heston, Alan, 1991: The Penn World Table (Mark 5): An Expanded Set of International Comparisons, 1950-1988, in: Quarterly Journal of Economics 56, 327-268.
Thibaut, Bernhard/Skach, Cindy, 1994: Parlamentarische oder präsidentielle Demokratie? Heidelberg: Institut für Politische Wissenschaft.
Tocqueville, Alexis de, 1976 (franz. 1835/40): Über die Demokratie in Amerika. München.
United Nations Development Programme, 1994: Human Development Report 1994. New York/Oxford.
Vanhanen, Tatu, 1984: The Emergence of Democracy. A Comparative Study of 119 States, 1850-1979. Helsinki.
Vanhanen, Tatu, 1990: The Process of Democratization. A Comparative Study of 147 States, 1980-88. New York u.a.
Vanhanen, Tatu, 1994: Global Trends of Democratization in the 1990s: A Statistical Analysis (IPSA August 21-25, 1994, Berlin).
Vanhanen, Tatu/Kimber, Richard, 1994: Predicting and explaining democratization in Eastern Europe, in: *Pridham, Jeoffrey/Vanhanen, Tatu* (Hrsg.), Democratization in Eastern Europe. London/New York, 63-96.

Warren, Mark, 1992: Democratic Theory and Self-Transformation, in: American Political Science Review 86, 8-23.
Warren, Mark E., 1993: Can Participatory Democracy Produce Better Selves? Psychological Dimensions of Habermas's Discursive Model of Democracy, in: Political Psychology 14, 209-234.
Weber, Max, 1988 (1919): Politik als Beruf, in: *ders.*, Gesammelte Politische Schriften. Tubingen, 505-560.
Welzel, Christian, 1994: Systemwechsel in der globalen Systemkonkurrenz: Ein evolutionstheoretischer Erklärungsversuch, in: *Merkel, Wolfgang* (Hrsg.), Systemwechsel 1. Opladen, 47-79.
Weßels, Bernhard/Klingemann, Hans-Dieter, 1994: Democratic Transformation and the Prerequisites of Democratic Opposition in East and Central Europe. Wissenschaftszentrum Berlin für Sozialforschung.
World Bank (Hrsg.). 1995: World Development Report. Washington D.C.

Föderalismus und Demokratie in der transnationalen Ökonomie

Fritz W. Scharpf

Mit dem Zerfall des Sowjetsystems haben die kapitalistischen Demokratien den Gegner verloren, mit dessen so offensichtlichen Mängeln ein großer Teil des eigenen Legitimationsbedarfs gedeckt werden konnte. Deshalb ist es vielleicht nicht verwunderlich, daß sich seit der großen historischen Wende von 1989 die öffentliche Aufmerksamkeit immer mehr den Funktionsdefiziten und Korruptionserscheinungen in den westlichen Demokratien selbst zugewandt hat. Der Kollaps des Parteiensystems in Italien und die katastrophalen Wahlniederlagen der Regierungsparteien in Frankreich, Japan, Schweden oder den Vereinigten Staaten sind offenbar nur die besonders dramatische Manifestation einer allgemeineren Malaise. Auch dort, wo sich – wie in Großbritannien oder bei uns – die Regierungsparteien behaupten konnten, sinken Wahlbeteiligung und Politikvertrauen, während die Parteienschelte schriller wird und die Staatsverdrossenheit (oder in den USA sogar die aktive Feindschaft gegen den Staat) um sich greift. Kurz: sechs Jahre nach ihrem welthistorischen Triumph finden sich die kapitalistischen Demokratien selbst offenbar in einer kritischen Phase, wenn nicht gar in einer tiefen Depression.
Dies hat gewiß etwas mit veränderten Aufmerksamkeiten zu tun. Wo man während der atomaren Konfrontation für jeden Tag dankbar sein mußte, an dem die Welt noch nicht in die Luft gesprengt wurde, da richtet sich nun der Blick auf eine Vielzahl anderer Probleme – die seit zwei Jahrzehnten anhaltende Massenarbeitslosigkeit beispielsweise und die seitdem sich wieder ausbreitende Armut, die immer noch weitergehende Zerstörung unserer natürlichen Lebensgrundlagen und die manifeste Unfähigkeit der westlichen Regierungen zu einer gemeinsamen Politik der Friedenssicherung. Es wäre jedoch verfehlt, die wachsende Unzufriedenheit allein der veränderten Aufmerksamkeit oder gar den Medien zuzuschreiben. Im Vergleich zu dem Anspruchsniveau, das in den Nachkriegsjahrzehnten aufgebaut wurde, haben sich die Erfolgsbedingungen der kapitalistischen Demokratien effektiv verschlechtert.

I. Demokratie im internationalen Kapitalismus

Demokratie zielt auf kollektive Selbstbestimmung – auf die Möglichkeit also, das Schicksal eines politischen Gemeinwesens nach den Präferenzen seiner Mitglieder autonom und effektiv zu gestalten. Dabei impliziert Autonomie einerseits die unmanipulierte Authentizität der internen Willensbildung und andererseits die Unabhängigkeit dieser Willensbildung von externen Willensakten. Und obschon Autonomie weder mit Autarkie noch gar mit Omnipotenz gleichgesetzt werden darf, kann sich der Sinn von Demokratie nicht im zweckfreien Diskurs erschöpfen. Selbstbestimmung bleibt auf die praktische Gestaltung der Verhältnisse des Gemeinwesens gerichtet. Wo also keine effektive Wahl bleibt, da endet mit der Freiheit (Luhmann 1995) auch die Effektivität demokratischer Selbstbestimmung.

Die gegenwärtige Malaise der westlichen Demokratien, so meine zentrale These, hat ihre wichtigste Ursache darin, daß autonome Willensbildung bisher nur in Gemeinwesen auf der lokalen, regionalen und nationalen Ebene institutionalisiert werden konnte, während die realen Problemzusammenhänge in immer mehr Bereichen die nationalen Grenzen überschreiten und sich dadurch der effektiven Selbstbestimmung in diesen Gemeinwesen entziehen. Globale Kommunikation verändert nationale Kulturen; globaler Terrorismus und globale Kriminalität gefährden die innere Sicherheit; globale Wanderungsbewegungen verändern die Zusammensetzung der Bevölkerung; globale Umweltbelastungen beeinträchtigen die Lebensqualität – die Liste ließe sich leicht verlängern. Aber nichts berührt die Effektivität demokratischer Selbstbestimmung in so fundamentaler Weise wie die Einbettung der nationalen Ökonomie in die kapitalistische Weltwirtschaft.

1. Die prekäre Symbiose

In den kapitalistischen Demokratien werden die Wohlfahrt der Bürger und das Steueraufkommen und damit auch die Handlungsmöglichkeiten der staatlichen Politik in umfassender Weise von der Leistungsfähigkeit der Ökonomie bestimmt, während die Politik ihrerseits die ökonomische Entwicklung durch vielerlei infrastrukturelle Vorleistungen erst ermöglicht und durch eine Fülle von Interventionen fördert und reguliert. Trotz dieser symbiotischen Abhängigkeit ist das Verhältnis zwischen der kapitalistischen Ökonomie und der demokratischen Politik grundsätzlich prekär. Während diese sich an den Interessen der breiten Mehrheit der Wähler und an Gerechtigkeitsnormen orientieren muß, wird jene von der Logik der Kapitalverwertung gesteuert. Aus dieser Differenz hat die polit-ökonomische Theorie der siebziger Jahre einen systemzerstörenden Widerspruch ableiten wollen. Für Claus Offe (1972) beispielsweise manifestierte sich das „politische Dilemma der Technokratie" darin, daß gerade eine ökonomisch erfolgreiche staatliche Wirtschaftspolitik die Massenloyalität – und damit die Grundlage der demokratischen Politik – untergraben mußte, und auch Jürgen Habermas (1973) rechnete mit Legitimationskrisen als Folge der Inanspruchnahme des demokratischen Staates für die nicht verallgemeinerungsfähigen Kapitalinteressen. Umgekehrt erwarteten konservative Theoretiker (Crozier et al. 1975; Hennis et al. 1977, 1979) eine demokratische Anspruchsinflation, die nicht nur den Staat überfordern, sondern auch die Ökonomie ruinieren mußte.

So oder so sollte die kapitalistisch-demokratische Symbiose also in die Krise führen – und tatsächlich hat ja auch die Krisenhaftigkeit polit-ökonomischer Entwicklungen seit der Wiederkehr der Massenarbeitslosigkeit in den siebziger Jahren wieder deutlich zugenommen. Trotzdem ist gegenüber allen prinzipiellen Unvereinbarkeits-Vermutungen daran zu erinnern, daß es ja den westlichen Demokratien in den Nachkriegsjahrzehnten durchaus gelungen war, die Fortschritts- und Wachstumsdynamik der kapitalistischen Ökonomie zu nutzen, den kapitalistischen Krisenzyklus zu dämpfen

und Massenarbeitslosigkeit zu vermeiden, die kapitalistische Ausbeutung von Menschen und Natur regulativ zu begrenzen und die Ungerechtigkeit der kapitalistischen Verteilung von Lasten und Erträgen sozialstaatlich zu korrigieren. Grundlage dieser „demokratischen Zivilisierung des Kapitalismus" war freilich eine besondere, weder vorher noch seitdem gegebene historische Konstellation:
Der demokratische Staat hat sich zwar in historischer Symbiose, aber auch im Dauerkonflikt mit der kapitalistischen Ökonomie entwickelt. Die Ökonomie tendiert zur globalen Verflechtung; Staat und Demokratie sind territorial beschränkt. Die kapitalistische Dynamik wird durch zyklische Krisen und „kreative Zerstörung" vorangetrieben; die demokratische Politik ist auf Krisenvermeidung und Besitzstandswahrung gerichtet. Der kapitalistische Wettbewerb zwingt die Unternehmen zur maximalen Ausbeutung aller Produktionsfaktoren, einschließlich der menschlichen Arbeitskraft und der natürlichen Ressourcen; die soziale und ökologische Demokratie muß Verteilungsgerechtigkeit, Arbeitnehmerrechte und den Schutz der natürlichen Lebensgrundlagen anstreben. Jeweils konsequent zuende gedacht, müßte der Kapitalismus sich in der globalen Ökonomie von allen staatlichen und gewerkschaftlichen Beschränkungen der Kapitalverwertung befreien, während die demokratische Politik ihr Ideal in einer staatlich durchgeregelten Nationalwirtschaft fände, in der zwar Krisen verboten und Erträge gerecht verteilt, aber zugleich die kapitalistische Effizienz und Dynamik außer Kraft gesetzt wären. Verträglich, so kann man folgern, könnte also nur eine einigermaßen stabile Balance dieser widerstreitenden Tendenzen sein. Diese stößt freilich auf spezifische Schwierigkeiten: Die demokratische Politik wird in erster Linie durch Krisen auf den Arbeitsmärkten und Gütermärkten zu Steuerungsversuchen veranlaßt, während die effektive Steuerungsfunktion der kapitalistischen Ökonomie im Kapitalmarkt liegt, von dem zuerst die Investitionen, dann die Produktion und schließlich auch die Beschäftigung bestimmt werden. Das Kapital aber ist zur Erzielung von Renditen nicht allein auf Realinvestitionen angewiesen, sondern hat auch die Option zinsbringender oder spekulativer Geldanlagen, oder es kann konsumiert werden. Überdies ist Kapital der international mobilste Produktionsfaktor, der sich nationalstaatlichen Kontrollen am leichtesten entziehen kann. Die balancierte Symbiose von Kapitalismus und Demokratie kann also, so wird man vermuten, nicht immer gut gehen.
Faktisch waren die Kapitalmärkte vor dem Ersten Weltkrieg und unter der Herrschaft des Goldstandards vollständig internationalisiert und von jeder nationalen Kontrolle befreit – und dementsprechend gering war der steuernde Einfluß der Politik auf die Krisenzyklen der kapitalistischen Ökonomie.[1] Diese Konstellation wurde nach dem Ersten Weltkrieg wiederhergestellt, aber sie zerbrach dann schließlich in der (eben wegen der internationalen Verflochtenheit der Kapitalmärkte weltweiten) Depression der dreißiger Jahre. Unter dem politisch unabweisbaren Druck der Massenarbeitslosigkeit setzten sich nun die Staaten überall gegen den globalen Kapitalismus zur Wehr. Die zur Vorbereitung des Krieges betriebene Autarkiepolitik des Deutschen Reiches war gewiß ein Extremfall, aber auch alle anderen Länder optierten damals für den

---

[1] Deshalb ist es aus demokratietheoretischer Sicht auch kein Trost, wenn auf Untersuchungen hingewiesen wird, die zeigen daß der Grad der Internationalisierung der Ökonomie in der Periode vor dem Ersten Weltkrieg kaum geringer war als heute (Held 1991; Hirst/Thompson 1995).

Protektionismus und versuchten, die heimische Produktion durch kompetitive Abwertung, hohe Zollmauern und Einfuhrverbote zu schützen und zugleich den Abfluß von Investitionskapital durch eine umfassende Devisenbewirtschaftung und rigide Kapitalverkehrskontrollen zu unterbinden. Der internationale Kapitalmarkt wurde also zerstört, und der offene Weltmarkt für Güter und Dienstleistungen durch gegeneinander abgeschottete Nationalwirtschaften ersetzt – mit der durchaus erwartbaren Folge, daß das zuvor unter den Bedingungen einer funktionierenden internationalen Arbeitsteilung erreichte Wohlstandsniveau weit unterschritten wurde.

2. Die Große Transformation und ihr Ende

Aber gerade aus dieser Zerstörung der Weltwirtschaft erwuchs jene „Große Transformation" (Polanyi 1977), die in den Nachkriegsjahrzehnten die demokratische Zivilisierung der kapitalistischen Ökonomie ermöglichte. Weil die Nationalwirtschaften nun durch effektiv kontrollierte Grenzen geschützt waren, konnte die nationale Politik die „keynesianischen" Instrumente zur krisendämpfenden Steuerung der Wirtschaftsabläufe einsetzen und zugleich leistungsfähige Systeme der sozialstaatlichen Sicherung und Umverteilung aufbauen. Grundlage der Vollbeschäftigungspolitik war die Kontrolle über den Kapitalverkehr, die es der nationalen Zinspolitik erlaubte, die Alternativ-Rendite zu regulieren, mit welcher Kapitalanleger allenfalls rechnen konnten, wenn sie statt arbeitsplatzschaffender Realinvestitionen zinsbringende Geldanlagen wählten. Zugleich bot die Kontrolle über den Außenhandel die Möglichkeit, auch ausländische Anbieter den im Inland geltenden regulativen Bedingungen zu unterwerfen. Die einheimischen Anbieter konnten deshalb die Kosten sozialpolitischer oder umweltpolitischer nationaler Regelungen ohne Gefährdung durch ausländische Konkurrenten auf die Preise überwälzen und auf diese Weise trotz der Regulierung die Rendite des eingesetzten Realkapitals sichern. Die Kontrolle des Nationalstaats über die eigenen Grenzen schuf also die Voraussetzungen dafür, daß in den Nachkriegsjahrzehnten Staat und Gewerkschaften die Chance erhielten, einerseits die durchsetzbaren Rendite-Erwartungen der Kapitalanleger in gewissen Grenzen zu reduzieren, und andererseits in diesem Rahmen die Bedingungen der kapitalistischen Produktion in effektiver Weise zu regulieren.[2] Weil dies so war, konnten die kapitalistischen Demokratien auch höchst unterschiedliche sozio-ökonomische Strukturen und höchst unterschiedliche Sozialstaatsmodelle ausbilden, ohne daß dadurch die kapitalistische Dynamik gelähmt worden wäre. Jedenfalls florierte der private Sektor der Ökonomie im schwedischen Wohlfahrtsstaat nicht weniger als in der deutschen sozialen Marktwirtschaft oder im amerikanischen Free-Enterprise-System.

Daran änderte auch die schrittweise Re-Integration der Weltwirtschaft zunächst nichts. Im Gegenteil: Die unter amerikanischer Führung international vereinbarten Regelungssysteme stützten und stärkten die nationalen Gestaltungsmöglichkeiten. Das Bretton-

---

[2] Ökonomisch gesprochen ermöglichte es die Kontrolle über die Außengrenzen den Staaten (und den Gewerkschaften), im Verhältnis zu den Kapitalanlegern „Renten" durchzusetzen die oberhalb des bei völliger Kapital-Mobilität erwartbaren „Gleichgewichtspreises" für die gebotenen Standortvorteile lagen. Aus diesen Renten konnten sozialstaatliche und andere öffentliche Leistungen finanziert werden, auch wenn sie nicht „wirtschaftsdienlich" waren.

Woods-System der festen, von den Regierungen gemeinsam festgesetzten Wechselkurse schützte vor der Versuchung der kompetitiven Abwertung; der Internationale Währungsfonds ermöglichte die Überbrückung temporärer Zahlungsbilanz-Defizite; und im Falle dauerhafter Wettbewerbsungleichgewichte blieben Wechselkursänderungen dennoch möglich. Ebenso führte auf den Gütermärkten die über Jahrzehnte sich hinziehende Abfolge von GATT-Verhandlungen nur zu einem schrittweisen, nationale Anpassungs-Strategien begünstigenden Abbau der Zollmauern und anderer Handelsschranken, und bei dennoch auftretenden Krisen in einzelnen Wirtschaftszweigen blieben vielfältige Ausnahmen zulässig. Kurz: Anders als der unkontrollierte internationale Kapitalismus der Vorkriegszeit erlaubte der „embedded liberalism" der weltwirtschaftlichen Regelungssysteme in den Nachkriegsjahrzehnten die Nutzung der Vorteile der internationalen Arbeitsteilung ohne die Fähigkeit der Nationalstaaten zur politischen Gestaltung ihrer internen wirtschaftlichen und gesellschaftlichen Ordnung zu beseitigen (Ruggie 1982).

Diese Voraussetzungen sind heute nicht mehr gegeben. Der wichtigste Grund liegt darin, daß die Politik seit Anfang der siebziger Jahre die Kontrolle über die Kapitalmärkte verloren hat. Damals zerbrach das System der festen Wechselkurse, weil die Vereinigten Staaten die Sonderstellung des Dollars als offizielle Reservewährung zur inflationären Finanzierung des Vietnam-Kriegs mißbraucht und damit die Dominanz der extraterritorialen, von keiner Notenbank kontrollierten „Eurodollar-Märkte" begründet hatten (Calleo 1994). Danach war der Währungsspekulation Tür und Tor geöffnet, die Kapitalverkehrskontrollen verloren ihre Wirksamkeit, und im Gefolge der Ölpreis-Krisen wurden nicht nur die Länder der Dritten Welt, sondern auch die westlichen Industriestaaten zunehmend abhängig von den internationalen Kapitalmärkten, deren Zinsniveau nun die Mindestrendite für das anlagesuchende Kapital bestimmt. Dies hatte zwei wichtige Folgen: Die nationale Geldpolitik verlor die Möglichkeit, durch Zinssenkung die relative Attraktivität von Realinvestitionen zu erhöhen. Wer nun die Zinsen unter das internationale Niveau senkt, schafft nicht mehr Arbeitsplätze, sondern treibt nur das Kapital aus dem Land. Damit haben die Instrumente der keynesianischen Vollbeschäftigungspolitik im nationalen Rahmen ihre Effektivität verloren (Scharpf 1987). Zugleich stehen nun alle Nationalstaaten im Wettbewerb untereinander um das international hochmobile Anlagekapital und bemühen sich deshalb darum, Kapitalanlegern möglichst attraktive Konditionen zu bieten. Wegen dieses Wettbewerbs wurden in den achtziger Jahren die Spitzen-Steuersätze in einem Land nach dem anderen drastisch gesenkt (Steinmo 1994), und aus dem gleichen Grund zögern immer mehr Länder, ihre rechtlich weiterbestehenden Steuern auf Kapitaleinkommen auch faktisch durchzusetzen. Diese – durch kommunikationstechnische und finanztechnische Innovationen faktisch unumkehrbar gewordene – Globalisierung der Kapitalmärkte hat die in der Nachkriegszeit gewonnene Steuerungsfähigkeit der nationalen Politik gegenüber dem Kapital wieder zunichte gemacht. Kurz: „Polanyi's Great Transformation is over" (Cerny 1994: 339).

Während aber die Globalisierung der Kapitalmärkte eher wie ein (allerdings selbstverschuldetes) Unglück über die westlichen Industriestaaten hereingebrochen war, blieb die Integration der Märkte für Güter und Dienstleistungen das Ergebnis zielstrebiger Verhandlungen zwischen den Regierungen. Auf der internationalen Ebene kam es, wie schon gesagt, über Jahrzehnte hinweg zu immer neuen Runden von

GATT-Verhandlungen, in denen die Regierungen sich verpflichteten, die bestehenden Zollmauern und Handelsbeschränkungen schrittweise abzubauen. Aber diese Vereinbarungen enthalten auch heute noch vielfältige Ausnahmen zum Schutz gefährdeter Wirtschaftszweige, und wenn in dem dafür vorgesehenen Verfahren ein Staat der Vertragsverletzung überführt wird, beschränkt sich die Sanktion im wesentlichen darauf, daß nun auch andere Staaten diesem gegenüber zur Diskriminierung berechtigt sind. Es handelt sich, in anderen Worten, bei GATT und WTO im Prinzip weiterhin um ein freiwilliges Verhandlungssystem, bei dem die Staaten nur an Regelungen gebunden werden, denen sie freiwillig zugestimmt haben, und bei denen sie darüber hinaus die faktische und weitgehend auch die rechtliche Freiheit der einseitigen Aktion behalten. Die Beschränkungen des GATT reichen also nicht weiter als das Interesse[3] der Staaten an der reziproken Selbstbeschränkung ihrer Handlungsmöglichkeiten.

3. Negative Integration im Binnenmarkt

Anders die westeuropäische Integration. Hier gingen schon die römischen Verträge von 1957 über die Ziele des GATT weit hinaus, und die Einheitliche Europäische Akte von 1986 hat den Anspruch auf Herstellung eines europäischen „Binnenmarktes" noch einmal radikalisiert und seine Einlösung auf den 31. 12. 1992 datiert. Im wesentlichen ist dieser Anspruch auch erfüllt worden. Der fundamentale Unterschied zum GATT ergibt sich aus der Tatsache, daß die in den römischen Verträgen übernommene Verpflichtung der Mitgliedstaaten, nationale Handelshindernisse zu beseitigen und wettbewerbsverzerrende Maßnahmen zu unterlassen, von der Kommission und vom Europäischen Gerichtshof als unmittelbar anwendbares, gegenüber Gesetz und Verfassung der Mitgliedstaaten vorrangiges „supranationales" Recht interpretiert wurde, und daß diese Interpretation auch von den nationalen Gerichten akzeptiert und in innerstaatlichen Verfahren angewandt wird.[4] Daß dieses Ergebnis keineswegs selbstverständlich war, sondern durchaus der politikwissenschaftlichen Erklärung bedarf, ist erst in neuerer Zeit – und vor allem amerikanischen Juristen – aufgefallen (Weiler 1981, 1994; Burley/Mattli 1993; Mattli/Slaughter 1995). Hier ist entscheidend, daß die Regeln dieser „negativen Integration" jeweils im Einzelfall, und ohne Beteiligung des Ministerrats, von der Europäischen Kommission, dem Europäischen Gerichtshof und den nationalen Gerichten gegen jeweils einzelne Mitgliedstaaten durchgesetzt werden können.

Die negative Integration schließt alle nationalen Maßnahmen und existierenden Regelungen aus, welche geeignet sein könnten, die Freiheit des grenzüberschreitenden Verkehrs von Waren, Personen, Dienstleistungen und Kapital zu beschränken oder den freien und gleichen Wettbewerb zwischen inländischen und ausländischen An-

---

3 Damit will ich nicht ausschließen, daß unter der politisch-ökonomischen Hegemonie der Vereinigten Staaten oder unter der ideologischen Hegemonie der Freihandels-Doktrin manche Regierungen einer über das wohlverstandene Eigenintersse hinausgehenden Liberalisierung zugestimmt haben mögen.
4 Mestmäcker (1994: 272ff.) spricht deshalb mit Recht von einer „Konstitutionalisierung" der vier wirtschaftlichen Grundfreiheiten durch die Rechtsprechung des Europäischen Gerichtshofs.

bietern oder Nachfragern zu verzerren. Damit hat aber die nationale Politik im Prinzip die Möglichkeit verloren, die heimischen Anbieter vor ausländischen Konkurrenten zu schützen, die an ihrem Standort unter kostengünstigeren regulativen Bedingungen produzieren können. Die Unternehmen können deshalb die höheren Kosten nationaler Regelungen auch nicht mehr über höhere Preise auf die Konsumenten überwälzen. Statt dessen führen sie nun – Wechselkurs-Konstanz vorausgesetzt – zu Gewinneinbußen, Produktionseinschränkung, Arbeitsplatz-Abbau und Desinvestition im Inland. Auf der nationalen Ebene läuft die europäische Integration also auf einen doppelten – rechtlichen und politischen – Zwang zur Deregulierung hinaus. Rechtlich können alle bisherigen Regelungen insoweit keinen Bestand haben, wie sie als Diskriminierung auslandischer Anbieter, die am heimischen Standort unter anderen rechtlichen Bedingungen produzieren, interpretiert werden konnen. Wenn aber alle ausländischen Anbieter auf den nationalen Märkten zugelassen werden müssen, dann entsteht politischer Druck von Seiten der betroffenen Unternehmen und ihrer Arbeitnehmer auf Beseitigung belastender Regelungen, die nur noch für die einheimischen Anbieter gelten und deshalb als „Inländerdiskriminierung" wirken müssen. Da überdies im vollendeten Binnenmarkt auch die einheimischen Anbieter die Option einer Produktionsverlagerung an günstigere ausländische Standorte haben, ohne dadurch ihren Zugang zum heimischen Markt zu gefährden, so erzeugt die negative Integration eine Standortkonkurrenz zwischen den Mitgliedstaaten der Europäischen Gemeinschaft, durch die, wenn sonst nichts geschieht, „einem reinen Laissez-faire-Kapitalismus – bei Freizugigkeit der Produktionsfaktoren und Wegfall der Grenzen – Tür und Tor geöffnet" würde (von der Groeben 1992: 123).[5]

Wenn sonst nichts geschieht – aber die Europäische Union, welche die Handlungsfähigkeit ihrer Mitgliedstaaten so gravierend beschneidet, hat einerseits im Außenverhältnis alle vom GATT bzw. der WTO belassenen Möglichkeiten des Schutzes vor externen Konkurrenten (und nutzt diese fast ebenso extensiv wie die Vereinigten Staaten dies tun); und sie hat andererseits im Innenverhältnis neben der negativen auch die Option der „positiven Integration", also der Re-Regulierung auf der europäischen Ebene durch Harmonisierung nationaler Regelungen und eigenständige europäische Programme.[6] Anders als die Maßnahmen der negativen Integration können diese positiven Maßnahmen freilich nicht von Rechts wegen allein von der Kommission

---

5 Wiederum ökonomisch gesprochen werden jetzt die früheren „Renten" der Staaten (und der nationalen Gewerkschaften) durch den Standortwettbewerb wegkonkurrenziert. Von nun an ist zu unterscheiden zwischen „wirtschaftsdienlichen" und anderen Leistungen des Staates. Während für die ersten weiterhin ein „Steuerpreis" erhoben werden kann (der unter dem Druck der Konkurrenz allerdings auf die Grenzkosten gedrückt wird), müssen die zweiten nun ausschließlich durch die Besteuerung der nicht-mobilen Bevölkerung finanziert werden (Sinn 1993; Sinn 1994; Streit 1994).

6 Mestmäcker (1994: 274) hält allerdings eine „wirtschaftsverfassungsrechtliche Gewaltenteilung zwischen Gemeinschaft und Mitgliedstaaten" für völlig ausreichend:
„Aufgabe der Gemeinschaft ist es bei dieser Betrachtung, die wirtschaftlichen Freiheitsrechte, den Binnenmarkt und das System unverfälschten Wettbewerbs mit Vorrang vor dem Recht der Mitgliedstaaten zu gewährleisten. Den Mitgliedstaaten bliebe es uberlassen, die demokratische Legitimation beanspruchenden, diskretionären Politiken in eigener Zuständigkeit, aber unter den Bedingungen offener Märkte zu betreiben."
Die Frage nach dem verbleibenden Spielraum solcher „diskretionären Politiken" auf der nationalen Ebene wird hier nicht gestellt.

und den Gerichten durchgesetzt werden, sondern sie bedürfen in jedem Fall der politischen Zustimmung des Ministerrats und – in unterschiedlichen Varianten – der Mitwirkung des Europäischen Parlaments. Damit scheinen sich also im Verhältnis zwischen der nationalen und der europäischen Politik Bedingungen herzustellen, die in der gleichen Weise immer schon im Verhältnis zwischen lokalen und regionalen politischen Institutionen und dem demokratischen Nationalstaat gegolten haben. Ebenso wie dort, so sollte man denken, müssen nun eben die Regulierungsaufgaben, die wegen der ökonomischen Standortkonkurrenz nicht mehr auf der unteren, nationalstaatlichen Ebene erfüllt werden können, künftig von der Europäischen Union wahrgenommen werden. Die Realisierungschancen dieser Lösung hängen freilich unmittelbar von der Frage nach der demokratischen Legitimierbarkeit europäischer Entscheidungen ab, die seit einiger Zeit unter dem Stichwort des „europäischen Demokratidefizits" mit zunehmender Skepsis diskutiert wird. Dieser Frage will ich mich hier über den Umweg einer Erörterung der Bedingungen demokratischer Legitimation im föderalen Nationalstaat nähern.

II. Demokratische Legitimation im föderalen Staat

1. Die foderale politische Ökonomie

Die soeben diskutierten Beschränkungen bestanden in strukturgleicher Form schon immer für die Landespolitik (und erst recht für die Kommunalpolitik) in foderalen Nationalstaaten. Hier waren ja die Grenzen des politischen Gemeinwesens seit jeher enger gezogen als die des Wirtschaftsraums, und die subnationale Politik hatte im Prinzip nie die Moglichkeit, die eigenen Grenzen zu kontrollieren und Produkte[7] aus anderen Regionen desselben Staates auszusperren oder durch Einfuhrzölle zu belasten. Die Standortkonkurrenz nahm den Gliedstaaten die Möglichkeit, Regelungen einzufuhren, welche die Produktionskosten der im überregionalen Wettbewerb stehenden Unternehmen überdurchschnittlich belastet hätten.[8] Deshalb war es beispielsweise in den ersten Jahrzehnten dieses Jahrhunderts auch den „progressiven" unter den amerikanischen Einzelstaaten nie moglich, von sich aus (d.h. ehe in der Verfassungsrevolution von 1937 die Bundeskompetenz anerkannt wurde) ein Verbot der Kinderarbeit durchzusetzen (Graebner 1977). Aus ähnlichen Gründen sträuben sich heute die deutschen Länder gegen wohlmeinende Vorschläge, die ihnen im Interesse einer vitaleren

---

7 Anders verhielt und verhält es sich zum Teil auch heute noch bei der Freizügigkeit von Personen. Die wechselseitige Anerkennung des Abiturs wird sogar zwischen den deutschen Ländern immer wieder einmal in Frage gestellt, und in den Vereinigten Staaten war es in der Nachkriegszeit noch ganz selbstverständlich, daß Ärzte beim Wechsel von einem Staat in einen anderen ihre Approbation jeweils durch eine Prüfung neu erwerben mußten. Für das „Bar Exam" der Anwalte gilt das auch heute noch – ebenso wie fur die „Landeskinder-Privilegien" an den einzelstaatlichen Hochschulen.
8 Das Argument gilt selbstverständlich nicht für produktbezogene Qualitätsnormen, insbesondere wenn das Produkt in dem betreffenden Gliedstaat gar nicht hergestellt wird. Deshalb begannen einzelne amerikanische Staaten in den sechziger Jahren mit durchaus aggressiven Abgas-Regelungen fur Automobile – mit der Folge, daß die Industrie bundeseinheitliche Standards verlangte (Schoenbrod 1993).

und autonomeren Landespolitik Hebesatzrechte auf die Einkommen- und Körperschaftssteuer einräumen wollen (Große-Sender 1990). Sie befürchten, daß gerade die wirtschaftsschwachen Länder in einen circulus vitiosus geraten könnten, in dem sozialpolitisch notwendige Steuererhöhungen die Abwanderung von Unternehmen und damit noch ungünstigere wirtschaftliche Bedingungen zur Folge hätten. Mit anderen Worten, in wirtschaftsrelevanten Politikfeldern ist die Effektivität der demokratischen Selbstbestimmung – im Sinne der oben eingeführten Unterscheidung – auf der subnationalen Ebene außerordentlich gering.

Im Prinzip hat sich deshalb in föderalen Staaten eine charakteristische Kompetenzverteilung im Verhältnis zur Wirtschaft eingespielt, bei der die Gliedstaaten sich im wesentlichen auf die Wirtschaftsförderung und die Pflege jener Infrastruktur-Bedingungen konzentrieren, die einen Standort für Unternehmen attraktiv machen können, während die aus der Sicht der Kapitalanleger belastenden Steuern, Abgaben und Regulierungen (etwa im Umweltschutz und Arbeitsschutz, im Tarifrecht oder in der Mitbestimmung) und die Regelung sozialstaatlicher Leistungen (Rentenversicherung, Arbeitslosenversicherung, Krankenversicherung oder die Lohnfortzahlung im Krankheitsfall) wie selbstverständlich dem Zentralstaat überlassen werden. Wo dieser seine Kompetenzen nicht voll ausschöpfen konnte, wie etwa in den Vereinigten Staaten oder in der Schweiz, da florierte nicht etwa die lokale oder regionale Sozialpolitik, sondern die Entwicklung des Sozialstaats blieb deutlich hinter dem Durchschnitt der hochindustrialisierten Staaten zurück (Alber 1982; Leibfried u.a. 1985; Esping-Andersen 1990).

2. Tatbestandliche Voraussetzungen demokratischer Legitimation

Da die subnationale Politik ihre Grenzen nicht kontrollieren kann, ist sie auch nirgends allzuständig und souverän, sondern immer durch die Existenz zentralstaatlicher Kompetenzen beschränkt. Die Frage ist, ob sie dennoch den normativen Anforderungen autonomer demokratischer Willensbildung genügen konnte. Für die Kommunen in allen Staaten und auch für die regionalen Untergliederungen dezentralisierter Einheitsstaaten erscheint diese Frage kaum sinnvoll: Was dort an demokratischen Prozeduren institutionalisiert ist, lebt von der Legitimation des Nationalstaats und steht zur Disposition des nationalen Gesetzgebers oder jedenfalls Verfassungsgebers – kann also von diesem gewährt und aufgehoben, ausgeweitet und eingeschränkt werden. Auch wenn regionale Wahlen stattfinden und repräsentative Versammlungen Regelungszuständigkeiten ausüben, geht es dabei um staatlich delegierte „Selbstverwaltung" und nicht um originäre demokratische Selbstbestimmung.

Föderale Verfassungen wollen das anders regeln – nämlich im Sinne einer eigenständigen Legitimationsgrundlage sowohl des Zentralstaats als auch der Gliedstaaten. Die Frage ist aber, welche „Tatbestandsmerkmale" (normativ) erfüllt sein müssen, um originäre demokratische Legitimation zu begründen – und ob sie im konkreten Fall tatsächlich erfüllt werden. Ich konzentriere mich hier auf die normative Frage.

Demokratische Selbstbestimmung läßt sich nicht definieren, ohne zugleich das Kollektiv oder das Gemeinwesen anzugeben, das über sich selbst bestimmen soll. Aber während jedes beliebige Aggregat von Personen der Fremdbestimmung unterworfen werden kann, ist die Fähigkeit zur Selbstbestimmung von Voraussetzungen abhängig, die allerdings meist implizit bleiben. Wo sie expliziert werden, werden sie oft mit „kommunitären" Begriffen der traditionalen, ethnischen oder kulturellen „Identität" umschrieben,[9] und lassen sich dann leicht als vormoderne Relikte disqualifizieren, die dem Anspruch eines aufgeklärten ethischen Universalismus nicht standhalten (Habermas 1992). Das mag man aus philosophischer Perspektive so sehen. Aber logisch könnte die universalistische Ethik ja nur die undifferenzierte Solidarität aller mit allen in der Weltgesellschaft postulieren – sie bietet also keine Hilfe für die Frage nach der Möglichkeit von Demokratie in weniger umfassenden Einheiten.

Es scheint mir sinnvoll, sich der Frage von der Seite des Legitimationsbedarfs her zu nähern. Er wäre gering in Konstellationen, in denen im Prinzip alle Interessen befriedigt werden können – die also im spieltheoretischen Jargon dem reinen Koordinationsspiel entsprechen.[10] In Konstellationen freilich, die spieltheoretisch als Koordinationsprobleme mit Verteilungskonflikt („Battle of the Sexes"), als Dilemma-Probleme („Prisoner's Dilemma" oder „Chicken Game" oder gar als Konflikt-Situation („Deadlock" oder Nullsummen-Spiele) charakterisiert werden müssen, kann die ex-ante Übereinstimmung der Präferenzen nicht vorausgesetzt werden (Zürn 1992). Wenn hier trotz fortbestehendem Dissens mit Mehrheit entschieden werden soll, dann ist dies Herrschaftsausübung, und dann bedarf die Entscheidung desto stärkerer Legitimation, je mehr die Präferenzen voneinander abweichen. Mit anderen Worten: nicht das Mehrheitsvotum als solches (das ja auf die Ausbeutung, Unterdrückung oder sogar Ausrottung der Minderheit hinauslaufen könnte) schafft Legitimation, sondern die Herrschaft der Mehrheit muß selbst legitimiert werden.

Unter individualistischen Prämissen kann dies nur bedeuten, daß Legitimationskraft all jenen Bedingungen zugeschrieben werden muß, die erwarten lassen, daß die Mehrheit ihre Machtausübung an den Kriterien der Gemeinwohldienlichkeit und der Verteilungsgerechtigkeit orientiert, und jedenfalls nicht zur Ausbeutung, Unterdrückung oder Ausrottung der Minderheit einsetzen wird. Von den Bürgern eines demokratischen Gemeinwesens verlangt dies die Bereitschaft, die eigenen Interessen zugunsten größerer gemeinsamer Vorteile zurückzustellen; die Bereitschaft unter bestimmten Bedingungen einer Umverteilung zugunsten anderer zuzustimmen; und die Bereitschaft, bei der Verteilung von Vorteilen und Lasten Kriterien der Gerechtigkeit als maßgeblich anzuerkennen.

Bei der üblichen Unterstellung egoistisch-rationaler Handlungsorientierungen könnte diese Bereitschaft aber allenfalls von Akteuren erwartet werden, die „hinter dem Schleier des Nichtwissens" (Rawls 1971) über künftige Lösungen zu entscheiden haben. Wo sie Bürgern zugemutet werden müßte, die in Kenntnis der sie treffenden Vor- und Nachteile handeln sollen, muß die theoretische Annahme egoistisch-rationaler Handlungsorientierungen ersetzt werden durch die Unterstellung, daß der Nutzen der

---

9 Für Roos (1988: 16) beispielsweise setzt die „Anwendung des Mehrheitsprinzips bzw. seine Akzeptanz durch die unterlegene Minderheit ... einen ‚bereits geformten sozialen Korper' voraus, dessen Grundeinheit auf von allen akzeptierten Zielen bzw. Grundwerten beruht. Nur unter dieser Voraussetzung ist ja die Mehrheit ‚repräsentativ' für alle."

10 Mit diesem Argument begrundet Majone (1994) die nicht-majoritare Legitimation „effizienz-orientierter" Regulierungen auf der europäischen Ebene, während Verteilungsentscheidungen einer stärkeren demokratischen Legitimation bedürften. Über der plausiblen analytischen Unterscheidung sollte man freilich die faktische Verteilungs-Intensität vieler EU-Entscheidungen nicht übersehen.

anderen Beteiligten als Argument mit positiver Valenz in die Nutzenfunktion eines jeden eingehe.[11] Nur wenn diese wechselseitige Solidaritätsbereitschaft vorausgesetzt wird, kann erwartet werden, daß die jeweilige Mehrheit auch auf die Belange der Minderheit Rücksicht nehmen wird, und nur dann kann auch der Minderheit die freiwillige Hinnahme von Mehrheitsentscheidungen mit guten Gründen zugemutet werden. Die Herrschaft der Mehrheit, in anderen Worten, ist nur in Gemeinwesen normativ akzeptabel und faktisch stabilisierbar, welche die wesentlichen Eigenschaften einer „Gemeinschaft" (Vobruba 1994) oder jedenfalls eine balastbare „Wir-Identität" (Elias 1987) aufweisen.[12]

Diese sozio-psychischen Voraussetzungen mögen sich auf eine evolutionär stabilisierte menschliche Fähigkeit zu solidarischem Verhalten (der dann das Mißtrauen gegen die Nicht-Zugehörigen entspricht) (Novak/Sigmund 1992; 1993) stützen, aber sie sind oberhalb der Ebene der familiaren und freundschaftlichen Vergemeinschaftung keineswegs universell erwartbar. Sie müssen vielmehr durch Sozialisation, Indoktrination, und Investitionen in die kollektive Identität von Klassen, sozialen Bewegungen, Organisationen und politischen Gemeinwesen aufgebaut und durch selektive Kommunikation stabilisiert werden. Sie sind immer von Erosion bedroht, und dies insbesondere unter den Bedingungen weltweit entdifferenzierter Kommunikation. Die Durchsetzung einer kollektiven Identität, Loyalität und Solidaritätsbereitschaft auf der Ebene des Nationalstaats erscheint deshalb als eine höchst voraussetzungsvolle, historisch-kontingente Leistung (Münch 1993; Böckenförde 1995), die freilich fast durchweg mit der Zerstörung oder jedenfalls Delegitimierung der politischen Identität „partikulärer" Einheiten einherging (Majone 1990).

Wo diese Nationalisierung der politischen Identität sich vollständig durchsetzte, da ist originäre demokratische Legitimation auf der subnationalen Ebene gar nicht mehr verfügbar. Was immer dort an delegierter „Selbstverwaltung" stattfindet, hat nicht die Fähigkeit, Herrschaft zu legitimieren. Für die hier interessierenden Fragen bedeutet dies, daß die „harten" politischen Entscheidungen, bei denen Opfer auferlegt und Verteilungsfragen geregelt werden müssen, grundsätzlich nur auf der nationalen Ebene getroffen werden können. Die eigene Legitimation der subnationalen und lokalen Gemeinwesen reicht im Prinzip nur für „distributive" Politik in dem von Theodore Lowi (1964) definierten Sinne und für Infrastruktur-Leistungen, deren Nutzen die Kosten übersteigt – im spieltheoretischen Jargon also für Koordinations-Spiele.

In historisch gewachsenen Föderalstaaten dagegen ist die Identität und Legitimationskraft subnationaler Gemeinwesen nicht völlig zerstört worden. Die dort etablierten demokratischen Institutionen sind deshalb auch durchaus noch in der Lage, Herr-

---

11 Statt der „egoistisch-rationalen" Orientierung [U(x) = X] muß also eine Variante der „solidarischen" oder „kooperativen" Orientierung [U(x) = X + bY] unterstellt werden, wobei 0 < b ≤ 1 (Scharpf 1989).
12 Selbstverständlich bedürfen diese sozialpsychologischen Bedingungen der Möglichkeit von Demokratie der institutionellen Unterstützung. Kritisch für die Stabilisierung der Mehrheitsherrschaft sind insbesondere die Garantie von Grundrechten, welche Leben, körperliche Unversehrtheit, Freiheit und Eigentum schützen, und die Garantie der Allgemeinheit des Gesetzes, welche sicherstellt, daß die Mehrheit die gleichen Regeln befolgen muß, die sie der Minderheit auferlegt. Nur unter dieser Bedingungen sind in Konstellationen, die dem Prisoner's Dilemma oder dem Chicken Game entsprechen, Lösungen zu erwarten, die zugleich gemeinwohlorientiert und fair sind.

schaft auszuüben und kontroverse Entscheidungen (etwa im Schulwesen) und redistributive Maßnahmen (etwa in der Regionalpolitik) majoritär zu legitimieren. Die Grenzen ihrer politischen Handlungsfähigkeit werden deshalb weniger durch die Konflikthaftigkeit der zu regelnden Materie als durch die oben erörterten ökonomischen Restriktionen der Standortkonkurrenz im größeren Wirtschaftsraum bestimmt. Solange dieser Wirtschaftsraum aber annähernd durch die Grenzen des Nationalstaats bestimmt war, konnte daraus kein konstitutionelles Problem entstehen.

Auch in föderalen Staaten hat sich ja oberhalb der regionalen eine nationale Identität ausgebildet, deren relative Stärke gegenüber den subnationalen Gemeinwesen zwar erheblich variiert, die aber überall stark genug war, um jene kontroversen Entscheidungen zu legitimieren, welche auf den unteren Ebenen aus ökonomischen Gründen nicht mehr getroffen werden konnten. Deshalb ist auch in Föderalstaaten die „regulative" und die „redistributive" Politik im Sinne Lowis zumindest dann auf die nationale Ebene verlagert worden, wenn die Regelungen zu einer spürbaren Erhöhung der Produktionskosten in der Wirtschaft führen mußten. Das Folgeproblem dieser Zwei-Ebenen-Lösung ist freilich die Konkurrenz und mögliche Interferenz zwischen Prozessen der demokratischen Willensbildung mit voneinander unterschiedenen, aber prinzipiell gleichwertigen Legitimationsgrundlagen. Ob und wie sich daraus nun wieder sekundäre Legitimationsdefizite ergeben können, hängt in erster Linie von der Kompetenz-Struktur der föderalen Verfassungen ab.

3. Trenn-Föderalismus und Verbund-Föderalismus

Die Koexistenz zweier im Prinzip gleichermaßen demokratisch legitimierter Regelungsebenen wird aus demokratietheoretischer Sicht dann nicht zum Problem, wenn die Regelungsgegenstände gegeneinander abgegrenzt werden können. Dies entsprach dem ursprünglich in der Verfassung der Vereinigten Staaten angelegten Modell des „Trenn-Foderalismus", in dem die Zuständigkeiten von Zentralstaat und Gliedstaaten nach Aufgabenbereichen getrennt, und in dem auf beiden Ebenen alle Staatsfunktionen – Gesetzgebung, Steuererhebung, Verwaltung und Justiz – separat institutionalisiert waren. Hier konnten sich sowohl in der nationalen als auch in der gliedstaatlichen Politik die demokratische Willensbildung und die demokratische Kontrolle der Amtsinhaber ungehindert und getrennt voneinander entfalten. Demokratietheoretisch liegt darin der zusätzliche Vorteil, daß die Willensbildung in den subnationalen Einheiten die Präferenzen der jeweils betroffenen Bürger mit größerer Genauigkeit repräsentieren kann, als dies in den bundesweiten Vertretungskörperschaften möglich wäre. Freilich setzt die Funktionsfähigkeit des Trenn-Modells auch voraus, daß die jeweils unterschiedlichen Ebenen zugeordneten Aufgaben sich nicht nur rechtlich, sondern auch in ihren faktischen Voraussetzungen und Folgewirkungen voneinander abgrenzen lassen. Mit der Ausweitung der modernen Staatsaufgaben hat aber auch deren Interdependenz zugenommen. Auch in den Vereinigten Staaten haben deshalb immer neue Varianten des „kooperativen Föderalismus", insbesondere in der Form von zweckgebundenen Bundeszuschüssen zur Erfüllung einzelstaatlicher Aufgaben, zu einer stärkeren Verflechtung der Kompetenzen von Bund und Gliedstaaten geführt, die freilich

immer noch weniger weit geht, als dies im deutschen Modell des „Verbund-Föderalismus" von Anfang an angelegt war.
Hier werden die Kompetenzen zwischen Bund und Ländern im Prinzip nicht nach Aufgabenbereichen, sondern nach Funktionsarten verteilt: beim Bund liegt vor allem die Gesetzgebung und die Steuerkompetenz, bei den Ländern die Verwaltung. Zugleich sind aber die Landesregierungen über den Bundesrat unmittelbar an der Gesetzgebung des Bundes beteiligt. Daraus ergeben sich in zweifacher Hinsicht Abweichungen vom demokratietheoretischen Ideal: Auf der einen Seite wird die demokratische Verantwortlichkeit der Amtsträger gegenüber den eigenen Wählern und Parlamenten geschwacht oder sogar aufgehoben: Die Landesregierung kann gezwungen sein, Politiken des Bundes zu implementieren, gegen die sie im Bundesrat votiert hat, und für die es im Landesparlament keine Zustimmung gäbe, und umgekehrt kann auch die Bundestagsmehrheit durch den Bundesrat daran gehindert werden, ihr durch das Wahlergebnis legitimiertes politisches Programm in effektive Politik umzusetzen. In der politischen Praxis ist freilich in beiden Fallen eher mit langen Verhandlungen und schließlich mit Kompromissen zu rechnen, denen alle Beteiligten zugestimmt haben, und bei denen keine Seite ihre ursprüngliche Position durchsetzen konnte.
Aus demokratietheoretischer Sicht erscheinen jedoch sowohl die konflikthaften Entscheidungen als auch die ausgehandelten Kompromisse im verflochtenen Bundesstaat defizitär. Wird mit Mehrheit entschieden, so unterliegen nicht nur bestimmte Interessen, sondern es werden entweder im Bund oder in manchen Ländern institutionalisierte Prozesse der demokratischen Willensbildung durch „externe" Intervention außer Kraft gesetzt. Die in unitarischen Staaten völlig selbstverständliche Gedankenverbindung zwischen Demokratie und Volks-„Souveränität" wird also im Verbund-Föderalismus immer wieder desavouiert durch Oktrois oder Blockaden, die aus der Perspektive des jeweils frustrierten Willensbildungs-Prozesses als Fremdbestimmung erscheinen müssen. Mit der Aufspaltung des „Volkes" in unterschiedlich abgegrenzte, aber miteinander verflochtene Teile werden „künstliche" Veto-Positionen geschaffen, welche die insgesamt durch demokratische Willensbildung realisierbaren Handlungsmöglichkeiten effektiv einschränken. Dafür mag es unter dem Gesichtspunkt der Machtbegrenzung gute Gründe geben, aber daß solche „checks and balances" sich gegen die majoritäre Demokratie richten, hat niemand mit größerer Deutlichkeit gesagt als die Autoren der Federalist Papers (Cooke 1961).
Allerdings werden die Blockade-Tendenzen des Verbund-Föderalismus dadurch gemildert, daß alle Landesbürger zugleich auch Bundesbürger sind, und daß die politische Aufmerksamkeit sich stärker auf die Bundespolitik als auf die Landespolitik richtet,[13] und daß die politischen Akteure beider Ebenen unter den Augen der gleichen, Bund und Länder umschließenden politischen Öffentlichkeit agieren und in die gleichen politische Diskurse eingebunden sind. Insbesondere gehören auch die maßgeblichen Landespolitiker zur bundespolitischen Prominenz ihrer jeweiligen Partei, während auch die Bundespolitiker darauf Rücksicht nehmen müssen, daß die Vertreter ihrer Partei im Bundesrat nicht die Interessen des eigenen Landes zugunsten partei-

---

13 Bei einer 1990 in Nordrhein-Westfalen durchgeführten Befragung sprach der überwiegende Teil der Befragten (55%) der Bundespolitik die größte Bedeutung zu, gefolgt von der Gemeindepolitik (30%) und der europäischen Politik (26%). Die Landespolitik rangierte (mit 20% der Nennungen) auf dem letzten Platz (FORSA 1990).

politischer Ziele verletzen dürfen. Schon aus diesem Grund werden im Verbund-Föderalismus im allgemeinen weder die Bund-Länder-Konflikte noch die parteipolitischen Konflikte ganz auf die Spitze getrieben, sondern enden in der Regel in Kompromissen, bei denen keine Seite ihr Gesicht verliert.
Im Vergleich zum (konkurrenz-)demokratischen Ideal, bei dem über klare Alternativen zunächst diskutiert und dann abgestimmt wird, fehlt diesen Kompromissen freilich die für die Einforderung demokratischer Verantwortlichkeit notwendige Transparenz. Verhandlungen, wenn sie erfolgreich sein sollen, finden typischerweise hinter verschlossenen Türen statt, und am Ende kann sich jeder Teilnehmer gegenüber der eigenen Bezugsgruppe darauf berufen, daß mehr leider nicht herauszuholen gewesen sei. Dieser Mangel wird nicht einmal durch die nachfolgende Ratifikation des (etwa im Vermittlungsausschuß erzielten) Verhandlungsergebnisses geheilt. Kurz: Im Vergleich zum Modell des Trenn-Föderalismus, das in der Tendenz demokratieverstärkend wirkt, bedeutet der Verbund-Föderalismus auch auf der Ebene der Nationalstaaten eine Beschränkung der Effektivität und Autonomie demokratischer Selbstbestimmung.

III. Re-Regulierung auf der europäischen Ebene?

1. Das europäische Demokratiedefizit

Damit kehren wir zurück zu der Frage, ob die im europäischen Binnenmarkt auf der nationalen Ebene verlorenen Optionen der demokratischen Selbstbestimmung durch eine europäische Politik der „positiven Integration" wiedergewonnen werden könnten. Dies hängt, so habe ich oben behauptet, von der Stärke der auf der europäischen Ebene verfügbaren demokratischen Legitimation ab. Je schwächer diese ausgeprägt ist, desto geringer die Handlungsfähigkeit der europäischen Politik bei konflikthaften Interessenkonstellationen. Da die Europäische Union in ihren formalen Strukturen dem Modell des deutschen Verbund-Föderalismus nachgebildet wurde (Scharpf 1985), könnte sie also schon aus diesem Grunde nicht das Maximum demokratischer Legitimation erreichen. Aber darin liegt nicht das Hauptproblem.
Im vorangehenden Kapitel ist deutlich geworden, welche Bedeutung die Einbettung von Bund und Ländern in einen von der Bundespolitik dominierten Aufmerksamkeits- und Kommunikationszusammenhang für die (trotzdem beschränkte) Handlungsfähigkeit des deutschen Verbund-Föderalismus hat. Im Konfliktfalle kann sich die Bundespolitik immer auf die stärkere Legitimationsgrundlage stützen. Dies gilt ebenso im Trennföderalismus und noch vielmehr in dezentralisierten Einheitsstaaten. Wenn also Defizite der subnationalen Politik auf der nationalen Ebene kompensiert werden müssen, dann wird zugleich die schwächere durch die stärkere demokratische Legitimation ersetzt. Das Gegenteil aber ist der Fall, wenn Aufgaben von der nationalen auf die europäische Ebene übertragen werden.
Dies liegt nicht in erster Linie an den mangelnden Kompetenzen des Europäischen Parlaments, sondern an den fehlenden sozio-psychischen Grundlagen für die Ausbildung eines demokratie-fähigen Gemeinwesens. Die Legitimation von Mehrheitsentscheidungen, so habe ich oben argumentiert, basiert auf der Unterstellung einer Wir-Identität, welche es erlaubt, Solidarität zuzumuten und Solidaritätsbereitschaft zu

unterstellen. Diese wird in den alten Nationalstaaten durch „vormoderne" Gemeinsamkeiten der ethnischen Herkunft, der historischen Erfahrung, und der kulturellen Selbstverständlichkeiten gestützt, und sie wird durch die „modernen" Gemeinsamkeiten der öffentlichen Aufmerksamkeit für Gefahren, Probleme und Optionen, die das Gemeinwesen als ganzes betreffen, für politische Kontroversen und für die Konkurrenz von Parteien und Personen um Führungsfunktionen immer neu konstituiert. In diesem Sinne ist die Europäische Union gewiß keine Nation, und die vielleicht einmal gegebene Chance der Erneuerung einer vormodernen – etwa „karolingischen" – Wir-Identität ist mit den schon vollzogenen und noch weiter geplanten Erweiterungen des Unionsgebiets ebenfalls entschwunden.[14] Nach dem Wegfall des Ost-West-Konflikts fehlt auch das Bewußtsein einer gemeinsamen äußeren Bedrohung, aus dem sich – wenn die französische Nationalversammlung 1954 anders votiert hätte – vielleicht eine integrationsfähige Verteidigungsgemeinschaft hätte entwickeln können. Im übrigen gibt es noch immer keine europäischen Medien und deshalb auch keine europäische öffentliche Meinung, und seit der Gründung der EG sind nun fast vier Jahrzehnte vergangen, ohne daß sich europäische politische Parteien herausgebildet hätten, die europaweit sichtbare Führungspersonen und politische Programme präsentieren konnten. Deshalb gibt es auch keine europaweiten politischen Diskurse und Kontroversen, aus denen heraus sich ein Mehrheitsentscheidungen legitimierender politischer Konsens entwickeln könnte.

Gewiß hat im vergangenen Jahrzehnt die Kommission faktisch und das Parlament auch rechtlich an Einfluß gewonnen. Aber die Legitimation europäischer Entscheidungen beruht doch immer noch in erster Linie darauf, daß die demokratisch legitimierten Regierungen der Mitgliedstaaten durch ihre Zustimmung im Ministerrat die Verantwortung dafür übernehmen. Deren Mandat gründet in den jeweiligen nationalen Parlamenten, die ihrerseits aus nationalen Wahlen hervorgehen. Aber anders als in der deutschen Politikverflechtung sind die Verhandlungen zwischen den gliedstaatlichen Regierungen hier nicht eingebettet in die Solidarität eines übergeordneten Gemeinwesens, und anders als die deutsche Bundesregierung kann die Europäische Kommission sich bei ihren Versuchen der Einflußnahme auf das Verhandlungsergebnis nicht auf eine höherrangige demokratische Legitimation stützen.

Die Interaktionen in den Ministerräten und im Europäischen Rat sind Verhandlungen zwischen Repräsentanten, die sich auf jeweils separate, sich nicht überschneidende demokratische Legitimationskreise stützen. Für das Land, dessen Regierung im Ministerrat überstimmt worden ist, bedeutet die Mehrheitsentscheidung deshalb nicht Selbstbestimmung, sondern Fremdbestimmung. Diese mag, im Hinblick auf die langfristigen und politisch gewollten Vorteile der EU-Mitgliedschaft im Einzelfall aus übergeordneten Gesichtspunkten akzeptiert werden, aber die Legitimation wird gewiß um so schwächer, je gewichtiger die überstimmten nationalen Interessen im Einzelfall sind. Die derzeitige – gegen den Wortlaut der Verträge von Frankreich durchgesetzte – Praxis der Ministerräte, die den Mitgliedstaaten auch bei qualifizierten Mehrheitsbeschlüssen ein Veto zugesteht, wenn andernfalls „wesentliche Interessen" des Landes verletzt würden, hat also durchaus gute demokratietheoretische Gründe für sich. Im

---

14 Eine ganz andere Frage ist es, ob im Rahmen einer „abgestuften Integration" diese Chance für die Ausbildung eines handlungsfähigeren „Kerneuropas" wiedergewonnen werden konnte.

übrigen ist das Quorum für Abstimmungen mit qualifizierter Mehrheit ohnehin so hoch angesetzt, daß Entscheidungen von wenigen Ländern mit gleichgerichteten Interessen blockiert werden können – die Mehrheitsregel hat also kaum Einfluß auf die Entscheidungsergebnisse, aber sie wirkt wenigstens deutlich verfahrensbeschleunigend, weil nun nicht mehr um jede letzte Stimme gefeilscht werden muß (Dehousse/ Weiler 1990).

Das „Demokratiedefizit" der Union würde aber höchst virulent, wenn die Union zu Abstimmungen mit einfacher Mehrheit in den Ministerräten und im Europäischen Parlament übergehen würde. Das bedeutet aber, daß einer weiteren „Vertiefung" der Union auf absehbare Zeit prinzipielle, demokratietheoretisch begründete Hindernisse entgegenstehen, die durch bloße Verfassungsreformen nicht ausgeräumt werden können.[15] Die Union wird ein politisches System bleiben, das für Fortschritte in der „positiven Integration" und für die Re-Regulierung der national nicht mehr kontrollierbaren kapitalistischen Ökonomie auf Verhandlungen zwischen den nationalen Regierungen angewiesen ist. Aber was in der Autonomie-Dimension demokratietheoretisch unvermeidlich erscheint, wird in der Effektivitäts-Dimension zum Problem.

2. Die Union als Verhandlungssystem

In Verhandlungssystemen können Konflikte nicht streitig entschieden werden; sie sind also grundsätzlich auf die Verfolgung gemeinsamer Interessen beschränkt (Scharpf 1992). Die Union ist im Prinzip also nur dort handlungsfähig, wo die Interessenkonstellation zwischen den Mitgliedstaaten in der Sprache der Spieltheorie entweder als reines Koordinationsproblem oder als Koordinationsproblem mit Verteilungskonflikten (die durch Ausgleichszahlungen oder Koppelgeschäfte überwunden werden können) oder allenfalls auch als Dilemma-Problem beschrieben werden können. Ihre Handlungsfähigkeit endet jedenfalls dort, wo auch nur eine kleine Gruppe von Ländern zu dem Schluß kommt, daß die nicht kompensierten Kosten einer europäischen Regelung deren jeweils für das einzelne Land erwartbaren Ertrag übersteigen.

Was im konkreten Fall konsensfähig oder nicht konsensfähig ist, hängt selbstverständlich von vielerlei höchst besonderen Faktoren ab. Dennoch lassen sich auch generelle Merkmale von Politik-Feldern oder Politik-Typen angeben, für die Konsens im Ministerrat besonders schwer oder weniger schwer zu erzielen ist. Die für die wirtschaftsrelevante Politik faktisch bedeutsame Trennlinie verläuft annähernd entlang der Unterscheidung zwischen „produktbezogenen" und „produktions- oder prozeß- oder standortbezogenen" Regelungen. Bei der ersten Art geht es um Vorschriften des Verbraucherschutzes, des Arbeitsschutzes oder Umweltschutzes, welche unmittelbar die Sicherheit oder Schädlichkeit der zu vermarktenden Waren oder Dienstleistungen betreffen. Wenn hier jeder Staat weiterhin seine nationalen Vorschriften anwenden und damit nicht konforme Produkte aussperren dürfte, dann brauchte man von einem europäischen Binnenmarkt erst gar nicht zu reden. Andererseits war aber die Legiti-

---

15 Das soll gewiß nicht heißen, daß solche Verfassungsreformen nicht sinnvoll und notwendig waren (Weidenfeld 1994). Insbesondere könnte die Wahl und Abwahl des Präsidenten der Kommission durch das Europäische Parlament, und die Bestätigung der von ihm vorgeschlagenen Kommission durch Rat und Parlament die politische Legitimation der (faktisch und rechtlich höchst bedeutsamen) Kommissionsentscheidungen wesentlich erhöhen.

mität nationaler Einfuhrverbote aus Gründen der öffentlichen Sittlichkeit, Ordnung und Sicherheit und zum Schutze der Gesundheit, der Umwelt und der Arbeitsumwelt in Artikel 36 des EG-Vertrages ausdrücklich anerkannt worden.
Wenn man also den Binnenmarkt verwirklichen wollte, so blieb hier gar nichts anderes übrig, als die geltenden nationalen Bestimmungen durch Harmonisierung einander anzugleichen. Erst dann konnte man verlangen, daß Produkte, die im Herkunftsland zugelassen waren, auch in allen übrigen Mitgliedstaaten ungehindert verkauft werden können. Dies war der Zweck der langen Liste von Harmonisierungs-Richtlinien, die mit dem Binnenmarktprogramm abgehakt werden mußten, und da am Zugang zum größeren Markt alle Staaten und vor allem die Unternehmen selbst ein großes Interesse hatten, konnte das Programm trotz aller Auseinandersetzungen im Detail doch einigermaßen zügig verwirklicht werden.
Ganz anders ist die Interessenkonstellation bei der zweiten Art von Regelungen, die ich hier als „produktions- oder standortbezogen" bezeichnet habe. Hier geht es nicht um die Eigenschaften der Produkte, die auf dem größeren Markt abgesetzt werden sollen, sondern um die Bedingungen, unter denen diese hergestellt werden. Dazu gehören beispielsweise im Umweltschutz lokale und regionale Grenzwerte der Schadstoffbelastung oder Höchstgrenzen für die Emissionen von Kraftwerken und Industrieanlagen. In der Arbeitspolitik gehören dazu Regelungen über Arbeitszeiten und Ruhepausen, berufliche Bildung und Weiterbildung, Betriebsverfassung und Mitbestimmung. In der Sozialpolitik schließlich geht es etwa um die Lohnfortzahlung im Krankheitsfall und selbstverständlich um alle Formen von Sozialabgaben, die unmittelbar in die Produktionskosten eingehen. Kurz: genau hier geht es um die Kernbereiche jener ökologischen und sozialstaatlichen „Zivilisierung des Kapitalismus", die in den westeuropäischen Staaten in den Nachkriegsjahrzehnten erreicht worden ist.
Wie sehr hier auf der nationalen Ebene die Standortkonkurrenz inzwischen die politischen Optionen beschränkt, zeigt die Härte der jahrelangen Auseinandersetzung um die Finanzierung der Pflegeversicherung und – genereller und grundsätzlicher – die auf Abbau des Sozialstaats gerichteten Kampagnen der Arbeitgeber (BdA 1994) und der diesen nahestehenden Parteien und Medien. In der Tat: Da im offenen europäischen Markt die Kosten des Sozialstaats nicht länger auf die Preise überwälzt werden können, kämpfen die Unternehmen heute mit dem Rücken an der Wand gegen national begrenzte Kostensteigerungen, die sie früher ohne großen Widerstand in ihre Kalkulation übernommen hätten.
Anders als bei den produktbezogenen Regelungen gibt es hier auch kein gemeinsames Interesse an einheitlichen europäischen Normen auf „hohem Schutzniveau". Von der Einhaltung produktionsbezogener Regeln wird die Qualität der Produkte und ihre Verwendbarkeit für den Verbraucher nicht berührt. Kein Land dürfte deshalb Baustahl aus ausländischen Hochöfen ohne Rauchgasentschwefelung (oder ohne paritätische Mitbestimmung) mit einer Einfuhrabgabe oder gar einem Importverbot belegen. Der Zugang zum gemeinsamen Markt steht also nicht in Frage. Anders als bei den produktbezogenen Regelungen ist hier deshalb auch nicht mit Unterstützung durch die Unternehmen zu rechnen, die eher den Zwang zur Deregulierung begrüßen als europaweit einheitliche Vorschriften fordern werden.
Die Regierungen ihrerseits aber werden, wenn sie die Interessen ihrer Wähler angemessen vertreten wollen, in dieser Frage nicht gemeinsame, sondern fundamental

gegensätzliche Positionen beziehen müssen. Dabei meine ich nicht den ideologischen Konflikt zwischen den eher marktliberalen, auf Deregulierung festgelegten Regierungen und anderen, die größeres Gewicht auf umweltpolitische Ziele und auf die Verteidigung sozialstaatlicher Errungenschaften legen, sondern ich meine den fundamentalen polit-ökonomischen Interessenkonflikt zwischen den ökonomisch hochentwickelten und den weniger entwickelten Mitgliedstaaten.

Die Gemeinschaft umfaßt seit der Süd-Erweiterung Länder, die zu den ökonomisch leistungsfähigsten der Weltwirtschaft gehören, und andere, deren Wirtschaft kaum das Niveau von Schwellenländern überschritten hat. Dieser Gegensatz findet seinen Ausdruck in hohen Unterschieden der (durchschnittlichen) Faktorproduktivität. Wenn also die ökonomisch weniger entwickelten Länder im europäischen Binnenmarkt trotzdem wettbewerbsfähig sein wollen, dann müssen auch die Faktorkosten der dort produzierenden Unternehmen – also insbesondere die Lohn- und Lohnnebenkosten und die Umweltkosten – entsprechend geringer sein. Tatsächlich liegen deshalb die industriellen Arbeitskosten in Portugal auch nur bei einem Sechstel der deutschen (BdA 1994: 62) und ähnliche Unterschiede gibt es bei den Kosten der Sozialleistungssysteme und beim Umweltschutz.

Würden aber nun diese Kosten durch die europäische Harmonisierung von Sozialleistungen und Umweltvorschriften dem Niveau der hochproduktiven Länder angenähert, dann liefe dies bei Wechselkurs-Konstanz – gerade so, wie nach dem Beitritt der DDR in Ostdeutschland geschehen – auf eine radikale De-Industrialisierung und Arbeitsplatzvernichtung in den wirtschaftsschwachen Ländern der Union hinaus. Der gleiche Konflikt ergäbe sich aus der Sicht der Verbraucher, falls der Verlust der Wettbewerbsfähigkeit durch Abwertung kompensiert würde. Solange die Einkommen im ärmsten Unions-Land weniger als ein Fünftel des Durchschnittseinkommens in den reichsten Ländern erreichen, müssen Maßnahmen, die hier als unerläßlich gelten, dort als unerschwinglich angesehen werden. So oder so müssen sich also die weniger entwickelten EG-Länder gegen produktions- oder standortbezogene Maßnahmen wehren, die allenfalls dem Anspruchsniveau und der Zahlungsbereitschaft der Bürger in den reichen Ländern entsprechen.

Die ökonomisch hochentwickelten Mitgliedstaaten ihrerseits sehen sich mit massiven Umweltproblemen konfrontiert, die entsprechend weitreichende Korrekturen der industriellen und agrarischen Produktionsprozesse erfordern, und sie haben sich in langwierigen, von Land zu Land unterschiedlich akzentuierten, Prozessen der politischen Willensbildung dafür entschieden, einen erheblichen Teil ihres Wohlstandes für die kollektive Absicherung sozialer Risiken und für soziale Umverteilung einzusetzen. Ihre Bürger können und wollen darauf nicht verzichten, und demokratisch verantwortliche Politiker müssen dem Rechnung tragen.

In beiden Bereichen jedoch, im Umweltschutz wie in der Sozialpolitik, kann dieses Anspruchsniveau der reichen Länder von der Europäischen Union nicht übernommen werden. Da es hier nicht um Maßnahmen zur Vollendung des Binnenmarktes geht, gilt im Ministerrat die Einstimmigkeitsregel, und selbst wo Abstimmungen mit qualifizierter Mehrheit möglich sind, können die „Südländer" und ihre allfälligen Koalitionspartner nicht überstimmt werden. Erst recht gälte dies nach einer möglichen Ost-Erweiterung. Die Standortkonkurrenz zwischen den Mitgliedstaaten der Union kann also nicht durch einheitliche, europaweite Re-Regulierung überwunden werden.

IV. Auswege?

1. Differenzierende Re-Regulierung?

Wenn damit die Schwierigkeiten schon vollständig beschrieben wären, gäbe es freilich die naheliegende Lösung einer differenzierenden Re-Regulierung, und man müßte sich wundern, daß die politische Diskussion sich nicht schon längst darauf konzentriert hat. Da die Produktivitäts-Vorteile der hochentwickelten Länder durch deren hohere Kosten ausgeglichen werden, und die Kostenvorteile der weniger entwickelten Länder durch deren geringere Produktivität, findet der schärfste Standortwettbewerb grundsätzlich zwischen Ländern statt, die auf etwa gleichem Produktivitätsniveau produzieren. Daimler-Benz hat bei der Standortwahl für die Produktion des Swatch-Autos nicht zwischen Deutschland und Griechenland entschieden, sondern zwischen Baden-Wurttemberg und Lothringen; und auch bei der neuen Chip-Produktion von Siemens fiel die Wahl auf England und nicht auf Portugal. Wenn also vom Standort-Wettbewerb ein massiver Druck auf die Löhne, Arbeitsbedingungen, Sozialabgaben, Steuern und Umweltvorschriften in allen miteinander konkurrierenden Ländern ausgeht, dann würde es im Prinzip genügen, wenn die Hochkosten-Länder untereinander gemeinsame Regeln auf hohem Anspruchsniveau festlegen könnten, und die Länder mit niedriger Produktivität ebenfalls gemeinsame Regeln auf niedrigerem Anspruchsniveau vereinbaren dürften. Dann könnten die Länder mit den anspruchsvollen teuren Sozialleistungssystemen die Deregulierungskonkurrenz untereinander ausschließen, ohne daß sie zugleich die Entwicklungschancen der weniger produktiven Mitgliedsländer ruinieren müßten. Umgekehrt könnten die weniger entwickelten Länder wenigstens eine Untergrenze definieren, unter die sie sich durch die Standortkonkurrenz nicht drücken lassen wollen, und sie könnten diese Untergrenze im Zuge ihrer wirtschaftlichen Entwicklung schrittweise dem „oberen" Niveau annähern. Einheitliche Regelungen für die gesamte Union wären nicht nur mangels Konsens im Ministerrat faktisch unerreichbar, sondern sie wären auch weder erforderlich noch wünschenswert. Für den Umweltschutz und Arbeitsschutz sind differenzierte Lösungen durchaus realisierbar, und sie werden in der einen oder anderen Form ja auch heute schon praktiziert (Ehlermann 1995) – und sei es durch den stillschweigenden Verzicht auf eine effektive Kontrolle der tatsächlichen Implementations-Intensität formal einheitlicher Regelungen (Héritier et al. 1994). Anders im Bereich sozialstaatlicher Regulierung. Wenn hier Zwei-Stufen-Regelungen in der Union nicht zustande kommen, ja nicht einmal ernsthaft angestrebt werden, dann liegt dies zum Teil an den unterschiedlichen Interessen oder ideologischen Positionen innerhalb der Gruppe der hochentwickelten Länder (die ja derartige Zwei-Stufen-Lösungen in erster Linie vorantreiben müßten). Die derzeitige britische Regierung beispielsweise geht offenbar davon aus, daß Großbritannien einen europäischen Deregulierungswettlauf gewinnen und sich dadurch wichtige Standortvorteile sichern könnte. Andere Regierungen, darunter möglicherweise die deutsche, brauchen den Druck des europäischen Standortwettbewerbs, um gegen hinhaltenden innenpolitischen Widerstand ein aus anderen Gründen ohnehin für wünschenswert gehaltenes Minimum an Deregulierung und Flexibilisierung durchzusetzen. Kurz: man kann die Ausgangsvermutung bezweifeln, derzufolge alle Hochkosten-Länder in der Union ein gemeinsames Interesse an europäischen Regelungen haben müßten, welche den erreichten Stand ihrer Sozialleistungs-Systeme und Arbeitsbeziehungen vor der Standort-Konkurrenz im vollendeten Binnenmarkt schützen (Borchert 1995).

2. Institutionelle Varianz als Einigungs-Hindernis

Aber auch wenn durch Regierungswechsel in Deutschland und Großbritannien das gemeinsame Interesse an der Verteidigung des Sozialstaates gesteigert würde, stünde eine gemeinsame europäische Sozialpolitik (wenn man von Maßnahmen zur Sicherung der Freizügigkeit absieht: Leibfried 1994) auch unter den Hochkosten-Ländern noch vor großen Hindernissen. Sie erklären sich aus den institutionellen Unterschieden zwischen den nationalen Lösungen, die sich insbesondere in den Nachkriegsjahrzehnten hinter kontrollierten Grenzen sehr stark differenziert haben. Im Gesundheitswesen beispielsweise gibt es kaum irgendwelche Gemeinsamkeiten zwischen dem einnahmeseitig aus dem allgemeinen Steueraufkommen finanzierten und ausgabenseitig budget-gesteuerten britischen nationalen Gesundheitsdienst und dem deutschen Gesundheitswesen, dessen Einnahmen aus korporatistischen Systemen der gegliederten Zwangsversicherung stammen, und das die Ausgabenseite über die Honorierung von Einzelleistungen steuern kann (Alber/Bernardi 1992; Rothgang 1994). Bei der Alterssicherung gibt es ähnliche Unterschiede zwischen dem „skandinavischen" Modell einer einheitlichen und steuerfinanzierten Grundversorgung, kombiniert mit einer beitragsabhängigen und auf dem Anspar-Prinzip basierenden Zusatzrente und dem „kontinentalen" Modell der (wiederum korporatistisch organisierten) Zwangsversicherung auf der Grundlage eines aus dem jeweils aktuellen Beitragsaufkommen finanzierten „Generationenvertrags" (Esping-Andersen 1990; Lottes 1993).

Noch größer sind die Unterschiede in der Organisation der industriellen Beziehungen in Europa (Mesch 1995). Während in den skandinavischen Ländern, Österreich und Deutschland Löhne und Arbeitsbedingungen entweder zentral oder in einheitlichen Branchen-Verhandlungen festgelegt werden, konkurrieren in den romanischen Ländern jeweils mehrere Richtungsgewerkschaften gegeneinander und in Großbritannien existiert nicht nur eine sehr große Zahl von, teilweise nach dem Berufsprinzip gegliederten Einzelgewerkschaften, sondern die Verhandlungen sind auch viel stärker dezentralisiert als in den kontinentalen Ländern. Die Schwierigkeiten, die schon aus diesen institutionellen Gründen einer gemeinsamen Vorgehensweise in der Lohnpolitik entgegenstehen, können also kaum überschätzt werden (Ebbinghaus/Visser 1994). Hinzu kommen die gravierenden Unterschiede im Verhältnis zum staatlichen Recht (Crouch 1993). Hier steht auf der einen Seite die seit Beginn des Jahrhunderts von jeder staatlichen oder gerichtlichen Intervention befreite (und deshalb völlig von den Knappheitsverhältnissen auf dem Arbeitsmarkt abhängige) Praxis des „free collective bargaining" in Großbritannien. Das andere Extrem bildet die gegen Schwankungen des Arbeitsmarkts weitgehend immunisierte, aber arbeitsrechtlich, betriebsverfassungsrechtlich und tarifrechtlich durchregulierte deutsche Praxis (die weitgehend von Einzelinterventionen des Gesetzgebers und von der Rechtsprechung abhängig geworden ist). Deshalb müssen – wie auch die Betriebsrats-Richtlinie gezeigt hat – einheitliche europäische Regelungen der industriellen Beziehungen auf große Schwierigkeiten selbst unter den Gewerkschaften stoßen, so daß das dezidierte Desinteresse der Arbeitgeber sich leicht durchsetzen kann.

Die Zahl der Beispiele ließe sich leicht vermehren, aber das Argument liegt auf der Hand: Die institutionellen Unterschiede zwischen den Hochkosten-Ländern sind gerade bei den Sozialleistungssystemen und in den industriellen Beziehungen besonders groß und sie verbinden sich mit der Existenz einflußreicher Großorganisationen, die bei der Verteidigung ihrer Besitzstände nicht nur von den eigenen Arbeitnehmern, sondern auch von ihren Klienten und deren Interessenverbänden politisch unterstützt werden. Je umfassender die Sozialleistungssysteme ausgestaltet worden sind, desto schwieriger nicht nur der Abbau, sondern auch jede Form des Umbaus, sofern nicht lediglich das Leistungsniveau erhöht werden soll.[16]

Paradoxerweise kann man deshalb eher damit rechnen, daß unter dem ökonomischen Druck der Standortkonkurrenz jedes Hochkosten-Land für sich die Rettung in Deregulierung und Sozialabbau sucht, als daß man sich auf einheitliche europäische Regelungen auf dem bisherigen Anspruchsniveau einigen wurde. Während jene Losung den Schein[17] des Notwendigen und Hilfreichen für sich hat, müßte der gemeinsame Umbau nicht nur noch tiefer in die institutionellen Besitzstände und Selbstverständlichkeiten eingreifen, sondern es gäbe auch immer Sieger und Verlierer unter den beteiligten Ländern, je nachdem an welchem der nationalen Modelle sich die gemeinsame Lösung in erster Linie orientierte. Selbst in der Umweltpolitik stellt der „regulative Wettbewerb" zwischen divergenten nationalen Verwaltungstraditionen ein gravierendes Hindernis für die Einigung auf europäische Regelungen dar (Héritier et al. 1994) – und die Schwierigkeiten würden gewiß unüberwindlich, wenn die europäische Harmonisierung nicht nur die Änderung administrativer Routinen, sondern die Umstellung oder Beseitigung historisch gewachsener Institutionen im Gesundheitswesen, in der Alterssicherung und in den industriellen Beziehungen erfordern würde (Leibfried/Pierson 1995).

Was also allenfalls denkbar wäre, sind „institutionen-neutrale" Lösungen zur Begrenzung der Standort-Konkurrenz im Binnenmarkt und des davon ausgehenden Zwangs zur kompetitiven Deregulierung und zum immer weitergehenden Sozialabbau. Beispielsweise könnte man daran denken, im europäischen Wettbewerbsrecht die Begünstigung nationaler Unternehmen durch Deregulierung, Steuersenkung und die Entla-

---

16 Selbstverständlich gibt es nicht nur institutionelle Eigeninteressen, die einem Umbau entgegenstehen, sondern auch objektive Hindernisse. So würde etwa der oft geforderte Übergang vom Generationenvertrag des deutschen Rentensystems zu einem „skandinavischen" System der steuerfinanzierten Grundversorgung und „angesparter" Zusatzversorgung bedeuten, daß die gegenwärtig arbeitende Generation doppelt zahlen müßte – einmal für die derzeitigen Rentner und zum andern für den Aufbau der eigenen Altersversorgung.

17 Der Schein trügt, weil in der nationalen Standort-Debatte regelmäßig der spieltheoretische Charakter der Standortkonkurrenz verkannt wird. Die allseits gehandelten Rezepte zur Kostenentlastung wären nur sinnvoll in einem „Spiel gegen die Natur", in dem die eigenen Maßnahmen keine strategische Reaktion auslösen können. Statt dessen befinden sich die Mitgliedstaaten der Union in einer strategischen Interaktion in der Form eines „Gefangenen-Dilemmas". Wenn es also gelänge – etwa durch Streichung der Lohnfortzahlung im Krankheitsfall und der Arbeitgeberbeiträge zur Sozialversicherung – die Wettbewerbsfähigkeit der deutschen Wirtschaft nachhaltig zu verbessern, so wäre die erwartbare Folge einerseits eine weitere Aufwertung der Deutschen Mark oder, wenn dies etwa durch die Währungsunion ausgeschlossen würde, entsprechende Maßnahmen zur Kostenentlastung der eigenen Wirtschaft in den Konkurrenzländern.

stung von Sozialabgaben ebenso wie die Begünstigung durch nationale Beihilfen als potentielle Wettbewerbsverzerrung zu behandeln, und beide in gleicher Weise von der Kommission und dem Europäischen Gerichtshof überprüfen zu lassen. Eine andere Möglichkeit wäre die Vereinbarung quantitativer Untergrenzen, definiert etwa als Anteil am Bruttosozialprodukt, unter die der (öffentliche und private) Gesamtaufwand für die sozialen Sicherungssysteme in den Mitgliedstaaten nicht gesenkt werden soll. Dies ließe jeden Spielraum für institutionelle Varianz und je national definierte institutionelle Reformen und könnte doch den Zwang zur wechselseitigen Unterbietung begrenzen. In der europäischen Politik gibt es bisher freilich keine Anzeichen dafür, daß nach derartigen Lösungen gesucht würde.

V. Nationale Demokratie in der entgrenzten Ökonomie

Deshalb ist in der Tat damit zu rechnen, daß die Standortkonkurrenz im vollendeten Binnenmarkt weitergehen und die Fähigkeit der Nationalstaaten zur Regulierung der kapitalistischen Ökonomie dauerhaft beschneiden wird. Ebenso wie dies für Länder und Gemeinden in einem Bundesstaat zutrifft, wird sich deshalb auch in Europa das Schwergewicht der nationalen Wirtschaftspolitik auf die im weitesten Sinne „industriepolitische", produktivitätssteigernde Förderung von Forschung, Technologietransfer und Qualifikation der Arbeitskräfte und auf die Bereitstellung wirtschaftsdienlicher Infrastruktur konzentrieren müssen (Schulte 1995). Aber anders als im nationalen Bundesstaat kann die Beschränkung der Regulierungskompetenz der unteren Ebene nicht durch den Ausbau konfliktentscheidungsfähiger Re-Regulierungskompetenzen auf der höheren, europäischen, Ebene kompensiert werden. Die nationale Politik aber wird die Belastung der Unternehmen, sei es durch Abgaben oder Regulierung, (bestenfalls – sofern es nicht zu einer „ruinösen" Konkurrenz zwischen den Staaten kommt) bis zur Höhe des Gegenwerts der wirtschaftsdienlichen Standort-Vorteile durchsetzen können (Sinn 1993; Sinn 1994); zugleich muß sie Sorge tragen, daß die Kapital-Rendite das international erreichbare Niveau nicht unterschreitet. Die Kosten des Sozialstaats können deshalb im Prinzip nur noch durch die Belastung der Arbeitseinkommen und der Konsumausgaben des nicht-mobilen Teils der Bevölkerung aufgebracht werden. Ihre Höhe wird jedoch effektiv begrenzt durch den wachsenden Steuerwiderstand der Arbeitnehmer mit mittleren Einkommen.

Für die demokratische Politik sind das in der Tat krisenträchtige Perspektiven. Ihr Wirkungsbereich bleibt für die absehbare Zukunft der Nationalstaat. Für autonome demokratische Willensbildung auf der europäischen Ebene fehlen auf absehbare Zeit die sozio-psychischen und kommunikativen Voraussetzungen, so daß die europäische Politik weiterhin durch Verhandlungen zwischen den nationalen Regierungen betrieben werden muß. Interessenkonflikte zwischen den Nationalstaaten können deshalb im Prinzip nicht streitig entschieden werden; die Handlungsfähigkeit der europäischen Politik beschränkt sich deshalb auf die Verfolgung gemeinsamer Interessen. Angesichts der fundamentalen Interessenunterschiede zwischen den ökonomisch hochentwickelten und den weniger entwickelten Mitgliedstaaten, schließt dies ein gemeinsames Vorgehen der Unionsmitglieder bei der sozialstaatlichen Regulierung der europäischen Ökonomie im Prinzip aus.

Der vollendete Binnenmarkt sichert die Einheit des größeren Wirtschaftsraums und bringt damit gewiß Effizienz- und Preisvorteile für die Konsum-Interessen seiner Wirtschaftsbürger. Für alle anderen Gemeinwohl-Ziele, für die soziale Absicherung und für den Anspruch auf Verteilungsgerechtigkeit dagegen bleibt dieser selbe Bürger weiterhin auf den Nationalstaat angewiesen, dessen Handlungsmöglichkeiten freilich durch die Wirtschaftsintegration drastisch beschnitten worden sind. Für die Zukunft der Demokratie in Europa sind dies düstere Perspektiven – jedenfalls solange die Politik an den Situationsdeutungen und an dem „sozialdemokratischen" Anspruchsniveau der Nachkriegs-Jahrzehnte festhält. Dann nämlich sind auch weiterhin nur verlorene Rückzugsgefechte zu erwarten, in denen das Vertrauen der Bürger in die Effektivität demokratischer Politik untergraben und schließlich zerstört werden muß. Das heißt selbstverständlich nicht, daß auf der nationalen Ebene die Politik nicht weiterhin signifikante Wahlmöglichkeiten hätte – aber diese können überhaupt erst dann formuliert und mit dem Ziel der aktiven politischen Gestaltung kontrovers diskutiert werden, wenn die radikal verschlechterten Rahmenbedingungen akzeptiert und das Scheitern der bisherigen Politik allseits eingestanden wird. Man konnte auch sagen: demokratische Politik ist leichter nach Margaret Thatcher als nach Helmut Kohl.

Literaturverzeichnis

Alber, Jens, 1982: Vom Armenhaus zum Wohlfahrtsstaat. Analysen zur Entwicklung der Sozialversicherung in Westeuropa. Frankfurt a.M.: Campus.
Alber, Jens/Bernardi-Schenkluhn, Brigitte, 1992: Westeuropäische Gesundheitssysteme im Vergleich: Bundesrepublik Deutschland, Schweiz, Frankreich, Italien, Großbritannien. Frankfurt a.M.: Campus.
BdA, 1994: Sozialstaat vor dem Umbau. Leistungsfähigkeit und Finanzierbarkeit sichern. Köln: Bundesvereinigung der Deutschen Arbeitgeberverbände.
Bockenförde, Ernst-Wolfgang, 1995: Die Nation. Jenseits von Herkunft, Muttersprache und Religion: Über ein Phänomen, das selbst die Merkmale bestimmt, die es bestimmen, in: FAZ Bilder und Zeiten, 30.9.1995.
Borchert, Jens, 1995: Die konservative Transformation des Wohlfahrtsstaates. Großbritannien, Kanada, die USA und Deutschland im Vergleich. Frankfurt a.M.: Campus.
Burley, Anne-Marie/Mattli, Walter, 1993: Europe before the Court: A Political Theory of Legal Integration, in: International Organization 47, 41-76.
Calleo, David P., 1994: America's Federal Nation State: a Crisis of Post-imperial Viability?, in: Political Studies 42, 16-33.
Cerny, Philip G., 1994: The Dynamics of Financial Globalization: Technology, Market Structure, and Policy Response, in: Policy Sciences 27, 319-342.
Cooke, Jacob E. (Hrsg.), 1961: The Federalist. Cleveland: Meridian Books.
Crouch, Colin, 1993: Industrial Relations and European State Traditions. Oxford: Clarendon Press.
Crozier, Michel/Huntington, Samuel P./Watanuki, Joji, 1975: The Crisis of Democracy. Report on the Governability of Democracies to the Trilateral Commission. New York: New York University Press.
Dehousse, Renaud/Weiler, Joseph H.H., 1990: The Legal Dimension, in: *Wallace, William* (Hrsg.), The Dynamics of European Integration. London: Pinter, 242-260.
Ebbinghaus, Bernhard/Visser, Jelle, 1994: Barrieren und Wege grenzenloser Solidarität: Gewerkschaften und Europäische Integration, in: *Streeck, Wolfgang* (Hrsg.), Staat und Verbände. Opladen: Westdeutscher Verlag, 223-225.

Ehlermann, Claus-Dieter, 1995: Increased Differentiation or Stronger Uniformity? Contribution to the Conference on European Law 1995. The Hague: T.M.C. Asser Institute.
Elias, Norbert, 1987: Wandlungen der Ich-Wir-Balance, in: Schroter, Michael (Hrsg.), Die Gesellschaft der Individuen. Frankfurt a.M.: Suhrkamp, 207-315.
Esping-Andersen, Gøsta, 1990: The Three Worlds of Welfare Capitalism. Cambridge: Polity Press.
FORSA, 1990: Das Land als politische Handlungsebene. Meinungen und Einstellungen der Burger zum Föderalismus, zur Landespolitik und zur Rolle des Landtags, in: Große-Sender, Heinrich A. (Hrsg.), Kommission „Erhaltung und Fortentwicklung der bundesstaatlichen Ordnung innerhalb der Bundesrepublik Deutschland – auch in einem Vereinten Europa. Bericht. Teil Eins. Dusseldorf: Landtag Nordrhein-Westfalen, Anhang 2.
Graebner, William, 1977: Federalism in the Progressive Era: A Structural Interpretation of Reform, in: Journal of American History 64, 331-357.
Groeben, Hans von der, 1992: Probleme einer europaischen Wirtschaftsordnung, in: Baur, Jurgen F./Muller-Graff, Peter-Christian/Zuleeg, Manfred (Hrsg.), Europarecht, Energierecht, Wirtschaftsrecht. Festschrift für Bodo Börner. Köln: Carl Heymanns, 99-123.
Große-Sender, Heinrich A. (Hrsg.), 1990: Kommission „Erhaltung und Fortentwicklung der bundesstaatlichen Ordnung innerhalb der Bundesrepublik Deutschland – auch in einem Vereinten Europa. Bericht. Teil Eins. Düsseldorf: Landtag Nordrhein-Westfalen.
Habermas, Jurgen, 1973: Legitimationsprobleme im Spätkapitalismus. Frankfurt a.M.: Suhrkamp.
Habermas, Jurgen, 1992: Faktizitat und Geltung. Beiträge zur Diskurstheorie des Rechts und des demokratischen Rechtsstaats. Frankfurt a.M.: Suhrkamp.
Held, David, 1991: Democracy, the Nation-State and the Global System, in: Economy and Society 20, 139-172.
Hennis, Wilhelm et al., 1977: Regierbarkeit: Studien zu ihrer Problematisierung, Bd. 2. Stuttgart: Klett.
Hennis, Wilhelm et al., 1979: Regierbarkeit: Studien zu ihrer Problematisierung, Bd. 2. Stuttgart: Klett.
Héritier, Adrienne/Mingers, Susanne/Knill, Christoph/Becka, Martin, 1994: Die Veranderung von Staatlichkeit in Europa. Ein regulativer Wettbewerb: Deutschland, Großbritannien und Frankreich in der Europaischen Union. Opladen: Leske + Budrich.
Hirst, Paul/Thompson, Grahame, 1995: Globalization and the Future of the Nation State, in: Economy and Society 24, 408-442.
Leibfried, Stephan, 1994: Grenzen deutscher Sozialstaatlichkeit. Vom gemeinsamen Arbeitsmarkt zu erzwungener europäischer Sozialreform, in: Riedmüller, Barbara/Olk, Thomas (Hrsg.), Grenzen des Sozialversicherungsstaates. Leviathan Sonderheft 14, 313-323.
Leibfried, Stephan u.a., 1985: Armutspolitik und die Entstehung des Sozialstaats. Bremen: Universität Bremen.
Leibfried, Stephan/Pierson, Paul, 1995: Fragmented Social Policy: The European Community's Social Dimension in Comparative Perspective. Washington: Brookings.
Lottes, Gunther (Hrsg.), 1993: Soziale Sicherheit in Europa. Renten- und Sozialversicherungssysteme im Vergleich. Heidelberg: Physica.
Lowi, Theodore, 1964: American Business, Public Policy, Case Studies, and Political Theory, in: World Politics 16, 676-715.
Luhmann, Niklas, 1995: Kausalität im Süden, in: Soziale Systeme 1, 7-28.
Majone, Giandomenico, 1990: Preservation of Cultural Diversity in a Federal System: The Role of the Regions, in: Tushnet, Mark (Hrsg.), Comparative Constitutional Federalism. Europe and America. New York: Greenwood Press, 67-76.
Majone, Giandomenico, 1994: Independence vs. Accountability? Non-Majoritarian Institutions and Democratic Government in Europe, in: Hesse, Joachim-Jens (Hrsg.), The European Yearbook on Comparative Government and Public Administration. Oxford: Oxford University Press.
Mattli, Walter/Slaughter, Anne-Marie, 1995: Law and Politics in the European Union: A Reply to Garrett, in: International Organization 49, 183-190.
Mesch, Michael (Hrsg.), 1995: Sozialpartnerschaft und Arbeitsbeziehungen in Europa. Wien: Manz Verlag.

Mestmäcker, Ernst-Joachim, 1994: Zur Wirtschaftsverfassung in der Europäischen Union, in: Hasse, Rolf H./Molsberger, Josef/Watrin, Christian (Hrsg.), Ordnung in Freiheit. Festgabe für Hans Willgerodt zum 70. Geburtstag. Stuttgart: Gustav Fischer, 263-292.
Munch, Richard, 1993: Das Projekt Europa. Zwischen Nationalstaat, regionaler Autonomie und Weltgesellschaft. Frankfurt a.M.: Suhrkamp.
Novak, Martin A./Sigmund, Karl, 1992: Tit for Tat in Heterogeneous Populations, in: Nature 355, 250- 253.
Novak, Martin A./Sigmund, Karl, 1993: A Strategy of Win-Stay, Lose-Shift that Outperforms Tit for Tat in the Prisoner's Dilemma Game, in: Nature 364, 56-58.
Offe, Claus, 1972: Strukturprobleme des kapitalistischen Staates. Frankfurt a.M.: Suhrkamp.
Polanyi, Karl, 1977: The Great Transformation: Politische und ökonomische Ursprunge von Gesellschaften und Wirtschaftssystemen. Wien: Europaverlag.
Rawls, John, 1971: A Theory of Justice. Cambridge, MA: Belknap Press.
Roos, Lothar, 1988: Mehrheitsregel im Entscheidungsprozeß. Zur Geschichte eines demokratischen Strukturelements und seiner Bedingungen, in: *Rauscher, Anton* (Hrsg.), Mehrheitsprinzip und Minderheitenrecht. Mönchengladbacher Gespräche 9. Köln: Bachem, 9-53.
Rothgang, Heinz, 1994: Der Einfluß der Finanzierungssysteme und Entscheidungsregeln auf Beschaftigungsstrukturen und -volumina englischer und deutscher Krankenhauser. Diss. Koln.
Ruggie, John Gerard, 1982: International Regimes, Transactions, and Change: Embedded Liberalism in the Postwar Economic Order, in: International Organization 36, 379-415.
Ruggie, John Gerard, 1995: At Home Abroad, Abroad at Home: International Liberalization and Domestic Stability in the New World Order. Florence, European University Institute, Jean Monnet Chair Papers 20.
Scharpf, Fritz W., 1985: Die Politikverflechtungs-Falle: Europaische Integration und deutscher Foderalismus im Vergleich, in: Politische Vierteljahresschrift 26, 323-356.
Scharpf, Fritz W., 1987: Sozialdemokratische Krisenpolitik in Europa. Franfurt a.M.: Campus.
Scharpf, Fritz W, 1989: Decision Rules, Decision Styles and Policy Choices, in: Journal of Theoretical Politics 1, 149-176.
Scharpf, Fritz W., 1992: Koordination durch Verhandlungssysteme, in: Benz, Arthur/Scharpf, Fritz W./Zintl, Reinhard (Hrsg.), Horizontale Politikverflechtung. Zur Theorie von Verhandlungssystemen. Frankfurt a.M.: Campus, 51-96.
Schoenbrod, David, 1993: Power without Responsibility. How Congress Abuses the People Through Delegation. New Haven: Yale University Press.
Schulte, Dieter (Hrsg.), 1995: Industriepolitik im Spagat. Beiträge zur Reformdiskussion im Deutschen Gewerkschaftsbund und seinen Gewerkschaften. Köln: Bund.
Sinn, Hans-Werner, 1994: Wieviel Brüssel braucht Europa? Subsidiarität, Zentralisierung und Fiskalwettbewerb im Lichte der ökonomischen Theorie, in: Staatswissenschaften und Staatspraxis 5, 155-186.
Sinn, Stefan, 1993: The Taming of Leviathan. Competition Among Governments, in: Constitutional Political Economy 3, 177-221.
Steinmo, Sven, 1994: The End of Redistribution? International Pressures and Domestic Policy Choices, in: Challenge November-December 1994, 9-17.
Streit, Manfred E., 1994: Westeuropas Wirtschaftsverfassungen unter dem Druck des Systemwettbewerbs, in: List Forum 2, 11-20.
Vobruba, Georg, 1994: Gemeinschaft ohne Moral. Theorie und Empirie moralfreier Gemeinschaftskonstruktionen. Wien: Passagen.
Weidenfeld, Werner (Hrsg.), 1994: Europa '96. Reformprogramm für die Europäische Union. Strategien und Optionen für Europa. Gütersloh: Verlag Bertelsmann Stiftung.
Weiler, Joseph, H.H., 1981: The Community System. The Dual Character of Supranationalism, in: Yearbook of European Law 1, 257-306.
Weiler, Joseph H.H., 1994: A Quiet Revolution. The European Court of Justice and its Interlocutors, in: Comparative Political Studies 26, 510-534.
Zurn, Michael, 1992: Interessen und Institutionen in der internationalen Politik. Grundlegung und Anwendungen des situationsstrukturellen Ansatzes. Opladen: Leske + Budrich.

Zur Anwendung von Theorien rationalen Handelns in der Politikwissenschaft

Franz Urban Pappi

I. Systemwechsel als Herausforderung

Was unter dem Namen Homo oeconomicus früher als Schreckgespenst sozialwissenschaftlicher Einführungsvorlesungen diente, hat sich heute als Rational-Choice-Theorie (Theorie rationalen Handelns) einen respektablen Platz in der Politikwissenschaft erobert. Diese Entwicklung läßt sich unschwer bei einer Durchsicht führender Fachzeitschriften, vor allem im amerikanischen Bereich, nachvollziehen. Gleiches gilt für Lehrbücher. Für letztere zeigt sich ein besonderer Vorteil dieser Theorie: Sie ist in der Lage, auf der Basis der Entscheidungstheorie und der Spieltheorie einen systematischen Zusammenhang zwischen den Anwendungen in so verschiedenen Bereichen wie Wählerverhalten, Parteienkonkurrenz, Interessengruppen, Koalitionsverhandlungen, Abstimmungsverhalten in Gremien und internationalen Verhandlungen herzustellen.
Akteure werden als rational in dem Sinn verstanden, daß sie bei gegebenen Zielen und unter Berücksichtigung bestimmter Umweltbedingungen konsistent handeln, d.h. so, daß die Handlungskonsequenzen den Präferenzen optimal gerecht werden. Bei Spielen gegen die Natur brauchen die Akteure nicht strategisch zu handeln, bei Interessenverflechtungen mit anderen Akteuren sind strategische Handlungsmöglichkeiten mit zu bedenken, wie sie normalerweise in der Spieltheorie thematisiert werden. In der Politikwissenschaft interessiert dabei nicht nur das individuelle Entscheidungsverhalten einzelner Akteure, sondern auch die Konsequenzen aus dem Aggregat individueller Entscheidungen.
Wie in jeder empirischen Wissenschaft liegt auch in der Politikwissenschaft die Bewährungsprobe einer Theorie in der Anwendung. Eine große Herausforderung aller sozialwissenschaftlichen Theorien ist die Erklärung des Systemwechsels in Osteuropa. In gewisser Weise sind hier alle sozialwissenschaftlichen Theorien gleich: Keine hat diesen Systemwechsel rechtzeitig vorausgesagt. Von Beyme (1994) unterscheidet Theorien zum einen nach der theoretischen Ansatzhöhe, ob sie akteurs- oder systemorientiert sind, und zum anderen nach der methodischen Orientierung in deskriptiv-typologisch und erklärend-quantifizierend. Die Theorien rationalen Handelns sind dem erklärend-quantifizierenden Akteursansatz zuzurechnen. In den Sozialwissenschaften generell würde man hierunter auch sozialpsychologische Verhaltenstheorien einordnen, wie sie zum Teil zur Voraussage oder Erklärung von Revolutionen verwendet werden (vgl. z.B. die Frustrationstheorien). Im Unterschied zu anderen Sozialwissenschaften wie etwa der Soziologie ergibt sich in der Politikwissenschaft eindeutig ein Überwiegen akteursorientierter Ansätze, was natürlich in erster Linie mit dem Erklä-

rungsgegenstand zu tun hat. Wer kollektive Entscheidungen erklären will, tut gut daran, sie aus den individuellen Entscheidungen abzuleiten.

Nach dem Urteil von Beymes wird die kommende Osteuropaforschung sich in erster Linie auf den deskriptiv-typologischen Ansatz stützen (1994: 88). Hier ist nicht unbedingt ein Gegensatz zu den Rational-Choice-Ansätzen zu sehen. Die typologischen Ansätze können bestimmte Machtkonstellationen herausarbeiten, aus denen Folgen für die weitere Entwicklung der Transformation abgeleitet werden können. Eine vertiefte Erklärung, vor allem auch von paradoxen Ergebnissen, kann sich dann der Theorien rationalen Handelns bedienen.

Empirisch bewähren können sich Theorien nur, wenn sie mit Daten konfrontiert werden. Eine Prognose des Zusammenbruchs der sozialistischen Systeme war auch deshalb nicht möglich, weil die Theorien zwar vorhanden gewesen sind, die Daten dafür aber weitgehend fehlten. Diesen Schluß kann man zumindest daraus ableiten, daß einige Theorien wenigstens im nachhinein versucht haben, eine Rekonstruktion der Ereignisse unter Zuhilfenahme bestimmter Theorien zu geben. So erschien im Januar 1994 ein Schwerpunktheft von „Rationality and Society", in dem verschiedene Autoren einschlägige Revolutionstheorien verwenden, um revolutionäre Ereignisse wie die Montagsdemonstrationen in Leipzig zu erklären. Stärker noch als bei einem Krieg tritt bei Revolutionen das Problem auf, das man à la Brecht wie folgt charakterisieren kann: „Stellen Sie sich vor, es ist Revolution, und keiner geht hin" (vgl. hierzu Tullock 1974). Somit besteht das Hauptproblem in der Erklärung der Teilnahme an kollektiven Ereignissen, selbst in Situationen, in denen viele Bürger eines Staates mit ihrem politischen System unzufrieden sind und es nicht mehr als legitim empfinden. Das von allen gewünschte Ereignis kann nämlich auch eintreten, wenn der einzelne sich nicht beteiligt, es wird aber nicht eintreten, wenn jeder diese Überlegung anstellt. Den Belohnungen der Beteiligung müssen auf der anderen Seite die Kosten gegenübergestellt werden, die das herrschende System über seinen Repressionsapparat den Teilnehmern verursachen kann. Bei einer empirischen Anwendung dieser Art Revolutionstheorien benötigt man dann Daten über eine Vielzahl von Variablen, die in der Regel nicht als Zeitreihen zur Verfügung stehen. Damit können diese Theorien auch nicht zur Prognose eingesetzt werden. Würden andererseits diese Daten tatsächlich für längere Zeiträume zur Verfügung stehen, könnte man wohl auch ohne Zuhilfenahme ausgefeilter Modelle für einzelne politische Systeme zu dem Schluß kommen, daß Gefahr im Verzuge ist.

Das andere Extrem von Rational-Choice-Ansätzen läßt sich dem Typ der Gedankenexperimente zuordnen. Es existieren keine Daten über die Ziele wichtiger Akteure in einer Umbruchsituation. Dann kann man immer noch mit Annahmen arbeiten und verschiedene Konfigurationen der Interessen der beteiligten Gruppen postulieren, die die Weichen der weiteren Entwicklung in die eine oder andere Richtung stellen. Diesen Weg schlägt zum Beispiel Przeworski (1991) bei der Erklärung des Übergangs von einem autoritären zu einem demokratischen Regime ein. Er übernimmt bestimmte Übergangstypen aus dem typologischen Ansatz und vertieft deren Erklärungskraft, indem er die sequentielle Struktur der Entscheidungen als extensive Form eines Spiels zwischen Reformkräften und der „Betonfraktion" des alten Systems auf der einen Seite und verschiedenen gesellschaftlichen Kräften auf der anderen Seite modelliert. Mit der Annahme einer bestimmten Interessenstruktur als Auszahlungen für die verschiedenen Kombinationen lassen sich so Formen des Übergangs aus dem autoritären

System in einen neuen Zustand plausibel ableiten. Hier handelt es sich um Gedankenexperimente in der doppelten Form, daß sowohl die Interessen postuliert werden als auch die verschiedenen handelnden Gruppen. Bei letzteren wird in der Regel von Elitenfraktionen ausgegangen, die aber nicht verfaßt sind und damit auch keine korporativen Akteure darstellen.

Fur die Anwendung von Rational-Choice-Theorien in der Politikwissenschaft gilt generell, daß zumindest die Gruppe der Akteure klar abgegrenzt sein muß. Akteure können dabei entweder Individuen sein oder korporative Akteure, die über ihren Vorstand oder über bestellte Vertreter handeln können und deren Handlungen ihrer Organisation und nicht ihnen persönlich zugerechnet werden. Unabhängig vom Anwendungsgebiet muß man sich dabei vor jeder Analyse darüber klar werden, ob man die Annahme eines einheitlich handelnden Akteurs für eine bestimmte Gruppe von Individuen plausiblerweise machen kann oder nicht. So ist es zum Beispiel im Bereich der Koalitionstheorien üblich, unter den Annahmen auch eine darüber zu finden, daß die Parteien als einheitlich handelnde Akteure aufgefaßt werden. Man kann Parteien auch in verschiedene Gruppen aufspalten, dann hat man aber die Zahl der Akteure vervielfacht und das Problem nur um eine Ebene weiter verschoben. In der Transformationsforschung ist die klare Abgrenzung der korporativen Akteure natürlich ein großes Problem, weil sich die Situationen im Fluß befinden und ein korportiver Akteur von gestern heute in viele Einzelakteure zerfallen kann.

Stehen die Akteure fest, muß man sich über ihre Handlungsziele und Handlungsmöglichkeiten klar werden. Bei den Zielen kann man auf die in Teilbereichen bewährte Praxis zurückgreifen und den Akteuren eine bestimmte Hauptmotivation unterstellen. So wird Abgeordneten häufig das Hauptmotiv der Wiederwahl unterstellt, Bürokraten das Ziel der Budgetmaximierung, Parteien in Koalitionsverhandlungen das Ziel der Ämterbesetzung und Staaten in internationalen Verhandlungen das Ziel der Machtmehrung. In vielen Fällen reichen solche Annahmen über allgemeine Ziele der Akteure aber nicht aus. Pars pro toto seien die Koalitionstheorien erwähnt, die zu entscheidenden Fortschritten in ihrer Erklärungskraft erst fähig waren, als sie zur „Office-seeking-Hypothese" die Policy-Orientierung der Parteien einführten. Spätestens hier aber kann man das Hilfsmittel der Annahme über Hauptmotive der Handelnden nicht mehr in Anspruch nehmen, sondern muß Ziele und Präferenzen der Akteure in der einen oder anderen Weise genauer empirisch erfassen. Dieses Problem der Erfassung der Präferenzen soll im folgenden zunächst allgemein und dann an einigen ausgewählten Beispielen behandelt werden.

II. Präferenzen in Theorien rationalen politischen Handelns

Zwei Annahmen vor allem waren es, die den Homo oeconomicus in den Sozialwissenschaften allgemein als Karrikatur eines Akteurs erscheinen ließen: ein eng verstandenes Eigennutzaxiom und die Fixierung auf instrumentelles Handeln.

Downs (1968) geht in seinem für den Rational-Choice-Ansatz in der Politikwissenschaft grundlegenden Werk – die anderen Klassiker sind Arrow (1951), Black (1987), Riker (1962) und Olson (1968) – von einem engen Eigennutzaxiom aus: „... rationales Verhalten, dem primär eigennutzige Absichten zugrunde liegen" (1968: 26). Altruistische

Ziele scheinen ausgeschlossen zu werden (1968: 27). Allerdings heißt es dann einige Seiten später bei der Erläuterung des Nutzeneinkommens, das der Wähler aus der Regierungstätigkeit erwartet, daß der Bürger auch aus Ereignissen Nutzen ziehen könne, „die nur entfernt mit seinem Einkommen in Beziehung stehen ..." (1968: 36). Für manche steigere sich das Nutzeneinkommen sogar, „wenn die Regierung von ihnen mehr Steuern verlangen würde, um kostenlos Lebensmittel an hungernde Chinesen verteilen zu können" (1968: 36). Hier wird die enge ökonomische Fassung des Eigennutzaxioms aufgegeben.

In der engsten Fassung des Homo oeconomicus wird unterstellt: 1. daß die Handelnden ihren Nutzen so maximieren, wie sie ihn verstehen, daß sie 2. aber egoistisch in einem ganz bestimmten Sinn sind, nämlich in dem Sinn, daß sie ihr materielles Wohlergehen, oder noch enger, ihr Einkommen oder Vermögen, maximieren (vgl. z.B. Brennan/Lomasky 1993). Es ist klar, daß sich diese Annahme für bestimmte Bereiche, vor allem für korporative Akteure, nicht übernehmen läßt. Für diesen Fall hat man den Ausweg gefunden, ähnlich generelle Ziele zu unterstellen, wie die Stimmenmaximierung bei den Parteien unter relativer Mehrheitswahl (Downs 1968) oder die Budgetmaximierung von Bürokraten (Niskanen 1971).

Im Bereich der Politik, zum Beispiel für das Wahlverhalten, beziehen sich die Ziele auf Kollektivgüter, von denen man selbst einen mehr oder weniger großen Nutzen hat. Warum soll dabei ausgeschlossen werden, daß jemand ein Kollektivgut anstrebt, zum Beispiel ausreichende Sozialhilfe für Arme und Obdachlose, ohne daß dies in einem eng verstandenen Sinn ihm selbst zugute kommt? Die Ziele können sich auch auf das Gemeinwesen insgesamt beziehen, dessen Teil man ist. Es ist ohne weiteres möglich, solche Ziele zuzulassen, ohne von den Grundannahmen eines Rational-Choice-Ansatzes abzugehen. Daß man heute allgemein nicht mehr vom Homo oeconomicus spricht, sondern von Rational-Choice-Theorien, ist ein Hinweis darauf, daß man gerade das eng verstandene Eigennutzaxiom des ursprünglichen Homo oeconomicus nicht mehr akzeptiert. Damit ist klar gesagt, daß für die Ziele von natürlichen oder juristischen Personen keine Einschränkungen im Sinne des ursprünglichen, engen Eigennutzaxioms gemacht werden.

Für die Erklärungen des Wählerverhaltens sind die räumlichen Modelle der Parteienkonkurrenz der wichtigste Rational-Choice-Ansatz. Er geht auf Downs (1968) zurück, der in Fortführung der Modelle zur optimalen räumlichen Plazierung von zwei konkurrierenden Geschäften in einer die Stadt durchschneidenden „main street" (Hotelling 1929; Smithies 1941) den Gleichgewichtspunkt von zwei Parteien bei der Medianposition ableitete. Die stimmenmaximierenden Parteien bieten den Wählern Programme an, die sich auf einer ideologischen Links-Rechts-Position beim Wähler in der Mitte der Verteilung befinden. Spätere Ansätze sind von der Annahme der einen ideologischen Links-Rechts-Dimension abgegangen, auf der sowohl Parteien als auch Wähler eine Position haben. Davis et al. (1970) nehmen mehrere Issuedimensionen an und Hinich entwickelte mit Enelow (1984) und Munger (1994) eine Theorievariante, bei der die Wähler fixe Issuepräferenzen und die Parteien von den Wählern eindeutig wahrgenommene Positionen im ein- oder mehrdimensionalen ideologischen Raum haben. Die Wähler benutzen ihre Wahrnehmung der ideologischen Parteistandpunkte, um die Parteipositionen bei konkreteren Issuedimensionen zu schätzen. Sie vermuten z.B., daß eine Partei, je linker sie ist, desto weniger Kürzungen der Sozialausgaben akzeptieren werde. Erklärungen des Wählerverhaltens sind dabei nur möglich, wenn man die Präferenzen der Wähler bezüglich der für relevant gehaltenen Issues kennt. Die Einstellungen der Wähler zu diesen Issues können mit den Mitteln der empirischen Sozialforschung direkt erfaßt werden. Der Wähler nimmt eine gewisse Distanz zwischen seinem Standpunkt bei einem Streitthema und den Standpunkten der Parteien wahr. „The units in which this distance is measured may be actual units of public goods or services,... The reason that spatial theorists can be vague about the issues or goods over which these preferences are defined is that the preferences are taken as primitive, not induced, representations of voter utility functions" (Hinich/Munger 1994: 44). Damit muß die Nachfrage nach dem öffentlichen Gut durch die einzelnen Bürger nicht im Vergleich zur Nachfrage nach privaten Gütern und durch interpersonalen Nutzenvergleich für das öffentliche Gut erschlossen werden.

Ein zweites Problem in bestimmten Anwendungen ist die Unterstellung instrumentellen Handelns. Diese Problematik ist in erster Linie am Beispiel des sogenannten Wahlerparadoxons diskutiert worden. Instrumentelles Wählen in allgemeinen Wahlen mit Millionen von Wahlberechtigten heißt, seine Stimme so abzugeben, daß man eine bestimmte Partei oder Koalition an die Regierung bringt. Da die Wahrscheinlichkeit, daß die eigene Stimme den Ausschlag gibt, aber nicht nur sehr gering ist, sondern in der Regel fast von Null ununterscheidbar, ist ein rein zweckrationales Wählen nicht sehr sinnvoll. Trotzdem sind die Wahlbeteiligungsraten in vielen Demokratien sehr hoch. Man versuchte, das Wählerparadoxon nun durch Annahme eines zusätzlichen Wahlbeteiligungsmotivs aufzulösen. Downs (1968) argumentierte, daß bei einer Wahlbeteiligung von 0 Prozent die Demokratie in Gefahr sei, und da man langfristig Vorteile von der Demokratie habe, gehe man deswegen zur Wahl. Der Nachteil dieses Arguments ist, daß die Demokratie natürlich auch aufrecht erhalten wird, wenn die anderen zur Wahl gehen, so daß sich damit diese fragwürdige Beziehung der Wahlbeteiligung zum instrumentellen Handeln wieder nicht durchbrechen läßt. Riker und Ordeshook (1968) und andere haben eine Norm eingeführt, nämlich Wählen als Bürgerpflicht, der man dadurch nachkommt, daß man sich tatsächlich an der Wahl beteiligt. Dies ist der expressive Aspekt des Wählens, wobei die Befriedigung mit der Handlung selbst eintritt, und nicht eine Folge der Handlung ist.

Riker und Ordeshook (1968) reformulierten die Wahlbeteiligungsgleichung wie folgt:

$R = pB - C + D.$

Der aus der Wahlbeteiligung resultierende Nutzen (Rewards) setzt sich zusammen aus dem Parteiendifferential B (im Zweiparteiensystem die Differenz des Nutzeneinkommens aus der Regierungstätigkeit der einen minus der anderen Partei), den Kosten (C) und der demokratischen Wahlnorm (Civic Duty). C und D sind sicher mit der Wahlbeteiligung verbunden, den Nutzen aus der Regierungstätigkeit seiner präferierten Partei kann der Wähler mit seiner Wahlentscheidung aber nur herbeiführen, wenn seine Stimme den Ausschlag gibt: p steht für diese Wahrscheinlichkeit. Wegen des äußerst kleinen Wertes für p würde ohne den D-Term, also sogar bei sehr niedrigen Kosten der Wahlbeteiligung, die Gefahr bestehen, daß der Gesamtnutzen aus der Beteiligung keinen positiven Wert annehmen kann, so daß die Voraussage lauten würde: Der Normalbürger wird bei der Entscheidung unter Risiko zwischen Beteiligung und Nichtbeteiligung sich für letztere entscheiden. Da der D-Term aber für normgeleitetes, expressives Handeln steht, kann man mit Recht die Frage stellen: „Is turnout the paradox that ate rational choice theory?" (Grofman 1995, mit Bezug auf Fiorina 1981).

Nun ist die Erklärungskraft von pB und C für Veränderungen der Wahlbeteiligung im Aggregat nicht schlecht (Grofman 1995: 102), so daß man nicht von einer Falsifizierung der Theorie sprechen kann. Es bleibt aber dabei, daß die Höhe der Wahlbeteiligung zu einem bestimmten Zeitpunkt schlecht als zweckrationales Verhalten zur Regierungsbestellung erklärt werden kann. Intrinsische Motive für die Wahlbeteiligung bzw. Wählen als expressives Verhalten können nicht vernachlässigt werden. Wenn dem aber so ist, ist nicht einzusehen, warum sich intrinsische Motive nur auf die Entscheidung, zur Wahl zu gehen oder nicht, und nicht auch auf die Entscheidung für eine bestimmte Partei auswirken sollen. Dies ist der Ansatzpunkt von Brennan und Lomasky für ihre „pure theory of electoral preference" (1993).

Instrumentelle und expressive Aspekte sind bei jedem menschlichen Handeln zu beobachten. Instrumentelles Handeln orientiert sich an der Bewertung der Wirkungen der eigenen Entscheidung, also des Handlungsergebnisses, das man erzielt. Das instrinsische oder expressive Handeln zieht die Befriedigung aus der Ausführung der Handlung selbst. Seien P und T die Nutzeneinkommen aus der Regierungstätigkeit der entsprechenden Parteien und Π und Θ die expressiven Bestandteile des Wählens für Partei P bzw. T, mit denen die Kosten verrechnet sind, wird i Partei P wählen, wenn er allein ausschlaggebend ist, wenn gilt: $P + \Pi > T + \Theta$. Wenn i aber nicht entscheidend ist, sondern seine Stimme nur mit der Wahrscheinlichkeit p den Ausschlag gibt, gilt: $pP + \Pi > pT + \Theta$. Die erste Situation entspricht dem Konsumentenverhalten im wirtschaftlichen Bereich, nicht dem Wählerverhalten, bei dem ein einzelner Wähler nie in die Situation einer Entscheidung unter Sicherheit kommt, bei der er allein die Regierung bestimmt. Mißt man den relativen Preis der expressiven Elemente der jeweiligen Entscheidung mit dem entgangenen Nutzen aus dem instrumentellen Teil, so ist dieser Preis beim Konsumenten höher als beim Wähler. „As we move from the marketplace to the ballot box, all other things equal, the relative significance of expressive elements increases by a factor equal to the inverse of the probability of being decisive" (Brennan/Lomasky 1993: 24).

Eine Folge des Überwiegens expressiver Elemente bei der Entscheidung für eine bestimmte Partei in allgemeinen Wahlen ist, daß die Wahlergebnisse nicht mit derselben Sicherheit die Präferenzen der Wähler offenbaren wie Verkaufszahlen von Gütern und Dienstleistungen die Präferenzen der Konsumenten. Wenn es auf die eigene Stimme so genau für das Endergebnis nicht ankommt, kann man sich eher den Luxus idealer Gefühle leisten und für ein Programm stimmen, für das man als Privatmann keine größere Investition riskieren würde. Außerdem müßte man sich natürlich besser über die Realisierungschancen und Kosten des Programms informieren, als dies für einen nicht ausschlaggebenden Wähler notwendig ist. Diese Charakterisierung der expressiven Elemente der Wahlentscheidung bestätigt die Auffassung von Hinich und Munger, daß es nicht möglich ist, Präferenzen für öffentliche Güter aus dem Wahlverhalten abzuleiten. Es ist aber möglich, die Einstellungen des Wählers zu den aktuellen Streitfragen einer Wahl zu erfassen und damit die Wahlentscheidung vorauszusagen, weil man die Einstellungen als intrinsische Motive der Wahlentscheidung werten kann. Im Unterschied zum D-Term in der Wahlbeteiligungsgleichung sind die expressiven

Elemente der Wahlentscheidung sehr wohl auf das Wahlergebnis bezogen. An die Stelle der Präferenz für ein Ergebnis tritt nicht eine Präferenz für eine Präferenzäußerung. Wie beim Fußball der Anhänger von Bayern München seine Mannschaft gewinnen sehen will und sie während des Spiels lautstark anfeuert, wohl wissend, daß sein Geschrei nicht ursächlich für den Sieg sein wird, drückt auch der Wähler mit seiner Stimmabgabe eine Präferenz für ein Ergebnis aus, das ihm Befriedigung verschafft. Brennan und Lomaski interpretieren das intrinsische Element der Wahlentscheidung nicht als nichtinstrumentell in dem Sinn, daß den Wähler das Ergebnis nicht interessieren würde, sondern nur als nichtinstrumentell in dem Sinn, daß dieses Ergebnis nicht kausal auf die eigene Entscheidung zurückgeführt wird (1993: 37).

Aus der Aufgabe des eng verstandenen Eigennutzaxioms und des Vorherrschens zweckrationalen (statt wertrationalen, affektuellen und traditionalen) Handelns in bestimmten Anwendungsgebieten wie dem Wählerverhalten läßt sich der Schluß ziehen, daß die Ziele und Präferenzen der Wähler erfaßt werden müssen, wenn man ihr Handeln erklären will. Diese Schlußfolgerung gilt nicht generell. Aber in bestimmten Situationen, die für die Politikwissenschaft von Bedeutung sind, versagt das wirtschaftswissenschaftliche Standardverfahren, Präferenzen als gegeben zu unterstellen und Handlungsänderungen allein aus Veränderungen der relativen Preise abzuleiten. Dies gilt für sog. „low-cost Situationen" (vgl. z.B. Kirchgässner 1992), in denen sowohl die Kosten gering sind als auch der Einfluß des einzelnen auf das kollektive Ergebnis. Außer dem Wahlverhalten gehören viele Partizipationsentscheidungen von Normalbürgern zu dieser Klasse von Situationen, wie die Entscheidung zum Beitritt zu einer Interessengruppe, zur Teilnahme an einer Demonstration, einer sozialen Bewegung und der Entschluß, Mitläufer eines revolutionären Ereignisses zu werden.

III. Policy-Dimesionen und politische Ideologien

Der Ratschlag, in bestimmten Situationen die Ziele und Präferenzen der Handelnden direkt zu erfassen, kann sich schnell als „mixed blessing" herausstellen. Läuft er doch darauf hinaus, daß man jede Entscheidung dann voraussagen kann, wenn man in einer Entscheidungssituation die Präferenzen der Beteiligten erhebt, die sich auf die ganz spezifischen Handlungsalternativen in dieser Situation beziehen. Wie aber sollen sich dann die Ergebnisse generalisieren lassen auf weitere Situationen in der Zukunft, wenn die konkreten Handlungsalternativen ähnlich, aber nicht gleich sind?

Hier ist daran zu erinnern, daß sich die Politikwissenschaft nicht mit privaten Entscheidungen beschäftigt, sondern mit politischen Entscheidungen, denen eine öffentliche Debatte vorausgeht. In dieser Debatte werden Argumente gebraucht, die sich allgemeinen Standpunkten zuordnen lassen. Auf der höchsten Ebene sind dies die politischen Ideologien und in einzelnen Politikfeldern sind dies Grundpositionen oder allgemeine Ziele, die von den wichtigen Akteuren im Politikfeld über längere Zeiträume vertreten werden.

Andererseits zeichnen sich kollektive Entscheidungen in modernen Demokratien dadurch aus, daß in der Regel verschiedene Lösungsalternativen diskutiert werden. Diese Alternativen zur Lösung eines Problems sind sinnvoll aufeinander bezogen, so daß nur eine Lösungsalternative schließlich als verbindlich durchgesetzt werden kann.

Gibt es mehr als zwei Lösungsalternativen, vereinfacht sich die Abstimmungssituation, wenn diese Lösungsalternativen als Policy-Dimensionen aufgefaßt werden können. Eine Policy-Dimension liegt vor, wenn sich die Lösungsvorschläge zu einem Sachverhalt so ordnen lassen, daß sich eine eindeutige Abfolge von einem Mehr zu einem Weniger, von einer linken zu einer rechten Position, von einer progressiven zu einer konservativen Präferenz usw. ergibt. Für die Präferenzordnung der Beteiligten muß diese Ordnung die Konsequenz haben, daß nicht mehr jede Abfolge von bevorzugten Lösungen zulässig ist. Wer z.B. die linke Position präferiert, kann dann nicht als zweite Praferenz die rechte Position haben und erst als dritte eine Position der Mitte. Methodisch-statistisch gesprochen müßten die Präferenzen der Beteiligten eindimensional entfaltbar oder generell skalierbar sein.

Ist diese Voraussetzung gegeben und kann die zugrundeliegende Skala als Intervallskala aufgefaßt werden, ist eine räumliche Analogie möglich. Unter der Voraussetzung eingipfeliger, symmetrischer Nutzenfunktionen mit dem Scheitelpunkt bei dem Lösungsvorschlag, der der eigenen ersten Präferenz entspricht, ist die räumliche Distanz vom Idealpunkt nach rechts und links als Nutzenverlust zu interpretieren, der aus der Entscheidung für die linke oder rechte Alternative im Vergleich zur Entscheidung zugunsten des eigenen Idealpunkts resultiert. In diesem Fall gilt dann auch das Medianwählertheorem, das besagt, daß die Position im Median der Verteilung unschlagbar ist. Sie entspricht der Gleichgewichtslösung.

Macht man diese Einschränkung bei Abstimmungen zu einem Sachverhalt mit mehr als zwei Losungsmöglichkeiten nicht, tritt das sog. Arrow-Problem auf. Trotz transitiver Präferenzordnungen der Abstimmenden können beim kollektiven Ergebnis Intransitivitäten auftreten. Mit der Annahme eingipfeliger, symmetrischer Nutzenfunktionen fur Policy-Dimensionen kann man also das Problem zyklischer Mehrheiten umgehen und insofern von einem „preference induced equilibrium" sprechen. Bei mehreren Policy-Dimensionen läßt sich das Ergebnis aber nur halten, wenn man annimmt, daß uber die Policy-Dimensionen separat abgestimmt wird ohne den Versuch, Paketlösungen über mehrere Dimensionen hinweg zu finden. Ansonsten existieren nur unter einschränkenden Bedingungen Gleichgewichtslösungen, was dem entsprechenden Befund den Namen Chaos-Theorem eingetragen hat (McKelvey 1976). Im Extremfall kann die endgültige Lösung mehr vom Geschick des „Agenda-Setters" abhängen als von den Präferenzen der Abstimmenden (vgl. z.B. Enelow/Hinich 1984: 31).

Eine Möglichkeit der Überwindung dieses unstabilen Zustands besteht darin, den Akteuren neben ihren Präferenzen für bestimmte Lösungen bei den einzelnen Problemen auch unterschiedliche Intensitäten ihrer Interessen zuzugestehen, die Möglichkeiten des Stimmentausches zulassen. Auf diese Möglichkeit hat bereits Downs hingewiesen, als er das Problem der Entscheidungsfindung der mit Mehrheit gewählten Regierung im Zweiparteiensystem untersuchte (1968: 62-67). Eine solche Regierung kann sich selbst in dem Fall, daß sie bei jeder Entscheidung den Willen der jeweiligen Wählermehrheit umsetzt, nicht gegen einen Sieg der Oppositionspartei schützen, die ihrerseits die Strategie einer Koalition der Minderheiten verfolgt. Denn bei mehreren Abstimmungen können die Mitglieder einzelner Minderheiten zur Mehrheit insgesamt werden. Eine Koalition der Minderheiten ist nach Downs allerdings bei passionierten Mehrheiten ausgeschlossen. Hierbei wird die Mehrheitsoption vor der Minderheitsoption von den Wählern der Mehrheitsfraktion stark bevorzugt. Dann sind diejenigen

Teile dieser Mehrheit, die bei einer zweiten Frage in der Minderheit sind, nicht bereit, ihre Stimme zugunsten der Mehrheit in der ersten Frage gegen eine Stimme einzutauschen, die bei der zweiten Frage aus der Minderheit eine Mehrheit machen würde. Passionierte Mehrheit heißt, daß der Gesamtnutzen der Wähler bei der Entscheidung mehrerer Fragen nicht durch einen Stimmentausch erhöht werden kann.

Am bekanntesten ist die Modellierung des Stimmentausches durch Coleman (1973, 1986). Je nach Interessenumfang an einzelnen Ereignissen, z.B. Gesetzesvorhaben, tauschen die Akteure Stimmen oder ganz allgemein Kontrollressourcen, bis Angebot und Nachfrage mit Gleichgewichtspreisen für die Kontrollressourcen zur Deckung kommen. Coleman verbindet die Ereignisse nicht zu Policy-Dimensionen, sondern nimmt Ja/Nein-Abstimmungen an, bei denen nicht einfach die Mehrheit siegt, sondern die Wahrscheinlichkeit eines Siegs dem Prozentsatz der Ja-Stimmen entspricht, so als würde ein Abstimmender zufällig herausgegriffen und seine Präferenz würde als kollektive Entscheidung akzeptiert. Unter dieser Voraussetzung kann rein nach der Intensität des Interesses getauscht werden, ohne daß man die Präferenz des Tauschpartners für oder gegen ein Gesetz berücksichtigen muß. In großen Tauschsystemen mit vielen Akteuren, in denen strategisches Verhalten schwierig bis unmöglich ist, führte die Anwendung dieser Theorie zu guten Prognoseergebnissen (vgl. Marsden/Laumann 1977; Pappi/Kappelhoff 1984; Laumann/Knoke 1987; Pappi/König/Knoke 1995).

Man kann dieses Grundmodell so modifizieren, daß an die Stelle unverbundener Einzelereignisse separate Policy-Dimensionen treten. Die Intensität des Interesses oder die Salienz richtet sich auf die Policy-Dimensionen, auf denen die Akteure Idealpunkte besitzen. Henning geht hier von einer zweistufigen Nutzenfunktion aus, bei der auf der ersten Stufe der Nutzenverlust mit der euklidischen Distanz des eigenen Idealpunkts von der durch die Entscheidung der anderen wahrscheinlich zustande kommenden kollektiven Entscheidung gemessen wird und bei der auf der zweiten Stufe die Nutzen bei den einzelnen Dimensionen multiplikativ mit den Salienzen als Gewichtungen verbunden werden (1994: 9). Henning ersetzt die probabilistische Entscheidungsregel durch eine gewichtete Durchschnittsbildung bei den Policy-Dimensionen mit den Stimmengewichten oder Kontrollressourcen als den Gewichten. Der eigentlichen Entscheidung gehe eine politische Diskussion voraus, in der die abzustimmende Position vorformuliert werde, wobei die Präferenzen der Akteure mit größeren Stimmengewichten sich stärker durchsetzen. Beim Tausch selbst, der wie bei Coleman auf einem vollkommenen Markt stattfindet, versucht jeder Akteur, seine Kontrollressourcen so zu tauschen, daß sein Einfluß auf die einzelnen kollektiven Entscheidungen je nach seinem Interesse an ihnen maximiert wird. Dies kann ein Akteur aber nur kalkulieren, indem er von den vorhandenen Präferenzen seiner Mitentscheider ausgeht und nicht von deren Abstimmungspositionen, die ihrerseits Ergebnis von Tauschvorgängen sind. Er wird aber seine Ressourcen nicht für Policy-Dimensionen vergeuden, bei denen er sowieso schon mit dem Durchschnittsstandpunkt übereinstimmt.

Stokman und van Oosten (Kapitel 5 in Bueno de Mesquita und Stokman 1994) haben ein Tauschmodell für Verhandlungssysteme entwickelt, indem sie ebenfalls Policy-Dimensionen annehmen, aber von Zug-um-Zug-Geschäften und nicht von einem vollkommenen Markt ausgehen. Sie sprechen nicht von Stimmentausch, sondern davon, daß die Akteure Issue-Positionen bzw. Policy-Präferenzen zwischen je zwei Issue-Dimensionen tauschen. Im Endeffekt läuft dies auf folgende Tauschsituation hinaus: Akteur a habe ein großes Interesse an Issue-Dimension A, dies sei sein Nachfrage-Issue, und tausche deshalb die Stimme von b für A ein gegen seine Stimme für die kollektive Entscheidung B (sein Angebotsissue), an der b großes Interesse hat. Im Unterschied zum ursprünglichen Coleman-Modell zählt hier sehr wohl, welche Policy-Präferenzen die Tauschpartner haben. Ich tausche nur mit jemandem, dessen Stimme bei seinem Angebotsissue, in meinem Sinn abgegeben, die kollektive Entscheidung in meine Richtung verschiebt, und dies ist nur der Fall bei den Akteuren, deren ursprüngliche Präferenz weit von meiner auf der Issue-Skala entfernt ist.

Tauschtheorien haben gegenüber abstrakten Gleichgewichtsanalysen innerhalb des räumlichen Modells der Parteienkonkurrenz (vgl. den Überblick bei Shepsle 1991) einen entscheidenden Vorteil: Sie sind leicht anwendbar und wurden in der Tat auch haufig zur Voraussage kollektiver Entscheidungen angewandt. Dies gilt auch für den Ansatz von Stokman und van Oosten, die mit ihrem Modell Entscheidungen des Ministerrats der EG für Richtlinien im Umweltbereich und für die Liberalisierung des Binnenmarktes vorausgesagt haben (vgl. Bueno de Mesquita/Stokman 1994: 161-184). Dabei ist ein interessantes Ergebnis, daß selbst bei Richtlinien, über die im Ministerrat einstimmig entschieden werden muß, so daß die einzelnen Regierungen eigentlich gleiches Stimmengewicht haben, diejenigen Modelle die besseren Prognoseergebnisse liefern, die nicht dieses gleiche Stimmengewicht annehmen, sondern die unterschiedlichen Stimmengewichte, die für die Mehrheitsentscheidungen festgelegt sind. Dasselbe Ergebnis erzielt auch Schnorpfeil, der das Modell von Henning auf die Entscheidung anderer Richtlinien der EG angewendet hat (1996). Auf der anderen Seite zeigt sich bei den Anwendungen dieser beiden Versionen der Tauschtheorie, daß viele Tauschvorgänge nicht zu einer Verbesserung, sondern zu einer Verschlechterung der Nutzenbilanz der Beteiligten führen. Getauscht wird zweiseitig durch Versprechen von für dieses Paar vorteilhafteren Stimmabgaben, entschieden wird aber am Schluß von allen, und damit kann sich eine Verschlechterung der Nutzenbilanz für einzelne ergeben (paradox of vote trading). Dieses Problem fehlender Pareto-Optimalität beim Stimmentausch ist noch ungelöst.

Gemeinsam ist den Anwendungen der Tauschmodelle im Bereich der Politikwissenschaft, daß sie jeweils ihre Prognoseleistungen erzielen, nicht mit abstrakten Annahmen uber die Ziele der Akteure, sondern mit konkret erhobenen Politikpräferenzen. Dabei können die Policy-Dimensionen im Unterschied zu Befürwortung oder Gegnerschaft zu einzelnen Gesetzesvorhaben dazu dienen, die Ziele der Akteure auf einer abstrakteren Ebene zu erfassen. Wenn sich die Präferenzen je nach den zur Entscheidung anstehenden Problemen grundsätzlich ändern würden, könnte man nur kurzfristig mit erheblichem Erhebungsaufwand Prognoseerfolge erzielen, es wäre aber ausgeschlossen, zu allgemeineren Aussagen über die Entscheidungen in bestimmten Politikfeldern oder über Koalitionsentscheidungen zu kommen. So ist das Ergebnis von Tsebelis (1994) über das Europäische Parlament als „conditional agenda setter" nur deshalb so überzeugend, weil man empirisch mit gutem Grund annehmen kann, daß die Europäische Kommission und das Europäische Parlament in der Regel gemeinschaftsfreundlichere Positionen einnehmen als das intergouvernementale Gremium des Ministerrats mit den nationalen Regierungen.

Im Unterschied zu internationalen Verhandlungssystemen, bei denen es in der Regel um Vereinbarungen in konkreten Sachfragen geht, zeichnen sich Koalitionsverhandlungen in parlamentarischen Regierungssystemen dadurch aus, daß nicht alle einzelnen Entscheidungen der nächsten Legislaturperiode antizipiert werden können. Hier geht es auch um die Übereinstimmung in grundsätzlichen Fragen, die man in der Regel mit der ideologischen Nähe zwischen den Parteien erfaßt. Zwar gingen die ersten Anwendungen der kooperativen Spieltheorie auf das Problem der Koalitionsbildung noch davon aus, die als einheitliche Akteure konzipierten Parteien seien an Ämtern und nicht an der Durchsetzung bestimmter Politiken interessiert (Riker 1962), doch zeigte sich schon bald, daß man die Prognoseleistung der Koalitionstheorien durch Berücksichtigung der ideologischen Nähe zwischen den Parteien verbessern kann. Das früheste Konzept dazu ist das der minimalen verbundenen Gewinnkoalition von Axelrod (1970). Hier wird eine ordinale Links-Rechts-Skala unterstellt und postuliert, daß sich die Parteien zu einer Regierung zusammentun würden, bei denen es keine uberflüssigen Koalitionspartner in dem Sinn gibt, daß der Austritt einer einzelnen Partei entweder aus einer Gewinn- eine Verlustkoalition machen würde oder aus einer verbundenen eine unverbundene Koalition. Verbunden sind die Parteien dann, wenn sie benachbarte Positionen auf der Links-Rechts-Skala einnehmen.

Alle frühen Koalitionstheorien, die eine Minimierung des politischen Konflikts innerhalb der Koalition annahmen oder eine Policy-Orientierung der Parteien zur Durchsetzung einer gemeinsamen Politik, gingen von eindimensionalen ideologischen Anordnungen der Parteien aus. Ist diese Annahme für Ideologien in einzelnen Ländern noch gerechtfertigt, so ist sie natürlich weit weniger überzeugend, wenn man von der ideologischen Ebene auf die Ebene einzelner Policy-Dimensionen herabsteigt. Eindimensionalität wäre dann nur gegeben, wenn die Anordnung der Parteien bei jeder Policy-Dimension genau dieselbe ist wie auf der zugrundeliegenden ideologischen Dimension. Dies ist aber nicht immer der Fall. Besonders das deutsche Beispiel ist hier aufschlußreich. So nimmt die FDP in wirtschaftspolitischen und sozialpolitischen Fragen in der Regel eine Position rechts von der CDU/CSU ein, deren Arbeitnehmerflügel stärkere SPD-Nähe aufweist. In innen- und rechtspolitischen Fragen nimmt dagegen von den etablierten Parteien ganz klar die CDU/CSU die rechte Position ein. Schon diese Beobachtung genügt, um die Annahme der Eindimensionalität fur das deutsche Parteiensystem aufzugeben.

Damit stellt sich das Problem, wie man die ideologische Dimensionalität empirisch vorfindbarer Parteiensysteme messen soll. Drei Ansätze sind möglich: 1. eine Inhaltsanalyse der Grundsatz- und Wahlprogramme der Parteien, 2. eine Befragung von Experten zur Einordnung der Parteien auf vorgegebenen allgemeineren Policy-Dimensionen und 3. eine allgemeine Bevölkerungsbefragung mit vorgegebenen ideologischen oder Policy-Skalen, wobei die Selbsteinordnungen der Wähler einer Partei als Maß für die ideologische Orientierung der Partei dienen. Der letztere Ansatz ist relativ indirekt und garantiert am wenigsten, daß die Parteien bei ihren Koalitionsverhandlungen sich tatsächlich danach richten. Der erste Ansatz wurde von der Party Manifesto Group des European Consortium for Political Research praktiziert, und zwar in zwei Versionen. In einer früheren Version (Budge et al. 1987) hat man in erster Linie die Themen verschlüsselt, die die Parteien ansprechen, was zu einer Dimensionalität des Parteiensystems im Hinblick auf die Aufmerksamkeitsstruktur führt, wie man sie für die von Budge (Budge/Farlie 1983: Kapitel 2) vorgeschlagene Salienztheorie benötigt. Diese Theorie geht im Unterschied zu den räumlichen Modellen davon aus, daß Parteien bestimmte Themen „besitzen", für die sie allgemein für kompetent gehalten werden. Wahlkampf spielt sich also nicht durch Vorschlag von Position und Gegenposition ab, sondern durch Versuche, die Aufmerksamkeit der Wähler auf die Bereiche zu lenken, für die man für kompetent gehalten wird. Dies ist nicht die Vorstellung der raumlichen Modelle, die policy-orientiert in dem Sinn sind, daß es um inhaltlich unterschiedliche Politikpositionen geht. Dieser Ansatz wurde konsequenter erst in einer spateren Untersuchung der Party Manifesto Group berücksichtigt (vgl. Laver/ Budge 1992).

Der oben erwahnte zweite Ansatz verläßt sich auf Experten, z.B. Politikwissenschaftler, die gebeten werden, die wichtigsten Parteien ihres Landes auf vorgegebenen Policy-Dimensionen einzustufen. Fur die späten 80er Jahre haben Laver und Hunt für die Parteien in den westlichen Demokratien entsprechende Untersuchungsergebnisse veroffentlicht (1992). Dabei stellte sich als die bedeutendste allgemeine Dimension die wirtschafts- und sozialpolitische Links-Rechts-Achse heraus, die von den Autoren als Gegensatz zwischen Steuererhöhung zur Ausweitung der öffentlichen Dienstleistungen und Steuerkurzungen mit dem Ergebnis der Rückführung staatlicher Leistungen operationalisiert wurde. Eine zweite wichtige Policy-Dimension wird von Laver und Hunt für deutsche Ohren etwas mißverständlich „social policy" genannt. Dahinter versteckt sich eine innen- und rechtspolitische Dimension, die als permissive Politik in Fragen wie Schwangerschaftsabbruch und Homosexualität zu einer Gegnerschaft gegen eine permissive Politik in diesen Fragen reicht.

Hat man in einem Mehrparteiensystem alle relevanten Parteien in einem mehrdimensionalen Policy-Raum verankert, kann man unter Zuhilfenahme neuerer Koalitionstheorien mit sehr viel mehr Aussicht auf Erfolg die Koalitionen voraussagen als mit den Koalitionstheorien der 60er und 70er Jahre. So hat Schofield z.B. die Regierungsbildung als kooperatives Spiel im mehrdimensionalen Policy-Raum modelliert (1995) und Laver und Shepsle (1990) und Austen-Smith und Banks (1990) versuchen, dasselbe Ziel mit nicht-kooperativen Spielen zu erreichen. Die Anwendung dieser Theorien setzt eine Kenntnis der ideologischen Positionen der Parteien im ein- oder mehrdimensionalen Raum voraus. Nur damit läßt sich die Brücke schlagen zwischen den formalen Modellen und der konkreten Anwendung auf ein wichtiges Kernproblem der Politikwissenschaft.

Zur Illustration sind in Schaubild 1 die Policy-Positionen der deutschen Parteien in den späten 80er Jahren einmal im Bereich der Sozialpolitik (X-Achse) und einmal im Bereich der Innen- und Rechtspolitik bzw. der Umweltpolitik (jeweils Y-Achse) eingetragen. Die Werte sind dem Buch von Laver und Hunt (1992) entnommen. Je höher der Wert auf der X-Achse, um so mehr spricht sich eine Partei nach Meinung der befragten Experten für eine Rückführung öffentlicher Dienstleistungen aus, um die Steuerlast der Bürger zu vermindern. Bei der Innen- und Rechtspolitk bedeutet eine Abnahme des Wertes auf der Y-Achse eine zunehmend permissivere Politik in Fragen wie Schwangerschaftsabbruch oder rechtliche Behandlung von Homosexuellen. In der Umweltpolitik bedeutet eine Abnahme des Wertes auf der Y-Achse eine Unterstützung einer aktiven Umweltpolitik, auch auf Kosten des wirtschaftlichen Wachstums. Es zeigt sich, daß die gegenwärtige Regierungskoalition mehr Gemeinsamkeiten in der

Schaubild 1: Die Positionen der deutschen Parteien auf den Policy-Dimensionen Sozialpolitik (X-Achse) und Innen-/Rechts-Politik (Y: CDU, SPD, FDP, GRÜ) bzw. Umweltpolitik (Y: C', S', F', G')*

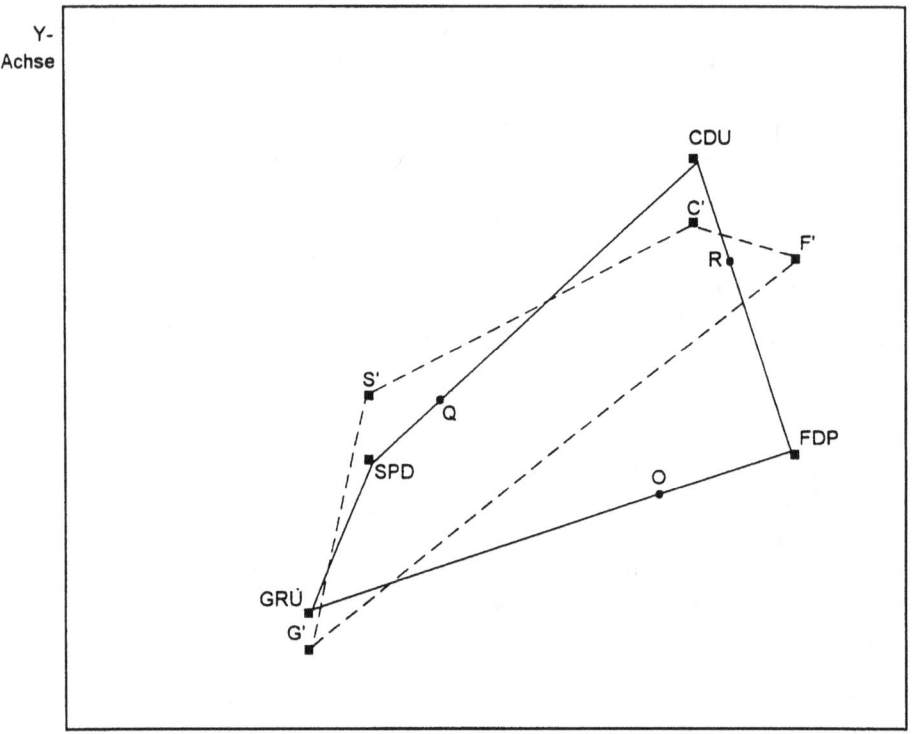

* Laver/Hunt (1992: 197f.).

Umweltpolitik hat als in der Innen- und Rechtspolitik. Die Grundkonfiguration ist aber in einem entscheidenden Punkt gleich: In einem gewichteten Spiel gibt es im jeweiligen zweidimensionalen Raum kein stabiles Gleichgewicht.

Um dieses Argument in Anlehnung an die Idee des Kerns in einem gewichteten Spiel im zweidimensionalen Raum nach Schofield (1995) zu erläutern, müssen zunächst die Gewichte der Parteien im Bundestag berücksichtigt werden. Die Daten sind vor der Vereinigung Ende der 80er Jahre erhoben worden. Damals war die Gewichtsverteilung zwischen den Parteien aber genauso wie heute. Strategisch kam es allein darauf an, daß die CDU jeweils mit jeder anderen Partei eine Zweierkoalition hätte bilden können, während SPD, FDP und Grüne nur zu dritt in der Lage gewesen wären, die CDU/CSU in die Minderheitsposition zu bringen und damit aus der Regierung zu vertreiben. Diese Situation hat sich nach der Bundestagswahl 1994 trotz der Vereinigung nicht geändert. Zwar gibt es inzwischen eine fünfte Partei im Bundestag, die PDS, sie hat aber in diesem Bundestag so wenig Stimmen, daß sie keiner Koalition zu einer Mehrheit verhelfen kann. Als „Dummy" braucht sie hier nicht berücksichtigt zu werden. Das Kräfteverhältnis der übrigen Parteien kann mit den vereinfachten Stimmengewichten

von jeweils 1/5 für SPD, FDP und Bündnis 90/Grüne und mit einem Gewicht von 2/5 für CDU/CSU charakterisiert werden.
In diesem zweidimensionalen Policy-Raum gibt es keine Gleichgewichtslösung. Dies läßt sich leicht dadurch nachprüfen, daß wir zunächst eine Regierungsposition für die gegenwärtige Koalition bei R auf der die CDU und die FDP verbindenden Linie annehmen. Dies entspreche der gegenwärtigen Regierungspolitik in den beiden Fragen Sozialpolitik und Innen-/Rechtspolitik. SPD und Grüne könnten nun der FDP ein Angebot machen, das bei O in dem Schaubild liegt. Dieser Punkt würde von der FDP vorgezogen, weil er näher an ihrer Idealposition ist als R. SPD und Grüne würden diesen Punkt natürlich auch dem Punkt R vorziehen. Jetzt könnte aber ihrerseits die CDU/CSU wieder der SPD ein Angebot machen, bei dem sich die SPD besser steht als in der Koalition mit der FDP und den Grünen. Dies entspricht dem Punkt Q. Und damit könnte das gesamte Spiel wieder von vorne beginnen.
Ein Gleichgewicht könnte sich nach Schofield ergeben, wenn die in diesem gewichteten Spiel größte Partei, also die CDU/CSU, eine Position in einem Dreieck einnehmen wurde, das aus der Verbindung der Policy-Positionen der drei kleineren Parteien gebildet werden kann. Im vorliegenden Fall müßte sich die CDU/CSU also relativ weit nach unten links bewegen, um in das aus SPD, FDP und Grünen gebildete Dreieck hineinzudringen. Leichter wäre es für die SPD, auf der Links-Rechts-Achse in der Frage der Sozialpolitik so weit nach rechts vorzustoßen, daß sie in den inneren Bereich des aus CDU, FDP und Grünen gebildeten Dreiecks gelangt. Allerdings käme sie dann nur in die dominante Situation, in der sie nie aus einer Koalition ausgeschlossen wurde, wenn sie auch die strategische Mehrheit bei der nächsten Wahl bekäme, die jetzt die CDU/CSU innehat.
Wenn einmal valide Messungen der Policy-Position der Parteien vorliegen, können Koalitionen unter Verwendung der verschiedenen policy-orientierten Theorien sehr viel besser erklärt werden als mit den primitiven Mitteln der schlichten Annahme einer Plazierung der Parteien auf einer allgemeinen Links-Rechts-Achse. Dies gilt zumindest für Länder wie Deutschland, in denen *eine* ideologische Dimension zur Darstellung der wichtigen politischen Unterschiede zwischen den Parteien nicht ausreicht.

IV. Schlußfolgerung

Im Unterschied zur Theorieentwicklung ist für die Theorieanwendung im Bereich der Rational-Choice-Modelle eine Erfassung der Präferenzen und Ziele der Akteure wichtig. Gegenüber anderen Sozialwissenschaften wie insbesondere der Soziologie haben die Anwendungen in der Politikwissenschaft den Vorteil der öffentlichen Diskussion dieser Präferenzen und Ziele. Auf diese Weise ergibt sich oft die Möglichkeit der Zusammenfassung und Generalisierung der Ziele zu Policy-Dimensionen und zu Ideologien. Allerdings scheinen gerade letztere nach dem Ende des Kalten Krieges und bei der politischen und wirtschaftlichen Transformation in den früher kommunistisch regierten Ländern an Orientierungsleistung zu verlieren.
Das Argument von der Bedeutung der Präferenzen bei Anwendungen von Theorien rationalen Handelns in der Politikwissenschaft ist nicht das eines einsamen Rufers in

der Wüste, der sich mühsam gegen die Vertreter von „first principal rational choice" (Dowding/King 1995: 1) verteidigen müßte. Letztere entwickeln formale Modelle, aus denen Schlußfolgerungen abgeleitet werden, die für beliebige Präferenzverteilungen gelten. So abstrahiert der Machtindex von Shapley und Shubik (1954) von konkreten Koalitionswahrscheinlichkeiten zwischen ideologisch benachbarten Parteien und das Unmöglichkeitstheorem von Arrow (1951) gilt gerade unter der entscheidenden Annahme, daß für die Präferenzordnungen der abstimmenden Individuen keinerlei Einschränkungen gelten. Dowding und King sprechen sich für eine Ergänzung dieser „preference open models" um „preference constrained models" aus, „which specify precisely what the actors desire" (1995: 2). Sie bezeichnen diese anwendungsbetonte Richtung als „institutional rational choice", um damit insbesondere die Präferenzbildung der Akteure unter dem beschränkenden Einfluß von Institutionen zu betonen. Was bedeuten diese neuen Tendenzen in der Anwendung von Theorien rationalen Handelns in der Politikwissenschaft für die Transformationsforschung? Die Antwort auf diese Frage ist einfach: Ohne Kenntnis der politischen Ziele der Wähler und Parteien in den neuen Demokratien Osteuropas können keine vernünftigen Prognosen über die weitere Entwicklung gemacht werden. Diese Ziele lassen sich momentan auf relativ konkreter Ebene leicht erfassen. Schwieriger gestaltet sich aber das Problem, allgemeinere Aussagen über die Entwicklung der Parteiensysteme im Hinblick auf allgemeinere Policy-Dimensionen und Ideologien zu machen. Treten nach dem Ende der kommunistischen Regime in diesen Ländern neue ideologische Dimensionen auf, die die westlichen Länder in dieser Form bisher nicht kannten? Ändern sich auch die ideologischen Grunddimensionen in den westlichen Demokratien, die in der Zeit des Kalten Krieges über Jahrzehnte hinweg eine gewisse Kontinuität zeigten? Regierungsbildungen in einzelnen Staaten, die nicht mehr gängigen Vorstellungen über ideologische Nähe oder über die Dominanz einzeler Parteien entsprechen, deuten in diese Richtung. Solange diese inhaltlichen Fragen noch wenig geklärt sind, haben formale Modelle des Rational-Choice-Ansatzes wenig zur Transformationsforschung beizutragen. Sie können aber die Forschung auf die Beantwortung ganz bestimmter Fragen zuspitzen. Daß die empirische Erfolgsbilanz der hier besprochenen Theorien bisher eher mager ausgefallen ist, ist ohne weiteres zuzugeben. Insofern setzen Green und Shapiro (1994) mit ihrer Kritik der Anwendung dieser Theorien in der Politikwissenschaft richtig an. Die Frage ist, welche Schlußfolgerungen man daraus ziehen soll. Hier wurde zugunsten einer Verbesserung der Anwendungsbedingungen der einschlägigen Theorien argumentiert, und diese unterscheiden sich von denen in den Wirtschaftswissenschaften. Der adäquaten Erfassung der Handlungsziele kommt in der Politikwissenschaft eine große Bedeutung zu, und die öffentliche Diskussion politischer Ziele eröffnet die Chance, allgemeinere Zielvorstellungen in der Form von Policy-Dimensionen oder politischen Ideologien identifizieren zu können, die über die gerade anstehenden Entscheidungen hinausweisen. Auf diese Weise braucht das Ziel der Formulierung allgemeinerer Theorien in der Flut der Fallstudien nicht aufgegeben zu werden.

Literaturverzeichnis

Arrow, Kenneth J., 1951: Social Choice and Individual Values. New York: Wiley.
Austen-Smith, David/Banks, Jeffrey, 1990: Stable portfolio allocations, in: American Political Science Review 84, 891-906.
Axelrod, Robert, 1970: Conflict of Interest. A Theory of Divergent Goals with Applications to Politics. Chicago: Markham Publishing Company.
Beyme, Klaus von, 1994: Systemwechsel in Osteuropa. Frankfurt a.M.: Suhrkamp (Suhrkamp Taschenbuch, Wissenschaft).
Black, Duncan, 1987: The Theory of Committees and Elections. Boston/Dordrecht/Lancaster: Kluwer Academic Publishers.
Brennan, Geoffrey/Lomasky, Loren, 1993: Democracy and Decision. The Pure Theory of Electoral Preference. Cambridge: Cambridge University Press.
Budge, Ian/Farlie, Dennis J., 1983: Explaining and Predicting Elections: Issue Effects and Party Strategies in 23 Democracies. London: Allen and Unwin.
Budge, Ian/Robertson, David/Hearl, Derek (Hrsg.), 1987: Ideology, Strategy and Party Change. Spatial Analysis of Post-War Election Programmes in 19 Democracies. Cambridge: Cambridge University Press, 388-416.
Bueno de Mesquita, Bruce/Stokman, Frans (Hrsg.), 1994: European Community Decision Making. New Haven/London: Yale University Press.
Coleman, James S., 1973: The Mathematics of Collective Action. London: Heinemann Educational Books.
Coleman, James S., 1986: Individual Interests and Collective Action. Selected Essays. Cambridge: Cambridge University Press.
Davis, Otto/Hinich, Melvin J./Ordeshook, Peter C., 1970: An expository development of a mathematical model of the electoral process, in: American Political Science Review 64, 426-448.
Dowding, Keith/King, Desmond (Hrsg.), 1995: Preferences, Institutions, and Rational Choice. Oxford: Clarendon Press.
Downs, Anthony, 1968: Ökonomische Theorie der Demokratie. Tübingen: J.C.B. Mohr (Paul Siebeck).
Enelow, James M./Hinich, Melvin J., 1984: The Spatial Theory of Voting. An Introduction. Cambridge: Cambridge University Press.
Fiorina, Morris P., 1981: Retrospective Voting in American National Elections. New Haven/London: Yale University Press.
Green, Donald P./Shapiro, Ian, 1994: Pathologies of Rational Choice Theory. A Critique of Applications in Political Science. New Haven/London: Yale University Press.
Grofmann, Bernard, 1995: Is turnout the paradox that ate rational choice theory?, in: *Grofmann, Bernard* (Hrsg.), Information, Participation, and Choice. Ann Arbor: University of Michigan Press, 93-103.
Henning, Christian, 1994: Politische Tauschmodelle auf der Grundlage des LES- und AIDS-Systems. Arbeitspapier AB II (Arbeitsbereich II)/Nr. 5. Mannheim: Mannheimer Zentrum für Europaische Sozialforschung.
Hinich, Melvin J./Munger, Michael C., 1994: Ideology and the Theory of Political Choice. Ann Arbor: University of Michigan Press.
Hotelling, Harold, 1929: Stability in competition, in: The Economic Journal 39, 41-57.
Kirchgässner, Gebhard, 1992: Towards a theory of low-cost decisions, in: European Journal of Political Economy 8, 305-320.
Laumann, Edward O./Knoke, David, 1987: The Organizational State. Social Choice in National Policy Domains. Madison: University of Wisconsin Press.
Laver, Michael/Budge, Ian (Hrsg.), 1992: Party Policy and Government Coalitions. New York: St. Martin's Press.
Laver, Michael/Hunt, Ben W., 1992: Policy and Party Competition. New York/London: Routledge.
Laver, Michael/Shepsle, Kenneth A., 1990: Coalitions and cabinet government, in: American Political Science Review 84, 873-890.
Marsden, Peter V./Laumann, Edward O., 1977: Collective action in a community elite: Exchange, influence resources and issue resolution, in: *Liebert, R.J./Imershein, A.W.* (Hrsg.), Power, Paradigms, and Community Research. Beverly Hills: Sage Publications, 199-250.

Mc Kelvey, Richard, 1976: Intransivities in multidimensional voting models and some implications for agenda control, in: Journal of Economic Theory 12, 472-482.
Niskanen, Jr. William A., 1971: Bureaucracy and Representative Government. Chicago: Aldine, Atherton.
Olson, Mancur, 1968: Die Logik des kollektiven Handelns. Kollektivgüter und die Theorie der Gruppen. Tübingen: J.C.B. Mohr.
Pappi, Franz Urban/Kappelhoff, Peter, 1984: Abhängigkeit, Tausch und kollektive Entscheidung in einer Gemeindeelite, in: Zeitschrift für Soziologie 13, 87-117.
Pappi, Franz Urban/König, Thomas/Knoke, David, 1995: Entscheidungsprozesse in der Arbeits- und Sozialpolitik. Der Zugang der Interessengruppen zum Regierungssystem über Politikfeldnetze. Ein deutsch-amerikanischer Vergleich. Frankfurt a.M./New York: Campus.
Przeworski, Adam, 1991: Democracy and the Market. Poltical and Economic Reforms in Eastern Europe and Latin America. Camabridge: Cambridge University Press.
Riker, William H., 1962: The Theory of Political Coalitions. New Haven: Yale University Press.
Riker, William H./Ordeshook, Peter C., 1968: A theory of the calculus of voting, in: American Political Science Review 62, 25-42.
Schnorpfeil, Willi, 1996: Sozialpolitische Entscheidungen der Europäischen Union: Modellierung und empirische Analyse kollektiver Entscheidungen des europäischen Verhandlungssystems. Berlin: Duncker und Humblot.
Schofield, Norman, 1995: Coalition politics: A formal model and empirical analysis, in: Journal of Theoretical Politics 7, 245-281.
Shapley, Lloyd S./Shubik, Martin, 1954: A method for evaluating the distribution of power in a committee system, in: The American Political Science Review 48, 787-792.
Shepsle, Kenneth A., 1991: Models of Multiparty Electroal Competition. Chur: Haarwood.
Smithies, Arthur, 1941: Optimum location in spatial competition, in: Journal of Political Economics 49, 423-439.
Tsebelis, George, 1994: The power of the European Parliament as a conditional agenda setter, in: American Political Science Review 88, 128-142.
Tullock, Gordon, 1974: The Social Dilemma. The Economics of War and Revolution. Blacksburg, VA: University Publications.

Chaostheorie: Die neuen Sichtweisen von Kausalität, Komplexität und Stabilität

Christine Landfried

In seinem Gastvortrag auf dem Kongreß der Deutschen Vereinigung für Politische Wissenschaft in Potsdam 1994 entwickelte Charles S. Maier zwei theoretische Möglichkeiten für Sozialwissenschaftler. Entweder Sozialwissenschaftler untersuchten die linearen Prozesse und könnten auf diese Weise in begrenztem Maße Prognosen stellen. Die Wahl dieser Möglichkeit bedeute jedoch, daß Diskontinuitäten nicht in den Blick gerieten. „Die Sozialwissenschaften haben in den letzten Jahrzehnten eine Welt von linearem Wandel vorausgesetzt; nichtlineare Transformation mußte anderen, vielleicht erzählerischen Erfassungsmöglichkeiten überlassen werden. Uns ist es lieber, eine Welt von Differentialgleichungen zu bewohnen, d.h. wir haben kontinuierliche Funktionen als Prämisse postuliert ... In diesem Sinne waren wir nicht darauf vorbereitet, uns einen bevorstehenden nichtlinearen Wandel vorzustellen" (Maier 1995: 322f.). Wenn sich die Sozialwissenschaftler hingegen für die zweite Moglichkeit entschieden und von der „Offenheit der Geschichte" ausgingen, dann werde zwar ein besseres Verständnis der nichtlinearen Prozesse erreicht, diesmal jedoch um den Preis der Prognosefähigkeit. Inwieweit die Katastrophen- und Chaostheorien einen Ausweg böten, läßt Charles S. Maier offen. Bisher dienten diese Theorien in den Sozialwissenschaften ohnehin nur als Metapher, und die neuen Ansätze würden oft mißverstanden und von „gewissen Schwärmern" kolportiert (Maier 1995: 324).
Meine These lautet: die Chaostheorie kann dazu beitragen, das von Charles S. Maier diagnostizierte theoretische Dilemma in den Sozialwissenschaften zu überwinden, weil mit diesem theoretischen Ansatz lineare und nichtlineare Prozesse in ihren systematischen Zusammenhängen analysiert werden können. Eine chaostheoretisch inspirierte Sozialwissenschaft könnte also nichtlineare Prozesse berücksichtigen und müßte gleichwohl auf Prognosen nicht völlig verzichten (Böhret 1990: 138). Die Chaostheorie bedeutet nur den Abschied vom Mythos der „unbegrenzten Vorhersagbarkeit" (Prigogine 1988: 222). Die Fähigkeit, „verschiedene mögliche ‚Szenarios' vorherzusagen" (Prigogine 1988: 18), bleibt nach den Erkenntnissen der Chaostheorie erhalten.
Es ist Vorsicht geboten, will man Anregungen aus den neuen naturwissenschaftlichen Konzepten für die Sozialwissenschaften gewinnen. Weder hilft es weiter, wenn schon lang bekannte soziale Prozesse nun mit neuen Worten wie „Fluktuation" oder „Phasensprung" bezeichnet werden, noch darf die Forschung bei der Aufzählung von Beispielen zur Illustration chaostheoretischer Effekte in der sozialen Wirklichkeit stehenbleiben. Erst wenn sich zeigen ließe, daß die Chaostheorie einen Erkenntniszuwachs für sozialwissenschaftliche Analysen erbringt, wäre ein Fortschritt jenseits der rein semantischen Innovation erreicht (Mayntz 1990: 48).

Im folgenden Beitrag werden zunächst die Prinzipien der Chaostheorie dargestellt. Während die Übernahme der substantiellen Inhalte der Chaostheorie für die Sozialwissenschaften sehr begrenzt ist, können Analogien die eigenständige Theoriebildung und die empirische Forschung in den Sozialwissenschaften anregen. Wichtig für einen solchen Theorietransfer ist die Verallgemeinerung der naturwissenschaftlichen Konzepte und ihrer Erklärungsparadigmata, auch wenn dabei Teile der ursprünglichen Theorie verlorengehen (Mayntz 1990: 49). Da es für eine Übertragung der Chaostheorie auf die Sozialwissenschaften darauf ankommt, die generalisierten Konzepte und die grundlegenden Prinzipien dieser Theorie zu nutzen, kann hier auf die Unterscheidung zwischen Katastrophen- und Chaostheorie verzichtet werden (Böhret 1990: 150 zu den unterschiedlichen Ansätzen). Aus diesem Grund wird auch von Chaostheorie im Singular gesprochen. Im Anschluß an die Darstellung der Prinzipien der Chaostheorie wird im zweiten Teil des Aufsatzes für den zentralen Bereich der politischen Steuerung in hochdifferenzierten Gesellschaften gezeigt, daß die Chaostheorie in ihrer Erklärungskraft den Rational Choice-Theorien, der autopoietischen Systemtheorie und der Theoriebildung im Rahmen der Policy-Analyse überlegen ist. Im dritten Teil wird untersucht, für welche Phasen des Steuerungsprozesses durch die Übertragung der Chaostheorie ein Erkenntniszuwachs zu erwarten ist.

I. Die Prinzipien der Chaostheorie

Die Entdeckung chaotischer Prozesse führte in den Naturwissenschaften zu neuen Sichtweisen von Kausalität, Komplexität und Stabilität. Erstmals gerieten die bisher in den Naturwissenschaften gültigen Gesetze mit ihrer Betonung von determinierten, reversiblen und zeitunabhängigen Prozessen mit der Thermodynamik ins Wanken. Plötzlich gab es Prozesse, die von der Zeit abhängig und damit irreversibel waren, weil z.B. bei der Umwandlung von Wärme in einem Kraftwerk Energie verloren ging. Nach dem zweiten Hauptsatz der Thermodynamik nimmt die nicht frei verfügbare Energie, die nicht in Arbeit umgesetzt werden kann und Entropie genannt wird, so lange zu, bis das System das thermodynamische Gleichgewicht erreicht hat. Im Gegensatz zur Mechanik war damit Mitte des 19. Jahrhunderts in der Physik die Irreversibilität von Prozessen eingeführt. Weg und Ziel dieser irreversiblen Prozesse waren jedoch vorgezeichnet: es konnte sich nur das Verhältnis von freier Energie und Entropie ändern, und zwar in Richtung zunehmender Entropie. Erst mit der Beobachtung offener Systeme, die aus ihrer Umwelt Energie importieren und nicht frei verfügbare Energie exportieren, wurde es denkbar, daß die Entropie nicht notwendigerweise zunehmen muß. Seitdem kann man sich vorstellen, daß im Austausch mit der Umwelt ein Zustand des Ungleichgewichtes aufrechterhalten wird, der zu einer Quelle von Ordnung und Organisation werden kann. Die Strukturen jenseits des Gleichgewichtes (dissipative Strukturen) haben die Funktion, durch ständigen Austausch mit der Umwelt für die Selbsterneuerung des Systems und für den Aufbau neuer Strukturen zu sorgen.

Die Komplexität der ungleichgewichtigen Strukturen, ihre Aktivitäten und Fluktuationen haben vor allem Ilya Prigogine und seine Mitarbeiterin Isabelle Stengers am Modell chemischer Reaktionen untersucht (Prigogine/Stengers 1986). Zu den Regeln chaotischer Prozesse, die für die Sozialwissenschaften heuristischen Wert haben können, gehören die Relativierung des Kausalitätsprinzips, die Komplexität der Interaktionen innerhalb eines Systems sowie das dynamische Wechselspiel von linearen und nichtlinearen Prozessen mit einer neuen Raum-Zeit-Struktur (Prigogine 1988: 256ff.).

Die *Relativierung des Kausalitätsprinzips* begründen Ilya Prigogine und Isabelle Stengers mit der Abhängigkeit des chaotischen Geschehens von den Anfangs- und Verlaufsbedingungen. Gleiche Ursachen müssen nicht immer gleiche Folgen haben, weil nichtlineare Prozesse ausgesprochen spezifisch sind. „Jenseits der Schwelle der Stabilität wird der Begriff der universalen Gesetze ... durch die Erkundung von qualitativ verschiedenen Verhaltensweisen ersetzt, welche nicht nur von den beteiligten detaillierten Mechanismen, sondern auch von der Vergangenheit des Systems abhängen. Gerade weil die Definition des Zustands, in dem ein System sich befindet, sich nicht mehr ausschließlich auf den Augenblick beziehen kann, sondern die aufeinanderfolgenden Verzweigungen berücksichtigen muß, die es in der Vergangenheit durchlaufen hat, kann man nicht mehr behaupten, daß in jedem Augenblick ‚alles gegeben ist'" (Prigogine/Stengers 1986: 204). Während bei linearen Prozessen auftretende Störungen „vergessen" werden und auf diese Weise Reproduzierbarkeit gesichert ist, weil ähnliche Umstände ähnliche Reaktionen auslösen, verhält sich dies bei nichtlinearen Prozessen anders. Kleine Änderungen können hier unverhältnismäßig weitreichende Folgen hervorrufen. Bei der Suche nach Erklärungen für nichtlineare Prozesse wird es damit wichtig, Gesetzmäßigkeiten und Kontingentes zu integrieren. Diese neue „Lust am Kontingenten" (Scheibe 1988: 77) könnte die Chance eröffnen, daß sich die Naturwissenschaften an die Sozialwissenschaften annähern und zugleich die Sozialwissenschaftler auf neue Weise motiviert sind, sich intensiver als bisher mit sozialen Diskontinuitäten und Ungleichgewichten zu beschäftigen (Mayntz 1988: 34).

Das zweite Prinzip der Chaostheorie, das einen Erkenntniszuwachs für die Sozialwissenschaften verspricht, ist die *Komplexität der Interaktionen* innerhalb eines Systems. „Wie auch immer die Zukunft der theoretischen Physik aussehen mag", schreibt Prigogine, „die ‚elementaren' Teilchen scheinen von einer derart großen Komplexität zu sein, daß die alte Redensart von der ‚Einfachheit des Mikroskopischen' nicht mehr gilt" (Prigogine 1988: 25). Diese Komplexität bedeute, daß auch die genaue Kenntnis des Anfangszustandes eines Systems nicht erlaube, das Verhalten eines Systems für lange Zeit vorherzusagen (Prigogine 1988: 40). Während es ein wesentliches Element der klassischen Physik war, von der unbegrenzten Vorhersagbarkeit auszugehen, gilt nun für die Naturwissenschaften, daß lediglich mögliche verschiedene Szenarios prognostizierbar sind (Prigogine 1988: 18 und 222). Dies mag für Sozialwissenschaftler, die nach der Erosion des realen Sozialismus ihre Unfähigkeit zu Prognosen wieder einmal eingestehen mußten, eine „tröstliche Botschaft" sein (v. Beyme 1992: 218). Doch sollten sich die Sozialwissenschaftler nicht zu früh freuen. Denn gerade die Einsicht in die innere Komplexität eines Systems hätte es verlangt, die Erosion des realen Sozialismus zumindest als ein mögliches Szenario in Betracht zu ziehen. Die chaostheoretische Einsicht in die Komplexität der Interaktionen innerhalb eines Systems eröffnet neue Möglichkeiten, aber eben auch neue Notwendigkeiten für sozialwissenschaftliche Analysen. Entscheidend wird die mehrdimensionale Vernetzung von Variablen, die sich nicht mehr mit statistischen Methoden der Durchschnitte und Häufigkeitsverteilungen analysieren läßt, weil dabei erklärungsrelevante Struktur- und Interaktionsmuster übergangen werden (Bühl 1990: 2). „Das Gesetz der großen Zahl ist in der Nähe von Verzweigungen nicht mehr gültig, und die strenge Eindeutigkeit von Mastergleichungen für die Wahrscheinlichkeitsverteilung geht verloren" (Prigogine 1988: 212). Sozialwissenschaftler müßten darüber hinaus auf der Basis der neuen Sichtweise von Komplexität verstärkt darauf achten, bei der Analyse der politischen Steuerung auch die Frage zu stellen, inwieweit ein bestimmtes Programm der Komplexität des Problems gerecht wird. Dabei können Problemlösungen sowohl unter- als auch überkomplex sein. Die „Grenzen der Komplexität" hängen wiederum von der Größenordnung des Systems ab (Prigogine 1988: 159ff.). Eine chaostheoretisch inspirierte Sozialwissenschaft müßte jedenfalls den Zusammenhang zwischen Programm und Programmwirkung nicht nur theoretisch postulieren, sondern in den empirischen Analysen ernstnehmen.

Das dritte Prinzip der Chaostheorie, das sich gewinnbringend auf die Sozialwissenschaften übertragen laßt, ist die *Bedeutung der nichtlinearen Dynamik*. Die nichtlinearen Prozesse sind in der physikalischen Welt ebenso real wie lineare Prozesse und spielen eine konstruktive Rolle (Prigogine 1988: 13). Mit dieser neuen Sichtweise der Stabilität ist ein neuer Begriff der Zeit verbunden. Die Zeit ist nicht mehr homogen, sondern enthält verschiedene Dimensionen (Prigogine 1988: 217f., 240, 256ff.). Auch in den Naturwissenschaften gibt es also verschiedene Zeiten; so wie in der Geschichtswissenschaft die Prämisse verschiedener „Veränderungsgeschwindigkeiten der politischen, der sozialen, der ökonomischen ... Geschichte" gilt (Koselleck 1987: 148). Chaotische Prozesse, die mit den Anfangsbedingungen, dem Verlauf der Verzweigungen (Bifurkationen) und den mikroskopischen Aktivitäten auf komplexe Weise zusammenhängen, sind nicht beliebig, sondern unterliegen einer Dialektik von Zufall und Notwendigkeit. Phasen der Stabilität zwischen den Verzweigungen und einer Vorherrschaft deterministischer Gesetze wechseln sich mit Phasen der Instabilität ab (Prigogine/Stengers 1986: 204). Bei zunehmendem Ungleichgewicht nähern sich die dissipativen Strukturen Verzweigungspunkten, an denen der katastrophische Umschlag in einen chaotischen Zustand erfolgt. Dieses Chaos hat Struktur und geht in eine neue Ordnung über. „Es tritt eine neue molekulare Ordnung auf, die im Grunde einer gewaltigen Schwankung entspricht, welche durch den Energieaustausch mit der Umwelt stabilisiert wird. Diese Ordnung wird durch das Auftreten ... von ‚dissipativen Strukturen' gekennzeichnet" (Prigogine 1988: 104). Auch die Veränderungen von einer geordneten in eine turbulente und schließlich chaotische Struktur unterliegen Regeln. In der Chaostheorie geht es also um die Erfassung des dynamischen Wechselspiels zwischen stabilen und instabilen Prozessen. Dabei sind der diskontinuierliche Wandel und der plötzliche Verlust des Gleichgewichtes auf kontinuierliche Ursachen in den zuvor bestehenden Verhaltenslandschaften zurückzuführen (Bühl 1990: 104). Das damit angesprochene Problem der Erzeugung von Makroprozessen durch Strukturen und Bewegungen auf der Mikroebene gehört zu den zentralen Fragen der soziologischen Theoriebildung, und Renate Mayntz sieht hier einen möglichen Anknüpfungspunkt an die Chaostheorie (Mayntz 1990: 46).

II. Die Chaostheorie im Vergleich zu anderen theoretischen Ansätzen

Die Übertragung der Chaostheorie auf die Sozialwissenschaften ist nur sinnvoll, wenn es gelingt, mit diesem theoretischen Ansatz soziale Entwicklungen besser als mit anderen Theorien zu beschreiben, zu erklären und zu bewerten (Sabine 1969: 12; v. Wright 1974: 133). Nun mag man darüber streiten, ob eine Theorie auch den dritten, normativen Aspekt beinhalten muß. Ganz bestimmt ist jedoch die Erklärung eines empirischen Befundes und damit verbunden die Vorhersage möglicher Szenarios Bestandteil einer politischen Theorie. Der jungst unternommene Versuch, die Rational Choice-Theorien gegen Kritik zu immunisieren, indem man behauptet, diese Theorien beanspruchten gar nicht, soziale Phänomene zu erklären, und so könne der Vorwurf mangelnder Erklärungskraft sie nicht treffen (Zimmerling 1994: 22), ist daher zum Scheitern verurteilt.

Legt man die Kriterien einer prazisen Beschreibung, einer plausiblen Erklärung und einer begrundeten Bewertung als Maßstab fur eine politische Theorie an, dann läßt sich argumentieren, daß die Chaostheorie für eine Analyse der politischen Steuerung in differenzierten Gesellschaften im Vergleich zu den Rational Choice-Theorien, der autopoietischen Systemtheorie und der Theoriebildung im Rahmen der Policy-Forschung neue Sichtweisen ermöglicht.

Wie lassen sich zunachst die Probleme moderner Gesellschaften und die Bedingungen politischer Steuerung charakterisieren? Ulrich Becks Begriff der „Risikogesellschaft" (Beck 1986) erfaßt die Lage moderner Gesellschaften nur zum Teil. Politische Entscheidungen wie auch Nichtentscheidungen können in modernen Gesellschaften Gefahren mit sich bringen, die teilweise oder ganz irreversibel sind. Mit der neuen Qualität moderner Gefahren erhöht sich nicht allein das Risiko politischer Entscheidungen, sondern es wird Handeln unter Ungewißheit erforderlich (Böhret 1989a: 28). Nicht die Allgegenwart von Risiken kennzeichnet moderne Gesellschaften, sondern die Existenz latenter Gefahren, die global, unsichtbar und mit irreversiblen Schaden verbunden sein können. Eine riskante Entscheidung wird nach Abwägen von Nutzen und Schaden und ihres wahrscheinlichen Eintritts getroffen (Luhmann 1986: 18). Das Wahrscheinlichkeitskalkül spielt jedoch bei der Suche nach Problemlösungen eine immer geringere Rolle, und es sind die unwahrscheinlichen Folgen und Gefahren politischen Handelns, die in modernen Gesellschaften an Bedeutung zunehmen.

Politische Steuerung als die absichtsvolle Intervention der Politik in die Strukturen und Prozesse gesellschaftlicher Teilbereiche findet zunehmend unter den Bedingungen „hoher Umweltturbulenz und internationaler, sektoraler und funktionaler Verflechtung" statt (Héritier 1993: 23). Wie und weshalb unter den schwierigen Bedingungen immer rascherer Innovation, differenzierterer Arbeitsteilung und fortschreitender Mobilität von Personen, Informationen, Kapital und Waren politische Steuerung noch möglich ist, wird daher zu einem zentralen Thema der Politischen Wissenschaft (Scharpf 1993: 57).

Berücksichtigt man nun die Art der zu lösenden Probleme und die Merkmale der Steuerungsbedingungen und vergleicht die Erklärungskraft der Rational Choice-Theorien für Steuerungsprozesse mit der Erklärungskraft der Chaostheorie, dann ließe sich von einer kaum noch zeitgemäßen *Orientierung der Rational Choice-Theorien an einem mechanistischen Modell der Politik* sprechen. Die Vertreter der Rational Choice-Theorien gehen in ihren Erklärungskonzepten der individuellen Nutzenmaximierung von einer strengen Kausalität aus (Green/Shapiro 1994: 20ff.). Die Akteure wählen auf der Grundlage der individuellen Präferenzen unter der Vorgabe perfekter Rationalität (Zintl 1995: 3) diejenige Handlungsalternative, die es nach den Gesetzen der Wahrscheinlichkeitstheorie am ehesten erwarten läßt, daß der individuelle Nutzen maximiert wird. Bei der Prognose über den zu erwartenden Nutzen gilt die Annahme, daß gleiche Ursachen gleiche Folgen haben und daher Reproduzierbarkeit der Prozesse gegeben ist (Green/Shapiro 1994: 30). Der Universalismus der Rational Choice-Theorien führt zu einem hohen Abstraktionsniveau. Daher ist in diesen Theorien nicht Komplexität ein zentrales Prinzip, sondern die radikale Vereinfachung der Wirklichkeit. Donald Green und Ian Shapiro sehen im Konzept des Universalismus mit seiner hohen Abstraktion den Grund für die geringe Ergiebigkeit der Rational Choice-Theorien für empirische Analysen. Das Urteil der beiden Autoren ist hart, aber auf der Basis einer umfangreichen Untersuchung der empirisch orientierten Rational Choice-Arbeiten gut begrundet: „We contend that much of the fanfare with which the rational choice approach has been heralded in political science must be seen as premature once the question is asked: What has this literature contributed to our understanding of politics? ... To date, a large proportion of the theoretical conjectures of rational choice theorists have not been tested empirically. Those tests that have been undertaken have either failed on their own terms or ... can only be characterized as banal: they do little more than restate existing knowledge in rational choice terminology" (Green/Shapiro 1994: 6).

Neben den Annahmen der Kausalität und der universellen Gültigkeit ist es die große Bedeutung der Gleichgewichtsprozesse in Rational Choice-Theorien (Green/Shapiro 1994: 24), die dazu beiträgt, daß diese Theorien eine geringe Erklärungskraft für die Analyse moderner Gesellschaften mit ihrem Wechselspiel zwischen Gleichgewicht und Ungleichgewicht besitzen. Nicht zufällig berufen sich die Vertreter der Rational Choice-Theorien bei der Betonung des Gleichgewichtes auf die Physik und die Regeln der Mechanik (Green/Shapiro 1994: 25). Doch ebenso wie die Physik nicht bei der Mechanik stehengeblieben ist, und in den Naturwissenschaften eine subtilere Konzeption erarbeitet wurde, in der deterministische als auch zufällige Merkmale eine Rolle spielen (Prigogine 1988: 218), so müssen in den Sozialwissenschaften Theorien entwickelt werden, mit denen sowohl Prozesse des Gleichgewichtes als auch des Ungleichgewichtes zu erfassen sind.

Im Gegensatz zu den Rational Choice-Theorien ist Systemkomplexität das zentrale Element der autopoietischen Systemtheorie Niklas Luhmanns. Im Mittelpunkt dieses theoretischen Ansatzes stehen die selbstreferentiellen Operationen der Kommunikation. „Die Gesellschaft besteht aus nichts anderem als aus Kommunikationen, und durch die laufende Reproduktion von Kommunikation durch Kommunikation grenzt sie sich gegen eine Umwelt andersartiger Systeme ab. Auf diese Weise wird durch Evolution Komplexität aufgebaut" (Luhmann 1988: 24). In der Beschrankung auf Kommunikation und Strukturen und in dem Ausblenden der politischen Akteure, der Probleme des Wissens und der Macht liegt der *Fehlschluß der autopoietischen Systemtheorie* begrundet. An Niklas Luhmanns Buch „Okologische Kommunikation" sei dies exemplarisch gezeigt (Luhmann 1988).

Luhmann versteht das politische System wie die gesellschaftlichen Teilsysteme als sich selbst erneuernde und auf sich selbst bezogene Systeme, die nur in ihrer eigenen Sprache kommunizieren können. Eine Kommunikation über die Systeme hinweg gilt als prinzipiell unmöglich. Politische Akteure seien allenfalls in der Lage, ein Teilsystem so zu „irritieren" (Luhmann 1993: 55), daß ein autopoietisches Geschehen ausgelöst werde. So sei das Rechtssystem durch die Differenz von Recht und Unrecht codiert. Kein anderes System arbeite nach diesem Code (Luhmann 1988: 126). Wenn nun mit Hilfe des Rechts auf Umweltprobleme reagiert werden soll, dann sei Steuerungsversagen zu erwarten, weil juristische Kategorien für Umweltprobleme prinzipiell ungeeignet seien. Bei aller Lernfähigkeit sei das Rechtssystem nur nach Maßgabe seiner eigenen Struktur und Sprache resonanzfähig. Ein Indiz für die Schlüssigkeit seiner These sieht Luhmann in der Zunahme der Willkürkomponente bei umweltbezogenen Rechtsentscheidungen. So müsse das Recht Grenzwerte für zulässige Umweltbelastungen definieren, die willkürlich seien, weil weder die Umwelt noch das Rechtssystem Anhaltspunkte für solche Grenzwerte lieferten. Das „Ansteigen des Willkürpegels" (Luhmann 1988: 134) werde durch leerformelhafte Umweltgesetze und Vorschriften begleitet, die Entscheidungen offenließen und nur noch den Eindruck erweckten, daß zumindest auf verbaler Ebene etwas geschehe.

Die Schwachstelle der Luhmannschen Argumentation kommt in seiner Beurteilung der Grenzwertproblematik im Umweltrecht zum Ausdruck. Die strikte Trennung zwischen Rechtssystem und politischem System ist unrealistisch. Das Rechtssystem ist nicht nur nach Recht und Unrecht strukturiert, sondern enthält politische Vorgaben und Kompromisse. Umgekehrt orientiert sich die Politik bei der Formulierung der Programme an der Struktur von Normen. Die Bestimmung der Grenzwerte im Umweltrecht wie auch das Fehlen solcher Grenzwerte und die damit verbundene Erweiterung des Ermessens der Verwaltung (Ladeur 1995: 10) sind das Ergebnis politischer Prozesse. Die Schwierigkeiten, Umweltprobleme mit Rechtsnormen und regulativer Politik zu lösen, lassen sich nicht auf Kommunikationsprobleme reduzieren. Die Steuerbarkeit der Umwelt durch das Rechtssystem ist auch durch Macht- und Wissensprobleme beeinträchtigt. Wenn Luhmann darauf hinweist, daß sich in der Natur keine sicheren Anhaltspunkte für Grenzwerte finden, und das Rechtssystem mit seiner der Umwelt nicht angemessenen Struktur nur willkürlich Werte aufstellen können, dann wird das Wissensproblem mit dem Kommunikationsproblem verwechselt. Nicht die ungeeignete Kommunikationsstruktur des Rechtssystems, sondern die Komplexität der ökologischen Probleme und die Unsicherheit und Widersprüchlichkeit des vorhandenen Wissens sind zunächst einmal die Ursachen für die Schwierigkeiten bei der Entscheidungsfindung über Grenzwerte im Umweltrecht (Ladeur 1995: 11).

Die autopoietische Systemtheorie überschätzt die wechselseitige Undurchschaubarkeit der gesellschaftlichen Teilsysteme und unterschätzt Probleme des Wissens und der Macht. Mit der einseitigen Betonung der Selbststeuerung und der Intra-Systembeziehungen werden die Inter-Systembeziehungen vernachlässigt. Gerade die Beziehungen zwischen den Systemen und Fragen der Kommunikation und Handlungskoordination über Systemgrenzen hinweg müssen jedoch im Mittelpunkt der Analyse moderner Gesellschaften stehen (Bühl 1990: 51; Scharpf 1993: 57), will man die Möglichkeit politischer Steuerung nicht von vornherein ausschließen. Individuelle wie kollektive Akteure können sich sehr wohl wechselseitig berücksichtigen, und sie besitzen die Fähigkeit, in der Sprache eines anderen Systems zu kommunizieren, zwischen Funktionslogiken zu wechseln (Münch 1994: 397) und in einem Prozeß der Interaktion zu einer Steuerung beizutragen, die nicht notwendig auf Mißerfolg programmiert ist (Scharpf 1989: 14). Auch die Auflösung eines unitarischen staatlichen Steuerungssubjektes hat lediglich zu neuen Verhandlungsmustern zwischen staatlichen und nichtstaatlichen Akteuren und keineswegs zur Unmöglichkeit von Steuerung geführt (Mayntz/Scharpf 1995: 28f.).

Zwar schärft die autopoietische Systemtheorie unseren Blick für den „Eigensinn und die Borniertheit funktionsspezifischer Kommunikationssysteme" (Scharpf 1989: 19). Doch allein auf Kommunikation und autopoietische Selbstregulierung läßt sich die Realität differenzierter Gesellschaften nicht reduzieren. Auch wenn der Erkenntnisgewinn durch die autopoietische Systemtheorie insbesondere in ihren gemäßigteren Varianten (Teubner 1989) als nicht gering zu werten ist, so bleiben zentrale Aspekte der Steuerung wie Macht, Wissen und Handlungskoordination unberücksichtigt.

Während Luhmann in neueren Beiträgen Konzessionen an die Handlungstheorie macht (Luhmann 1993: 62), wurden in der Policy-Forschung schon immer Handlungs- und Systemtheorie verbunden (v. Beyme 1992: 345). Die Theoriebildung im Rahmen der Implementations- und Policy-Forschung hat „nicht so sehr die Verallgemeinerung über Beziehungen zwischen isolierten Merkmalen des Erkenntnisgegenstandes angestrebt, als vielmehr ein möglichst differenziertes Verständnis der internen Dynamik, der Eigenart und Ursachen spezifischer komplexer Prozesse" (Mayntz 1983: 14). Es lassen sich hier also Parallelen zu den Prinzipien der Chaostheorie finden: es geht um spezifische, nichtlineare Prozesse und die Dynamik und Komplexität dieser Prozesse mit der Folge einer sehr begrenzten Prognosefähigkeit. Die Parallelen der theoretischen Annahmen der Policy-Forschung zu den Annahmen der Chaostheorie zeigen sich noch deutlicher in der „Neuorientierung" der Policy-Analyse zu Beginn der 90er Jahre (Héritier 1993: 9ff.). In dieser Neuorientierung wird das an Policy-Studien oft kritisierte Kausalitätsdenken als zu mechanistisch verabschiedet (Héritier 1993: 12). Die modifizierten theoretischen Grundlagen der Policy-Forschung bieten damit Anknüpfungspunkte für eine stärkere Einbeziehung chaostheoretischer Überlegungen. Welche Aspekte der Chaostheorie sind nun für die Policy-Forschung anschlußfähig?

Bis heute ist es ein *theoretisches Defizit der Implementations- und Policy-Forschung*, daß die Bedeutung des steuerungsrelevanten Wissens zur Formulierung eines erfolgversprechenden Programms zu wenig beachtet wird. Das Programm wird in der Regel als „etwas Gegebenes" (Kaufmann/Rosewitz 1983: 35) und als Ausgangspunkt der Policy-Analyse aufgefaßt. „Tatsächlich scheint jedoch in der ganzen Diskussion der methodische Primat der Problemdiagnose vernachlässigt und immer sehr schnell mit der Spezifizierung von Lösungsansätzen begonnen zu werden" (Mayntz 1987: 90). Wenn die Leistungsfähigkeit eines gesellschaftlichen Teilbereiches, eines „Sektors", und die „darauf bezogene Problemlösungsfähigkeit von Regelungen" von der Leistungsstruktur des Sektors und der Regelungsstruktur der staatlichen Steuerung abhängen (Mayntz/Scharpf 1995: 19ff.), dann ist die Wissensstruktur ein zentraler und bisher vernachlässigter Bestandteil der Regelungsstruktur. Erst der Zusammenhang von Leistungsstruktur, Wissensstruktur und Regelungsstruktur erklärt die Steuerungsfähigkeit und Steuerbarkeit moderner Gesellschaften. Unter chaostheoretischen Aspekten mußte eine Untersuchung der Struktur des Steuerungswissens und der Problemlösung nicht allein nach der politischen Prägung dieses Wissens fragen. Zum einen bringt der Übergang von der Wissenssoziologie zur „Wissenspolitologie" (Nullmeier 1993: 175) eine Verengung des Blickwinkels mit sich. Denn selbst wenn Prozesse politischer Vermittlung und Aushandlung eine zunehmend wichtige Rolle bei der Auswahl unter Wissensangeboten und Wissensarten spielen, so bleibt die soziale Strukturierung des Wissens durch die Zugehörigkeit zu Professionen und Institutionen gleichwohl relevant (Mayntz 1993: 52 zur Differenzierung von Situationsdeutungen nach Professionszugehörigkeit). Zum anderen können die politischen Kompromisse und Aushandlungsprozesse, die sich in einer Problemdiagnose und der gewählten Lösung niederschlagen, den Zusammenhang zwischen Programm und Programmwirkung nur zum Teil erklären.

III. Der Erkenntniszuwachs für die Analyse politischer Steuerung durch die Chaostheorie

Die Anregungen aus der Chaostheorie tragen nicht für alle Phasen des Steuerungsprozesses in gleichem Maße zu einem Erkenntnisgewinn bei. Die Phasen, in denen chaostheoretische Überlegungen sinnvoll sind, liegen am Anfang des Prozesses politischer Steuerung bei der Problemdiagnose und -lösung, an den Verzweigungspunkten und am Ende des Steuerungsprozesses bei der Evaluation.

Die Chaostheorie eröffnet Aspekte für die Untersuchung des Programms und seiner Problemdiagnose, die zu einer präziseren Beschreibung und einer plausibleren Erklärung des Steuerungsprozesses beitragen als dies mit bisherigen Theorien möglich war. In die *Untersuchung eines Programms und seiner Problemdiagnose* wären neben den von der Policy-Forschung gestellten Fragen etwa nach den Steuerungsinstrumenten, den Interpretationsspielräumen und den Annahmen des Programms über die charakteristischen Strukturen des Sektors, folgende zusätzliche Fragen einzubeziehen:

1. Werden im Programm auch Folgen mitgedacht, die außerhalb des Kausalitätsprinzips liegen? Wird auf scheinbar unwichtige Anfangsbedingungen geachtet und einkalkuliert, daß gleiche Umstände und Ursachen nicht immer die gleichen Wirkungen haben? (Relativierung der Kausalität)
2. Wie sicher oder kontrovers ist das dem Programm zugrundeliegende Wissen über die steuerungsrelevanten Wirkungszusammenhänge? Wurde die Vielfalt des Wissensangebotes zur Kenntnis genommen und wurden verschiedene Konzepte bei der Problemlösung in Betracht gezogen? Hat man sich allein auf Methoden der Wahrscheinlichkeitsrechnung und das „Gesetz der großen Zahl" verlassen oder beruht das Programm auf einer mehrdimensionalen Vernetzung der Variablen? (Innere Komplexität)
3. Wird bei der Programmformulierung auch ein unwahrscheinlicher Verlauf des Steuerungsprozesses für möglich gehalten? Besteht ein Verständnis für die produktiven Funktionen ungleichgewichtiger Prozesse und für die Zeit in ihren verschiedenen Dimensionen als einer eigenständigen Ressource für Problemlösungen? (Nichtlineare Dynamik)

Es handelt sich also um Gesichtspunkte der Wissensproblematik, die bei einer Untersuchung des Programms zu der Frage nach den politischen Konflikten und Verhandlungen über Wissen (dazu Nullmeier 1993: 184ff.) hinzukommen müssen. So kann z.B.

mit einer chaostheoretisch orientierten Analyse des Programms „Rettet den Wald" erklart werden, weshalb die politische Steuerung auf der Basis dieses Programms schon an der Wissensproblematik scheiterte (Landfried 1994: 70ff.). Die geringen Erfolge politischer Steuerung mit dem Ziel der Reduzierung der Waldschäden lassen sich primär nicht auf die mangelnde Kommunikationsfähigkeit zwischen politischem und ökologischem System zurückführen. Bei der Bekampfung der neuartigen Waldschaden erwies sich die Problemdiagnose als reales Hindernis für politisches Handeln. Die Komplexität der Ursachenfaktoren der Waldschäden, die Nichtlinearität zahlreicher zugrundeliegender Prozesse und die Relativierung der Kausalität erschwerten die Problemdiagnose in einer Weise, die dazu führte, daß neben Kommunikations- und Machtproblemen auch die Wissensproblematik zu einer Restriktion erfolgreicher Steuerung wurde.

Der Nutzen der Chaostheorie, der hier für die Programmanalyse skizziert wurde, ließe sich ähnlich fur die *Analyse der neuen Problemlösung an Verzweigungspunkten* demonstrieren. An Verzweigungspunkten fällt die Entscheidung für ein neues Programm oder für wichtige Anderungen des Programms. Prigogine spricht vom „Auftreten einer neuen Lösung der Gleichungen bei einem kritischen Wert" (Prigogine 1988: 118). Die aus der Chaostheorie abgeleiteten Fragen zur Relativierung der Kausalität, zur inneren Komplexität und zur nichtlinearen Dynamik (s.o.) für die Untersuchung eines Programms könnten also analog angewendet werden. Schließlich wäre die Übertragung der Chaostheorie auf die Sozialwissenschaften für die *Evaluation der Steuerung* sinnvoll. Denn wenn der Zusammenhang zwischen Programm und Programmwirkung klarer als bisher herausgearbeitet wird, dann wird es möglich, die Relevanz der anderen Faktoren fur die Erklärung des Erfolges oder Mißerfolges der Steuerung genauer zu benennen.

Die Chaostheorie macht deutlich, daß in der engen „Beziehung zwischen Rationalitat und Wissen" (Habermas 1981,I: 25) die Kategorie des Wissens zu erweitern ist. Rationalität läßt sich für Jurgen Habermas nicht allein auf Kritisierbarkeit und Begründbarkeit von Aussagen oder Handlungen zuruckfuhren (Habermas 1981,I: 27). Zur Rationalität gehört fur ihn auch die Zielsetzung einer kommunikativen Verständigung. Fur eine solche Rationalität sind demokratische und die Öffentlichkeit einbeziehende Verfahren eine notwendige Bedingung, ohne daß daraus der Schluß zu ziehen wäre, demokratische Verfahren gewährleisteten eine rationale Politik (Greven 1993: 400).

Für die „kommunikative Rationalität" mit dem Ziel der Verständigung wie auch für die „kognitiv-instrumentelle Rationalitat" mit dem Ziel der Verfügung wird nach Habermas dasselbe Wissen auf verschiedene Weise verwendet (Habermas 1981,I: 29). Dieses Wissen sei zwar fehlbar und müsse begründet werden. Doch wer Aussagen treffe oder Handlungen plane, gehe vom Anspruch der Wahrheit der Aussage oder der Effizienz des Planes aus. Heute jedoch können Akteure weder einen Anspruch auf Wahrheit noch auf Effizienz erheben, sondern sie müssen umgekehrt begründen, weshalb sie trotz hoher Unsicherheit über die Wahrheit und den möglichen Erfolg einer zielgerichteten Intervention gleichwohl diese Aussage oder diese Handlung wahlen. Gerade für Verständigungsprozesse im Rahmen der kommunikativen Rationalitat sind an das zugrundezulegende Wissen hohe Ansprüche zu stellen. Es ist daher zu überlegen, ob man den *Begriff des „kommunikativen Wissens"* einführt, der auf die Unsicherheit und Komplexität des Wissens hinweist und zum Ausdruck bringt, daß der kommunikativen Rationalität ein Wissen entspricht, das in Auseinandersetzung mit verschiedenen Disziplinen, verschiedenen Situationsdeutungen sowie dem Laiensachverstand gewonnen wird (Böhret [1990: 236] spricht von einer „zweiten Form des Wissens"). Auch Karl-Otto Apels überzeugendes Plädoyer für eine dialektische Vermittlung der sozialwissenschaftlichen Erklärung und des historisch-hermeneutischen Verstehens mit dem Ziel, vernünftigere Lebensbedingungen zu schaffen (Apel 1981: 127), könnte durch eine neue Sichtweise der Wissensproblematik präzisiert werden. „Die sozialwissenschaftlichen Erklärungen wären ... so zu begrunden (und zu veröffentlichen!), daß sie nicht den Wissenden Macht über die Unwissenden geben, sondern eine Herausforderung an alle darstellen, durch Selbstbesinnung kausal erklärbare Verhaltensweisen in verstehbares Handeln zu transformieren" (Apel 1981: 127). Ein Begriff der Erklärung, der Gesetzmäßigkeiten und Kontingentes integriert und nicht allein auf Kausalität rekurriert, konnte zu einer Differenzierung dieses Ansatzes genutzt werden.

Fur die autopoietische Systemtheorie sieht Walter Buhl die Gefahr, daß die Selbstregulierung zu einem wissenschaftlichen wie politischen Alibi wird, da man nichts tun konne und auch nichts zu tun brauche, wenn sich alles selbst reguliere (Buhl 1990: 143). Diese Gefahr besteht bei einer Übertragung der Chaostheorie auf die Sozialwissenschaften nicht. Wissenschaftlich eignet sich die Chaostheorie kaum als Alibi, die Arbeit einzustellen, ist sie doch gerade mit einer Erweiterung der vorhandenen theoretischen Ansätze verbunden. Auch als Basis für ein politisches Alibi, die Versuche einer politischen Steuerung am besten aufzugeben, kann diese Theorie nicht dienen. Die theoretischen Erkenntnisse der Chaostheorie fordern im Gegenteil dazu heraus, die neuen theoretischen Prinzipien mit neuen regulativen Prinzipien der praktischen Politik zu vermitteln. Aus der Chaostheorie ließe sich eine Politik ableiten, die den „Prinzipien der verantwortlichen Selbstbeschränkung" (Offe 1989: 747) sowie dem „Nachweltschutz" (Böhret 1991) verpflichtet ist. Die Kriterien für eine solche Selbstbeschränkung politischen Handelns im Horizont moderner Gefahren durften nicht ein fur allemal festliegen (Offe 1989: 747). Vielmehr wären die Institutionen und Verfahren in Demokratien so zu gestalten und zu verändern (Greven 1995: 470ff.), daß es möglich wird, bei der Erarbeitung politischer Programme langfristige Folgen, nichtlineare Prozesse, verschiedene Konzepte und Veränderungsgeschwindigkeiten und mehrdimensionale Vernetzungen der Variablen zu beachten.

So erweist sich z.B. die Politik der deutschen Einigung in wichtigen Bereichen unter chaostheoretischen Gesichtspunkten zur Lösung der Probleme als wenig angemessen. Denn die politischen Akteure setzten sich vor den Entscheidungen weder mit verschiedenen Integrationskonzepten noch mit verschiedenen Zeitdimensionen auseinander. Sie wählten mit dem eindimensionalen Konzept des Institutionentransfers ein unterkomplexes Programm, das von der veralteten Annahme der deterministischen Kausalität ausging, man könne aus den Bedingungen des Funktionierens der Institutionen in den alten Bundesländern auf die gleichen Wirkungen dieser Institutionen in den neuen Ländern schließen (Landfried 1995: 33). Auch das Zeitverständnis der Akteure, das sich im wesentlichen auf eine kurzfristige Politik beschränkte und die Möglichkeit einer produktiven Nutzung der verschiedenen Zeitdimensionen ausklammerte, blieb einer veralteten Sichtweise des Faktors Zeit verhaftet (Böhret 1989b: 27). Während das Beispiel der Politikgestaltung im Prozeß der deutschen Einigung die negativen Folgen einer Mißachtung der chaostheoretischen Prinzipien in der praktischen Politik veranschaulicht, gibt es auch Beispiele, die auf den positiven Effekt einer chaostheoretisch angeleiteten Politik hinweisen. Wenn sich zeigen läßt, daß die Verwendung eines umfassenden und vielfältigen wissenschaftlichen Sachverstandes durch den Europäischen Gerichtshof zur Folge hat, daß die Mitgliedsstaaten der Europäischen Union ihre Technikpolitik und die Risikoeinschätzung bestimmter Produkte nicht mehr allein an nationalen Maßstäben des Standes von Wissenschaft und Technik messen können (Joerges 1995: 15), dann werden die politischen Implikationen einer chaostheoretisch inspirierten Steuerung in diesem Fall zugunsten einer stärker supranationalen Politik deutlich.

Die Übertragung der Chaostheorie auf die Sozialwissenschaften ist ein Baustein zur Realisierung eines theoretischen Ansatzes, der den Ansprüchen gerecht wird, die Charles S. Maier in seinem eingangs erwähnten Gastvortrag stellt: „Wir brauchen Theorien nicht nur der Systemerhaltung, sondern auch des Systemversagens. Wichtig ist nicht, daß unsere Theorien Zusammenbruche oder Revolutionen eindeutig voraussagen, sondern daß sie solche Resultate nicht ausblenden" (Maier 1995: 325). Ebenso wichtig ist es, daß in der praktischen Politik unwahrscheinliche Entwicklungen nicht ausgeblendet werden, und die politischen Akteure bei der Suche nach Problemlösungen die neuen Sichtweisen von Kausalität, Komplexität und Stabilität zur Geltung bringen.

Literaturverzeichnis

Apel, Karl-Otto, 1981: Szientistik, Hermeneutik, Ideologiekritik. Entwurf einer Wissenschaftslehre in erkenntnisanthropologischer Sicht, in: *ders.,* Transformation der Philosophie, Bd. 2. (2. Aufl.), 96-127.
Beck, Ulrich, 1986: Risikogesellschaft. Auf dem Weg in eine andere Moderne. Frankfurt a.M.
Beyme, Klaus von, 1992: Theorie der Politik im 20. Jahrhundert. Von der Moderne zur Postmoderne. 2. Aufl., Frankfurt a.M.
Bohret, Carl, 1989a: Neuartige Folgen – eine „andere" Verwaltung, in: Die Verwaltung (80) 1, 13-43.
Bohret, Carl, 1989b: Die Zeit des Politikers. Zeitverständnis, Zeitnutzung, Zeitmandat. Speyer.
Bohret, Carl, 1990: Folgen. Entwurf für eine aktive Politik gegen schleichende Katastrophen. Opladen.
Bohret, Carl, 1991: Nachweltschutz. Frankfurt a.M./Bern/New York/Paris.
Bühl, Walter L., 1990: Sozialer Wandel im Ungleichgewicht. Zyklen, Fluktuationen, Katastrophen. Stuttgart.
Green, Donald/Shapiro, Ian, 1994: Pathologies of Rational Choice. A Critique of Applications in Political Science. New Haven/London.
Greven, Michael Th., 1993: Ist die Demokratie modern? Zur Rationalitätskrise der politischen Gesellschaft, in: PVS (34) 3, 399-413.
Greven, Michael Th., 1995: Political institutions and the building of democracy: Some issues in recent German literature, in: European Journal of Political Research 27, 463-475.
Habermas, Jürgen, 1981: Theorie des kommunikativen Handelns. Bd. 1: Handlungsrationalitat und gesellschaftliche Rationalisierung. Frankfurt a.M.
Héritier, Adrienne, 1993: Policy-Analyse. Elemente der Kritik und Perspektiven der Neuorientierung, in: *dies.* (Hrsg.), Policy-Analyse. Kritik und Neuorientierung, PVS-Sonderheft 24. Opladen, 9-36.
Joerges, Christian, 1995: Scientific Expertise in Social Regulation and the European Court of Justice: Legal Framework for Denationalised Governance Structure. Florenz.

Kaufmann, Franz-Xaver/Rosewitz, Bernd, 1983: Typisierung und Klassifikation politischer Maßnahmen, in: *Mayntz, Renate* (Hrsg.), Implementation politischer Programme II. Opladen, 25-49.
Koselleck, Reinhart, 1987: Geschichte, Recht und Gerechtigkeit, in: Akten des 26. Rechtshistorikertages. Frankfurt a.M, 129-149.
Ladeur, Karl-Heinz, 1995: The Integration of Scientific and Technological Expertise into the Process of Standard-Setting According to German Law. Florenz.
Landfried, Christine, 1994: Politikorientierte Folgenforschung. Zur Übertragung der Chaostheorie auf die Sozialwissenschaften. 4. Aufl., Speyer.
Landfried, Christine, 1995: Architektur der Unterkomplexität: Politische Willensbildung und Entscheidungsstrukturen im Prozeß der deutschen Einigung, in: *Lehmbruch, Gerhard* (Hrsg.), Einigung und Zerfall. Deutschland und Europa nach dem Ende des Ost-West-Konflikts. Opladen, 31-54.
Luhmann, Niklas, 1986: Die Welt als Wille ohne Vorstellung. Sicherheit und Risiko aus der Sicht der Sozialwissenschaften, in: Die politische Meinung 31, 18-21.
Luhmann, Niklas, 1988: Ökologische Kommunikation. Kann die moderne Gesellschaft sich auf ökologische Gefährdungen einstellen? 2. Aufl., Opladen.
Luhmann, Niklas, 1993: Politische Steuerungsfähigkeit eines Gemeinwesens, in: *Gohner, Reinhard* (Hrsg.), Gesellschaft für morgen. München/Zürich, 50-63.
Maier, Charles S., 1995: Die Sozialwissenschaften und die Wende: Grenzen der Prognosefähigkeit, in: *Lehmbruch, Gerhard* (Hrsg.), Einigung und Zerfall. Deutschland und Europa nach dem Ende des Ost-West-Konflikts. Opladen, 315-325.
Mayntz, Renate, 1983: Probleme der Theoriebildung in der Implementationsforschung, in: *dies.* (Hrsg.), Implementation politischer Programme II. Ansätze zur Theoriebildung. Opladen, 7-24.
Mayntz, Renate, 1987: Politische Steuerung und gesellschaftliche Steuerungsprobleme – Anmerkungen zu einem theoretischen Paradigma, in: Jahrbuch zur Staats- und Verwaltungswissenschaft 1, 89-110.
Mayntz, Renate, 1988: Soziale Diskontinuitäten: Erscheinungsformen und Ursachen, in: *Hierholzer, Klaus/Wittmann, Heinz-Günter* (Hrsg.), Phasensprunge und Stetigkeit in der natürlichen und kulturellen Welt. Stuttgart, 15-37.
Mayntz, Renate, 1990: The Influence of Natural Science Theories on Contemporary Social Science. MPIFG Discussion Papers, Nr. 7.
Mayntz, Renate, 1993: Policy-Netzwerke und die Logik von Verhandlungssystemen, in: *Héritier, Adrienne* (Hrsg.), Policy-Analyse. Kritik und Neuorientierung, PVS-Sonderheft 24, 39-56.
Mayntz, Renate/Scharpf, Fritz, 1995: Steuerung und Selbstorganisation in staatsnahen Sektoren, in: *dies.* (Hrsg.), Gesellschaftliche Selbstregelung und politische Steuerung. Frankfurt a.M./New York, 9-38.
Munch, Richard, 1994: Politik und Nichtpolitik. Politische Steuerung als schöpferischer Prozeß, in: Kölner Zeitschrift für Soziologie und Sozialpsychologie 46, 381-405.
Nullmeier, Frank, 1993: Wissen und Policy-Forschung. Wissenspolitologie und rhetorisch-dialektisches Handlungsmodell, in: *Héritier, Adrienne* (Hrsg.), Policy-Analyse. Kritik und Neuorientierung, PVS-Sonderheft 24, 175-196.
Offe, Claus, 1989: Fessel und Bremse. Moralische und institutionelle Aspekte ‚intelligenter Selbstbeschränkung', in: *Honneth, Axel/McCarthy, Thomas/Offe, Claus/Wellmer, Albrecht* (Hrsg.), Zwischenbetrachtungen im Prozeß der Aufklärung. Jürgen Habermas zum 60. Geburtstag. Frankfurt a.M., 739-774.
Prigogine, Ilya, 1988: Vom Sein zum Werden. Zeit und Komplexität in den Naturwissenschaften. München.
Prigogine, Ilya/Stengers, Isabelle, 1986: Dialog mit der Natur. Neue Wege naturwissenschaftlichen Denkens. München.
Sabine, George, 1969: What is a Political Theory?, in: *Gould, J.A./Thursby, V.C.* (Hrsg.), Contemporary Political Thought. New York, 7-20.
Scharpf, Fritz, 1989: Politische Steuerung und Politische Institutionen, in: PVS 30, 10-21.
Scharpf, Fritz, 1993: Positive und negative Koordination in Verhandlungssystemen, in: *Héritier, Adrienne* (Hrsg.), Policy-Analyse. Kritik und Neuorientierung, PVS-Sonderheft 24, 57-83.

Scheibe, Erhard, 1988: Gibt es eine Annäherung der Naturwissenschaften an die Geisteswissenschaften?, in: *Assmann, Jan/Hölscher, Tonio* (Hrsg.), Kultur und Gedachtnis. Frankfurt a.M., 65-83.
Teubner, Gunter, 1989: Recht als autopoietisches System. Frankfurt a.M.
Wright, Georg Henrik von, 1974: Erklären und Verstehen. Frankfurt a.M.
Zimmerling, Ruth, 1994: „Rational Choice" Theorien: Fluch oder Segen für die Politikwissenschaft?, in: *Druwe, Ulrich/Kunz, Volker* (Hrsg.), Rational Choice in der Politikwissenschaft. Opladen, 14-25.
Zintl, Reinhard, 1995: Der Nutzen unvollständiger Erklärungen: Uberlegungen zur sozialwissenschaftlichen Anwendung der Spieltheorie. MPIFG Discussion Paper 95/2.

Feministische Theorien der Politik

Beate Rössler

Feministische Theoriebildung generell hat sich von Beginn an immer auch als feministische Theorie von Politik verstanden; denn die Kritik an diskriminierenden Strukturen und der geschlechtshierarchischen Ordnung und damit – generell – die Frage nach der impliziten oder expliziten Bedeutung der Kategorie Geschlecht wurde unabhängig davon, wo sie gestellt wurde, in allen Bereichen auch als politische Frage begriffen und insofern auch als eine Frage danach, in welcher Weise (patriarchale) Politik in alle Bereiche des Lebens hineingreift und sie bestimmt, in das private wie das öffentliche, und in die Kultur ebenso wie die Wissenschaften. In diesem Sinne wurden (feministisch motivierte) Veränderungen von Wissenschaften auch als (feministisch motivierte) Veränderungen von Politik gesehen. Das bedeutete auch, daß die feministische Theorie von Beginn an die traditionellen Grenzziehungen zwischen politischer und nicht-politischer Sphäre in Frage stellte und darauf verwies, daß die schlichte Abgrenzung und Erklärung einer Sphäre als nicht-politisch noch nicht bedeutete, daß nicht tatsächlich zahllose Aspekte dieses vermeintlich nicht-politischen Lebens keineswegs nur persönlich-private, sondern eben politische Bedeutung haben. In einem Sinne kann man folglich sagen, daß sich jede feministische Theorie – unabhängig von ihrem Gegenstandsbereich – auch als politische Theorie versteht, insofern die feministische Behauptung der patriarchalen Struktur der gesamten Gesellschaft und damit auch jeder Wissenschaft als solche eine politische ist; erst eine zweite Bedeutung von „feministischer Theorie des Politischen" zielt dann auf den Begriff und den Bereich der Politiktheorie im engeren Sinn. Doch auch hier gilt, daß die Bestimmung dessen, was „politisch" ist, nicht selbstverständlich ist und als unreflektierte in einer normativen Gesellschaftstheorie immer schon ein Präjudiz hinsichtlich des Geschlechterverhältnisses darstellt. So braucht man nur an den Slogan der frühen Frauenbewegung in den 70er Jahren „das Persönliche ist politisch" zu erinnern, um sich vor Augen zu führen, daß die Abgrenzung des Politischen selbst immer schon implizites Thema politischer Theorie ist und feministische Theoriebildung es als ihre Aufgabe begreift, dieses Thema explizit zu machen.

Insofern fragen feministische Theorien der Politik nach dem „unthematisierten Geschlechtertext" (vgl. z.B. Fraser 1994: 173ff.) in politischen Theorien: Sie untersuchen die Bedeutung und die implizite oder explizite Thematisierung der Kategorie Geschlecht; und indem sie dies fragen, problematisieren sie den traditionellen Begriff des Politischen selbst.[1] Anliegen und Ziel *normativer* feministischer Politiktheorie ist

---

[1] Vgl. z.B. die Überblicksartikel von Kymlicka (1990), Benhabib/Nicholson (1988), Carroll/Zerilli (1993), List (1989), die Einfuhrung in Benhabib/Cornell (1987); vgl. auch Sunstein (1989) sowie jetzt besonders auch Pauer-Studer (1996) und Nagl-Docekal (1996b).

dann der Entwurf von Theorien, die die Lebenswirklichkeit von Frauen ebenso berücksichtigen wie die Frage, wie eine Gesellschaft zu konzeptualisieren ist, die nicht diskriminierend oder geschlechtshierarchisch strukturiert ist, in der Frauen nicht marginalisiert werden, sondern auf unterschiedliche Weise gleichberechtigte Rollen spielen. Feministische Politiktheorie in diesem Sinn zielt auf eine „transformative Politik" – „eine Perspektive, die die Transformation individueller Lebenszusammenhänge wie auch der Gesellschaft als ganzer einschließt" (List 1989: 10).

Nun kann man zwar auf diese Weise feministische Theorien der Politik von traditioneller Politiktheorie und -wissenschaft abgrenzen; doch entsteht damit keineswegs so etwas wie ein homogenes Feld feministischer Theorie der Politik: In den letzten zwanzig Jahren hat sich dieses Feld derartig ausdifferenziert, daß sich in keiner Weise mehr von „der" feministischen Theorie reden läßt. Diese Ausdifferenzierung betrifft Themen ebenso wie Methoden und Schulen und hat zu heftigen Diskussionen zwischen den unterschiedlichen Positionen feministischer Theoretikerinnen geführt, Diskussionen, die zunehmend auch die traditionelle Theoriebildung beeinflussen, wenn auch immer noch unübersehbar bleibt, daß sie von vielen Theoretikern nicht einmal wahrgenommen werden.[2] Zunächst einmal war und ist ein wichtiger Strang der feministischen Kritik an traditioneller politischer Theorie und politischer Philosophie *historisch* orientiert: Dabei ging es und geht es um den Nachweis – auch dies eine Form der Untersuchung des „unthematisierten Geschlechtertextes" –, daß und in welcher Weise Frauen aus dem politischen System im engeren Sinn ausgeklammert wurden und werden und in welcher Weise ihre diskiminierte gesellschaftliche Stellung in der politischen Theorie entweder normativ sanktioniert oder schlicht ignoriert wurde (vgl. dazu vor allem Moller Okin 1979; Coole 1988; auch Benhabib/Nicholson 1988): Von Aristoteles und Platon über die frühen Vertragstheoretiker (vgl. Hansen in Biester 1994), Kant, Hegel (vgl. dazu besonders Benhabib/Nicholson 1988) und Mill bis hin zu den zeitgenössischen Theoretikern wie Rawls (vgl. Moller Okin 1989) und Walzer (vgl. Nagl-Docekal 1993) wurde gezeigt, in welcher Weise und mit welchen Gründen Frauen aus den politischen Prozessen ausgegrenzt wurden, ihre Lebenssituationen mißachtet, sie auf die Rolle der Mutter und Fürsorgenden festgelegt wurden und in welcher Weise die geschlechtsspezifische Arbeitsteilung theoretisch begründet und sanktioniert wurde. Den Fokus der historisch orientierten feministischen Kritik bildet dabei die Konzeptualisierungen der Geschlechter-Ungleichheit und die Unterscheidung zwischen einer privaten und einer öffentlichen Sphäre. Prominent ist die Kritik an den Gesellschaftsvertragsmodellen geworden: Carol Pateman und in ihrer Nachfolge andere Theoretikerinnen (vgl. Pateman 1988, 1989; Hampton 1993) suchten zu zeigen, daß das Modell des Vertrages notwendigerweise mit dem Ausschluß der Frauen aus der Politik und der Mißachtung der ihnen zugeteilten Arbeit der Fürsorge und

---

2 Vgl. beispielhaft für einen neuen und besonders heftigen Streit in der feministischen Theorie Benhabib et al. (1993); angesichts des Niveaus und der Vielfalt feministischer Theorien ist Anne Phillips Klage über „das deprimierende Gefühl, daß niemand zuhört" (vgl. Phillips 1995: 12) nur allzu verständlich: die Zeiten, in denen Politiktheoretiker auf feministische Theorien und Kritikerinnen freundlich wahlweise im Vorwort oder in den Anmerkungen verweisen, ohne sich tatsächlich dieser Kritik zu stellen, sind keineswegs vorbei. Ausnahmen (die man allerdings nur sehr zögerlich alle als „rühmlich" bezeichnen wird) sind etwa Rorty (1991), Kymlicka (1990), Habermas (1992), v. Beyme (1992).

Erziehung verknüpft ist. Diese historische Kritik reicht dann bis zu der systematischen am Vertragsmodell von Rawls' Theorie der Gerechtigkeit, insofern auch er das Verhältnis der Geschlechter und die Problematik der geschlechtsspezifischen Arbeitsteilung in seiner Theorie nicht als Problem der (Geschlechter-)Gerechtigkeit thematisiert.[3] *Systematisch* gesehen hat die feministische politische Theorie und Philosophie, dieselben Themen wie die traditionelle ins Zentrum gerückt: Gerechtigkeit, Staat, Gleichheit, Freiheit, Demokratie, Öffentlichkeit und Privatheit. Allerdings sorgt die feministische Perspektive dabei für eine grundsätzlich andere Herangehensweise und Theoriebildung, da Ausgangspunkt immer die Frage nach dem Verhältnis der Geschlechter und die Kritik geschlechtshierarchischer Strukturen ist, eine Frage, die ihrerseits dann zu neuen sozialphilosophischen (vgl. etwa Fraser 1995) und praktisch-politischen (vgl. etwa MacKinnon 1993) Themen und zu genaueren Ausdifferenzierungen im Feld des Politischen führt.[4] Im folgenden sollen die Entwicklungen und Probleme systematischer feministischer Politiktheorien verdeutlicht werden anhand der Darstellung und Diskussion vier zentraler Problematiken: Gleichheit vs. Differenz (I), Kritik und Neubeschreibung des Privaten (II), Demokratie und Öffentlichkeit (III) und schließlich – die anderen umfassend – das Thema der Gerechtigkeit und gleichen Freiheit (IV). Dabei beabsichtigen die folgenden Überlegungen nicht nur die Darstellung und Diskussion unterschiedlicher Theorien, sondern versuchen auch zu zeigen, daß zentrales Anliegen normativer feministischer Politiktheorie die Problematik der Geschlechter-Gerechtigkeit im Sinn der Sicherung substantiell gleicher Freiheiten für beide Geschlechter ist.

I. Gleichheit oder Differenz

Wenn, wie oben beschrieben, den Ausgangspunkt feministischer politischer Philosophie die gesellschaftliche Diskriminierung und theoretische Ignorierung oder Marginalisierung der Frauen bildet, dann ist ein zentraler Aspekt in der Diskussion normativer politischer Theorie einer Gesellschaft *ohne* Diskriminierung der Frauen die Frage, ob diese Nicht-Diskriminierung einfachhin die „Gleichheit" der Geschlechter bedeute, resp. was denn eine solche „Gleichheit" impliziere; daher rührt die feministische Diskussion um die Gleichheit oder Differenz der Geschlechter: Welche Gleichheit ist möglich, welche Differenz ist nötig? Besonders in den ersten Jahren feministischer Theorie wurde die Debatte um Gleichheit vs. Differenz erbittert geführt; so beschreibt Deborah Rhode das Dilemma folgendermaßen: „... feminists generally have taken two approaches, both of which remain critical in contemporary debates over difference. One strategy has been to deny the extent or essential nature of differences between

---

[3] Rawls ist ein besonders deutliches Beispiel für die nonchalante Ignorierung feministischer Kritik, vgl. Moller Okin (1989); vgl. Rawls (1993: XXIX): „I do assume that in some form the family is just; the alleged difficulties in discussing problems of gender and the family can be overcome."

[4] Vgl. etwa die neueren feministischen Forschungen zum Begriff der Privatheit (Allen 1988; Cohen 1992); angesichts dieser Ausdifferenzierung und Heterogenisierung der feministischen Sozial- und politischen Theorie mutet es auch leicht überraschend an, wenn häufig noch (besonders in politiktheoretischen Darstellungen) von „der" feministischen Theorie geredet wird.

men and women. A second approach has been to celebrate difference – to embrace characteristics historically associated with women and demand their equal social recognition" (Rhode 1990: 3).[5] Die Grundfrage ist dabei: Läßt sich – und wenn ja wie – Geschlechterdifferenz begreifen und normativ konzeptualisieren ohne diese Differenz zugleich als (negative) Diskriminierung zu verstehen? Wie also soll eine Gesellschaft aussehen, in der Gerechtigkeit auch im Blick auf die Geschlechter herrscht?

Um die unterschiedlichen Positionen der feministischen Debatte zu verdeutlichen, will ich im folgenden verschiedene Runden dieser Debatte um Gleichheit vs. Differenz unterscheiden.[6] In einer ersten Runde des Streits lassen sich die beiden Positionen noch vergleichsweise schematisch beschreiben: Kultivierung, Zelebrierung weiblicher Eigenschaften und „weiblicher Differenz" auf der einen Seite, Orientierung an Gleichheit (mit den Männern) auf der anderen Seite; und zwar gilt dies für alle ganz unterschiedlichen Zweige feministischer Wissenschaft: So betraf die Kontroverse um Differenz und Gleichheit prominent die feministische Ethik – ich erinnere hier nur an die Debatte um Carol Gilligan[7] und den Konflikt darum, ob nun – wie die Differenztheoretikerinnen meinten – das sogenannte weibliche Moment der Fürsorge als Alternative zur sogenannten männlichen universalistischen Ethik gelten sollte oder ob dieses Moment gerade zugunsten universalistischer Ethiken gegebenenfalls in diese eingehen sollte, wie etwa Seyla Benhabib oder Alison Jaggar behaupteten (vgl. Benhabib 1989; Jaggar in: Nagl-Docekal/Pauer-Studer 1993). Hier standen – resp. stehen – sich also Differenz- und Gleichheitspositionen als partikularistische Fürsorge- vs. integrierende universalistische Positionen gegenüber. Ein anderes Konfliktfeld stellte die Debatte um eine feministische Vernunftkritik dar: Hier gingen die Positionen der Differenz so weit, die abendländische Logik als solche mit dem Vorwurf des Phallogozentrismus und der Orientierung an „männlichen" Begriffen von Identität und Einheit zu belegen, die die Frauen gleichsam wesensmäßig ausschließe – so etwa Luce Irigaray (1991) –, während die Position der „Gleichheit" sich darauf beschränkte, die Anwendung des Vernunftparadigmas zu kritisieren und die mit dieser Anwendung einhergehende Ausschließung von Frauen aus dem Bereich der Vernunft und ihre Zuordnung zum Bereich des Gefühls.[8] In der politischen Theorie suchten diejenigen, die die Gleichheit der Geschlechter postulierten, gesellschaftliche Diskriminerungen von Frauen durch *Angleichung* an die „Normalbiographien" von Männern zu beseitigen, so daß Gleichheitsforderungen sich – im Prinzip – auf die Ausweitung der männlichen Normalbiographie auch auf Frauen beschränkte (vgl. z.B. Jaggar 1983: 173ff.; Moller Okin 1989a).

---

5 Vgl. Scott (1988: 172): „When difference and equality are paired dichotomously, they structure an impossible choice. If one opts for equality, one is forced to accept the notion that difference is antithetical to it. If one opts for difference, one admits that equality is unattainable." Vgl. als eines für viele Beispiele auch Mendus (1992: 211ff.); neuerdings auch Klinger (1995b).

6 Wenn ich hier und im folgenden von verschiedenen „Runden" einer Debatte spreche, dann ist dies nicht im streng chronologischen, sondern in einem logischen Sinn gemeint.

7 Vgl. zur neueren Debatte um Gilligan die Beiträge in Nagl-Docekal & Pauer-Studer (1993); vgl. auch Benhabib (1989); vgl. zum folgenden auch Rössler (1994); ausführlich zu den verschiedenen moglichen Positionen in der Debatte um eine „weibliche Ethik" jetzt Pauer-Studer (1995).

8 Vgl. in diesem Sinn etwa Nagl-Docekal (1996a), die allerdings mit ihrer Position die Gegenüberstellung gerade überschreitet; vgl. zum Problem auch Ostner/Lichtblau (1992).

Das bedeutete vor allem eine Orientierung an der gleichen Verteilung von Erwerbsarbeit, einhergehend allerdings mit einer grundsätzlichen Kritik an der geschlechtsspezifischen Arbeitsteilung; während demgegenüber die Positionen der Differenz auf der Unterschiedlichkeit der Geschlechter und damit auch der Unterschiedlichkeit ihrer gesellschaftlichen Rolle beharrten und deren gesellschaftliche Gleichbewertung einklagten (vgl. Elshtain 1981).

Die Frontstellung lief jedoch in allen Disziplinen ungefähr ähnlich: Der Position der Differenz nämlich wurde (von den Gleichheitstheoretikerinnen) generell ein Essentialismus vorgeworfen, der die sog. weiblichen Eigenschaften oder das sog. weibliche Denken – was immer das dann genauer sei – verabsolutiere und ontologisch verfestige, während umgekehrt der Position der Gleichheit (von den Differenztheoretikerinnen) die Orientierung an einem nur scheinbar humanistischen, eigentlich jedoch „männlichen" Gleichheitsideal zum Vorwurf gemacht wurde – eine Gegenüberstellung, die übrigens häufig mit der Opposition von französischem und italienischem Feminismus auf der einen und angloamerikanischem Feminismus auf der anderen Seite parallelisiert wurde (vgl. etwa die Einleitung in James/Bock 1992; auch Libreria delle Donne 1988; jetzt auch Klinger 1995b).

Diese polarisierende Gegenüberstellung der ersten Runde macht deutlich, daß es mit einer solchen, argumentativ nicht mehr interessierten, Schematisierung nicht getan ist: Die zweite, differenziertere Runde der Auseinandersetzungen läßt sich deshalb zunächst einmal beschreiben als kritische Reflexion auf die Schwächen eines allzu einfachen Schemas von Gleichheit und Differenz; diese zweite Runde beginnt folglich mit einer *Kritik* an beiden Positionen: Die thetische Gegenüberstellung, so die Idee, von sog. weiblicher Differenz und sog. männlich orientierter Gleichheit führt nicht nur in eine theoretische Sackgasse; sie verfehlt auch, worum es bei der theoretischen Konzeptualisierung und der praktischen Durchführung eigentlich gehen müßte: nämlich das Überschreiten *jeden* Modells simpler Opposition, das Frauen tendenziell immer auf ein bestimmtes Wesen festlege, hin auf eine davon gerade unabhängige Konstruktion je diversifizierter Geschlechtsidentitäten. Deshalb hat sich die Debattenlage in den letzten Jahren signifikant verschoben: Denn auf allen der gerade genannten Gebiete hat es seitdem die unterschiedlichsten Vermittlungsversuche gegeben; im Vordergrund steht nicht mehr eine Oppositionsstellung zwischen Differenz und Gleichheit, sondern die Frage, wie über diese unfruchtbare und schlichte Gegenüberstellung hinauszukommen sei.[9]

Deshalb läßt sich die *konstruktive* Seite dieser zweiten Runde so beschreiben, daß sich zwei unterschiedliche Stränge der Kritik an der Position schlichter Gleichheit herausgebildet haben: Es stehen sich hier also nicht mehr einfach nur Gleichheits- vs. Differenzpositionen gegenüber, sondern in der Debatte geht es jetzt darum, wie *zugleich* die Differenz der Geschlechter – die sich auch in der unterschiedlichen Lebenssituation von Frauen zum Ausdruck bringt – konzeptualisiert werden kann, *ohne* die Idee gleicher Rechte und Freiheiten für Frauen und Männer aufzugeben.[10]

---

9 Die entsprechenden Sammelbände heißen jetzt nicht mehr „Differenz und Gleichheit" (vgl. Gerhard/Jansen 1990), sondern „*Beyond* Equality and Difference" (Bock/James 1992).
10 Diese Stufe der Verschiebung in der feministischen Debatte um Gleichheit vs. Differenz wird häufig nicht so gesehen: Zumeist wird unterschieden zwischen einer ersten Gegenüberstellung von Gleichheit und Differenz, die sich dann in einer nächsten Stufe – seit ein

Die erste Form differenzierter Kritik am Begriff der Gleichheit ohne den Rekurs auf essentialisierende Differenzpositionen, findet sich prominent bei MacKinnon: Mit der Orientierung an der „Gleichheit" der Geschlechter seien die tatsächlichen Macht- und Dominanzstrukturen, die in einer patriarchalen Gesellschaft herrschen, nicht zu analysieren; der Begriff der Gleichheit setze notwendigerweise die Situation und Bedürfnisse „des Mannes" als die Norm, die Gleichheit definiere, gegenüber der die Situation und Bedürfnisse von Frauen immer als „anders", und damit als unterlegen, als deviant begriffen werde. Die Verwendung des Begriffs von Gleichheit laufe immer schon in die Falle der patriarchalen Definition dessen, was als Gleichheit gelten könne und zu gelten habe, in welchen Hinsichten man sich folglich einer dominanten Gleichheit unterzuordnen habe. Statt dessen müsse es darum gehen, die Idee liberaler Gleichheit und Neutralität des liberalen Staates von Grund auf zu kritisieren, ebenso wie den Begriff von Gerechtigkeit, der jenen zugrundeliege: allerdings gerade ohne damit einer Essentialisierung und Ontologisierung weiblicher Eigenschaften das Wort zu reden.[11] Deshalb muß die Analyse von Macht- und Dominanzstrukturen im Zentrum feministischer Theoriebildung stehen und nicht die vordergründige Orientierung an einem Begriff von Gleichheit, der Differenz ohnehin nur als Devianz konzeptualisieren könne. Auch die zweite Form der Kritik am Gleichheitsbegriff hält nicht mehr fest am „Feiern der Differenz", hat jedoch einen anderen Ausgangspunkt: Und zwar behauptet sie, daß das alte Schema von Gleichheit und Differenz nicht ausschließlich in Begriffen von Macht und Dominanz analysiert werden könne, da so eine grundsätzliche Kritik an einem „männlichen" Begriff von Gleichheit nur durch die Viktimisierung von Frauen zu leisten sei (dies der Vorwurf gegen MacKinnon); sondern sie behauptet, jenes Schema könne überschritten werden gerade durch die rechtliche und soziale Anerkennung von Differenzen in der Lebenssituation von Frauen, da das männliche Paradigma dessen, was als gleich zu gelten habe, permanent unterlaufen werde, wenn Frauen darauf insisitieren, daß sie gegebenenfalls *anderer* Rechte bedürfen, um *gleiche* Freiheiten zu erringen (das betrifft den Schwangerschaftsabbruch ebenso wie Quotenregelungen im Erwerbsarbeitsbereich, das Scheidungsrecht oder die Forderung nach Kindertagesstätten). Damit wird die Idee liberaler Gleichheit nicht *tout court* in Frage gestellt, sondern benutzt, um „gleiche", als vergleichbare Rechte und Freiheiten auch für Frauen zu sichern. Beschreibt man jedoch die Kontroverse um den Begriff der Gleichheit auf diese Weise, dann sieht man, daß sich die unterschiedlichen Positionen nicht notwendigerweise gegenseitig ausschließen: Denn die Debatten drehen sich um die Problematik, wie quasi eine „neue Gleichheit" zu konzeptualisieren sei, die sich nicht mehr implizit oder explizit an einer geschlechtshierarchischen Ordnung orientiert, die nicht die geschlechtsspezifische Arbeitsteilung sanktioniert – indem sie „Differenz" aufwertet –, die folglich Gerechtigkeit auch zwischen den Geschlechtern entwerfen will, ohne alte hierarchische Dichotomien fortzuschreiben. Dreh- und An-

---

paar Jahren – auflöst in die Debatte um Differenz *zwischen* Frauen (s.u.; vgl. in diesem Sinne Klinger 1995b); dadurch werden jedoch leicht Ausdifferenzierungen der Debatte vernachlassigt, die sich an der Kritik und Neubestimmung der *Gleichheit* festmachen lassen (vgl. in diesem Sinne auch Mendus 1992).

11 Vgl. MacKinnon (1987, 1989); kritisch dazu etwa Cornell (1991); übrigens kritisiert mit denselben Argumenten wie MacKinnon (und zum Teil bis in die Wortwahl hinein gleich) Taylor (1993) von einer „multikulturellen" Perspektive aus den Gleichheitsbegriff des vermeintlich neutralen liberalen Staates.

gelpunkt ist dann die Frage, in welcher Weise Diskriminierungen von Frauen rechtlich und sozial beseitigt, differente Lebenssituationen „anerkannt" werden können, ohne diese Diskriminierungen und differenten Verhältnisse festzuschreiben.[12]

Nun bildet diese Auseinandersetzung zwar immer noch einen zentralen Fokus feministischer politischer Theorie; doch in den letzten Jahren hat sich zunehmend heftig und zunehmend kontrovers eine dritte Runde der Debatte um Gleichheit vs. Differenz etabliert: Und zwar steht hier nicht mehr der Streit um die Konzeption einer „neuen Gleichheit" im Vordergrund, sondern der Streit darum, wie mit den nicht bestreitbaren Differenzen *zwischen* Frauen angemessen umzugehen, wer also eigentlich mit „den Frauen" gemeint sei. Für diese Fragestellung und die ihr zugrundeliegende Verunsicherung gibt es zwei Gründe, die beide die theoretische Entwicklung der letzten Jahre maßgeblich beeinflußt haben: zum einen die „Entdeckung" von Differenz zwischen Frauen, also die Entdeckung, daß die Sache mit *dem* Kollektivsubjekt Frau, das nicht nur hinsichtlich Interessen, sondern auch im Blick auf Eigenschaften ganz homogen sei, so einfach nicht ist. Unterschiedliche Lebenskontexte von Frauen, damit verbundene unterschiedliche Interessen, unterschiedliche ethnische Herkunft, sexuelle Orientierung, all diese Differenzen *zwischen* Frauen rückten zunehmend in den Vordergrund und führten zu einer Modifizierung und „Pluralisierung des Feminismus" und damit zur „Kritik an der Unschuld der Kategorie Frau" (de Lauretis 1993; vgl. Eisenstein 1988: 222f.; Benhabib et al. 1993; Rössler 1995; generell z.B. Landweer/Rumpf 1993; Nicholson 1990).

Der zweite Grund fur die graduelle Auflösung der Kontroverse um Differenz und Gleichheit liegt in der zunehmenden Kritik der Dichotomie zwischen *sex* und *gender*, zwischen biologischem und kulturellem oder sozialem Geschlecht. War diese Unterscheidung zunächst als ein emanzipativer Schritt begriffen worden, weil sie gerade die Unabhängigkeit kulturell geformter sogenannter weiblicher Eigenschaften vom biologisch-anatomischen Geschlecht beweisen sollte, so wurde zunehmend deutlich, daß das Festhalten an der biologischen Zweigeschlechtlichkeit immer noch mit kulturell codierten Hierarchisierungen einherging. Historische Studien, wie etwa die von Thomas Laqueur und Barbara Duden, empirische Untersuchungen zur Sozialisationsforschung und schließlich philosophische Studien zur kulturellen Konstruktion des biologischen Geschlechts (vgl. im einzelnen Laqueur 1992; Duden 1991; Hirschauer 1995; Gildemeister/Wetterer 1992) führten dazu, auch die Binarität der Geschlechter noch als jedenfalls kulturell überformt und in ihrer Relevanz als kulturell konstruiert zu erkennen. Diese Kritik suchte nachzuweisen, daß auch die angeblich natürlichen Sachverhalte des Geschlechts diskursiv produziert werden, im Dienste politischer und gesellschaftlicher Macht-Diskurse und zeigte so, daß das biologische Geschlecht selbst noch eine *gendered category*, eine vergeschlechtlichte Kategorie ist. Auch unsere Vorstellungen und Konzeptualisierungen des biologischen, anatomischen Körpers seien

---

12 Vgl. zu den unterschiedlichen Positionen Moller Okin (1989), Minow (1990), Nussbaum (1993), Gerhard (1994), Fraser (1995), Phillips (1995); die Unterschiede zwischen diesen Ansätzen lassen sich dann in der Tat in Mendus' Beschreibung der neuen Kontroverse fassen: „The crucial debate in contemporary feminism is the debate between those who urge that sex should become irrelevant and those who believe that sex should not provide the basis for inequality. Neither of these strategies involves rejecting equality. Rather, the dispute is about how equality is to be attained" (Mendus 1992: 215).

gerade nicht „natürlich gegeben", sondern Produkt historischer, gesellschaftlich-kultureller Interpretationen. Prominent und sicherlich am weitestgehenden in ihrer Kritik an der Idee der nur kulturell überformten Zweigeschlechtlichkeit und damit in der Behauptung der diskursiven Konstruktion von „Geschlecht" ist Judith Butler (vgl. dazu Butler 1993; Neue Rundschau 1993). Nun muß dies nicht bedeuten, daß biologische Differenzen geleugnet werden; aber es kann zu der Einsicht führen, daß mit der Kritik am Unterschied der *gender* zugleich eine Kritik an der *Bedeutung*, die die biologische Zweigeschlechtlichkeit hat und somit an der schlichten und Gesellschaften strukturierenden Gegenüberstellung von hie Männern, dort Frauen verbunden ist. Diese beiden Formen der Kritik sind als postkolonial (nämlich die, die auf die Differenz zwischen den Frauen verweist) resp. postmodern (nämlich die, die auf die diskursive Konstruktion des Geschlechts verweist) bezeichnet worden (vgl., auch zum folgenden, Klinger 1995b): Und sie treten zwar häufig gemeinsam auf, bilden aber letztlich gemeinsam einen Widerspruch; denn während die postkoloniale Kritik gleichsam identitätssanktionierend ist, insofern sie auf den Differenzen zwischen Frauen und auf der Unterschiedlichkeit von Kulturen besteht und diese Differenzen tendenziell zelebriert, fordert die postmoderne Kritik das genaue Gegenteil, indem sie auf den transitorischen, diskursiv konstruierten – und deshalb dekonstruierbaren – Charakter nicht nur der geschlechtlichen, sondern *jeglicher* Identität verweist. Beide Kritiken formulieren jedoch einen berechtigten Punkt: Denn weder ist bestreitbar, daß Differenzen in den Lebensverhältnissen von Frauen Konsequenzen auch für deren unterschiedliche (politische) Interessen haben können; noch ist die Trennlinie zwischen biologischem und sozialem Geschlecht so eindeutig markierbar, daß nicht in der Tat jedenfalls auf die Bedeutung, die dem biologischen Geschlecht gesellschaftlich zugeschrieben wird, reflektiert werden müßte. Problematisch werden beide Ansätze jedoch dann, wenn sie meinen, ganz auf eine Konzeptualisierung dessen verzichten zu können, was unter gleichen Rechten für Frauen und Männer zu verstehen ist und wie Strukturen gerechter, nicht geschlechtshierarchischer Gesellschaften zu beschreiben wären, weil angeblich weder von „Gleichheit", noch von „den" Frauen mehr zu sprechen möglich sei und weil ohnehin jede Orientierung am Begriff indiviueller Rechte immer schon mit der Generierung repressiver Strukturen verbunden sei (vgl. so z.B. Butler in: Benhabib et al. 1993). Aussichtsreicher für eine normative feministische Politiktheorie scheint es zu sein, beide kritischen Ansätze zu integrieren in eine Konzeption, die an der Idee der Gleichheit im Blick auf Rechte und Freiheiten – in der beschriebenen, das Differenz-Gleichheits-Schema überschreitenden Weise – festhält. Denn orientiert man sich an der normativen Sicherung gleicher Freiheitsräume für beide Geschlechter, läßt sich auch die Problematik der Differenz *zwischen* Frauen auf der einen Seite und der Annahme eines Kollektivsubjekts „Frau", das homogene Interessen und Erfahrungen voraussetze, auf der anderen Seite beschreiben: Denn die Rede von einem Kollektivsubjekt „Frau" ist insofern richtig und angemessen, als es tatsächliche und potentielle Erfahrungen von Diskriminierungen gibt, die alle Frauen einfachhin als Frauen treffen können, während auf der anderen Seite Frauen auf Grund ihrer ganz unterschiedlichen lebensweltlichen Situierung, differenter Biographien und Chancen insofern auch unterschiedlichen spezifischen Formen der Einschränkung (oder Ermöglichung) von Freiheiten ausgesetzt sind und deshalb gegebenenfalls divergierende Interessen verfolgen können. Die Ausbuchstabierungen dessen, was Gerechtigkeit zwischen den

Geschlechtern bedeutet und wie Differenzen, die vor allem der sozialen, aber gegebenenfalls auch der biologischen Situation von Frauen geschuldet sind, „anerkannt" werden können, ohne sanktioniert zu werden, müssen folglich für diese je unterschiedlichen Lebensverhältnisse ebenso wie für strukturelle Diskriminierungen sensibel sein. Um jedoch in dieser Weise genauer Differenzen und Gleichheitspostulate situieren zu können, ist ein weiterer Blick auf Strukturmerkmale gesellschaftlicher Theorie und Praxis notwendig; darauf werde ich in den folgenden Abschnitten genauer zurückkommen.

II. Kritik und Neubeschreibung des Privaten

Sachlicher Kern der liberalen Trennung zwischen „privat" und „öffentlich" war und ist die Idee, daß es Bereiche oder Lebensdimensionen geben müsse, die der Gestaltung und Individualität der Einzelnen überlassen bleiben können, aus denen sich folglich der Staat mit seinen Eingriffsmöglichkeiten herauszuhalten habe; aber es kennzeichnet geradezu die Geschichte des Liberalismus von seinen Anfängen an, daß die Trennung nicht klar, sondern umstritten ist und immer wieder neu zur Verhandlung stand. Kern dieses Verständnisses der geschützten Privatsphäre kommt bekanntlich etwa in der Religionsfreiheit zum Ausdruck – das liberale Verständnis staatlicher Neutralität zeigt sich daran, daß ihn diese „privaten Angelegenheiten" gerade nichts angehen. Der liberale Staat unterscheidet folglich generell zwischen öffentlich zu regelnden und nichtgeregelten, von staatlichem Handeln freien Bereichen. Die Konkretisierung dieser Idee hat jedoch immer schon Ambivalenzen im Begriff des Privaten mit sich geführt und Unklarheiten über die Trennung der Bereiche: So galt und gilt neben der privaten Bürgerfreiheiten etwa die Ökonomie nach wie vor als einer der klassischen „Privatbereiche", obgleich der Rekurs auf den Begriff des Privaten in beiden Kontexten – dem der Religionsfreiheit und dem der Ökonomie – offensichtlich eine unterschiedliche Bedeutung hat,[13] einmal ganz abgesehen davon, daß im Zuge sozialstaatlicher Entwicklungen sich gerade die Sphäre der Privatwirtschaft starken politischen Eingriffen ausgesetzt sah und sieht. Was als öffentlich und was als privat zu gelten hat, unterliegt folglich historischen Veränderungen und ist offensichtlich Sache politischer Prozesse und Entscheidungen. Daß jedoch die Semantik des Begriffspaars unklar ist, zeigt sich schärfer noch an einer anderen Ambivalenz des Begriffs „Privatheit": Denn *klassisches* Verständnis eines liberalen Begriffs von Privatheit ist, neben individuellen Bürgerfreiheiten und ökonomischer Sphäre, der traditionelle Bereich der Familie. Und es ist dieser Begriff von Privatheit, der mit einem grundlegenden, hierarchisierenden Strukturmerkmal moderner Gesellschaften, nämlich der geschlechtsspezifischen Arbeitsteilung, konstitutiv verknüpft ist.

Deshalb ist es auch dieser Begriff von Privatheit und diese Idee der Trennung zwischen öffentlichem und privatem Bereich, die dazu geführt haben, daß in den feministischen politiktheoretischen Arbeiten der letzten Jahre die Auseinandersetzung mit dieser liberaldemokratischen Unterscheidung zunehmend ins Zentrum der Kritik an tradi-

---

13 Vgl. Moller Okin (1991), für die dies die grundlegende Ambivalenz im liberalen Begriff des Privaten ist.

tionellen Modellen der Politik und Politiktheorie gerückt ist. Mittlerweile klassisch geworden ist Carol Pateman's Überzeugung, daß „the dichotomy between the private and the public is central to almost two centuries of feminist writing and political struggle; it is, ultimately, what the feminist movement is about" (Pateman 1989: 118).[14] Nun läßt sich jedoch zunächst einmal ganz grundsätzlich feststellen, daß problematisch an dieser liberalen Unterscheidung nicht nur die unklare Grenzziehung ist; sondern auch ihre Doppeldeutigkeit: Denn ist auf der einen Seite der Begriff des Privaten rechtlich-konventionell begründet (nämlich dort, wo er auf die Sicherung der bürgerlichen Freiheiten und die Sphäre der Ökonomie zielt), so markiert er auf der anderen Seite einen quasi natürlichen Bereich, dem ebenso natürlicherweise die Frauen als Gruppe zugeordnet werden – die mit der Unterscheidung von „privat" und „öffentlich" gemeinsam konnotierten und sich gegenseitig stützenden Dichotomien wie Gefühl vs. Verstand, Natur vs. Kultur etc. sind hinlänglich bekannt und untersucht worden (vgl. die oben angebene Literatur; beipielhaft auch Klinger 1995). Im folgenden soll die mittlerweile komplexe feministische Diskussion zu dieser Unterscheidung skizziert werden, und zwar so, daß zunächst der Begriff des Privaten und dann (im nächsten Abschnitt) der Begriff der Öffentlichkeit im Vordergrund steht.

Dabei ist es sinnvoll, wiederum verschiedene Runden in der Debatte um den Begriff der Privatheit zu unterscheiden. Eine erste Runde läßt sich so beschreiben, daß zunächst einmal ganz grundsätzliche Kritik an der Trennung überhaupt geleistet wurde, und zwar mit folgender, doppelter, Begründung: Zum einen seien mit der Zuordnung der Frauen zum Bereich des Privaten diese aus dem „öffentlichen", gesellschaftlichem und politischem Leben und – jedenfalls symbolisch[15] – aus dem Bereich der Erwerbsarbeit ausgeschlossen und damit zugleich die „Reproduktionsarbeit", die Betreuung von Familie und Kindern, als gesellschaftlich nicht relevante, da nicht bezahlte Arbeit ausgewiesen. Die zweite Begründung zeigte, daß es falsch sei zu meinen, der „private" Bereich der Familie sei der idyllische Bereich, frei von Repressionen und gesellschaftlichen Macht- und Dominanzstrukturen: Dies sei falsch deswegen, weil einerseits auch „öffentliche" Regelungen *permanent* in die Familie hineingreifen und diese organisieren (wie z.B. die Struktur der Erwerbsarbeit generell, aber auch spezifischer etwa Scheidungsrecht, Fürsorgerechte usw.) (vgl. genauer z.B. Minow 1990); und andererseits gerade „öffentliche" Regelungen *nicht ausreichend* in den privaten Bereich hineingreifen (was sich etwa daran zeigt, daß Vergewaltigung in der Ehe in der Bundesrepublik immer noch kein Straftatsbestand ist). Diese erste Runde der Auseinandersetzung hatte folglich häufig eine radikale Kritik an der Unterscheidung zum Ergebnis, so, daß der Bereich des Privaten als obsolet, da ohnehin nur konzipiert zur Unterdrückung und Diskriminierung von Frauen, begriffen wurde.[16] Dies ging häufig einher mit einer theoretischen grundsätzlichen Kritik am Liberalismus und an Vertragsmodellen generell, da sie alle aufbauten auf einer wie auch immer genauer spezifizierten Trennung

---

14 Vgl. zum folgenden aus der Fülle der Literatur etwa Allen (1988), Phillips (1995: 150ff.), Pateman (1988, 1989), Cohen (1992, 1993).

15 Faktisch bekanntlich nicht – auch wenn noch die geschlechtsspezifische Segregation des Arbeitsmarktes Zeugnis ablegt von der Persistenz der Kodierung Frau/private Fürsorge vs. Mann/öffentlich (vgl. dazu wiederum etwa Phillips 1995).

16 Und angeblich „die" feministische Forschung „solche Dichotomien als ideologisch verworfen" habe, weil „Frauen das Gegeneinander der Bereichslogiken als unlebbar" empfänden (so neuerlich Klaus 1994).

eines vorpolitischen, quasi natürlichen Bereichs, dem Frauen, Kinder, Haus, Fürsorge und Reproduktion zugeordnet seien, von einem politisch-öffentlichen Bereich, dem Erwerbsarbeit, politische Arbeit generell und Ausübung der bürgerlichen Freiheiten zugeordnet seien (vgl. dazu generell Jaggar 1983). Dabei fokussiert diese erste Runde der Diskussion, resp. der Kritik am liberalen Begriff von Privatheit, verkürzt gesagt, den Bedeutungsaspekt des Begriffs, den ich oben den quasi-natürlichen genannt habe und ignoriert den rechtlich-konventionellen Aspekt: Denn Stoßrichtung der Kritik bildete der Nachweis der Ideologisierung einer Sphäre des Privaten als der Sphäre, der die Frauen „natürlicherweise" zugeordnet waren, während doch angeblich diese Sphäre und ihre Ideologisierung als natürlicher Bereich nur dazu diente, Frauen den gleichberechtigten Zugang sowohl zur Erwerbsarbeit wie auch zu allen Formen politischer und zivilgesellschaftlicher Öffentlichkeit zu verwehren, und für die Reproduktion sowie die Recreation der erwerbstätigen Männer zu sorgen. Nun muß man jedoch sehen, daß mit dieser ideologiekritischen Argumentation und dieser grundsätzlichen Kritik am Bereich des Privaten zugleich der rechtlich-konventionelle Aspekt verlorengeht, der sich in der Idee privater Freiheiten zum Ausdruck bringt und auf der Notwendigkeit und dem Sinn einer privaten Sphäre für jede Person einer Gesellschaft gleichermaßen beharrt, einer Sphäre, die frei ist von Einspruchs- und Eingriffsmoglichkeiten des Staates.

Diese Notwendigkeit einer neuen, zugleich die feministische Kritik berücksichtigenden Konzeptualisierung von Privatheit wird erst in der differenzierteren zweiten Runde der Diskussion gesehen (vgl. in diesem Sinne auch Lacey/Frazer 1993: 74f.): Erst hier wurde deutlich, daß die feministische Kritik an dem Bedeutungsaspekt von „Privatheit", der mit Frauen, Natur, Reproduktion und Haus konnotiert ist, nicht zugleich eine Kritik an der „Privatheit" schlechthin bedeuten muß und bedeuten darf. Dies wird deutlich in der politischen Theorie von Autorinnen wie Jean Cohen und Anita Allen (vgl. Allen 1984, 1988; Cohen 1992, 1993):[17] Sie begreifen als ein zentrales Desiderat feministischer Politiktheorie die Entwicklung eines Konzepts von Privatheit, das einerseits der Lebenssituation und den Bedürfnissen von Frauen gerecht wird, ohne in die alte Falle der ideologischen Zuordnung von Frauen zum Bereich des angeblich „natürlich" Privaten zu laufen, und andererseits als „Neubeschreibung der Privatsphäre" eine normative Konzeption gleicher privater Freiheitsräume für Frauen und Männer sichert.

Man muß sehen, daß feministische Konzeptionen von Privatheit (in diesem differenzierten Sinn der „zweiten Runde") und deren Begründung grundsätzlich anders ansetzen als über den Rekurs auf eine wie auch immer spezifizierte „natürliche" Sphäre: Sie setzen an am Begriff der Autonomie oder Selbstbestimmung so, daß Frauen wie Männer in gleicher – vergleichbarer – Weise angewiesen sind auf den staatlichen Schutz privater Räume und privater Lebensdimensionen, um den Sinn individueller Freiheit zu gewährleisten. Dies jedenfalls ist strenggenommen der normative Kern solcher Entwürfe wie derjenigen von Cohen und Allan, die von den vorliegenden am genauesten ausgearbeitet sind. Mit einem solchen Ansatz ist die alte crux der liberalen Unterscheidung zwischen „privat" und „öffentlich", nämlich die mit dieser Unterscheidung einhergehende und von ihr sanktionierte geschlechtsspezifische Arbeitstei-

---

17 Der von mir verwendete Begriff der „Neubeschreibung" des Privaten stammt von Cohen.

lung, gerade unterlaufen, da von vornherein ein egalitärer Ansatz in der Bestimmung des Privaten vorgenommen wird und mit ihm nicht eine unterschiedliche gesellschaftliche Rollenverteilung für Frauen und Männer verbunden ist. Dabei unterscheidet Cohen vier verschiedene zentrale Aspekte von Privatheit: *decisional privacy*, die die Privatheit autonomer Entscheidungen sichert, *bodily privacy*, die den eigenen Körper als private Sphäre schützt, *relational privacy*, die intime Beziehungen schützt und *entity privacy*, die das Recht auf Privatheit der Wohnung sichert.[18] In jeder dieser vier Dimensionen von Privatheit ist auf unterschiedliche Weise das Prinzip der Unverletzbarkeit der Person involviert, das, so Cohen, der Idee von Privatheit als ganzer zugrundeliegt. Insbesondere das Recht auf die „Privatheit des Körpers" ist für die feministische Theorie dabei von Bedeutung: Denn es ist besonders diese Form von Privatheit, auf die Frauen bisher keinen oder jedenfalls keinen gleichwertigen Anspruch hatten wie Männer (dazu besonders Allen 1988: 82ff.). In den Vereinigten Staaten wurde die Diskussion um einen solchen neuen Begriff von Privatheit unterstützt und erleichtert durch die Rechtssprechung des *Supreme Court* im Blick auf die Regelungen zum Schwangerschaftsabbruch: Denn das Recht auf einen Schwangerschaftsabbruch bis zum Ende des ersten Trimesters wurde Frauen mit der Begründung über den Rekurs auf ein „Recht auf Privatheit" zugestanden (vgl. Roe vs. Wade 410 U.S 113 1972: bes. 152ff.).

Generelle Idee dieser feministischen Theorie von Privatheit ist offensichtlich, daß gesellschaftliche Diskriminierungen auch über den Weg der Garantie gleicher Privatheitsrechte beseitigt werden können und müssen, da so zugleich der liberale Kern von Privatheit zu retten ist, ohne deren geschlechtshierarchische Konnotationen zu bewahren. Allerdings ist auch diese „Neubeschreibung" einer privaten Sphäre und dabei insbesondere die Idee der Privatheit des Körpers, wie sie auch in der amerikanischen verfassungsrechtlichen Begründung des Schwangerschaftsabbruchs zum Ausdruck kommt, auf feministische Kritik gestoßen, und zwar von zwei Seiten aus: Prominent unter den Kritikerinnen eines solchen Konzepts liberaler Privatheit von „radikaler" Seite aus ist C. MacKinnon (vgl. MacKinnon 1987; vgl. auch Olsen 1991). Für sie zeigt sich im Rekurs auf Privatheitsrechte nur weiterhin die Idee, Frauen in einen ideologisch besetzten Bereich des Privaten und damit des Nicht- und Vor-Politischen abzudrängen und ihnen wiederum Rechte immer nur als differente und deviante „zuzugestehen". Wird das Recht auf Schwangerschaftsabbruch unter gegebenen gesellschaftlichen Bedingungen als Recht auf Privatheit begriffen, so MacKinnon, würde damit gerade nicht die geschlechtshierarchische Ordnung in Frage gestellt, sondern gesellschaftliche Machtstrukturen, die sich gerade in der Verbindung zwischen Frauen/Privat und Männer/Öffentlich zum Ausdruck bringen, nur weiter sanktioniert (vgl. dazu die Kritik von Cohen an MacKinnon in Cohen 1992).

Eine andere Form der Kritik findet sich auf der einen Seite bei den kommunitaristischen Theoretikerinnen, auf der anderen Seite bei den *maternal-thinking*-Theoretikerinnen: Steht bei ersteren die Kritik an einem Recht auf Privatheit wegen der dabei notwendigen Orientierung am Begriff der liberalen Autonomie im Vordergrund – wie beispielsweise

---

18 Vgl. am ausfuhrlichsten Cohen (1992); zu jedem dieser Aspekte gibt es ausfuhrliche Diskussionen; vgl. die bei Cohen und Allen zitierte Literatur; zu den rechtlichen Aspekten auch Gavison (1980).

bei Mary Ann Glendon (1987)[19] –, so gründet die Kritik etwa von Elshtain und Ruddick (vgl. Elshtain 1981; kritisch dazu Dietz 1985) in der Verteidigung der klassischen *familiären* Privatheit, da in ihr die „weiblichen" Tugenden (wie Mütterlichkeit, Fürsorge, Verantwortlichkeit in Beziehungen), die unverzichtbar für das Wohlergehen der Gesellschaft als ganzer seien, ausgebildet werden; Ziel feministischer Theorie und Praxis musse folglich die gesellschaftliche Aufwertung dieser Tugenden und damit die Gleichwertigkeit männlicher und weiblicher Lebenssituationen und Eigenschaften sein, nicht eine „neue" Interpretation des Privaten.

Unabhängig davon, wie die Theoretikerinnen der Neufassung des Privaten auf diese Kritik antworten,[20] sollte jedoch deutlich sein, daß jene „Neubeschreibungen" aussichtsreiche Versuche darstellen, die unterschiedlichen gesellschaftlichen Diskriminierungen von Frauen, die sich zumal in der ungleichen-ungerechten Rollenzuordnung der geschlechtsspezifischen Arbeitsteilung und damit faktisch in ungleichen Freiheitsräumen manifestiert, normativ zu begreifen und normativ tragfähige Gegenentwürfe zu entwickeln, die rechtlich sensibel sind für die differenten Lebenssituationen von Frauen, ohne auf dem Weg einer solchen sozialen und rechtlichen Anerkennung die Differenzen als hierarchische festzuschreiben.

III. Demokratie und Öffentlichkeit

Gemeinsam mit dem skizzierten feministischen Postulat einer neuen Konzeption der Privatsphäre hat sich die feministische Politiktheorie der letzten Jahre zunehmend auch einem feministischen Entwurf einer Demokratietheorie zugewendet, der gleichsam die andere Seite der kritisierten liberaldemokratischen Unterscheidung präziser in den Blick nimmt: den Bereich der (politischen) Öffentlichkeit.[21]

Die meisten feministischen Autorinnen sehen einen direkten kausalen Zusammenhang zwischen der traditionellen liberalen Unterscheidung zwischen privatem und öffentlichem Bereich einerseits und der Marginalisierung von Frauen in der Öffentlichkeit andererseits (vgl. am genauesten Phillips 1995 und Moller Okin 1995): Denn Frauen sind nicht nur faktisch – trotz ihrer Erwerbstätigkeit – für die häusliche Arbeit und die Erziehung der Kinder verantwortlich; sondern es ist auch die „weibliche Sozialisation", die Frauen (immer noch) in die Fürsorge-Rolle erzieht und das politisch-offentliche Geschäft als männlich qualifiziert, die auf der „symbolischen" Ebene Frauen (immer noch) als Fremde in der Politik erscheinen läßt. Beides gemeinsam sorgt offenbar dafür, daß Frauen in den Parlamenten und politischen Ämtern auf erstaunliche

---

19 Allerdings ist fraglich, ob Glendon als feministische Theoretikerin bezeichnet werden sollte – dies ist spätestens fraglich, seitdem sie als Leiterin der Delegation des Vatikan auf der Weltfrauenkonferenz in Peking 1995 fungierte.
20 Vgl. dazu wiederum Cohen (1992), Allen (1988), auch Fraser (1994a) und (1995); im übrigen kann man hier wiederum die Debatte um Differenz vs. Gleichheit abgebildet sehen, wenn etwa Elshtain an der „weiblichen Differenz", Cohen und Fraser an einer „neuen Gleichheit" interessiert sind.
21 Vgl. zum folgenden Moller Okin (1995), Mouffe (1992), Benhabib (1995), Fraser (1994a), Phillips (1995), Holland-Cunz (1994), Biester (1994), Young (1993), Kenngott (1995), Boling (1991), Dietz (1985), Hausen (1990), Brückner/Meyer (1994).

Weise unterrepräsentiert sind.[22] Schon oben schon wurde darauf verwiesen, daß *ein* Problem der Unterscheidung zwischen privaten und öffentlichem Bereich in traditionellen politischen Theorien die Marginalisierung der Frauen in der Öffentlichkeit ist. Es kann nicht einfach Zufall sein, so etwa Benhabib in ihrer Kritik, daß Frauen in der liberaldemokratischen politischen Öffentlichkeit so gut wie keine Rolle spielen: Es muß mit der theoretischen Konzeption selbst zu tun haben, die „Unsichtbarkeit der Frauen weist auf eine Verzerrung der Kategorien hin, die solchen Theorien grundsätzlich innewohnt" (Benhabib 1995: 23).[23]

Ausgangspunkt der feministischen Kritik und Diskussion des Begriffs der Offentlichkeit generell und der Demokratietheorie im besonderen ist folglich zunächst einmal die Tatsache der Unterrepräsentation von Frauen in so gut wie allen Bereichen ökonomischer, zivilgesellschaftlicher und politischer Öffentlichkeit.[24] Dabei geben auf die Frage danach, warum die (politische) Repräsentation von Frauen in der Öffentlichkeit so wichtig ist, feministische Theoretikerinnen unterschiedliche Antworten, die sich jedoch nicht gegenseitig ausschließen, sondern gemeinsam addieren (vgl. zum folgenden zusammenfassend Moller Okin 1995). Generell kann man sagen, daß, ist eine gesellschaftlich relevante Gruppe – zumal in der parlamentarischen Öffentlichkeit – nicht ausreichend repräsentiert, dies ein Hinweis – bei formal gleichen Rechten – auf deren substantielle gesellschaftliche Diskriminierung sei.[25] Umgekehrt kann man dann sagen, daß nur eine (ungefähr) gleiche Repräsentation auf tatsachliche Gleichberechtigung von Gruppen schließen läßt. Relevant ist insbesondere die politische Repräsentation von Frauen zum zweiten deshalb, weil der Einfluß der politischen auf alle anderen Sphären der Gesellschaft so immens ist, und deshalb Diskriminierung oder Unterrepräsentation in dieser Sphäre durchgreift auf alle anderen. Damit hängt drittens zusammen, daß die Interessen von Frauen besonders leiden, wenn sie in der Öffentlichkeit nicht oder nicht ausreichend vielfältig artikuliert werden: zum einen deshalb, weil auf diese Weise die unterschiedlichen Lebenssituationen, Bedürfnisse, Standpunkte von Frauen einseitig vermittelt werden; zum andern deshalb, weil gerade in den Jahren seit der „zweiten Frauenbewegung" deutlich geworden ist, wie zentral und bestimmend öffentliche Diskurse *mit* und *zwischen* Frauen für die Reflexion auf die je eigene Situation und damit die Ausbildung von Identitäten nicht nur der an diesen Diskursen Beteiligten, sondern auch für die von solchen Diskursen auf andere Weise profitierenden Frauen ist (vgl. dazu genauer unten sowie Fraser 1992): „Wie" man „leben" kann, welche unterschiedlichen gesellschaftlichen Optionen zur Verfügung stehen, was notwendige und was nur konventionelle Zwänge sind, dies kann auch mit Hilfe öffentlicher Diskussionen geklärt werden. Im folgenden sollen zunächst

---

22 Und dies trotz der unbestreitbaren Tatsache, daß Frauen in der Mehrzahl erwerbstatig sind und mittlerweile auch durchaus gewichtigere Positionen beispielsweise in den Medien einnehmen (vgl. zu genaueren Angaben etwa Phillips 1995: 140ff.).

23 Auf die unabweisbare Problematik der Annahme eines kausalen Zusammenhangs von gesellschaftlicher Theorie auf Praxis (der umgekehrt vergleichsweise trivial erscheint) kann ich hier nur verweisen.

24 Vgl. zur Unterscheidung ganz unterschiedlicher *Formen* der geschlechtshierarchischen Konnotierung von „Privatheit" und „Öffentlichkeit" und deren Zusammenhang z.B. Fraser (1994a).

25 Vgl. kritisch gegen einen solchen am „outcome" orientierten Diskriminierungsbegriff Cole & Fiorentine (1991); fur einen ergebnisorientierten Ansatz etwa O'Neill (1993a).

genauer feministische Theorien politischer Repräsentation diskutiert und im Anschluß daran zumindest noch kurz die Debatte um die zivilgesellschaftliche Öffentlichkeit skizziert werden.

Wenn wir also zunächst die Problematik der parlamentarischen Öffentlichkeit und der politischen Repräsentation in den Blick nehmen, so kann man sehen, daß sich hier zwei ganz unterschiedliche feministische Begründungsstrategien unterscheiden lassen:[26] zum einen – beispielhaft – Iris Youngs Idee der Gruppenrepräsentation, zum zweiten – beispielhaft – Anne Phillips' Idee der gleichen demokratischen Partizipation. Beide Strategien streben eine größere Beteiligung von Frauen in den politischen Organen an, tun dies aber im Rekurs auf unterschiedliche Ideen.[27] Die erste rekurriert auf ein Prinzip der Interessen- oder Standpunktvertretung, das sich auf die Tatsache spezieller weiblicher Interessen oder Sichtweisen gründet und dann genauer über weibliche Erfahrungen, Bedürfnisse, Wahrnehmungen, begründet werden kann oder auch damit, daß Frauen und Männer als solche immer im Konflikt seien und deshalb Frauen nicht durch Männer vertreten werden könnten. Die zweite rekurriert auf das Prinzip demokratischer Gleichheit und Gerechtigkeit und damit auf die Idee, daß gleiche politische Partizipationsrechte, die für alle Personen einer Gesellschaft in gleicher Weise zu gelten haben, nur dann realisiert seien, wenn tatsächlich alle gesellschaftlich relevanten Gruppen in ungefähr gleicher Weise vertreten seien.

Young fordert ein Prinzip der Gruppenvertretung für Frauen deshalb, weil die Idee der formalen Gleichheit systematisch bestimmte Diskriminierungen hervorbringe und damit auch soziale Perspektiven verdecke und an einer öffentlichen Artikulation gerade hindere.[28] Dehalb mußten bisher diskriminierte Gruppen als solche in den Parlamenten über Stimmen verfügen, da nur so die Fortschreibung der systematischen Ausblendung dieser Standpunkte und Perspektiven vermieden werden könne. Frauen müssen folglich *als Frauen* vertreten werden, mit einem eigenen Vetorecht und einer spezifischen Artikulation der „weiblichen Perspektive". Nun hat Young in einem späteren Aufsatz (Young 1994)[29] zwar einige Elemente dieser „Identitätspolitik" relativiert, aber an der Grundidee der Gruppenvertretung festgehalten: Und eben diese Idee führt in Widersprüche, auf die vor allem Vertreterinnen des zweiten Ansatzes verwiesen haben. Denn das Problem ist, daß die Forderung nach einer größeren Repräsentation von Frauen nicht notwendig mit der Forderung nach der Vertretung einer bestimmten „sozialen Perspektive" identisch ist. Will man die Forderung begründen, Frauen in die Parlamente zu bringen, dann kann man es nicht über den Begriff der „Perspektive" oder des „weiblichen Standpunkts", weil, wie Young selbst feststellt, nicht alle Frauen

---

26 Vgl. zum folgenden am genauesten Phillips (1995: 100ff.); auch hier erscheint in modifizierter Weise wieder die Debatte um Differenz vs. Gleichheit, in den Begründungen über die „weiblichen Interessen" vs. die „demokratische Gleichheit".

27 Das heißt, sie könnten beide die oben genannten *generellen* Gründe für eine stärkere Beteiligung von Frauen in der Öffentlichkeit akzeptieren, für die politische Repräsentation jedoch unterschiedliche Begründungen angeben.

28 Young verbindet ihren Ansatz der Gruppenvertretung mit einer generellen Kritik am (moralischen) Universalismus, da es die Perspektive der Unparteilichkeit nicht gebe, sondern sie immer nur in der Maske einer dominanten Gruppe erscheine (vgl. Young 1990, 1993: hier besonders 277f.).

29 Für eine mittels „weiblicher Interessen" argumentierende Idee der Staatsbürgerschaft für Frauen vgl. Pateman (1992); vgl. auch kritisch Kenngott (1995).

denselben „weiblichen Standpunkt" haben. Begründet man die Forderung, bestimmte soziale Perspektiven – wie „die weibliche" – im Parlament vertreten zu haben, so heißt das nicht nur gegebenenfalls, daß Männer in „besserer", angemessenerer Weise diese Perspektive vertreten können als Frauen;[30] sondern es ist zugleich unter demokratietheoretischen Gesichtspunkten problematisch, da die Forderung offensichtlich mit der Idee der Gleichwertigkeit aller Stimmen („one person one vote") kollidiert, ganz abgesehen von den praktischen Schwierigkeiten bei der Selbstorganisation von Gruppen und der Wahl einer Gruppenvertretung zur Vertretung jenes Standpunkts. Youngs Ansatz scheint folglich nicht das begründen zu können, was sie möchte und außerdem demokratietheoretisch problematisch; den zweiten oben genannten Ansatz vertreten beispielhaft Phillips und Moller Okin, nämlich das Begrundungsprinzip demokratischer Gleichheit: Die Forderung nach mehr Frauen in den Parlamenten verlangt hier nicht, daß alle Frauen dieselbe Perspektive vertreten. Die Idee ist vielmehr die, daß aus Grunden des Ziels gleicher Partizipationsrechte und damit des Prinzips demokratischer Gerechtigkeit eine hohere Repräsentanz von Frauen angestrebt werden muß, unabhangig davon, welchen Standpunkt die Frauen dann letztlich vertreten. Dazu gibt es ganz konkrete Überlegungen, die von Quotenregelungen in Parteien, dem Nachgehen diskriminierender Schwellen im Prozeß der Kandidatinnenaufstellung bis zur Diskussion über die Frage reichen, ob das Verhältniswahlrecht tendenziell Frauen mehr diskriminiere als das Mehrheitswahlrecht und ob partizipatorische Demokratiemodelle zu einer größeren Beteiligung von Frauen am politischen Prozeß führen können. Auch bei diesem Modell demokratischer Gleichheit geht der Gedanke nicht verloren, daß mehr Frauen in den Parlamenten (feministisch motivierte) Veränderungen von Politik herbeiführen können und werden – denn auch, wenn dieses Modell davon ausgeht, daß Frauen nicht notwendig immer einen „Frauenstandpunkt" vertreten, ist doch klarerweise die Wahrscheinlichkeit erhöht, daß sich mit einer höheren Anzahl von Frauen in den Parlamenten auch mehr feministische Interessen artikulieren im Sinne der Berücksichtigung der faktischen weiblichen Lebenssituationen und Bedürfnisse; auch das Modell demokratischer Gleichheit erschöpft sich nicht darin, Veränderungen von Zahlen erreichen zu wollen, sondern zielt auf substantielle Änderungen von Politiken.[31]

Verbunden mit den beiden skizzierten Begründungsstrategien fur die politische Repräsentation von Frauen ist ein je unterschiedliches Modell von „Staatsbürgerschaft"; in der feministischen Debatte um diesen Begriff spiegeln sich dieselben Begründungsstrategien auch in entsprechend unterschiedlichen Zielsetzungen: Geht es der „standpunkttheoretischen" Begründung um ein auf der Differenz (aus je unterschiedlichen Gründen) insistierendes Modell je verschiedener Staatsbürgerschaft fur Frauen und Männer, so geht es der an demokratischer Gleichheit orientierten letztlich um ein Modell „neuer Gleichheit" der Überwindung der Relevanz der Geschlechterdifferenz.[32]

---

30 Man kann dies leicht an einem Beispiel deutlich machen: Was das Problem des Schwangerschaftsabbruchs betrifft, wurde wahrscheinlich auch Young ihren „Standpunkt" eher von Ronald Dworkin als von Mary Ann Glendon vertreten sehen.
31 Vgl. zu diesem ganzen von mir nur skizzierten Themenkomplex sehr ausfuhrlich Phillips (1995).
32 Vgl. neben Phillips und Young Kenngott (1995), Dietz (1985), Boling (1992), Pateman (1992), Mouffe (1992).

Nun ist die Problematik der parlamentarischen Repräsentation und politischen Öffentlichkeit im engeren Sinn von der Diskussion der zivilgesellschaftlichen Öffentlichkeit (die nur noch kurz skizziert werden kann) und damit von der Frage der Beteiligung von Frauen an öffentlichen Diskursen und zivilgesellschaftlichen Prozessen generell, nicht streng zu trennen: deshalb nicht, weil die gesellschaftlichen Strukturen, die hier wie dort zu einer Unterrepräsentierung und Marginalisierung von Frauen führen, dieselben sind und sich zwar so eine funktionale, institutionelle, nicht jedoch eine strukturelle Grenze zwischen beiden Formen von Öffentlichkeiten ziehen läßt. Hinzu kommt, daß etwa ein stärker an partizipatorischer Demokratie orientiertes Modell ohnehin engere Verbindungen zwischen den unterschiedlichen Formen von Öffentlichkeit behaupten würde.[33]

Die Bedeutung, die in den verschiedenen Diskussionen um Struktur und Funktion zivilgesellschaftlicher Öffentlichkeit(en) diesen von feministischer Perspektive aus zugeschrieben wird, grundet sich darin,[34] daß in den unterschiedlichen öffentlichen Diskursen – wie freien Assoziationen, Medien etc. – Themen gesetzt und Themen ausgehandelt werden, die Konsequenzen nicht nur für die parlamentarische Willensbildung haben, sondern konstitutiv sind für das Verständnis dessen, was allererst als „politisch" im Sinne von „von allgemeinem Belang" begriffen werden kann und soll. In der Öffentlichkeit werden Bedürfnisse artikuliert und interpretiert, unterschiedliche Positionen konstituiert und diskutiert, Gerechtigkeitsfragen als solche bestimmt oder verworfen – und damit auch, generell, Grunde und Folgen geschlechtsspezifischer Arbeitsteilung thematisch (vgl. zu diesem Themenkomplex am genauesten Lang 1994). Fokus feministischer Kritik und normativer Gegenmodelle bildet dabei zweierlei: im „Querschnitt" der Ebene von Öffentlichkeit die Frage nach der Konstitution, der Besetzung und den Strukturen von Öffentlichkeit(en); und im gesellschaftlichen „Längsschnitt" die Frage nach der Durchlässigkeit von Themen, Problemstellungen und nach der wechselseitigen Beeinflussung von „öffentlicher" und „privater" Sphäre. Der feministische Blick auf den „Querschnitt" gesellschaftlicher Öffentlichkeit sucht zunächst zu zeigen, warum es in keinem Sinne sinnvoll ist, von „der" Öffentlichkeit, strukturlos und nicht-hierarchisch, zu reden: Denn eine solche Redeweise ignoriert – schon historisch (vgl. Frasers Kritik an Habermas in Fraser 1992, auch zum folgenden) – die Organisation von Öffentlichkeiten als strukturell verschiedene, sich gegenseitig beeinflussende, miteinander verschränkte und hierarchisch gegliederte und ignoriert damit vor allem die sich in diesen Strukturen zum Ausdruck bringende Geschlechterordnung. So bildeten und bilden etwa die „Gegenöffentlichkeiten" feministischer Gruppen, Zeitschriften, Netzwerke, die sich (wieder) seit Beginn der „neuen" Frauenbewegung konstituierten, klarerweise Formen von Öffentlichkeit, die zugleich

---

33 Vgl. Benhabib (1994), Lang (1994); von politischer Öffentlichkeit im strengen Sinn läßt sich die zivilgesellschaftliche vor allem natürlich wegen des je verschiedenen Modells von Repräsentation und Arbeits/Marktstruktur trennen; vgl. Frasers Unterscheidung zwischen „starken" (willensbildenden) und „schwachen" (meinungsbildenden) Öffentlichkeiten in Fraser (1992).

34 Vgl. dazu vor allem die Diskussionen im Anschluß an Habermas' *Strukturwandel der Öffentlichkeit*, der gemeinsam mit Arendts *Vita Activa* zumeist den Ausgangspunkt normativer feministischer Erörterungen bildet; vgl. aus der Fulle der Belege hier vor allem Fraser (1992) und Benhabib (1995: 96ff.); auch Holland-Cunz (1994) und Lang (1994), Bruckner/Meyer (1994).

von „dominanten" als „subversive" Öffentlichkeiten abgrenzbar sind und diese doch, durch Themensetzung und durch ungewöhnliche Artikulationsformen, nicht unbeeinflußt ließen. *Empirisch* interessiert die feministische Kritik dabei besonders Mechanismen der Konstitution und Besetzung von Öffentlichkeiten, deren Formen gegenseitiger Beeinflussung und Schemata der Exklusion resp. Inklusion von Frauen. *Normativ* ist die feministische Kritik daran interessiert, Modelle von Offentlichkeiten zu entwerfen, die zugleich gegen institutionaliserte Exklusionsmechanismen angehen und damit gleiche Partizipation fordern und doch eine wichtige Funktion von „Gegenöffentlichkeiten" bewahren können, nämlich emanzipatorisch zu wirken durch Selbstverständigungsdiskurse, die für emanzipative Identitätsbildungen und Rollenfindungen unerläßlich sind.

Was mit dem feministischen Fokus auf den gesellschaftlichen „Längsschnitt" gemeint ist, läßt sich noch einmal klarmachen im Rekurs auf die Diskussion um den Begriff des Privaten: Denn eine Rekonstruktion des Privaten unter feministischer Perspektive ist angewiesen auf und abhängig von öffentlichen Diskursen, in denen uber die Grenzziehung zwischen beidem gerade verhandelt werden kann. Feministische Kritiken haben gezeigt, daß eine Durchlässigkeit von Themen zwischen „oben" und „unten", zwischen dem, was als privat und dem, was als öffentlich gilt, und die Rückwirkung öffentlicher Diskussionen, Prozesse und Entscheidungen auf private Lebenskontexte ebenso wie die Bestückung öffentlicher Diskurse aus als „privat" begriffenen Themen, nicht nur als solche erkannt – und gegebenenfalls kritisiert –, sondern, wo nötig, von feministischer Perspektive aus gefordert werden muß; daß dies so ist (im negativen wie im positiven Sinn), zeigt sich auch an den massiven Änderungen der letzten Jahre und Jahrzehnte im Verständnis dessen, was als privat resp. öffentlich verstanden werden kann und soll. Eine tatsächlich emanzipative Rekonstruktion des Verständnisses von „privat" und „öffentlich" wäre allerdings erst möglich unter Bedingungen gleichberechtigter öffentlicher Teilhabe (gleicher öffentlicher, politischer Freiheiten) von Frauen – und diese erst, so die vertrackte Dialektik, unter „neuen" Bedingungen von Privatheit, die Frauen und Männern tatsächlich gleiche private Freiheiten sichern würden.

Beide Problematiken, die der Demokratietheorie und politischen Öffentlichkeit im engeren Sinn und die der zivilgesellschaftlichen Öffentlichkeit im weiteren Sinn, machen folglich eines deutlich: daß eine gleichberechtigte Teilhabe von Frauen an öffentlichen Diskursen in jedem Sinn nicht nur Ziel (demokratischer Gleichheit) ist, sondern zugleich unabdingbares Mittel, um notwendige Transformationen der Politik im Sinne der (institutionaliserten) Möglichkeit der Artikulation und Interpretation, der Einflußnahme auf Meinungs- und Willensbildung, von unterschiedlichen Frauen-Standpunkten aus herbeizuführen. Es wäre entscheidend verkürzt zu meinen, feministische Modelle der Kritik von Öffentlichkeiten erschöpften sich in der Forderung gleicher Teilhabe um ihrer selbst willen: Vielmehr macht gerade die „Längsschnittproblematik" deutlich, daß es ihnen um die Konsequenzen für die Formulierungen von Politik, des Politischen (und Privaten) selbst geht, die eine solche feministisch motivierte Transformation der Öffentlichkeiten zur Folge haben soll.

IV. Gerechtigkeit und gleiche Freiheit

Mit diesen drei diskutierten Problemstellungen sind die wesentlichen Themen der feministischen Politiktheorie benannt: Systematisch stehen sie jedoch nicht unverbunden nebeneinander. Um dies deutlich zu machen, kann man sie unter einem bündelnden Gesichtspunkt zusammensehen: nämlich dem des Konzepts der Geschlechter-Gerechtigkeit und der Sicherung gleicher Freiheiten, das offensichtlich implizit oder explizit Leitmotiv all dieser Diskussionen ist; damit bildet es auch generell das systematische Desiderat einer politischen Theorie. So kann man die Debatte um Differenz und Gleichheit, auch in ihren ontologischen und epistemologischen Aspekten, begreifen als begründet in dem Interesse und in der Frage danach, wie ein gerechtes Verhältnis zwischen den Geschlechtern zu konzeptualisieren sei, unter gesellschaftlichen Bedingungen, die deren Differenz ebenso wie deren Gleichheit so gewährleisten könnten, daß gleiche private wie öffentlich-politische Freiheiten für beide Geschlechter Geltung haben. Und auch die Frage nach einer normativ angemessenen Unterscheidung zwischen privaten und offentlichen Dimensionen des Lebens läßt sich beschreiben als die Frage nach einer Gesellschaft, in der die Geschlechterordnung nicht hierarchisch, sondern gerecht strukturiert ist in der Weise, daß allen Personen, unabhängig von ihrem Geschlecht, gleiche private wie öffentliche Freiheiten zur Verfügung stehen.
Mit der These des systematischen Desiderats der Geschlechtergerechtigkeit ist folglich mehr gemeint als nur eine (traditionelle) „Theorie der Gerechtigkeit", die hinzusetzen wurde, „dies" gelte alles auch für Frauen.[35] Daß das Rezept „add women and stir" auf gegenwärtige Liberalismus- und Demokratietheorien nicht einfachhin Anwendung finden kann, sondern daß diese Theorien grundlegend rekonstruiert werden müßten, haben die bisher vorgestellten Themen und Diskussionen deutlich gezeigt. Doch selbst wenn man eine solche gemeinsame normative Orientierung an der Geschlechtergerechtigkeit konstatieren kann, lassen sich, auch dies wurde deutlich, noch ganz verschiedene normative Konzeptionen daraus folgern. Ich will zum Schluß ganz kurz diese Verschiedenheit feministischer normativer politischer Theorie noch einmal vor Augen führen; und zwar anhand eines Problems, das für die Frage der Geschlechtergerechtigkeit und der Idee der Sicherung gleicher Freiheiten zentral ist und an den Kern politischer Theorien rührt, wenn es auch häufig gerade nicht zu deren explizitem Thema wird: nämlich anhand des Problems der Familie. Denn wenn man davon ausgeht, daß die familiare Struktur gerade keine vollständig von anderen gesellschaftlichen Strukturen abgetrennte Einheit bildet, sondern sich jene in dieser, ebenso wie diese in jenen, fortsetzen und widerspiegeln, dann kommt der Problematik, wie denn diese familiären Strukturen begriffen werden sollen, zentrale Bedeutung zu.[36]

---

35 Vgl. in diesem Sinne auch z.B. Klinger (1995a); vgl. zur Problematik der Gerechtigkeit generell die feministische Debatte um Liberalismus und Kommunitarismus, am ausführlichsten Frazer/Lacey (1993); vgl. auch Friedman (1989), Greschner (1989), Moller Okin (1989), Rössler (1992) sowie die Auseinandersetzung um eine im Begriff des *wellbeing* anthropologisch fundierte Bestimmung des Gerechtigkeitsbegriffs: Nussbaum (1993a, 1993b) und O'Neill (1993b).

36 Dabei muß man natürlich strenggenommen von „Familie und familienähnlichen Gemeinschaften" sprechen, angesichts der Tatsache, daß gerade in Großstädten nur noch ein Drittel der Bevölkerung in „intakten" Kleinfamilien lebt und mittlerweile jedes zweite Kind in anderen Formen von Gemeinschaft groß wird (vgl. generell etwa Beck/Beck-Gernsheim 1994; Schwinger 1995).

Dabei sind es vor allem drei Fragen, die sich hier für eine normative feministische Politiktheorie stellen: Wie soll die Verteilung und Bewertung der sog. „Reproduktionsarbeiten" und Betreuungsarbeiten vorgenommen werden? Ist die Anwendung des Gerechtigkeitsbegriffs auf familiäre Strukturen nicht unangebracht, da es hier nicht um Gerechtigkeit, sondern doch um Liebe geht? Und schließlich: Welcher Stellenwert soll in einer normativen Konzeption von Familie (und Gesellschaft) der Differenz der Geschlechter überhaupt noch zukommen? Auf alle drei Fragen geben feministische Theorien unterschiedliche Antworten (vgl. zum folgenden Moller Okin 1989; Nussbaum 1993b; Herman 1993; Benjamin 1990; Nagl-Docekal 1993; Fraser 1995 sowie Honneth 1995). Die erste Frage zielt auf die Diskussion der gerechten Verteilung gesellschaftlich relevanter Arbeiten: Bedeutet die „Gleichheit der Geschlechter" und die Forderung danach, daß Gerechtigkeit im Geschlechterverhältnis sich (auch) darin zum Ausdruck bringt, daß Frauen und Männer in gleicher Weise frei sind, unterschiedliche „Lebenspläne" zu ergreifen und zu verfolgen, bedeutet diese Forderung, daß familiäre Betreuungsarbeit aufgewertet wird im Sinne der Entlohnung auch dieser Arbeiten; daß sie „verstaatlicht" wird, damit auch Frauen in gleicher Weise wie Männer erwerbstätig sein können; oder daß sie gleichverteilt wird auf Frauen und Männer, so daß beide Geschlechter in gleicher Weise außerhalb wie innerhalb des Hauses aktiv sind und sein können (vgl. vor allem Fraser 1995; aber auch z.B. Nagl-Docekal 1993)? Und wie weit reicht hier das Paradigma der distributiven Gerechtigkeit (vgl. dazu etwa Young 1990): Ist die Frage nach einer gelungenen, an Bedürfnissen und Fürsorge orientierten Organisation der Familie überhaupt zutreffenderweise als Frage der Verteilung von Arbeit und Zeit zu stellen?

Die zweite Frage zielt auf das klassische Thema „Liebe vs. Gerechtigkeit":[37] Ist es uberhaupt sinnvoll und möglich, familiäre Strukturen, die eigentlich Beziehungen der Liebe und Fürsorge sind, auf Gerechtigkeit hin zu befragen? Stellt nicht allein schon die Forderung nach Gerechtigkeit und damit nach Respekt vor der (Rechte fordernden) Autonomie der anderen einen Umschlag von Liebes- in unpersönliche Beziehungen dar (vgl. etwa Herman 1993; Benjamin 1990)? Oder bedeutet Gerechtigkeit immer die Anerkennung der Autonomie der anderen, unabhängig vom Grad der Intimität der Beziehung, so daß Liebe und Fürsorge nicht als „Ersatz" für den Respekt vor der *Autonomie* der anderen begriffen würde, sondern als hinzukommender besonderer, anders sich begründender Respekt vor den *Bedürnissen* der anderen? Und bleibt nicht auch der Streit um das Dem-anderen-gerecht-werden (anstelle des Streits um das Den-anderen-gerecht-behandeln), wie er für den Streit in intimen Beziehungen paradigmatisch ist, ein Streit um Gerechtigkeit? Kann man aus Gründen der gerechten Sicherung gleicher Freiheiten und im Sinne einer an gleichen Freiheiten orientierten Erziehung *fordern*, daß sich auch Männer in gleicher Weise um die Fürsorge von Kindern bemühen, zumal es, wie feministische Psychoanalytikerinnen zeigen, fur eine gelungene Entwicklung von Autonomie und Begehren geradezu konstitutiv ist, daß sich Frauen und Männer in gleicher Weise um die Erziehung ihrer Töchter und Söhne kümmern?[38]

---

37 Vgl. zum Streit um den (moralischen) Stellenwert individueller Autonomie und Verantwortlichkeit gegenüber Bindungen wiederum die Debatte um den Kommunitarismus, vgl. Frazer/Lacey (1993); vgl. jetzt auch ausfuhrlich Pauer-Studer (1995).
38 Vgl. zu den Folgen von Ungleichheiten im Blick auf die unterschiedliche Sozialisation von Jungen und Mädchen etwa Moller Okin (1989) und Benjamin (1990).

Die dritte der oben genannten Fragen bündelt noch einmal Schwierigkeiten der Geschlechtergerechtigkeit überhaupt: Denn soll die gerechte Gesellschaft, wie Moller Okin postuliert, eine sein „without gender", so, daß „in it's social structures and practices (also auch in der Familie, B.R.), one's sex would have no more relevance than one's eye colour or the length of one's toes" (Moller Okin 1989: 171)? Moller Okin befürchtet, daß jede weitere „Anerkennung" geschlechtlicher Differenz immer einhergehen muß mit einer Hierarchisierung zwischen Männern und Frauen. Doch selbst wenn man Prinzipien familiärer Gerechtigkeit fordert im Sinne von gleicher Verteilung von Betreuungsarbeit, gleicher Verteilung von Zeit und gleichwertiger Anerkennung von Autonomie und Fürsorge, ist unklar, ob damit eine „geschlechtslose Gesellschaft" postuliert werden muß: So weist etwa Nussbaum darauf hin, daß Körpergefuhl, Begehren und intime Beziehungen so eng mit der geschlechtlichen Identität verkupft sind, daß eine Gesellschaft schwer vorstellbar scheint, in der diese grundlegenden Weisen der Selbstwahrnehmung, wie Moller Okin vorschlägt, so grundsätzlich anders strukturiert waren.[39] Normatives Ziel von Nussbaum und anderen (etwa auch Fraser 1995) scheint eher zu sein, daß eine gerechte Gesellschaft der Gleichheit der Geschlechter Kontexte bewahren kann, in denen die Differenz der Geschlechter relevant bleibt (wie solche, die man nach wie vor „privat" nennen könnte, zu denen intime und Freundschaftsbeziehungen gehörten wurden) und solche Kontexte bestimmt, in denen sie gerade keine Rolle spielt. Doch angesichts der Tatsache, daß „private" Strukturen und Rollenzuweisungen von anderen gesellschaftlichen Strukturen nicht zu trennen sind, bleibt auch hier fraglich, ob eine solche Unterscheidung von „differenzrelevanten" und „-irrelevanten" Kontexten möglich ist.

Soweit eine skizzenhafte Darstellung der involvierten Probleme; und auch wenn die argumentative Auseinandersetzung um die Familie hier nur mehr im Ansatz nachvollzogen werden konnte, so ist doch deutlich, daß das Thema der Familie zentral ist für die Problematik der Gerechtigkeit zwischen den Geschlechtern. Daß dies so ist, ist allerdings nicht weiter verwunderlich: Denn zum einen bringt sich das Faktum der geschlechtsspezifischen Arbeitsteilung vor allem in den Familienstrukturen zum Ausdruck; zum zweiten haben (auch) eben diese Strukturen generell die ungleiche Verteilung der Wahrnehmungsmöglichkeiten individueller Freiheiten zur Folge; zum dritten sind formalrechtliche Schritte zur Gleichberechtigung im sog. häuslichen Bereich schwerer vorstellbar und anwendbar, deshalb ungerechte Verhältnisse hier noch persistenter und entsprechend folgenreich. Für die Frage der Gerechtigkeit im Geschlechterverhältnis und die Konzeptualisierung gleicher Freiheiten erweist sich also die Familie als zentrales Problem; diese Frage und diese Konzeptualisierung bildet, so hatte sich gezeigt, generell das systematische Desiderat einer politischen Theorie, da sie hinsichtlich der Themen der (feministischen) Politiktheorie gleichsam leitmotivischen Charakter haben; sie führen so die Transformationen vor Augen, auf die feministische Politiktheorien abzielen.

---

39 Vgl. besonders Nussbaum (1993b); vgl. dagegen von grundlegend anderer Perspektive aus Butler (1991, 1995); ob die intimen Beziehungen nun homo- oder heterosexuell sind, spielt fur diese Problematik der Differenz klarerweise keine Rolle.

Literaturverzeichnis

Allen, A., 1984: Women and their Privacy: What is at Stake?, in: *Gould, C.C.* (Hrsg.), Beyond Domination. New Perspectives on Women and Philosophy. Totowa.
Allen, A., 1988: Uneasy Access: Privacy for Women in a free Society. Totowa.
Beck, U./Beck-Gernsheim, E. (Hrsg.), 1994: Riskante Freiheiten. Individualisierung in modernen Gesellschaften. Frankfurt a.M.
Benhabib, S., 1989: Der verallgemeinerte und der konkrete Andere. Ansätze zu einer feministischen Moraltheorie, in: *List, E./Studer, H.* (Hrsg.), Denkverhältnisse. Feminismus und Kritik. Frankfurt a.M.
Benhabib, S., 1994: Deliberative Rationality and Models of Democratic Legitimacy, in: Constellations 1.
Benhabib, S., 1995: Selbst im Kontext. Kommunikative Ethik im Spannungsfeld von Feminismus, Kommunitarismus und Postmoderne. Frankfurt a.M.
Benhabib, S./Butler, J./Cornell, D./Fraser, N., 1993: Der Streit um Differenz. Feminismus und Postmoderne in der Gegenwart. Frankfurt a.M.
Benhabib, S./Cornell, D. (Hrsg.), 1987: Feminism as Critique. Minneapolis.
Benhabib, S./Nicholson, L., 1988: Politische Philosophie und die Frauenfrage, in: *Munkler, H./Fetscher, I.* (Hrsg.), Pipers Handbuch der politischen Ideen. Munchen.
Benjamin, J., 1990: Die Fesseln der Liebe. Psychoanalyse, Feminismus und das Problem der Macht. Basel.
Beyme, K. v., 1992: Theorien der Politik im 20. Jahrhundert. Von der Moderne zur Postmoderne. Frankfurt a.M.
Biester, E. et al. (Hrsg.), 1994: Demokratie oder Androkratie? Frankfurt a.M.
Bock, G./James, S. (Hrsg.), 1992: Beyond Equality and Difference. Citizenship, Feminist Politics, Female Subjectivity. London.
Boling, P., 1991: The Democratic Potential of Mothering, in: Political Theory 19.
Bruckner, M./Meyer, B. (Hrsg.), 1994: Die sichtbare Frau. Die Aneignung der gesellschaftlichen Räume. Freiburg.
Butler, J., 1991: Das Unbehagen der Geschlechter. Frankfurt a.M.
Butler, J., 1995: Körper von Gewicht. Berlin.
Butler, J./Scott, J. (Hrsg.), 1992: Feminists Theorize the Political. New York/London.
Carroll, S.J./Zerilli, L.M., 1993: Feminist Challenges to Political Science, in: *Finifter, A.* (Hrsg.), Political Science: The State of the Discipline II. Washington.
Cohen, J.L., 1992: Redescribing Privacy: Identity, Difference and the Abortion Controversy, in: Columbia Law Journal 3.
Cohen, J.L., 1993: Zur Neubeschreibung der Privatsphäre, in: *Menke, C./Seel, M.* (Hrsg.), Zur Verteidigung der Vernunft gegen ihre Liebhaber und Verächter. Frankfurt a.M.
Cole, S./Fiorentine, R., 1991: Discrimination against Women in Science: The Confusion of Outcome with Process, in: *Bruer, J./Cole, J./Zuckerman, H.* (Hrsg.), The Outer Circle. Women in the Scientific Community. New York/London.
Coole, D., 1988: Women in Political Theory: From Ancient Misogyny to Contemporary Feminism. Boulder, Col.
Cornell, D., 1992: Sexual Difference, the Feminine, and Equivalency: A Critique of MacKinnon's Toward a Feminist Theory of the State, in: Yale Law Journal 100.
de Lauretis, T., 1993: Der Feminismus und seine Differenzen, in: *Landweer, H./Rumpf, M.* (Hrsg.), Zur Kritik der Kategorie Geschlecht, Feministische Studien 11.
Dietz, M., 1985: Citizenship with a Feminist Face, in: Political Theory 13.
Duden, B., 1991: Der Frauenleib als öffentlicher Ort. Vom Mißbrauch des Begriffs Leben. Hamburg.
Eisenstein, Z., 1988: The Female Body and the Law. Cambridge, MA.
Elshtain, J.B., 1981: Public Man, Private Woman. Princeton.
Landweer, H./Rumpf, M., 1993: Zur Kritik der Kategorie Geschlecht, Feministische Studien (11), 2.
Fraser, N., 1992: Rethinking the Public Sphere, in: *Calhoun, C.* (Hrsg.), Habermas and the Public Sphere. Cambridge, MA.

Fraser, N., 1994a: Sex, Lugen und die Öffentlichkeit: Überlegungen zur Bestätigung des Bundesrichters Clarence Thomas, in: *Pühl, K.* (Institut fur Sozialforschung) (Hrsg.), Geschlechterverhältnisse und Politik. Frankfurt a.M.
Fraser, N., 1994b: Widerspenstige Praktiken. Macht, Diskurs, Geschlecht. Frankfurt a.M.
Fraser, N., 1995: Die Gleichheit der Geschlechter und das Wohlfahrtssystem, in: *Honneth, A.* (Hrsg.), Pathologien des Sozialen. Frankfurt a.M.
Frazer, E./Lacey, N., 1993: The Politics of Community. New York/London.
Friedman, M., 1989: Feminism and Modern Friendship: Dislocating the Community, in: Ethics 99.
Gavison, R., 1980: Privacy and the Limits of Law, in: Yale Law Journal (89) 3.
Gerhard, U./Jansen, M. u.a. (Hrsg.), 1990: Differenz und Gleichheit. Menschenrechte haben (k)ein Geschlecht. Frankfurt a.M.
Gerhard, U., 1994: Feminismus zu Recht, in: *Bruckner, M./Meyer, B.* (Hrsg.), Die sichtbare Frau. Die Aneignung der gesellschaftlichen Raume. Freiburg.
Gildemeister, R./Wetterer, A., 1992: Wie Geschlechter gemacht werden. Die soziale Konstruktion der Zweigeschlechtlichkeit und ihre Reifizierung in der Frauenforschung, in: *Knapp, G.A./Wetterer, A.* (Hrsg.), Traditionen, Bruche. Entwicklungen feministischer Theorie. Freiburg.
Glendon, M.A., 1987: Abortion and Divorce in Western Law. Cambridge, MA.
Greschner, D., 1989: Feminist Concerns with the New Communitarians: We don't Need Another Hero, in: *Hutchinson, A.C./Green, L.J.M.* (Hrsg.), Law and the Community. The End of Individualism? Toronto.
Habermas, J., 1992: Faktizität und Geltung. Frankfurt a.M.
Hampton, J., 1993: Feminist Contractarianism, in: *Antony, L.M./Witt, C.* (Hrsg.), A Mind of One's Own. Oxford.
Hausen, K., 1990: Uberlegungen zum geschlechtsspezifischen Kulturwandel der Offentlichkeit, in: *Gerhard, U./Jansen, M. u.a.* (Hrsg.), Differenz und Gleichheit. Menschenrechte haben (k)ein Geschlecht. Frankfurt a.M., 268ff.
Herman, B., 1993: Could it be worth thinking about Kant on sex and marriage?, in: *Antony, L.M./Witt, C.* (Hrsg.), A Mind of One's Own. Oxford.
Hirschauer, S., 1995: Die soziale Fortpflanzung der Zweigeschlechtlichkeit, in: Kolner Zeitschrift fur Soziologie und Sozialpsychologie 46.
Holland-Cunz, B., 1994: Intimität und Öffentlichkeit – demokratietheoretische Überlegungen, in: *Biester, E. et al.* (Hrsg.), Demokratie oder Androkratie? Frankfurt a.M.
Honneth, A., 1995: Zwischen Gerechtigkeit und affektiver Bindung. Die Familie im Brennpunkt moralischer Kontroversen, in: Deutsche Zeitschrift für Philosophie (43), 6.
Irigaray, L., 1991: Die Zeit der Differenz. Frankfurt a.M.
Jaggar, A., 1983: Feminist Politics and Human Nature. Totowa.
Kenngott, E., 1995: Feminismus und Demokratie, in: Leviathan 23.
Klaus, E., 1994: Von der heimlichen Öffentlichkeit der Frauen, in: *Pühl, K.* (Hrsg.), Geschlechterverhaltnisse und Politik. Frankfurt a.M.
Klinger, C., 1995a: Zwischen allen Stühlen. Die politische Theoriediskussion der Gegenwart in einer feministischen Perspektive. Ms.
Klinger, C., 1995b: Uber neuere Tendenzen in der Theorie der Geschlechterdifferenz, in: Deutsche Zeitschrift fur Philosophie 5.
Kymlicka, W., 1990: Contemporary Political Philosophy. Oxford.
Lang, S., 1994: Politische Öffentlichkeit und Demokratie. Überlegungen zur Verschrankung von Androzentrismus und offentlicher Teilhabe, in: *Biester, E. et al.* (Hrsg.), Demokratie oder Androkratie? Frankfurt a.M.
Laqueur, T., 1992: Auf den Leib geschrieben. Die Inszenierung der Geschlechter von der Antike bis Freud. Frankfurt a.M.
Libreria delle Donne del Milano, 1988: Wie weibliche Freiheit entsteht. Eine neue politische Praxis. Berlin.
List, E./Studer, H. (Hrsg.), 1989: Denkverhältnisse. Feminismus und Kritik. Frankfurt a.M.
MacKinnon, C., 1987: Feminism Unmodified: Discourses on Life and Law. Cambridge, MA.
MacKinnon, C., 1989: Towards a Feminist Theory of the State. Cambridge, MA.
MacKinnon, C., 1993: Only Words. Cambridge, MA.
Mendus, S., 1992: Losing the Faith: Feminism and Democracy, in: *Dunn, J.* (Hrsg.), Democracy – the Unfinished Journey. London.

Minow, M., 1990: Making All the Difference. Inclusion, Exclusion, and the American Law. Ithaca/London.
Moller Okin, S., 1979: Women in Western Political Thought. London.
Moller Okin, S., 1989: Justice, Gender and the Family. New York.
Moller Okin, S., 1989a: Humanist Liberalism, in: *Rosenblum, N.* (Hrsg.), Liberalism and the Moral Life. Cambridge, MA.
Moller Okin, S., 1991: Gender, the Public and the Private, in: *Held, D.* (Hrsg.), Poltical Theory Today. Stanford.
Moller Okin, S., 1995: Politics and the Complex Inequality of Gender, in: *Miller, D./Walzer, M.* (Hrsg.), Pluralism, Justice and Equality. Oxford.
Mouffe, C., 1992: Feminism, Citizenship and Radical Democratic Politics, in: *Butler, J./Scott, J.* (Hrsg.), Feminists Theorize the Political. New York/London.
Nagl-Docekal, H., 1993: Die Kunst der Grenzziehung und die Familie, in: Deutsche Zeitschrift für Philosophie 6.
Nagl-Docekal, H., 1996a: Feministische Vernunftkritik, in: *Apel, K.O./Kettner, M.* (Hrsg.), Rationalitaten. Frankfurt a.M. (im Erscheinen).
Nagl-Docekal, H., 1996b: Gleichbehandlung und Anerkennung von Differenz: Kontroversielle Themen feministischer politischer Philosophie, in: *Nagl-Docekal, H./Pauer-Studer, H.* (Hrsg.), Politische Theorie: Gleichheit, Differenz Lebensqualitat. Frankfurt a.M. (im Erscheinen).
Nagl-Docekal, H./Pauer-Studer, H. (Hrsg.), 1993: Jenseits der Geschlechtermoral. Beitrage zur feministischen Ethik. Frankfurt a.M.
Nicholson, L. (Hrsg.), 1990: Feminism/Postmodernism. New York.
Nussbaum, M., 1993a: Commentary on O. O'Neill, in: *Nußbaum, M./Sen, A.* (Hrsg.), The Quality of Life. Oxford.
Nussbaum, M., 1993b: Gerechtigkeit fur Frauen!, in: Neue Rundschau, Schwerpunktheft „Den Korper neu denken". Gender Studies (Gastredakteurin *P. Eggers*) (104), 4.
O'Neill, O., 1993a: Wie wissen wir, wann Chancen gleich sind?, in: *Rossler, B.* (Hrsg.), Quotierung und Gerechtigkeit. Frankfurt a.M.
O'Neill, O., 1993b: Justice, Gender and International Boundaries, in: *Nußbaum, M./Sen, A.* (Hrsg.), The Quality of Life. Oxford.
Olson, F., 1991: A Finger to the Devil. Abortion, Privacy and Equality, in: Dissent (Summer).
Ostner, I./Lichtblau, K. (Hrsg.), 1992: Feministische Vernunftkritik. Frankfurt a.M.
Pateman, C., 1988: The Sexual Contract. Stanford.
Pateman, C., 1989: Feminist Critiques of the Public/Private Dichotomy, in: *Pateman, C.* (Hrsg.), The Disorder of Women. Oxford.
Pateman, C., 1992: Equality, difference, subordination: the politics of motherhood and woman's citizenship, in: *Bock, G./James, S.* (Hrsg.), Beyond Equality and Difference. Citizenship, Feminist Politics, Female Subjectivity. London.
Pauer-Studer, H., 1995: Normen, Tugenden, Werte. Moraltheorie im Kontext der Geschlechterdifferenz. Ms. (im Erscheinen).
Pauer-Studer, H., 1996: Einleitung, in: *Nagl-Docekal, H./Pauer-Studer, H.* (Hrsg.), Politische Theorie: Gleichheit, Differenz Lebensqualität. Frankfurt a.M. (im Erscheinen).
Phillips, A., 1993: Democracy and Difference, Oxford.
Phillips, A., 1995: Geschlecht und Demokratie. Hamburg.
Rawls, J., 1979: Eine Theorie der Gerechtigkeit. Frankfurt a.M.
Rawls, J., 1993: Political Liberalism. Cambridge, MA.
Rhode, D., 1990: Theoretical Perspectives on Sexual Difference. Yale.
Rorty, R., 1991: Feminism and Pragmatism, in: Michigan Quarterly Review (30), 2.
Rossler, B., 1992: Der ungleiche Wert der Freiheit, in: Analyse und Kritik (14), 1.
Rossler, B., 1994: Zwischen Befreiung und Typisierung. Zum Verhaltnis von Geschlechtsidentitat und Gruppenrechten, in: Babylon 13/14.
Rossler, B., 1995: Subjects at Cross Purposes: the Debate between Feminism and Postmodernism, in: European Journal of Philosophy.
Schwinger, E., 1995: Der kulturelle Bedarf an Fursorglichkeit. Familiale Lebensgemeinschaften und die Verantwortlichkeit politischer Steuerung, in: Deutsche Zeitschrift fur Philosophie (43), 6.
Scott, J., 1988: Gender and the Politics of History. Cambridge, MA.
Sunstein, C, 1989: Introduction: Notes on Feminist Political Thought, in: Ethics 99.

Taylor, C., 1993: Die Politik der Anerkennung, in: *ders.*, Multikulturalismus und die Politik der Anerkennung. Frankfurt a.M.
Wobbe, T., 1994: Die Grenzen der Gemeinschaft und die Grenzen des Geschlechts, in: *Lindemann, G./Wobbe, T.* (Hrsg.), Denkachsen. Zur theoretischen und institutionellen Rede vom Geschlecht. Frankfurt a.M.
Young, I.M., 1990: Justice and the Politics of Difference. Princeton, NJ.
Young, I., 1993: Das politische Gemeinwesen und die Gruppendifferenz. Eine Kritik am Ideal des universalen Staatsbürgerstatus, in: *Nagl-Docekal, H./Pauer-Studer, H.* (Hrsg.), Jenseits der Geschlechtermoral. Frankfurt a.M.
Young, I., 1994: Geschlecht als serielle Kollektivität: Frauen als soziales Kollektiv, in: *Pühl, K.* (Hrsg.), Geschlechterverhaltnisse und Politik. Frankfurt a.M.

III.

Normative Theorien

Die Zumutungen der Demokratie. Von der normativen Theorie des Bürgers zur institutionell vermittelten Präferenzkompetenz

Hubertus Buchstein

Einleitung: Das magische Dreieck der Demokratietheorie

Eine normative Theorie des Bürgers in der Demokratie sollte Antworten auf mindestens drei Fragen geben[1]. Zum einen soll sie den Kreis derer, die in den Genuß des Bürgerstatus kommen sollen, sowie die inhaltliche Auslegung der zugestandenen Bürgerrechte benennen können. Dann soll sie die Sorte von Bürgern beschreiben können, der es bedarf, damit sich die Demokratie als politisches System erhalten kann. Schließlich soll sie Auskunft geben können über die Qualitäten und Einstellungen der Bürger, die notwendig sind, damit die demokratische Bearbeitung politischer Fragen ein bestimmtes Gütequalitätsniveau nicht unterschreitet. Ich möchte mich im folgenden vor allem auf die letzte Frage konzentrieren.

In den letzten zwei bis drei Jahren haufen sich politische Zeitdiagnosen, die von der Sorge um die Stabilität demokratischer Systeme getrieben sind. Ihr Ausgangspunkt ist mittlerweile das meistzitierte Diktum der Demokratietheorie. Es lautet, daß die liberale Demokratie von Voraussetzungen lebt, die sie selbst nicht garantieren kann; oder, um es anders zu formulieren, daß das demokratische System die Sorte von Akteuren, die es zur Realisierung seiner Regeln benötigt, nicht selbst produzieren kann. Dieses Paradox ist nicht neu, sondern hat schon in der Vergangenheit zu unterschiedlichen Reaktionen geführt. So hat der potentielle Wirt für den Kostgänger Demokratie in den Theoriekonjunkturen der letzten zwanzig Jahre mehrfach gewechselt: Besonders ausgezeichnete sozioökonomische Verhältnisse, politisch-kulturelle Traditionen und institutionelle Arrangements waren die drei Kandidaten, die die Demokratie parasitär am Leben erhalten sollen.

Im Zuge einer institutionellen Ernüchterung ist der Fokus in den letzten Jahren noch enger gestellt worden und ist heute auf die individuellen Akteure in der Demokratie, die ,Staatsbürger', gerichtet. Wenn in diesem erwartungsfrohen Sinne vom ,Bürger' gesprochen wird, so geschieht dies nicht in einer rechtlichen, sondern in einer attributiven Auslegung des Bürgerbegriffs[2]. Daß es bei dem genauen Zuschnitt der Attribute nicht um ein fiktives demokratisches Ideal des allseits kompetenten Staatsbürgers

---

1 Für Kritik und Anregungen danke ich Martin Frank, Kerstin Pohl, Rainer Schmalz-Bruns und Rudolf Speth.
2 Vgl. zur idealtypischen Kontrastierung eines auf „legal status", „entitlement" und „set of rights passively enjoyed" und eines auf „office", „responsibility" und „a burden proudly assumed" (Walzer 1989: 216) basierenden Bürgerkonzeptes schon Sternberger (1949) sowie (mit weiteren Literaturhinweisen) Kratochwil (1994) und Stewart (1995).

geht, wird allerdings erst deutlich im Zusammenhang mit den Bürgerrechten und einem dritten Bezugspunkt, den politischen Institutionen. Bürger*rechte*, Bürger*qualifikationen* und *institutionelle* Arrangements bilden so etwas wie die Eckpunkte eines *magischen Dreiecks der Demokratietheorie*. Die besondere Magie dieses Dreiecks besteht darin, daß es die Welt der normativen Demokratietheorie nicht einfach nur mit gegeneinander optimierbaren Eckpunkten strukturiert, sondern daß je nach Theorieansatz sowohl Synergie- als auch Kompensationseffekte zwischen den drei Faktoren vermutet werden können. Institutionen müssen beispielsweise nicht ausschließlich als Substitut für sparsame Tugendzumutungen gedacht werden, sondern können auch als Produktions- und Stabilisierungszusammenhang von Tugenden dienen – in diesem Sinne stünden dann die beiden Eckpunkte nicht in einem Konkurrenz-, sondern in einem wechselseitigen Reproduktionsverhältnis. Als anderes Beispiel läßt sich anführen, daß bestimmte Formen von Bürgerrechten zu ihrer Realisierung Äquivalente in der Qualifikations – und Institutionenkomponente benötigen: Die Verwirklichung sozialer und ökologischer Bürgerrechte ist auf sowohl weithin geteilte Gerechtigkeitsintuitionen wie auf passende assoziative Strukturen (Gewerkschaften, sozialpolitische Verbände, umweltpolitische Organisationen) angewiesen. Das Verhältnis von Bürgerrechten und Bürgerqualifikationen läßt sich schließlich auch so begreifen, daß die Qualifikationen das Fundament für die Realisierung der Rechte bilden. Dieser Logik zufolge erhöhen sich mit den rechtlichen Gewährleistungen automatisch auch die Zumutungen an die Bürger; es wird ein höheres Maß an Toleranz verlangt, wenn die Heterogenität der Mitbürger steigt, es werden aktive Teilnahme oder Bereitschaft zum sozialen Leistungsverzicht erwartet, wenn politische und soziale Rechte realisiert werden sollen. Die drei Eckpunkte des Dreiecks verweisen also intern aufeinander und normative Demokratietheorien lassen sich danach unterscheiden, wie sie die ideale Tektonik dieser Verklammerung entwerfen.

Ich möchte die folgenden Überlegungen zu einer heutigen normativen Theorie des Burgers mit drei kurzen Durchgängen vorbereiten, in denen versucht wird, die unübersichtliche normative Debatte zum Thema ‚Bürger' zu strukturieren. Ich beginne mit einer Sichtung der unterschiedlichen Konnotationen des Bürgerbegriffs (1) und konzentriere mich dann auf den Aspekt der Bürgerqualitäten und -tugenden (2). Auf das Problem, daß Bürgertugenden eine knappe Ressource sind, reagieren vier paradigmatische Auslegungen der idealen Beziehungsmuster zwischen Bürgerrechten, Bürgerqualifikationen und Institutionen, die ich im Zuge eines ideengeschichtlichen Exkurses, der amerikanischen Verfassungsdiskussion vor zweihundert Jahren, einführen möchte (3). Der für die Gesamtargumentation zentrale vierte Abschnitt setzt mit einer aktuellen Bestandsaufnahme dieser klassisch gewordenen vier Modelle ein. Im Anschluß an Schumpeter und neuere Rational Choice Theorien soll dann zweierlei gezeigt werden: erstens, daß der Tugendkomponente im Profil der Bürgerqualifikationen eine irreduzible Rolle zufällt und zweitens, daß politische Präferenzen besonders anfällig für Irrationalitäten sind. Eine Alternative zum liberalen und zum republikanischen Umgang mit den Defiziten der politischen Präferenzkompetenz bieten Überlegungen, die sich auf die Formel ‚demokratischer Präferenzinterventionismus' bringen lassen. Um diesen Ansatz vor der Gefahr elitistischer oder leninistischer Konsequenzen zu schützen, wird er in den normativen Rahmen der deliberativen Demokratietheorie eingebettet. Im Ergebnis zielt dieser Ansatz darauf, den Tugendbegriff soweit wie möglich von seiner individualistischen Lesart in eine institutionelle Auslegung zu übersetzen (4). Im letzten Schritt möchte ich verschiedene Konzepte der deliberativen Demokratie skizzieren und den bisherigen Stand ihrer Institutionalisierungsvorschläge Revue passieren lassen (5). Zukünftig bedarf es vor allem empirischer Forschungen um ermessen zu können, inwieweit die erst in Ansätzen entwickelten Überlegungen zur Verbesserung der kognitiven und moralischen Gütequalität politischer Präferenzen ernsthaft Aussicht auf Erfolg haben.

1. Transformationsprobleme des Bürgerkonzepts

1. Der Blick auf die Resultate der politischen und sozialen Transformationsprozesse in den vormaligen Ländern des Realsozialismus gemahnt daran, wie voraussetzungsvoll die Demokratie ist. Die eigentliche Ursache für die erhöhte Aufmerksamkeit, die dem Staatsbürgerbegriff seit einiger Zeit gewidmet wird, ist jedoch in krisenhaft wahrgenommenen Transformationsprozessen zu finden, denen die Demokratien des Westens unterworfen sind. Die neuen Krisendiagnosen stammen von Beobachtern, die von dem Verdacht frei sind, Legitimations-oder Motivationskrisen ‚herbeischreiben' zu wollen. Der nach der Kapitulation des externen Opponenten im Osten erhöhte Legitimationsbedarf im Westen trifft auf eine Situation, in der das sachliche Anforderungsprofil an demokratische Politik eher noch gewachsen ist: Der mit der Globalisierung verbundene Verlust der Handlungsmacht des demokratischen Nationalstaates, die Folgen der Migration von Kapital und Menschen, ökologische und andere ‚risikogesellschaftliche' Problemstellungen – vor dem Hintergrund dieser Folgeprobleme entfesselter industriegesellschaftlicher Dynamik hinterläßt die nationalstaatlich organisierte liberale Demokratie einen merkwürdig invaliden Eindruck. Die Sorgenliste verlängert sich noch, wenn man weitere Faktoren miteinbezieht: zunehmende Regelverstöße von der Gewaltkriminalität bis zum Steuerbetrug, sinkende Wahl- und Organisationsbeteiligung, erodierender Gemeinsinn der Bürger, Egoismus der Parteien und Verbände, politische Korruption – dies sind nur einige der Stichworte, mit denen der *circulus vitiosus* einer Verbreitung der Selbstbedienungsdemokratie gegeißelt wird. Schließlich sind auch die Zweifel an der Fähigkeit politischer Institutionen gewachsen, ihren eher traditionellen Aufgaben angemessen nachkommen zu können. Nach einer Phase des Neo-Institutionalismus in den achtziger Jahren wird die Verarbeitungskompetenz demokratischer Institutionen heute wieder skeptischer veranschlagt. Die in der Policy-Forschung konstatierten Defizite gelten gleichermaßen für den Input-, Throughput- und Output-Bereich der Institutionen des demokratischen Willensbildungsprozesses. Dem ausdifferenzierten politischen System scheint es immer weniger zu gelingen, gegen die Eigenlogiken der Teilsysteme problemadäquate Koordinations- und Kompatibilitätsleistungen zu erzeugen. Die Implementierung politischer Entscheidungen ist zunehmend auf das bewußte Entgegenkommen der Bürger angewiesen. In diesem Sinne speist sich das Interesse am Bürger aus der funktionalistischen Einsicht, daß das Problemlösen auch in modernen Demokratien ein notwendiges subjektives Moment beinhaltet (Warren 1995: 168f.; Grenstad/Selle 1995).
Vor diesem Hintergrund kann es wenig überraschen, daß die utopischen Energien der normativen Demokratietheorie einen neuen Adressaten brauchen. Der Terminus ‚Bür-

ger' ist die Chiffre für die Sehnsucht der Demokratietheorie, angesichts eines weit gesteckten und zum Teil disparaten Herausforderungskatalogs die demokratische Frage positiv zu beantworten. Als wären sie auf eine Zauberformel gestoßen, postulieren Konservative, Liberale und Linke unisono, daß die Demokratie einer Renaissance des ‚Bürgers' bedürfe; sei es in Anschluß an die bürgerhumanistische Tradition der republikanischen *virtu* oder – wie in der deutschen Linken – in Anknüpfung an den weniger antiquiert klingenden englischsprachigen Terminus *citizenship*. Auf diese Weise zum Hoffnungsträger bei der Lösung ganz unterschiedlicher Problemlagen avanciert, ist der Begriff ‚Bürger' zur konzeptionellen Unschärfe geradezu verdammt.

2. Nicht nur die politischen Institutionen, auch die beiden anderen Eckpunkte des demokratietheoretischen Dreiecks sind simultan unter politischen und normativen Diskussionsdruck geraten. Dies gilt zunächst für die *Bürgerrechte*. Im Unterschied zu den allgemeinen Menschenrechten müssen Bürgerrechtskonzepte nicht nur inhaltliche Auskünfte geben, sondern auch darüber informieren, *wer* mit dem „Vorrecht auf Rechte" (Riedel) ausgestattet werden soll. Die Mitgliedschaft hat in der Regel die Form eines Rechtsstatus[3] und läßt sich in der Entwicklungslogik der letzten zweihundert Jahre als stufenweiser Inklusionsprozeß interpretieren. Die aktuelle Debatte um den rechtlichen Aspekt des Bürgerbegriffs konzentriert sich auf die Frage: was begründet den Anspruch auf Staatsbürgerrechte – genügt schon eine relativ kurze Residenz oder bedarf es weiterer Qualifikationen, wie kultureller Einpassung oder gar Zugehörigkeit zu einer Ethnie[4]?

Politische Mitgliedschaft ist nicht allein wegen der damit verbundenen politischen Mitbestimmungsrechte zu einem so umkämpften Gut geworden, sondern weil sie in der Regel die Inanspruchnahme sozialer Güter impliziert. Die bekannteste Beschreibung des Ausweitungsprozesses, also der Frage, *was* die Bürgerrechte beinhalten, findet sich in der Stufenrekonstruktion von T.H. Marshall. Danach sind die Bürgerrechte in den letzten zwei Jahrhunderten in der Schrittfolge der drei Rechtstypen liberale Freiheitsrechte, politische Beteiligungsrechte sowie soziale Leistungsrechte expandiert. Die in den meisten fortgeschrittenen Industriestaaten konstitutionell kodifizierte Erweiterung auf Stufe drei ist momentan von mehreren Seiten herausgefordert. Zum einen sprengen Forderungen nach neuartigen Rechten wie etwa dem ‚Recht auf Partikularität' den bisherigen Zuteilungsmodus, der in der Ausstattung mit subjektiven Rechten bestand (vgl. Preuß 1994: 161f.). Desweiteren torpedieren Forderungen nach einer vierten Stufe von Rechten auf ‚ökologische Unversehrtheit' die Produktionsbedingungen der zu verteilenden Wirtschaftsgüter. Und schließlich begrenzen wirtschaftliche Probleme die Menge der zu verteilenden Güter. Freiheitsrechte, Demokratieprinzip und Soziale Gerechtigkeit stehen in einem Spannungsverhältnis, das in den

---

3 Vgl. dazu Heater (1990) und Riesenberg (1992). In der Moderne ist die Bezugsgröße über den Nationalstaat definiert, doch haben sich in Westeuropa mit der Europäischen Union neuerdings auch transnationale Bürgerrechtsformen entwickelt (Meehan 1993).

4 Die Optionen in dieser Debatte verlaufen entlang der Skala: ethnische Schließung (Alain de Benoist); Öffnung mit kommunitaristischen oder kulturspezifischen Vorbehalten (‚membership', Walzer 1983: 73-84; ‚narrativ tradierte Verantwortungsgemeinschaft' Habermas 1995); liberale Öffnung (Ackerman 1980: 92-94). Der Verlauf der politischen Konflikte um das Wahlrecht für Ausländer und die Resultate der Asyldebatte in den meisten Staaten Europas zeigen an, daß der Inklusionsprozeß zur Zeit ins Stocken geraten ist.

meisten westlichen Demokratien unter den Bedingungen eines langanhaltenden Wirtschaftswachstums ausbalanciert werden konnte. Die mit der Formel ‚Umbau des Wohlfahrtsstaates' euphemistisch umschriebenen Wirtschaftspolitik neoliberaler Regierungen seit den achtziger Jahren besteht in einem Abbau der dritten Stufe.

In der aktuellen Debatte um die Zukunft der Bürgerrechte[5] haben sich vier politische Paradigmen formiert. (a) *Autoritärer Ethnozentrismus*. Er wird repräsentiert von einer neuen politischen Rechten, die die Zuteilung von sämtlichen Bürgerrechten vom askriptiven Merkmal einer ethnischen Zugehörigkeit abhängig machen möchte. Die Argumente dieses Paradigmas speisen sich sowohl aus der Ideologie der traditionellen Rechten wie auch aus einer intelligenten Inspruchnahme der im Namen der ‚Identity-Politics' von rassischen oder sexuellen Minderheiten und Feministinnen in den USA seit den 80er Jahren vorgebrachten Liberalismuskritik. (b) *Wirtschaftsliberalismus*. Der neoliberale Strang des Konservatismus argumentiert strikt libertär. Bereits die klassische politische Ökonomie war national indifferent und plädierte für freien Handel wie für unbeschränkte Immigration. Die strategische Pointe des heutigen wirtschaftsliberalen Bürgerbegriffs besteht darin, daß in dem von Neueinwanderern ausgehenden Druck auf die bestehenden regulierten Arbeitsmärkte ein willkommener Bündnispartner im Abbau des Sozialstaats und der Deregulierung ökologischer Schutzbestimmungen gesehen wird. (c) *Demokratischer Republikanismus*. Die Alternative zur Öffnung ist ein wirtschaftspolitischer Protektionismus, der mit republikanischen Obertönen in die politische Theorie eingeführt wird. Den Spezifika von Kulturen und Nationen wird ein intrinsischer Wert beigemessen. Politische Bürgerrechte wie Bürgerpflichten werden anspruchsvoll formuliert, sind aber an die exklusive Mitgliedschaft in einer politischen Gemeinschaft gekoppelt. (d) *Universalismus*. Angesichts des praktisch-politischen Dilemmas, in das eine simultane Erweiterung der Bürgerrechte in beiden Dimensionen gerät, hat der bürgerrechtliche Universalismus nicht den Status einer echten politischen Option, sondern eher den kontrafaktischen Status eines kritischen Korrektivs. Er entfaltet nur dann politische Kraft, wenn besonders krasse Verstöße gegen seinen Universalisierungsgrundsatz medienwirksam dramatisiert werden.

Übersicht: Bürgerrechtsparadigmen

		qualitative Ausgestaltung	
		sparsam	*anspruchsvoll*
quantitative Reichweite	*exklusiv*	autoritärer Ethnozentrismus	demokratischer Republikanismus
	inklusiv	Wirtschaftsliberalismus	(Universalismus)

---

5 Ich kann hier von Themen wie dem ‚Recht auf informationelle Selbstbestimmung' oder dem ‚Recht auf Kenntnis der eigenen genetischen Konstitution', bei denen es sich um eine Neujustierung anerkannter Rechte im Lichte neuer technischer Moglichkeiten handelt, absehen.

3. Den unterschiedlichen Rechtstypen sind unterschiedliche Ausübungsformen eigen und entsprechend unterschiedliche Korrespondenzen im *Bürgerqualifikationsprofil*. Die disziplinäre Fragmentierung der Diskussion über Bürgerqualifikationen macht es jedoch zu einem schwierigen Unterfangen, den Diskussionsgegenstand eindeutig zu beschreiben. So wird in der Gesellschaftstheorie nach dem funktionalen Status demokratischer Bürgerqualitäten gefragt. Danach haben die bereitgestellten Bürgerrechte ein irreduzibles Pendant in kognitiven, moralischen oder motivationalen Ressourcen der Bürger und man überfordert demokratische Systeme, wenn man glaubt, die soziomoralischen Ressourcen ihrer Bürger nicht besonders pflegen zu müssen. Gegenstand der aktuellen Debatte in der Moralphilosophie ist die Frage nach dem Spannungsverhältnis von liberaler Neutralität einerseits und der staatlichen Förderung bestimmter politischer Tugenden qua obligater Erziehungsziele andererseits. Die Lesefrüchte der begonnenen Spurensicherung des ‚Tugenddiskurses' in der Politischen Ideengeschichte bestehen aus einem bunten Reigen unterschiedlicher Tugendkonzepte und -kataloge, die von explizit politischen Tugenden bis zur kaufmännischen Tugend der nüchternen Kalkulation reichen. Und schließlich befassen sich die Sozialpsychologie und Politische Pädagogik mit praktischen Rezepten zur Einübung bestimmter Staatsbürgerkompetenzen.

Ähnlich wie in der bundesdeutschen Nachkriegspolitologie werden auch heute im Anschluß an die Civil-Society-Debatte und die Kommunitarismus-Diskussion bestimmte Bürgerqualitäten unter Begriffen wie civic virtue, politische Tugend oder (Staats-)Bürgertugend eingeklagt[6]. Grobe Gemeinsamkeiten bestehen unter den Autoren in ihren Negativdiagnosen. Danach zehren egoistische und privatistische Orientierungen die Motivationsbasis bürgerschaftlichen Handelns auf. Uneinigkeit besteht demgegenüber in den positiven Auszeichnungen des Bürgerbegriffs: Darüber, wie tief die Krisendiagnose anzusetzen ist, welchen Status der Tugendbegriff hat, wer der Adressat des Tugenddiskurses ist, was der Katalog der Bürgerqualitäten konkret enthalten soll und mittels welcher erzieherischer oder therapeutischer Maßnahmen diese Qualitäten anzutrainieren sind.

– Bezüglich der Tiefenreichweite der Krisendiagnosen lassen sich schwache und starke Varianten unterscheiden, das ‚Unterforderungs-' und das ‚Fäulnistheorem'. Nach dem Unterforderungstheorem verfügen die Bürger weiterhin über gewisse Tugendqualifikationen, diese kommen aber nicht hinreichend zum Zuge, da das politische Institutionensystem auf die Prämierung egoistischer und privatistischer Orientierungen codiert ist. Besserung bieten in diesem Modell Reformen, die ‚politische Willensschwäche' institutionell überbrücken und tugendgeleitetes Handeln im Sinne eines ‚motivating political morality' (Goodin) erleichtern. Dem Fäulnistheorem zufolge haben die negativen Effekte der Individualisierung den Kernbestand gemeinschaftlicher Orientierungen selbst angegriffen (MacIntyre). Nach der Logik dieses Arguments muß der Reformprozeß – sofern überhaupt noch als möglich angesehen –

---

[6] Viele Motive des ‚Tugenddiskurses' finden sich bereits in der bundesdeutschen Nachkriegspolitologie (vgl. Sternberger 1949; Hennis 1957). Zur neueren angloamerikanischen Diskussion vgl. (mit weiterführenden Literaturhinweisen) Burtt (1993), Slote (1994), Kymlicka/Norman (1995) sowie die Aufsätze in Beiner (1995). Im deutschen Sprachraum vgl. die Beiträge in Hepp (1994) und vor allem die Arbeiten von Herfried Münkler.

tiefer angesetzt werden und auf das Antrainieren von tugendhaften Einstellungen zielen.
- Unterschiedlich positioniert wird zweitens der Status des Tugendbegriffs. Bemühen ihn einige Autoren instrumentell, weil ohne Tugenden die Institutionen der Demokratie nicht überlebensfähig seien, werden Tugenden von anderen Autoren (meist aristotelischer Tradition) als intrinsisch wertvoll angesehen. In der ersten Variante sind politische Tugenden die funktional notwendige Bedingung von Demokratie (Hennis, Münkler), respektive das politische Leben die notwendige Bedingung des guten Lebens (Taylor); in der zweiten Variante ist politische Tugend die Form des guten Lebens selbst (Sternberger, Arendt).
- Uneinheitlich ist ferner, an wen der Tugenddiskurs adressiert ist. Sind es die Bürger, die durch die Klagen periodisch aufgerüttelt werden sollen[7]? Oder richtet sich der Diskurs als Mahnung an Pädagogen, gesellschaftspolitische Multiplikatoren oder die Zunft der Politikwissenschaftler?
- Die Bilder des Idealbürgers sind ebenfalls unterschiedlich schattiert: Der regelkonforme Bürger, der duldsame und zurückhaltende Bürger, der informierte Bürger, der pflichtbewußte Bürger, der verantwortungsvolle Bürger, der vertrauende Bürger, der tolerante Bürger, der partizipationswillige Bürger, der loyale Bürger, der solidarische Bürger, der moralisch inspirierte Bürger, der reflektierende Bürger, der couragierte Burger, der zivilen Ungehorsam oder Widerstand leistende Bürger. Tugend ist in dieser Bedeutungsdimension ein unspezifisch gebrauchter Begriff und umfaßt kognitive, prozedurale und affektive Momente. In der Minimalkonzeption eines John Rawls beispielsweise ist Tugend die Bereitschaft zur Befolgung abstrakter Prinzipien wie Rechtfertigungsbereitschaft, Toleranz und Gerechtigkeitssinn; kommunitaristischen Vorstellungen zufolge bedarf es gemeinsamer Auffassungen der Bürger über eine kollektive und ethisch ausgezeichnete Lebensform (vgl. Forst 1994: 160-171).
- Unübersichtlich muß schließlich auch der Versuch einer Kartographie der unterschiedlichen Wege bleiben, die vorgeschlagen werden, um diese Bürgerqualifikationen einzustudieren, zu animieren oder zu reproduzieren. Die in der Literatur genannten Trainingslager decken eine umfassende Palette ab. Sie reicht vom Alltag in einer ethischen Gemeinschaft, der familiären Erziehung, der schulischen Sozialisation, obligatorischen Gemeinschaftsarbeiten, Militärdienst, Politischer Bildung, der Eigendynamik politischer Beteiligung und dialogischer Praxis, neuen Partizipationsstrukturen bis zum Glauben an Lerneffekte durch marktförmig organisierte politische Institutionen.

2. Demokratische Tugenden

Die geschilderte Bedeutungsvielfalt im Tugenddiskurs ist nicht weiter verwunderlich, wenn man sich vergegenwärtigt, daß der Tugendbegriff in den einschlägigen poli-

---

[7] In diesem Sinne versteht Münkler ein Tugendoptimum als einen submaximalen Zustand, der seine aufrüttelnde Kraft gerade aus dem Vorhandensein von Gefährdungen zieht (Münkler 1992).

tikwissenschaftlichen Lexika nicht vorkommt[8], wie disparat die ideengeschichtliche Auflistung von Tugendbegriffen gerät[9], wie unterschiedlich der disziplinäre Zugang zum Thema ist und auf wieviele zeitdiagnostisch motivierte Fragen der Ruf nach dem ‚Staatsbürger' als geeignete Antwort herhalten soll. Drei Momente aus der Vielfalt der genannten Kompetenzen halte ich zur Systematisierung eines staatsbürgerlichen Qualifikationsprofils für unterscheidungsbedürftig. Ich möchte differenzieren zwischen (1) kognitiven Kompetenzen bezüglich des Inhalts politischer Entscheidungen, (2) prozeduralen Kompetenzen bezüglich der Verfahren politischer Entscheidungsfindung und (3) gemeinsinnorientierten und affektiv verankerten habituellen Dispositionen. Ich schlage vor, den Tugendbegriff allein für das zuletzt genannte Moment zu reservieren.

(1) Als kognitive Kompetenz soll das Verfügen über politische Präferenzlisten, die die formalen Eigenschaften besitzen, sachlich informiert, freiwillig entwickelt, gefestigt, vollständig und transitiv zu sein, bezeichnet werden. In dieser Dimension geht es ausschließlich um die Wissensdimension von Politik und daher macht die Verwendung des Tugendbegriffs wenig Sinn.

(2) Prozedurale Kompetenzen beinhalten zum einen die Kenntnisse und strategischen Fertigkeiten, die notwendig sind, um die eigenen Ziele innerhalb der Regeln des politischen Systems zu verfolgen und zum anderen die Fähigkeit, die Tätigkeit politischer Amtsinhaber nach eigenen Maßstäben zu beurteilen.

(3) Habituelle Dispositionen als dritte Ebene von Bürgerqualifikationen bilden den eigentlichen Kern des Tugenddiskurses. In welchem Maße sind die Bürger bereit, den mit den jeweiligen Bürgerrechten verbundenen Pflichten nachzukommen? Verteidigen sie die Einhaltung liberaler Grundrechte? Nehmen sie die Mühen politischer Partizipation auf sich? Bringen sie die zur Realisierung sozialer Rechte nötige Solidarität auf? In Fragen wie diesen umfaßt der unterstellte „sense of citizenship" (Conover 1995: 134) oder – wofür ich den Begriff im folgenden ausschließlich reservieren möchte – die ‚politische Tugend' Kompetenzen des Bürgers, die folgende Eigenschaften haben: Sie sind gemeinsinnorientiert, affektiv verankert und handlungsmotivierend. Nur wenn alle drei Eigenschaften vorliegen, macht es Sinn, von Tugend zu sprechen. Politische Tugend bedarf somit zum einen der Einstellung von Akteuren, ihr Handeln nicht ausschließlich am Eigeninteresse, sondern an einem ‚Guten', den Zielen einer politisch definierten Gruppe zu orientieren. Man kann nicht für sich allein tugendhaft sein. Tugend ist ein reflexiver Filter, der Akteure nötigt, ihre politischen Präferenzen und Handlungen moralisch oder ethisch zu evaluieren[10]. Zur politischen Tugend gehört desweiteren die nicht-kognitive Verankerung dieser Orientierung. Durch Prak-

---

8 Im deutschsprachigen Raum findet der Tugendbegriff zur Zeit lediglich in philosophiegeschichtlichen und religiösen Lexika Erwähnung. Ein früher Rehabilitationsversuch der Tugend aus christlicher Perspektive, der auch anschlußfähig ist für die Demokratietheorie, findet sich bei Otto Bollnow (1958).
9 Vgl. MacIntyre (1982: 169-250), Münkler (1991), Buchwalter (1992).
10 Tugend ließe sich in dieser Hinsicht auch als eingelebte Meta-Präferenz bezeichnen. Akteure stellen Fragen wie beispielsweise: Möchte ich eine Bürgerin sein, die aus finanziellem Eigeninteresse gegen notwendige umweltpolitische Maßnahmen votiert? Möchte ich ein Burger sein, der ohne genaue Sachkenntnis zu Frage x ein Votum abgibt?

tiken der Übung und Gewöhnung internalisierte Tugenden sind der freien Wahl des Akteurs nur begrenzt zugänglich. Sie sind aber in dem Sinne eine freiwillig erbrachte Leistung, als die Bereitschaft zum tugendhaften Handeln nicht von außen erzwungen, sondern von einer Motivationsquelle im Inneren des Akteurs genötigt wird. Politische Tugend bedarf drittens der Bereitschaft, über das bloße Wissen hinaus, was in einer konkreten Situation gut ist, dieses auch im konkreten Handeln gegen innere und äußere Widerstände zu realisieren[11]. Politische Tugend ist demnach ein komplexer Begriff, der sich von den ersten beiden Komponenten des staatsbürgerlichen Qualifikationsprofils darin unterscheidet, daß eine bestimmte mentale Ausrichtung (auf das Gemeinwohl) mit handlungsmotivierenden Dispositionen untrennbar verwoben ist.

Unterschiedliche politische Systeme bedürfen zu ihrem Erhalt unterschiedlicher Sorten von Tugenden. Demokratische Tugenden können als das Set an gemeinwohlorientierten Einstellungen gefaßt werden, über die eine ausreichende Zahl an Bürgern einer Demokratie in ausreichender Weise verfügen muß. Ein Tugendkatalog für westliche liberal-demokratische Systeme setzt sich aus Tugenden, über die jedes Staatswesen verfügen muß, sowie Tugenden des Liberalismus, des Demokratismus und des Sozialstaats zusammen. Erschwerend kommt hinzu, daß diese Tugenden aufeinander abgestimmt sein müssen. Für demokratische Systeme läßt sich folgender Katalog aufstellen: Als staatliche Gemeinwesen bedürfen sie den Tugenden der Loyalität (als der Bereitschaft, für die Gemeinschaft aller Mitbürger Verantwortung zu übernehmen) und des Mutes (als der Bereitschaft, das Gemeinwesen gegen Bedrohungen zu verteidigen). Als liberale Ordnungen sind sie auf Rechtsgehorsam (auf freiwilliger und daher reflexiver Basis), Kooperationsbereitschaft, Fairneß und Toleranz (der Bereitschaft, ethische Differenzen auszuhalten) angewiesen. In ihrem demokratischen Moment bedürfen sie zusätzlich mindestens der Tugenden der Partizipation (der Bereitschaft, sich an der öffentlichen Diskussion zu beteiligen), der Verantwortlichkeit (der Bereitschaft, politische Entscheidungen vor einem längerfristigen Zeithorizont zu evaluieren) sowie der Argumentation (der Bereitschaft, sich für die eigene Meinung öffentlich zu rechtfertigen). Und in ihrem sozialstaatlichen Moment bedürfen sie der Tugenden des sozialen Gerechtigkeitssinns und der Solidarität.

Mir geht es im folgenden nicht darum, ob der skizzierte liberal-demokratische Tugendkatalog hinreichend, zu weit oder in allen Punkten konsistent gefaßt ist, auch wenn solche Gesichtspunkte für eine normative Theorie des Bürgers eine zentrale (aber in der Literatur nur stiefmütterlich behandelte[12]) Bedeutung haben. Mir geht es statt dessen um den demokratietheoretischen Umgang mit solchen oder ähnlichen Tugendanforderungen. Einmal unterstellt, daß der genannte Katalog zumindest einige der wesentlichen demokratischen Tugenden enthält: Wie gehen normative Demokra-

---

11 Vgl. in diesem Zusammenhang Nunner-Winklers Unterscheidung zwischen „moralischem Wissen" und „moralischer Motivation" als zwei voneinander unabhängige Momente von Moral (Nunner-Winkler 1994: 130-135).

12 Kommunitaristische Autoren nehmen zusätzliche gemeinschaftliche Momente auf. Ein engerer Tugendkatalog findet sich bei den liberalen Theoretikern Galston (1988), Macedo (1990) und Rawls (1992: 378f.). Instruktiv in diesem Zusammenhang ist Rainer Forsts Unterscheidung zwischen liberalen, dialogischen und gemeinschaftlichen Tugenden (Forst 1994: 179). Wellmer spricht zwar explizit von der Notwendigkeit deliberativer Tugenden, umreißt diese aber nur grob (Wellmer 1994: 187).

tietheorien mit dem naheliegenden Verdacht um, daß es sich bei den demokratischen Tugenden um eine anspruchsvolle, schutzbedürftige und knappe Ressource handelt? Eine klassische Reaktion auf diesen Verdacht lautet ‚staatsbürgerliche Erziehung' und wird sogar von der dem Neutralitätsgebot verpflichteten liberalen Sozialphilosophie verteidigt[13]. Doch was hat zu geschehen, wenn man sich nicht allein auf das pädagogische Auftanken der staatsbürgerlichen Batterien verlassen will? Demokratietheorien unterscheiden sich gar nicht so sehr in dem Grad der an den Bürger abstrakt herangetragenen Kompetenzzumutung, sondern mehr darin, welche Rolle den beiden anderen Momenten des demokratietheoretischen Dreiecks, den Bürgerrechten und den Institutionen, vor dem Hintergrund dieser Problemperspektive zukommt. In der politischen Ideengeschichte findet sich diese Sorge in die Frage übersetzt, was zu tun sei, wenn es an handlungsmotivierenden Tugenden (im oben von mir definierten Sinne als nicht-kognitiv verankerter Gemeinsinn) mangele. Wenn ich recht sehe, lassen sich in der neueren Demokratietheorie vier dominante Beziehungsmuster zwischen Bürgerrechten, Bürgerqualifikationen und institutioneller Ordnung als Reaktion darauf unterscheiden. Im Kern finden sich diese Antworten schon in der amerikanischen Verfassungsdebatte von 1787-91.

*3. Die Antworten auf die Tugendfrage
in der amerikanischen Verfassungsdebatte 1787-91*

Es ist eine Ironie der politischen Ideengeschichte, daß die uns bekannten antiken Quellen, in denen geklagt wird, daß die Bürger den Anforderungen der Demokratie nicht gewachsen seien, älter sind als die ersten uns bekannten affirmativen Demokratietheorien. Der Verdacht, daß eine demokratische Ordnung über kein eigenstabilisierendes Potential verfüge, zieht sich wie ein roter Faden auch durch die republikanische Tradition Italiens und Englands und stand wie selbstverständlich Pate bei den Gründungsdebatten der ersten modernen Flächenstaatsdemokratie, den USA. Ausgangspunkt der amerikanischen Überlegungen war das Dilemma, daß man einerseits von Montesquieu wußte, daß von allen Staatsformen die Demokratie die höchsten Tugendanforderungen an die Bürger stellt, man andererseits im Alltag aber schmerzlich gewahr wurde, daß diese Anforderungen den Menschen tendenziell zu überfordern drohten. Auch wenn die damalige inhaltliche Auslegung dessen, was unter Bürgertugend zu verstehen ist, in manchen Punkten von dem im letzten Abschnitt skizzierten liberal-demokratischen Tugendkatalog abweicht, so ist ein Blick auf die damaligen inneramerikanischen Kontroversen doch von systematischem Wert. Die amerikanische Kontroverse eröffnet die verschiedenen Optionen, wie sich das ideale Zusammenspiel der drei Elemente des demokratietheoretischen Dreiecks angesichts der Knappheit der Ressource Tugend konzipieren läßt.
Das Selbstverständnis der amerikanischen Revolutionäre war von ihrer Abscheu gegenüber der politischen Korruption im englischen Mutterland geprägt. Korruption war der negative Gegenbegriff zur Bürgertugend. Aus ihrer Sicht hatte England - für lange Zeit die letzte verbliebene Hochburg der einst verbreiteten freien ‚gothischen

---

[13] Vgl. Macedo (1990), Andrews (1990), Galston (1995) und Gutman (1995).

Institutionen' – ebenfalls den Weg in eine korrupte ‚orientalische Despotie' angetreten. Die Kolonien mußten sich im Interesse des Erhalts der politischen Freiheit vom Mutterland abkoppeln. Die Praxis des Stimmenkaufs bei den englischen Wahlen war für sie das schlagendste Beispiel politischer Korruption. „Liberty", so klagte John Adams, könne nicht existieren in einem Land wo „both, electors and elected have become one mass of corruption"[14]. Es herrsche eine Verkehrung der politischen Einflußströme: Ein nach Despotie gierender König kaufte seine Minister, diese bestächen die Parlamentsmitglieder, und diese wiederum kauften ihre Wähler. Doch noch sei es auf dieser Seite des Atlantiks nicht so weit gekommen, noch bestehe hier Hoffnung für ein Wiederaufleben der gothischen Freiheit. Wie kann die neue Republik auf Dauer gestellt und von den Versuchungen der Korruption freigehalten werden?

Die damalige Wahlrechtsdebatte ist besonders geeignet, die Bandbreite der Optionen innerhalb des demokratietheoretischen Dreiecks zu illustrieren. Im Zuge der Revolution entstand in Nordamerika zunächst ab 1776 auf Einzelstaatsebene und schließlich 1788 mit der Verfassung der USA ein eigenständiges Wahlsystem, für das es wohl in seinen Einzelelementen europäische Vorbilder gab, nicht aber in der schließlich erreichten Kombination. Aus Perspektive des ehemaligen englischen Mutterlandes betrafen die Veränderungen drei Kernbestandteile des Wahlrechts: ‚gerechte' Repräsentation, Ausweitung des Elektorats, sowie fixe und häufigere Wahltermine. Die Angst vor Korrosion der neuen politischen Ordnung durch die ‚englische Krankheit', die Korruption, erklärt die Erbitterung, mit der in der Ratifizierungsphase um den Verfassungsentwurf von Philadelphia gerungen wurde. Zu unterschiedlich waren die Vorstellungen von Bürgerrechten und Bürgerpflichten und die institutionellen Vorschläge der Beteiligten, mit denen sie die Korruptionsgefahr eindämmen wollten. John Adams Plädoyer für eine Monarchie illustriert, daß beileibe nicht alle der damaligen Verfassungsvorschläge auf die demokratische Option hin orientiert waren. Doch auch wenn Adams Vorbehalte eine in der revolutionären Oberschicht weit verbreitete Sorge zum Ausdruck brachten, seine in eine Elite gesetzte Hoffnung mochte nach den Erfahrungen mit der englischen Aristokratie nicht einmal mehr in Virginia voll zu überzeugen. Statt dessen versuchte man, das Zusammenspiel von Bürgerrechten, Bürgertugenden und institutionellen Arrangements neu zu organisieren. Folgende vier Optionen lassen sich unterscheiden:

(a) *Entlastung.* Trotz aller Sympathien, die Alexander Hamilton für politische Eliten hatte, waren sie seiner Meinung nach ebenfalls anfällig für die englische Krankheit. Seine Lösung des Korruptionsproblems bestand in der Einrichtung so komplexer Verfahren, daß Korruptionsversuche sich nicht entfalten konnten. Ein Beispiel gibt seine Begründung für den komplizierten Wahlmodus des Präsidenten. Das in der Verfassung vorgesehene Procedere bestand aus drei Filtermechanismen. Erstens sollte die Wahl indirekt erfolgen, um so der Einflußnahme ausländischer Mächte auf die Wählerschaft entzogen zu werden. Zweitens war Mitgliedern bestehender Repräsentativkörperschaften die Mitgliedschaft im Wahlmännergremium versagt. Die Verfassungsväter „have not made the appointment of the president to depend on pre-existing bodies of men who might be tampered ... to prostitute their votes"[15]. Um die Unab-

---
14 John Adams, Works IV: 54f.
15 Alexander Hamilton, Federalist LXVIII.

hangigkeit der Wahlmänner vor dem Druck der Straße zu sichern, sollten sie die Abstimmung schließlich nicht gemeinsam, sondern nur auf Einzelstaatsebene durchführen. Die Logik des Modells von Hamilton nimmt nicht an, daß die Bürger oder ihre Repräsentanten gegen Korruption gefeit sind; doch die Wahrscheinlichkeit, daß die Korruption erfolgreich ist, wird durch die Komplexität des Wahlverfahrens gebannt. Das politische System ist offen für die Rezeption unterschiedlicher Präferenzartikulationen. Die Bürger sind von Tugenderwartungen entlastet und Tugenddefizite werden durch ein ausgetüfteltes System der checks and balances institutionell überbrückt.

(b) *Identifikation*. Die Anti-Federalisten befürchteten, daß die geplante neue Ordnung der englischen Krankheit nicht ausreichend widerstehen könne. Die beiden anti-federalistischen Argumente gegen die Wahlrechtsbestimmungen des Verfassungsentwurfes faßt ein von „Cato" geschriebener Artikel vom November 1787 zusammen: die Wahlen würden zu selten abgehalten und der Abstand zwischen Wählern und Gewählten sei zu groß[16]. Er warnte, „if you adopt this government, you will incline to an arbitrary and obvious aristocracy or monarchy"[17]. Der neue Staat sei zu groß, um demokratisch regiert werden zu können. Es müsse zwangsläufig zu politischer Entfremdung kommen. Patrick Henry, Gegenspieler von James Madison auf dem Ratifizierungskonvent in Virginia, prognostizierte, daß die großen Wahlbezirke zu einer Manipulation der Wähler führen würden. In großen Wahlbezirken kenne der Wähler die Kandidaten kaum, wisse nicht für wen er aus echter Überzeugung stimmen solle und sei so den Eingebungen und Einflüssen der sozial Mächtigeren hilflos ausgeliefert. Große Wahlbezirke „destroy that connection that ought to subsist between the electors and the elected. ... The people will not be aquainted with the candidates. They must therefore be directed in the elections by those who know them. So that instead of a confidential connection between the electors and the elected ... [a] common man must ask a man of influence how he is to proceed and for whom he must vote"[18]. Ein ähnlicher Einwand wurde mit der Begründung, der Wähler habe das Recht auf möglichst häufige Neuartikulation, gegen die in der Verfassung vorgesehenen längeren Amtszeiten erhoben. Beiden Einwänden lag die Erwartung zugrunde, daß Bürger, die sich mit der politischen Gemeinschaft identifizieren, in hoher Zahl partizipieren wollen. Extensive politische Bürgerrechte korrespondierten mit hoher Tugenderwartung. Doch dieser Zusammenhang bedürfe der Pflege durch geeignete institutionelle Kontexte. Um Partizipation zu animieren und zu reproduzieren dürfe das politische System eine überschaubare, durchlässige und vor allem identitätsstiftende Größe nicht überschreiten.

---

16 „The most general objections to the first article are that biennial elections for representatives are a departure from the safe democratic principle of annual ones – that the number of representatives are too few; that the appointment and principles of increase are unjust; ... that the mode in which they are appointed and their duration, will lead to the establishment of an aristocracy" (Cato V im New York Journal vom 22. November 1787. Zitiert nach dem Abdruck in Bailyn 1993,I, 401. Der Autor ist George Clinton, Governor von New York.).
17 Cato V im New York Journal vom 22. November 1787. Zitiert nach dem Abdruck in Bailyn 1993,I, 399.
18 Patrick Henry, Rede auf der Virginia Convention am 12. Juni 1788. Zitiert nach dem Abdruck der Rede in Bailyn 1993,II, 682.

(c) *Selektion*. James Madison ist vor allem als Autor der Federalist Papers No. X und LI bekannt, in denen der checks-and-balances Gedanke seine klassische Formulierung fand. In der Auseinandersetzung mit Noah Webster, einem Kritiker der Verfassung, findet sich noch eine weitere Argumentationsfigur. Der Verfassungsentwurf von Philadelphia hatte weder für die Zahl der Wahlberechtigten noch für die technische Ausgestaltung des Wahlmodus Festlegungen vorgenommen, da die Einzelstaaten sich nicht hatten einigen können[19]. Diese Zurückhaltung rief die Kritik von Noah Webster auf den Plan. Er fürchtete Wahlbetrug und Stimmenkauf, wenn keine verfassungsmäßige Barriere gegen eine zukünftige Ausweitung des Stimmrechts errichtet werde. Die Brutstätte der Gefahren für die Demokratie sah er in den Städten[20]. Er schlug eine Einschränkung des Wahlrechts vor, die diejenigen von den politischen Bürgerrechten ausschließen sollte, die aufgrund ihrer sozialen Situation am anfälligsten für Korruption seien[21]. James Madison stimmte Websters soziologischer Perspektive im Ansatz zu, beschrieb die Abhängigkeiten aber genau umgekehrt. Nicht das urbane Leben, sondern das Land sei der Hort von Abhängigkeit und Korruption. Mit Blick auf England argumentierte er auf der Constitutional Convention von Virginia: „Who are the most corrupt members in Parliament? Are they not the inhabitants of small towns and districts? The supporters of liberty are from the great counties. Have we not seen that the Representatives of the City of London, who are chosen by such thousand of voters, have continually studied and supported the liberties of the people, and opposed the corruption of the crown?"[22]. Madison wollte keinen Ausschluß der Landbevölkerung, sondern lediglich eine Privilegierung der Städte. Als geeignetstes Mittel sah er eine entsprechende Zuschneidung von Wahldistrikten, die die Macht der Landbevölkerung brechen sollte. Davon ausgehend, daß Bürgerqualifikationen in der Bevölkerung unterschiedlich verteilt seien, optierte Madison für einen selektiven Institutionalismus. Das Wahlsystem sollte als Selektionsleistung den Einfluß von Wählern, die in demokratieabträglichen sozialen Kontexten lebten, möglichst minimieren, ohne ihnen aber die politischen Bürgerrechte offen abzusprechen.

(d) *Distribution*. Thomas Jefferson konzipierte das Verhältnis von politischen Institutionen und sozialen Verhältnissen in seinen Vorschlägen zur Verfassungsreform nach anderen Prioritäten als Madison. Zwei Güter mußten für alle bereitgestellt werden, um eine demokratische Republik zu ermöglichen: Wissen und Eigentum. Die Vergabe des Wissens sollte über politische Erziehung erfolgen und veranlaßte Jefferson, die

---

19 Vgl. Madisons posthum veröffentliche Mitschrift der Verhandlungen in Philadelphia vom 7. August 1787, in: The Debates in the Federal Convention of 1787. Reported by James Madison. Ed. by Gaillard Hunt und James B. Scott. New York 1920, 351-355.
20 „But in the large towns of America, there is more danger. A master of a vessel may put his votes in the hands of his crew, for the purpose of carrying an election for a party." (Noah Webster in einer Flugschrift in Philadelphia vom 17. Oktober 1787. Zitiert nach dem Abdruck in Bailyn 1993,I, 129).
21 „It is said by some, that no property should be required as a qualification for an elector. ... Remark that in most free governments, some property has been thought requisite; to prevent corruption and secure government from the influence of an unprincipled multitude." (Noah Webster in einer Flugschrift in Philadelphia vom 17. Oktober 1787. Zitiert nach dem Abdruck in Bailyn 1993,I, 129).
22 James Madison, Rede auf der Virginia Convention am 11. Juni 1788. Zitiert nach dem Abdruck der Rede in Bailyn 1993,II, 608.

allgemeine Schulpflicht mit Politikunterricht in seine Verfassungsvorschläge aufzunehmen[23]. Eigentum war die zweite Bedingung. Jefferson plädierte mit führenden Radikalen wie James Burgh für die Beibehaltung einer Eigentumsklausel für das Wahlrecht. Die Klausel entstammte der Sorge, daß der eigentumslose Bürger der Korruption hilflos ausgeliefert sei[24]. Das Idealbild war das des „equally free and independent" Wählers, und Eigentum würde ihn dazu machen. Wurde die Eigentumsklausel in den ersten Verfassungen der Staaten New York und Massachusetts verwandt, um das Elektorat zu verringern, hatte Jeffersons Argument eine Pointe, die späteren sozialistischen Demokratietheorien vorgreift. Jefferson kehrte die Beziehung zwischen Stimmrecht und Eigentum um und war insofern radikaler als diejenigen seiner Zeitgenossen, die jede Eigentumsqualifikation abschaffen wollten: da Eigentum nötig sei, so sein Vorschlag für das neue Virginia von 1776, müsse jedem Bürger vom Staat fünfzig acres Land zugeteilt werden, um ihn gleichsam demokratiefähig zu machen[25]. Um Bürgertugenden entfalten zu können, bedurfte es dieser Argumentation zufolge einer Ausweitung der Bürgerrechte in die soziale Dimension.

Die vier skizzierten Argumentationen bestehen also aus ganz unterschiedlichen Kompositionsvorschlägen mit den Elementen Bürgerrechte, Bürgertugenden und Institutionen. Hamiltons Entlastungsstrategie stellte an Bürger wie Eliten höchst sparsame Tugenderwartungen und erhoffte sich damit die Neutralisierung und Herausfilterung negativer Einflüsse durch kunstvoll arrangierte institutionelle Designs auf Basis liberaler Freiheitsrechte. Die Antifederalisten diagnostizierten als Grundübel der neuen Verfassungsordnung seine Größe und Komplexität und forderten einen Rückbau des politischen Systems auf kleinformatige, überschaubare und vor allem identitätsstiftende Einheiten. Madison postulierte einen Zusammenhang zwischen Urbanität und Demokratie und wollte das politische Institutionensystem auf die selektive Optimierung des Einflußes demokratieaffiner sozialer Akteure ausrichten. Jefferson schließlich drehte das Verhältnis zwischen sozioökonomischen Bedingungen und Demokratie um. Wenn die erfolgreiche Wahrnehmung politischer Rechte an bestimmte soziale Voraussetzungen geknüpft ist, dann muß das Verständnis von Bürgerrechten entsprechend in die soziale Dimension ausgeweitet werden. Die Implementierung einer bestimmten Sorte von nicht-politischen Possessivrechten (auf Wissen und Eigentum) wird so zur sine qua non der eigentlich politischen Rechte.

4. *Zwischen Autopilot und Autonomie:*
   Bürgertugend im Gefüge moderner Demokratietheorien

Tugend lädt zur Fehlbeobachtung ein. Die kollektiven Wohlfahrtsgewinne einer politischen Gemeinschaft tugendhaft kooperierender Bürger gelten als empirisch unbestritten (vgl. Putnam 1993). Unbestritten ist auch, daß die Tugend (im oben von mir

---

23 Zur Erziehungstheorie Jeffersons vgl. Pangle (1992: 169ff.).
24 „For poor, shiftless spendthrifty men and inconsiderate youngsters that have no property are cheap bought" (James Burgh, zit. nach Wood 1969: 168).
25 Siehe Jeffersons Verfassungsentwurf von 1776, in: Papers of Thomas Jefferson, Herausgegeben von Julian P. Boyd. Princeton 1950-82. Volume 1,362.

definierten Sinne als nicht-kognitiv verankerter Gemeinsinn) eine kurze Halbwertzeit hat und der gegenseitige Vertrauensvorschuß in kurzer Zeit in Negativzirkeln aufgebraucht werden kann, wenn es nicht gelingt, Tugend zu reproduzieren. Schwierig aber wird es, wenn man das Vorhandensein von Tugend konkret messen will. So ist beispielsweise unklar, ob die im medialen Sommerloch 1995 skandalisierte Korruption wirklich auf ein Weniger an Tugend zurückzuführen ist, oder ob umgekehrt ein Mehr an Tugendansprüchen dazu verleitet, sich über vormals für eher normal gehaltene Zustände zu empören.

Im Umgang mit der Tatsache, daß Tugend eine ebenso schwer faßbare wie knappe und schutzbedürftige Ressource ist, geben die vier im Zuge der Gründung der USA verfochtenen Modelle zwar auch heute noch den Rahmen der demokratietheoretischen Diskussion ab, gewisse Erschöpfungen sind aber allen Modellen eigen. Ich möchte in diesem Abschnitt des Beitrages zunächst einige Probleme auflisten, die sich aus den Modernisierungen im Inventar der vier demokratietheoretischen Optionen ergeben (1). Im zweiten Schritt wird dann aufgezeigt, warum das Thema des Tugenddiskurses heute keineswegs gegenstandslos geworden ist. Der Tugendkomponente (im oben von mir definierten Sinne) kommt im Profil der Bürgerqualifikationen der exponierte Status einer Bedingung der Möglichkeit zur Ausbildung von politischen Präferenzen zu. Zeigen läßt sich dieser Zusammenhang anhand der Zuspitzungen der Entlastungsoption, wie sie von neueren Rational-Choice-Theorien vorgenommen werden. Deren Ziel ist es, auf gemeinsinorientierte Einstellungen ganz zu verzichten und das politische System auf ‚Autopilot' zu programmieren. Letztlich höhlen sie damit aber auch die kognitiven und prozeduralen Komponenten der Bürgerqualitäten aus (2). Drittens mochte ich dann im Nachvollzug einer Argumentation von Joseph A. Schumpeter, also gewissermaßen dem ‚Großvater' heutiger Rational-Choice- Anhänger, darlegen, warum politische Präferenzen das Prädikat ‚Autonomie' nicht von vorneherein verdienen (3). Und viertens werden schließlich die sich daraus für die normative Demokratietheorie ergebenden Konsequenzen unter der Formel ‚demokratischer Präferenzinterventionismus' skizziert. Demokratie erfüllt sich danach nicht im Respektieren hervorgebrachter Präferenzen, sondern zielt auf die Hervorbringung respektierbarer Praferenzen.

1. Von den erwähnten Erschöpfungen am härtesten betroffen ist die *Selektionsoption*. Vorschläge, politische Bürgerrechte an eine bestimmte Klassenzugehörigkeit, die Intensität politischer Präferenzen, an eine (wie auch immer nachzuweisende) Gemeinwohlorientierung oder auch nur an minimale politische Kenntnisse zu knüpfen, verbieten sich vor dem Hintergrund des Postulats demokratischer Gleichheit. Nur wenig besser steht es um die *Distributionsoption*. Der Wohlfahrtsstaat läßt sich nicht allein auf dem Versicherungsmodell begründen, sondern benötigt internalisierte moralische Verpflichtungen seiner Bürger. Es ist ein paradoxes Ergebnis wohlfahrtsstaatlicher Politik, daß sie mit ihrem Erfolg genau diese moralische Kompetenzen unterminiert (Goodin 1993a). Wo die Distributionsoption mit der Erwartung begründet wurde, kompetente Bürger zu schaffen, muß sie sich mit den ambivalenten Effekten des Wohlfahrtsstaates auf die politischen Kompetenzen konfrontieren lassen. Folgt man den linken Selbstkritiken, so hat der Sozialstaat zwar mehr soziale Gerechtigkeit, zugleich aber auch staatsbürgerlichen Privatismus und Einordnung in klientelistische

Abhängigkeitsverhältnisse geschaffen[26]. Die auf eine Neuformulierung der Distributionsoption zielenden Überlegungen einer Art ‚partizipatorischen Wohlfahrt' sind noch zu vage, um die konzeptionelle Erschöpfung der Distributionsoption überzeugend zu dementieren.

Anderer Art sind die Einwände, die sich gegen die *Identifikationsstrategie* des modernen Republikanismus, die auf den Umbau des politischen Systems auf politische Gemeinschaften zielt, erheben lassen. Gegen die angebliche motivationale Leere des Liberalismus insistiert der moderne Republikanismus auf der Konzeption eines substantiierten Gutes (MacIntyre), das für alle Mitglieder einer politischen Gemeinschaft identitätsstiftend sein soll und handelt sich damit den Vorwurf nicht einlösbarer Begründungslasten ein. Die zivilhumanistischen Autoren dieser Gruppe (Beiner) gehen von einem intrinsischen Bürgerbegriff aus, demzufolge politische Beteiligung die höchste (oder doch eine unabdingbare) Form des menschlichen Lebens ist. Politik wird als Reflexionsmedium eines sittlichen Lebenszusammenhanges verstanden. In dieser Variante handelt sich der Republikanismus den Vorwurf einer ethischen Engführung politischer Diskurse ein. Die Vertreter der partizipatorischen Demokratie verfechten die These einer Art demokratischer Selbstbefruchtung (Barber). Danach ist die Demokratie ein Prozeß, welcher die Tugenden der Demokratie selbst immer wieder hervorbringt. Die beste Kur gegen die Probleme der Demokratie besteht in mehr Demokratie – eine These, die aus sozialpsychologischer Sicht zumindest als riskant angesehen werden muß.

2. Die von Rational-Choice-Theorien[27] vertretenen neueren Varianten der *Entlastungsoption* sind insofern eine ausführlichere Erörterung wert, als sie die Logik des Interessendiskurses bis zu einem Punkt durchbuchstabiert haben, an dem der Tugendbegriff restlos substituiert werden soll. Vor dem Hintergrund von Theorien der ‚rent-seeking-society' (Buchanan), der notwendigen Verzerrung von Präferenzen im demokratischen Aggregationsprozeß (Riker), der Tendenz der Ausbildung irrationaler Präferenzen bei Fragen mit längerem Zeithorizont (Brennan/Buchanan) und den asymmetrischen Durchsetzungseffekten der Logik kollektiven Handelns (Olson) ist der demokratische Prozeß der checks and balances in dieser Sicht sowohl in der kognitiven wie in der prozeduralen Dimension so weit diskreditiert, daß die Suche nach radikaleren Substitutionsalternativen eingesetzt hat. Das Plädoyer der ökonomischen Theorie der Demokratie zielt im Kern darauf, den Spielraum demokratischer Herrschaft möglichst weit einzuengen. Dies soll entweder dadurch geschehen, daß Entscheidungen qua Deregulierung dem Markt übergeben werden, oder daß sie dem Handlungsrahmen des parlamentarischen Gesetzgebers dadurch entzogen werden, daß sie in die Verfassung aufgenommen werden. Dieser als ‚Autopilot' bezeichenbare Ansatz wird vor allem in finanzpolitischen Fragen verfochten und ist in der Verfassungspraxis einiger amerikanischer Einzelstaaten recht weit gediehen[28].

---

26 Vgl. Offe/Preuß (1991: 160ff.), Kymlicka/Norman (1995: 288-291). Aus dieser Kritik muß keine Ablehnung des Sozialstaatsgedankens folgen, sondern zunächst lediglich eine bescheidenere Erwartung bezüglich der demokratiefördernden Effekte sozialstaatlicher Politik.
27 Im folgenden werden die Bezeichnungen ‚Rational Choice', ‚Public Choice', ‚Neue Politische Okonomie' und ‚Ökonomische Theorie der Politik' als Synonyme verwendet.
28 Am weitestgehenden ist dieser Prozeß in Kalifornien vorangeschritten, wo nach einer Reihe

Rational Choice verschärft die Entlastungsoption bis zu dem Punkt, an dem sie Tugend restlos zu substituieren können glaubt. Rational Choice manövriert sich dadurch in ein paradoxes Verhältnis zu politischen Institutionen. Einerseits gibt es keinen Ansatz in der modernen politischen Theorie, der so nachdrücklich auf soziale Dilemmata hingewiesen und die Notwendigkeit ihrer Lösung qua Institutionen betont hat. Andererseits liefert Rational Choice selbst die stärksten Argumente für die These, daß eine solche institutionell geregelte Kooperation nicht zustande kommen wird. Denn selbst wenn alle Akteure einsehen, daß ein Regelsystem gebaut oder umgebaut werden muß, wird kein Akteur die Mühen und Kosten dafür übernehmen wollen. Um reine öffentliche Güter zu produzieren, bedarf es institutioneller Regelmechanismen, deren Erstellung selbst wieder der Produktionslogik reiner öffentlicher Güter unterliegt. Die spieltheoretische Radikalisierung hat den Interessendiskurs in ein ‚Substitionsdilemma' manövriert, aus dem Rational Choice Autoren nur um den Preis theoretischer Inkonsistenzen herauskommen: Auch Rational Choice muß auf das Vorliegen mindestens schwacher Tugendressourcen bauen können[29]. Die Brisanz von Rational-Choice-Theorien liegt deshalb auch an einem anderem Punkt. Sie zeigen auf, daß bei politischen Fragen minimale Tugendannahmen eine notwendige Voraussetzung für die Ausbildung von kognitiven und prozeduralen Akteurskompetenzen sind. Akteure, die ohne jede gemeinsinnige Orientierung agieren, schaffen Politik ab – selbst im eng definierten Sinne der Herstellung purer öffentlicher Güter. Noch unter unwahrscheinlichen Annahmen bezüglich der Größe der Spielerzahl und der Häufigkeit von Wiederholungsspielen ist die Ausbildung von politischen Präferenzen informationskostenökonomisch genauso ‚irrational' wie die Beteiligung an politischen Aggregationsprozessen. Nur wenn ein Mindestmaß an gemeinschaftlicher Orientierung – oder, in die Sprache von Rational Choice übersetzt: irrationaler Kooperationsbereitschaft – vorhanden ist, wird Politik überhaupt erst möglich.

3. Die kognitive Leere politischer Präferenzen im Modell des nutzenkalkulierenden Akteurs läßt sich bereits bei Joseph A. Schumpeter finden (Schumpeter 1942: 407-420). Schumpeter zufolge „fällt der typische Bürger auf eine tiefere Stufe der gedanklichen Leistung, sobald er das politische Gebiet betritt" (ebd.: 416). Seine Argumentation läßt sich in vier Schritten rekonstruieren. Schumpeter setzt ein mit der sparsamen Rationalitätsdefinition, wie wir sie von Rational Choice kennen. Danach verfolgen Akteure im Privatleben wie in der Politik Ziele und Interessen, über deren materiale Rationalität dem Beobachter kein kritisches Urteil zusteht. Beurteilen läßt sich allein die formale Rationalität von Willensäußerungen, für die er einen gewissen Grad an Festigkeit, Informiertheit und logischer Konsistenz verlangt. Schumpeter unterscheidet dann im zweiten Schritt die soziale Umwelt, in der Akteure zur rationalen Willensartikulation von Handlungsoptionen fähig sind, anhand der Kriterien Häufigkeit und Nähe/Ferne.

---

von Verfassungsreformen in den Jahren 1978-1990 für Budget- und Steuergesetze so komplizierte Supermajoritäten notwendig sind, daß die Tagespolitik faktisch keinen finanzpolitischen Spielraum mehr hat. Auf nationaler Ebene wird diese Politik vertreten mit der Forderung nach einem ‚Balanced-Budget-Amendment'.

29 Die verbliebene Tugend-Residualhoffnung der Konstitutionellen Ökonomie liest sich bei Brennan/Buchanan so, daß „bei echten Verfassungsentscheidungen der Bürger durchaus bereit ist, im Einklang mit einem von allen geteilten Normenverständnis zu handeln" (Brennan/Buchanan 1993: 194).

Je häufiger und uns näher eine Entscheidungssituation gelagert ist, desto wahrscheinlicher ist es, daß wir rationale Handlungspräferenzen ausbilden. Die Wahrscheinlichkeit von rationalen Willensaußerungen ist höher, wenn sich die Entscheidungssituation wiederholt, also Lernen durch trial and error möglich ist, und wenn der Entscheidungsgegenstand dem Akteur vertraut ist. Entsprechend vermutet Schumpeter, drittens, die höchste formale Rationalität bei sich wiederholenden Entscheidungen des privaten Konsums, etwa beim Kauf von Nahrungsmitteln. Demgegenüber haben politische Entscheidungen die geringste Rationaltätsvermutung. Typisch für politische Fragen ist, daß sie sich neu stellen, daß sie Themen betreffen, die außerhalb der Erfahrungswelt des Bürgers liegen[30], und daß die Resultate politischer Entscheidungen nur sehr bedingt evaluationsfähig sind. Dies antizipierend, so der vierte Argumentationsschritt Schumpeters, verwendet der Bürger „auf die Meisterung eines politischen Problems weniger disziplinierte Anstrengung als auf ein Bridgespiel" (ebd.: 415). Der Bürger verfügt auf diese Weise nur über einen „reduzierten Wirklichkeitssinn" (ebd.: 415) bezüglich der meisten politischen Fragen und eine kognitiv unterbestimmte Rationalität, die ihn auf eine Weise argumentieren und analysieren läßt, „die er innerhalb seiner wirklichen Interessen bereitwillig als infantil ansehen würde" (ebd.: 416). Dies fuhrt im Ergebnis dazu, daß bezüglich vieler politischer Fragen faktisch ein „Fehlen wirklicher Willensäußerungen" (ebd.: 415) konstatiert werden muß. In der Politik gibt es keine Autonomie bei der Willensbildung des Bürgers. Statt dessen sind die Bürger anfällig für auf Affekte zielende Manipulation und entwickeln bestenfalls einen „fabrizierten Willen" (ebd.: 418).

Schumpeters Argumentation läßt sich parallel für das prozedurale Moment der Bürgerqualität durchführen[31]. Folgt man Rational Choice, so muß der Spieler mindestens über Strategiekompetenz verfügen. Problematisch wird diese Annahme dann, wenn sich zeigen läßt, daß der zweckrationale Akteur in dem Augenblick, wo er die Maßstäbe seiner Zweckrationalität konsequent auf sein eigenes Verhalten anwendet, genau die Qualifikation verliert, die ihn zu einem rationalen Spieler macht. Der rationale Spieler weiß, daß die notwendigen Informationen, um die Struktur eines politischen Spiels richtig zu beschreiben, erstens Kosten verursachen und er zweitens nie vor der Situation eines dem Prisoner Dilemma analogen ‚information-dilemma' (Keck) gefeit ist. Die suboptimale Beschaffung von Information bringt den rationalen Spieler bereits bei der Beurteilung der Fragen was für ein Spieltypus vorliegt und welche Spielstrategie den besten Ertrag ergibt, in eine Position, in der er für Irrationalitäten hochgradig anfällig ist. Tugend im Sinne der Bereitschaft zur politischen Beteiligung und Informationsbeschaffung sowie dazu, den formalen Regeln politisch toleranter Kommunikation und gegenseitigen Respekts zu folgen[32] ist notwendig, wenn das n-Personen-Superspiel namens Demokratie beginnen und am weiterlaufen gehalten werden soll. Paradoxerweise sind die Zumutungen von Rational Choice an den Bürger noch heroischer, als die der klassischen Bürgertugendkonzepte. Mit Rational Choice muß

---

30 Schumpeter nennt als Beispiel die internationale Politik. Ein anderes Beispiel wären die ökologischen Langzeitfolgen politischer Entscheidungen.
31 Zum folgenden Argument vgl. ausführlicher Buchstein (1992: 124f.).
32 Empirische Studien über die Motivation zur Wahlbeteiligung besagen, daß der Einflußfaktor „internalisierte Wahlnorm" die größte Erklärungskraft bietet (vgl. zuletzt Rattinger/ Krämer 1995).

konstatiert werden, daß der Bürger keine Präferenzkompetenz für politisch relevante Fragen ausbildet. Systematisch gesehen gibt es auf diesen Befund drei mögliche Reaktionen. Erstens (a) die Postulierung eines Bürgers, der sich der Schumpeterschen Logik entziehen soll. Derartige Appelle stoßen aber auf eng gezogene Grenzen, weil Schumpeter von einer nur geringen Evaluationsfähigkeit von Politik ausgeht[33]. Eine weitere Strategie (b) besteht in dem von Schumpeter unternommenen Versuch der Anpassung des politischen Institutionensystems an die begrenzten Präferenzkompetenzen der Bürger. Schumpeters Demokratietheorie besteht bekanntlich in einer sich der periodischen Stimmenkonkurrenz ausliefernden Elitenherrschaft. Die Überzeugungskraft dieser Antwort sieht sich indes mit mehreren Einwänden konfrontiert: Zunächst kann Schumpeter nicht plausibel machen, warum die Angehörigen der politischen Eliten über die Fähigkeit hinaus, sich im politischen Spiel halten zu können, bezüglich der kognitiven Komponente politischer Entscheidungen über einen Rationalitätsvorsprung verfügen sollen. Vielmehr finden sich bereits bei Schumpeter Hinweise auf den später von Rational Choice Theorien herausgearbeiteten kurzen Zeithorizont politischer Eliten (ebd.: 456). Des weiteren bedürfen auch die Mitglieder der Eliten Tugenden wie Pflichtgefühl (ebd.: 465), was zu den sonstigen Annahmen des nutzenmaximierenden Modells im Widerspruch steht. Und zuletzt bleibt im Elitenmodell unerklärt, wie politisch inkompetente Wähler die Kompetenz zur Auswahl richtiger Eliten entwickeln können sollen.

4. Eine alternative Reaktion besteht (c) in der Neuthematisierung der Bedingungen für die Entwicklung politischer Präferenzen[34]. Verallgemeinert man Schumpeters Argument, so ist die Konstituierung politischer Präferenzen in einem hohen Maße abhängig von exogenen Einflüssen. Viele politische Interessen können außerhalb bestimmter Kontexte nicht einmal existieren[35]. In normativer Perspektive bedeutet dies – auch wenn Schumpeter sich scheut, diesen Schluß zu ziehen – daß sie keinen Maßstab für die Legitimität politischer Entscheidungen bilden können. Wenn sich politische Präferenzen gegebenen Kontextbedingungen anpassen, können sie, je nach Beschaffenheit dieser Bedingungen, hochgradig irrational sein. Nun sind diese Kontextbedingungen selbst wiederum Folgen politischer Entscheidungen (oder Nicht-Entscheidungen). Ob die Politik es will oder nicht: ihre Institutionen und Entscheidungen haben immer auch formative Auswirkungen auf die Ausbildung politischer Präferenzen.

---

33 Zum Unterschied der Evaluation privater Konsumentenentscheidungen und politischer Entscheidungen vgl. „Das Bild des hübschesten Mädchens, das je gelebt hat, wird sich auf Dauer als machtlos erweisen, um den Absatz einer schlechten Zigarette aufrechtzuerhalten. Eine entsprechend wirksame Sicherung im Fall politischer Entscheidungen gibt es nicht. Viele Entscheidungen von verhängnisvoller Bedeutung sind so beschaffen, das es dem Publikum unmöglich ist, in Muße und zu mäßigen Kosten mit ihnen zu experimentieren. Selbst wenn dies jedoch möglich ist, ist das Urteil in der Regel nicht so leicht zu fällen wie im Fall der Zigarette, weil die Wirkungen weniger leicht zu interpretieren sind" (Schumpeter 1942: 418f).
34 Zum folgenden vgl. neben den angeführten Arbeiten von Cass Sunstein und Robert E. Goodin auch Claus Offes Plädoyer für einen „activist' approach to preferences" (Offe 1995: 12).
35 Dies gilt beispielsweise für das Interesse, Wählerstimmen zu gewinnen: „An interest in ‚acquiring votes' or ‚winning an election' is an interest that is only possible within a specific institutional setting" (O'Neil 1994: 207).

Weil beispielsweise rechtliche Bestimmungen – so das in diesem Zusammenhang wichtige Argument der republikanischen Rechtstheoretiker Cass Sunstein und Frank Michelman[36] – nicht nur das Handeln von Akteuren extern restringieren, sondern bis in die Prozesse der Präferenzformation hineinregieren, kann und muß dieser Tatbestand in demokratische Regie genommen werden. Die Aufgabe von Demokratie besteht nicht vorrangig in der Befriedigung bestehender Präferenzen, „but also, and more fundamentally, in the process of preference formation" (Sunstein 1991: 12).

Politische Intervention kann notwendig werden, um die Autonomie der politischen Präferenzbildung zu erhöhen, wenn nicht in vielen Fällen gar erst herzustellen. Verzichtet die Demokratie darauf, so liefert sie sich der Programmierung politischer Präferenzen durch mächtige soziale Akteure hilflos aus. Um andererseits der Gefahr staatlicher Manipulation zu begegnen, bedarf es eines strengen Maßstabes für die Neutralität staatlichen Handelns, was den Rekurs auf eine substantiierte Theorie des Guten, wie sie vom Republikanismus verfochten wird, verbietet. Nach Robert E. Goodin gibt es drei mögliche Gründe, die eigenen Präferenzen in Frage zu stellen, weil sie dem Autonomieideal nicht genügen. Für politische Präferenzen gilt, daß sie überschrieben werden müssen, „the more uninformed those judgements are", „the more unsettled those judgements are" sowie „the more insecurely people are attached to those preferences" (Goodin 1993b: 234ff.). Gegen eine solche Kritik artikulierter Präferenzen wird von liberaler Seite gern die Gefahr des Leninismus beschworen. Die Theorie der deliberativen Demokratie beansprucht, demgegenüber einen normativen und institutionellen Rahmen für einen verteidigbaren Präferenzinterventionismus bereitzustellen, der gegen diese Gefahr gefeit ist: indem sie erstens gegen die in der ersten genannten Reaktion enthaltene Überforderung der Einzelbürger auf eine institutionelle Lösung setzt, indem sie zweitens gegen den elitistischen Ausweg[37] auf einer Demokratisierung der Präferenzfrage beharrt und indem sie schließlich drittens ohne eine substantiierte Theorie des Guten auszukommen versucht. Angestrebt wird eine ‚Neutralität zweiter Ordnung', die eine neutrale Institutionalisierung des nicht-neutralen Umgangs gegenüber nicht autonom generierten Präferenzen anstrebt. Die Tugendfrage findet sich in der deliberativen Demokratie umformuliert in die Frage nach den institutionellen Strukturen und Mechanismen, die zu einer mit dem Autonomieideal kompatiblen Verbesserung der kognitiven, prozeduralen und moralischen Qualität individueller Präferenzen bei den einzelnen Staatsbürgern beitragen.

5. Deliberative Demokratie: Institutionell vermittelte Präferenzkompetenz

1. Der Begriff „deliberative Demokratie" hat seine Wurzel in der republikanischen Rechtstheorie der USA und wurde erstmals 1985 von Cass Sunstein verwendet. Mittlerweile hat er insbesondere im deutschen Sprachraum eine universalistische Konnotation, während er in den USA neuerdings auch von Autoren verwendet wird, die intern einige der Schwächen des Rational Choice Ansatzes überwinden wollen. Deli-

---

36 Zur Theorie endogener Präferenzen bei Sunstein und Michelman vgl. Buchstein (1994a: 238-241) und Gerstenberg (1994: 161-165) sowie die dort gegebenen Nachweise.
37 Dies ist eine Lösung, zu der Goodin neuerdings zu neigen scheint (vgl. Goodin 1993b: 239-243).

beration läßt sich zunächst definieren als öffentliche Kommunikation über politische Fragen. Ihre politische Ordnung ist eine „association whose affairs are governed by the public deliberation of its members" (Cohen 1989: 17). Von deliberativen Prozessen wird erwartet, daß sie die Akteure in der Entwicklung ihrer Bürgerqualitäten animieren. Von den Ergebnissen deliberativer Prozesse wird behauptet, daß sie eine höherrangige Legitimität beanspruchen dürfen.

Es lassen sich eine schwache und eine starke Version der deliberativen Demokratie unterscheiden. Die Begründungen der schwachen Version erstrecken sich auf die ersten beiden Elemente im oben angeführten Qualifikationsprofil des Bürgers. Mit Bezug auf den kognitiven Aspekt fungiert der Prozeß der deliberativen Demokratie als Entdeckungs- und Formierungszusammenhang politischer Präferenzen; mit Bezug auf den prozeduralen Aspekt soll der Prozeß der deliberativen Demokratie Aggregationsblockaden aufheben. Die starke Version postuliert darüber hinaus, daß die deliberative Demokratie auch die moralische Gütequalität politischer Präferenzen verbessert.

– *Kognitive Verbesserungen.* Die schwache Version der deliberativen Demokratie kann an einige Argumente von Bernard Manin (1987) anknüpfen, in denen die Schumpeterschen Überlegungen gewissermaßen auf den neuesten Stand gebracht werden. Manin argumentiert in drei Teilschritten. Erstens zeigt er auf, daß der liberale Ausgangspunkt des uber autonome Praferenzen verfügenden Bürgers so unrealistisch wie ungerechtfertigt ist. Worüber abgefragte Individuen verfügen sind „merely unsure, incomplete and incoherent wishes" (ebd.: 349). Erst ein Deliberationsprozeß transformiert diese Wunschäußerungen in kognitive Konzepte, die die drei formalen Anforderungen des Präferenzkonzepts – Informiertheit, vollständige und logisch konsistente Präferenzlisten[38] – erfüllen. In der Kritik am Konzept der informierten Präferenzen folgt Manin den Überlegungen Herbert Simons über ‚bounded rationality'. Danach ist es aus logischen wie Kapazitätsgründen unmöglich, daß Akteure in der realen Welt all die notwendigen Informationen erhalten, die für eine vollständig informierte Entscheidungsfindung notwendig sind. Mehr noch als für private Konsumentenentscheidungen gilt dies für Fragen der Politik und Gesellschaft, wo Zeitrestriktionen und komplexe Rückwirkungseffekte die Sammlung von Informationen zusätzlich erschweren. Wenn politische Präferenzen auch niemals auf einem optimalen Informationsstand basieren, so läßt sich die Menge der zugrundeliegenden Informationen im Zuge von Deliberationsprozessen aber doch entscheidend erhöhen. Zweitens zeigt die neuere Wählerforschung Manin zufolge, daß Akteure in der Regel über keine Präferenzlisten verfügen, die unterschiedliche politische Fragen abdecken. Ihre Vorstellungen bewegen sich eher auf der Ebene von „certain wishes ... [that] do not apply to all the subjects raised in the debate, nor to all aspects of the decision to be made" (ebd.: 349). Erst die bewußte Auseinandersetzung mit den unterschiedlichen Aspekten politischer Entscheidungen schafft den Möglichkeitsraum für Entscheidungen auf individueller Ebene. Drittens ist die Konsistenzannahme von Präferenzlisten unplausibel. Politische Wunschlisten sind, wenn sie spontan abgefragt werden, zumeist intern widersprüchlich. Wiederum kann der Kommunikationsprozeß als möglicher Transformator fungieren: „In the course of deliberation and the exchange of points of view, individuals become

---

38 Zu den formalen Mindestqualifikationen des Präferenzbegriffs vgl. O'Neil (1994: 206).

aware of the conflicts inherent in their own desires. This leads them to modify the objectives they held at the start, to give up some of them and to tone some of them down in order to make them compatible with others, thus bringing about a conciliation or compromise" (ebd.: 350). Die normative Attraktivität der Argumente Manins liegt in ihrem Gradualismus. Manin postuliert nicht, daß die Implausibilitäten des Präferenzkonzepts durch öffentliche Kommunikationsprozesse vollständig ausgeräumt werden können, sondern lediglich, daß deliberative Demokratie die Wahrscheinlichkeit erhöht, die kognitive Unterbestimmtheit politischer Vorstellungen zu therapieren. Manin zufolge ergibt sich daraus der normative Vorrang von politischen Präferenzen, die Deliberationsprozesse durchlaufen haben: „the source of legitimacy is not the predetermined will of individuals, but rather the process of its formation, that is, of deliberation itself ... A legitimate decision does not represent the will of all, but it is one that results from the deliberation of all" (ebd.: 352). In Manins Konzeption fungiert die deliberative Demokratie als institutionell vermittelter Entdeckungs- und Formierungskontext von Präferenzen, sie ist gleichsam ein ‚Präferenzhärter'. Das Ziel ist erreicht, wenn Akteure über politische Präferenzen verfügen, die kognitiv soweit aufgeladen sind, daß sie sie vor sich selbst verantworten können.

- *Prozedurale Verbesserungen.* Die Aggregation politischer Präferenzen ist von der Theorie nicht-kooperativer Spiele als instabil und kontingent charakterisiert worden. Instabil deshalb, weil alle bekannten Aggregationsmechanismen zyklische oder intransitive Abfolgen generieren. Kontingent deshalb, weil die Resultate des Aggregationsprozesses zu einem Teil immer auch Artefakte des jeweiligen Aggregationsmodus sind. Entgegen der von Autoren wie William Riker daraus gezogenen Konsequenz einer liberalen Elitendemokratie, wählt die deliberative Demokratie einen anderen Ausweg. Die genannten Suboptimalitäten lassen sich sogar von strategisch motivierten Akteuren in Deliberationsprozessen auf zwei Weisen überwinden[39]. Zum einen verringert die gegenseitige kognitive Anreicherung die Zahl der in den Aggregationsprozeß einzuspeisenden Präferenzen, da auf falschen Informationen basierenden Präferenzen ausgeschieden werden können. Zweitens fungiert der Deliberationsprozeß als Medium, um gemeinsam Verfahrensmodi zu finden, die die Chancen jedes beteiligten Akteurs verbessern, seine Präferenzen zu realisieren. Bestandteil von Deliberation ist es, die eigenen Präferenzlisten mit Blick auf die strategische Gesamtsituation umzusortieren. Deliberation effektiviert Demokratie, da sie prozedurale Blockaden vergleichsweise preiswert überwinden hilft. Sie fungiert in der prozeduralen Dimension nicht als ‚Härter', sondern als ‚Aufweicher' von Präferenzlisten.

- *Moralische Verbesserungen.* Die beiden bislang angeführten Argumente für die deliberative Demokratie reagieren auf interne Schwächen des liberalen Präferenzbegriffs und bezeichnen den Weg, wie politische Akteure zu einem aufgeklärten Selbstinteresse gelangen können. Die starke Version der deliberativen Demokratie geht einen Schritt weiter und gibt die moralische Zurückhaltung des liberalen Präferenzbegriffs auf. In dieser Fassung soll die deliberative Demokratie nicht allein als

---

39 Zum folgenden vgl. Miller (1992), Johnson (1993), Johnson/Knight (1994). Generell zum Verhältnis von deliberativer Demokratie und Rational Choice vgl. Buchstein (1992), Drysek (1995: 111ff.).

Härtungs- oder Aufweichmittel von politischen Präferenzen dienen, sondern als eine Art moralisches Reinigungsmittel (‚laundering preferences', Goodin). Ausgangspunkt ist die Annahme, daß wenigstens einige der im politischen Prozeß zu bearbeitenden Fragen auch eine moralische Dimension haben. Die deliberative Demokratie soll in solchen Fällen dazu beitragen, daß Bürger nicht lediglich ihre richtig verstandenen Eigeninteressen in den politischen Prozeß einspeisen, sondern ihre Version von dem, was sie für das Gemeinwohl halten. Dieser Einstellungswandel wird der Öffentlichkeit der Deliberation zugeschrieben und ist als „moralizing effect of public discussion" (Miller 1992: 61) wesentlich vom Ansatz von Jürgen Habermas inspiriert[40]. So leitet Seyla Benhabib die Rahmenrichtlinien der deliberativen Demokratie unmittelbar aus den universalistischen Grundnormen der Diskursethik ab. Danach können nur solche Normen Geltung beanspruchen, die für alle direkt oder indirekt Beteiligten zustimmungsfähig sind. Zustimmen läßt sich näher qualifizieren als das Resultat eines Deliberationsprozesses, der den Bedingungen der Gleichheit aller Teilnehmer, Offenheit der Agenda, und der Möglichkeit der Infragestellung der jeweiligen Diskursregeln unterliegt. Die moralisch reinigende Kraft der Deliberation geht von ihrer Öffentlichkeit aus: „[it] imposes a certain reflexivity on individual preferences and opinions. When presenting their point of view and position to others, individuals must support them by articulating good reasons in a public context to their co-deliberators. This process of articulating good reasons in public forces the individual to think of what counts as a good reason for all others involved" (Benhabib 1994: 32f.). Ziel des Deliberationsprozesses ist es nicht, eine feststehende ‚moralisch richtige' Lösung freizulegen, sondern im kollektiven Prozeß all die Argumente auszusondern, die allein der Verfolgung privaten Nutzens dienen. Übersteht mehr als ein Vorschlag diesen Test, dann greifen die traditionellen Mechanismen von Abstimmung und Mehrheitsregel. Die Resultate von Deliberationsprozessen sind in jedem Fall als moralisch höherrangig zu bewerten, als die schlichte Aggregation von Präferenzen, da sie umfassender geworden sind.
In ihrer schwachen Version argumentiert die deliberative Demokratie gegen den Liberalismus, in der geschilderten starken Version gegen den Liberalismus und Republikanismus. Die Kritik der deliberativen Demokratie am Republikanismus lautet, daß dieser den Begriff des Staatsbürgers ethisch überfordere. Der politische Prozeß affirmiert nicht lediglich eine vorgängige Identität, sondern ist offen für Veränderungen. Von den einzelnen Bürgern, die sich vorgängig mit einer politischen Gemeinschaft identifizieren, verlangt der Republikanismus geradezu heroische Akte tugendhafter Selbsttransformation. Im Unterschied dazu beansprucht das Qualifikationskonzept der starken Version der deliberativen Demokratie nicht nur, ohne die Unterstellung eines substantiierten Gemeinwohlbegriffs auskommen zu können, sondern zugleich auch die an den Bürger herangetragenen Zumutbarkeiten weniger heroisch fassen zu müssen (Habermas 1994). Aus republikanischer Sicht erscheint dies zunächst als paradoxes Postulat: in dem Maße, in dem der moralische Kriterien ins Spiel kommen, müßte nach der republikanischen Logik auch dessen Unzumutbarkeit steigen. Die deliberative Replik auf diesen Einwand besteht in einer Verschränkung institutioneller

---

40 Vgl. Habermas (1992, 1994). Weitere Autoren der starken Version sind: Cohen (1989), Miller (1992), Goodin (1992), Gutman (1993), Preuß (1994), Benhabib (1994), Schmalz-Bruns (1995).

und habitueller Momente. Tugendhafte Motive werden dann besser entfaltet, wenn sie institutionell ermöglicht, ermutigt und gegen die Gefahr der strategischen Ausbeutung geschützt werden. Die deliberative Demokratie gewinnt damit ein spezifisches Kriterium, anhand dessen sie politische Institutionen evaluiert: deren Fähigkeit, auf die kognitive, prozedurale und moralische Qualität politischer Präferenzen positiv einwirken zu können.

2. Wie sehen die allgemeinen Regeln deliberativer Institutionalisierung aus? Die Institutionen müssen so gebaut werden, daß sie die Ausbildung von Präferenzen fördern, die nicht fremdgesteuert sind, sondern dem Autonomiegebot entsprechen. Die Institutionalisierungsstrategien der schwachen und der starken Version der deliberativen Demokratie unterscheiden sich entsprechend ihrer Ziele. So kommt es in der schwachen Variante vor allem darauf an, das kognitive Niveau von Präferenzen zu erhöhen und es steht die Frage im Mittelpunkt, welche Institutionen Bürger dazu veranlassen können, besseren Gebrauch von Sachinformationen zu machen. Ambitionierter ist der von Benhabib im Anschluß an Joshua Cohens ‚ideal deliberative procedure' (Cohen 1989) formulierte Selektionsmechanismus. Danach müssen Verfahren gesucht werden, die die Willens-und Entscheidungsfindung auf universalistische Normen hin ausrichten. Als Metapher für derartige Institutionalisierungen steht der Habermassche Öffentlichkeitsbegriff (vgl. Benhabib 1994: 34f.).

Um die im normativen Theorieentwurf so elegant präsentierten Leistungen erbringen zu können, benötigt die deliberative Demokratietheorie über ihre bisherigen Programmsätze deutlicher hinausgehende Institutionalisierungsvorschläge. Es scheint, als wenn die Suche nach „deliberative institutions" (Miller) den Argumentationsgang, der bei den subjektiven Bürgerqualitäten einsetzte, unversehens wieder am anderen Eckpunkt des demokratietheoretischen Dreiecks, den institutionellen Arrangements, enden läßt. Vom Institutionenverständnis, wie es sich in den vier anderen genannten Optionen findet, unterscheidet sich die deliberative Institutionalisierung jedoch in folgender Hinsicht: Mit der Distributionsoption kritisiert sie soziale Ungleichheit als demokratiegefährdend, sieht in sozialer Gerechtigkeit aber nur eine notwendige und noch keine hinreichende Bedingung für die Entfaltung des Bürgers. Wie die Entlastungsoption geht sie von einer eher sparsamen Tugendzumutung aus. Im Unterschied dazu versucht sie jedoch nicht, sich dieser noch weiter zu entledigen, sondern qua Institutionalisierung optimal entfalten zu lassen. Mit der Selektionsoption argumentiert sie gegen die Gleichbehandlung aller politischen Präferenzen, leitet daraus aber keine Filterung durch Eliten ab. Und mit der Identifikationsoption betont sie die Wichtigkeit der Hege und Pflege von Bürgersinn, will sie aber in den Mechanismen der politischen Institutionen selbst verankert wissen, um auch die kognitive und prozedurale Präferenzkompetenz abstützen zu können.

Die Vorschläge, wie Mechanismen qualitativer Präferenzverbesserung konkret in bestehende politische Systeme implantiert werden könnten, werden auch von Vertretern der deliberativen Demokratietheorie als Desiderat angesehen[41]. Dies mag damit zu

---

41 „Neither the commitment nor the capacity for arriving at deliberative decisions is something that we can simply assume to obtain independent from the proper ordering of institutions. ... The problem is to figure out how arenas might be organized to encourage such deliberation" (Cohen 1989: 26, 31). Vgl. auch Offe/Preuß (1991: 169ff.), Offe (1995:

tun haben, daß im gegenwärtigen gesellschaftlichen Klima auf beiden Seiten des Atlantiks die Zuversicht, institutionelle Innovationen könnten Verbesserungen schaffen, nicht sehr weit verbreitet ist[42]. Eine Sichtung der bislang vorliegenden Vorschläge läßt die Umrisse von drei Akzentuierungen erkennen:
- *Advokatorische Deliberation.* Die moralphilosophisch motivierte Ableitung der deliberativen Demokratie aus der Diskursethik hat zu dem paradoxen Ergebnis geführt, daß ihre Aufmerksamkeit sich im Zuge ihrer soziologischen Kleinarbeitung in erster Linie auf die Endprodukte des politischen Prozesses und weniger auf die Bürgerqualifikationen auf der Input-Seite konzentriert. Im Kern läßt sich das Habermassche Schleusenmodell aus ‚Faktizität und Geltung' (Habermas 1992), trotz einer gewissen Aufwertung des zivilgesellschaftlichen Sektors, darin zusammenfassen, die deliberative Rolle des Parlaments[43] und der Verfassungsgerichtsbarkeit besser zur Geltung zu bringen. Es beschränkt sich letztlich auf eine deliberative Umdeutung der bereits bestehenden Institutionen. Zwei Einwände lassen sich gegen die advokatorische Ausdeutung der deliberativen Demokratie vorbringen. Zum einen bleibt unklar, wie die in den Repräsentativkörperschaften angesiedelte advokatorische Deliberation die auch von Habermas für unumgänglich gehaltenen ethischen Selbstverständigungsdiskurse stellvertretend leisten können soll[44]. Ein zweiter Einwand lautet, daß Habermas „das demokratische Prinzip der Volkssouveränität so durch mehrere, hintereinander gelegte Filter hindurchführt ... daß er am Ende den Anspruch einer demokratischen Gestaltung von Politik in die institutionellen Bahnen einer liberalen, repräsentativen Demokratie zurückführt" (Schmalz-Bruns 1995: 115f.). Daß Habermas die Frage der Bürgerqualifikation aus dem Blick verloren hat, illustriert seine ambivalente Verortung der sogenannten Zivilgesellschaft. Auf der einen Seite nimmt er eine normative Vorentscheidung vor, derzufolge nur die von postmaterialistischen Werten inspirierten Neuen Sozialen Bewegungen den Ehrentitel ‚zivilgesellschaftlicher Akteur' zugeschrieben bekommen. Auf der anderen Seite läßt er sich von der Sorge über das Aufkommen der rechtsradikalen ‚Brand-Neuen Sozialen Bewegungen' dann doch soweit beeindrucken, daß er sich um die Chance bringt, die kognitiven und moralischen Rationalitätspotentiale der Institutionen des sogenannten Dritten Sektors systematisch ausschöpfen zu können[45].

24-28). Einig sind sich alle Vertreter der deliberativen Demokratie in der Ablehnung einer direktdemokratischen Option, wenn auch aus unterschiedlichen Gründen. Benhabib zufolge sind die Regeln der Diskursethik „not automatically transferrable to a macro-institutional level ... no modern society can organize its affairs along the fiction of a mass assembly carrying out its deliberations in public and collectively" (Benhabib 1994: 34). So auch Miller (1992: 67) und Habermas (1994: 8f.). Cohen zufolge bietet die direkte Demokratie nicht zuviel, sondern zuwenig: „there is no reason to be confident that a direct democracy would subject political questions to deliberative resolution" (Cohen 1989: 30).

42 Dies gilt nicht nur für die Neoliberalen in den USA. Symptomatisch für den Desillusionierungsprozeß auf Seiten der linken Reformkräfte sind die gewandelten Vorstellungen der Partei ‚Die Grünen' in Deutschland. Hatten sie anfangs nicht nur die materialen Antworten der etablierten Parteien auf epochale Probleme als unzureichend kritisiert, sondern auch eine mangelhafte Ausgestaltung von Demokratie, so sind ihre programmatischen und praktischen Versuche, die Politikformen zu reformieren, ins Stocken geraten (Giegel 1995).
43 Für eine empirische Analyse deliberativer Prozesse im amerikanischen Kongreß vgl. Besette (1994).
44 Dieses Argument verdanke ich Martin Frank.
45 Vgl. dazu ausfuhrlicher Schmalz-Bruns (1995: 102-120).

- *Sekundärbürgerschaft.* Über das advokatorische Modell hinausgehende Reformüberlegungen hatten zunächst bei den politischen Parteien angesetzt (Manin 1987: 356f.; Cohen 1989: 31f.) und konzentrieren sich nun, inspiriert von Theorien der Civil Society, auf Formen einer „secondary citizenship" (Schmitter) in gesellschaftspolitischen Vereinigungen. Gesucht werden assoziative Institutionen, „die der Aufgabe gewachsen wären, durch die von ihnen ausgehenden Verpflichtungseffekte ein modernes Äquivalent für republikanische Tugenden zu stützen und unausgeschöpfte moralische Kapazitäten und Kooperationsbereitschaft zu aktivieren" (Offe 1990: 187). Joshua Cohen und Joel Rogers (1994) haben die Umrisse einer solchen ‚associative democracy' vorgestellt. Ihr Konzept einer solidarischen Verbändedemokratie zielt auf eine Übergabe staatlicher Kompetenzen an zwischenverbandliche Aushandlungen, auf assoziative Selbstverwaltung und eine staatliche Förderung von Verbandsbildung. In Weiterführung von Cohen/Rogers plädiert Rainer Schmalz-Bruns (1995: 203-269) für eine „assoziationspolitische Modernisierung der Demokratie". In Abhängigkeit von den jeweiligen materialen Politiken sollen die Rationalisierungspotentiale fokaler Assoziationsstrukturen mittels bestimmter Verfahren stärker ausgeschöpft werden. Beispiele sind diskursive Verfahren der Technikfolgenabschätzung oder Mediationsverfahren.
- *Primärbürgerschaft.* Noch am wenigsten entwickelt sind Überlegungen dazu, ob und wie den politischen Wahlen als den primären Einflußkanälen moderner Massendemokratien deliberative Momente eingeschrieben werden können. Die bestehenden Formen der Partei-und Medienöffentlichkeit bieten nur begrenzt Ansatzpunkte für Reformoptionen[46]. Zugleich versinnbildlicht die Praxis des vom Bürger einzeln und im geheimen durchzuführenden Wahlaktes geradezu das Gegenteil deliberativer Entscheidungsfindung. Die anonyme Stimmabgabe trägt dazu bei, die intellektuellen und moralischen Ressourcen der Bürger auszuhöhlen, da sie der Neigung Vorschub leistet, sich für politische Urteile nicht rechtfertigen zu wollen. Sie prämiert vereinfachende, emotionalisierende und populistische Politikstile (Buchstein 1994b). Unter dem zunehmenden Diktat von Meinungsumfragen scheint die Einführung direkter Demokratieformen noch am wenigsten geeignet, deliberative Prozesse zu ermuntern. James Fishkin schlägt statt dessen eine „deliberative opinion poll" vor, in der eine repräsentative Bürgergruppe über einige Tage versammelt wird um face-to-face Diskussionen mit den Kandidaten zu führen. Robert Dahl hat ähnlich wie Peter Dienel als ergänzende Körperschaft zu gewählten Gremien die Einrichtung von „citizen assemblies" vorgeschlagen, in denen politische Fragen von per Los ermittelten und mit Entscheidungskompetenz ausgestatteten Bürgern diskutiert werden sollen[47]. Schließlich werden in regelmäßigen Abständen starke Hoffnungen auf die Möglichkeiten neuer Kommunikationsmedien gesetzt. Nach den eher ernüchternden Experimenten mit einer Teledemokratie in den achtziger Jahren werden seit Mitte der neunziger Jahre die diskursiven Qualitäten des Internet angepriesen. Einige Protagonisten des ‚cybercitizen' gehen sogar soweit, für die deliberative Qualität der politischen Kommunikation im Internet mehr als nur rethorisch auf

---

46 Zu den Grenzen und internen Widersprüchlichkeiten der diskursiven Öffentlichkeit aus soziologischer Sicht vgl. Peters (1994).
47 Vgl. Fishkin (1991: 80ff.), Dienel (1992), Dahl (1992: 55f.).

das Habermassche Konzept netzwerkartig verknüpfter Teilöffentlichkeiten zu rekurrieren. Die empirischen Anhaltspunkte zeichnen indes ein nüchterneres Bild: nicht nur, daß die neuen Vernetzungen eher in Richtung globaler Dorfgemeinschaft statt fokussierter Meinungs- und Willensbildung zielen, auch die kognitive, prozedurale und moralische Qualität der politischen Diskurse im Internet mahnt eher zur Skepsis. Statt daß die politische Kommunikation im Internet offener, sensibler und reflektierender wird, fördert der Schutz der Anonymität offensichtlich eher ausgrenzende, rüde und simplifizierende Diskussionsformen[48]. Es scheint, als bedürfe die deliberative Demokratie der face-to-face Interaktion der Diskussionsteilnehmer.

6. Schluß: Die Zumutungen der Demokratietheorie

Sollte die zuletzt geäußerte Vermutung zutreffen, hätte dies für das Konzept der deliberativen Demokratie zweierlei zur Folge. Zum einen würde es noch schwieriger, sich deliberative Institutionalisierungsmodi der Primärbürgerschaft vorzustellen, die gleichwohl mit den Ansprüchen einer sozial differenzierten Moderne kompatibel sind. Zum anderen ergäben sich Rückwirkungen, die bis in das sozialphilosophische Fundament der deliberativen Demokratie reichen. Deliberative Demokratie, so müßte der Schluß lauten, könnte sich normativ nicht allein von einer sprachtheoretischen Engfassung des Kommunikationsparadigmas anleiten lassen, die auf den sprachlichen Bedingungen einer herrschaftsfreien Verständigung basiert. Statt dessen müßte das Kommunikationsparadigma „stärker auf seine intersubjektivitätstheoretischen ... Voraussetzungen hin" (Honneth 1994: 86) entfaltet werden und die ganze Breite der normativen Voraussetzungen sozialer Interaktion erfassen. Diese Erweiterungen des Kommunikationsparadigmas wiederum hätten Umakzentuierungen in der moralphilosophischen Stoßrichtung zur Folge, die direkter an die Verletzung von moralischen Gefühlen angeschlossen werden könnten. Das Vorhandensein von Tugend (im eingangs von mir definierten Sinne als nicht-kognitiv verankerter Gemeinsinn), das im deliberativen Modell als nie explizierte Residualgröße mehr oder wenig stillschweigend unterstellt werden muß, könnte – so ließe sich spekulieren – auf diesem Wege anerkennungstheoretisch plausibilisiert werden.

Wie dem auch sei. Auf jeden Fall sind die praktischen Chancen der deliberativen Demokratie noch wenig eruierte Fragen. Möglicherweise stellt sich heraus, daß sich die Kanäle der Primärbürgerschaft gar nicht entscheidend deliberativ anreichern lassen, sondern daß das Hauptaugenmerk auf die Sekundärbürgerschaft einer assoziativen Demokratie gelegt werden muß. Ein solches Ergebnis dürfte nicht ohne negative Folgen für die legitimatorische Vorrangstellung allgemeiner Wahlen bleiben. Auch sind mögliche sektorale Differenzierungen in Betracht zu ziehen. So hat Warren (1992, 1995) aufzeigen können, daß die erhoffte demokratische Selbsttransformation eher in

---

48 Für die Möglichkeiten und Grenzen von Teledemokratie vgl. den Forschungsüberblick von Arterton (1987). Mit Rekurs auf Habermas wirbt für das Internet Rheingold (1994: 271-290). Die empirischen Analysen der politischen Kommunikation im Internet stehen erst am Anfang. Anhaltspunkte für eine aus deliberativer Sicht eher skeptische Bewertung finden sich in: Stoll (1995: 167ff., 220ff.), Buchstein (1996).

Diskussionen uber soziale Identität und längerfristige Zukunftsfragen als über die Verteilung knapper materieller Güter zu erwarten ist. Ob, mit welchen Mitteln und bezüglich welcher materialen Politiken sich die deliberative Demokratie auf eine Weise institutionalisieren läßt, die dem Programm eines demokratischen Präferenzinterventionismus zum Erfolg verhelfen vermag, ist eine empirisch zu untersuchende Frage. Um sie beantworten zu können, bedarf die normative Demokratietheorie heute weniger der von sozialphilosophischer Seite gerne angemahnten institutionellen Phantasie, als vielmehr den Forschungen empirisch arbeitender Politikwissenschaftler und -schaftlerinnen.

Literaturverzeichnis

Ackerman, Bruce, 1980: Social Justice in the Liberal State. New Haven.
Anderson, Charles W., 1990: Pragmatic Liberalism. Chicago.
Arterton, Christopher, 1987: Teledemocracy. Can Technology protect Democracy? Newberry Park.
Barber, Benjamin, 1992: An Aristocracy of Everyone. The Politics of Education and the Future of America. New York.
Barber, Benjamin, 1994: Starke Demokratie. Hamburg.
Bailyn, Bernard (Hrsg.), 1993: The Debate on the Constitution. Federalist and Antifederalist Speeches, Articles, and Letters During the Struggle over Ratification. 2 Bde. New York.
Beiner, Ronald (Hrsg.), 1995: Theorizing Citizenship. New York.
Benhabib, Seyla, 1994: Deliberative Rationality and Models of Democratic Legitimacy, in: Constellations 1, 26-52.
Besette, Joseph, 1994: The Mild Voice of Reason. Deliberative Democracy and American National Government. Chicago.
Bollnow, Otto F., 1958: Wesen und Wandel der Tugenden. Frankfurt a.M.
Brennan, Geoffrey/Buchanan, James M., 1993: Die Begründung von Regeln. Konstitutionelle Politische Ökonomie. Tubingen.
Buchstein, Hubertus, 1992: Perspektiven kritischer Demokratietheorie, in: Prokla. Zeitschrift für kritische Sozialwissenschaft 86, 115-136.
Buchstein, Hubertus, 1994a: Selbstbindung als verfassungstheoretische Figur, in: *Gebhardt, Jürgen/Schmalz-Bruns, Rainer* (Hrsg.), Demokratie, Verfassung, Nation. Baden-Baden, 231-254.
Buchstein, Hubertus, 1994b: Offene oder geheime Wahl?, in: Leviathan 22, 1-6.
Buchstein, Hubertus, 1996: Virtuelle Demokratie. Zum Verhältnis von Internet und Demokratie, in: Die Neue Gesellschaft/Frankfurter Hefte 2, 165-171.
Buchwalter, Andrew, 1992: Hegel's Concept of Virtue, in: Political Theory 20, 548-583.
Burtt, Shelley, 1993: The Politics of Virtue Today: A Critique and a Proposal, in: American Political Science Review 87, 360-368.
Cohen, Joshua, 1989: Deliberation and Democratic Legitimacy, in: *Hamlin, Alan/Pettit, Philip* (Hrsg.), The Good Polity. Oxford, 17-34.
Cohen, Joshua/Rogers, Joel, 1994: Solidarity, Democracy, Association, in: *Streek, Wolfgang* (Hrsg.), Staat und Verbände. Opladen, 136-159.
Conover, Pamela Johnston, 1995: Citizen Identities and Conceptions of the Self, in: The Journal of Political Philosophy 3, 133-165.
Dahl, Robert A., 1992: The Problem of Civic Competence, in: Journal of Democracy 3, 45-59.
Dienel, Peter, 1992: Die Planungszelle. Opladen.
Drysek, John S., 1995: Critical Theory as a Research Program, in: *White, Stephen K.* (Hrsg.), The Cambridge Companion to Habermas. Cambridge, 97-118.
Fishkin, James S., 1991: Democracy and Deliberation. New Haven.
Forst, Rainer, 1994: Kontexte der Gerechtigkeit. Frankfurt a.M.
Galston, William A., 1988: Liberal Virtues, in: American Political Science Review 82, 1277-1289.
Galston, William A., 1995: Two Concepts of Liberalism, in: Ethics 105, 516-534.

Gerstenberg, Oliver, 1994: Zur Verfassungsdebatte in den USA. Konstitutionalismus im Liberalismus/Republikanismus, in: *Gebhardt, Jürgen/Schmalz-Bruns, Rainer* (Hrsg.), Demokratie, Verfassung, Nation. Baden-Baden, 150-184.
Giegel, Hans Joachim, 1995: Erfordert grüne Politik neue Politikformen?, in: Schrägstrich. Zeitschrift des Bündnis 90/Grüne 5/6, 24-26.
Goodin, Robert E., 1992: Motivating Political Morality. Oxford.
Goodin, Robert E., 1993a: Moral Atropy in the Welfare State, in: Policy Sciences 26, 63-78.
Goodin, Robert E., 1993b: Democracy, Preferences and Paternalism, in: Policy Sciences 26, 229-247.
Grendstad, Gunnar/Selle, Per, 1995: Cultural Theory and the New Institutionalism, in: Journal of Theoretical Politics 7, 5-27.
Gutman, Amy, 1993: The Disharmony of Democracy, in: *Chapman, J./Shapiro, I* (Hrsg.), Democratic Community. New York, 126-160.
Gutman, Amy, 1995: Civic Education and Social Diversity, in: Ethics 105, 557-579.
Habermas, Jürgen, 1992: Faktizität und Geltung. Frankfurt a.M.
Habermas, Jurgen, 1994: Three Models of Democracy, in: Constellations 1, 1-10.
Habermas, Jurgen, 1995: Die Normalität einer Berliner Republik. Frankfurt a.M.
Heater, Derek, 1990: Citizenship: The Civic Ideal in World History, Politics and Education. New York.
Hennis, Wilhelm, 1957: Das Modell des Bürgers, in: Gesellschaft-Staat-Erziehung 2, 330-347.
Hepp, Gerd u.a. (Hrsg.), 1994: Die schwierigen Bürger. Schwalbach.
Honneth, Axel, 1994: Die soziale Dynamik von Mißachtung, in: Leviathan 22, 78-92.
Johnson, James, 1993: Is Talk Really Cheap? Prompting Conversation Between Critical Theory and Rational Choice, in: American Political Science Review 87, 74-86.
Johnson, James/Knight, Jack, 1994: Aggregation and Deliberation: On the Possibility of Democratic Legitimacy, in: Political Theory 22, 277-296.
Kratochwil, Friedrich, 1994: Citizenship. On the Border of Order, in: Alternatives 23, 485-506.
Kymlicka, Will/Norman, Wayne, 1995: Return of the Citizen. A Survey of Recent Work on Citizenship Theory, in: *Beiner, Ronald* (Hrsg.), Theorizing Citizenship. New York, 283-322.
Macedo, Stephen, 1990: Liberal Virtues. Oxford.
MacIntyre, Alasdair, 1982: Der Verlust der Tugend. Frankfurt a.M. (1987).
Manin, Bernard, 1987: On Legitimacy and Political Deliberation, in: Political Theory 15, 338-368.
Miller, David, 1992: Deliberative Democracy and Social Choice, in: Political Studies 40, 54-67.
Munkler, Herfried, 1991: Die Idee der Tugend. Ein politischer Leitbegriff im vorrevolutionären Europa, in: Archiv für Kulturgeschichte 73, 379-403.
Münkler, Herfried, 1992: Politische Tugend. Bedarf die Demokratie einer sozio-moralischen Grundlegung?, in: *Ders.* (Hrsg.), Die Chancen der Freiheit. München, 25-46.
Munkler, Herfried, 1994: Zivilgesellschaft und Bürgertugend. Heft 23 der Öffentlichen Vorlesungen der Humboldt Universität zu Berlin. Berlin.
Nunner-Winkler, Gertrud, 1994: Moral in der Politik, in: *Derlien, Hans Ulrich u.a.* (Hrsg.), Systemrationalität und Partialinteresse. Baden-Baden, 123-149.
Offe, Claus, 1990: Öffentliches Handeln und die Strukturen der kollektiven Willensbildung, in: *Ellwein, Thomas/Hesse, Joachim Jens* (Hrsg.), Staatswissenschaften: Vergessene Disziplin oder neue Herausforderung. Baden-Baden, 173-190.
Offe, Claus, 1995: Micro-Aspects of Democratic Theory: What Makes for the Deliberative Competence of Citizens? Ms.
Offe, Claus/Preuß, Ulrich K., 1991: Democratic Institutions and Moral Resources, in: *Held, David* (Hrsg.), Political Theory Today. Oxford, 143-171.
O'Neill, John, 1994: Preferences, Virtues, and Institutions, in: Analyse und Kritik 16, 202-219.
Pangle, Thomas L., 1992: The Ennobling of Democracy. Baltimore.
Peters, Bernhard, 1994: Der Sinn von Öffentlichkeit, in: *Neidhardt, Friedhelm* (Hrsg.), Öffentlichkeit, öffentliche Meinung, soziale Bewegungen. Opladen, 42-76.
Pocock, J.G.A., 1995: The Ideal of Citizenship since Classical Times, in: *Beiner, Ronald* (Hrsg.), Theorizing Citizenship. New York, 29-52.
Preuß, Ulrich K., 1994: Revolution, Fortschritt und Verfassung. 2. erweiterte Auflage. Frankfurt a.M.
Putnam, Robert u.a., 1993: Making Democracy Work. Civic Traditions in Modern Italy. Princeton.

Rattinger, Hans/Krämer, Jurgen, 1995: Wahlnorm und Wahlbeteiligung in Deutschland: Eine Kausalanalyse, in: Politische Vierteljahresschrift 36, 267-285.
Rawls, John, 1992: Die Idee des politischen Liberalismus. Frankfurt a.M.
Riesenberg, Peter, 1992: Citizenship in the Western Tradition. Chapel Hill.
Rheingold, Howard, 1994: The Virtual Community. Homestaeding on the Electronic Frontier. Reading.
Schmalz-Bruns, Rainer, 1995: Reflexive Demokratie. Die demokratische Transformation moderner Politik. Baden-Baden.
Schmitter, Philippe C., 1994: Interests, Associations and Intermediation in a Reformed Post-Liberal Democracy, in: *Streeck, Wolfgang* (Hrsg.), Staat und Verbände. Opladen, 160-173.
Schmitter, Philippe C., 1995: Democracy's Future: More Liberal, Preliberal or Postliberal?, in: Journal of Democracy 6, 15-22.
Schumpeter, Joseph A., 1942: Kapitalismus, Sozialismus und Demokratie. München (1980).
Shklar, Judith, 1991: American Citizenship: The Quest for Inclusion. Cambridge.
Slote, Michael, 1994: Virtue, in: *Goodin, R./Pettit, P.* (Hrsg.), A Companion to Political Philosophy. Cambridge, 645-650.
Sternberger, Dolf, 1949: Aspekte des bürgerlichen Charakters, in: *Ders.*, ‚Ich wünsche ein Bürger zu sein'. Frankfurt a.M. (1967), 10-28.
Stewart, Angus, 1995: Two Conceptions of Citizenship, in: British Journal of Sociology 32, 63-78.
Stoll, Cliffoer, 1995: Silicon Snake Oil: Second Thoughts on the Information Highway. Los Angeles.
Sunstein, Cass, 1991: Preferences and Politics, in: Philosophy and Public Affairs 20, 3-34.
Walzer, Michael, 1983: Sphären der Gerechtigkeit. Frankfurt a.M. (1992).
Walzer, Michael, 1989: Citizenship, in: *Ball, Terence u.a.* (Hrsg.), Political Innovation and Conceptual Change. Cambridge, 211-219.
Warren, Mark, 1992: Democratic Theory and Self-Transformation, in: American Political Science Review 86, 8-23.
Warren, Mark, 1995: The Self in Discursive Democracy, in: *White, Stephen K.* (Hrsg.), The Cambridge Companion to Habermas. Cambridge, 167-200.
Wellmer, Albrecht, 1994: Bedingungen einer demokratischen Kultur, in: *Brumlik, Micha/Brunkhorst, Hauke* (Hrsg.), Gemeinschaft und Gerechtigkeit. Frankfurt a.M., 173-197.
Wood, Gordon S., 1969: The Creation of the American Republic 1767-87. New York (1993).

Nation, Migration und Staatsbürgerschaft

Rainer Bauböck

Fragen der Staatsbürgerschaft fanden in der Demokratietheorie lange Zeit kaum Beachtung. Nach der Überwindung von Klassen-, Geschlechts- und „Rassen"-Schranken fur das Wahlrecht in den westlichen Demokratien war die Frage der Zuerkennung von Bürgerstatus und Bürgerrechten kaum noch von Interesse. Das ist nicht verwunderlich: Was alle in gleicher Weise genießen, erscheint niemandem mehr besonders wertvoll. Wenn ein homogener Status der Mitgliedschaft einmal gewährleistet ist, dann ist die demokratische Integration der Bürger in das politische Gemeinwesen nicht mehr eine Frage der Inklusion, sondern der Repräsentation ihrer je spezifischen Interessen.

Dieser bequeme Konsens existiert heute nicht mehr. Er wurde durch drei Entwicklungen aufgebrochen, die alle als Entkoppelung von Staatsbürgerschaft und Bürgerrechten beschrieben werden können. Erstens wird heute auch die Verweigerung von Bürgerrechten für Ausländer vielfach als illegitim empfunden. Damit scheint das liberale Inklusionsgebot jedoch eine äußere Grenze (zwischen Bürgern und Fremden) zu durchbrechen, welche erst Staatsburgerschaft konstituiert. Zweitens ist nicht mehr ohne weiteres ausgemacht, daß alle Staatsbürger tatsächlich die gleichen Rechte genießen. Die einfache Gleichheit des Bürgerstatus kontrastiert mit der komplexen Differenzierung individueller Rechte nach sozialen Gruppen oder gar mit explizit kollektiven Rechten. Drittens wird die Koppelung von Status und Rechten auch durch eine neue Betonung von Bürgerpflichten und -tugenden in Frage gestellt. Die liberale Sprache der Rechte habe ein Anspruchsdenken der Bürger gefördert, welches die Grundlagen sozialer und politischer Solidarität unterhöhle.

Transnationale Migration bündelt wie ein Brennglas alle drei Herausforderungen an liberale Staatsbürgerschaft. Sie wirft zunächst ganz offensichtlich die Frage nach der Unterscheidung zwischen Bürgern und Fremden auf: Welche Rechte sind legitimerweise Staatsbürgern vorbehalten und welche stehen auch niedergelassenen Ausländern zu? Nach welchen Kriterien soll der Zugang zur Staatsbürgerschaft für jene ermöglicht werden, die sie nicht von Geburt an besitzen?

Zweitens verstärkt Einwanderung die Heterogenität der Aufnahmegesellschaften. Wo aus Immigration neue Unterschichten und ethnische Minderheiten entstehen, stellt sich die Frage nach Gruppenrechten auf Schutz vor Diskriminierung und auf kulturelle Anerkennung. Der Widerstand gegen die Gewährung solcher Rechte für Einwanderer legt national-kulturelle Fundamente der Staatsbürgerschaft in westlichen Demokratien offen. Aber auch dort, wo die neue Multikulturalität zum politischen Programm erhoben wurde, eskalieren Konflikte und bleiben Prinzipien ungeklärt: Wann ist Anpassung, wann Neutralität, Toleranz oder Anerkennung von Unterschieden geboten?

Drittens verdeutlicht die rechtliche und politische Integration von Migranten das generelle Problem der schwachen Motivationen für demokratische Partizipation in liberalen Staaten.[1] Auch dort wo Einbürgerung leicht gemacht oder kommunales Ausländerwahlrecht eingeführt wurde, bleiben die Raten der Inanspruchnahme solcher Angebote auf Beitritt und Beteiligung unter Immigranten oft recht niedrig (Hammar 1990: 155-168). Die Orientierung von Bürgern und ihren Repräsentanten am Gemeinwohl ist im Liberalismus nicht mehr auf die Gemeinsamkeit der Klasse, des Geschlechts oder der kulturellen Tradition gegründet, sondern auf eine interessengeleitete Solidarität unter Fremden. Bürger sind einander fremd im doppelten Sinn der Anonymität und der Verschiedenheit. Die meisten liberalen Theoretiker haben jedoch stillschweigend oder auch explizit vorausgesetzt, daß Bürgergesellschaften geschlossene Generationsgemeinschaften mit lebenslanger Mitgliedschaft sind (Rawls 1993). In solchen Gesellschaften sind Migranten Fremde in der dritten Bedeutung des Wortes: sie gehören nicht (dauerhaft) dazu. Fremd ist, wer „heute kommt und morgen bleibt" aber doch immer der „potenziell Wandernde" (Simmel 1958: 509) ist und deshalb übermorgen vielleicht auch wieder geht. Mit steigender geographischer Mobilität in westlichen Gesellschaften scheint der Gegensatz zwischen Bürgern und Fremden allerdings auch dadurch schwächer zu werden, daß immer mehr Einheimische selbst zu Binnenmigranten und dadurch einander fremd werden. Wie läßt sich jedoch in Gesellschaften, die bloß temporäre „Wohngemeinschaften" sind, ausreichende Motivation für demokratische Beteiligung und für eine Ethik der langfristigen Verantwortlichkeit in politischen Entscheidungen schaffen?

1. Vier Konzeptionen der Staatsbürgerschaft

Diese Herausforderungen verweisen auf unterschiedlich gehaltvolle Konzeptionen der Staatsbürgerschaft. Ich möchte vier Interpretationen unterscheiden, welche ich als nominelle, dünne, differenzierte und dichte bezeichne. Jede dieser Konzeptionen zerfällt wiederum in zwei Subvarianten.

(1) Die nominelle Konzeption bezieht sich auf den juristischen Begriff der Staats*angehörigkeit*. De Groot bezeichnet diese als „leeren Koppelungsbegriff" (de Groot 1989: 13), d.h. eine Relation der Zuordnung von Individuen zu Staaten, welche den Status der Mitgliedschaft in rein nomineller, substanzloser Weise definiert. Diese rechtspositivistische Auffassung ist von allen normativen Postulaten gereinigt und betrachtet Staatsangehörigkeit lediglich als ein Merkmal, welches souverane Staaten verwenden, um jene Personen zu registrieren, die ohne Einschränkungen Adressaten ihrer Entscheidungen sind. Selbst diese Bestimmung der Staatsangehörigkeit enthält jedoch bereits zwei Implikationen: Erstens können nur natürliche Personen (nicht jedoch Sachen, Tiere, Organisationen oder Gruppen) Staatsangehörige sein. Zweitens kann nicht Staatsangehöriger sein, wer uneingeschränkt einem anderen Souverän untersteht. Dies gilt nicht nur für Fremde, sondern macht auch den Status von Sklaven oder die

---

[1] Zur aktuellen Debatte über Burgerpflichten und -tugenden vgl. Kymlicka and Norman (1994: 353-369).

völlige Unterwerfung von Minderjährigen und Frauen unter die Autorität des männlichen Familienoberhauptes mit Staatsangehörigkeit im modernen Sinn unvereinbar. Im Gegensatz zu diesem „leeren" Begriff der Staatsangehörigkeit verknüpft eine gehaltvollere Konzeption diese mit elementaren Normen auf der Ebene der internationalen Staatengemeinschaft. In der Entwicklung des internationalen Rechts wurde Staatsbürgerschaft nach dem Zweiten Weltkrieg zu einem wesentlichen Thema. Die Phänomene der Staatenlosigkeit und der mehrfachen Staatsbürgerschaft bildeten Irritationen in den zwischenstaatlichen Beziehungen und wurden zum Gegenstand internationaler Abkommen.[2] In die Allgemeine Erklärung der Menschenrechte (1948) und den Weltpakt über zivile und politische Rechte (1966) wurden ein individueller Anspruch auf Staatsangehörigkeit, der Schutz vor willkürlicher Ausbürgerung und das Recht auf Wechsel der Staatsangehörigkeit aufgenommen.[3] Das von Hannah Arendt formulierte Paradox der Menschenrechte, daß diese gerade jenen vorenthalten blieben, die als Staatenlose auf ihr nacktes Menschsein reduziert worden waren (Arendt 1967: 297-300) schien so zumindest normativ aufgelöst. Ein solches Recht auf Staatsangehörigkeit macht nur Sinn, wenn damit zumindest elementare Schutzverpflichtungen des Staates impliziert sind. Staatsangehörigkeit ist ein Instrument zur Allokation spezieller Rechte und Pflichten zwischen Individuen und Staaten (vgl. d'Oliveira 1990) und das Menschenrecht auf Staatsangehörigkeit ist daher eine Konkretisierung des fundamentalen „Rechts auf Rechte" (Arendt 1967: 296). Diese Auffassung postuliert also einen Anspruch auf Zugehörigkeit zu einem Staat, deren normativer Sinn in der Gewährleistung von Rechten liegt. Auch die Regeln der Zuerkennung oder Aberkennung der Staatsangehörigkeit können daher nicht der bloßen Konvention oder Willkürentscheidung des einzelnen Staates überlassen werden, sondern bedürfen der völkerrechtlichen Normierung. Als unbestrittener Ausdruck der nationalen Souveränität blieben jedoch die Regeln der Übertragung der Staatsangehörigkeit auf Folgegenerationen und des Erwerbs durch Fremde innere Angelegenheit jedes Staates.[4] Georg Jellineks Theorie der subjektiven öffentlichen Rechte erweitert die positivistische Auffassung in anderer Richtung. Zwar ist die Zuordnung von Individuen zu Staaten hier durch faktische Unterwerfung gegeben, doch als Herrschaft über Freie müsse sie diesen Rechtsstellungen einräumen, die über den bloßen passiven status subjectionis hinausgehen. Jellinek unterscheidet in dieser Hinsicht einen negativen, positiven und aktiven Status, denen jeweils die bürgerlichen Freiheitsrechte, Ansprüche auf staatliche Leistungen und politische Beteiligungsrechte entsprechen (Jellinek 1892: 39-50).

---

2 UNO-Abkommen von 1961 zur Verminderung der Staatenlosigkeit, Europarats-Abkommen von 1963 über die Verminderung der Fälle mehrfacher Staatsangehörigkeit und über die Militärdienstpflicht in Fällen mehrfacher Staatsangehörigkeit.
3 Art. 15 Allgemeine Erklärung der Menschenrechte. Der völkerrechtlich verbindliche Weltpakt über bürgerliche und politische Rechte von 1966 enthält allerdings nur die wesentlich schwächere Formulierung, daß jedes Kind das Recht hat, eine Staatsangehörigkeit zu erwerben (Art. 24(3)).
4 In der Genfer Flüchtlingskonvention von 1951 verpflichteten sich die Unterzeichnerstaaten gerade noch „soweit wie möglich die Eingliederung und Einbürgerung der Flüchtlinge zu erleichtern" (GFK, Artikel 8); für andere Migranten und ihre Kinder gab und gibt es jedoch nach wie vor keinen durch internationale Norm verbürgten Zugang zur Staatsbürgerschaft der Aufnahmeländer.

(2) Im Unterschied zu diesen beiden nominellen Konzeptionen der Staatsangehörigkeit suchen verschiedene Stromungen der normativen politischen Theorie nach einem substanziellen Begriff der Bürgerschaft. In dieser Sicht konstituiert nicht erst der Rechtsakt der Zuerkennung der Staatsangehörigkeit einen Anspruch auf (unbestimmte) Rechte. Vielmehr sind es umgekehrt die Individuen in einer politischen Gemeinschaft zustehenden Rechte oder ihre Pflichten dieser gegenüber, welche erst ihre formelle Zuordnung zu einem Staat rechtfertigen. Die liberale Konzeption betont individuelle Rechte, welche gewährleistet sein müssen, um die Ausübung politischer Macht zu legitimieren. Welche Rechte dies sind, darüber gehen die Meinungen weit auseinander. Rechtsliberale, die sich in den USA Libertäre nennen, wollen starke individuelle Eigentums- und Freiheitsrechte, welche durch die Beschränkung staatlicher Herrschaft auf die Aufrechterhaltung von Ordnung und Sicherheit garantiert werden (Nozick 1974). Egalitäre Linksliberale erweitern Staatsbürgerschaft um soziale Burgerrechte, welche die Position der am schlechtesten Gestellten verbessern (Rawls 1971) oder die gesellschaftliche Ungleichverteilung von Ressourcen ausgleichen sollen (Dworkin 1981). Gemeinsam ist ihnen die Auffassung, daß liberale Staatsbürgerschaft allgemeine Prinzipien der Gerechtigkeit und eine „dünne Konzeption des Guten" operationalisiert, die von einer Vielzahl divergierender ethischer oder religiöser Standpunkte aus unterstützt werden kann (Rawls 1993) und die Koexistenz unterschiedlicher Lebensformen und Gemeinschaften ermöglichen soll (Nozick 1974: 299-334). Für die Vertreter der dünnen liberalen Konzeption ist Staatsbürgerschaft ein homogener Status, dem ein Bundel gleicher individueller Rechte zugeordnet ist. Kollektive Rechte sind in dieser Auffassung entweder grundsätzlich suspekt oder nur dann legitim, wenn sie auf moralische Rechte von Individuen reduzierbar sind (Hartney 1991). Insbesondere Gruppenrechte, die an askriptive Zugehörigkeiten wie Geschlecht oder ethnische Herkunft geknüpft sind, verletzen das Gebot der Gleichbehandlung der Staatsbürger.[5]

(3) Einige liberale und kommunitaristische Autoren treten im Gegensatz dazu für eine differenzierte Staatsburgerschaft ein, welche gerade askriptive Gruppen als konstituierende Bestandteile einer heterogenen Öffentlichkeit (Young 1990) oder einer pluralistischen politischen Gemeinschaft begreift (Parekh 1994). Gruppenrechte sind in dieser Auffassung nicht nur als temporäre Maßnahme gegen bestehende soziale Ungleichheit notwendig. Sie artikulieren auch dauerhafte Ansprüche auf kollektive Selbstbestimmung von Gruppen innerhalb eines liberalen Staates. Autonomierechte für indigene oder nationale Minderheiten sind das offensichtlichste Beispiel für eine Differenzierung der Staatsbürgerschaft nach Gruppenzugehörigkeit (Kymlicka 1989). Sie anerkennen, daß die politische Gemeinschaft aus partiell autonomen Nationalitäten zusammengesetzt ist. Gruppenrechte auf kollektiven Schutz vor Diskriminierung, auf öffentliche Ressourcen oder besondere politische Vertretung können jedoch auch innerhalb eines einheitlichen demokratischen Gemeinwesens institutionalisiert werden. Sie reflektieren dann nicht eine zusammengesetzte Struktur der politischen Gemeinschaft, sondern die Heterogenität und Ungleichheit der Zivilgesellschaft. In einer

---

5 In den USA entzündet sich die Debatte um Gruppenrechte vor allem an *affirmative action* Programmen. Dabei zeigt sich, daß liberale Konzeptionen in solchen Anwendungsfallen doch recht divergierende Schlußfolgerungen zulassen (Glazer 1983: 159-229; Dworkin 1985: 293-331; Rosenfeld 1991).

Gesellschaft, in der ethnische, kulturelle oder religiöse Zugehörigkeiten wesentlich sozialen Status und Chancen der Individuen bestimmen, erfordert die substanzielle Gleichheit der Bürgerschaft spezifische Rechte für Minderheiten. Dies wirft eine Reihe von Fragen auf, wie solche Differenzierungen der Staatsbürgerschaft mit liberalen Grundlagen der Demokratie vereinbart werden können. Will Kymlicka unterscheidet gerechtfertigten externen Schutz benachteiligter Minderheiten (vor den politischen Präferenzen dominanter gesellschaftlicher Gruppen) von unzulässigen interenen Restriktionen (der Freiheiten und Rechte von Angehörigen der Minderheiten selbst) (Kymlicka 1995a: 32-36). Sind Gruppenrechte auch dann gerechtfertigt, wenn sie im Namen der Bewahrung kultureller Traditionen der Beschneidung allgemeiner Freiheitsrechte Vorschub leisten, wenn sie im Namen der politischen Geschlossenheit zur Unterdrückung von Dissidenten und Minderheiten innerhalb der Minderheit führen (Green 1994), wenn sie im Namen der effizienten Repräsentation der Gruppe den politischen Wettbewerb um Mandate und die Abberufbarkeit von Delegierten beschranken (Phillips 1992)?

Antworten auf solche Fragen trennen Kommunitaristen, die Gruppenautonomie ins Zentrum rücken, von liberalen Pluralisten. Dünne liberale Konzeptionen der Staatsbürgerschaft wollen individuelle Autonomie durch Abstraktion von Gruppenzugehörigkeiten maximieren. Pluralistische Liberale sehen in askriptiven Mitgliedschaften sowohl eine Quelle der sozialen Ungleichheit als auch der individuellen Autonomie (Buchanan 1991: 53; Raz 1994: 69-71). Autonomie kann sich jedoch immer auch in der Entscheidung gegen die zugeschriebene Gemeinschaft bewähren. Für kommunitaristisch orientierte Autoren ist das Selbst dagegen tief in kulturelle Traditionen und Gemeinschaften eingebettet (Sandel 1982). Die liberale Sprache der individuellen Rechte zersetzt in ihren Augen die auf wechselseitigen Pflichten aufbauende gruppeninterne Solidarität. Da eine angemessene kommunitaristische Beschreibung moderner Gesellschaften jedoch anerkennen muß, daß diese aus einer Vielzahl teils überlappender, teils in Untergruppen zerfallender Gemeinschaften bestehen, stellt sich die Frage, welchen darunter vorrangig die Loyalität der Bürger gebührt. Als Antwort bieten sich mindestens drei verschiedene Konzeptionen der Staatsbürgerschaft an, die ich als die multikulturelle, republikanische und nationalistische bezeichnen möchte. Die erstere betont besondere Gruppenrechte ethnischer, kultureller und religiöser Gemeinschaften innerhalb demokratischer Staaten und erfordert daher stark differenzierte Bürgerrechte. Die beiden anderen räumen dagegen der politischen Gemeinschaft absoluten Vorrang ein und unterstützen eine „dichte" Variante der Staatsbürgerschaft.

(4) In dieser wird die Zugehörigkeit zur Nation oder zum staatlichen Gemeinwesen zu einer primären Quelle kollektiver Identität und Solidarität, welche Interessengegensätze zwischen ökonomischen Klassen, Geschlechtern und Generationen überbrückt. Die Betonung kultureller Differenzen innerhalb der Gesellschaft durch spezielle Minderheitenrechte wird als Schwächung des einigenden Bandes abgelehnt. Liberale Rechte des Individuums werden durch Bürgerpflichten und -tugenden angereichert oder auch zurückgedrängt. Der wichtige Unterschied zwischen Republikanismus und Nationalismus liegt im Verhältnis zwischen Gesellschaft und politischer Gemeinschaft. Für den ersteren konstituiert sich die politische Gemeinschaft selbst durch den Konsens und die Partizipation ihrer Mitglieder und bringt damit erst jene gemeinschaftliche

Ethik und Kultur hervor, welche die Risse in einer durch divergierende Interessen zersplitterten Zivilgesellschaft zu kitten vermag. Für den Nationalismus sind es umgekehrt die historischen Gemeinsamkeiten der Abstammung oder Kultur, auf welchen eine politische Gemeinschaft aufbauen muß, in der nicht die privaten Interessen dominieren, sondern das Gemeinwohl. Die aus vielen Quellen gespeiste Tradition des *civic republicanism* betont die politischen Partizipationsrechte als Kernbestand demokratischer Staatsbürgerschaft, welche zugleich als Pflicht zur Beteiligung aufgefaßt werden (siehe z.B. Mill 1972: 324). Nationalistische Kommunitaristen sehen dagegen in der Bewahrung, Tradierung und Entwicklung der nationalen Kultur die wesentlichste Aufgabe des Staates wie der Bürger.

Im folgenden will ich nun überprüfen, welche Antworten auf die Herausforderungen durch Migration liberale, republikanische und nationalistische Auffassungen der Staatsburgerschaft jeweils nahelegen. Die Analyse orientiert sich dabei weder an der derzeitigen Praxis verschiedener Staaten noch an den Schlußfolgerungen normativer Theoretiker, sondern versucht eine idealtypische Rekonstruktion dieser drei Zugänge. Die Staatsbürgerschaftspolitik fast aller westlichen Demokratien kombiniert Elemente der drei Grundkonzeptionen, so daß die Unterschiede zwischen ihnen eher graduelle sind. So ist etwa die gängige Charakterisierung der französischen Konzeption als republikanisch und der deutschen als völkisch eine recht grobe Vereinfachung. Ebenso laßt sich zeigen, daß die neuerdings wieder stärker wahrnehmbare neorepublikanische Stromung sich eher als interne Korrektur denn als Alternative zum liberalen Modell versteht (siehe z.B. Oldfield 1990; van Gunsteren 1988; Hoffmann 1990; Oberndörfer 1991). Politische Theoretiker, welche im Rahmen westlicher Demokratien zur Verteidigung nationalistischer Prinzipien antreten, bezeichnen sich selbst oft explizit als liberale oder republikanische Nationalisten (siehe z.B. Tamir 1993; Miller 1995). Eine idealtypische Darstellung mag manchen dieser Autoren ebenso uberzeichnet erscheinen. Sie wäre auch unangemessen, stünde an ihrem Ende ein normatives Plädoyer fur eines dieser drei Modelle. Als Fazit aus meinen Überlegungen ergibt sich jedoch ein Argument für eine pluralistische Erweiterung des liberalen Zugangs. Differenzierte Staatsbürgerschaft kann sowohl die Integration von Migranten als auch die Binnenintegration liberaler Demokratien in mobilen Gesellschaften besser gewährleisten als die rivalisierenden dichten Konzeptionen.

2. Grenzen zwischen Bürgern und Fremden

Die Konzeptionen der Staatsbürgerschaft unterscheiden sich nicht nur hinsichtlich des substanziellen Aspekts der den Bürgern zugeordneten Rechte und Pflichten, sondern ebenso in ihrer Auffassung der nominellen Mitgliedschaft. Die Frage, wie denn ein Staat seine Burger identifiziert und von Fremden unterscheidet, verweist auf unterschiedliche Vorstellungen über die räumlichen Grenzen und die zeitliche Kontinuitat eines politischen Gemeinwesens. Solche raumzeitlichen Konturen sind ja nicht naturwuchsig vohanden. Sie werden einerseits als mentale Bilder des Staats, der Nation, der Gesellschaft diskursiv erzeugt und andererseits durch Rechtsregeln operationalisiert. Diese Konturen treten dann deutlich hervor, wenn die Grenzziehung an den personalen Schnittstellen und Übergängen zwischen den verschiedenen Gemeinwesen untersucht wird.[6] Die Regelung von Migration, der Rechtsstellung der Fremden und der Ein- und Ausbürgerung konstituieren die personalen Grenzen des Gemeinwesens in rechtlicher Hinsicht. Historisch komparative Analysen haben gezeigt, wie diese Regeln mit unterschiedlichen Vorstellungen der Nation (Brubaker 1989, 1992) und Typen politischer Regime korrespondieren (Soysal 1994) und institutionelle Kanäle fur die Partizipation von Immigranten bilden (Ireland 1994). Auch die normativen Prinzipien politischer Theorien unterstellen ein bestimmtes Bild der politischen Gemeinschaft, dessen Konturen oft erst dann deutlich werden, wenn sie befragt werden, wie der Ausschluß oder die Integration von Fremden in dieser Gemeinschaft geregelt sein soll.

Jede Theorie der Staatsbürgerschaft benotigt ein Prinzip der Inklusion, welches angibt, welcher Kreis von Personen potentiell Bürger sind und wie sie in den Genuß des faktischen Status der Mitgliedschaft gelangen. In einer rechtspositivistischen Auffassung könnte jede beliebige Ansammlung von Individuen durch willkürliche Entscheidung eines souveranen Gesetzgebers zu Staatsangehörigen gemacht werden (vgl. Schumpeter 1950: 245; zur Kritik an dieser Auffassung siehe Dahl 1989: 122). Falls die Staatsbürger jedoch als Mitglieder einer politischen Gemeinschaft gelten, so ergeben sich alleine daraus Mindestanforderungen an den Personenkreis, für den das Inklusionsprinzip gelten soll. Da staatliche Herrschaft über die Bevolkerung eines bestimmten Territoriums ausgeübt wird und auf lange Dauer angelegt ist, muß es sich zumindest im Kern um ein generationenübergreifendes territoriales Kollektiv handeln. Nur ein solches Kollektiv kann als idealler Souverän eines Staates gelten. Eine über viele Staaten zerstreute Gruppe von Menschen kann zwar eine intergenerationale kulturelle oder religiose Gemeinschaft bilden – als politische Gemeinschaft konstituiert sie sich jedoch nur dann, wenn sie sich auf eine Beendigung der Diaspora orientiert und zu diesem Zweck politische Institutionen wie etwa Exilregierungen und -parlamente bildet.[7] Ebenso unverzichtbar ist das Kriterium der langfristigen Generationsgemeinschaft. Wir können uns einen Staat vorstellen, der ausschließlich von Transitbevölkerungen bewohnt wird, so daß niemand, der länger dort lebt, auch dort geboren wurde und niemand, der dort geboren wird, auf Dauer dort lebt. Ein solcher Staat könnte wohl als institutionalisiertes Gewaltmonopol in einem Territorium existieren, doch seine Bevölkerung würde sich wohl kaum als politische Gemeinschaft begreifen.

Es ist jedoch wichtig zu betonen, daß die beiden Kriterien lediglich für einen Kern dieses Personenkreises erfüllt sein müssen. Die Außen- und Binnengrenzen politischer Gemeinschaften können diffus sein. Erstens können Emigranten, die sich vorübergehend oder auch auf Dauer im Ausland aufhalten, in die politische Gemeinschaft partiell einbezogen bleiben (starke Beteiligung ist etwa durch das Wahlrecht für Auslandsbürger gegeben, schwache über diplomatischen Schutz und Rückkehrrecht). Zweitens

---

6 Diese Auffassung findet eine Parallele in der Ethnologie. Der norwegische Anthropologe Fredrik Barth pladierte 1969 dafür, Ethnizitat als Resultat sozialer Grenzziehungen zu begreifen, statt umgekehrt die Grenzen ethnischer Gruppen als Ausdruck gegebener kultureller Unterschiede (Barth 1969).

7 In diesem Sinn konnen sowohl die zionistische Bewegung vor 1948 als auch die palastinensische vor dem Autonomieabkommen als politische Gemeinschaften in statu nascendi aufgefaßt werden.

kann die Staatsbürgerschaft aufgrund des ius sanguinis an im Ausland Geborene vererbt werden, so daß sich die Mitgliedschaft auch in der Übertragung zwischen den Generationen vom territorialen Bezug löst. Drittens schließlich können ethnische und religiöse Diaspora-Gruppen, die formell keine Staatsangehörigen sind, einen Status als virtuelle Mitglieder der politischen Gemeinschaft besitzen, welcher sich in einer Schutzmachtpolitik des Mutterlandes oder dem garantierten Einwanderungsrecht manifestiert. Diese drei Möglichkeiten stellen Erweiterungen einer im Kern territorialen Staatsbürgerschaft dar, keineswegs jedoch eine Deterritorialisierung des Nationalstaats.[8] Auch innerhalb des Territoriums kann der Personenkreis unterschiedlich weit gefaßt sein. Niedergelassene Fremde können entweder auf Dauer von der Staatsbürgerschaft ausgeschlossen bleiben, sie können als potentielle Bürger gelten, die erst durch Einbürgerung zu Mitgliedern der politischen Gemeinschaft werden, oder als „Wohnbürger",[9] die trotz fremder Staatsangehörigkeit in den Genuß von Bürgerrechten kommen. Bei einer liberalen Praxis der Wohnbürgerschaft und der Einbürgerung unter Hinnahme von Doppelsaatsangehörigkeit mutiert auch wer gestern kam, heute bleibt und morgen wieder geht, vom Fremden zum Bürger. Damit durchbricht Inklusion auf der Grundlage des territorialen Kriteriums die Bedingung der generationsübergreifenden Gemeinschaft.

2.1 Liberale Staatsburgerschaft

Der offenkundigste Unterschied zwischen den oben dargestellten Auffassungen der Staatsbürgerschaft ist folgender: Die dünne liberale mißt der territorialen Inklusion die größte Bedeutung bei, der historischen Kontinuität dagegen die geringste. Die dichten republikanischen und nationalistischen Konzeptionen verengen umgekehrt den Personenkreis zugunsten einer Dehnung der politischen Gemeinschaft in der historischen Zeit.
Im weitesten Sinn erstreckt sich das liberale Inklusionsprinzip auf alle Zeitgenossen. Jeder Mensch ist grundsätzlich befähigt, Staatsbürger einer liberalen Demokratie zu sein. Eine dünne Auffassung der Staatsbürgerschaft läßt keine askriptiven Ausschlußkriterien wie Geschlecht oder Abstammung zu, bedarf aber auch keiner qualifizierenden Bedingungen wie Mündigkeit, Unbescholtenheit, Loyalität. Nicht alle liberal-egalitäre Autoren akzeptieren dies. Bruce Ackerman etwa schränkt sein „ideal of universal citizenship" in folgender Weise ein: „In ideal theory, all people who fulfill the dialogic and behavioral conditions have an unconditional right to demand recognition as full

---

[8] Basch, Glick Schiller und Blanc-Szanton (1994) sehen im Gegensatz dazu in der politischen Mobilisierung von Emigranten und Diaspora-Populationen durch Herkunftsstaaten einen Prozeß nationalstaatlicher Deterritorialisierung.

[9] „Wohnbürgerschaft" wurde von mir als deutschsprachiges Äquivalent für den vom schwedischen Migrationsforscher eingeführten Begriff „denizenship" vorgeschlagen (siehe Hammar 1990; Baubock 1991). Damit ist der Zugang zu Bugerrechten alleine aufgrund längeren Aufenthalts gemeint. Wesentliche Elemente der Wohnbürgerschaft in westlichen Einwanderungsstaaten sind: ein dauerndes und nur in gravierenden Fällen entziehbares Aufenthaltsrecht, das Recht auf Familiennachzug, Gleichstellung mit Staatsangehörigen in allen Freiheitsrechten und Sozialleistungen und in einigen Staaten auch politische Beteiligungsrechte wie das kommunale Ausländerwahlrecht.

citizens of a liberal state" (Ackerman 1980: 88). Die dialogische Bedingung bezieht sich auf die Fähigkeit, einen Anspruch auf knappe Resourcen anderen gegenüber argumentativ zu verteilen. Steine und Pflanzen können daher keine Bürger sein, höhere Tiere entwickeln vielleicht eine Art Sprache, sie können jedoch nicht mit Menschen in Dialog treten. Aber auch Kleinkinder oder geistig Schwerbehinderte wären nach dieser Auffassung als Staatsbürger disqualifiziert (ebd.: 70-80). Im Gegensatz dazu ortet etwa Brian Turner in der Ökologiebewegung die Forderung nach einer Ausdehnung der Staatsbürgerschaft auf nichtmenschliche Natur (Turner 1986: 98ff.). Gegen Ackerman läßt sich einwenden, daß liberale Staatsbürgerschaft damit exklusiver wurde als die nominelle juristische Auffassung, nach der ja bereits Neugeborene Staatsangehörige sind. In einer liberalen Demokratie ist dieser nominelle Status überdies mit einem gewichtigen Bündel passiver Rechte ausgestattet, welche auch Minderjährigen oder geistig Behinderten zukommen. Obwohl ein Gesetzgeber durchaus selbst Tieren passive Rechte zuschreiben kann, kann er ihnen keinen Mitgliedsstatus gewahren, der auch innerhalb der internationalen Staatenordnung anerkannt würde. Darin spiegelt sich ein allgemeiner Konsens, daß trotz aller biologischen Gemeinsamkeiten und Kommunikationsmoglichkeiten zwischen Tieren und Menschen (und einer darauf gestützten ökologischen Ethik; siehe Habermas 1991: 223f.) nur die letzteren *politische* Gemeinschaften bilden können und daher auch nur Menschen als *Mitglieder* solcher Gemeinschaften begriffen werden können. Die plausibelste Interpretation des liberalen Inklusionsprinzips lautet daher, daß ausschließlich Menschen und unterschiedslos alle Menschen Bürger eines liberalen Staates sein können.

Damit ist natürlich nur der äußerste Kreis der *potentiellen* Staatsbürger umschrieben. Das universalistische Moment der Nichtausschließung jedweden menschlichen Wesens aus dem Kreis der potentiellen Bürger bezeichnet noch keinen spezifischen Personenkreis als prädestiniert für eine bestimmte politische Gemeinschaft. Partikularistische räumliche, zeitliche und soziale Zulassungsbedingungen sind notwendig, um die Adressaten des Inklusionsprinzips positiv zu identifizieren. Sie verengen den Kreis auf Anspruchsberechtigte. Zu solchen vertretbaren liberalen Kriterien zählen etwa für Einbürgerungen der Wohnsitz und eine bestimmte Aufenthaltsdauer im Inland oder für den Erwerb der Staatsbürgerschaft im Ausland die Abstammung von Emigranten. Die territoriale Inklusivität der liberalen Auffassung zeigt sich darin, daß Aufenthaltsfristen nicht übermäßig lang sein dürfen, daß Einbürgerung als Option für die Anspruchsberechtigten verstanden wird und nicht als Ermessensentscheidung der Behörde, und daß niedergelassene Ausländer aufgrund zahlreicher staatsangehörigkeitsneutraler Rechte mit Inländern weitgehend gleichgestellt sind. Die restriktive Kehrseite dieser territorialen Inklusion ist, daß freiwillige Ausbürgerungen erst nach Verlagerung des Wohnsitzes ins Ausland möglich sind und daß die Übertragung der Staatsangehörigkeit im Ausland auf die erste dort geborene Generation beschränkt bleibt (siehe ausführlicher Bauböck 1994a: Kapitel 4,5).[10]

Die Umrisse des Personenkreises, welche durch diese Operationalisierungen des Inklusionsprinzips gezeichnet werden, beziehen sich auf eine durch einen Territorialstaat

---

10 In einem weiteren Sinn verstarkt die weitgehende Öffnung des Zugangs zur Staatsbürgerschaft innerhalb des Territoriums natürlich die Bedeutung der Kontrolle über den Zutritt zum Staatsgebiet durch Einwanderung. Zur Debatte um liberale Einwanderungspolitik siehe Baubock (1994a: Kapitel 13).

konstituierte Gesellschaft. Die liberale Auffassung der Staatsbürgerschaft korrespondiert also mit einer *sozietalen* Vorstellung der politischen Gemeinschaft. Anspruch auf Mitgliedschaft hat, wer durch dauernden oder früheren Aufenthalt bzw. enge soziale Bindungen in seinen fundamentalen Interessen an einen Staat gebunden ist. Dies sind nicht einfach all jene, die sich zu einem beliebigen Zeitpunkt in einem Staatsgebiet aufhalten und dadurch der Hoheitsgewalt und den Gesetzen dieses Staates unterworfen sind. Temporär Anwesende sind ausgeschlossen und temporär Abwesende bleiben eingeschlossen. Aber die Vorstellung des räumlichen Zusammenlebens in einem staatlich verwalteten Territorium bildet dennoch klar erkennbar den Kern dieser sozietalen Auffassung (vgl. Kleger 1995). Sie entspricht Michael Walzers Analogie der politischen Gemeinschaft als *neighborhood* (Walzer 1983: 36-39).

2.2 Republikanische Staatsbürgerschaft

Die republikanische Idee der Staatsbürgerschaft ist demgegenüber eine *assoziative*. Die politische Gemeinschaft hebt sich als Zusammenschluß freier Bürger von der Gesellschaft ab.[11] Staaten verhalten sich nicht wie offene Nachbarschaften, sondern wie Klubs (ebd.: 40f.). Klubs bestimmen selbst, welche neuen Mitglieder sie aufnehmen und wählen diese so aus, daß sie dabei ihre kollektiven Interessen maximieren. Ein Sportverein wird vorrangig finanzkräftige Förderer oder begabte Nachwuchstalente rekrutieren und manche Staaten zeigen bei Einbürgerungen ähnliche Präferenzen. Die Entscheidung über die Aufnahme neuer Bürger ist in dieser Sicht weder durch deren individuelle Interessen noch durch ihre faktische soziale Zugehörigkeit präjudiziert; sie orientiert sich am Gemeinwohl jener, die bereits Bürger sind. Einbürgerungswillige sind Antragsteller, aber nicht Anspruchsberechtigte: Voraussetzung für die Naturalisierung ist eine Willensbekundung des Fremden, das letzte Wort liegt jedoch bei den staatlichen Behörden. Die äußere Grenze zwischen Bürgern und Fremden ist somit nicht undurchlässig, wird aber durch die absolute Zulassungskompetenz des Staates scharf gezogen.
Niedergelassene Fremde können daher auch nicht als partielle Bürger begriffen werden wie im liberalen Modell der Wohnbürgerschaft. Sie mögen erhebliche Rechte genießen, die sich aus internationalen, multilateralen oder bilateralen Abkommen herleiten.[12] Menschenrechtliche Normen und das zwischenstaatliche Prinzip der Reziprozität in der Gewährung von Vergünstigungen für die Bürger des jeweils anderen Staates bilden durchaus solide Grundlagen für Ausländerrechte in einer republikanischen Konzep-

---

11 Lutz Hoffmann besteht einerseits gegen die rechtspositivistischen und die volkischen Konzeptionen des Staatsvolks darauf, daß dieses eben durch staatliche Herrschaft selbst konstituiert werde und deshalb die Gebietsbewohner einschließe. Andererseits schwacht er den bereits auf gesellschaftliche Zugehörigkeit gestutzten Anspruch auf Inklusion, indem er dann doch die Beteiligung am demokratischen Willensbildungsprozeß (durch die Auslandern gewahrten Rechte auf Meinungsfreiheit und Assoziation) zum Kriterium der Zugehörigkeit zum Staatsvolk macht (Hoffmann 1991: 112-117).
12 Robert Goodin weist darauf hin, daß traditionelle Normen des Völkerrechts Fremde sogar starker vor Eingriffen des Aufnahmestaates schutzen als die jeweiligen Bürger (z.B. gegen Enteignungen) (Goodin 1988: 668-671). Dieselben Normen verpflichten Staaten jedoch in keiner Weise, Fremde hinsichtlich positiver Leistungen mit Burgern gleichzustellen.

tion. Sie genießen diese Rechte jedoch gerade deswegen, weil sie Fremde sind und nicht aufgrund ihrer gesellschaftlichen Zugehörigkeit. Der Gegensatz zwischen diesen beiden Begründungen hat praktische Implikationen. Erstens rechtfertigt die republikanische Auffassung nicht nur die Ungleichbehandlung von Bürgern und Fremden, sondern auch der Fremden untereinander. Sie bietet damit z.B. innerhalb der Europäischen Union keinerlei Anstoß für eine Angleichung der Rechte von Drittlandsausländern an jene der Unionsbürger. Zweitens müssen politische Beteiligungsrechte und der Zugang zu öffentlichen Ämtern kategorisch ausgeschlossen bleiben, weil sie in republikanischer Sicht den Kern der Staatsbürgerschaft bilden. Über die Wahrnehmung dieser Rechte durch die einzelnen Bürger konstituiert sich die politische Gemeinschaft. Die Klubanalogie stützt diese Sichtweise: Nichtmitglieder können Nutzen aus Vereinsaktivitäten ziehen – etwa im Rahmen von Abkommen zwischen befreundeten Klubs oder als Konsumenten öffentlich angebotener Dienstleistungen des Vereins. Ihre Rechte sind jedoch von jenen der Mitglieder verschieden und das aktive und passive Wahlrecht für den Vereinsvorstand wird jedenfalls Mitgliedern vorbehalten bleiben. Die Analogie taugt jedoch nur begrenzt, weil Klubs in der Regel ihre Mitgliedschaft nicht vererben. Die automatische Übertragung der Staatsangehörigkeit auf Folgegenerationen steht aber keineswegs im Widerspruch zum republikanischen Denken. Diese sichert vielmehr die historische Kontinuität der politischen Gemeinschaft. Müßten sich, wie John Locke vorschlägt (siehe Locke 1956, VIII, § 118: 61), die Kinder der Bürger mit Volljährigkeit erst für die aktive Staatsbürgerschaft entscheiden, so würden wohl viele ihren privaten Interessen Vorrang geben und als Trittbrettfahrer sich den Pflichten der politischen Beteiligung und der Landesverteidigung entziehen. Wäre obendrein noch wie bei der Einbürgerung von Fremden mit dem Antrag noch nicht über die Aufnahme entschieden, so könnten politische Machthaber Staatsbürgerschaft als Vergünstigung vergeben und die Zusammensetzung des Wahlvolks zu ihren Gunsten manipulieren.[13] Die automatische Zuerkennung aufgrund von Geburt stärkt dagegen das Bewußtsein der Bürger, Teil einer generationenübergreifenden politischen Gemeinschaft zu sein und betont die Verpflichtung des einzelnen gegenüber dieser Gemeinschaft. In freiwilligen Assoziationen sind Rückzug in die Inaktivität oder formeller Austritt meist ohne weiteres möglich. Für die republikanische Konzeption der Staatsbürgerschaft ist es jedoch wichtig, emotionale Barrieren gegen die Abwanderung in politische Passivität oder in die Emigration aufzubauen.

Damit ist noch nicht gesagt, ob ius soli oder ius sanguinis die geeignete Regel für die Zuschreibung der Staatsangehörigkeit bei Geburt ist. Beide Formeln operationalisieren nicht die republikanische Idee konsensueller Mitgliedschaft, sondern garantieren die intergenerationale Kontinuität der politischen Gemeinschaft. Unter diesem Gesichtspunkt ist der Zufall der Geburt in einem Territorium um nichts weniger arbiträr als die Staatsangehörigkeit der Eltern. Für das Abstammungsprinzip spricht aus republikanischer Perspektive erstens, daß die sich selbst reproduzierende politische Gemeinschaft damit unabhängig von oktroyierten Gebietsveränderungen wird (durch Annexion, Vertreibung, Teilung oder auch expansive Eroberungspolitik ihrer eigenen Herrscher). Zweitens macht die Vererbungsregel die Eltern zu Adressaten einer wesentli-

---

[13] Solche Erfahrungen führten zur Festschreibung des ius sanguinis im perikleischen Athen (Bruschi 1988: 137f.).

chen staatsbürgerlichen Pflicht: der Erziehung der nachfolgenden Generation zu loyalen Bürgern. Schon in der primären Sozialisation im Elternhaus soll ein Bewußtsein der historischen Kontinuität und Zugehörigkeit zur politischen Gemeinschaft erzeugt werden. Gegen das ius sanguinis spricht jedoch gerade das republikanische Mißtrauen gegen familiäre Loyalitäten und Bindungen. Die politische Gemeinschaft ist nicht nur durch territoriale Veränderungen bedroht, sondern auch durch die Macht von Klans in ihrem Inneren. Und sekundäre Sozialisation in der Schule wird vielfach als republikanischer Erziehungsauftrag interpretiert, die Kinder aus dem Elternhaus zu lösen und auf ihre Aufgaben in der politischen Gemeinschaft vorzubereiten. Das Territorialprinzip kommt dieser Vorstellung entgegen, indem es die Kontinuität des Staates gegenüber jener der Verwandtschaftsbeziehungen betont.

Wenn es stabile Grenzen und wenig zwischenstaatliche Migration gibt, so unterscheiden sich beide Regeln nur in dieser pädagogischen Symbolik, nicht jedoch im Allokationseffekt. Kommt es aber zu anhaltenden grenzüberschreitenden Wanderungsbewegungen, so inkludiert das ius soli die Kinder der Einwanderer in die republikanische Gemeinschaft, das ius sanguinis dagegen jene der Auswanderer. Im Gegensatz zum liberalen Inklusionsgebot, welches in dieser Situation dem ius soli Vorrang einräumt, präjudiziert das republikanische keineswegs, daß ein Staat mit anhaltender Immigration sich auch als Einwanderernation begreifen muß. Die fortgesetzte Übertragung der Staatsangehörigkeit im Ausland auf Folgenerationen ist allerdings in republikanischer Sicht noch wesentlich problematischer als in liberaler. Bereits die Emigranten der ersten Generation werden nicht mehr als vollwertige Bürger gelten, weil sie ihren politischen Beteiligungspflichten nicht ausreichend nachkommen können. Sie nehmen nicht an den alltäglichen politischen Diskursen teil, sie üben keine Ämter wie das Laienrichtertum aus, in denen sie die Gemeinschaft repräsentieren. Zwar ist es heute technisch möglich, ihnen das Wahlrecht einzuräumen, wie dies von mehreren Demokratien ja auch getan wird. Sie entziehen sich jedoch durch ihre Abwesenheit den damit verbundenen politischen Gemeinschaftspflichten. Generell schürt eine republikanische Auffassung das Mißtrauen gegen Auswanderer aus ökonomischen oder familiären Motiven. Im Extremfall kann der Akt der permanenten Auswanderung als impliziter Verzicht auf die Mitgliedschaft und damit als hinreichender Grund für die Aberkennung der Staatsbürgerschaft interpretiert werden. Bestenfalls genießen Emigranten eine „ruhende Staatsbürgerschaft", mit dem Recht auf diplomatischen Schutz und Rückkehr, durch welche die volle Staatsbürgerschaft reaktiviert werden kann.

Diese Interpretationen der Regeln der Übertragung und des Entzugs der Staatsbürgerschaft legen es nahe, die Vereinsanalogie durch eine andere zu ergänzen. Die zugeschriebene fundamentalen Bedeutung für die Identität der Person, die für alle Mitglieder verbindliche gemeinsame Konzeption des Guten und die Verpflichtung zur Loyalität – all dies erinnert eher an die Mitgliedschaft in einer Religionsgemeinschaft als in einem Klub. Die Loyalitätsverpflichtung der dichten republikanischen Konzeption schließt (im Unterschied zur Klubmitgliedschaft) auch Mehrfachstaatsbürgerschaften aus. Wer nicht bereit ist, seine bisherige Staatsangehörigkeit aufzugeben, disqualifiziert sich damit für die Einbürgerung. Dazu paßt auch die Gestaltung der Einbürgerung als Konversion. Die Treuebekundung in Einbürgerungszeremonien hat oft quasireligiösen Charakter. Dies geht mit einer Abschwächung der Selektionskriterien einher. Es kommt nicht so sehr darauf an, Bewerber nach ihrer subjektiven Eignung zu prüfen, als vielmehr in einem Initiationsritual Neulingen die zukünftigen Pflichten ihrer Mitgliedschaft einzuprägen.[14]

Auch ein anderes Spezifikum republikanischer Politik wird durch die Analogie mit Glaubensgemeinschaften besser erfaßt: die Bereitschaft, jene aufzunehmen, die zwar nicht per Geburt der eigenen politischen Gemeinschaft zugeordnet sind, aber aufgrund von Überzeugungen verfolgt werden, welche sie zu republikanischen Gesinnungsgenossen machen. Dissidenten autoritärer Regime haben ihre Eignung als gute Bürger bereits unter Beweis gestellt und sind daher für die Aufnahme prädestiniert. Was Flüchtlingen in der republikanischen Tradition einen Anspruch auf Schutz verleiht, sind ihre Überzeugungen und Taten, nicht das alleinige Faktum ihrer Verfolgung aufgrund der Zugehörigkeit zu einer Minderheit oder gar das massenhafte Unglück der Opfer von Kriegen und Hungersnöten.[15] Die republikanische Auffassung fällt daher in mancher Hinsicht hinter den Flüchtlingsbegriff der Genfer Konvention zurück, welcher sich aus den Erfahrungen des Holocaust, den Vertreibungen am Ende des Zweiten Weltkriegs und den westlichen Interessen im Kalten Krieg entwickelte. Erweiterte Aufnahmepflichten von Staaten gegenüber Schutzsuchenden lassen sich besser auf der Grundlage liberaler Ideen formulieren.

Mit allen diesen Regeln der Mitgliedschaft verweist das republikanische Inklusionsprinzip nicht auf eine breitere Konzeption der Gesellschaft, sondern auf die politische Gemeinschaft selbst. Die Modi der Zulassung, Aberkennung und Übertragung der Staatsbürgerschaft sollen in der historischen Zeit die Kontinuität dieser Gemeinschaft, nach außen ihre Souveränität gegenüber anderen Staaten und nach innen den Vorrang der Bürgerschaft vor partikularen sozialen Interessen unterstreichen.

2.3 Nationalistische Staatsbürgerschaft

Das nationalistische Inklusionsprinzip bezieht sich dagegen auf eine kulturelle Gemeinschaft. Es fordert die territoriale Deckungsgleichheit von kulturellen und politischen Grenzen (Gellner 1983) und in personaler Hinsicht den Einschluß aller Mitglieder der kulturellen Gemeinschaft in die politische. Zeitgenössische Analytiker sind sich darüber einig, daß Nationalismus ein genuin modernes Phänomen ist. Auch in vormodernen Gesellschaften gab es natürlich Patriotismus und Ethnozentrismus, doch bezogen sich diese Formen von Loyalität in der Regel auf unterschiedliche Einheiten. Imperien umfaßten zahlreiche ethnische Gruppen und umgekehrt blieben große Kulturkreise in unzählige Kleinstaaten zersplittert. Die Auffassungen divergieren darüber, wieweit die Nationen der Moderne durch ihre jeweiligen ethnischen Ursprünge geprägt sind (Smith 1986) oder ob die ethnischen Traditionen erst im Zuge der kulturellen

---

14 In den USA schwören Immigranten bei ihrer Einbürgerungszeremonie zunächst den oath of allegiance, welcher ausschließlich ihre zukünftigen Bürger*pflichten* spezifiziert. Der erste Satz schließt kategorisch Doppelstaatsbürgerschaften aus: „I hereby declare, on oath, that I absolutely and entirely renounce and abjure all allegiance and fidelity to any foreign prince, potentate, state or sovereignty, to whom or which I have heretofore been a subject or citizen ...". Meist folgt darauf der auch bei anderen Anlässen vielfach rezitierte pledge of allegiance to the flag, dessen quasireligiöser Charakter seit Eisenhowers Präsidentschaft auch noch explizit durch die Worte „one nation under God" unterstrichen wird.
15 Zur Unterscheidung zwischen activists, targets und victims siehe Zolberg et al. (1989).

Homogenisierung der Bevölkerung und zwecks nationaler Legitimation politischer Herrschaft selektiert, rekonstruiert oder erfunden wurden (Hobsbawm 1990). Diese Frage ist hier nicht von besonderer Bedeutung. Wesentlich ist, daß Nationalismus sich in allen seinen Spielarten auf eine imaginierte kulturelle Gemeinschaft bezieht (Anderson 1983), welche – in der nationalen Ideologie – vor und unabhängig von der politischen Gemeinschaft existiert, jedoch teleologisch auf diese gerichtet ist. Erst im souveränen Territorialstaat erreicht die Nation ihre historische Bestimmung und nur ein auf nationale Gemeinschaft gegründeter Staat ist legitim und kann auf Dauer stabil sein. In der nationalen Kultur werden daher supra- und subnationale Kulturen entweder territorial homogenisiert und „verstaatlicht" oder verdrängt. Zuvor staatenübergreifende Kulturformen der Schriftreligion, Kunst und Literatur werden durch staatliche Institutionen gefördert und administriert, oder – wie im Fall der universalistischen und proselytischen Religionen – durch die Säkularisierung der politischen Macht neutralisiert. Die regionale Heterogenität der Dialekte und Sprachen innerhalb des Staatsgebietes wird durch nationale Standardvarianten überlagert oder assimiliert. Dieser kulturellen Flurbereinigung sind jedoch gewisse Schranken gesetzt.

Erstens führt die Rivalität zwischen konkurrierenden Nationalstaaten vielfach zu historisch kontingenten Grenzverläufen, die nicht den kulturellen folgen. Ferner leisten einige innerstaatliche ethnische Minderheiten Widerstand gegen die nationale Assimilation und verwandeln sich in Nationalitäten mit Anspruch auf partielle Autonomie. Auf diese Weise entstehen plurinationale Staaten, die sich jedoch von vormodernen multireligiösen und -ethnischen Reichen grundlegend darin unterscheiden, daß staatliche Institutionen und Ressourcen für die kulturelle Selbstreproduktion aller Nationalitäten unentbehrlich werden. Stabile Plurinationalität erfordert daher ein System des Power-sharing (siehe Lijphart 1991), welches allerdings durch die demographische, ökonomische und kulturelle Dynamik moderner Industriegesellschaften immer wieder aus dem Gleichgewicht geworfen werden kann.

Zweitens kommt es im Prozeß demokratischer Transformation und Konsolidierung zu einer Differenzierung zwischen Staat und Zivilgesellschaft. Das nationalistische Prinzip der kulturellen Homogenisierung läßt sich dadurch auf eine verdünnte Sphäre der öffentlichen Kultur beschränken. Was von allen Mitgliedern der Nation gefordert und im Bildungssystem vermittelt wird, ist das Beherrschen einer gemeinsamen Sprache und das Bekenntnis zur nationalen Geschichte, aber nicht notwendigerweise die Aufgabe partikularer ethnischer Loyalitäten, Sprachen und Praktiken. Diese können sowohl in der Privatheit der Familien als auch durch in der zivilgesellschaftlichen Sphäre der Vereine, Medien und Dienstleistungen gepflegt werden. Auch dieses Arrangement zwischen Liberalismus und Nationalismus ist jedoch prekär. Ebenso wie anerkannte Plurinationalität selbst in demokratischen Staaten wie Belgien oder Kanada immer wieder an der Eskalation nationalistischer Forderungen zu scheitern droht, so zeigt etwa die US-amerikanische oder französische Geschichte, daß auch die tolerierte kulturelle Vielfalt im Rahmen einer „shared public culture" immer wieder durch Wellen von „nativism" (Higham 1955) oder integralem Nationalismus (Brubaker 1992: 98-102; Silverman 1992) bedroht wird.

Nationalismus kann nicht nur als Dynamik der kulturellen Homogenisierung und als ein Legitimationsmuster faktischer politischer Herrschaft begriffen werden, sondern auch als ethisch-politisches Prinzip. David Miller unternimmt in seinem jüngsten Buch einen solchen Rechtfertigungsversuch. Nationalität könne erstens ein wesentlicher und legitimer Aspekt persönlicher Identität sein; Nationen seien zweitens ethische Gemeinschaften, deren Mitglieder besondere Pflichten gegeneinander haben; und drittens bildeten sie politische Gemeinschaften mit Ansprüchen auf Selbstbestimmung[16] innerhalb eines von ihnen bewohnten Territoriums (Miller 1995: 10f.). Ein solcher ethischer Nationalismus unterscheidet sich vom republikanischen Prinzip nur durch die Betonung einer der politischen Identität vorgegebenen kulturellen Zugehörigkeit. Völkischer Nationalismus begreift diese Kultur als geschlossen (d.h. nur durch Abstammung erwerbbar) und alle Sphären der Gesellschaft durchdringend; im republikanischen Nationalismus ist die nationale Kultur dagegen offen (für die Assimilation anderer Kulturen) und öffentlich (unter Ausklammerung der privaten Sphäre). Ob Millers ethische Postulate rational begründbar sind, wird vor allem davon abhängen, welche Ausschlußeffekte sich als Kehrseite des nationalistischen Inklusionsprinzips ergeben, d.h. wie die Grenze zwischen Bürgern und Fremden gezogen wird.

Die nationalistische Konzeption begreift Staatsbürgerschaft zunächst als bloßen rechtlichen Ausdruck der Zugehörigkeit zu einer kulturellen Volksgemeinschaft und historischen Schicksalsgemeinschaft. Diese ist immer als imaginäre Abstammungsgemeinschaft gedacht, an deren Beginn entweder ein mythisches Urvolk steht oder ein revolutionärer Gründungsakt, aus dem ein neues Volk hervorging. Die hiezu passende Analogie ist jene der Familie (Walzer 1983: 41f.). Das sicherste Kriterium der Zugehörigkeit ist daher jenes der Abstammung von Nationsangehörigen, welches durch das ius sanguinis operationalisiert wird. Abstammung ist im Unterschied zum Geburtsland kein immanent geschlechtsneutrales Merkmal. Das in den kontinentaleuropäischen Demokratien dominierende ius sanguinis war bis lange nach dem Zweiten Weltkrieg patrilinear und wurde erst als Folge der rechtlichen Gleichstellung von Frauen in den 70er und 80er Jahren auf Abstammung von einem staatsangehörigen Elternteil erweitert (de Groot 1989). Dieselbe Imitation ethnischer Mitgliedschaftsregeln, welche Mütter in der Übertragung der Staatsbürgerschaft auf ihre Kinder benachteiligte, bevorzugte Frauen bei der Einbürgerung: Ausländische Frauen konnten in zahlreichen Ländern die Staatsangehörigkeit durch Eheschließung mit einem Bürger automatisch oder bevorzugt erwerben. Diese Regel übertrug ganz explizit ein ethnisches Prinzip (der „Eroberung" von Frauen zur Stärkung der reproduktiven Ressourcen der eigenen Gruppe auf Kosten rivalisierender „Stämme") auf die Rechtssphäre der staatlichen Mitgliedschaft.

Die geschlechtsspezifischen Allokationseffekte von „Heiratsmobilität" sind inzwischen in westlichen Demokratien beseitigt worden – bei der Abstammungsregel im Sinne breiterer Inklusion, beim Erwerb per Heirat dagegen durch Abschaffung des „Frauenprivilegs" im Namen der Verhinderung von Mißbrauch durch Scheinehen. Die diskriminierenden Wirkungen des ius sanguinis bei grenzüberschreitender geographische Mobilität bleiben jedoch bestehen. Unter diesen Bedingungen werden die territorialen und personalen Grenzen der Nation zunehmend inkongruent. Im Ausland lebende Kinder und Enkel von Emigranten gelten als „Inländer", während jene von Immigranten Ausländer bleiben. Beides bedeutet jedoch – wie schon oben erwähnt – keine Deterritorialisierung der Nation, sondern betont ganz im Gegenteil den nationalen

---

16 im Sinne von Autonomie, nicht jedoch unbedingt von Eigenstaatlichkeit.

Anspruch auf ein Territorium. Der Ausländerstatus der Inlandsgeborenen schließt sie ja nicht nur von der politischen Beteiligung aus, sondern signalisiert, daß ihr Aufenthalt im Staatsgebiet lediglich toleriert ist und als letzte Konsequenz auch durch Landesverweis beendet werden kann. Den Emigranten zeigt das ius sanguinis an, daß die Heimat für sie und ihre Kinder weiter offen steht. Es definiert sie als Diaspora, deren Loyalität zur Herkunftsnation auch in der Fremde gesichert werden soll. Am Ende jeder Diaspora steht die Hoffnung auf Rückkehr ins nationale Territorium. Die nationalistische Deutung hebt nicht die Relation zwischen Gesellschaft und Territorium auf, sondern stellt das liberale Inklusionsprinzip auf den Kopf: Das staatlich verwaltete Territorium bildet nicht das Wohngebiet einer Gesellschaft, die Anspruch auf Bürgerschaft hat, sondern die nationale Gemeinschaft definiert dieses Gebiet als ihren Besitz. Daher haben abwesende Besitzer Anspruch auf dieses Land, nicht jedoch dort lebende Fremde.

In der zeitlichen Dimension betont die nationalistische Konzeption die historische Kontinuität noch stärker als die republikanische: „The historic national community is a community of obligation. Because our forebears have toiled and spilt their blood to build and defend the nation, we who are born into it inherit an obligation to continue their work ..." (Miller 1995: 23). Es handelt sich nicht bloß um eine Gemeinschaft der wechselseitigen Hilfe zwischen Zeitgenossen, sondern um „a community that, because it stretches back and forward across generations, is not one that the present generation can renounce" (ebd.: 24). Nun können die toten Generationen – im Gegensatz zu den zukünftig geborenen – keine Nutznießer von Pflichthandlungen der lebenden sein. Die Vorstellung, daß Opfer, die wir für unsere Kinder und Enkel auf uns nehmen, in erster Linie nicht diesen, sondern unseren Vorfahren geschuldet sind, ist nicht nur paradox, sondern lähmt die Anpassung politischer Entscheidungen an veränderte Umstände. In einer sich rasch wandelnden Welt bewirkt ein solches Einfrieren historischer „Pflichten", daß gegenwärtige Konflikte als Wiederkehr der Vergangenheit interpretiert werden und historische Schlachten von neuem geschlagen werden. Insbesondere der Mythos vom heiligen nationalen Boden, auf dem „die Vorväter ihr Blut vergossen haben", hat schon immer dazu gedient, eine friedliche Zukunft für die folgenden Generationen zu verhindern.

Gegenüber fremden Einwanderern ist die nationalistische Konzeption noch wesentlich abweisender als die republikanische. Sie verlangt nicht nur ein prospektives Treuebekenntnis, sondern den Beweis der bereits erfolgten kulturellen Assimilation. Dieser wird durch Sprach- und Geschichtetests nur oberflächlich erbracht. Wenn nationale Kultur für die personale Identität prägend ist, so muß sie eher „erfahren" als erlernt werden. Soferne sie überhaupt möglich ist, erfordert nachholende Sozialisation daher lange Aufenthaltszeiten.[17] Die Eignung für die Staatsbürgerschaft ergibt sich jedoch nicht primär aus persönlichen Eigenschaften oder Handlungen, sondern aufgrund der Merkmale der Herkunftskultur. Die nationalistische Ideenwelt schafft eine eigene Landkarte der kulturellen Distanzen, welche von den geographischen stark abweichen können. (Wie im ehemaligen Jugoslawien zu beobachten, gilt oft gerade die benachbarte

---

17 In den Augen von Nationalisten sind selbst assimilierbare Einwanderer nach ihrer Ankunft wie Neugeborene. Konsequenterweise verlangte die um 1850 in den USA aktive Know-Nothing Bewegung in Anlehnung an das Volljahrigkeitsalter eine Wartefrist von 21 Jahren vor der Einbürgerung (Ueda 1982: 119).

und historisch eng verbundene rivalisierende Nation als kulturell besonders weit entfernt.) Die universalistische Sprache des Rechts erlaubt in Verfassungsdemokratien keine explizite Differenzierung der Einbürgerungsregeln und -fristen nach der jeweiligen Herkunft der Bewerber. Jedoch können öffentliche Diskurse über die mangelnde Assimilationsfähigkeit bestimmter Einwanderer zu self-fulfilling prophecies werden, indem sie die Einbürgerungsneigung unter den Betroffenen senken (vgl. Hammar 1990: 84-105).[18]

Dasselbe Prinzip bewirkt eine weitgehende Öffnung der Staatsbürgerschaft für jene, die trotz fremder Staatsangehörigkeit als Mitglieder der Nation gelten. So wie die republikanische Konzeption offen ist für Dissidenten und Gesinnungsflüchtlinge, so öffnet auch die nationale Abstammungs- und Kulturgemeinschaft die Tore für ihre „Verwandten". Volksdeutsche genießen in Deutschland ein verbrieftes Einwanderungsrecht und unmittelbaren Zugang zur Staatsbürgerschaft. Dasselbe gilt – unter anderen historischen Vorzeichen – für Juden in Israel. In vielfach abgestuften Formen gibt es solche privilegierten Zugänge zum Territorium oder der Staatsbürgerschaft unter anderem für Japanischstämmige Südamerikaner, für Nachfahren italienischer Auswanderer nach Amerika, für ethnische Griechen aus Osteuropa und für Lateinamerikaner in Spanien und Portugal.

Gehören jedoch Einwanderer oder autochthone Minderheiten einer anderen Nationalität an als die Mehrheit der Bürger, so ergibt sich für liberale und republikanische Nationalisten ein Dilemma. David Miller anerkennt „strong reasons to extend a single common citizenship to everyone who is subject to the authority of the same state" (Miller 1995: 72). Dadurch könne jedoch die in gemeinsamer Nationalität wurzelnde Solidarität zwischen den Bürgern untergraben werden. Miller sieht drei mögliche Lösungen: die Bürgerpflichten in Richtung des neoliberalen Minimalstaats reduzieren, die Minderheiten in eine gemeinsame nationale Identität assimilieren, oder den Staat so teilen, daß die neuen politischen Einheiten wiederum mit den nationalen übereinstimmen (ebd.: 72f.). Da letzteres für zerstreute ethnische Gruppen und Einwanderer ohne gewaltsamen Bevölkerungsaustausch nicht möglich ist, bleibt nur die Wahl zwischen neoliberaler Entsolidarisierung oder nationaler Assimilation. Fragwürdig an dieser Konstruktion ist die Prämisse, daß generalisierte Reziprozität von Bürgerpflichten und die Bereitschaft zu hohen Beitragsleistungen im Wohlfahrtsstaat eine homogene nationale Identität voraussetze – eine Behauptung, die kaum empirischen Vergleichen standhält.[19]

Auch in substanzieller Hinsicht präsentiert sich die nationalistische Konzeption der Staatsbürgerschaft als Umkehrung der liberalen. Für letztere stehen die Bürgerrechte

---

18 Die Einbürgerungsneigung einer Herkunftsgruppe hängt allerdings nicht nur davon ab, ob dieser Schritt als Wechsel einer nationalen Identität aufgefaßt wird, sondern auch davon, wie sehr Ausländer ihre Rechtsstellung durch diesen Schritt verbessern können (Bauböck 1994a: 102-115). Verschlechterungen der Rechtsstellung von Drittlandsausländern in der Europäischen Union und drohende Beschränkungen von Sozialleistungen und Familiennachzug für niedergelassene Ausländer in den USA haben seit Beginn der 90er Jahre die instrumentelle Rationalität der Einbürgerung gerade unter jenen Gruppen erheblich verstärkt, die zuvor als besonders einbürgerungsunwillig galten (türkische Staatsbürger in Westeuropa, mexikanische in den USA) (Çinar 1994: 65f.; Migration News 1995).
19 Etwa jenen zwischen dem hochentwickelten Sozialstaat im plurinationalen Kanada und dem „residualen Wohlfahrtsstaat" (Titmuss 1963) der mononationalen USA.

der Individuen im Vordergrund, welche mit staatlichen Pflichten der Gewährleistung von Schutz und Freiheit korrespondieren. In der republikanische Auffassung sind die Bürgerrechte zugleich Pflichten, welche die einzelnen daran erinnern, daß sie nur als aktive Mitglieder der politischen Gemeinschaft frei sein können. Für Nationalisten ist das dominierende Recht dagegen jenes der Gemeinschaft auf Selbstbestimmung. Ihm korrespondiert die Pflicht der Bürger, diese Gemeinschaft sowohl als politische wie auch als kulturelle zu verteidigen. Dies impliziert neben der allgemeinen Wehrpflicht (welche ebenso in der republikanischen Auffassung ein Kernelement der Bürgerschaft bildet) auch die Pflicht zur Erhaltung und Weitergabe der nationalen Kultur (was auch die Abwehr „unverdaulicher" fremder Einflusse erfordert).[20] Politische Beteiligung ist demgegenüber ein nachrangiges und unter Umständen auch entbehrliches Element.

3. Pluralistischer Liberalismus

Demokratie setzt voraus, daß Personen, die dauerhaft kollektiv bindenden Entscheidungen unterworfen sind, Mitglieder der politischen Gemeinschaft sind und in diesen Entscheidungen repräsentiert werden (vgl. Dahl 1989: 129). Unter Bedingungen transnationaler Migration verletzen sowohl die republikanische als auch die nationalistische Konzeption der Staatsburgerschaft dieses Inklusionsprinzip. Auch die liberale Auffassung hat jedoch einige unerwartete Konsequenzen und wirft noch weitgehend ungeklärte Fragen auf.

(1) Die Inklusion der Migranten unterminiert die formelle Egalität und Einheitlichkeit des Bürgerstatus und der damit verknüpften Rechte. Wenn Staatsbürgerschaft die unterschiedlichen Grade und Kombinationen von sozialer Zugehörigkeit abbilden soll, die sich aus den territorialen Bezügen des Wohnsitzes, des aktuellen oder früheren Aufenthaltsorts und der familiären Bindungen ergeben, so muß sie selbst vielfach differenziert sein. Auslandsbürger, temporäre Immigranten, niedergelassene Wohnbürger, im Inland geborene Kinder von Einwanderern befinden sich in jeweils unterschiedlichen Beziehungen zu Herkunfts- und Aufnahmestaaten und dies bewirkt auch unterschiedliche Ansprüche auf Bürgerrechte. Nun ließe sich das Prinzip der territorialen Inklusion mit weitestgehender Gleichheit vereinbaren, wenn alle Rechte an einen festen Wohnsitz geknüpft würden, welcher den gegenwärtigen Mittelpunkt der Lebensinteressen bildet. Bindungen an andere Staaten könnten dann in Form einer ruhenden Zweitbürgerschaft berücksichtigt werden, die erst bei Wechsel des Wohnsitzes reaktiviert wird. Zwei Einwände sprechen gegen diese simple Lösung: Erstens bedeutet die Herausbildung transnationaler Migrationsnetze, daß zahlreiche Migranten keinen eindeutigen Mittelpunkt ihrer Lebensinteressen haben (Tilly 1990; Gurak/Caces 1992).[21] Ihre Bindungen an mehrere Staaten sind nicht sukzessiv, sondern si-

---

20 „[W]here some cultural feature – a landscape, a musical tradition, a language – has become a component part of national identity, it is justifiable to discriminate in its favour if the need arises" (Miller 1995: 195).
21 Dies trifft vor allem auf transnationale Haushalte zu, in welchen Entscheidungen uber Migrationsziele und -perioden nicht individuell, sondern kollektiv getroffen und die Einkommen der einzelnen Mitglieder aus verschiedenen Zielgebieten gepoolt werden (siehe Stark 1991: 37-84, 205-295).

multan.[22] Zweitens impliziert für Migranten – im Gegensatz zu den als Staatsbürgern Geborenen – der Zugang zum vollen Bürgerstatus eines Aufnahmelandes auch einen *Wechsel* hinsichtlich ihrer Mitgliedschaft in einer politischen Gemeinschaft. Das liberale Prinzip der Wahlfreiheit spricht dafür, diesen Wechsel zum Gegenstand einer individuellen Entscheidung zwischen alternativen Optionen zu machen. Die Gewährung von Bürgerrechten kann automatische Folge der Niederlassung sein, weil sie ja die Möglichkeit offenläßt, sich dieser Rechte nicht zu bedienen; Bürgerpflichten[23] und Staatsangehörigkeit sollten jedoch Immigranten nicht ohne deren Zustimmung oktroyiert werden. Freiwillige Einwanderung impliziert noch keine Entscheidung fur die dauerhafte Mitgliedschaft in der politischen Gemeinschaft. Selbst bei hypothetischer Gleichheit der Burgerrechte wären sowohl die Einbürgerung im Aufnahmestaat als auch die Ausburgerung im Herkunftsstaat als individuelle und von einander unabhängige Optionen zu gestalten. Damit kommt es zur Differenzierung des Rechtsstatus von Wohnburgern, Eingebürgerten und Doppelstaatsangehörigen.

(2) Liberale müssen sich jedoch auch dem republikanischen Argument stellen, daß partizipative Demokratie die langfristige Kontinuität des Demos voraussetzt. Die an kollektiv bindenden Entscheidungen beteiligten Bürger übernehmen Verantwortung fur die Zukunft des Gemeinwesens. Bloß vorübergehend Anwesenden kann dies nicht ohne weiteres unterstellt werden. Nur jene, die zumindest die Möglichkeit vor Augen haben, daß sie selbst oder ihre Nachkommen von den langfristigen Folgen ihrer politischen Entscheidungen betroffen sein können, werden motiviert sein, ihre aktiven Bürgerrechte verantwortungsvoll zu nutzen. In liberaler Sicht erfordert das nicht, individuelle und Gruppeninteressen vorweg den kollektiven Interessen der politischen Gemeinschaft unterzuordnen, sondern die Bereitschaft, unter Beteiligung aller Betroffenen in einem deliberativen Prozeß konsensfähige Lösungen auszuhandeln. Dies ist ein guter Grund, Einbürgerung nicht nur als freie, sondern auch als langfristige Entscheidung aufzufassen. Gegen die traditionelle republikanische Konzeption spricht dabei allerdings, daß sie perverse Effekte hat. Wenn die Grenze zwischen Staatsbürgern und Fremden durch eine erheblichen Differenz der Bürgerrechte markiert wird, so wird damit instrumentelle Einbürgerung gefördert: Ausländer werden Staatsbürger, nicht weil sie die Zukunft der politischen Gemeinschaft mitgestalten wollen, sondern weil sie der gegenwartigen Diskriminierung entkommen wollen. Erst unter der Bedingung der Aufenthaltssicherheit und der Gleichstellung bei zivilen Freiheiten und sozialen Rechten kann Einbürgerung zu einer freiwilligen Entscheidung für die Mitgliedschaft in einem demokratischen Gemeinwesen werden. Unter diesen Umständen wäre es auch unproblematisch, das allgemeine Wahlrecht weiterhin an den Erwerb der Staatsangehörigkeit zu knüpfen.[24] Einbürgerung wäre nicht mehr ein bloßes Mittel

---

22 Das Wohnsitzkriterium für Burgerrechte ist dort sinnvoll, wo es um die Vermeidung ungerechtfertigter Vorteile geht (etwa durch Doppelbezug von beitragsunabhängigen Sozialleistungen).

23 In den USA sind allerdings niedergelassene Ausländer grundsätzlich wehrpflichtig (Goodin 1988: 668).

24 Dieses Argument ist nicht auf Kommunal- oder Europawahlen anwendbar, weil die Zugehörigkeit zu den korrespondierenden sub- oder supranationalen politischen Gemeinschaften keine Entscheidung für die nationale Staatsangehörigkeit impliziert.

zum Zweck, denn der Wunsch, das Wahlrecht auszuüben, ist ja kein anderer als jener nach der vollen Mitgliedschaft in einer demokratischen Gemeinschaft. Demnach wäre auch in der liberalen Konzeption eine marginale Differenzierung der Rechte zwischen ausländischen Wohnbürgern und nominellen Staatsbürgern zulässig.

(3) Viele Immigranten werden nicht nur als fremde Staatsangehörige diskriminiert, sondern auch als Angehörige minoritärer Religionen, Sprachgruppen, Kulturen oder „Rassen". Haben sie deshalb Anspruch auf besondere kollektive Rechte, wie sie einheimischen benachteiligten Gruppen oder autonomen Minderheiten vielfach eingeräumt werden? Oder haben sie durch freiwillige Einwanderung implizit auf solche Sonderrechte verzichtet (Kymlicka 1995: 96)? Republikanische wie nationalistische Konzeptionen lehnen Minderheitenrechte für Immigranten explizit ab,[25] multikulturelle Kommunitaristen befürworten sie oft uneingeschränkt. Pluralistische Liberale sollten nach differenzierteren Antworten suchen. Die allgemeinen Freiheitsrechte, insbesondere das auf Vereinsbildung und auf Schutz der Privatsphäre ermöglichen auch für Immigranten religiöse und kulturelle Betätigung. Manche Gruppen sind jedoch ebenso wie einheimische Minderheiten dadurch benachteiligt, daß sie spezifischer sozialer Diskriminierung ausgesetzt sind und daß staatliche Politik die kulturelle Reproduktion nationaler Mehrheiten systematisch fördert. Darauf lassen sich Ansprüche auf positive Antidiskriminierungsmaßnahmen und kulturelle Anerkennung (etwa durch Berücksichtigung der Sprachen und Religionen von Einwanderern im Schulsystem) gründen. Kollektive Rechte wie affirmative action Quoten, besondere politische Repräsentation oder nationale Autonomie erfordern jedoch spezifische Voraussetzungen, die bei Einwandererminderheiten in der Regel nicht vorliegen. Affirmative action für Frauen oder Afroamerikaner ist nicht nur eine Maßnahme gegen aktuelle soziale Benachteiligung, sondern zur Überwindung der anhaltenden Folgen vergangener Unterdrückung und früheren Ausschlusses aus der politischen Gemeinschaft. Neuzuwanderer haben, sofern sie nicht aus ehemaligen Kolonien stammen, keinen Anteil an dieser Geschichte der internen Unterdrückung und bevorzugende Maßnahmen, die an ihrer Herkunft ansetzen, sind daher schwer zu rechtfertigen.[26] Gleiches gilt für die eher hypothetische Frage, ob ethnische Minderheiten aus jüngerer Zuwanderung Anspruch auf power-sharing (etwa durch reservierte Parlaments- oder Regierungssitze) oder auf partielle Autonomie (etwa in der Gestaltung des öffentlichen Bildungswesens) erheben können, wie sie nationalen Minderheiten in plurinationalen Staaten teilweise eingeräumt werden. Solche Rechte gründen sich auf die Vorstellung, daß die politische Gemeinschaft auf einer historischen Übereinkunft zwischen potentiell selbständigen Teilen beruhe, oder daß eine faire Minderheitenpolitik daran zu messen sei, ob die benachteiligte Minderheit ihr in einer fiktiven Gründungssituation zustimmen hätte können. Immigranten, die als einzelne sukzessive aufgenommen wurden, können jedoch nicht als kollektive Partner eines solchen Gründungsvertrags gedacht werden.

---

25 „... [T]he principle of nationality is resistant to special rights for groups, over and above what equal treatment requires, because of the fear that this will ossify group differences, and destroy the sense of common nationality on which democratic politics depends" (Miller 1995: 154).
26 In den USA stößt die Ausdehnung von affirmative action Programmen auf Einwanderer auch unter jenen zunehmend auf Kritik, welche sie für Afroamerikaner verteidigen.

Ganz abgesehen vom pragmatischen Einwand ihrer territorialen Zerstreuung (welcher bei starker regionaler Segregation für manche Gruppen irrelevant werden könnte), fehlt hier also die wesentliche Begründung für Ansprüche auf bestimmte Kollektivrechte. Jene Rechte, die aus einer ethnischen Pluralisierung der Gesellschaft erwachsen, stehen Immigranten und ihren Nachkommen ebenso zu wie autochthonen Minderheiten. Rechte, die sich jedoch auf eine historische Spaltung oder eine pluralistische Konstitution der politischen Gemeinschaft beziehen, können jedoch in aller Regel von der ersteren nicht geltend gemacht werden (vgl. ausführlicher Bauböck 1996).

(4) Eine pluralistische Rekonstruktion der Geschichte der politischen Gemeinschaft beschränkt also kollektive Minderheitenrechte von Immigranten. Ähnliches gilt auch für die vorgestellte Zukunft der Gemeinschaft. Minderheiten, die aus jüngerer Einwanderung entstanden sind, können durch zwei unterschiedliche Prozesse auch wieder verschwinden: durch Rückwanderung und durch Assimilation. In liberaler Sicht sollte weder das eine noch das andere erzwungen werden, aber beides muß als individuelle Option möglich bleiben. Unter idealen Bedingungen weitgehender Freizügigkeit in internationaler Migration und der Abwesenheit von sozialer Diskriminierung ist nicht anzunehmen, daß Immigranten sich in kompakte ethnische Minderheiten verwandeln.[27] Viele werden nicht zurückgehen aber lange Kontakte zum Herkunftsland pflegen, und viele werden über mehrere Generationen Formen „symbolischer Ethnizität" (Gans 1979) pflegen, die einen gewissen Stolz auf ihre Herkunftskultur manifestieren. Bei hohen interethnischen Heiratsraten nehmen auch solche Praktiken allmählich ab. Was bleibt, sind unter Umständen spezifische religiöse Traditionen, die in einer liberalen Gesellschaft durch allgemeine Freiheitsrechte und auch durch Formen öffentlicher Anerkennung (siehe Kymlicka 1995a: 114f.) ohnehin stark geschützt sind. Auch ethnische und nationale Minderheiten, die als konstituierende Bestandteile der politischen Gemeinschaft begriffen werden, können keine Ansprüche auf staatliche „Bestandsgarantien" stellen. Aber es ist keineswegs klar, daß unter idealen Bedingungen der Nichtdiskriminierung Katalanen zu Spaniern oder Quebecker zu Anglophonen werden und es würde die Konstitutionsbedingungen einer pluri-nationalen politischen Gemeinschaft verletzen, wenn anerkannte Minderheiten in ihrer imaginierten Zukunft keinen Platz fänden. Andererseits löst erwartete Assimilation in den Folgegenerationen keineswegs die Frage der Minderheitenrechte für Einwanderer. Anhaltende Neuzuwanderung führt überdies zu einer permanenten kulturellen Pluralisierung der Gesellschaft, selbst bei kontinuierlicher Assimilation jeder einzelnen Gruppe in der Generationenfolge. Die gegenwartsorientierte Perspektive des Liberalismus berücksichtigt die Ansprüche der jeweils neu Zugewanderten. Sie bietet jedoch keine Grundlage für ein adäquates Selbstverständnis der historischen Kontinuität der politischen Gemeinschaft. Illiberale Nationalisten und Republikaner wiederum schließen jene aus der Geschichte der Nation aus, die nicht aus dem „Stammvolk" hervorgegangen sind oder deren Vorfahren nicht am revolutionären Gründungsakt beteiligt waren. Die Alternative dazu wäre eine Pluralisierung der Geschichte selbst. Für intern unterdrückte soziale und ethnische Gruppen bedeutet dies Anerkennung der *Eigenständigkeit* ihrer historischen Perspektive, für eingewanderte Minderheiten dagegen die *Integration*

---

27 Solche Bedingungen gibt es ja in fast allen Aufnahmestaaten für einige hochqualifizierte und dementsprechend privilegierte Immigranten (hauptsächlich europäischen Ursprungs).

ihrer spezifischen Herkunfte und Erfahrungen in die Narrative uber die Vergangenheit und die Zukunft der politischen Gemeinschaft.

(5) Die dritte der eingangs angesprochenen Fragen soll hier offen bleiben: Kann die Erweiterung der Bürger- und Minderheitenrechte und die Pluralisierung der Geschichte einen brauchbaren Ersatz für jenen Kitt der kollektiven Identität liefern, die Republikaner wie liberale Nationalisten für die Grundlage von Demokratie und Sozialstaat halten? Wird es in multikulturellen Einwanderungsgesellschaften noch ausreichende Motivation für breite politische Beteiligung und solidarische Umverteilung geben? Die liberale Antwort darauf steht noch aus und der historische Vergleich liefert keine schlüssigen Resultate. Republikanische und nationalistische Rezepte liegen jedoch vor. Sie reichen von Einwanderungsstop und Ruckkehrförderung bis zum Abbau sozialer Rechte fur niedergelassene Immigranten und ihrer forcierten Assimilation. Daß solche Heilmittel die Krankheit der Entsolidarisierung verschlimmern werden, läßt sich mit einiger Gewißheit diagnostizieren.

Literaturverzeichnis

Ackerman, Bruce, 1980: Social Justice in the Liberal State. New Haven: Yale University Press.
Anderson, Benedict, 1983: Imagined Communities. On the Origins and Spread of Nationalism. London: Verso Editions.
Arendt, Hannah, 1967 (1951): The Origins of Totalitarianism. Revised edition, San Diego: Harcourt Bracew Jovanovich Publishers.
Aristoteles, 1981: The Politics. London: Penguin Books.
Barth, Fredrik (Hrsg.), 1969: Ethnic Groups and Boundaries. The Social Organization of Culture Difference. Oslo: Universitetsforlaget.
Basch, Linda/Glick Schiller, Nina/Blanc-Szanton, Cristina, 1994: Nations Unbound: Transnational Projects, Postcolonial Predicaments, and Deterritorialized Nation-States. Amsterdam: Gordon and Breach.
Baubock, Rainer, 1991: Migration and Citizenship, in: New Community 18 (1), 27-48.
Baubock, Rainer, 1994a: Transnational Citizenship. Membership and Rights in International Migration. Aldershot, UK: Edward Elgar.
Baubock, Rainer (Hrsg.), 1994b: From Aliens to Citizens. Redefining the Status of Immigrants in Europe. Aldershot, UK: Avebury.
Baubock, Rainer, 1994c: Changing the Boundaries of Citizenship. The Inclusion of Immigrants in Democratic Polities, in: *ders.* (Hrsg.), From Aliens to Citizens. Redefining the Status of Immigrants in Europe. Aldershot, UK: Avebury.
Baubock, Rainer, 1996: Cultural Minority Rights for Immigrants, in: International Migration Review, Special Issue (im Erscheinen).
Brubaker, Rogers W., 1989: Einwanderung und Nationalstaat in Frankreich und Deutschland, in: Der Staat (28) 1, 1-30.
Brubaker, Rogers W., 1992: Citizenship and Nationhood in France and Germany. Cambridge, MA: Harvard University Press.
Bruschi, Christian, 1988: Le Droit de cité dans L'Antiquité: un questionnement pour la citoyenneté aujourd'hui, in: *Wihtol de Wenden, Cathérine* (Hrsg.), La Citoyenneté et les changement de structures sociale et nationale de la population française. Paris: Edilig, Fondation Didérot.
Buchanan, Allen, 1991: Secession: The Legitimacy of Political Divorce. Boulder: Westview Press.
Çinar, Dilek, 1994: From Aliens to Citzens. A Comparative Analysis of Rules of Transition, in: *Baubock, Rainer* (Hrsg.) From Aliens to Citizens. Redefining the Status of Immigrants in Europe. Aldershot, UK: Avebury.
d'Oliveira, Hans Ulrich Jessurun, 1990: Tendenzen im Staatsangehörigkeitsrecht, in: Zeitschrift fur Auslanderrecht und Auslanderpolitik 3.

Dahl, Robert, 1989: Democracy and Its Critics. New Haven: Yale University Press.
de Groot, Gerard-René, 1989: Staatsangehörigkeitsrecht im Wandel. Eine rechtsvergleichende Studie über Erwerbs- und Verlustgrunde der Staatsangehörigkeit. Koln: Carl Heymans Verlag.
Dworkin, Ronald, 1981: What is Equality? Teil 1: Equality of Welfare. Part 2: Equality of Resources, in: Philosophy and Public Affairs 3 und 4.
Dworkin, Ronald, 1985: A Matter of Principle. Cambridge, MA: Harvard University Press.
Gans, Herbert, 1979: Symbolic ethnicity: The future of ethnic groups and culture in America, in: Ethnic and Racial Studies 2, 1-20.
Gellner, Ernest, 1983: Nations and Nationalism. Oxford: Blackwell.
Glazer, Nathan, 1983: Ethnic Dilemmas 1964-1982. Cambridge, MA: Harvard University Press.
Goodin, Robert, 1988: What Is So Special about Our Fellow Countrymen?, in: Ethics 98, 663-686; wiederveröffentlicht in: *Goodin, Robert*, 1995: Utilitarianism as a Public Philosophy. Cambridge: Cambridge University Press.
Green, Leslie, 1994: Internal Minorities and Their Rights, in: *Baker, Judith* (Hrsg.), Group Rights. Toronto: University of Toronto Press; wiederveröffentlicht in: *Kymlicka, Will* (Hrsg.), The Rights of Minority Cultures. Oxford: Oxford University Press.
Gurak, Douglas/Caces, Fe, 1992: Migration Networks and the Shaping of Migration Systems, in: *Kritz, Mary M./Lim, Lin Iean/Zlotnik, Hania* (Hrsg.), International Migration Systems. History, Sociology, and Politics. Oxford: Clarendon Press.
Habermas, Jurgen, 1991: Erlauterungen zur Diskursethik. Frankfurt a.M.: Suhrkamp.
Hammar, Tomas, 1990: Democracy and the Nation State. Aliens, Denizens and Citizens in a World of International Migration. Aldershot: Avebury.
Hartney, Michael, 1991: Some Confusions Concerning Collective Rights, in: Canadian Journal of Law and Jurisprudence (4) 2, 293-314; wiederveröffentlicht in: *Kymlicka, Will* (Hrsg.), The Rights of Minority Cultures. Oxford: Oxford University Press.
Higham, John, 1955: Strangers in the Land: Pattern of American Nativism, 1860-1925. New Brunswick, NJ: Rutgers University Press.
Hobsbawm, Eric, 1990: Nations and Nationalism since 1780. Cambridge: Cambridge University Press.
Hoffmann, Lutz, 1990: Die unvollendete Republik. Zwischen Einwanderungsland und deutschem Nationalstaat. Koln: PapyRossa Verlag.
Ireland, Patrick, 1994: The Policy Challenge of Ethnic Diversity. Immigrant Politics in France and Switzerland. Cambridge, MA: Harvard University Press.
Jellinek, Georg, 1892: System der subjektiven offentlichen Rechte. Freiburg: Verlag Mohr.
Kleger, Heinz, 1995: Transnationale Staatsburgerschaft, oder: Laßt sich Staatsbürgerschaft entnationalisieren?, in: Archiv fur Rechts- und Sozialphilosophie, Beiheft 62.
Kymlicka, Will, 1989: Liberalism, Community, and Culture. Oxford: Clarendon Press.
Kymlicka, Will, 1995a: Multicultural Citizenship: A Liberal Theory of Minority Rights. Oxford: Oxford University Press.
Kymlicka, Will, 1995b: (Hrsg.), The Rights of Minority Cultures. Oxford: Oxford University Press.
Kymlicka, Will/Norman, Wayne, 1994: Return of the Citizen: A Survey of Recent Work on Citizenship Theory, in: Ethics 104, 352-381.
Lijphart, Arend, 1991: Self-Determination versus Pre-Determination of Ethnic Minorities in Power-Sharing Systems, in: *Schneiderman, David* (Hrsg.), Languages and the State, the Law and Politics of Identity. Montréal: Les Editions Yvon Blais; wiederveröffentlicht in: *Kymlicka, Will* (Hrsg.), The Rights of Minority Cultures. Oxford: Oxford University Press.
Locke, John, 1956: The Second Treatise of Government and A Letter Concerning Toleration. Edited with an Introduction by J.W. Gough. New York: Macmillan.
Migration News, 1995: INS: Apprehensions and Naturalizations Up (2) 9.
Mill, John Stuart, 1972: Utilitarianism, On Liberty and Considerations on Representative Government. London: Everyman's Library.
Miller, David, 1995: On Nationality. Oxford: Clarendon Press.
Nozick, Robert, 1974: Anarchy, State, and Utopia. Oxford: Basil Blackwell.
Oberndorfer, Dieter, 1991: Die offene Republik. Zur Zukunft Deutschlands und Europas. Freiburg i.Br.: Herder.

Oldfield, Adrian, 1990: Citizenship and Community. Civic Republicanism and the Modern World. London: Routledge.
Parekh, Bhikhu, 1994: Discourses on National Identity, in: Political Studies xlii, 492-504.
Phillips, Anne, 1992: Democracy and Difference: Some Problems for Feminist Theory, in: Political Quarterly, (63) 1, 79-90; wiederveroffentlicht in: *Kymlicka, Will* (Hrsg.), The Rights of Minority Cultures. Oxford: Oxford University Press.
Rawls, John, 1971: A Theory of Justice. Cambridge, MA: Harvard University Press.
Rawls, John, 1993: Political Liberalism. New York: Columbia University Press.
Raz, Joseph, 1994: Multiculturalism: A liberal perspective, in: Dissent, Winter, 67-79.
Rosenfeld, Michael, 1991: Affirmative Action and Justice. A Philosophical and Constitutional Inquiry. New Haven: Yale University Press.
Sandel, Michael, 1982: Liberalism and the Limits of Justice. Cambridge: Cambridge University Press.
Schumpeter, Joseph A., 1950: Capitalism, Socialism and Democracy. 3. Auflage, New York: Harper Torchbooks.
Simmel, Georg, 1958: Soziologie. Untersuchungen uber die Formen der Vergesellschaftung. 4. Auflage, Berlin: Duncker & Humblot.
Silverman, Maxim, 1992: Deconstructing the Nation. Immigration, Racism and Citizenship in Modern France. London: Routledge.
Smith, Anthony, 1986: The Ethnic Origins of Nations. Oxford: Blackwell.
Soysal, Yasemin Nuhoglu, 1994: Limits of Citizenship. Migrants and Postnational Membership in Europe. Chicago: The University of Chicago Press.
Stark, Oded, 1991: The Migration of Labor. Oxford: Blackwell.
Tamir, Yael, 1993: Liberal Nationalism. Princeton, NJ: Princeton University Press.
Tilly, Charles, 1990: Transplanted Networks, in: Yans-McLaughlin, Virginia (Hrsg.), Immigration Reconsidered. A Global Approach. Oxford: Oxford University Press.
Titmuss, Richard, 1963: Essays on the Welfare State. London: Allen & Unwin.
Turner, Brian, 1986: Citizenship and Capitalism. The Debate Over Reformism. London: Allen and Unwin.
Ueda, Reed, 1982: Naturalization and Citizenship, in: *Thernstrom, Stephan/Orlov, Ann/Handlin, Oscar* (Hrsg.), Immigration, Dimensions of Ethnicity. A Series of Selections from the Harvard Encyclopedia of American Ethnic Groups. Cambridge, MA: Harvard University Press.
van Gunsteren, Herman R., 1988: Admission to Citizenship, in: Ethics 98.
Walzer, Michael, 1983: Spheres of Justice: A Defense of Pluralism and Equality. New York: Basic Books.
Young, Iris Marion, 1990: Justice and the Politics of Difference. Princeton: Princeton University Press.
Zolberg, Aristide/Suhrke, Astri/Aguayo, Sergio, 1989: Escape from Violence. Conflict and the Refugee Crises in the Developing World. Oxford: Oxford University Press.

Die Idee des Bürgers

Jürgen Gebhardt

> Et si non est civis non est homo
> Remigius von Florenz

I.

„There is no notion more central in politics than citizenship, and no more variable in history, or contested in theory". So leitet Judith Shklar ihren Essay über *American citizenship* ein (Shklar 1991: 1), in dem sich eine eigentümliche Wendung des angelsächsischen Politikdiskurses manifestiert: „The Return of the Citizen", wie ein ausführlicher Literaturbericht überschrieben ist, der feststellt: „There has been an explosion of interest in the concept of citizenship among political theorists" (Kymlicka/Norman 1994: 352). Vogel und Moran, die vor einigen Jahren die „frontiers of citizenship" ausloteten, begründen ihr Unternehmen mit eben diesem Sachverhalt: „In this last decade we have witnessed a remarkable revival of interest in the idea of citizenship. In research, ‚citizenship' seems to have overtaken ‚class', ‚market' and even ‚democracy' as the strategic concept of political science. No less striking is the general popularity that the concept enjoys in the wider arena of public debate, and the way it has attracted attention from virtually all parts of the political spectrum" (Vogel/Moran 1991: X). Diese Beobachtung führt folgerichtig zu der Frage: „What can explain the ubiquituous presence of the idea of citizenship on all levels of political argument ...?" In ihrer Antwort verknüpfen die Autoren binnengesellschaftliche Strukturprobleme der westlichen Politien mit dem fundamentalen Gestaltwandel der internationalen Gesellschaftswelt derart, daß sie in der Krisenerfahrung eines globalen Umbruchs das zentrale Motiv des theoretischen und praktischen Rekurses auf das Paradigma der ‚citizenship' entdecken können. „[T]ransformations and dislocations of this magnitude require a vantage point for rethinking the foundations of political and social identities. In one sense, then – insofar as these identities have traditionally constituted the guaranteed membership of some identifiable community enclosed within definite geographical, social and cultural boundaries – the present occupation with the condition of citizenship affirms a sense of crisis and uncertainty." Zugleich aber zeige sich hierin eine konstruktive Reaktion auf neue Realitäten, die versucht, den krisenhaften Umbruch in den Formen der politischen Vergemeinschaftung theoretisch zu bewältigen (ebd.: XI).

Die ‚Rückkehr des Bürgers' in den politiktheoretischen und politikpraktischen Diskurs stellt sich dar als eine kritische Reflexion auf spezifische Krisenmomente der gegenwärtigen Politik. Sie impliziert somit eine ordnungspolitische Prinzipiendebatte, welche letzthin die Frage nach den gesellschaftsleitenden Ordnungsideen in der politischen

Welt der Gegenwart aufwirft. Auf welche Art aber wird diese ordnungspolitische Debatte mit dem Paradigma der ‚citizenship', das der deutsche Ausdruck ‚Staatsbürgerschaft' nur unvollkommen wiedergibt, verbunden und warum wird dieses Paradigma überhaupt zum Bezugspunkt eines solchen Diskurses? In einer ersten vorläufigen Annäherung an diese Fragen sei die in ihrer Bestimmung von ‚citizenship' für die sozialwissenschaftliche Forschung verbindliche Untersuchung T. H. Marshalls *Citizenship and Social Class* von 1949 verwiesen. Diese historisch-strukturalistisch ausgerichtete Darstellung der Staatsbürgerrechte ist nicht nur ein wichtiger theoretischer Ausgangspunkt des Diskurses, sondern sie gibt auch weitgehend die relevanten Aspekte der ‚citizenship' vor, die neu thematisiert werden. Für Marshall ist ‚citizenship' ein Status, der den Vollmitgliedern einer politischen Gemeinschaft zukommt nach Maßgabe eines normativen „ideal of citizenship", das sich in der sozialen Evolution herausgebildet hat (Marshall 1949: 84). Entsprechend unterscheidet Marshall zwischen den legalen und zivilbürgerlichen (civil), den politischen und den sozialen Rechten, die, als historische Sequenz gefaßt, insgesamt den soziopolitischen Komplex der Staatsbürgerschaft fixieren. Aus der kritischen Aneignung dieses heuristischen Modells resultiert jene Krisendiagnose, welche feststellen muß, daß der historische Determinismus Marshalls problematisch geworden ist: Die Krise des Wohlfahrtsstaates bedingt die Erosion der „social rights", der Verlust der sozialen Homogenität in Verbindung mit der Auflösung sozialintegrativer Wertwelten macht die überkommenen politischen Partizipationsformen fraglich. Die Relativierung der Bedeutung des Nationalstaates im Kontext der globalen Politik löst die Bindung des Gesamtkomplexes staatsbürgerlicher Rechte von der legalen Zuordnung zur Staatsangehörigkeit als dem Rechtsgrund der ‚citizenship' im modernen Staat ab (King/Waldron 1988; Vogel/Moran 1991; Habermas 1992; Kymlicka/Norman 1994; Kelly 1995; Beiner 1995). Diese im analytischen Zugriff und den theoretischen Schlußfolgerungen divergenten Erörterungen laufen auf den Versuch einer Neubestimmung der praktisch-politischen und der normativen Funktion von „citizenship" in den demokratischen Politien hinaus.

In diesen Partialanalysen kommt die ganze Komplexität eines modernen Begriffs der ‚citizenship' zum Ausdruck, ohne allerdings die jeweiligen Einzelaspekte auf eben einen solchen Begriff zu bringen. So zählt Alejandro „six models about citizenship ...: citizenship as universality and as a legal construction" (Ralph Dahrendorf, Peter H. Schuck, und Roger M. Smith); citizenship as the amelioration of class conflict (T.H. Marshall); and citizenship as selfsufficiency (Lawrence Mead, Robert Fullinwider, Alejandro 1993: 14). Dem läßt sich noch hinzufügen „differentiated citizenship as group representation" (Young 1995: 184) und „postmodern citizenship" (Bridges 1994). Diese Heterogenität der Begriffe und Kategorien zeigt zum einen, daß die jeweilige Thematisierung von ‚citizenship' von unterschiedlichen Fragestellungen ausgeht und diese spezifisch national- kulturell eingefärbt sind, insofern sie nationale Problem- und Bewußtseinslagen in den westlichen Politien widerspiegeln. Diese Beobachtung gilt auch für die konzeptionellen Ansätze, die in diesem zweifelsohne international geführten Diskurs von nationalgeschichtlich unterfütterten Wissenschaftskulturen und Lebensformen geprägt sind. Dies reicht bis in die Semantik der politisch-sozialen Sprachen hinein. Hierfür ist insbesondere der deutsche Fall beispielhaft. Die Termini *citizen* und *citoyen* sind ganz selbstverständlich politisch kodiert und jenseits ihrer deskriptiven Funktion normativ aufgeladen. „In Deutschland hingegen blieb der politische Gehalt von ‚Bürger' ständig umstritten" (Spree 1994: 351), wurde der Begriff doch vornehmlich sozial gedeutet, schließlich mit dem Bourgeois identifiziert und insbesondere unter ideologischen Vorzeichen zum negativ besetzten Kampfbegriff. Die semantische Berücksichtigung des Politischen durch die Begriffserweiterung ‚Staatsbürger' belegt den Staatsbezug des deutschen Denkens. Der Staat war das ordnungspolitische Schlüsselsymbol im deutschen politischen Selbstverstandnis, nicht aber der ‚Staatsbürger'. Bis in die Gründerzeit der Bundesrepublik Deutschland gilt: Es kam „nicht zu einer Deckung von Staatsbürger- und Bürgerbegriff, der Begriff ‚Burger' wurde zwischen den ideologischen Fronten der bürgerkriegsähnlichen Situation zerrieben. Die sozialistisch-kommunistische und die nationalsozialistische Bewegung ersetzten ihn durch den Begriff ‚Genosse'" (Riedel 1972: 724). Erst in der politischen Semantik der politischen Kultur der zweiten deutschen Demokratie näherten sich Staatsbürger- und Bürgerbegriff allmählich derart an, daß sich eine Konzeption eines politisch-existentiellen Bürgers im Sinne der ‚citizenship' herausbilden konnte, die allen Bürgerkulturen der großen Familie westlicher Verfassungsstaaten zugrundeliegt. Gerade die anhaltende öffentliche Diskussion uber die inhaltliche Bestimmung dessen, was Staatsburgerschaft in Zukunft bedeuten solle, beweist, daß das deutsche politische Denken zum internationalen theoretischen Diskurs aufgeschlossen hat.

Diese Repolitisierung des Burgerbegriffs in einer emergenten deutschen Staatsbürgernation hat allerdings noch nicht sämtliche Traditionsgehalte in Gestalt einer staats- und ethnisch bestimmten Idee des Staatsbürgers eliminiert. Noch hat die Aussage Brubakers eine, wenn auch eingeschränkte Gültigkeit, wenn er das deutsche „vocabulary of citizenship" vom angloamerikanischen und französischen Sprachgebrauch abhebt: „In French and American English ‚nationalité' and ‚citoyenneté', ‚nationality' and ‚citizenship', are roughly synonyms ... In German, formal state-membership, participatory citizenship, and ethnocultural nation- membership are designated by distinct terms: Staatsangehörigkeit, Staatsbürgerschaft, and Nationalität or Volkszugehörigkeit resepctively. The semantic overlap in French and English reflects the political definition of nationhood and the fusion of the concepts, of state, nation, and sovereign people in the French, English, and American political traditions." Für Brubaker drücken sich hierin die Unterschiede im politischen Modernisierungsprozeß aus (Brubaker 1992: 50). Dieser Bezug auf eine im Vergleich zu den ‚westlichen' Nationen deutsche Sonderentwicklung hat eine gewisse Berechtigung. Aber mit Blick auf das Multiversum moderner demokratischer Nationen kann sich eine vergleichende Betrachtung des Burgerkonzeptes nicht mit dieser einfachen Dichotomie begnügen, denn empirisch lassen sich durchaus eine Vielzahl von nationalen Spielarten von citizenship/Staatsbürgerschaft nachweisen, die sich in ihrem Bedeutungsgehalt nicht in einer einfachen Dichotomie unterbringen lassen.

Wenn nun auch die ‚Rückkehr des Bürgers' in den internationalen Diskurs von nationalen Problemkonstellationen ausgeht, so liegt diesem doch eine übergreifende historisch-systematische Fragestellung zugrunde: Inwieweit der Begriff des Bürgers noch symbolischer Ausdruck der *ideé directrice* des demokratischen Verfassungsstaates ist, die durch das Prinzip der bürgerlichern Selbstregierung bestimmt wird. Auf dem Prüfstand steht also das geschichtlich fundierte Ordnungsparadigma der modernen Staatsbürgernation und dessen auf die politische Freiheit und Gleichheit der Gesellschaftsmitglieder hin konzipierte Idee einer im Recht geeinten bürgerschaftlichen Politik.

Die eigentlich theoretische Frage, schreibt Beiner, ist, ob die liberale Demokratie „ought to be a regime of laborers, of consumers, or of citizens" (Beiner 1992: 141). „If citizenship is associated with a stable sense of principles of coherence within a society and affirm sense of ones place within the structures of social order that confers such coherence it does not require high theoretical acumen to detect a crisis of citizenship in Western societies" (ebd.: 118). Beiners Kritik gilt einer liberalen Doktrin des Bürgers in den USA, insoweit sie diesen als individuelles Rechtssubjekt faßt, das in einer Vielzahl von sozialen Rollen auftritt, wobei die politische Rolle nicht einmal die wichtigste ist und zudem rein instrumentell definiert ist. Hieraus, so Beiner, resultiere eine „apolitical bourgeois democracy" (ebd.: 129). In die gleiche Kerbe schlägt Barber: „The modern privatized client- consumer who demands his rights, sells his services, contracts his relationships, votes his interests, and cost-analyzes his life plan is a man who does not exist for others" (Barber 1984: 71). Dieser liberale Bürger ist – in praxei – der „apolitical man" (ebd.: 67). Beiner, Barber und eine ganze Reihe weiterer Autoren sind sich darin einig, daß sich im empirisch beobachtbaren Mehrheitsverhalten in der demokratischen Gesellschaft ein ‚liberal' definiertes Ordnungsdenken manifestiert, das den im Institutionengefüge und der politischen Kultur der liberalen Demokratie impliziten Ordnungs- und Sinngehalten nicht nur widerspricht, sondern diese auch unterminiert. Es handelt sich, wie Ignatieff es – weniger polemisch – formuliert um die „deep-seated contradictions between citizenship and economic life as we live it in the market society" (Ignatieff 1995: 55).

Soweit sich der Bürgerdiskurs nicht in der insbesondere für Nordamerika charakteristischen liberalismuskritischen Argumentation und der Programmatik einer Demokratiereform erschöpft, wirft er – wie eingangs bemerkt – notwendigerweise ordnungspolitische Prinzipienfragen auf. Wer in einem politisch gehaltvollen Bürgerbegriff den normativen Bezugspunkt der politischen Gesellschaft sieht, muß nicht nur die Bedingungen und Möglichkeiten einer bürgerschaftszentrierten Sozialordnung erörtern, sondern auch einen dieser entsprechenden Begriff des Politischen formulieren. Wenn sich weiterhin im paradigmatischen Burger der politische Mensch artikuliert und der politische Mensch den Wesensgehalt dessen, was die Humanität ausmacht, repräsentiert, dann mündet der Bürgerdiskurs zwangsläufig in einen anthropologischen Diskurs über die Natur des Menschen und der ihr angemessenen politischen Ordnungsform. Diese zugegebenermaßen von mir systematisierten Implikationen eines Bürgerdiskurses, der sich reflexiv zu seinem Gegenstand verhält, bringen dessen geschichtliche Tiefendimension zum Vorschein, insofern ein neuerliches Nachdenken über den Bürger eine zentrale Kategorie der westlichen Zivilisationsgeschichte in der modernen Politik zur Geltung zu bringen sucht.

Das bis in das moderne politische Denken fortwirkende normative Moment dieses alteuropäischen Bürgerbegriffs entstammt der anthropologischen Verortung des Bürgerseins, dem im reflexiven Bürgerdiskurs der griechischen Philosophie entfalteten Konzept des *zoon politikon*, das besagt, daß der Mensch nur in der Polis seine Humanität vollgültig zu aktualisieren vermöge. Wo der sozialwissenschaftliche Bürgerdiskurs normativ argumentiert, nimmt er diese kategoriale Bestimmung auf, ohne sie allerdings philosophisch zu explizieren, wie die folgenden Beispiele zeigen. „[T]he life of the

citizen" ist für Oldfield „not only the most inclusive, but also the highest, form of human living together that most individuals can aspire to ..." (Oldfield 1990: 6). Barbers vom amerikanischen Pragmatismus informierte Konzeption einer „strong democracy" „rests on the idea of a self-governing community of citizens who are united less by homogeneous interests than by civic education and who are made capable of common purpose and mutual action by virtue of their civic attitudes and participatory institutions rather than their altruism or their good nature" (Barber 1984: 117).
Taylor geht von der Verpflichtung einer freien Gesellschaft zum Schutz der ‚Bürgerwürde' aus, die das Prinzip der Selbstregierung als zentrales Element beinhaltet: „Participation in self rule" wird als das Wesen der Freiheit begriffen, die es zu schützen gilt. „Full participation in self rule is seen as being able, at least part of the time, to have some part of the ruling consensus, with which one can identify along with others. To rule and be ruled in turn means that at least some of the time the governors can be ‚us' and not always ‚them'" (Taylor 1989: 179). Die Vertreter eines substantiellen und nicht nur formalen oder prozeduralen Begriffs der ‚citizenship' sehen in dem, was Aristoteles die ‚politische Art des Regierens' genannt hat, den eigentlichen Gehalt des Bürgerseins: es besteht in der Tugend des Freien, zu regieren und regiert werden zu können. Diese im amerikanischen Diskurs als kommunitaristisch etikettierte Position läßt sich jedoch nicht auf die folgerichtig theoretische Frage nach dem anthropologischen Grund der bürgerschaftlichen Selbstregierung ein, d.h. auf die Frage nach der Vernunft, die nach Meinung der Alten den Menschen zur politischen Regierungsweise befähigt und verpflichtet. Hierauf wird noch einmal einzugehen sein.
Welche kategorialen Merkmale auch immer in der westlichen Geschichte dem Bürger zugeschrieben wurden, welche Metamorphosen der Bürger seit seiner Entdeckung in der Antike durchlaufen hat, eine fundamentale Übereinstimmung zwischen Politik und Moderne besteht darin, daß die Seinsweise des Bürgers zwingend eine konkrete, wie auch immer herrschaftlich organisierte politische Einheit voraussetzt, von der her sich ein Individuum als Bürger definieren kann. Dies gilt in der Moderne zu allererst für die rechtlich definierte formale Mitgliedschaft in einem Staatsverband im Sinne der Nationalität oder Staatsangehörigkeit. Bürgersein qua Staatsangehörigkeit begründet nur eine dem Menschen äußerliche Identität. Aber diese ist unter den Bedingungen der modernen Welt der Nationalstaaten immer noch eine *conditio sine qua non*, denn in der Regel verlangt der tägliche Lebensvollzug stets aufs Neue einen durch staatliche Identitätspapiere verbürgten Nachweis der eigenen Existenz, was allein schon das problematische Dasein des „Staatenlosen" beweist. Diese Voraussetzung einer organisierten politischen Gesellschaft trifft aber ganz besonders auf alle politischen Modi des Bürgerseins im demokratischen Verfassungsstaat zu, der bürgerliche Selbstverwirklichung, wie immer sie verstanden wird, garantiert. Deswegen richten sich die theoretischen Intentionen des Bürgerdiskurses vorwiegend auf die Binnenwelt der demokratischen Politik. Was aber bedeutet es für die normativ-politische Idee des Bürgers, wenn die Auswirkungen der emergenten globalen Wirtschafts- und Kommunikationsgesellschaft die nationale politische Einheit derart relativiert, daß die im Begriff der ‚citizenship' gebündelten zivilbürgerlichen, politischen und sozialen Rechte ihre nationale Legitimationsbasis verlieren: Der Bürger verwandelt sich zu einem universalistischen individuellem Rechtssubjekt, die bürgerschaftliche Identität löst sich in eine durch die Menschenrechte ausgewiesene postnationale oder supranationale

Identität auf. Mit dieser Argumentation stellt Soysal die zentrale Aussage des Bürgerdiskurses in Frage, den sie durch einen supranationalen Diskurs ersetzen möchte.
„The same human rights and privileges of a proper citizenry have now attained a new meaning and have become globally sanction norms and components of a supranational discourse. It is within this new universalistic discourse that the individual, as an abstract, human person, supplants the national citizen" (Soysal 1994: 164). So richtig es ist, daß im Rahmen supranationaler Regime wie der Europäischen Union spezifische, ursprünglich an die nationale Staatsbürgerschaft geknüpfte zivile und soziale Rechte denationalisiert werden, im globalen Kontext scheitert eine universale Gewährleistung der Menschenrechte an der mangelnden institutionellen Verankerung. Sie ist, wie letztlich auch noch in Europa, auf nationalstaatliche Sanktionsleistungen angewiesen. Die Vision einer europäischen Bürgerkultur als identitätsstiftende Basis einer politischen Union hingegen hat allen Grund an einer bürgerschaftlichen Konzeption der politischen Gemeinschaft festzuhalten. Sie allein ist in der Lage, die Legitimität für ein solches politisches Unternehmen zu liefern.
Insofern ein konsequent ethisch-politisch gedeuteter Bürgerbegriff die Präsumption einer paradigmatischen Menschlichkeit impliziert, schließt das konkrete Bürgerglück eines gelingenden guten Lebens immer das Moment einer die konkrete Partikularität menschlichen Seins transzendierenden universalen Humanität ein. Dieses Spannungsverhältnis von Staatsbürgerschaft und Weltbürgerschaft schlägt sich im Miteinander und Gegeneinander von Bürgerdiskurs und supranationalem Diskurs nieder. Wer aber annimmt, daß die Staatsbürgerschaft realgeschichtlich durch einen Weltbürgerstatus überhöht wird (Habermas 1992: 659f.), unterliegt einer ‚fallacy of misplaced concreteness'.

II.

Soweit moderne Bürger- oder Tugenddiskurse (Münkler 1992) ein normatives Konzept des Bürgers und der bürgerschaftlichen Politik kritisch diskutieren oder argumentativ vertreten, stehen sie in der Kontinuität der westlichen Zivilisationsgeschichte und ihrer bürgerschaftlichen Traditionen. Diese sind sehr viel reicher, vielfältiger und komplexer, als daß sie sich säuberlich auf zwei einander widerstreitende Traditionsstränge reduzieren ließen, wie das in gegenwärtigen Theoriedebatten getan wird, die eine republikanische auf Aristoteles und den italienischen Bürgerhumanismus zurückgehenden Bürgerdiskurs von einem liberalen lockeanisch und hobbesianisch grundierten Diskurs unterscheiden. Wenn auch die ideengeschichtlichen Zuschreibungen variieren, so wird doch das dichotomische Modell neuerer Forschung wiedergegeben (Riesenberg 1992; Meier 1994).
Eine prinzipiengeleitete Untersuchung des Bürgerbegriffs muß aber die historische mit der theoretischen Analyse derart kombinieren, daß sowohl dessen Historizität wie auch die in dieser Historizität beschlossene geschichtstranszendente Ordnungsidee deutlich wird. Diese Aufgabe einer historisch ausgerichteten philosophisch-anthropologischen Darstellung des westlichen Bürgerbegriffs würde den Rahmen dieser Erörterung sprengen. Es kann nur auf einige wesentliche Aspekte aufmerksam gemacht werden, die für ein theoretisches Verständnis des Bürgerparadigmas bedeutsam sind.

Die Idee des Bürgers entstammt einer eigentümlichen Erfahrung des Menschen von sich selbst in der Stadtkultur der griechisch-römischen Antike, nämlich der politischen Erfahrung in dem Sinn, daß sich historisch, erstmals in der griechischen Polis, ein eigenständiger Seinsbereich des Menschlichen in Gestalt eines vom Menschen verantworteten Handlungs- und Lebensraumes konstituiert. Die Polis bezog ihre kollektive Identität von jenen, auf deren kollektivem Handeln die Gesamtordnung in ihren herrschaftlichen, religiös-kulturellen und militärischen Aspekten (den *ta politika*) gründete, nämlich den politai, den Bürgern. Die kollektive Identität der Polis war daher, so Christian Meier, eine „Bürgeridentität" (Meier 1993: 204). Insofern die Polis mit den Bürgern in ihrer Eigenschaft als Akteur identisch war, war sie Bürgerschaft (*politeia*), welcher Terminus auch die Zugehörigkeit, das Bürgerrecht, umschrieb und zugleich die institutionelle und symbolische Ordnung im Begriff der „rechten Verfassung, in dem sich der spezifisch normative Sinn von politisch (als polis-gemäß) orientierte" (Meier 1980: 40). Das Polisgemäße als der normative Bezugspunkt des Politischen verweist auf das historisch entscheidende Moment der politischen Erfahrung: Bürgersein heißt in seinem Vollsinn Menschsein. Die Konzeption des *polites* jenseits aller besonderer institutionellen und sozialen Konnotationen in Gestalt des nämlichen Bürgermenschen enthält ein universalistisches Potentialmoment einer paradigmatischen Menschlichkeit, das im reflexen Bürgerdiskurs der Philosophen Platon und Aristoteles zum Ende der Polisgeschichte expliziert wird. Die Richtschnur dessen, was polis-gemäß ist, ist das Menschengemäße. Das Menschengemäße ist eine individuelle und kollektive Lebensführung nach Maßgabe einer allen Polis-Menschen gemeinsamen, das heißt für ihre ‚Natur' als solche konstitutiven, inneren Ordnungskraft, nämlich ihrer Vernunft. In dieser wirkt jenes ‚unsichtbare Maß' des richtigen Urteils, das nach den Worten Solons ‚schwer denkend zu erfassen ist und doch die Grenzen aller Dinge enthält'. Sich der ordnenden Kraft der eigenen Vernunft des ‚Göttlichen im Menschen', wie Aristotels sagt, in seiner Lebensführung zu unterwerfen, heißt sich selbst beherrschen. Der sich selbst beherrschende Bürger ist die ethische Voraussetzung einer sich selbst regierenden Bürgerschaft. Im Prinzip der Selbstregierung konvergieren das individuelle und das öffentliche Bürgerethos. Diese gemeinschaftstiftende Prämisse der bürgerschaftlichen Politik hat schon Heraklit herausgestellt: „Wer da redet mit Vernunft, muß sich festigen in dem allen Gemeinsamen wie sich die Polis auf das Gesetz stützt und dies noch viel mehr. Nähren sich doch alle menschlichen Gesetze von dem reinen göttlichen (Gesetz)" (Fragment: 114). Die Vernunft markiert gleichsam die Schnittstelle von Zeitlichem und Ewigem in der Seinsweise des Bürgermenschen. Aristoteles prägt hierfür den Begriff der politischen Freundschaft – sie ist die Freundschaft unter Bürgern, die mit sich eins sind und in Eintracht das Rechte und Zuträgliche gemeinsam zu verwirklichen trachten. Eintracht schützt allein eine in sich plural strukturierte Bürgerschaft von dem Zerfall in sich bekämpfende Konfliktparteien. Sie bindet Regierende und Regierte derart, daß einmütiges Handeln in allen das Gemeinsame der Polis angehenden Fragen möglich ist (Aristoteles, Nikomachische Ethik: 1167 a 22 – b 15). Das verweist auf das Präkäre der Bürgerpolis, ihre Konfliktanfälligkeit durch die sich eine *politeia* allzu leicht in eine *stasioteia* verwandelt, und der *polites* in einen *stasiotes*. Wir haben für diese Begriffe keine Äquivalente. Sie bezeichnen eine Polisgemeinschaft, die durch die Herrschaft der widerstreitenden Einzel- und Privatinteressen und ein entsprechendes Gewaltpotential gekennzeichnet ist (Platon, Nomoi 715a, 832b). Der *stasiotes* ist der apolitische Bürger.

Die Herausbildung des Bürgermenschen und der ihm zugeordneten Handlungssphäre der Politik vollendet sich in einem historisch neuen Begriff der menschlichen Identität. Universalgeschichtlich betrachtet ist die geschichtliche Erscheinung des Bürgermenschen in Hellas ein Ereignis des von Jaspers so genannten „achsenzeitlichen Umbruchs" in der Menschheitsgeschichte, dessen empirischer Inhalt darin besteht, „daß der Mensch des Seins im Ganzen, seiner selbst und seiner Grenzen bewußt wird" (Jaspers 1949: 15). Die achsenzeitliche Umwälzung führt zu einem neuartigen Wirklichkeitsverständnis, das durch die „Spannung zwischen transzendentaler und weltlicher Ordnung" (Eisenstadt 1987: 11) bestimmt wird, dem neuartige Ordnungs- und Symbolformen entspringen, wie sie die hellenische Bürgerpolis und deren Philosophie darstellten.

Die Bürgerpolis der Athener verstand sich sehr wohl als eine paradigmatische Ordnung der menschlichen Angelegenheiten, doch – und das ist bis heute ein Einwand gegen ihren paradigmatischen Charakter – das Bürgerrecht war auch im quasi-demokratischen Athen eingeschränkt. Die politischen Teilnahmerechte und alle weiteren sozialen und ökonomischen Rechte, die damit verbunden waren, waren an Abstammung, sozialen Status, Alter und Geschlecht geknüpft (Whitehead 1991; Manville [2]1990; Nippel [1]1988). Die *politeia* war exklusiv. Es war der reflexive Bürgerdiskurs der Philosophen, der zwar auch die Schranken des Polis-Modells nicht durchbrach, aber den Bürgermenschen in einer *philosophia per anthropina* zum Gegenstand grundsätzlicher Reflexion über das Menschliche machte. Diese gewinnt dem Bürgermenschen einen Begriff des Menschen ab, der alle empirischen Aspekte des menschlichen Seins vom physischen bis zum seelisch-geistigen derart in ein Gesamtbild integriert, daß sich hierin schließlich auch Menschen jenseits der Poliskultur als solche wiedererkennen könnten. Diese tendentielle Universalisierung des Bürgermenschen, welche die Stoiker fortführten, deutet sich schon in Platons *Politeia* an: sie kennt keine Sklaven mehr und der zugegebenermaßen sehr eingeschränkte Zugang zur Herrschaft steht in gleicher Weise Männern und Frauen offen. Letzthin dauerte die „Spannung zwischen den universalistischen Tendenzen der politischen und kulturellen Symbolik und der institutionellen Wirklichkeit der Polis" bis zu deren Integration in das römische Imperium an (Eisenstadt 1987: 50), wo sie sich im römischen Bürgerdiskurs der späteren Republik in einer folgenreichen Synthese des politischen Denkens reproduzierte. Der römische Begriff des Bürgers unterschied sich von seinem Ursprung her nicht nur graduell vom hellenischen, er war seiner Natur nach entsprechend der spezifischen politischen Erfahrung der Römer gänzlich anders geartet (Sherwin-White 1973; Meier 1979: 374; Nicolet 1980; Eder 1991). Das Institutionengefüge der römischen *civitas* bleibt stets aristokratisch geprägt und das *suffragium*, das dem römischen *civis* politische Teilhabe gewährte, war auf vielfältige Art nicht zuletzt durch das System der Kollektivstimmen in den Stimmkörperschaften eingeschränkt zugunsten der aristokratischen Führungsschicht, die *auctoritas* und *potestas* allein für sich beanspruchte. Über der *Bürgerschaft* stand die *res publica*, deren Wahrung dem Adel oblag. Sie ist nicht mit der *Bürgerschaft* identisch. Der Begriff umschreibt abstrakt die Gesamtheit der öffentlichen politischen, militärischen und religiösen Angelegenheiten im Gegensatz zu den *res privata* der einfachen Bürger, die der *res publica* prinzipiell untergeordnet sind. Die Identität des römischen

Bürgers leitet sich aus der Mitgliedschaft in einer durch das Recht definierten Gemeinschaft her, die auf der Grundlage eines gemeinsamen Interesses und einer gemeinsamen Zielsetzung basiert, die sich im Begriff der res publica ausdrücken. Die römische Bürgerschaft kristallisierte sich nicht um die politische Partizipation, sondern um ein umfassendes System ziviler Rechte und Pflichten.
Sie war inklusiv und beruhte letztendlich auf dem *jus soli*, so daß sie sukzessive auf andere religiöse und ethnische Kulturen ausgedehnt werden konnte und sich auf die Mehrheit der Bewohner des Reiches erstreckte. Insofern sich Rom als der Repräsentant der gesamten bewohnten Welt betrachtete, verschmolz die Stadt (urbs) mit dem Weltkreis (orbs). Der Mensch ist somit nicht nur Bewohner eines spezifischen Ortes, sondern „Bürger der gesamten Welt als gleichsam einer Stadt" (Cicero, De Legibus: I, 23, 61). Das römische Recht in Verbindung mit der romanisierten stoischen Philosophie kodifizierte diese praktische Universalisierung des römischen Bürgermenschen in eine ethisch fundierte Konzeption des Rechts, die mit der Reurbanisierung der europaischen Gesellschaft wiederaufleben konnte.
Wird die Betrachtung der antiken Idee des Bürgermenschen in den Kontext des achsenzeitlichen Durchbruchs zu einem neuen Wirklichkeitsverständnis gestellt, in dem der Mensch sich als solcher begreift und die Sphären des Göttlichen, Natürlichen und Politischen im menschlichen Selbstverständnis auseinandertreten, so relativieren sich die modernistischen Einwände gegen die soziale Exklusivität des reflexiven Bürgerdiskurses der Antike. Die Entdeckung des Menschlichen in Gestalt des Bürgers ist der Ausgangspunkt eines langfristigen dynamischen Differenzierungsprozesses, der in gewissem Sinn die Inhalte des westlichen Zivilisationsprozesses bestimmt. Die politische Artikulierung der antiken Gesellschaft vollzog sich durch eine wechselnde Minderheit von *patres familias*. Hierin war aber ein geschichtliches Bewegungspotential angelegt, das im Verlauf der modernen Geschichte im Westen die politische Artikulierung der Gesellschaft bis zum letzten Individuum vorantrieb. Der implizite Geltungsanspruch der Humanität des Bürgermenschen wurde geschichtlich explizit im Begriff der universalen Humanität, an der alles teilhat, was ein menschliches Antlitz trägt.
Der konkrete hellenische *polites* und der konkrete *römische civis* machten im Christentum eine eigentümliche und folgenreiche Metamorphose durch: Der römische Bürger Paulus usurpierte den Bürgerbegriff für die Mitgliedschaft im spirituell konzipierten *corpus Christi* (Epheser 2, 19). Dieser Bürgerbegriff ist apolitisch, aber egalitär und universal. In der Reinterpretation Augustins heißt Bürgerschaft Mitgliedschaft in zwei gleicherweise unsichtbaren spirituellen Kommunitäten: die *civitas dei*, deren Bürger unter der Regierung Gottes stehen und die *civitas terrena*, deren Bürger vom Satan beherrscht werden. Die *res publica* war nun die Sache Gottes, die *res privata* jene des Teufels. Es herrschte Wahlfreiheit, und es stand die Mitgliedschaft in diesen *civitates* allen Menschen ohne Unterschied des Standes und des Geschlechts offen. Das Prinzip der sozialen Gleichheit unter Gott war erstmals, wenn auch auf ein Jenseitiges allein bezogen, mit dem Bürgerbegriff verknüpft. Dies hatte eine höchst wichtige Auswirkung auf die neuzeitliche Renaissance des Bürgerbegriffs in Gestalt der hoch- und spätmittelalterlichen ‚Theologie der Stadt'. Um die Konkretisierung des ewigen ‚Neuen Jerusalems' bemüht, gab sie diesem die „Züge einer mittelalterlichen Stadt, Bürgergemeinschaft und Verfassungsordnung" (Meier 1994: 23). Durch diese Repolitisierung des

christlichen Bürgerbegriffs war erstmals in deren westlicher Geschichte die ‚bürgerliche Lebensform' potentiell Norm und Ideal für alle Menschen geworden, sprengte ihre ideologische Bedeutung den engen realgeschichtlichen Rahmen, der dieser Sozial- und Verfassungsform der alteuropäischen Gesellschaft zukam (ebd.: 60).
Die Wiederauferstehung des Bürgers in der spätmittelalterlichen Stadt- und Universitätskultur signalisierte einen zivilisatorischen Umbruch der europäischen Gesellschaft. In dem komplexen Prozeß der Rückkehr des Bürgers in die politische Welt wirkten römisches Recht, scholastischer Aristotelismus und neoklassische Gelehrsamkeit zusammen (Meier 1994; Koselleck/Schreiner 1994). Im Spannungsfeld zwischen städtischer Bürgerkultur, ständischer Gesellschaft und Fürstenstaat bildeten sich vielfache Bürgerbegriffe unter dem gemeinsamen Horizont der christlichen Erfahrung heraus. Hierbei lassen sich zwei Formen der politischen Gesellschaft unterscheiden: Die bürgerschaftszentrierte Version der Stadtkulturen und die staatsbezogene Version des monarchischen Territorialstaates. Die erstere bewahrt die nach Sozialstatus und Geschlecht abgestufte politische Partizipation als Merkmal des Bürgers, die zweite definiert ihn ausschließlich als freies Rechtssubjekt unter der Souveränität des Monarchen. Im Licht der antiken Tradition betrachtet, ist das frühneuzeitliche Konzept des Bürgers vorwiegend römisch geprägt, und weniger vom Hellenischen. Es umschreibt ökonomische, zivile und rechtliche Privilegien, politische Partizipation spielte sich nur im Kontext einer hierarchisch organisierten stadtstaatlichen politischen Ordnung ab. Darüber hinaus aber war entscheidend, daß im reflexiven Bürgerdiskurs der Scholastiker und der Neoklassiker des italienischen Humanismus die anthropologische Fragestellung der antiken Philosophie wieder aufgenommen und der Idee des Bürgermenschen erneut eine innerweltlich verbindliche paradigmatische Menschlichkeit zugesprochen wurde. Vom politischen Denken her drang die Vorstellung von der sich selbstregierenden Bürgerschaft als eine dem vernünftigen Menschen angemessene Ordnung des Politischen in die Gesellschaft ein und stellte die monarchische Konzeption des Bürger-Untertans schließlich revolutionär in Frage.
Die nationale Monarchie, die sich als weltliches ‚corpus mysticum' (Fortescue, Duprat) versteht, leitet den Bürgerbegriff von der rechtlichen Mitgliedschaft in diesem vom souveränen Monarchen repräsentierten politischen Körper ab. Bürger ist in der Bodin'schen Republik der *pater familias* der die *res privata* zugunsten der *res publica* im Namen eines Gesamtinteresses hintanstellt. Dieser Bürger ist ein freier Untertan, der unter der souveränen Gewalt eines anderen steht. Ausdrücklich lehnt Bodin das aristotelisch-thomistische Kriterium der politischen Teilhabe ab: Bürgerschaft resultiert aus der wechselseitigen Verpflichtung zwischen Untertan und Souverän, welcher – im Austausch für Loyalität und Gehorsam – den ersteren Gerechtigkeit gewährt, sowie Rat, Hilfe und Ermutigung. Das Bürgerrecht ist folgerichtig exklusiv, denn es steht im Belieben des Souveräns jedem das Bürgerrecht zu verleihen. Diese staatszentrierte Konzeption einer Bürgerschaft wurde die primäre Form des modernen Staatsbürgerrechts. Hobbes radikalisierte es und ließ die Personalität des Staatsbürgers vollständig im politischen Kollektiv aufgehen und unterwarf es der absoluten Souveränität des jeweiligen Herrschers. Damit nahm er entscheidende Momente des totalitären Begriffs des Bürgers vorweg. Diese staatszentrierte Bürgerkonzeption ist das eigentliche Gegenstück zur Idee des existentiell-politischen Bürgermenschen. Dieser kommt ge-

schichtlich zum Zuge in der revolutionären Synthese von politischem Humanismus und radikalem Protestantismus im 17. und 18. Jahrhundert.

Die Reformation revidierte das christliche Gleichheitsprinzip und die christliche Bürgeridee in einer neuartigen egalitären Kirchenorganisation unter dem Vorzeichen des sich selbstregierenden Bürgers. Im atlantischen revolutionären Prozeß von der englischen Revolution 1649 bis zur amerikanischen und französischen Revolution entfaltete sich sukzessive das bürgerzentrierte republikanische Ordnungsparadigma, auf dem der moderne demokratische Verfassungsstaat fußt. Die Idee der freien und gleichen Christengemeinde unter Gott, die Tradition des stoisch-christlichen Naturrechts, die rechtliche und institutionelle Praxis der altständischen Gesellschaft wurden mit der bürgerhumanistisch-republikanischen neoklassischen Politik und der Konzeption einer auf Privateigentum basierenden kompetitiven Marktgesellschaft im Verlauf der Revolutionierung des Westens derart miteinander verbunden, daß der geschichtsmächtige Ordnungsentwurf einer christlich-kulturell unterfütterten republikanischen Bürgerschaft politisch-praktische Gestalt annahm.

Der geschichtliche Durchbruch des bürgerschaftlichen Paradigmas war der eigentliche *politische* Gehalt der amerikanischen und französischen Revolution. Sie vollzogen die ‚Konstitutionalisierung der Herrschaft' (Grimm). Diese nahm ihren Anfang in der amerikanischen Revolution, deren Quintessenz David Ramsay eindrucksvoll zum Ausdruck brachte: Das Volk müsse sich wandeln „from subject to citizen" und „the difference is immense. Subject ... means one who is under the power of another. But a citizen is an unit of a mass of free people who, collectively, possess sovereignty" (Wood 1992: 169). Souveränität kommt nicht dem Volk als Summe aller, sondern dem Volk in seiner bürgerschaftlichen Verfassung zu.

Hinter dem verfassungsstaatlichen Ordnungsentwurf steht die anthropologisch normierte Idee des Bürgers. Sie beruht auf einer „politischen Metaphysik der Demokratie als selbstverantwortliche Bürgerschaft" (Lüthy 1974: 131). Ihr liegt ein Begriff der menschlichen Natur zugrunde, der den Menschen im antiken Sinn in seiner Doppelnatur als Vernunft- und Leidenschaftswesen und im christlichen Sinn als Ebenbild Gottes begreift und im Bürger den homo politicus mit dem homo oeconomicus zu versöhnen sucht.

Dieses anthropologische Credo normiert die Menschen- und Bürgerrechte. Das Schlüsselsymbol dieses Credos formuliert Pico della Mirandola: die Würde des Menschen. Sie kommt mit Kant gesprochen dem Menschen als vernünftigem Wesen, als homo noumenon zu: „Denn vernünftige Wesen stehen alle unter dem Gesetz, daß jedes derselben sich selbst und alle anderen niemals bloß als Mittel, sondern jeder Zeit zugleich als Zweck an sich selbst behandeln solle" (Kant 1963: BA 75/76).

Ein reflexiver Bürgerdiskurs wird, wenn er seinen Gegenstand ernst nimmt, zu bedenken haben, daß die Sache des Bürgers auch heute noch Sache des Menschen ist.

Literaturverzeichnis

Alejandro, R., 1993: Hermeneutics, Citizenship, and the Public Sphere. Albany.
Barber, B., 1984: Strong Democracy. Berkeley.
Beiner, R., 1992: What's the Matter with Liberalism? Berkeley.
Bridges, Th., 1994: The Culture of Citizenship. Albany.

Brubecker, R., 1992: Citizenship and Nationhood in France and Germany. Cambridge.
Canfora, L., 1993: Der Bürger, in: Vernan, J.-P. (Hrsg.), Der Mensch der griechischen Antike. Frankfurt a.M.
Coulmas, P., 1990: Weltbürger. Hamburg.
Eder, W., 1991: Who Rules? Power and Participation in Athens and Rome, in: Molho, A./Raaflaub, K./Emlen, J. (Hrsg.), City States in Classical Antiquity and Medieval Italy. Stuttgart.
Eisenstadt, S. N. (Hrsg.), 1987: Kulturen der Achsenzeit, Teil I. Frankfurt a.M.
Ethics, vol. 103, No. 2, 352-381.
Flathman, R. E., 1995: Citizenship and Authority: A Chastened View of Citizenship, in: Beiner, R. (Hrsg.), Theorizing Citizenship. New York.
Gebhardt, J., 1984: The Origins of Politics in Ancient Hellas, in: Porter, J. M. (Hrsg.), Sophia and Praxis. Chatham.
Habermas, J., 1992: Faktizität und Geltung. Frankfurt a.M.
Heater, D., 1990: Citizenship. London.
Ignatieff, M., 1995: The Myth of Citizenship, in: Beiner, R. (Hrsg.), Theorizing Citizenship. New York.
Jaspers, K., 1949: Vom Ursprung und Ziel der Geschichte. Zürich.
Kant, I., 1963: Grundlegung zur Metaphysik der Sitten, in: Weischedel, W., Schriften zur Ethik und Religionsphilosophie. Darmstadt.
Kelly, G. A., 1995: Who Needs a Theory of Citizenship, in: Beiner, R. (Hrsg.): Theorizing Citizenship. New York.
King, S. D./Waldron, J., 1988: Citizenship, Social Citizenship and the Defence of Welfare Provision, in: British Journal of Political Science 18, 415- 443.
Koselleck, R./Schreiner, K. (Hrsg.), 1994: Bürgerschaft. Stuttgart.
Kymlicka, W., 1995: Multicultural Citizenship. Oxford.
Kymlicka, W./Normann W., 1994: Return of the Citizen, in: Ethics 103, 352-381.
Luthy, H., 1974: Tugend und Menschenrechte II, in: Merkur 28, 119-134.
Macedo, St., 1990: Liberal Virtues: Citizenship, Virtue, and Community. Oxford.
Manville, Ph. B., 1990: The Origins of Citizenship in Ancient Athens. Princeton.
Marshall, T. H., 1950: Citizenship and Social Class. Cambridge.
Meier, Ch., 1979: Die politische Identität der Athener, in: Marquard, O./Stierle, K. (Hrsg.), Identität. München.
Meier, Ch., 1980: Die Entstehung des Politischen bei den Griechen. Frankfurt a.M.
Meier, Ch., 1993: Athen. Berlin.
Meier, U., 1994: Mensch und Burger. München.
Moller, O. S., 1992: Women, Equality, and Citizenship, in: Queen's Quarterly 99, 56-71.
Munkler, H., 1993: Politische Tugend, in: Münkler, H. (Hrsg.), Die Chancen der Freiheit. München.
Nicolet, C., 1980: The World of the Citizen of Republican Rome. Berkeley.
Nippel, W., 1988: Bürgerideal und Oligarchie, in: Koenigsberger, H. G. (Hrsg.), Republiken und Republikanismus im Europa der frühen Neuzeit. München.
Oldfield, A., 1990: Citizenship and Community. London.
Pocock, J. G. A., 1992: The Idea of Citizenship since Classical Times, in: Queen's Quarterly 99, 33-55.
Quaglioni, D., 1991: Who Rules? Power and Participation in Athens and Rome, in: Molho, A./Raaflaub, K./Emlen, J. (Hrsg.), City States in Classical Antiquity and Medieval Italy. Stuttgart.
Res publica, Bürgerschaft in Stadt und Staat, 1988: Der Staat: Beiheft 8. Berlin.
Rétat, P., 1988: Citoyen-Sujet, Civism, in: Handbuch politisch-sozialer Grundbegriffe in Frankreich 1680-1820, Heft 9, 75-105.
Riedel, M., 1972: Bürger, in: Geschichtliche Grundbegriffe I, 672-725.
Riesenberg, P., 1992: Citizenship in the Western Tradition. Chapel.
Schnapper, D., 1994: La communauté des citoyens. Paris.
Sherwin-White, A., 1973: The Roman Citizenship. Oxford.
Shklar, J., 1991, American Citizenship. Cambridge.
Soysal, Y. N., 1994: Limits of Citizenship. Chicago.
Spree, U., 1994: Die Ruckbesinnung auf die mittelalterliche Stadt, in: Koselleck, R./Schreiber, K. (Hrsg.), Burgerschaft. Stuttgart.

Sternberger, D., 1978: Drei Wurzeln der Politik. Frankfurt a.M.
Suerbaum, W., 1970: Vom antiken zum mittelalterlichen Staatsbegriff. Münster.
Taylor, Ch., 1989: The Liberal-Communitarian Debate, in: *Rosenblum, N.* (Hrsg.), Liberalism and the Moral Life. Cambridge.
Turner, B., 1989: Outline of a Theory of Citizenship, in: Sociology 24, 189-217.
Voegelin, E., 1957: The World of the Polis. Baton Rouge.
Vogel, U./Moran, M. (Hrsg.), 1991: The Frontiers of Citizenship. New York.
Walzer, M., 1989: Citizenship, in: *Ball, I./Farr, J.* (Hrsg.), Theorizing Citizenship. New York.
Weischedel, W, Schriften zur Ethik und Religionsphilosophie. Darmstadt.
Whitehead, D., 1991: Norms of Citizenship in Ancient Greece, in: *Molho, A./Raaflaub, K./Emlen, J.* (Hrsg.), City States in Classical Antiquity and Medieval Italy. Stuttgart.
Wood, G. S., 1991: The Radicalism of the American Revolution. New York.
Young, I. M., 1995: Polity and Group Difference: A Critique of the Ideal of Universal Citizenship, in: *Beiner, R.* (Hrsg.), Theorizing Citizenship. New York.

Multikulturalismus und Nationalismus. Neue Konfliktlinien in der Liberalismus-Kommunitarismus-Debatte

Martin Frank

Um die Auseinandersetzung zwischen Liberalismus und Kommunitarismus, die im vergangenen Jahrzehnt die angelsächsische Diskussion in der politischen Philosophie zu einem guten Teil bestimmt hat, ist es in letzter Zeit eher still geworden.[1] Sie hat im Gegensatz zu vielen anderen Kontroversen in der politischen Philosophie zwar strukturbildend und nachhaltig gewirkt, da es ihr gelungen ist, einen großen Bereich auf zwei theoretische Großalternativen festzulegen. Nicht nur die direkt an der Debatte Beteiligten, sondern immer größere Kreise in Politikwissenschaft und Philosophie sahen sich dazu gezwungen, auf der einen oder anderen Seite auf die eine oder andere Weise Stellung zu beziehen. Wie kaum eine andere philosophische Auseinandersetzung hat sie den Sprung in die Medien und die Tagespolitik geschafft. Doch etwa seit Anfang der neunziger Jahre scheint diese Debatte in den angelsächsischen Ländern zu einem Ende gekommen zu sein. Die ersten Zusammenfassungen und Überblicke entstehen. Einige der Hauptbeteiligten verabschieden sich aus der Debatte oder von bestimmten Positionen. Die akademische Diskussion diversifiziert sich wieder. Andere Themen und Probleme treten ins Zentrum des Interesses. Erst zu diesem Zeitpunkt setzt die deutsche Rezeption ein. Einige Schlüsselbegriffe und Autoren des Kommunitarismus erlangen eine ungeahnte Verbreitung, wiederum sowohl innerhalb als auch außerhalb der Fachdisziplin.

Eine Erklärung für dieses allgemeine Interesse und den Zeitpunkt des Interesses wird zwar wesentlich komplexer sein, sie kommt jedoch an dem zeitdiagnostischen Aspekt der Debatte nicht vorbei. Dieser Aspekt tritt dabei in doppelter Weise in Erscheinung. Zum einen steht das Interesse am Kommunitarismus sehr wahrscheinlich mit dessen zeitdiagnostischen Äußerungen in Zusammenhang. Diese spezielle Sichtweise der heutigen modernen, westlichen Gesellschaften scheint für viele Menschen ansprechend zu sein. Zum anderen kann dem Auftreten dieser Theorie selbst eine zeitdiagnostische Bedeutung zugesprochen werden. Daß diese Debatte in den achtziger Jahren in Nordamerika und in den neunziger Jahren in Deutschland derart virulent wurde, scheint kein Zufall zu sein. In beiden Fällen wird diese Entwicklung als Reaktion auf die herrschenden sozialen und politischen Verhältnisse der jeweiligen Länder gesehen (vgl. z.B. Gutmann 1993; Etzoni 1995).

Das zeitdiagnostische Moment steht dabei implizit oder explizit im Hintergrund der kommunitaristischen Positionen zur politischen Philosophie. Moderne westliche Gesellschaften sind demzufolge vor allem durch zwei parallele Entwicklungen gekenn-

---

1 Fur Anregungen und Kritik bin ich Hubertus Buchstein und Rudi Speth sehr dankbar.

zeichnet, die sich mit den Begriffen „Individualisierung" und „Pluralisierung" grob umreißen lassen (vgl. Honneth 1992: 18ff.). Mit Individualisierung sind hier diejenigen gesellschaftlichen Tendenzen gemeint, die wie das Aufbrechen herkömmlicher Traditionen und Gemeinschaftsbindungen zu einer Vergrößerung der individuellen Freiheitsspielräume und -chancen, zu gesteigerten Gestaltungsmöglichkeiten und -notwendigkeiten, aber auch zu vermehrtem persönlichen Verantwortungsbedarf geführt haben. Gesellschaftliche Pluralisierung verweist dagegen auf Veränderungen in der gesellschaftlichen Struktur, die die traditionellen Ordnungsschemata sowohl ablösen als auch vervielfältigen. Ein Prozeß der Ausdifferenzierung findet statt, der eine Pluralitat von sozialen Bereichen ebenso ermöglicht, wie eine neue und sozial anerkannte Mannigfaltigkeit an Lebensformen und -stilen. Diese Zeitdiagnose ist nun keineswegs neu. Sie läßt sich vielmehr in ihren wesentlichen Elementen und Begriffen schon bei den soziologischen Klassikern wie Weber, Durkheim, Simmel und Tönnies finden.[2] Bemerkenswert ist allerdings, daß diese Diagnose, also die empirische Beschreibung der gesellschaftlichen Phänomene und Prozesse, allgemein anerkannt ist und von den meisten Kommunitaristen und Liberalen geteilt wird. Worin sich jedoch die beiden Lager fundamental unterscheiden, ist die Bewertung dieser Diagnose bzw. die Therapien und Konsequenzen, die daraus zu ziehen sind. Während die meisten Liberalen diesen Prozessen entweder eher positiv oder indifferent gegenüberstehen, zeichnen die meisten Kommunitaristen ein eher negatives Bild in dunklen Farben. Die Konsequenzen der Individualisierung werden als Vereinzelung, Atomisierung, Isolierung, Entwurzelung, Ich-Bezogenheit oder Narzißmus beschrieben. Die Folgen des Pluralisierungsprozesses sind fur sie schlicht Gemeinschaftsverlust, Entsolidarisierung, soziale Dissoziierung und Desintegration. Sind diese Phänomene für die einen (vgl. Walzer 1993; Taylor 1993) eher Symptome für die Schattenseite einer im ganzen ambivalenten Entwicklung der Moderne, fassen andere (vgl. MacIntyre 1987) sie als weitere Zeichen für einen Verfallsprozeß auf, der in der europäischen Aufklärung seine Wurzeln hat.
Diese Zeitdiagnose bildet den motivierenden Hintergrund für die bisherigen Runden der Auseinandersetzung zwischen Kommunitaristen und Liberalen, die im folgenden dargestellt werden. Rainer Forst hat vorgeschlagen, in der bisherigen Debatte vier Ebenen oder Dimensionen zu unterscheiden, die in der Diskussion zumeist auf fatale Weise vermengt sind.
„Diese Fragen betreffen erstens die Konstitution des Selbst, das heißt die Kritik des atomistischen Personenbegriffs der liberalen Theorie; zweitens den Vorrang individueller Rechte vor gemeinschaftlichen Konzeptionen des Guten, das heißt das Problem der ethischen Neutralität von Gerechtigkeitsprinzipien; drittens geht es um die Voraussetzungen und Bedingungen politischer Integration und Legitimation; und viertens schließlich um die Möglichkeit und Begründung einer universalistischen und formalprozeduralistischen Gerechtigkeitstheorie" (Forst 1993: 182).[3]

---

[2] In diesem Zusammenhang ist nicht nur die Instrumentalisierung von F. Tönnies' Begriffspaar „Gemeinschaft" und „Gesellschaft" zu verzeichnen, sondern auch eine Art kommunitaristischer Wiederentdeckung von E. Durkheim (vgl. z.B. Cladis 1992).
[3] Ausfuhrlicher dazu auch Forst (1994). Die Ebene der Zeitdiagnose wird bei Forst aufgrund der Konzentration auf moralphilosophischen Fragen nicht eigens erwähnt.

Diese Ebenen müssen auseinandergehalten werden, da sie verschiedene Fragen behandeln, die zwar systematisch, aber auf eine komplizierte Weise miteinander zusammenhängen. Argumente auf der einen Ebene sind nicht notwendigerweise auch Argumente auf einer anderen Ebene.

Da für die neueren Entwicklungen vor allem die beiden ersten Ebenen relevant sind, während die anderen eher marginal mitverhandelt werden, sollen im folgenden die beiden ersten Runden der Debatte kurz und schematisch so rekapituliert werden, daß der Zusammenhang zu den derzeitigen Fragestellungen besser sichtbar wird. Anders als bei Forst ist der leitende Gesichtspunkt hierbei die Frage, ob diese zwei Runden der Diskussion in der Lage waren, eine Entscheidung zwischen den zwei rivalisierenden Lagern herbeizuführen.[4] Die These, die hierbei vertreten wird, behauptet zum einen die Unentschiedenheit der Debatte. Eine klare Entscheidung zwischen diesen Alternativen hat sich nicht nur nicht ergeben, sondern es haben sich im Gegenteil verschiedene Annäherungen der Konzeptionen und Zwischenpositionen herausgebildet, die Vermittlungen vorschlagen. Ohne diese Annäherungen und Zwischenpositionen, so wird zum anderen behauptet, könnte die Weiterführung der Debatte in den neuen Konfliktlinien zum Teil nicht angemessen erklärt werden. Ohne die spezifische Zusammenführung verschiedener Annahmen wäre diese produktive Transformation und Fortsetzung der ansonsten von theoretischer Erschöpfung gekennzeichneten Debatte nicht möglich.

I. Die zwei Runden der Debatte

Die beiden bisherigen Stationen der Kommunitarismus-Liberalismus-Debatte lassen sich mit Hilfe von Ch. Taylors Unterscheidung von Fragen der Ontologie und Parteinahme (vgl. Taylor 1993: 103ff.) angemessen beschreiben. Ontologische Fragen sind für Taylor dabei solche nach den adäquaten Grundbegriffen bzw. der Methodologie der praktischen Philosophie. Fragen der Parteinahme beziehen sich demgegenüber auf verschiedene moralische und politische Positionen, die man vertreten kann. Die Beziehung zwischen beiden Fragen ist komplex. Obgleich beide Fragen intern zusammenhängen, zwingt jedoch eine bestimmte Position in ontologischen Fragen nicht dazu, einen bestimmten Standpunkt auf der Ebene der Parteinahme einzunehmen. Während sich also der erste Teil der Auseinandersetzung vorwiegend um sog. ontologische Fragen kümmert, stehen beim zweiten Teil eher Fragen der Parteinahme im Vordergrund. Geht es in der ersten Runde hauptsächlich um die Frage eines angemessenen Selbstbegriffs, bezieht sich die zweite Runde im wesentlichen auf die politischen Konsequenzen der Konzeptionen, d.h. insbesondere die Gegenüberstellung einer Politik der liberalen Neutralität und einer Politik des *common good*.

Die kommunitaristische Individualismuskritik bildet den Hintergrund der ersten Runde der Debatte. Kommunitaristen versuchen die liberale Theorie an den verschieden-

---

[4] Hier wird also im Gegensatz zu M. Walzer davon ausgegangen, daß der Kommunitarismus eine eigenständige und alternative politische Philosophie vorgelegt hat. Walzer sieht dagegen im Kommunitarismus lediglich eine temporär immer wieder auftretende Kritik am Liberalismus. Die kommunitaristische Herausforderung bliebe so in ihrer Kritik wesentlich abhängig von der liberalen Theorie und somit uneigenständig (vgl. Walzer 1993: 157f.).

sten Stellen für ihre individualistischen Prämissen, Konzeptionen und Konsequenzen zu tadeln. Ein solcher Punkt ist die Konzeption des Selbst und deren Folgen für die liberale Theorie. So behauptet z.B. Sandel (1982: 54ff.), daß Rawls' Theorie 1. eine bestimmte „philosophische Anthropologie" zugrunde liege; daß sich diese 2. an der Beschreibung der Teilnehmer des Urzustands ablesen lasse; und daß 3. diese Auffassung von der Natur einer Person wesentlich individualistisch und empirisch unangemessen sei bzw. nicht unseren Selbsterfahrungen entspreche. Rawls' Subjekt sei ein „ungebundenes Subjekt", das folgende Merkmale besitzt. Es ist ein vorgängig individuiertes Selbst. Seine Identität ist vor und unabhängig von seinen Erfahrungen, Zielen und Projekten vollständig ausgebildet. Es bleibt in all den Änderungen seiner Ziele und Interessen unverändert dasselbe. Das Selbst steht auch in einer gewissen Distanz zu seinen eigenen Zielen. Es ist demnach ein possessives Selbst, da die Ziele diejenigen sind, die es besitzt. Zudem ist es ein voluntaristisches Selbst, insofern es seine Ziele wählt. Kennzeichnend für das Selbst ist seine Fähigkeit, zu wählen. Sein Ideal ist die Selbstbeherrschung. Diesem ungebundenen Selbst stellt er sein Ideal eines „situierten Selbst" gegenüber. Es ist ein Selbst, das nicht vor und unabhängig von seinen Zielen und Beziehungen besteht, sondern in gewissem Sinne von diesen Zielen, die ihm vorgängig sind, konstituiert wird. Es wird daher von Änderungen seiner „konstitutiven Ziele" in seiner Identität berührt, es wird dadurch gewissermaßen ein anderer Mensch.[5] Das Selbst steht demnach nicht in einer possessiven, sondern konstitutiven Relation zu seinen Zielen und Interessen. Das Selbst wählt nicht seine Ziele, sondern findet sie. Wichtig dabei ist die Fähigkeit zur Selbstreflexion. Sein Ideal ist die Selbsterkenntnis. Diese Konzeption ist für Sandel eine intersubjektive, insofern soziale Beziehungen, gemeinsame Werte und Projekte Teil der Identität des Selbst werden können. Intersubjektiv ist sie aber auch, weil die Ziele, die dem Selbst vorgegeben sind, sozial vorgeprägte Ziele sind.[6]

Fast alle der von Sandel unternommenen Argumentationsschritte sind selbst einer Kritik unterzogen worden. Zum einen wird zu Recht darauf hingewiesen, daß der Urzustand der falsche Ort ist für die Rekonstruktion des in Rawls' Konzeption enthaltenen Personenbegriffs. Zum anderen wird selbst von Autoren, die seine Kritik an Rawls teilen, angemerkt, daß Sandels Beschreibung des situierten Selbst unangemessen ist. Sie sei als Sozialisationstheorie unangemessen, da sie die intersubjektive Beziehung nur als eine einseitige kennzeichnet, in der das Subjekt ihm vorgegebene Ziele einfach zu internalisieren hat. Ein wechselseitiges und dialogisches Zusammenspiel mit anderen ist bei ihm nicht vorgesehen.[7] Damit hängt die Schwierigkeit zusammen, wie sich Sandel die kritische Prüfung und Revision der konstitutiven Ziele vorstellt. Obwohl er ein situiertes Selbst von einem radikal situierten unterscheidet, das keinerlei Distanz zu den je eigenen konstitutiven Zielen aufbringen kann, bleibt er in diesem

---

[5] Eine extreme Variante dieses Arguments vertritt D. Bell, der Personen, die von ihren konstitutiven Gemeinschaften abgeschnitten sind, nur noch als „mentally ill" oder als „damaged human personhood" auffassen will. Was genau darunter zu verstehen ist, und wie Bell gedenkt, diesen äußerst starken Begründungsanspruch zu belegen, bleibt ungeklärt (vgl. Bell 1993: 100f. und 173f.).

[6] Diese Beschreibung entspricht ziemlich genau MacIntyres Vorstellung (vgl. MacIntyre 1987: 273ff.). Zur feministischen Kritik am liberalen Selbst zusammenfassend vgl. Frazer/Lacey (1993: 53ff.).

[7] Vgl. dazu etwa die Konzeptionen von Mead (1968) und Taylor (1991).

Punkt unklar. Zudem scheint Sandel ein eher harmonistisches Bild des Selbst zu vertreten, da er die Möglichkeit vielfältiger und konfligierender konstitutiver Ziele in einem Subjekt, etwa durch verschiedene Rollenerwartungen oder Ideale, nicht eigens diskutiert. Zum dritten bleibt unklar, ob Sandels situiertes Selbst eine bloße Ergänzung des ungebundenen Selbst darstellt oder eine vollständige Alternative.[8]
Ein realistisches Resumée von Sandels Kritik und der Kritik an Sandel hat M. Walzer formuliert (vgl. Walzer 1993: 178f.). Wenn beide Lager die Extreme vermeiden, wird eine vernünftige Annäherung in der Mitte möglich sein. Wenn beide Seiten zugestehen, daß beides gleichermaßen gilt: daß einerseits das Selbst intersubjektiv konstituiert ist, sowie daß dabei konstitutive Gemeinschaften wichtig sind, und daß andererseits die Revisions- und Kritikfähigkeit des Subjekts an einzelnen Zielen entscheidend ist.[9] Wenn also die liberale Theorie nicht die These eines präsozialen Selbst vertritt, und wenn die kommunitaristische Theorie die Möglichkeit und Wichtigkeit von Kritik und Revision zuläßt[10], können sich beide, so Walzer, auf ein „postsoziales Selbst" einigen. Eine solche Konzeption hätte dann mindestens zwei Vorteile. Erstens müßte keines der beiden Lager derartige extreme Prämissen verfolgen, die eigentlich nicht mit ihren Prinzipien vereinbar oder überhaupt nicht systematisch erforderlich sind. Zweitens wäre es bei der Konzeption des postsozialen Selbst offensichtlich, daß die Konstitution des Selbst kein zentrales Thema der politischen Philosophie darstellt.
Mit dieser Konzeption können beide Theorien leben. Beide nähern sich hierbei so weit an, daß eine Entscheidung für oder gegen eine Seite nicht mehr möglich ist. Dieses Ergebnis ermöglicht schließlich, die Kontroverse als das zu sehen, was sie eigentlich ist: eine aufgebauschte Scheindebatte.[11]
Die zweite Runde der Auseinandersetzung zwischen Liberalen und Kommunitaristen, die hier als die der politischen Parteinahme verstanden wird, tritt nun unter anderem mit dem Anspruch auf, die Signifikanz der Debatte dadurch zu erweisen, daß auf die unterschiedlichen politischen Folgen rekurriert wird.[12] Eine solche Differenz bezieht sich auf die verschiedenen Möglichkeiten und Begründungen staatlichen Handelns. Während die liberale Theorie die ethische Neutralität des Staates favorisiert, versucht der Kommunitarismus eine *politics of the common good* zu begründen.
Liberale Theorien vertreten nun mindestens zwei Annahmen, aus denen sich die Forderung nach ethischer Neutralität als Schlußfolgerung ergibt. Sie gehen zum einen

---

8 Zu diesen und anderen Kritiken vgl. Forst (1993: 183ff., 1994: 20ff.) bzw. Kymlicka (1989: 47ff.). Zur feministischen Sicht auf diese Debatte vgl. Frazer/Lacey (1993: 107ff.).
9 Aus liberaler Perspektive läßt sich dafür argumentieren, daß die liberale Theorie und insbesondere Rawls so etwas schon immer behauptet hat. Mögliche Korrekturen können deshalb nur Klarstellungen von Mißverständnissen sein (vgl. Forst 1994: 20ff.).
10 Wie oben erwähnt, deutet Sandel mit der Revisionsmöglichkeit von konstitutiven Zielen etwas in dieser Richtung an (vgl. Sandel 1982: 152).
11 Eine wissenschaftssoziologische Betrachtung dieser Debatte steht demnach auch vor der Aufgabe, zu erklären, wie eine derartige Scheinkontroverse solches Aufsehen erregen konnte.
12 Auf der Ebene konkreter politischer Maßnahmen vertreten verschiedene Kommunitaristen verschiedene Auffassungen. Diese reichen von obligatorischen sozialen Diensten und Verschärfungen des Scheidungsrechts über weitreichende Zensurmaßnahmen und Einschränkungen bzw. Neuinterpretationen einzelner Grundrechte bis zu Vetorechten bei architektonisch-ästhetischen Fragen bei Bauvorhaben und der Wiedereinführung arrangierter Heiraten (vgl. Sandel 1984: 17; Bell 1993: 13, 110f., 138f., 164f., 172f.; insbesondere Etzioni 1995).

von der Prämisse aus, daß jede moralische Person eine Würde hat, die durch individuelle Rechte absolut geschützt werden muß. In Kants Formulierung heißt dies, daß niemand nur als Mittel, sondern immer auch als Zweck behandelt werden soll. Eine ausschließlich instrumentelle Behandlung wäre eine Verletzung seiner Würde. Dworkin formuliert dies in juristischen Begriffen als das individuelle Recht auf gleiche Rücksicht und Achtung (vgl. z.B. Dworkin 1985: 191). Die zweite Prämisse besteht in der Annahme, daß es eine nichtreduzierbare Pluralität von Konzeptionen des Guten und damit verbundener Lebensformen und -stile gibt. Verschiedene moralische Personen werden normalerweise verschiedene und nicht immer miteinander kompatible Konzeptionen des Guten besitzen. Die liberale Theorie zieht nun daraus den Schluß, daß es eine Verletzung der Würde des einzelnen wäre, wenn er dazu gezwungen würde, eine bestimmte Konzeption des Guten gegen seine Überzeugung aufzugeben oder eine andere anzunehmen.[13] Es wäre moralisch falsch, wenn der Staat oder die Mehrheit in einer Gesellschaft bestimmten Personen eine bestimmte, von ihnen nicht geteilte Konzeption des Guten aufzwingen würde. Eine solche Verletzung läge auch dann vor, wenn der Staat Maßnahmen ergreifen würde, die bestimmte Konzeptionen auf Kosten anderer bevorzugen würde. Die einzigen Ausnahmen von dieser Regel sind dann gegeben, wenn einzelne Konzeptionen des Guten die Rechte anderer verletzen. Dann wäre der Staat zum Eingreifen nicht nur berechtigt, sondern auch verpflichtet. Diese ganze Überlegung wird gewöhnlich in die stark verkürzende Redeweise von der ethischen Neutralität des Staates gekleidet. Neutralität ist demnach ein Teil der Frage nach der Legitimität politischen Handelns und ist dabei Ausdruck der liberalen Vorstellung von *limited government*. Neutralität wird nicht nur für die Ziele und Effekte staatlichen Handelns gefordert, sondern auch für dessen Begründung.[14] Sie verlangt, daß staatliche Maßnahmen nicht durch Gründe gerechtfertigt werden sollen, die auf Werte und Überzeugungen zurückgreifen, die nicht von allen geteilt werden oder gar wesentlich strittig sind. Die liberale Theorie nimmt nun in ihrer zweiten Prämisse an, daß die Pluralität ein Anzeichen dafür ist, daß bezüglich der Konzeptionen des Guten keine Einigkeit besteht.[15] Manche Autoren vertreten sogar noch zusätzlich wertskeptische Thesen von verschiedener Reichweite (vgl. exemplarisch Rawls 1993: 62f.). Das klassische Beispiel für Neutralität, das gleichzeitig eines der traditionellen Topoi des Liberalismus ist, ist die religiöse Toleranz oder die Trennung von Kirche und Staat.

---

13 R. Forst scheint an manchen Stellen (insbesondere bei seiner Darstellung von Dworkins Ansatz) anzunehmen, daß es entweder individualistische oder pluralistische Begründungen von Neutralität gibt (vgl. Forst 1994: 57f.). Im Gegensatz dazu wird hier davon ausgegangen, daß beide zusammenkommen müssen, damit Neutralität gefolgert werden kann. Der individualistischen Prämisse ohne die pluralistische Prämisse stellt sich gewissermaßen gar kein Problem, auf das Neutralität eine Antwort wäre. Die pluralistische Prämisse ohne die individualistische hätte zwar ein Problem, aber keine Antwort.
14 Für eine vorzügliche Darstellung der verschiedenen Konzeptionen, Bedeutungen und Begründungen von Neutralität bei den wichtigsten Autoren vgl. Forst (1994: 55ff.).
15 Genauer gesagt, muß man nur annehmen, daß Uneinigkeit wahrscheinlicher ist als Einigkeit. Wenn zufälligerweise Einigkeit besteht, gibt es auch für Liberale kein Neutralitätsproblem. Neutralität ist kein Selbstzweck, sondern eine abgeleitete Folge. Manche Autoren vertreten demgegenüber eine stärkere Pluralismusthese, wonach Uneinigkeit und vor allem Konflikt unvermeidlich sind.

Die Vorstellung von Neutralität ist vielfältiger Kritik ausgesetzt gewesen.[16] So wurde der Begriff „Neutralität" zu Recht als zu vieldeutig und unklar empfunden, als daß er klare Anweisungen geben könnte (vgl. Rawls 1993: 190ff.; Raz 1986: 114ff.). Die kommunitaristische Kritik zielte vor allem darauf ab, daß Neutralität im vorgeschlagenen Sinne sowohl theoretisch als auch praktisch eine Illusion sei. Staatliches Handeln sei empirisch so gut wie nie derart neutral, da der Staat immer auch politische und sonstige Ziele verfolge, die er im Gegensatz zu anderen Zielen für wertvoll hält. Theoretisch könne es liberale Neutralität gar nicht geben, weil 1. eine solche Trennung von Fragen des Rechten und des Guten systematisch nicht durchzuhalten sei, und weil 2. hinter der neutralen Rhetorik sich selber eine bestimmte, nämlich liberale und individualistische Konzeption des Guten verberge (vgl. MacIntyre 1994). Dadurch werde Neutralität nicht nur theoretisch zur Ideologie, sondern wirke praktisch genau antineutral, d.h. parteilich in Richtung auf eine Diskriminierung nichtindividualistischer, also auch kommunitärer Konzeptionen des Guten (vgl. Sandel 1982; Taylor 1993b). Schließlich führe eine neutrale Politik aufgrund ihrer Indifferenz bezüglich verschiedener Lebensformen zu einer fatalen, weil selbstdestruktiven Vernachlässigung ihrer Schutzpflichten gegenüber ihren Bürgern und gesellschaftlichen Gruppen (vgl. Raz 1986: 114ff.).

Die liberale Theorie wiederum hat in verschiedener Weise auf diese Kritik reagiert. Man kann nun innerhalb des liberalen Lagers mindestens drei Konzeptionen danach unterscheiden, in welchen Ausmaß sie einzelne Kritikpunkte ernst nehmen und diesbezügliche Modifikationen vornehmen.[17] Der neutralistische Liberalismus hält im großen und ganzen an seiner ursprünglichen Konzeption fest. Er betrachtet Neutralität als einen wichtigen und unverzichtbaren Bestandteil jeder liberalen Theorie.[18] Eine Variante dieser Form reagiert zumindest auf den Vorwurf, Neutralität sei eine theoretische Illusion, ohne ihn allerdings zu übernehmen. Sie versucht vielmehr die Vorstellung von Neutralität dadurch zu stützen, daß sie eine höherstufige Neutralität, d.h. eine neutrale Begründung von Neutralität formuliert.[19] Der politische Liberalismus macht demgegenüber mehr Zugeständnisse an die Kritik. Er antwortet auf den Vieldeutigkeits- und Unklarheitsvorwurf mit einer Präzisierung und Einschränkung seiner Konzeption. Rawls will Neutralität einerseits nur noch als Neutralität der Ziele verstanden wissen (vgl. dazu Rawls 1993: 173ff.). Andererseits weist er die Bedeutung von Neutralität als *„independent of any conception of the good"*[20] als zu eng zurück. Politischer Liberalismus sei mit verschiedenen Bedeutungen des Guten verbunden. Vor allem sei die Neutralität des politischen Liberalismus nicht selbstdestruktiv, da er nicht neutral gegenüber sich selbst sei. Eine weitere Einschränkung wird dadurch vorgenommen, daß diese Konzeption auf den politischen Bereich begrenzt wird. Bei Fragen der Stabilität vor dem Hintergrund des Faktums des Pluralismus bleibt Neu-

---

16 Zu diesen und weiteren Kritikpunkten sehr ausführlich und erhellend Forst (1994: 83ff.)
17 Eine ähnliche, aber nur zweiteilige Unterscheidung findet sich bei Forst (1994: 90f.).
18 B. Ackerman betrachtet Neutralität sogar als Teil des Definiens von Liberalismus (vgl. Ackerman 1980: 11f.).
19 In diese Kategorie kann man sowohl Ch. Larmores universalistischen und Th. Nagels epistemologischen Versuch subsumieren. Vgl. Larmore (1987), Larmore (1993), Nagel (1987) und Nagel (1991). Vgl. zu beiden und zu seiner eigenen Konzeption Forst (1994: 61ff.).
20 Dies ist die klassische Formulierung bei Dworkin (vgl. Dworkin 1985: 191).

tralität der Ziele unverzichtbar. Die Theorie des politischen Liberalismus möchte also gewissermaßen beides haben: Sie möchte an Neutralität festhalten und trotzdem bestimmte Schwierigkeiten vermeiden. Gemeinsam mit dem neutralistischen Liberalismus teilt sie die Ablehnung des Vorwurfs, daß hinter der Vorstellung von Neutralität selbst eine liberale Konzeption des Guten stehe.[21] Der ethische Liberalismus geht nun noch über die vom politischen Liberalismus gemachten Zugeständnisse hinaus und affirmiert genau die These, daß dem Liberalismus eine bestimmte Konzeption des Guten entspreche. Er versucht dabei, eine bestimmte substantielle Konzeption einer liberalen Ethik zu verteidigen, die den liberalen Prinzipien entsprechen soll. Aus diesem Grund sieht sich diese Form des Liberalismus dazu gezwungen, eine strenge Trennung von Fragen des Rechten und des Guten abzulehnen bzw. ihre Interdependenz zu behaupten. Aus diesen beiden Punkten wird die Schwierigkeit verständlich, die ethische Liberale mit dem Begriff der Neutralität haben. Neutralität in einem einigermaßen strikten Sinne scheint in dieser Theorie kaum noch möglich zu sein. Eine solche Theorie kann keinen unparteilichen Metastandpunkt gegenüber konkurrierenden Konzeptionen mehr einnehmen wollen, sondern versucht, ihre eigenen ethischen Auffassungen offen und offensiv zu vertreten. Diese Situation wird zudem noch dadurch komplizierter, daß der ethische Liberalismus die Pluralität von Konzeptionen des Guten anerkennt und in seiner Theorie zu berücksichtigen versucht. Mit den anderen Varianten des Liberalismus teilt er bestimmte Grundwerte und -prinzipien, wie Autonomie, Toleranz, Respekt und Pluralismus. Mit dem politischen Liberalismus teilt er des weiteren die Ablehnung einer strikten Neutralitätsforderung. Was ihn insbesondere von diesem unterscheidet, ist gewissermaßen eine Form der Ehrlichkeit, das zuzugestehen, was im politischen Liberalismus nur angedeutet, in der Konsequenz aber nicht vollzogen ist. Der ethische Liberalismus hat bisher zwei Variationen ausgebildet: eine rekonstruktive und eine substantielle. Sie unterscheiden sich vor allem in ihrer Deutung der Interdependenz zwischen Fragen des Richtigen und des Guten. Der rekonstruktive ethische Liberalismus geht von den liberalen Prinzipien aus und versucht, die dazu notwendigen komplementären Werte und Überzeugungen zu rekonstruieren.[22] Der substantielle ethische Liberalismus geht primär von einem bestimmten Verständnis liberaler Werte und Überzeugungen aus und versucht, die dazugehörigen Prinzipien daraus zu begründen (vgl. etwa Raz 1986). Die substantielle Variante verliert dadurch nicht nur die Vorteile gegenüber den anderen Varianten des Liberalismus, sondern hat auch z.T. antiliberale Konsequenzen (vgl. die Kritik an Raz in Forst 1994: 101ff.). Was den ethischen Liberalismus (zumindest in seiner moderateren Variante) so interessant macht, ist seine Annäherung an die kritischen Positionen des Kommunitarismus. Er kann schon in dieser Beziehung als eine vermittelnde Zwischenposition gesehen werden, die bestimmte Extreme vermeidet.

Die positive Seite des Kommunitarismus formuliert als Alternative eine Politik des *common good*. Kommunitaristen, wie Sandel und MacIntyre, weisen nicht nur zu Recht die skeptischen und relativistischen Argumente mancher Liberaler zurück, sondern

---

21 Da R. Forst sich auf Begründungsfragen konzentriert, kann er aus diesem Grund diese beiden Varianten in eine zusammenfassen (vgl. Forst 1994: 90f.).
22 Hierzu gehören neben Dworkin (1990) auch Kymlicka (1989), Kymlicka (1992) und Macedo (1990).

sie versuchen darüber hinaus, sowohl eine einheitliche und allgemein geteilte Konzeption des Guten, des gemeinsamen Guten einer Gemeinschaft zu formulieren, als auch deren moralische Autorität oder gar Höherwertigkeit (*superiority*) zu zeigen. D.h. sie streben zumindest danach, diese als eine ausgezeichnete Lebensform zu charakterisieren, die deshalb für alle Mitglieder der Gemeinschaft eine ähnliche Verbindlichkeit hat, wie z.B. die individuellen Rechte in einer liberalen Gesellschaft. Das *common good* wird nun als bestimmtes Set von individuellen und kollektiven Werten und Überzeugungen moralischer, ethischer und weltanschaulicher Art vorgestellt, die von den Mitgliedern einer Gemeinschaft geteilt werden. Diese Formulierung ist jedoch so allgemein, daß sogar (ethische) Liberale zustimmen könnten, wobei diese allerdings an spezifisch liberale Werte wie Gerechtigkeit, Toleranz, Respekt oder Autonomie denken würden.[23] Genuin kommunitaristisch wird das *common good* erst dann, wenn mindestens drei weitere Bedingungen hinzukommen. Erstens wird ein Vorrang der Werte der Gemeinschaft vor individuellen Werten insofern behauptet, als letztere in ihrem Sinn und ihrer Autorität aus den ersteren abgeleitet bzw. die Gemeinschaftswerte letztlich einen normativen Vorsprung haben. Zweitens wird die Gemeinschaft selbst als ein Gut oder Wert anerkannt. Drittens werden andere Arten von Werten in den Vordergrund gehoben, wie z.B. Wohltätigkeit, gegenseitige Hilfe und Unterstützung, Solidarität oder Gemeinsinn (vgl. Sandel 1982; Bell 1993; Etzioni 1995). Wie im ethischen (und z.T. im politischen) Liberalismus wird auch hier ein Perfektionismus vertreten, der staatliche Förderung und Durchsetzung bestimmter Ideale und Werte vor anderen Werten vorsieht. Bezüglich der Konstitution des *common good* kann man zwei Varianten des Kommunitarismus unterscheiden.[24] Eine eher substantialistische Variante geht davon aus, daß das gemeinsame Gute als eine Art von Sittlichkeit stets irgendwie vorgefunden wird, und es dem einzelnen obliegt, sich darin zu fügen, bzw. es zu internalisieren. Die eher partizipatorische Variante geht demgegenüber nicht von der Vorgängigkeit des *common good* aus, sondern nimmt an, daß dieses das Ergebnis von kollektiven Selbstverständigungsprozessen der Mitglieder ist. Diese partizipatorische Variante ist es nun auch, die für (insbesondere ethische) Liberale anschlußfähig bleibt,[25] wenn mindestens folgende drei Bedingungen geklärt sind. Erstens wenn die Unklarheit bezüglich der Inhalte und Werte des *common good* beseitigt sind. Zweitens wenn es nicht offen oder versteckt rassistisch oder sexistisch definiert ist. Und drittens wenn es sowohl einen internen als auch externen Pluralismus zuläßt. Es muß eine gewisse Spannbreite von alternativen Meinungen und Interpretationen dieses *common good* bei seinen Mitgliedern zulassen, und es muß tolerant gegenüber anderen *common goods* sein. D.h. auch die kommunitaristische Theorie muß sich in der einen oder anderen Weise dem Phänomen des Pluralismus stellen. Wenn sie zumindest diese drei Bedingungen erfüllt – und es ist kein Grund zu sehen, warum sie sie nicht erfüllen könnte

---

23 Dies ist ein Hinweis darauf, daß eine Politik der Neutralität und eine des *common good* keine sich ausschließenden Alternativen sind (vgl. Kymlicka 1990: 199ff.).

24 Eine analoge Unterscheidung findet sich bei Forst (1994: 161ff.).

25 Hierbei steht die Annahme im Hintergrund, daß der oft behauptete interne Zusammenhang von Kommunitarismus und Republikanismus so nicht gegeben ist. Zudem ist eine Verbindung von Liberalismus und Republikanismus nicht ausgeschlossen. D.h. der politische Republikanismus kann nicht als Unterscheidungsmerkmal von Liberalen und Kommunitaristen genommen werden. Die gegenteilige Auffassung vertritt nach wie vor Sandel (vgl. Sandel 1995: 56ff.).

oder sollte – dann wäre auch hier eine weitgehende Annäherung der beiden Lager erfolgt.
Zusammenfassend kann man also sagen: Wenn beide Lager sowohl bei der Frage der Neutralität als auch bei der Frage des *common good* unplausible extreme Positionen vermeiden, sind Zwischenpositionen die vernünftigste Option. Wenn diese Diagnose richtig ist, zeigt sich auch hier, daß die Kontroverse es letztlich nicht ermöglicht hat, eine Entscheidung zwischen den zwei Großalternativen, Liberalismus oder Kommunitarismus, zu treffen.

II. Neue Konfliktlinien

Nachdem die bisherige Debatte zu einem unentschiedenen Endpunkt gelangt ist, entstehen die wichtigsten neuen Konfliktlinien am Schnittpunkt zweier Entwicklungen. Der eine Strang besteht in einer veränderten Zeitdiagnose. Neue soziale und politische Probleme und Herausforderungen treten ins Zentrum der Aufmerksamkeit. Diese neue Zeitdiagnose ist angeregt durch die gesellschaftlichen Veränderungen, die seit Beginn der neunziger Jahre verstärkt virulent werden. Als Stichworte seien hier nur exemplarisch die Nationalitätenkonflikte in Osteuropa, die zunehmenden weltweiten Migrationsbewegungen, neue und alte Minderheitenprobleme in Nordamerika und Europa, Separationstendenzen in Kanada, Belgien oder der ehemaligen Tschechoslowakei, die Zunahme internationaler militärischer Konflikte und die Frage einer neuen Weltfriedensordnung genannt (vgl. Habermas 1993; Kymlicka 1995a: 1ff., 1995b: Introduction). Die diagnostische Auffassung besteht nun nicht nur in der Entdeckung neuer Phänomene, sondern auch und vor allem in der veränderten Wahrnehmung alter und neuer Phänomene. Diese und andere Sachverhalte werden einerseits als praktisch-politische und theoretisch-philosophische Probleme und andererseits als in bestimmter Weise zusammengehörige Phänomene wahrgenommen. Diese sozialen und politischen Prozesse bilden den motivierenden Hintergrund für die neuen Konfliktlinien, die sich um die Begriffe des Multikulturalismus, des Nationalismus und der internationalen Gerechtigkeit herauskristallisiert haben. Der zweite Strang enthält diejenigen theoretischen Konzeptionen, die als vermittelnde Positionen zwischen Liberalismus und Kommunitarismus erst in der Lage sind, die Relevanz dieser Konfliktlinien angemessen zu erfassen. Hier sind es vor allem die Zwischenpositionen im liberalen Lager, die für beides gleichermaßen Sensibilitäten entwickelt haben: für die Wichtigkeit kultureller (und nationaler) Gemeinschaften und für Fragen der (internen und externen) Gerechtigkeit.[26] Sie verbinden somit eine klassisch kommunitaristische mit einer traditionell liberalen Fragestellung. Dem ersten Teil ihrer Konzeption geben sie eine liberale Interpretation. Sie verfolgen die These, daß die Mitgliedschaft in kulturellen Gemeinschaften von entscheidender Bedeutung für das persönliche Wohlergehen und die individuelle Autonomie ist. Zum zweiten Teil kommen sie hauptsächlich durch die Berücksichtigung von Problemen, die sich in diesem Kontext mit

---

26 A. Honneth sieht in der Multikulturalismusdebatte eine „systematische Fortsetzung" der Liberalismus-Kommunitarismus-Debatte, die die Komplementaritat beider Seiten hervorhebt (vgl. Honneth 1995: 271).

dem Begriff der Gemeinschaft ergeben. Die kommunitaristische Vorstellung von konstitutiven Gemeinschaften wurde unter anderem als zu harmonistisch und homogen kritisiert.[27] Sie vernachlässige sowohl die interne als auch die externe Pluralität. Da Gemeinschaften intern in den seltensten Fällen homogen sind, müssen stets in Kontexten von Polynationalität und Polyethnizität bestimmte Subgemeinschaften berücksichtigt werden. Das Problem, das sich hier vor allem stellt, ist der gerechte Umgang mit internen Minderheiten. Externe Pluralität verweist demgegenüber auf die Existenz einer Vielfalt von Gemeinschaften, die untereinander in unterschiedlicher Weise in Verbindung stehen. Das Problem, das sich hierbei stellt, ist das gerechte Verhältnis der Gemeinschaften untereinander. Beides sind jedoch genuine Gerechtigkeitsprobleme, die sich heute einer umfassenden Gerechtigkeitstheorie stellen.

Im folgenden soll deshalb zunächst diese liberale Konzeption der Wichtigkeit kultureller Gemeinschaften dargestellt werden, um danach die Konsequenzen dieser Prämisse, die einige Autoren derzeit in verschiedene Richtungen verfolgen, zu betrachten. Neben dem Multikulturalismus und den Minderheitenrechten werden die Fragen des Nationalismus und der Sezession in ihren gerechtigkeitsrelevanten Aspekten untersucht.

Liberalen Theorien geht es wesentlich um das Wohlergehen der Individuen. Die Freiheit, sein eigenes Leben nach eigenen Vorstellungen zu führen, ist dabei ein zentraler Wert. Damit die Freiheit überhaupt bedeutungsvoll ist, bedarf sie als notwendige Voraussetzung des Zugangs zu einer Reihe von Optionen, zwischen denen frei und sinnvoll gewählt werden kann. Optionen sind dabei vor allem diejenigen Möglichkeiten, die ein Leben für den einzelnen lebenswert machen. Diese Optionen sind kulturell durch soziale Praktiken konstituiert und durch die Kultur mit Bedeutungen versehen. Kultur ist in diesem basalen Sinne unersetzlich für die Bereitstellung von bedeutungsvollen Optionen. Für ein Individuum, das ein essentielles Interesse am eigenen Wohlergehen hat, ist die Verfügbarkeit einer angemessenen Kultur deshalb ebenfalls von vitalem Interesse. Die Mitgliedschaft in einer bestimmten Kultur ist für den einzelnen entscheidend, es ist ein Grundgut im Rawlsschen Sinne. Im Gegensatz zur kommunitaristischen Auffassung nimmt diese Interpretation nicht an, daß Kultur etwas für sich Wichtiges ist, sondern nur, daß sie in einem abgeleiteten Sinne etwas für das Individuum Wichtiges ist. Die liberale Auffassung rekurriert in ihrer Begründung letztlich auf die zentralen liberalen Werte der individuellen Autonomie und des persönlichen Wohlergehens (vgl. Kymlicka 1989: 162ff., 1995a: 74ff.; Raz 1995: 312ff.).

1. Multikulturalismus

Ausgehend von dieser Prämisse der Wichtigkeit kultureller Mitgliedschaft hat J. Raz eine liberale Verteidigung des Multikulturalismus vorgestellt. Wie oben erwähnt, ist die Annahme des Pluralismus von Konzeptionen des Guten einerseits und Lebensformen und -stilen andererseits generell ein konstitutiver Teil der liberalen Theorie. Doch zumeist wird sie als ein unvermeidliches empirisches Faktum gesehen, das jede einigermaßen realistische Theorie zu berücksichtigen habe (vgl. z.B. Rawls 1993: xviii).

---

27 Besonders deutlich ist dies bei nationalen Gemeinschaften.

Gesucht wird dann nach Chancen, wie eine friedfertige Koexistenz unter Bedingungen des Pluralismus möglich ist. Daß ein multikulturelles Zusammenleben selbst ein Wert sein kann, wird dabei nicht angenommen. Doch genau dieser Punkt ist es, den Raz zu begründen versucht. Für ihn sind zunächst in der obigen Prämisse drei weitere Annahmen impliziert. Jeder, der ein Interesse an seiner kulturellen Mitgliedschaft hat, hat auch ein Interesse daran, ein vollwertiges Mitglied dieser kulturellen Gruppe zu sein. Zweitens hat jedes Mitglied auch ein Interesse am Wohlergehen der eigenen kulturellen Gruppe. Je reichhaltiger und vielfältiger die eigene Kultur ist, desto besser stehen die Chancen für das individuelle Wohlergehen. Drittens hat jedes Mitglied deshalb Interesse an der langfristigen Erhaltung der eigenen Kultur. D.h. einerseits, daß jeder daran interessiert ist, daß die kulturelle Gruppe, die bisher erfolgreich sein Wohlergehen mit gewährleistet hat, dieses auch weiterhin tun kann. Andererseits ist damit das Interesse gemeint, daß die kulturelle Gruppe tatsächlich in für das jeweilige Mitglied geeigneter Weise sein Wohlergehen garantieren kann. D.h. Mitglieder haben auch ein Interesse daran, bei der Gestaltung und Interpretation der Kultur mitwirken zu können.

Man konnte nun aus der Tatsache der Wichtigkeit einer reichhaltigen und vielfältigen Kultur direkt schließen, daß eine multikulturelle Gemeinschaft vielfältiger, d.h. besser ist als eine weniger vielfältige. Doch eine solche Begründung des Multikulturalismus ware zu schnell. Denn wichtig ist nicht eine bloße oder irgendeine Vielfältigkeit, sondern eine angemessene, qualifizierte Vielfalt. Optionen, die für das individuelle Mitglied nicht von Bedeutung sind, tragen für es nichts zur seiner Freiheit und seinem Wohlergehen bei. Mehr Wahlmöglichkeiten sind nicht notwendigerweise besser als weniger. Zudem läßt sich Vielfalt auch auf andere Weisen verwirklichen. Diese Überlegungen verweisen daher auf die Notwendigkeit einer zusätzlichen Prämisse für die Begründung von Multikulturalismus: die Annahme eines Wertepluralismus. Aus den beiden Prämissen der Wichtigkeit kultureller Mitgliedschaft und des Wertepluralismus läßt sich nur dann auf den Wert des Multikulturalismus schließen, wenn der Pluralismus so verstanden wird, daß kulturelle Gruppen verschiedene Sets von Werten und dazugehörigen Lebensformen verkörpern, und daß diese Werte und Lebensformen 1. gleiche Dignität besitzen, und daß 2. keine Kultur, auch nicht die reichste, alle Werte zugleich und gleichmäßig verkörpern kann. Raz überträgt hier seine Vorstellung eines *competitive pluralism* vom individuellen auf den kollektiven Fall (vgl. Raz 1986: 404ff.). Wenn also alle Mitglieder und kulturelle Gruppen einer politischen Gemeinschaft untereinander die Prämissen und Einstellungen teilen, folgt daraus ein weitreichender Multikulturalismus. Nicht nur das friedliche Nebeneinander von Gruppen wird dann zentraler Inhalt sein, sondern eine Form der wechselseitigen Hilfe und Unterstützung. Da nicht nur die Existenz der eigenen kulturellen Gruppe für das jeweilige Mitglied wichtig ist, sondern auch das Vorhandensein anderer, wenn auch konkurrierender Gruppen, wird es und seine Gemeinschaft alles tun, diesen Gruppen in einer solidarischen Weise Schutz und Hilfe zukommen zu lassen. Dieses Ideal wird nun durch manche Unwägbarkeiten getrübt. Gruppenegoismen, Herabsetzung und Diskriminierung anderer Gruppen, expansionistische oder aggressive Gruppen sind nur einige der Probleme, die einen liberalen *modus vivendi* als das einzig Mögliche erscheinen lassen. Doch eine moralphilosophische Verteidigung des Multikulturalismus sollte sich mit einer solchen Form der Verhinderung des Schlimmsten nicht zufriedengeben.

Auch verschiedene theoretische Schwierigkeiten sind mit dieser Konzeption verbunden. Bezüglich der ersten Prämisse bleibt der Begriff einer kulturellen Gruppe unklar. Als ein Bedeutungs- und Ermöglichungshorizont könnte der Begriff z.B. die ganze moderne westliche Zivilisation umfassen. Als Lebensform und soziale Praxen kann er die Größe einer Subkultur haben. Wie aus diesen beiden Kriterien zusammengenommen relevante Gruppen definiert werden können, bleibt weitgehend im Dunkeln. Bezogen auf die zweite Prämisse stellt sich abgesehen von metaphysischen Problemen mit dem Status und Umfang von Werten auch die Frage, wer denn auf der Ebene der politischen Gemeinschaft letztlich entscheiden soll, welche Gruppen dazugehören dürfen und aus welchen Gründen. Unter der Bedingung des *competitive pluralism* ist es nicht immer einfach zu sehen, wie aus der Perspektive der Gruppe A (mit ihren Werten) die Werte der Gruppe B, die mit denen von A z.T. inkompatibel, z.T. inkommensurabel sein können, eine oder gar dieselbe Bedeutung haben können (vgl. Raz 1995: 316f.). Bezüglich der Konklusion bedarf es weiterer Klärungen dafür, wie die politische Umsetzung genau aussehen könnte, wie Folgeprobleme des staatlichen Perfektionismus zu handhaben sind, wie mit kulturellen Gruppen umgegangen werden soll, die diese Prämissen nicht teilen und insofern nicht liberal sind, und wie schließlich gerechte Verhältnisse zwischen den Gruppen aussehen können bzw. wie dabei mit Minderheiten umzugehen ist. Diese Fragen nach der Gerechtigkeit des Multikulturalismus leiten nun über zum Themengebiet der Minderheitenrechte, auf das sich derzeit die Auseinandersetzung mit dem Multikulturalismus konzentriert.

2. Minderheitenrechte

Die Frage der Minderheitenrechte ist derzeit ein neues Feld der Auseinandersetzung zwischen Liberalen und Kommunitaristen. Klassische Liberale verneinen die Notwendigkeit und warnen vor der Gefährlichkeit solcher Rechte. Kommunitaristen hingegen begrüßen das Anliegen, wollen aber viel mehr geschützt wissen. Der bekannteste Vertreter einer vermittelnden Position ist derzeit W. Kymlicka, der eine liberale Theorie der Minderheitenrechte zu verteidigen sucht. Gegen die herkömmliche liberale Vorstellung geht er von der These aus, daß in kulturell und ethnisch pluralen Gesellschaften[28] kulturelle Minderheiten nur unzureichend durch deren Mitgliedschaft in der politischen Gemeinschaft, d.h. durch formal gleiche Bürgerrechte geschützt sind. Die Mehrheitskultur ist zumeist wirtschaftlich und politisch in einer besseren Position und übt auf die Minderheitenkulturen verstärkten Druck zur Assimilation aus. Um den speziellen Status von Minderheiten in der Gesellschaft zu sichern, sind daher zusätzliche Maßnahmen notwendig, die ihre ökonomische und politische Situation verbessern sollen. Minderheiten sollen dadurch gewissermaßen in einigen Belangen die Mehrheit bleiben. Verschiedene institutionelle und informelle Sonderregelungen sind dazu zweckdienlich, doch einen wirksamen Schutz bieten erst Rechte der Minorität, die die Rechte der Nichtmitglieder partiell einschränken.[29] Diese Minderheiten-

---

28 Heutzutage sind fast alle Staaten in diesem Sinne aus vielen verschiedenen kulturellen und ethnischen Gruppen zusammengesetzt. Die Vorstellung eines kulturell homogenen Nationalstaats scheint eine Ideologie des 19. Jahrhunderts gewesen zu sein.
29 Minderheitenrechte beschränken auf einem bestimmten Gebiet z.B. den Landverkauf und

rechte sind es nun, an deren Status und Begründung sich die politische und philosophische Kontroverse mit dem Kommunitarismus entzündet.

Kymlickas ursprüngliche Theorie[30] hat dabei zwei Teile. Der erste Teil besteht einfach in der oben genannten Prämisse von der Wichtigkeit kultureller Mitgliedschaft. Den zweiten Teil seiner Begründung beginnt Kymlicka mit der Beobachtung, daß kulturelle Minderheiten im Vergleich zur Mehrheitskultur ungleichen Verletzbarkeiten und Benachteiligungen in Fragen von existentieller Bedeutung ausgesetzt sind, insofern sie systematisch politisch überstimmt und ökonomisch überboten werden können (vgl. Kymlicka 1989: 182ff.). Diese Ungleichheiten sind nicht immer selbst verschuldet, sondern systematische Ungleichheiten des Entscheidungskontexts, für die die Minderheiten nicht verantwortlich gemacht werden können. Das liberale Prinzip, daß man für die eigenen Entscheidungen die Verantwortung zu übernehmen habe, bzw. daß es ungerecht ist, wenn andere für meine Entscheidungen die Kosten tragen mußten, besagt auch, daß man für unverschuldete oder unverdiente Effekte Kompensationen erhalten sollte. Die Benachteiligungen, die sich als Folgen aus den unterschiedlichen und unverdienten sozialen und natürlichen Ausstattungen von Individuen und Gruppen ergeben, sollten beseitigt werden. Minderheitenrechte, aufgefaßt als gewissermaßen auf Dauer gestelltes *affirmative action*-Programm, sind nach Kymlicka die einzig wirksamen Kompensationsmöglichkeiten für benachteiligte Minderheiten. Sie sollen durch umgekehrte Diskriminierung die faire Chancengleichheit zwischen den Kulturen wiederherstellen. Wie die Rechte und Maßnahmen dabei konkret aussehen sollten, hängt von der jeweiligen Situation und weiteren politischen und pragmatischen Überlegungen ab.

Daß es sich hierbei um eine spezifisch liberale Theorie handelt, zeigt sich an drei Aspekten: der Begründung, dem Objekt und den Maßnahmen. Die zweiteilige Begründung nimmt nicht nur das liberale Prinzip der fairen Chancengleichheit in Anspruch, sondern verweist letztlich auf die Bedeutung kultureller Mitgliedschaft für das individuelle Wohlergehen. Das Objekt des Schutzes durch die Minderheitenrechte ist nach Kymlickas Auffassung nicht eine bestimmte Kultur, eine Gemeinschaft mit einem besonderen Charakter, also eine bestimmte gemeinsame Lebensform, geteilte Werte, Überzeugungen und Praktiken. Vielmehr ist nur eine sog. *cultural structure*, der kulturelle Hintergrund, ein Grundgut im Rawlsschen Sinne. Würde man eine bestimmte Kultur als das Schutzgut begreifen, wäre man gezwungen, jede Modifikation dieser Kultur als eine Änderung ihres besonderen Charakters zu sehen, egal ob es sich um Folgen eines generellen sozialen Wandels, erzwungener Assimilation oder um freiwillige und beabsichtigte Entscheidungen der Angehörigen handelt. Will man die Möglichkeit offen lassen, daß die Mitglieder ihre Kultur zum Teil selbst bestimmen, sie partiell revidieren und weiterentwickeln, ist es besser, nur den Kontext oder die *cultural structure* als das Schützenswerte aufzufassen. Bezüglich der Maßnahmen sind verschiedene Punkte bemerkenswert. Es handelt sich um keine generelle Begründung von Minderheitenrechten. Solche Rechte sind nicht immer notwendig. Nicht jede Gesellschaft und auch nicht jede kulturell plurale Gesellschaft braucht sie. Sie sind viel-

---

-besitz, das Wohnrecht, das aktive und passive Wahlrecht, die Freiheit zu heiraten, wen man will. Sie erbringen aber auch eine garantierte Repräsentation im Parlament, Veto- und Autonomierechte u.ä. (vgl. Kymlicka 1989: 146f.).
30 Gemeint ist vor allem Kymlicka (1989).

mehr nur dann geboten, wenn spezielle Verletzbarkeiten z.B. gegenüber einer dominanten Kultur vorhanden sind (vgl. Kymlicka 1989: 200). Minderheitenrechte sind auch keine kollektiven Rechte auf kulturelle Mitgliedschaft, sondern nur Mittel zur Kompensation von Ungerechtigkeiten (vgl. Kymlicka 1989: 205). Minderheitenrechte sind deshalb in ihrem Ausmaß und ihrer Dauer an das Vorhandensein von Benachteiligungen gekoppelt, daher je nach Situation von verschiedener Stärke und vor allem zumeist zeitlich befristet. Der liberalen Begründung der Wichtigkeit kultureller Mitgliedschaft entspricht eine bestimmte Perspektive. Minderheitenrechte sind bei solchen kulturellen Gruppen ungeeignet oder irrelevant, die entweder ihrer eigenen Lebensweise gegenüber sich ablehnend verhalten und somit eher auf Assimilation ausgerichtet sind, oder ihr indifferent gegenüberstehen, so daß diese Maßnahmen gewissermaßen nur an ihnen, von außen vollzogen werden und nicht auf ihren Wunsch, für sie und mit ihrer Unterstützung. D.h. in der liberalen Theorie sind nur solche Maßnahmen zugelassen und brauchbar, die zumindest im Prinzip die betreffende Kultur mit Schutzvorrichtungen versieht, die für sie auch als Ermöglichungsbedingungen wirken konnen, und die entweder nur durch diese selbst installiert und ausgeführt werden oder doch mindestens nur mit deren Einverständnis. Maßnahmen, die nur Restriktionen auferlegen oder nur von außerhalb implantiert und kontrolliert werden, dürften für die kulturelle Minderheit kaum Legitimität besitzen.

Auch bei dieser Konzeption bleiben einige Unklarheiten zurück. Obwohl die Theorie einen umfassenden Anspruch erhebt (vgl. Kymlicka 1989: 189), ist sie doch wesentlich am Spezialfall der Ureinwohner in Kanada orientiert. Zudem setzt die Theorie organisierte Gruppen mit einheitlichem, artikuliertem Interesse voraus. Ob die Unterscheidung von Kultur und *cultural structure* in jedem Fall so klar zu treffen ist, kann bezweifelt werden. Keine Berücksichtigung findet der nicht unwahrscheinliche Fall, in dem die Ansprüche und Rechte verschiedener koexistierender kultureller Gruppen konfligieren.

Dieser liberalen Konzeption von Minderheitenrechten hat Ch. Taylor eine eher kommunitaristische entgegengesetzt (vgl. Taylor 1993b, 1994). Er hält die von Kymlicka vorgeschlagene Konzeption unter anderem aus drei Gründen für ungenügend.[31] Die Konzeption sei für einen angemessenen und umfassenden Schutz von kulturellen Gruppen nicht ausreichend, da sie sich nur auf benachteiligte Minderheiten und im Maße ihrer Benachteiligung bezieht. Sie sei unzureichend, da sie nur zeitlich befristete Maßnahmen für die Dauer der Benachteiligung vorsieht. Die Minderheitenrechte seien mangelhaft, da sie nur für solche Kulturen gelten, die diese objektiv feststellbaren Benachteiligungen nicht nur subjektiv empfinden und erleiden, sondern solche Maßnahmen für sich selber befürworten und vorschlagen, also ein Interesse an der Fortsetzung der eigenen kulturellen Lebensform bekunden. Taylor will demgegenüber mehr. Er will Maßnahmen, die jede Kultur als Kultur schützen. Die Kultur ist hier von primärer, nichtabgeleiteter Wichtigkeit, sie ist für sich wichtig. Diese Annahme trägt daher die eigentliche Begründungslast. Das Objekt des Schutzes ist die jeweilige Kultur in ihrer Besonderheit, d.h. eine Kultur mit einem bestimmten Charakter und keine *cultural structure*. Schließlich will Taylor Maßnahmen „nicht nur für eine gewisse

---

31 Es sind dies genau die Gründe, die das liberale Modell gerade für seine Vorteile halt.

Zeit, sondern für immer", d.h. solche, „die den Fortbestand für alle Zukunft sichern sollen" (vgl. Taylor 1993b: 31, 74).

Die ganze Tragweite seiner Konzeption läßt sich jedoch erst erkennen, wenn Taylors multikulturalistische Annahmen hinzugenommen werden. Hierzu gehört zunächst die Forderung, daß man allen Kulturen und deren Hervorbringungen den gleichen Respekt entgegenbringen solle. Man solle zu Anfang von der Gleichwertigkeit der Kulturen ausgehen, um Vorstellungen von ethnozentrischer Arroganz und prinzipieller kultureller Höher- oder Minderwertigkeit abzuwehren. So heißt es bei Taylor: „Als Annahme formuliert, besagt der Anspruch, daß alle menschlichen Kulturen, die ganze Gesellschaften über längere Zeiträume mit Leben erfüllt haben, allen Menschen etwas Wichtiges zu sagen haben" (vgl. Taylor 1993b: 63).

Diese Bemerkung kann allerdings nicht als liberale Rückführung des Werts von Kulturen auf ihre Bedeutung für das Wohlergehen der Angehörigen verstanden werden, denn der Ausdruck „*allen* Menschen etwas Wichtiges zu sagen haben" (Hervorhebung von M.F.) bezieht sich nicht nur auf Mitglieder einer Kultur, sondern auch auf Nichtmitglieder. Alle Menschen, egal wo sie leben, haben ein Interesse daran, die kulturellen Lebensformen zu erhalten, die ihnen etwas Wertvolles zu sagen haben. Taylors zweite Annahme schließt sich hier systematisch an. Es ist die letztlich Herdersche Grundlage eines unterstellten Kosmos von komplementären objektiven Werten und Kulturen.[32] Was sich in diesen Formulierungen metaphysisch anhört, ist jedoch nichts anderes, als das, was Raz als *competitive pluralism* bezeichnet hat. Derjenige Wertepluralismus also, der es erlaubt, einen emphatischen solidarischen Multikulturalismus zu rechtfertigen. Da Kymlicka zwar eine solche interkulturelle Solidarität in seiner Gerechtigkeitstheorie voraussetzen muß, sie aber nicht begründen kann,[33] bleibt dies ein Vorteil des Taylorschen Modells. Vielleicht ist die Metaphysik der Preis, den man für dieses Ideal zu zahlen hat. Doch wie man bei Raz sehen kann, ist der Wertepluralismus keine genuin kommunitaristische These.

Taylors Konzeption und insbesondere seine kommunitaristischen Prämissen sind massiver Kritik ausgesetzt.[34] Die von Taylor charakterisierten Maßnahmen wären schlicht paternalistisch, da sie die Perspektive der Angehörigen außer acht ließen. Die kommunitaristische Vorstellung von Kultur und deren Begründung liefen deshalb letztlich auf einen Artenschutz für kulturelle Lebensformen hinaus. Eine bestimmte Kultur müßte konsequenterweise sowohl gegen den sozialen Wandel als auch gegen die beabsichtigten Änderungen der Angehörigen verteidigt werden (vgl. Habermas 1993: 173; Walzer 1993b: 115; Kymlicka 1989: 202). Diese Konsequenzen sind für Liberale weder realistischerweise durchführbar noch tragbar, so daß eine Annäherung in den Punkten nicht möglich scheint. Es hat deshalb den Anschein, als ob die Diskussion um den Schutz von kulturellen Gemeinschaften heute den Differenzpunkt markiert,

---

32 „Wenn alle Kulturen einen wertvollen Beitrag geleistet haben, so können diese Beiträge doch nicht identisch sein oder auch nur die gleichen Werte verkörpern. Wer dies erwartet, würde die Größe der Unterschiede erheblich unterschätzen. Im Grunde schwebt der Annahme, daß jede Kultur etwas Wertvolles hervorgebracht habe, ein Universum vor, in dem die verschiedenen Kulturen einander mit unterschiedlichen Arten von Beiträgen ergänzen" (Taylor 1993b: 77).
33 Kymlicka macht diese wertpluralistische Annahme nicht. Er begründet nur den Wert meiner kulturellen Mitgliedschaft für mich.
34 Vgl. die Kommentare von Gutmann, Wolf, Walzer und Habermas in Gutmann (1993b).

der zumindest geeignet ist, Liberale und Kommunitaristen als zwei Alternativen zu präsentieren (vgl. dazu auch Baker 1994; Kymlicka 1995b; den Themenband des Canadian Journal of Law and Jurisprudence 4/2, 1991).

In seiner neuesten Arbeit (vgl. Kymlicka 1995a) zu diesem Thema versucht nun Kymlicka, genau diese Alternative zu unterlaufen. War sein erstes Buch noch von der Absicht bestimmt, die Notwendigkeit eines Minderheitenschutzes für eine liberale Theorie und die Kompatibilität von Minderheitenrechten mit dieser zu erweisen (vgl. Kymlicka 1989),[35] hat das neue Buch einen stärkeren politischen und realistischen Anspruch. Sein Ausgangspunkt ist die heutige Situation von kulturell pluralen Gesellschaften, die schon rechtliche und institutionelle Regelungen zum Schutz von Minderheiten getroffen haben. Seine Intention ist dabei nicht, eine Entscheidung in dieser Großalternative herbeizuführen, sondern nach der angemessensten Rechtfertigung (und Kritik) dieser bestehenden Regelungen zu suchen. Ein guter Teil der Kontroverse wird dann, wie Kymlicka meint, schlicht irrelevant (vgl. Kymlicka 1995a: 47). Dieses Buch kann im wesentlichen als eine Auseinandersetzung mit der Kritik gesehen werden, die seine frühere Konzeption auf sich gezogen hat.[36] Die Reaktion auf die sowohl theoretische als auch empirische Kritik hat dabei zwei wichtige Ergebnisse: zum einen die weitere Differenzierung und den Ausbau der Theorie und zum anderen die stärkere Berücksichtigung rechtlicher, politischer und pragmatischer Fragen und Probleme.

Die wichtigsten Neuerungen und Vorzüge dieses Ansatzes sind idealtypische Differenzierungen in drei Bereichen. Es werden erstens verschiedene Arten von Minderheiten vorgestellt, die zu verschiedenen Arten von kulturellem Pluralismus führen. Zweitens stellen unterschiedliche Minderheiten Ansprüche auf verschiedene Arten von Minderheitenrechten. Drittens untersucht Kymlicka verschiedene Arten von Begründungen von Minderheitenrechten. Ausgangspunkt bildet die Antwort auf eine doppelte Spannung, in der seine ursprüngliche Konzeption gefangen war. Einerseits erhob sie zwar einen umfassenden Anspruch, Minderheitenrechte insgesamt zu rechtfertigen, beschränkte sich aber auf den Spezialfall der Rechte für die Ureinwohner in Kanada. Andererseits war zwar ihre Rechtfertigung für alle Arten benachteiligter Gruppen brauchbar, sie beschränkte sich aber auf kulturell-ethnische Gruppen. Kymlicka unterscheidet nun zwei Arten von Minderheiten, die sich in einer politischen Gemeinschaft in unterschiedlichen Situationen befinden (vgl. Kymlicka 1995a: 10ff.). Nationale Minderheiten sind die eine Gruppe. Sie lebten zumeist schon vor der Bildung der politischen Gemeinschaft als eigenständige, sich selbst regierende Gemeinschaft auf einem bestimmten Territorium. Sie kamen oftmals unfreiwillig durch Eroberung und Kolonisierung zur politischen Gemeinschaft und streben daher danach, ihren vorherigen Status als distinkte Gemeinschaften wiederherzustellen. Deshalb stellen sie Ansprüche auf Autonomie und Selbstregierung entweder innerhalb oder außerhalb der umfassenden Gemeinschaft. Ethnische Gruppen sind die andere Kategorie. Hier handelt es sich vor allem um individuelle Immigranten und deren Familien, die hauptsächlich freiwillig in die politische Gemeinschaft aufgenommen werden wollen. Ihr Ziel ist vollwertige Mitgliedschaft, Partizipation und ein größeres Entgegenkommen

---

[35] Ein Großteil des Buchs ist der Auseinandersetzung mit dem Kommunitarismus gewidmet.
[36] Einige wichtige Kritiken sind versammelt in Baker (1994) und Kymlicka (1995b).

der neuen Gemeinschaft gegenüber ihrer Herkunftskultur. Da sich nationale Minderheiten als Nationen, d.h. als institutionell eigenständige, territorial bestimmte Gemeinschaften mit gemeinsamer Sprache, Kultur und Herkunft verstehen, ist ihre plurale Form ein multinationaler Staat, der entweder unfreiwillig durch Kolonisation oder freiwillig durch Föderation entsteht. Ethnische Gruppen bilden demgegenüber eher Subkulturen aus, deren plurale Form als polyethnischer Staat bezeichnet werden kann. Beide Arten des kulturellen Pluralismus schließen sich nicht aus. Die meisten heutigen Staaten sind beides gleichzeitig. Beide Minderheiten befinden sich in einer verschiedenen Lage und stellen daher verschiedene Ansprüche. Beide Typen des kulturellen Pluralismus stehen vor unterschiedlichen Problemen. Eine Theorie des Minderheitenschutzes muß daher in erheblichem Maße kontextsensitiv und politisch bzw. sozialwissenschaftlich informiert sein. Den unterschiedlichen Problemen und Ansprüchen sollen nun drei Typen von Minderheitenrechten gerecht werden (vgl. Kymlicka 1995a: 26ff.). Diese Typologie ist eine der wesentlichsten Neuerungen gegenüber der früheren Konzeption. *Self-government rights* verhelfen nationalen Minderheiten zu einer relativen Autonomie, z.B. die inneren Angelegenheiten der Gruppe selbst zu bestimmen. Sie sind als permanente und nicht remediale Rechte gedacht. Politisch können sie je nach Lage der Dinge durch einen Föderalismus, Reservationen, *homelands*, neue Grenzziehungen u.ä. realisiert werden. *Polyethnic rights* unterstützen vor allem ethnische Gruppen in ihrer Absicht, voll in die Gesellschaft integriert zu werden, ohne ihre kulturelle Differenz zu verlieren und ohne dafür diskriminiert zu werden. Es sind hauptsächlich kompensatorische und daher zeitlich begrenzte Maßnahmen, die bestehende Benachteiligungen ausgleichen sollen.[37] Hierzu zählen Ausnahmeregelungen ebenso wie öffentlich finanzierte Förderung kultureller Aktivitäten. *Special representation rights* sind der dritte Typ von Rechten. Maßnahmen gegen gesellschaftliche und politische Unterrepräsentation können von beiden Gruppen in Anspruch genommen werden. Für die einen sind sie dann als Komplemente zu *self-government rights* permanente Vorrichtungen. Für die anderen sind sie als Beseitigungen von systematischen Repräsentationsbarrieren temporal begrenzte und kompensatorische Maßnahmen. Garantierte Sitze und Quoten in öffentlichen Institutionen sind die bekanntesten Mittel.

Kymlicka unterscheidet schließlich drei Arten von Begründungen für Minderheitenrechte. Das von ihm favorisierte Gleichheitsargument ist im wesentlichen dasselbe wie in seiner früheren Konzeption. Es ist nur erweitert um einige Qualifikationen für die verschiedenen Rechtetypen. Zunächst wird das sog. liberale kulturelle Marktmodell als inkonsistent widerlegt, das kulturellen Gruppen lediglich gleiche Bürgerrechte zugestehen, sie letztlich aber dem freien kulturellen Markt aussetzten will. Ob eine Gruppe Anhänger findet, wird durch ihre Attraktivität im Markt bestimmt. Staatliche Eingriffe sind nicht nur unnötig, sondern aus Neutralitätsgründen sogar ungerecht. Beiden Thesen widerspricht Kymlicka. Der Staat ist unvermeidlich in die Bevorzugung und Benachteiligung einzelner Gruppen involviert, wenn er z.B. eine offizielle Sprache, Feiertagsregelungen und öffentliche Schulcurricula festlegt. Ein Staat könne praktisch

---

37 Für Kymlicka haben diese Maßnahmen einen remedialen, aber keinen zeitlich befristeten Charakter (Kymlicka 1995a: 30). Denn die Förderung solle gerade die kulturellen Differenzen nicht eliminieren, sondern schützen. Doch der Schutz kann nur die Beseitigung von Benachteiligungen und Diskriminierungen betreffen. Wenn sie jedoch behoben und die subkulturellen Aktivitäten anerkannt sind, ist ein spezieller Schutz nicht mehr nötig.

derart nie neutral sein (vgl. Kymlicka 1995a: 110f.). Das Marktmodell funktioniere nur dann, wenn wirkliche Chancengleichheit der Teilnehmer bestehe. Doch Minoritäten haben im Vergleich zu Mehrheiten ungleiche Startchancen und sind somit systematisch benachteiligt. Um wirkliche Gleichheit in ökonomischen und politischen Angelegenheiten herzustellen, sind spezielle Minderheitenrechte notwendig als Kompensationen für nichtgewählte Ungleichheiten (vgl. Kymlicka 1995a: 109). Das zweite historische Argument für Minderheitenrechte verweist zentral auf formelle historische Übereinkünfte mit bestimmten Minderheiten. Dieses Argument ist aber nur für wenige Minderheiten zugänglich, da oft solche Verträge nicht vorhanden sind. Und wenn sie vorhanden sind, sind sie interpretationsbedürftig und z.T. unter unfairen Bedingungen geschlossen worden. Um mit beiden Schwierigkeiten angemessen umgehen zu können, ist eine Berufung auf Gleichheitsargumente unumgänglich. Dieselbe Strategie, die Notwendigkeit von Gleichheitsargumenten zu zeigen, verfolgt Kymlicka auch bei der dritten Begründungsart: dem Argument über den Wert der kulturellen Vielfalt. Minoritäten seien zu schützen, weil sie Vorteile auch für die Mehrheit bringen. Das Argument vom instrumentellen Wert von Minderheiten ist nun entweder abhängig von kontingenten Vorteilen oder schlicht eine Forderung nach Artenschutz, wie oben erwähnt. Selbstinteresseannahmen seien allerdings wichtig für die bessere Akzeptanz von Gleichheitsargumenten (vgl. Kymlicka 1995a: 123). Ob die These eines Wertepluralismus für sein Gleichheitsargument notwendig ist, untersucht Kymlicka leider nicht.[38] Neben weiteren theoretischen Problemen, wie dem Verhältnis von individuellen und kollektiven Rechten und den verschiedenen Bedeutungen von letzteren (vgl. Kymlicka 1995a: 34ff.), geht Kymlicka noch verschiedenen politischen Konsequenzen seiner Theorie nach. Die *special representation rights* verlangen nach einer Einbettung in Repräsentationsformen und -institutionen. Welche Gruppen sollen repräsentiert werden und wie? Demokratische Willensbildungs- und Repräsentationsformen sind zudem notwendig, um mit Konflikten zwischen den Rechten und Ansprüchen von mehreren Gruppen umgehen zu können (vgl. Kymlicka 1995a: 131ff.). Wie soll man mit illiberalen Minderheiten umgehen (vgl. Kymlicka 1995a: 152ff.)? Die diversen Rechtstypen haben schließlich auch unterschiedliche Auswirkungen auf die gesellschaftliche Integration (vgl. Kymlicka 1995a: 173ff.). Rechte von Minderheiten machen auf das schwierige Verhältnis zur umfassenden politischen Gemeinschaft aufmerksam. Im Falle nationaler Minderheiten bieten sich dafür nicht nur innergesellschaftliche Lösungen an, sondern auch externe. Forderungen nach nationaler Selbstbestimmung und Sezession sind die Phänomene, an denen sich letztlich das Scheitern des innergesellschaftlichen kulturellen Pluralismus oder Multikulturalismus ankündigt. Minderheitenrechte stehen am Schnittpunkt zwischen innerstaatlicher und internationaler Gerechtigkeit.[39]

---

38 Während Kymlicka in der Einleitung noch vom „intrinsic value of cultural diversity" spricht, diskutiert er dann jedoch nur noch den „instrumental value" (vgl. Kymlicka 1995a: 8 und 121).
39 In letzter Zeit hat sich Rawls dem Thema der internationalen Gerechtigkeit gewidmet (vgl. Rawls 1993b). Er geht das Thema anders als früher in einer zweistufigen Theorie an. In der ersten Stufe wird die Konzeption des politischen Liberalismus für eine ideal abgeschlossene und selbständige politische Gemeinschaft ausgeführt. Enthalten sind die bekannten Elemente des Urzustands, der freistehenden Konzeption und der Gerechtigkeitsprinzipien. Erst im zweiten Schritt soll dann diese Konzeption auf weitere Bereiche angewendet werden, wie z.B. den intergenerationellen und internationalen Fall, auf Tiere und andere

3. Nationalismus

Für Kommunitaristen ist Nation eine wichtige Form einer konstitutiven Gemeinschaft. Die Identität von Individuen ist in diesem Sinne mit der jeweiligen nationalen Identität intern verknüpft. Daraus ergeben sich spezielle moralische Verpflichtungen gegenüber der nationalen Gemeinschaft und gegenüber den anderen Mitgliedern dieser Gemeinschaft. Die Wichtigkeit patriotischer Identifikation und entsprechender Handlungen einerseits und der *special duties* gegenüber Mitbürgern andererseits, sind ständige Themen dieser Theorie (vgl. Sandel 1982; MacIntyre 1987, 1993; Taylor 1993; Bell 1993: 124ff.). Die herkömmliche liberale Theorie dagegen scheint gegenüber dem Begriff des Nationalismus sowohl in einem Spannungsverhältnis zu stehen als auch Berührungsängste zu haben. Der universalistische Ansatz der Menschenrechte hat Schwierigkeiten, mit den speziellen Beziehungen gegenüber Mitbürgern angemessen umzugehen (vgl. Kymlicka 1995a: 124ff.; Steiner 1995: 13f. oder Fletcher 1994: 13ff.). Nationalismus wird zudem zumeist nur in seiner extremen imperialistischen und aggressiven Variante gesehen. Für Y. Tamir sind diese Ängste übertrieben (vgl. Tamir 1993). Sie schlägt dagegen einen liberalen Nationalismus vor, der einerseits verschiedene der kommunitaristischen Schlüsselbegriffe reformuliert aufnehmen kann und andererseits eine liberale Begründung besitzt bzw. in seinen Konsequenzen liberal moderiert ist. Liberale, die mit der Existenz multinationaler Gesellschaften irgendwie umgehen wollen, die antikolonialistische Befreiungsbewegungen als emanzipatorische Nationalismen befürworten und unterstützen und die Rechte für nationale Minderheiten anerkennen, hätten prima facie keinen Grund bei dem generellen Phänomen kalte Füße zu bekommen. Deshalb ist das ganze Buch von der Absicht durchzogen, aufzuzeigen, daß der Nationalismus nicht nur kein häßliches Gesicht haben muß, sondern vielmehr auch harmlose, ja sogar wichtige Seiten hat.[40] Zwei Aspekte sind in diesem Zusammenhang besonders hervorzuheben: die liberale Begründung nationaler Selbstbestimmung und die Bestimmung der Gruppen, denen dieses Recht zukommen soll.

Nicht jeder Gruppe von Menschen kann und sollte das Recht auf nationale Selbstbestimmung zugesprochen werden. Dem Philatelistenverein ebensowenig wie einer Punkergruppe oder einer *lifestyle enclave*. Mindestens notwendig ist das, was eine *encompassing group* genannt wird (vgl. Raz/Margalit 1990: 448). Es ist eine Gruppe mit einer bestimmten Kultur, die viele wichtige Aspekte eines Lebens umfaßt, die Optionen bereitstellt und ihre Bedeutung vermittelt. Es ist eine kulturelle Gruppe mit einer gemeinsamen Geschichte, die die Identität ihrer Mitglieder zum Teil mitbestimmen kann.[41] Sie kann die Lebenschancen und das Wohlergehen ihrer Mitglieder tief und

---

Lebewesen und auf *disabled persons* (vgl. Rawls 1993: 20f.). Beide Thesen, die Zweistufigkeit und die Vorstellung der bloßen Extension, scheinen im intergenerationellen wie internationalen Fall nicht sonderlich plausibel zu sein.

40 Für einen ähnlichen liberalen Nationalismus argumentiert D. Miller. Nationalität trägt für Miller drei Merkmale: Sie ist 1. Teil der personalen Identität, sie betrifft 2. die *special duties*, und sie verweist auf den Anspruch auf politische Selbstbestimmung. Miller hebt dabei besonders nationale Identität als Quelle gesellschaftlicher Solidarität hervor. Sein Ansatz unterscheidet sich jedoch von Tamirs Konzeption dadurch, daß er die Prämisse der Wichtigkeit nationaler Mitgliedschaft nicht in dieser Form ausdrücklich vertritt. Zwar erwähnt er den Zusammenhang von nationaler und individueller Identität, doch gibt er diesem keinen normativ begründenden Status (vgl. Miller 1993).

41 Tamir spricht auch von Nation als einer Gruppe mit einem gemeinsamen Bewußtsein ihrer

weitreichend beeinflussen. In solche Gruppen wird man zumeist hineingeboren. Zwischen den Mitgliedern herrschen Beziehungen wechselseitiger Anerkennung. Diese Beschreibung entspricht nun ziemlich genau der kommunitaristischen Vorstellung von konstitutiven Gemeinschaften (vgl. Bell 1993) und trägt deshalb viele ihrer Probleme mit. Eines davon ist ihre Unbestimmtheit, denn sie kann sowohl sehr große als auch eher kleine Gruppen umfassen. Kommunitaristen sehen z.B. auch in (Groß-)Familien konstitutive Gemeinschaften. Mindestens zwei Bedingungen müssen demnach noch hinzukommen. Das Recht auf nationale Selbstbestimmung sollten nur solche Gruppen bekommen, die erstens über einen längeren Zeitraum hin stabil bzw. lebendig und die zweitens territorial bestimmt sind. Diese kommunitaristische Bestimmung ist natürlich deshalb kein Zufall, da komplementär dazu der erste Schritt zur Begründung dieses Rechts oben genannte Prämisse von der Wichtigkeit kultureller Mitgliedschaft sein wird.

Tamir setzt im ganzen Buch Kultur und Nation mehr oder weniger synonym. Nationen sind eine Form kultureller Gemeinschaften. So ist auch ihr Ausgangspunkt eine kulturelle Interpretation des Rechts auf Selbstbestimmung (vgl. Tamir 1993: 58ff.). Das Recht auf nationale Selbstbestimmung ist daher ein Spezialfall des Rechts auf kulturelle Selbstbestimmung. Letzteres wird als ein individuelles Recht interpretiert, seine eigene distinkte kulturelle Identität auszudrücken, zu erhalten und zu verteidigen. Die Begründung des Rechts auf nationale Selbstbestimmung erfolgt nun in mehreren Schritten (vgl. Tamir 1993: 72ff.). Der erste Schritt ist, wie erwähnt, die Prämisse von der Wichtigkeit nationaler Mitgliedschaft für das individuelle Wohlergehen. In den weiteren Schritten werden dann, wie bei Raz, Implikationen dieser These ausgebreitet. So zunächst das Interesse an der Verteidigung und Erhaltung der fürs eigene Wohlergehen konstitutiven nationalen Mitgliedschaft. Sodann das Interesse an der Verteidigung und Erhaltung der nationalen Kultur. Beiden Interessen entsprechen individuelle Rechte.[42] Zu diesen Rechten gehört auch das Recht darauf, meine Identität ausdrücken zu können, was in diesem Fall nichts anderes heißt, als das Recht auf nationale Selbstbestimmung, als Recht auf Ausdruck dieser nationalen Identität verstanden. Dieses Recht enthält auch einen Anspruch auf all das, was zu diesem Ausdruck notwendig ist. Erstens ein gemeinsamer öffentlicher Ort, wo ein solcher Ausdruck gemeinsam mit anderen möglich ist. Zweitens bestimmte soziale und politische Institutionen, in denen sich die gemeinsame nationale Identität niederschlagen und verkörpern kann. Damit ist die eigentliche Begründung abgeschlossen. Es folgen noch weitere Schritte, die allerdings in keinem Ableitungszusammenhang damit stehen. Das Außenverhältnis einer nationalen Gemeinschaft muß betrachtet werden. Tamir konstatiert die Notwendigkeit der Anerkennung der nationalen Gruppen durch Mitglieder und Nichtmitglieder. Wie bei Kant im individuellen Fall, so sei auch bei nationalen Gruppen das Recht auf Selbstbestimmung qualifiziert durch das Zusammenstimmen mit dem gleichen Recht für alle anderen nationalen Gemeinschaften. Wichtiger allerdings ist Tamirs These zu den politischen Konsequenzen dieses Rechts. Es folgt keine bestimmte politische Organisationsform direkt aus diesem Recht, sondern es sind verschiedene

---

Einheit (Nationalbewußtsein) und geteilter Kultur, Geschichte, Sprache und Territorium (als objektiven Merkmalen) (vgl. Tamir 1993: 65f.).
42 Gemäß der Theorie, daß Rechte Vorrichtungen zum Schutz von Interessen sind.

Formen möglich und mit dem Ausdruckscharakter verträglich. Nationalstaaten kommen ebenso in Frage wie Föderationen und Konföderationen. Nationale Gruppen, die einen Anspruch auf nationale Selbstbestimmung haben, müssen diesen nicht in jedem Fall einfordern. Und für diejenigen Gruppen, die ihren legitimen Anspruch einfordern, stehen verschiedene innergesellschaftliche und externe Wege offen. *Self-government rights* oder Autonomiestatuten sind ebenso Möglichkeiten wie bilaterale Vereinbarungen und politische Abspaltung. Welcher Weg dann gewählt wird, hängt u.a. ab von den jeweiligen politischen Gegebenheiten und deren Geschichte, sowie von der speziellen Gefahr, vor der sich die kulturell definierte Gruppe mit Hilfe dieses Rechts auf nationale Selbstbestimmung schützen will. Wie A. Buchanan sieht auch Tamir in einem eigenen abgespaltenen Nationalstaat lediglich die *ultima ratio* (vgl. Buchanan 1991; Miller 1993). Denn die Voraussetzung eines legitimen Anspruchs auf ein Territorium erhalt dabei viel größere Wichtigkeit.[43] Liberal ist dieser Nationalismus zunächst wegen der Ruckführung der Begründung auf das individuelle Wohlergehen. Sodann wird er durch spezifisch liberale Prinzipien begrenzt. Zu nationalen Verpflichtungen gehört nicht nur Patriotismus und Opferbereitschaft der Mitglieder, sondern die Partizipation in der kritischen Debatte um die Natur der nationalen Kultur (vgl. Tamir 1993: 87f.). Liberal sei nur ein pluralistischer Nationalismus, der seine nationale Identität mit der Toleranz und dem Respekt für andere qualifiziere (vgl. Tamir 1993: 90f.).

Einige Punkte dieser Konzeption sind jedoch noch unklar. Erstens stellt sich die Frage, ob die sog. Expressionstheorie, also vom *right to express one's identity* auszugehen, ein überzeugender Vorschlag ist. Raz' Argumentation über Interessen leistet im wesentlichen dasselbe und ist dabei erheblich klarer. Zweitens ist es unplausibel, das Recht auf nationale Selbstbestimmung als ein individuelles Recht zu verstehen. Dadurch, daß ein Recht individualistisch begründet ist (vgl. Tamir 1993: 44f.), folgt nicht, daß es selbst ein individuelles Recht wird, sondern nur, daß es individualistisch interpretiert wird. Man kann zwischen dem Träger und dem Ausübenden eines Rechts unterscheiden. Beim Recht auf Meinungsfreiheit sind der Träger und der Ausübende ein und dieselbe individuelle Person. Beim Recht auf politische Partizipation ist das Individuum zwar der Träger des Rechts, aber es kann es nicht allein für sich ausüben. Nur wenn auch einige andere sich an der Wahl beteiligen, macht meine Ausübung meines Rechts Sinn. Bei Rechten aus kollektivem Eigentum z.B. sind mehrere Personen Träger und Ausübende des Rechts. Man sollte demnach nur diejenigen Rechte individuelle Rechte nennen, bei denen zumindest der Träger ein Individuum ist. Bei nationaler Selbstbestimmung ist dies schwerlich der Fall. Schließlich bleibt bei Tamirs kulturellem Ansatz völlig unklar, welche Spezifität nationalen Gemeinschaften zukommt. Tamirs Begründung trifft, wie die von Raz, auf alle kulturellen Gemeinschaften zu. Warum der Spezialfall nationaler Gemeinschaften spezifisch wichtig ist, kann von ihr nicht deutlich gemacht werden. Zudem kann man sich des Eindrucks nicht erwehren, daß es eigentlich gar nicht um Nationalismus in einem irgendwie herkömmlichen Sinne geht, sondern eher um Formen und Probleme kulturell pluraler Gesellschaften. Was

---

43 Ein unqualifiziertes sog. Selbstbestimmungsrecht der Völker, wie es z.B. die UN-Charta vorsieht, würde, sofern damit nicht nur der *status quo* gemeint ist, zu einer Zersplitterung des Systems der Nationalstaaten, zur Delegitimierung kulturell pluraler Staaten und zu einer Überforderung der territorialen Möglichkeiten führen (vgl. dazu Buchanan 1991: 48ff.).

ist denn noch nationalistisch an einem reflektierten, pluralistischen und toleranten Nationalismus?[44]

4. Sezession

Wurden im vorigen Abschnitt die Definition jener Gruppen diskutiert, die das Recht auf nationale Selbstbestimmung für sich beanspruchen können, und eine Begründung für das Recht geliefert, so fragt die Theorie von A. Buchanan danach, wann solche Gruppen moralisch berechtigt sind, es auch anzuwenden und aus einer umfassenden politischen Gemeinschaft auszutreten (vgl. Buchanan 1991). Aus dem Recht auf nationale Selbstbestimmung folgt nicht direkt und nicht notwendig die Berechtigung zur politischen Sezession von nationalen Gruppen. Da, wie gesehen, das Recht auf nationale Selbstbestimmung mit verschiedenen politischen Realisierungsformen erfüllt werden kann, bedarf es eines weiteren Arguments, um die extremste Variante der Sezession wählen zu können. Diese zusätzliche Prämisse, die die politische Abspaltung von den anderen genannten Möglichkeiten unterscheidet, besteht im Nachweis eines legitimen territorialen Anspruchs. Nicht jede territorial bestimmte und abgrenzbare Gruppe besitzt auch (deswegen schon) einen berechtigten, d.h. ausschließlichen, mit keiner anderen Gruppe konkurrierenden oder geteilten Anspruch auf ein Territorium. Nicht jede solche Gruppe, die berechtigterweise einen Anspruch erheben kann, hat (deswegen schon) den bisherigen Anspruch auf dieses Territorium schon ausgestochen. Der territoriale Anspruch kann nun entweder vorgängig und unabhängig bestehen, wie im Fall von eroberten oder verdrängten nationalen Gruppen (vgl. Fall 1 unten). Dies stellt die stärkste Stützung dieser Prämisse und damit des Rechts auf Sezession dar. Oder aber der Anspruch ist nicht vorgängig, sondern abhängig von bzw. generiert durch denjenigen Sachverhalt, der ein Zusammenleben für mindestens eine Gruppe unmöglich erscheinen läßt. Derselbe Grund also, der für interkulturelle Spannungen sorgt, ist zugleich ein Grund für einen territorialen Anspruch. Hierbei lassen sich verschieden starke Möglichkeiten unterscheiden. Zum einen kann die bisherige politische Gemeinschaft durch bestimmte Ungerechtigkeiten einer ihrer nationalen Gruppen gegenüber ihre territoriale Autorität verwirken (möglich in Fall 2 und 3 unten). Zum anderen kann der Anspruch auf ein eigenes Gebiet als letzte und einzige Schutzmöglichkeit einer bedrängten Gruppe erscheinen (möglich z.B. in Fall 3 und 4 unten). Der Ultima-ratio-Charakter von Sezession kommt hier nochmals sehr deutlich zum Ausdruck, denn nur wenn sich die Gruppe nicht mehr anders zu helfen weiß, trägt dieses Argument die erforderliche normative Kraft. Die Entscheidung, ob diese und andere Bedingungen vorliegen, hängt von einer Vielfalt von gegenwärtigen und historischen politischen, sozialen und ökonomischen Gegebenheiten und Interpretationen ab. Die Frage der politischen Scheidung ist allerdings noch aus einem weiteren Grund sehr komplex. Wie eben schon angedeutet, müssen die Argumente, die eine

---

[44] Einen analogen Einwand könnte man auch gegenüber Millers Ansatz erheben. Obwohl er den Unterschied von nationalen und anderen Gruppen betont, kann er letztlich nicht zeigen, warum die von ihm genannten Vorzüge (Solidarität, spezielle Verpflichtungen u.a.) nur von Gruppen mit einem Nationalbewußtsein erreicht werden können (vgl. Miller 1993).

Gruppe für ihre Sezession vorbringt, gegen die Ansprüche anderer (auch außerstaatlicher) Gruppen sowie die Gründe gegen eine Abspaltung in jedem Einzelfall abgewogen werden. Anerkannte nationale und internationale Prozeduren sind zumeist nicht vorhanden. So bleibt auch hier die entscheidende Frage, wer denn letztlich darüber entscheidet oder entscheiden sollte.
In diesem Zusammenhang sind vor allem die moralischen Argumente für eine Sezession von Interesse. Buchanan nennt nun vier idealtypische Fälle, in denen Argumente von verschiedener Stärke für eine Sezession sprechen.[45] Der 1. Fall, die Sezession als Berichtigung historischen Unrechts, trifft nun erstens auf solche Gruppen zu, die ungerechterweise in einen Staat inkorporiert worden sind und die diesen deshalb wieder verlassen wollen. Die Voraussetzung eines berechtigten territorialen Anspruchs ist hier gegeben. Die Antikolonialismusbewegungen sind hier entsprechende Beispiele. Die Schwierigkeit liegt wie bei jeder Berichtigung vor allem darin, daß sie schwer zu handhaben ist. Im 2. Fall haben Gruppen, die von einem Staat systematisch auf Kosten anderer ausgebeutet und benachteiligt werden, einen legitimen Grund zur Sezession. Denn die politische Autorität verletzt hierbei ihre Fürsorgepflicht und das Gleichbehandlungsgebot und damit ihre Legitimität. Als Beispiele nennt Buchanan die Basken und die Baltischen Staaten. Beim 3. Fall kann eine Gruppe zur Selbstverteidigung dann austreten, wenn der Staat sie physisch bedroht, oder sie dagegen nicht angemessen verteidigt. Die Kurden sind hierbei das offensichtlichste Beispiel. Abschließend gibt es als 4. Fall noch das Argument der Erhaltung der eigenen Kultur.[46] Wenn wie z.B. die Québécois glauben, daß ihre Kultur aufgrund äußeren Drucks vom Aussterben bedroht ist, können sie eine Sezession berechtigterweise erwägen. Dieses Argument ist allerdings ein sehr eingeschränktes. Wie am Beispiel Quebec deutlich wird und oben unter dem Stichwort „Minderheitenrechte" diskutiert wurde, stehen einer kulturellen Gruppe viele verschiedene Wege offen. Deshalb ist eine Sezession mit dieser Begründung nur unter sehr spezifischen Bedingungen möglich.
Diese Arten von Gründen stehen natürlich, wie gesagt, nicht für sich, sondern müssen gegen Antisezessionsargumente und gegen weitere Handlungsalternativen abgewogen werden. Klare Fälle dürften dabei eher selten zu erwarten sein. Buchanans Verdienst ist es daher vor allem, sowohl eine Reihe von Argumenten für und wider das Recht auf Sezession differenziert und diskutiert zu haben, als auch mit seiner Konzeption eine gelungene Verbindung von philosophischer Argumentation und politischer Anwendung mit vielen Fallbeispielen vorgelegt zu haben.
Alle die genannten Gründe sind letztlich Gerechtigkeitsgründe. Eine Konzeption politischer Scheidung ist deshalb Teil einer umfassenden Gerechtigkeitstheorie, die am Schnittpunkt zwischen interkultureller und internationaler Gerechtigkeit steht. Abschließend läßt sich sagen, daß eine liberale Theorie, die den heutigen multikulturellen Verhältnissen gerecht werden will, vor deren Schattenseite nicht die Augen verschließen

---

[45] Buchanan untersucht insgesamt zwölf Argumente, von denen sich nur diese vier als tragfähig erweisen (vgl. Buchanan 1991: 27ff.).

[46] An diesem Beispiel wird deutlich, daß Buchanan die oben genannte Prämisse von der Wichtigkeit kultureller Mitgliedschaft teilt, auch wenn er bei der Diskussion eines konstitutionellen Rechts auf Sezession eine eher technische Bestimmung der relevanten Gruppen vornimmt. Alle vier erwähnten Fallbeispiele sind mit der genannten Prämisse vereinbar (vgl. Buchanan 1991: 52ff. und 140f.).

darf. Sezession ist nicht nur ein Problem, das seit Anfang der neunziger Jahre wieder verstärkt politisch relevant ist, sondern das als Extremfall auch die liberale Theorie interessieren sollte.

III. Schlußbemerkung

Zwei Thesen bildeten den Ausgangspunkt der Darstellung der neuen Konfliktlinien in der Liberalismus-Kommunitarismus-Debatte. Die erste These behauptete die Unentschiedenheit der bisherigen Auseinandersetzung. Zwei Runden des Streits konnten keine Entscheidung für oder gegen eine Partei herbeiführen. Statt dessen haben sich – vor allem im liberalen Lager – bestimmte Zwischenpositionen herausgebildet, die Vermittlungen und Annäherungen der Lager vorschlagen. Die zweite These behauptete nun in ihrem negativen Teil, daß weder die herkömmliche liberale Theorie (d.h. ohne die Pramisse der Wichtigkeit kultureller Mitgliedschaft) noch der bisherige kommunitaristische Ansatz (d.h. ohne eine klare Stellungnahme zum gesellschaftlichen Pluralismus) in der Lage sind, die neuen Konfliktlinien des Multikulturalismus und Nationalismus angemessen zu erfassen. Erst die genannten Zwischenpositionen, so der positive Teil der These, die einige Annahmen systematisch zusammenführen, können dies leisten.

Alle vier Teilaspekte der neuen Konfliktlinien befassen sich nun hauptsachlich mit der moralischen Stellung von kulturellen Gruppen in modernen Gesellschaften und deren Folgen. Dabei hängt sehr viel von der Definition der relevanten kulturellen Gruppen ab. Einige der erwähnten Schwierigkeiten mit den Ansatzen lassen sich auf diese noch immer nicht ausreichend gelöste Frage zurückfuhren. Der Ausweg, Kultur als solche für politisch irrelevant zu erklären, ist aber theoretisch nicht mehr uberzeugend. Die Auffassung, daß kulturelle Bestimmungen nicht die Losung, sondern selbst die Ursache der Probleme sind, spricht allerdings, sofern sie richtig ist, nicht fur die Vernachlässigung oder Ausklammerung dieser Bestimmungen, sondern gerade für deren Wichtigkeit und Dringlichkeit. Bestimmte Gruppen werden ja wegen ihrer kulturellen, religiösen und ethnischen Zugehörigkeit diskriminiert, unterdrückt, ausgeschlossen und bekämpft. Das nächste Problemfeld ist daher die Klärung der verschiedenen Formen und Verständnisse von kulturellem Pluralismus. Wie ist das Zusammenleben von mehreren und ungleichartigen kulturellen Gruppen innerhalb einer politischen Gemeinschaft möglich und verständlich? Diesbezüglich wurde hier der Vorschlag eines weitreichenden Multikulturalismus der Solidarität und gegenseitigen Unterstützung hervorgehoben und dessen Voraussetzungen untersucht. Dabei ergab sich, daß der dafür zentrale Begriff des Wertepluralismus und sein Verhältnis zum gesellschaftlichen Pluralismus weiterer philosophischer Klärung bedarf. Doch die neuen Konfliktlinien beziehen sich nicht nur auf den innergesellschaftlichen, sondern zugleich auch auf den externen Pluralismus. Die Frage der interkulturellen Gerechtigkeit steht deshalb am Schnittpunkt zwischen innergesellschaftlicher und internationaler Gerechtigkeit. Ob dem Begriff der Nation neben einer politischen Bestimmung auch eine kulturelle zukommen sollte, und wie eine spezifische Bedeutung nationaler Gruppen begrundet werden kann, sind ebenfalls noch nicht entschiedene Fragen. Von besonderem theoretischen Interesse ist schließlich der Fall, wenn das kulturell plurale

Zusammenleben nicht mehr funktioniert, wenn sich also das andere Gesicht des bisher nur als positiv betrachteten Multikulturalismus zeigt. Nationale Selbstbestimmung und politische Sezession sind einerseits als Formen des Austritts und andererseits als internationale Phänomene in ihren Bedingungen und Konsequenzen weiter zu untersuchen. Der interne Zusammenhang von interkultureller, innergesellschaftlicher und internationaler Gerechtigkeit kommt hier also deutlich zum Vorschein. Ob jedoch eine umfassende Gerechtigkeitstheorie diese Aspekte alle systematisch integrieren kann, bleibt eine offene Frage.

Literaturverzeichnis

Ackerman, B., 1980: Social Justice in the Liberal State. New Haven.
Baker, J. (Hrsg.), 1994: Group Rights. Toronto.
Bell, D., 1993: Communitarianism and its Critics. Oxford.
Buchanan, A., 1991: Secession. The Morality of Political Divorce from Fort Sumter to Lithuania and Quebec. Boulder.
Cladis, M., 1992: A Communitarian Defense of Liberalism. Emile Durkheim and Contemporary Social Theory, Stanford.
Dworkin, R., 1985: Liberalism, in: ders.: A Matter of Principle. Oxford.
Dworkin, R., 1990: Foundations of Liberal Equality, in: Tanner Lectures on Human Values, XI. Salt Lake City.
Etzioni, A., 1995: Die Entdeckung des Gemeinwesen. Anspruche, Verantwortlichkeiten und das Programm des Kommunitarismus. Stuttgart.
Fletcher, G P., 1994: Loyalität. Uber die Moral von Beziehungen. Frankfurt a.M.
Forst, R., 1993: Kommunitarismus und Liberalismus – Stationen einer Debatte, in: *Honneth, A.* (Hrsg.), Kommunitarismus. Eine Debatte uber die moralischen Grundlagen moderner Gesellschaften. Frankfurt a.M.
Forst, R., 1994: Kontexte der Gerechtigkeit. Politische Philosophie jenseits von Liberalismus und Kommunitarismus. Frankfurt a.M.
Frazer, E./N. Lacey, 1993: The Politics of Community. A Feminist Critique of the Liberal-Communitarian Debate. New York.
Gutmann, A., 1993: Die kommunitaristischen Kritiker des Liberalismus, in: *Honneth, A.* (Hrsg.), Kommunitarismus. Eine Debatte über die moralischen Grundlagen moderner Gesellschaften. Frankfurt a.M.
Gutmann, A. (Hrsg.), 1993b: Multikulturalismus und die Politik der Anerkennung. Frankfurt a.M.
Habermas, J, 1993: Anerkennungskämpfe im demokratischen Rechtsstaat, in: *Gutmann, A.* (Hrsg.), Multikulturalismus und die Politik der Anerkennung. Frankfurt a.M.
Honneth, A., 1992: Individualisierung und Gemeinschaft, in: *Zahlmann, C.* (Hrsg.), Kommunitarismus in der Debatte. Berlin.
Honneth, A. (Hrsg.), 1993: Kommunitarismus. Eine Debatte über die moralischen Grundlagen moderner Gesellschaften. Frankfurt a.M.
Honneth, A., 1995: Schwerpunkt: Multikulturalismus, in: Deutsche Zeitschrift für Philosophie 43.
Kymlicka, W., 1989: Liberalism, Community and Culture. Oxford.
Kymlicka, W., 1990: Contemporary Political Philosophy. Oxford.
Kymlicka, W., 1992: Two Models of Pluralism and Tolerance, in: Analyse und Kritik 14.
Kymlicka, W., 1995a: Multicultural Citizenship. Oxford.
Kymlicka, W. (Hrsg.), 1995b: The Rights of Minority Cultures. Oxford.
Larmore, C., 1987: Patterns of Moral Complexity. Cambridge.
Larmore, C., 1993: Politischer Liberalismus, in: *Honneth, A.* (Hrsg.), Kommunitarismus. Eine Debatte über die moralischen Grundlagen moderner Gesellschaften. Frankfurt a.M.
Macedo, S., 1990: Liberal Virtues. Oxford.

MacIntyre, A., 1987: Der Verlust der Tugend. Zur moralischen Krise der Gegenwart. Frankfurt a.M.
MacIntyre, A., 1993: Ist Patriotismus eine Tugend?, in: *Honneth, A.* (Hrsg.), Kommunitarismus. Eine Debatte über die moralischen Grundlagen moderner Gesellschaften. Frankfurt a.M.
MacIntyre, A., 1994: Die Privatisierung des Guten, in: *Honneth, A.* (Hrsg.), Pathologien des Sozialen. Frankfurt a.M.
Mead, G.H., 1968: Geist, Identität und Gesellschaft. Frankfurt a.M.
Miller, D., 1993: In Defense of Nationality, in: Journal of Applied Philosophy 10.
Nagel, T., 1991: Equality and Partiality. Oxford.
Nagel, T., 1995: Moralischer Konflikt und politische Legitimitat, in: *van den Brink, B./van Reijen, W.* (Hrsg.), Bürgergesellschaft, Recht und Demokratie. Frankfurt a.M.
Rawls, J., 1993: Political Liberalism. New York.
Rawls, J., 1993b: The Law of Peoples, in: *Shute, S./Hurley, S.* (Hrsg.), On Human Rights. The Oxford Amnesty Lectures 1993. New York.
Raz, J., 1986: The Morality of Freedom. Oxford.
Raz, J., 1995: Multikulturalismus: eine liberale Perspektive, in: Deutsche Zeitschrift fur Philosophie 43.
Raz, J./Margalit, A., 1990: National Self-Determination, in: Journal of Philosophy 87.
Sandel, M., 1982: Liberalism and the Limits of Justice. Cambridge.
Sandel, M., 1984: Morality and the Liberal Idea, in: The New Republic 7.
Sandel, M., 1995: Liberalismus oder Republikanismus. Von der Notwendigkeit der Burgertugend. Wien.
Steiner, H., 1995: Liberalism and Nationalism, in: Analyse und Kritik 17.
Tamir, Y., 1993: Liberal Nationalism. Princeton.
Taylor, C., 1991: The Dialogical Self, in: *Hiley, D.R./Bohman, J./Shusterman, R.* (Hrsg.), The Interpretive Turn. Philosophy, Science, Culture. Ithaka.
Taylor, C., 1993: Aneinander vorbei: Die Debatte zwischen Liberalismus und Kommunitarismus, in: *Honneth, A.* (Hrsg.), Kommunitarismus. Eine Debatte über die moralischen Grundlagen moderner Gesellschaften. Frankfurt a.M.
Taylor, C., 1993b: Die Politik der Anerkennung, in: *Gutmann, A.* (Hrsg.), Multikulturalismus und die Politik der Anerkennung. Frankfurt a.M.
Taylor, C., 1994: Can Liberalism be Communitarian, in: Critical Review 8.
Walzer, M., 1993: Die kommunitaristische Kritik am Liberalismus, in: *Honneth, A.* (Hrsg.), Kommunitarismus. Eine Debatte über die moralischen Grundlagen moderner Gesellschaften. Frankfurt a.M.
Walzer, M., 1993b: Kommentar, in: *Gutmann, A.* (Hrsg.), Multikulturalismus und die Politik der Anerkennung. Frankfurt a.M.
Zahlmann, C. (Hrsg.), 1992: Kommunitarismus in der Debatte. Berlin.

Verzeichnis der Autoren

Herausgeber:
Beyme, Klaus von, Prof. Dr., Universität Heidelberg, Institut für Politische Wissenschaft, Marstallstraße 6, 69117 Heidelberg
Offe, Claus, Prof. Dr., Universität Bremen, Zentrum für Sozialpolitik, Postfach 330 440, 28334 Bremen

Bauböck, Rainer, Dr., Institut für Höhere Studien, Abt. Politikwissenschaft, Stumpergasse 56, A-1060 Wien
Buchstein, Hubertus, Dr., Graduate Faculty, Department of Sociology, New School for Social Research, 56 Fifth Avenue, New York, NY 10003, USA
Frank, Martin, Dr., Freie Universität Berlin, Institut für Grundlagen der Politik (W1), Ihnestraße 21, 14195 Berlin
Gebhardt, Jürgen, Prof. Dr., Institut für Politikwissenschaft, Kochstraße 4, 91054 Erlangen
Landfried, Christine, Prof. Dr., Universität Hamburg, Institut für Politikwissenschaft, Allende Platz 1, 20146 Hamburg
Mayntz, Renate, Prof. Dr., Max-Planck-Institut für Gesellschaftsforschung, Lothringerstraße 78, 50677 Köln
Merkel, Wolfgang, Prof. Dr., Johannes Gutenberg-Universität Mainz, Institut für Politikwissenschaft, Saarstraße 21, 55116 Mainz
Pappi, Franz-Urban, Prof. Dr., Universität Mannheim, Mannheimer Zentrum für Europäische Sozialforschung, L5,4, 68131 Mannheim
Rössler, Beate, Dr., Universität Bremen, Fachbereich 8/Sozialwissenschaften, Postfach 33 04 40, 28334 Bremen
Scharpf, Fritz, Prof. Dr., Max-Planck-Institut für Gesellschaftsforschung, Lothringerstraße 78, 50677 Köln
Schmidt, Manfred G., Prof. Dr., Universität Heidelberg, Institut für Politische Wissenschaft, Marstallstraße 6, 69117 Heidelberg
Tetzlaff, Rainer, Prof. Dr., Universität Hamburg, Institut für Politikwissenschaft, Allende Platz 1, 20146 Hamburg
Willke, Helmuth, Prof. Dr., Universität Bielefeld, Fakultät für Soziologie, Universitätsstraße, 33615 Bielefeld
Zapf, Wolfgang, Prof. Dr., Wissenschaftszentrum Berlin, Reichpietschufer 50, 10785 Berlin
Zürn, Michael, Prof. Dr., Universität Bremen, Fachbereich 8/Sozialwissenschaften, Postfach 33 04 40, 28334 Bremen

Aus dem Programm Politikwissenschaft

Rolf Ebbighausen / Christian Dupjohann / Dieter Prokein u. a.
Die Kosten der Parteiendemokratie
Studien und Materialien zu einer Bilanz staatlicher Parteienfinanzierung in der Bundesrepublik Deutschland
1996. 484 S. Kart.
ISBN 3-531-12831-0

Das Buch präsentiert als Ertrag eines mehrjährigen Forschungsprojekts umfangreiche Untersuchungen zu einer nüchternen Bilanzierung staatlicher Parteienfinanzierung in der Bundesrepublik. Studien über die Entwicklung und Probleme der Eigenfinanzierung der Parteien (Mitgliedsbeiträge, Spenden, Vermögen/Schulden/Kredite), über die Entwicklung und Folgewirkungen der direkten Staatszuwendungen, über die Formen öffentlicher Umwegfinanzierung (Abgeordnetenabgaben, Fraktionsleistungen, staatliche Stiftungsförderung) sowie über Veränderungen in der Ausgabenstruktur der Parteien und deren Ursachen.

Ulrich von Alemann (Hrsg.) unter Mitarbeit von Wolfgang Tönnesmann und Volker Sommer
Politikwissenschaftliche Methoden
Grundriß für Studium und Forschung
1995. 408 S. Kart.
ISBN 3-531-12761-6

Dieses Lehrbuch betritt Neuland in einem doppelten Sinn: Erstens existiert in Deutschland kein aktuelles Einführungsbuch in die politikwissenschaftlichen Methoden, und zweitens wird der Stoff in einer neuen Konzeption dargestellt. Im ersten Teil werden die methodologischen Grundlagen systematisch abgehandelt; danach folgen fünf Kapitel aus der Werkstatt der Forschung. Wissenschaftler zeigen hier einzelne Methoden – Umfrageforschung, Dokumentenanalyse, Inhaltsanalyse, Experteninterviews und Aggregatdatenanalyse – in der praktischen Anwendung anhand ihrer eigenen Arbeiten.

Klaus von Beyme
Die politischen Theorien der Gegenwart
Eine Einführung
7., neubearb. Aufl. 1992.
259 S. Kart.
ISBN 3-531-12361-0

Diese Einführung gibt einen systematischen Überblick über die politischen Theorien im 20. Jahrhundert. Vom Standpunkt des Methodenpluralismus aus führt es in die Vielfalt und Dynamik politischer Theoriebildung ein. Es werden methodische Ansätze in Beziehung zu den großen metatheoretischen Schulen gesetzt. Die Grundbegriffe der Politik wie Staat, Macht, politisches System, politische Kultur, Demokratie, Pluralismus werden in ihrer Genesis analysiert und auf ihre Anwendbarkeit hin getestet.

WESTDEUTSCHER VERLAG
OPLADEN · WIESBADEN

Medien und Kommunikation

Alfred Bellebaum /
Ludwig Muth (Hrsg.)
Leseglück
Eine vergessene Erfahrung?
1996. 245 S. Kart.
ISBN 3-531-12869-8

Mit „Leseglück. Eine vergessene Erfahrung?" legen die Herausgeber Alfred Bellebaum und Ludwig Muth den Versuch vor, das Leseglück interdisziplinär einzukreisen und zu verstehen. Beteiligt daran sind die empirische Sozialforschung (Elisabeth Noelle-Neumann), die Buchmarktforschung (Ludwig Muth), die Literaturwissenschaft (Aleida Assmann), die Kunst (Cornelia Schneider) sowie die Germanistik und Literatursoziologie (Erich Schön) und die Literaturdidaktik (Werner Graf). Der Band bietet eine faszinierende Entdeckungsreise in ein bisher noch kaum erforschtes Phänomen der Lesekultur. Erstmals untersuchen Experten interdisziplinär Geschichte, Vorbedingung, Genese und Steigerung von Leseglück - und dessen aktuelle Bedrohung, insbesondere durch den Literaturunterricht und durch ungezügelten Medienkonsum.

Gerhard Maletzke
Interkulturelle Kommunikation
Zur Interaktion zwischen Menschen verschiedener Kulturen
1996. 226 S. Kart.
ISBN 3-531-12817-5

Wenn Menschen verschiedener Kulturen einander begegnen, ergeben sich vielfache Kommunikationsschwierigkeiten. Als Ursachen dafür lassen sich Strukturmerkmale herausarbeiten, in denen sich Kulturen voneinander unterscheiden. Die Kenntnis dieser Merkmale erleichtert es, Angehörige fremder Kulturen zu verstehen, Kommunikationsprobleme abzubauen und in einer fremden Kultur mit den einheimischen Denk- und Verhaltensweisen besser zurechtzukommen.

Karin Böke / Matthias Jung /
Martin Wengeler (Hrsg.)
Öffentlicher Sprachgebrauch
Praktische, theoretische und historische Perspektiven.
Georg Stötzel zum 60. Geburtstag gewidmet
1996. 484 S. Kart.
ISBN 3-531-12851-5

Der „öffentliche Sprachgebrauch" wird von den großen gesellschaftlichen Debatten und dem politischen Handeln bestimmt und prägt diese gleichzeitig. Sprache als öffentliche Angelegenheit ist insofern ein interdisziplinärer Gegenstand par excellence. Der Band vereinigt Beiträge, die sich dem Thema aus primär linguistischer Perspektive nähern, Sprache aber immer als ein politisches Phänomen im Blick haben. Die Beiträge sollen das methodische Instrumentarium demonstrieren, das hier mittlerweile zur Verfügung steht, und durch den Einbezug von theoretischen und praktischen, historischen, international-vergleichenden und literarischen Überlegungen „öffentlichen Sprachgebrauch" als umfassendes Forschungsfeld etablieren. Der Band ist Prof. Dr. Georg Stötzel zum 60. Geburtstag gewidmet, der hier wesentliche Anstöße gegeben hat.

WESTDEUTSCHER VERLAG
OPLADEN · WIESBADEN

GPSR Compliance

The European Union's (EU) General Product Safety Regulation (GPSR) is a set of rules that requires consumer products to be safe and our obligations to ensure this.

If you have any concerns about our products, you can contact us on

ProductSafety@springernature.com

In case Publisher is established outside the EU, the EU authorized representative is:

Springer Nature Customer Service Center GmbH
Europaplatz 3
69115 Heidelberg, Germany

www.ingramcontent.com/pod-product-compliance
Lightning Source LLC
LaVergne TN
LVHW010334260326
834688LV00036B/705